AI가 본 삼국지 배신자들

AI가 본 삼국지 배신자들

초판 **1쇄 인쇄일** 2023년 05월 15일
초판 **1쇄 발행일** 2023년 05월 19일

지은이 홍성남
펴낸이 양옥매
디자인 표지혜
마케팅 송용호
교   정 김민정

펴낸곳 도서출판 책과나무
출판등록 제2012-000376
주소 서울특별시 마포구 방울내로 79 이노빌딩 302호
대표전화 02.372.1537 **팩스** 02.372.1538
이메일 booknamu2007@naver.com
홈페이지 www.booknamu.com
ISBN 979-11-6752-317-4 (03910)

AI가 본 삼국지 배신자들

홍성남 지음

책과나무

배신背信(betrayal)이란 무엇인가. 조직 사이에 또는 개인과 조직 그리고 개인 사이의 관계에서 믿음이나 의리를 저버리는 일이다. 계약과 신뢰를 위반하는 행위로 도덕과 법 그리고 심리적 갈등을 야기한다. 배신하는 사람은 배신자나 반역자로 불린다.

이런 개념은 인류가 오랫동안 정의해 왔다. 하지만 배신은 시대에 따라 기준이 조금씩 다르다. 중국 삼국시대에 벌어진 배신행위도 예외는 아니다. 한 말에서 삼국이 정립되던 100여 년은 양육강식弱肉强食의 난세였다. 수많은 군웅들이 천하를 얻기 위해 치열하게 다투었다.

당시 배신의 기준은 자신의 이익과 명예를 좇아 주군主君의 목을 적대 세력에게 가져가거나 영토를 바쳐 귀순하는 것이었다.

따라서 이 시기의 배신은 목숨을 구하기 위한 것이었다. 인류가 정의해 온 배신의 기준에서 낮춰 볼 필요가 있다. 협의적 의미의 배신이다. 반면 광의적으로 보면 후세에 영웅호걸英雄豪傑이나 충의지사忠義志士로 얘기되는 이들도 배신자라는 평가에서 자유롭지 못하다.

주군이나 동맹자와의 관계를 청산하거나 파기한 사람을 배신자라고 한다면 『삼국지』에 등장하는 사람들 대부분을 배신자로 볼 수 있다.

『삼국지』에서는 궤멸 전이면 배신이고, 궤멸 후면 정상참작의 여지가 있는 항복이라고 했다. 배신행위 또한 세 가지로 나눠 그 격도 구분했다.

첫째는 반叛으로 가장 적극적인 배반을 뜻했다. 믿음과 의리를 저버리고 돌아서는 것이다. 떨어지거나 둘이 되는 것을 의미했다. 상황을 주도한 능동적 배신이다.

둘째는 속았음을 뜻하는 휼譎이다. 속이거나 기만하거나 거짓을 말하거나 농간을 부리는 것이다. 상황을 주도하는 능동적 배신과 상황에 떠밀리는 피동적 배신으로서 처신이다.

셋째는 입入으로 단순히 들어갔다는 뜻이다. 상황에 내몰린 피동적 배신이다. 같은 배신이라도 그 정도에 따라 다르게 인식하고 평가했다.

현재는 인공지능人工知能 또는 AI(Artificial Intelligence)의 비중과 영향이 커지는 시대이다. 이 개념은 일반적으로 인간의 학습과 추론 그리고 지각능력이 필요한 작업을 할 수 있도록 컴퓨터 시스템을 구현하려는 컴퓨터과학의 세부 분야 중 하나이다. 인간을 포함한 동물의 지능(natural intelligence)과는 다른 개념이다.

인공지능은 인간의 사고방식을 고민하지 않는다. 감성도 고려하지 않는다. 물론 인간도 감정의 실체를 명확하게 파악하지 못한다. 기술적인 문제가 아니라 철학적 과제이기 때문이다.

인간이 만들지만, 인간의 지능과 다른 AI가 인간이 오랜 시간 명쾌하게 풀지 못한 배신의 문제를 어떻게 인식하고 해석할지는 관심사이다. 『삼국지』에서 말하는 배신의 격인 반叛과 흉譎과 입入 또한 어떻게 볼 것인가도 궁금한 부분이다.

배신행위는 일방적인 가해가 아니다. 쌍방적인 행위이다. 배신을 하는 쪽과 당하는 쪽이 있다. 사람들은 배신을 말할 때 자신을 피해자라고 주장한다. 어느 누구도 가해자라고 말하지 않는다.

그런 이유인지 인류 역사 이래 자신이 배신자라고 고백하는 사람은 없다. 그 결과 배신을 당한 사람은 있어도 배신을 한 사람은 없다. 필자는 이런 도식을 20세기의 배신학이라고 규정했다. 그렇다면 21세기의 배신학은 어떤 것인가. 그 반대이다. 상대가 아니라 자신이 배신자로서 가해자이다. 좋은 인간관계에 있던 사람이 어느 날 떠날 때는 이유가 있다. 이유는 다양할 것이다. 하지만 압축하여 인간의 본성(이익과 명예추구)에 비춰 보면 상대에게서 더 이상의 이익과 기대할 것이 없기 때문에 떠난다.

모든 인간관계는 인간의 본성에 기초한다. 천륜이라는 혈연관계도 인륜이라는 애정관계도 인간의 본성을 벗어나지 않는다. 그리고 그 관계가 상실되거나 묽어지면 떠나고 헤어진다. 인간관계를 이 같은 측면에서 보면 감정은 담백해지고 이성은 초연해진다.

배신 또한 떠난 사람이 배신자인지 아니면 떠난 사람의 이익과 기대를 채워주지 못한 사람이 배신자인지에 대한 규정도 명료해진다.

필자는 떠나간 사람이 얻으려던 이익과 명예추구의 욕망을 충족시켜 주지 못한 사람을 배신자라고 하고 이를 21세기의 배신학이라고 규정한다.

그렇다면 20세기의 배신학과 21세기의 배신학은 어떻게 다르고 그 지향성은 무엇인가. 다른 것은 복수심이고 지향성은 화해를 통한 상생이다. 복수復讐는 원수를 갚는 일이다. 복수심은 20세기의 배신학에서 생긴다. 누가 나를 버리거나 남겨두고 떠났다는 마음에서 설욕이나 보복이나 앙갚음 같은 감정이 생긴다.

반면 21세기의 배신학에서는 복수심이 발생하지 않는다. 가해자인 자신을 향해 복수심으로 자신을 찌르고 파괴할 사람은 없기 때문이다.

배신에서 복수심은 매우 중요하다. 복수심이 발생하지 않으면 상대를 죽이겠다는 극단으로까지는 치닫지 않는다. 21세기 배신학은 상대를 향해 생길 수 있는 복수심이 치열한 자기 노력과 보완으로 다시는 떠나는 사람이 없도록 하겠다는 자성으로 발휘된다. 떠난 사람의 마음을 다독여 함께 가는 상생이 실현된다.

복수는 극복의 절실한 표현이다. 굴욕적인 상황을 극복하려는 간절한 의지이다. 치욕을 당하고도 복수를 생각하거나 시도하지 않는 개인과 민족이 있다면 그건 제정신이 아니다. 복수하겠다는 결기 없이 화해와 평화를 말하는 것은 나약함의 표시이다.

따라서 복수는 극복이고 자기 회복에서 꼭 필요한 과정이다. 복수의 결기가 없는 개인과 민족은 가해자를 저주하거나 증오하는데 시간을 허비한다. 상대의 장점을 배워 자신의 힘을 기르거나 단점을 보완하려는 노력은 하지 않는다. 평화와 용서도 복수의 정신 위에서 행해져야 한다. 그 정신이 없이 평화를 주장하는 것은 구걸하는 것이다.

중국 삼국시대의 역사인 『삼국지』를 평자들은 배신의 역사학이라고 말한다. 20세기적 배신학으로 보면 그렇다. 하지만 필자가 정립하는 21세기의 배신학으로 보면 다르다.

중국의 역사에서 배신의 기본적 요소인 애국심이나 충성심의 개념이 형성된 것은 춘추전국시대春秋戰國時代 이후의 일이다. 그 당시는 유세객들이 부국강병책을 제후들에게 설파하여 등용되던 때였다. 애국이나 충성이란 개념이 없었다. 자신의 이익을 위해 활동하던 때였다.

당시 성인聖人이라는 공자도 여러 나라를 돌아다니며 유세를 폈다. 하지만 자신의 부국강병책을 채택해 줄 제후를 만나지 못했다. 노년에 고향에 돌아와 후학들에게 학문을 가르치다 일생을 마쳤다.

때문에 당시에는 자신의 부국강병책이 효력을 잃으면 돕던 왕을 떠났다. 기간이 명시되지 않았던 일종의 묵시적 계약 관계였다. 이런 관계를 배신의 개념으로 규정하는 것은 무리다.

배신의 개념이 태동 되던 때는 진泰나라로 볼 수 있다. 진나라는 국가와 충성이란 개념이 자리 잡은 통일 국가였다. 나라의 국체와 운영 방침이 정해져 있는 상황에서 그 나라의 신하로 참여하다 일탈하는 행위는 배신자로 규정되었다.

『삼국지』는 1,223명이 등장하는 암흑의 역사였다. 누구를 만나느냐에 따라 죽고 사는 일이 갈렸다. 회자정리會者定離와 거자필반去者必返과 생자필멸生者必滅로 압축되던 시대였다. 만남에는 헤어짐이 정해져 있고, 떠남이 있으면 반드시 돌아옴이 있으며, 생명이 있는 것에는 반드시 죽음이 있다는 것으로 인간관계에서 무상함의 순환 주기가 빠른 때였다.

만나고 헤어짐 속에 상생과 상극이 이뤄지는 배신의 인간관계를 통해 삼국의 역사와 인간의 본성을 짚어 보려는 것이 이 책의 출발이었다.

배신의 감정과 행위를 인간의 본성에 비춰 보면 새로운 시각이 트인다. 떠나게 한 사람이 배신자라는 역설의 증명이다. 이를 21세기 배신학의 개념으로 규정지어 종전 배신학과 구분을 지었다.

그 결과 악순환의 고리였던 복수심이라는 개념이 달리 전개된다. 증오가 자리 잡고 있던 곳이 성찰과 정진으로 대체되어 상생이 싹틀 수 있다. 『삼국지』를 21세기 배신학의 관점에서 보면 다르게 보인다.

인간의 본성에 의한 갈등과 화해를 풀어가는 해답도 선명해진다.

이 책은『삼국지』연구의 결과로 쓴 몇 권의 책 중 한 권이다. 인간의 본성이 무엇인가. 그리고 본성을 움직이는 요소는 어떤 것인가를 풀어 보고 싶었다. 배신이란 개념은 '이익과 명예추구'라는 인간의 본성 작용에서 인류가 풀지 못한 과제로 여겨졌다. 떠난 사람이 배신자라는 종전의 도식으로는 풀리지 않았다. 인식을 달리하니 답이 보였다. 떠난 사람이 아닌 떠나게 한 사람이 배신자라고 규정하니 배신의 개념이 인간의 본성에 부합됐다.

이 책은 배신의 행각을 보인 126명의 인물을 조위, 동오, 촉한, 후한으로 나눠 소개했다. 서술 순서는 먼저 그 사람이 보인 배신을 성격과 형태적인 측면으로 구분했다.

그 다음은 그 인물의 삶 전체를 소개했다. 생멸生滅의 과정을 통한 그 인물의 삶에서『삼국지』의 내용을 자세히 알 수 있도록 했다. 그런 뒤 그 인물에 대한『삼국지』의 저자 진수의 평가와 다른 역사가들의 평가도 덧붙였다.

이어『삼국지』와『삼국지연의』가 어떻게 다른지를 알 수 있도록『삼국지연의』에서 그려진 모습도 기술했다.

『AI가 본 삼국지 배신자들』은 세상과 인간의 모든 것을 보여 주는『삼국지』를 통해 공감과 공유를 나누고 싶어 쓴 책이다. 2000년 21대 국회의원 총선거 출마에서 실패한 이후 그전부터 생각해 오던 사넘에 얼개를 짜고 살을 붙였다.

이 책을 쓰는 과정에서 가족으로 반쪽인 현주경과 두 딸 민지와 수지의 묵묵한 응원이 고마웠다. 그리고 세한도歲寒圖의 추사 김정희 선생과 우선 이상적 선생이 나눴던 장무상망長毋相忘(서로가 아주 동안 잊지 않는)적 지인들의 격려가 글 감옥을 견뎌내는 데 큰 힘이 되었다.

출판을 맡아 준 책과나무 출판사 양옥매 대표와 직원들의 노고에도 감사를 드린다.

또한, 펀딩을 통한 출판에 후원을 해주신 독자들에게도 깊은 감사를 전한다.

2023년 5월
백서제白書齊에서
백서白書 홍성남洪性南

CONTENTS

조위 위나라 ✑

동오 오나라

촉한 촉나라

후한 한나라

조위

위나라

가후
—

우보-이각-단외-장수 거처
조조에게 안착

인연은 숙명과 선택을 낳는다. 가후는 숙명을 거부하고 선택을 택했다. 선택은 자기 결정이다. 난세에서 선택은 죽고 사는 일을 가른다. 가후는 『삼국지』 등장인물 중 생존력이 탁월했던 인물이다.

그는 주군을 여럿 섬겼다. 동탁의 사위 우보의 참모에서 시작하여 동탁의 휘하 장수 이각과 곽사에게 의지하여 책략을 냈다. 이후 동향 출신 단외에게 의탁하여 이각으로부터 목숨을 보전했고, 유능한 책사를 찾던 장수를 만나 최고의 책사로 활동하다 최후에는 조조를 선택했다.

선택과 간택의 삶을 놓고 보면 매 순간 주어진 상황에서 그는 선택했다. 선택으로 만족한 결과를 얻었고 천수를 누렸다. 가후는 계책에 실수가 없고 사태 변화를 꿰뚫고 있는 인물이다. 여러 주군을 섬겼음에도 가는 곳마다 재능을 인정받았다.

첫 의탁자인 동탁의 사위 우보가 동탁의 죽음 이후 심복 부하 복호 적아에게 죽자 동탁의 부하인 이각과 곽사를 따랐다. 가후가 우보 사후 이각과 곽사를 따른 것은 단순히 들어갔다는 뜻의 입入이라는 낮은 단계의 배신이다.

이후 이각(사도구四盜寇─이각, 곽사, 장제, 번조)과 단외를 떠난 것은 살기 위한 방편이었다. 가후는 그들에게 속았음을 뜻하는 휼譎을 당했다. 중간 단계의 배신으로 기만당한 가후는 죽음을 피해 그들을 떠났다.

가후가 장수를 섬긴 것은 자신의 선택이었다. 유능한 책사를 찾는 장수에게 자신이 돕겠다는 뜻을 먼저 알렸다. 장수가 부응해 예우를 갖춰 사람을 보내오자 찾아가 책사가 되었다.

장수에서 조조로 주군을 바꿔 섬긴 것은 장수가 조조에게 항복하면서부터였다. 장수가 "조조와 원소 중 누구에게 항복하는 것이 좋은가?"라는 물음에 가후는 조조를 선택했다. 장수는 당시 세력이 큰 원소에게 가려고 했다. 훗날 관도전투가 조조의 승리로 귀결된 것에서 볼 때 가후의 선택은 틀리지 않았다.

장수와 함께 조조에게 의탁한 일은 가장 적극적인 배반을 뜻하는 반叛이다. 하지만 내용으로는 주군이었던 장수와 함께 조조에게 의탁한 것이어서 반叛이라고도 볼 수 없다. 장수와 함께 죽음을 피하기 위해 상황을 주도한 능동적 배신으로 자의적 배신이다.

가후賈詡(147~223년)는 후한 말과 조위의 관료이다. 자는 문화文

和이며 양주 무위군 고장현姑臧縣(감숙성 무위) 출신이다.

양주涼州는 현재의 간쑤성과 닝샤 후이족 자치구, 칭하이성 동북부, 신장 위구르 자치구 동남부, 내몽골 자치구 아라산 맹 일대에 존재한 중국 역사상의 옛 행정 구역이다. 후한 13주 중 한 지역으로 중심지는 농현隴縣(산시성 바오지 시룽현)이다. 무위군武威郡은 중국의 옛 군으로 하서 4군 중 하나이다. 현재는 우웨이시 지역이다.

가후는 젊은 시절 평가를 받지 못했다. 무명의 세월을 보냈다. 염충閻忠(?~189년 후한 말 서량 출신이다. 황보숭에게 쿠데타를 권유했지만 받아들여지지 않았다. 187년 양주의 난이 일어나자 마등, 한수 등에 의해 반란군의 장으로 추대되었지만 얼마 후 죽었다)만이 장량과 진평(모두 한 고조 유방의 모신)과 같은 기략이 있다고 평가했다.

처음에는 효렴으로 추천되어 낭郞이 되었다. 그러나 병이 깊어 서쪽으로 돌아가다 병현에 이르렀다. 도중에 저족 반란군에게 동행하던 수십 명과 함께 생포되었다. 가후는 이때 자신을 저족들에게 큰 위세를 떨친 당시 태위太尉 단경段熲(?~179년 후한의 무장)의 외손자라며 순간의 거짓말로 위기를 모면했다.

저족들에게 단경은 공포와 존경의 대상이었다. 가후는 "나를 죽이고 내 시체를 계속 보관하면 외할아버지인 단경 장군이 거액의 돈을 주고 내 시체를 찾아갈 것이다. 날 죽일 거면 내 시체나 잘 보관하라."고 말했다. 겁먹은 저족 반란군은 가후를 석방하고 나머지 사람들은 모두 죽었다.

가후가 처음으로 섬긴 주군은 동탁董卓의 부하이자 사위인 중랑장 우보였다. 동탁이 장안長安에서 권세를 장악할 무렵 그는 우보의 참모였다. 동탁은 가후를 태위연에 임명했다가 토로교위로 옮겨 줬다.

동탁이 여포呂布에게 살해되자 이각李催과 곽사郭汜, 장제張濟, 번조樊稠를 위시한 동탁의 부하들이 동요했다. 백기 투항하려 했지만, 왕윤이 받아주지 않자 군대를 버리고 고향으로 돌아가려 했다.

하지만 이각과 곽사에게 의지한 가후가 그들을 설득하고 단결시켜 동탁의 복수를 제안했다. 장안을 습격한 이각과 곽사는 정권을 다시 잡았다. 그들은 가후를 좌풍익으로 삼고 제후에 봉하려 했다.

그러나 가후는 완곡히 사양했다. 그러자 상서복야로 삼으려 했다. 가후는 상서복야는 관리의 수장인데 자신은 감당하기 어렵고 명예와 이익에 물들면 안 된다고 했다. 이에 이각과 곽사는 가후를 상서로서 관리의 선발과 임용을 맡게 했다. 가후는 높은 관직에 취임하지 않는 대신 실무를 담당해 실력 있는 인재를 많이 등용했다.

이각과 곽사는 장안의 백성들을 무차별적으로 참살慘殺하며 원망을 샀다. 4인방 중 장제를 제외한 나머지 세 명은 모두 자신이 중심이 되려 했다. 가후는 네 명의 역할 분담에 관한 계책을 내놓았다. 이각과 곽사는 내치를 맡았다. 번조는 도성 방어를 맡았다. 장제는 군사를 거느리고 낙양과 장안을 잇는 홍농군에 나가 주둔했다. 이각은 새로운 인재 등용으로 조정을 개혁하려는 가후가 거북하게 느껴졌다.

『후한서』 '영사하황후전'에 따르면 이각이 장안을 함락시키고, 이각의 군대가 동관 지역을 약탈할 때 당희를 사로잡았다. 이각은 당희唐姬(후한의 13대 황제인 소제의 아내로 영천 출신, 회계태수 당모의 딸, 봉호는 홍농왕비弘農王妃, 소제의 정실부인인데도 칭호가 황후가 아니고 왕비인 이유는 소제가 홍농왕으로 격하되면서 당희도 황후에서 왕비로 격하되었기 때문)를 자신의 첩으로 삼으려 했다. 당희는 완강히 거부하면서도 자신이 누구인지는 밝히지 않았다.

나중에 상서 가후가 이 사실을 알고 상소를 올려 헌제에게 알렸다. 헌제가 크게 슬퍼하면서 조서를 내려 당희를 맞아들였다. 농원을 설치해주고 시중에게 지절을 보내 홍농왕비로 봉했다.

이각은 또 하사품을 모두 가져가 자신의 진영에 두었다. 가후는 "황상의 뜻을 거슬러서는 안 된다."고 말했다. 하지만 이각은 따르지 않았다.

가후는 모친의 상을 당해 관직을 떠났다. 이각과 곽사 등이 장안에서 싸웠다. 이각이 가후에게 관직을 다시 맡아 달라고 요청하면서 선의장군으로 삼았다.

『헌제기』에 따르면 이각은 가후와 헌제의 거소를 논의했다. 이각은 헌재를 관중에 있게 하려 했다. 그러나 가후는 "천자를 협박하는 것은 옳은 일이 아니다."며 반대했다.

장제의 조카 장수가 가후에게 물었다. "이곳은 오래 머물 곳이 아닌데 그대는 왜 떠나지 않는가." 가후는 "조정의 은혜를 입고 있어 의리상 배신을 할 수가 없다. 그대는 스스로 떠날 수가 있지만 나는 그렇게 하지 못한다."고 말했다.

이각은 곽사와의 내부 싸움에서 강족과 호족 수천 명을 이용했다.

그들을 불러 선물로 좋은 비단을 주고 관리들의 부녀자를 아내로 삼도록 허락했다. 그런 후 곽사를 공격하게 했다. 강족과 호족은 수차례 성문을 살핀 후 "천자께서 안에 계십니다. 이각이 우리에게 관리의 여자들을 주겠다고 했지만 지금 우리가 안전할지 모르겠습니다."라고 말했다.

이를 걱정하던 천자는 가후에게 대책을 강구하라고 했다. 가후는 이각 몰래 강족과 호족의 중수中壽(80세의 나이. 또는 그 나이가 된 노인)들을 불렀다. 음식을 대접한 후 관작과 귀중품을 줘 물러나도록 했다. 이후 이각의 세력은 급격히 약화되었다.

장제의 중재로 이각과 곽사가 화해하고 헌제가 두 사람에게서 벗어나려 할 때 가후는 대신들을 보호했다. 사도 조온趙溫과 태상 왕위王偉와 주충周忠, 사예교위 영소榮邵 등은 모두 이각에게 미움을 받았다. 이각은 그들을 죽이려 했다. 이때 가후는 이각에게 "그들은 모두 천자의 대신들이다. 장군은 어찌하여 그들을 해치려 하는가."라고 말했다. 이각은 가후의 제지에 그들을 죽이지 못했다.

장제는 양봉과 양정, 동승 등에게 헌제를 모시고 홍농으로 출발하라고 했다. 자신은 앞서 홍농으로 가서 황제 영접 준비를 했다.

헌제가 동쪽으로 향하자 곽사는 어가를 가로채려 했다. 양봉을 추격했지만 패했다. 이각을 찾아 함께 헌제를 추격하자고 했다.

가후는 천자가 장안을 나오자 자신의 관직 인수를 돌려 바쳤다. 이각에게 생명의 위협을 느꼈기 때문이다.

헌제가 홍농으로 가던 중 화음華陰에 머물렀다. 화음에 주둔하던 영집장군 단외段煨는 헌제를 지극정성으로 모시면서 자기 진영에 두려 했다. 양정이 동승과 함께 단외의 군사에 곽사의 군사가 섞였다는 거짓을 헌제에게 말했다. 두려운 헌제는 노숙을 택했다. 동승은 헌제에게 단외를 공격해야 한다는 상소를 올렸다.

헌제는 거절했다. 동승은 독자적으로 단외를 공격했다. 하지만 단외는 헌제를 지극히 후원했다. 헌제는 둘의 싸움을 말리고 길을 재촉했다. 그런데 이번에는 단외가 이각과 곽사의 협력을 받아 헌제 일행의 후미를 담당한 양정을 공격했다. 양정은 형주로 도망갔다.

가후는 이 무렵 동향 출신 단외에게 몸을 의탁한다. 가후는 명망으로 인해 단외의 병사들에게 존경의 인물로 받들어졌다. 단외도 지극정성으로 대접했다.

그렇지만 단외는 내심 자신의 위치를 가후에게 뺏길지 모른다는 두려운 생각을 갖게 됐다. 가후는 단외의 태도를 보면서 점차 불안을 느꼈다. 단외를 떠나기로 했다.

우여곡절 끝에 헌제는 홍농에 도착했다. 장제의 기대와 달리 헌제는 곧바로 낙양으로 향했다. 헌제를 추격하던 이각과 곽사가 홍농에 도착했다. 세 사람은 헌제를 추격했다. 하지만 헌제는 가까스로 추격을 따돌리고 황허강을 건너 196년 가을 낙양에 도착했다.

이후 이각과 곽사는 산도적이 되었고, 장제는 군량을 취득하기 위해 형주 북부에 있는 양성을 공격하다 화살에 맞아 죽었다. 장제의 군사는 조카인 장수가 흡수했다.

장수는 남양에서 조조와 맞서고 있었다. 그는 유능한 참모를 찾던 중이었다. 가후가 뜻을 전하자 장수가 사람을 보내 맞이했다.

이때 가후의 가족은 단외의 지역에 남아 있었다. 가후는 "단외는 나를 경계하니 내가 떠나면 즐거워할 것이고 밖에서 강력한 지원자와 결합하리라고 기대하면서 가족을 후대하리라."고 판단했다. 그 예상은 적중했다.

장수는 조조와 대치 중이었다. 장수의 승패는 가후의 책략을 듣는 여부에 따라 판가름이 되었다. 듣지 않았을 때는 패배하고 책략을 따랐을 때는 승리했다. 장수의 승세는 조조의 목숨까지 위협할 정도였다.

「장수전」에 의하면 조조가 남쪽을 정벌하며 육수에 주둔했다. 장수는 이길 수 없다며 항복했다.

그런데 조조가 장제의 아내이자 장수의 숙모인 절세미인 추 씨를 취했다. 장수는 분노했다. 조조는 장수가 추 씨를 취한 일을 불쾌하게 여긴다는 것을 듣고 은밀히 죽이려 했다. 하지만 조조의 의중을 장수가 먼저 파악했다.

「장수전」 주석 부자에 따르면 장수의 측근 중에 호거아가 있었다. 그의 용맹은 모든 군사들이 인정할 정도였다. 조조는 호거아를 부하로 삼기 위해 금은보화를 건네주었다. 장수가 이를 듣고 조조가 호거아를 시켜 자신을 죽이려 한다고 의심했다.

장수는 조조가 무방비할 때 급습하려 했다. 「장수전」 주석 「오서」에 의하면 가후의 계책에 따라 군이 이동 중일 때 장수가 조조에게 수레가 적고 무거우니 병사들에게 갑주를 입혔으면 한다고 했다. 조조는 별 의심 없이 허락했다. 장수는 무장한 병사를 이끌고 조조를 습격했다. 대비가 없던 조조는 크게 패했다. 호위대장 전위와 장남 조앙曹昻 그리고 조카 조안민을 잃었다.

조조는 거짓으로 성곽 서북을 공격하여 군사력이 약해진 동남을 공격하려 했다. 하지만 가후는 역으로 복병을 놓았다. 조조를 유인하여 체포하려는 등 허허실실 전략을 구사했다. 조조는 전투에서 겨우 목숨을 구했다.

장수가 조조와 대치하던 어느 날 아침 갑자기 조조의 군이 퇴각하기 시작했다. 장수는 퇴각하는 조조군을 직접 추격하려 했다. 그런데 가후는 지금 추격하면 크게 패할 것이라며 만류했다. 장수는 그 말을 듣지 않고 쫓아갔다. 가후의 예상대로 장수는 크게 패한 후 돌아왔다.

그런데 가후는 패잔병을 이끌고 돌아온 장수에게 이번에는 추격해 다시 싸우면 반드시 승리할 것이라고 했다. 장수는 지친 군사를 데리고 어떻게 다시 싸울 수 있느냐고 했다. 하지만 가후가 군의 형세는 시시각각 변하는 것이니 추격하라고 했다. 망설이는 장수에게 추격전을 재촉했다. 장수는 병사들을 다시 모아 공격했다. 결과는 가후의 예상대로였다. 대승을 거두고 군량과 전리품을 획득했다.

장수는 가후의 계책에 관해 물었다. 가후는 "장군께서는 조조의 적수가 되지 못한다. 군대가 막 퇴각할 무렵에는 조조가 추격에 대비하였으므로 질 것을 알았다. 그러나 조조가 크게 이겼음에도 힘을 다하지 않고 장군을 물러나게 하는 데 그쳤으니 이는 분명히 조조에게 어떤 변고가 있어 급히 퇴각해야 했던 탓이다. 추격하는 장군을 이긴 조조는 후방을 돌보지 않고 병사들을 급히 재촉했을 것이다.

그런 상황에서는 패잔병을 써도 이기는 것이다."

실제로 당시 조조는 원소군이 뒤를 칠 조짐이 보인다는 소식을 듣고 서둘러 퇴각하던 차였다.

훗날 원소와 조조가 관도에서 대치할 때 두 사람은 장수와 가후를 서로 자기편으로 끌어들이려고 각각 사람을 보내왔다. 장수는 원소에게 가려 했다. 하지만 가후는 조조를 선택한다. 그는 장수에게 "원소는 형제 원술조차 신뢰하지 않고 세력도 강력해서 우리를 경시하고 중용하지 않겠지만, 조조는 천자天子를 받들고 세력이 열세이므로 우군이 늘기를 원하므로 과거의 사원私怨은 문제 삼지 않고 우리를 틀림없이 중용하리라."라고 진언하며 조조에게 투항하라고 권했다.

항복을 권한 것은 첫째 조조가 천자를 받드는 것이고 둘째는 원소는 강성하여 군사가 적은 우리가 그를 따른다 해도 필히 우리를 중히 여기지 않겠지만, 조조는 군사가 약해 우리를 얻게 되면 반듯이 기뻐할 것이며 셋째는 패왕의 뜻을 가진 자는 사사로운 원한을 푼다는 것이었다.

조조는 장수가 부대를 이끌고 투항하자 크게 기뻐하며 사돈 관계를 맺었다. 가후에게는 손을 잡고 "내게 천하인들의 신뢰를 가져다 준 사람이 바로 그대이다."라고 말하면서 표를 올려 집금오로 삼고 도정후에 봉했다. 이후 기주목으로 옮겼다. 기주가 평정되지 않자 유임시켜 사공군사에 참여하게 했다.

장수는 조조에게 귀부 후 관도전투 당시 유표를 견제했다. 이후 하북 정벌에서도 공을 세웠다. 하지만 조조의 아들 조비에게 수차례 핍박받다 오환 정벌 와중에 죽었다. 훗날 장수의 가문은 위풍의 난에 연좌되어 멸문을 당했다.

이후 가후는 조조의 우백호右白虎가 되어 수많은 책략을 내놓았다. 관도전투에서는 결전을 앞두고 망설이는 조조에게 결단을 촉구하여 승리로 이끌었다.

원소가 관도에서 조조를 포위했다. 조조의 진영에는 군량이 떨어져 갔다. 조조가 가후에게 헤쳐나갈 계책을 물었다. 가후가 "공은 명철함에서 원소를 이기고, 용맹에서도 원소를 이기며, 사람을 등용하는 데서도 원소를 이기고, 기회를 봐 결단하는 데서도 원소를 이긴다. 네 가지의 승리 조건을 가졌음에도 반년이 지나도록 적을 평정하지 못한 것은 안전한 싸움만 하려 했기 때문이다. 공격의 기회를 결단해야 한다."고 대답했다.

조조는 가후의 의견을 받아들였다. 병사를 출동시켜 30여 리 떨어진 원소의 군영을 포위해 공격하여 격파했다.

「무제기」에 의하면 원소의 책사 허유가 재물을 탐냈다. 하지만 원소가 충족시켜 주지 못했다. 허유는 조조에게 귀부하여 원소의 식량 창고를 맡고 있는 순우경을 공격하도록 설득했다. 좌우에서 이를 의심했다. 하지만 순유와 가후는 조조에게 허유의 말을 받아들여 공격하도록 권했다.

원소군은 크게 궤멸되었고 하북은 평정되었다. 조조가 기주목을 맡고 가후의 벼슬을 옮겨서 태중대부로 삼았다.

서량에서 마초와 한수가 반란을 일으켰을 때 조조는 그들과 위수

남쪽에서 싸웠다. 마초 등이 땅을 나눠 화해하려 하면서 인질을 요구했다. 가후가 이를 괜찮다고 말하자 조조가 거짓으로 허락했다. 그런 후 가후에게 계책을 물었다. 가후는 한수와 마초의 동맹을 깨는 이간책을 쓰자고 했다.

「무제기」에 따르면 한수가 조조와 만날 것을 청하자 조조는 응했다. 조조는 한수의 부친과 같은 해에 효렴이 되었고 또한 동년배였다. 조조는 군사에 관한 일은 말하지 않았다. 수도에서 있었던 옛일 등 시답지 않는 이야기만 손뼉을 치면서 환담했다.

회담이 끝난 뒤 마초 등이 한수에게 조조가 무슨 말을 했느냐고 물었다. 한수는 별말 없었다고 했다. 마초는 두 사람의 회담을 의심하게 되었다.

또 「무제기」에 따르면 뒷날 조조가 한수에게 서신을 보냈다. 그런데 서신 여러 곳의 글자를 첨삭해 놨다. 한수가 마초에게 보여주었다. 마초는 한수가 자신에게 숨기는 게 있어 뜯어고친 것으로 알고 더욱 의심하게 되었다.

결국, 가후의 계책에 의해 한수와 마초의 동맹은 깨졌고 조조는 습격해 토벌에 성공했다.

한편 가후는 후계자 문제에 관해서도 지혜를 발휘했다. 경쟁자인 조비와 조식은 보이지 않는 세력 확장을 시도했다. 조비는 자기 위치를 확실히 하고자 가후에게 사람을 보내 의견을 구했다. 가후는 누구를 대하든 겸허하게 행동하고 적장자로서 성실히 임하라고 조언했다. 태자 임명권자인 조조도 가후에게 은밀히 상담했다. 가후는 즉답을 피하고 우회적인 답변을 했다. 원소와 유표의 일을 생각해 봤다면서 장남을 후계자로 선정하지 않아 멸망한 사례를 들어 조비를 태자의 지위로 확정시켰다.

가후는 섬기는 주군을 여러 명 바꾸면서 자신에게 잊지 않고 당부한 게 있었다. 자신이 외부에서 영입된 인물이라는 사실이다. 또한, 조조의 큰아들 조앙이 장수의 손에 죽게 된 일도 잊지 않았다.

타인들이 자신의 재능에 경계심을 품지 않게 조용히 생활했다. 시기와 의심을 받을까 두려워 사사로운 교제도 하지 않았다. 늘 처신을 조심했다. 항상 신중하게 움직였다. 자녀들의 혼인 상대도 명문 집안 출신을 고르지 않는 나름의 원칙을 지켰다. 혼사도 외부에 알리지 않으면서 조용히 치르곤 했다.

그는 심사숙고하는 처신으로 태자가 된 조비가 즉위하자 태위太尉에 임명되었다. 작위도 올려 수향후로 하고 식읍 3백 호를 늘려 이전의 것과 합쳐 8백 호로 하였다. 또 식읍 2백 호를 나눠 어린 아들 가방을 열후로 봉했다. 장자인 가목은 부마도위로 삼았다.

가후는 죽음도 타고 난 천수를 누려 77세의 나이에 자신의 집에서 편안히 숨을 거둘 수 있었다. 시호는 숙후肅侯라 했고 아들 가목이 후사를 이었다.

가후의 증조 가수옥賈秀玉은 가의賈誼(기원전 200~기원전 168년)의 9대손으로 무위태수武威太守를 지냈다. 조부 가연賈衍은 연주자사兗州刺史를 지냈고, 아버지 가습賈龔은 경기장군輕騎將軍을 지냈는데 거처를 무위군으로 옮겼다. 장남 가목賈穆은 부마도위駙馬都尉와 태수太守를 차남 가기賈璣도 부마도위와 관내후關內侯로서 장락군長樂郡으로 거처를 옮겼고, 막내아들 가방賈訪은 열후列侯를 받았다.

『수서隋書』(위징—중국의 24사 중 하나이며, 정관오사貞觀五史 중 하나) 경적지에 따르면 병서 중 가후의 주석서로 『초손자병법鈔孫子兵法』과 『오기병법吳起兵法』 등이 존재했다는데 현재는 모두 전하지 않는다.

『삼국지연의』에서 가후는 왕윤과 여포 등에게 동탁이 죽자 죽음을 두려워하는 동탁의 수하들에게 조언하면서 처음 등장한다. 양주인들을 모두 동탁 잔당으로 몰아 죽인다는 헛소문이 『삼국지연의』에서는 가후가 병사를 모으기 위해 퍼트린 것으로 바뀌었다.

그는 이각의 부하이지만 헌제를 구제하려는 마음을 가지고 있다. 누군가의 조언을 들은 헌제가 마침 가후가 혼자 들어오는 것을 보고 눈물을 흘리면서 "그대는 나의 목숨을 구해주지 않겠나."라고 했더니 가후가 "그것은 소인이 원하는 바이옵니다. 저 나름대로 해볼 것이니 폐하께서는 언행을 조심하시옵소서."라고 물러났다. 조조가 쳐들어온 것을 보고 항복하라고 간언했다가 이각이 죽이려 하자 행적을 감춘다.

한동안 등장이 없다가 장수의 책사로 재등장한다. 조조가 장수를 공격하자 가후가 "기왕 질 것이면 미리 항복하는 게 낫습니다."라고 간언한다. 그러나 조조가 숙모인 추 씨와 동침하자 장수는 분노하며 가후의 계략에 따라 조조를 야습하여 패퇴시킨다.

이후 조조군과 장수와 유표의 연합군이 싸운다. 조조는 서벽을 치는 척하면서 동벽을 공격하는 위격전살지계偽擊轉殺之計(양동작전을 구사하며 한쪽에 병력을 집중하는 척하여 다른 쪽의 방비가 약해질 때 그곳을 쳐서 성을 취하는 전략)를 사용했으나 가후는 허유엄살지계虛遺掩殺之計(적의 작전을 간파하여 일부러 약한 모습을 보여주고 작전을 역이용하는 전략)로 격퇴시킨다. 조조는 원소가 쳐들어온다는 보고를 받고 급히 후퇴한다. 이를 보고 장수와 유표가 추격하려 하자 "지금 추격하면 패배할 것이다."라고 말했다. 그런데 싸움의 결과가 진짜로 졌다. 그들이 돌아와서 한탄하자 가후가 "한 번 더 추격해 보라 이번에는 반드시 이긴다."라고 했다. 유표는 그 말을 믿지 못하고 남았다. 하지만 장수는 그 말을 믿고 추격했다. 결과는 가후의 말대로 이겼다.

그 이유에 대해 가후는 "처음에는 조조도 추격을 예상하고 방비했던 것이다. 하지만 패잔병을 이끌고 다시 추격할 것이라고는 생각하지 못했을 것이다. 조조가 급히 돌아갈 정도면 어떤 변고가 있었을 것이다. 그래서 추격해 이길 수 있었던 것이다."라고 했다.

이후 조조에게 귀순을 진언하고 조조군에 합류한다. 나머지 행적은 『삼국지』와 비슷하다. 다만 가후의 처세술에 대한 묘사는 나오지 않는다.

가후는 통찰력이 대단해 계책에 오류가 없었다. 심리전의 대가로서 사람의 심리를 잘 읽었다. 『삼국지』의 저자 진수는 가후를 조조의 책사 중 순욱과 순유의 반열로 보며 뛰어난 책사로 꼽았다. 하지만 제갈량과 순욱, 주유, 노숙처럼 한 시대의 비전을 제시하고 조직을 이끌어가는 리더십을 보여주지는 못한 아쉬움이 있어 술책가였을 뿐 그 이상은 아니었다고 낮게 평가하는 이들도 있었다.

고유

원소를 떠나
조조를 따른 법관

고유가 원소를 등지고 조조를 따른 것은 궤멸 전이면 배신이지만 궤멸 후면 정상 참작의 여지가 있는 항복이 된다는 말에 해당된다.

고유는 원소가 사후 그의 아들 원상의 세력마저 소멸된 후 조조에게 의탁했다. 사촌 형 고간이 조조에게 반란을 일으켰지만, 함께하지 않고 조조를 선택했다. 단순히 들어갔다는 뜻의 입入 단계의 배신이다.

명망이 높던 법관으로서 죽음을 피해 가족을 살리기 위한 일이었다. 상황에 내몰린 피동적 배신으로 타의적 배신이다.

고유高柔(174~263년)는 후한 말과 조위曹魏의 관료이다. 자는 문혜文惠이며 연주 진류군 어현圉縣(하남성 기현杞縣 서남쪽) 출신이다.

고유가 고향에 살 때 사람들이 장막과 조조가 곧 싸울 것이니 빨리 피하라고 했다. 당시 장막과 조조는 매우 친한 친구 사이였고, 고유 또한 나이가 어렸기 때문에 피난을 가지 않았다. 하지만 장막과 조조는 싸웠다.

고유는 진류에 살다 원소의 외조카로 원소를 섬긴 사촌 형 고간이 부르자 일족을 이끌고 병주로 이주했다. 당시 고유의 부친 고정高靖은 촉군도위이었다. 고정은 임지에서 사망했다. 고유는 3년에 걸쳐 도적 떼를 뚫고 험한 산길을 거쳐 촉군을 찾아가 아버지의 시신을 모셔왔다.

고유는 조조가 원소의 세력인 원상을 토벌한 후 뒤인 204년 관현의 장이 되어 치적을 쌓았다. 고유가 원소 휘하에서 한 일은 기록이 남아있지 않다. 하지만 고유가 부임한다는 소식만으로 부패한 관리들이 달아났다는 것으로 볼 때 법관으로서 명성이 높았던 것으로 추측된다.

고간이 206년 조조에게 반란을 일으켰다. 하지만 고유는 따르지 않고 조조를 선택했다.

조조는 고유에 대한 의심을 거두지 않으면서도 자간령사刺奸令史에 임명했다. 업무결과를 트집 잡아 죽이려는 생각이었다. 그러나 고유는 법률 적용을 적절하게 했고 옥 안에는 판결을 못 받아 기다리는 죄수가 없었다. 빈틈없는 훌륭한 직무 수행에 조조는 감탄하면서 승상창조속丞相倉曹屬에 임명했다. 고유에 대해 믿음을 가졌다.

211년 조조가 장로를 공격하려고 했다. 고유는 군대를 대규모로 움직이면 서량의 군대가 움직일 것이니 먼저 서량을 평정해야 한다고 주장했다. 하지만 받아들여지지 않았다. 한중으로 가던 중에 종요가 관문을 넘자 고유의 말대로 마초와 한수가 동관으로 쳐들어왔다.

220년에 조위가 세워지자 고유는 상서랑尙書郎에 임명되었다. 얼마 지나지 않아 승상이조연丞相理曹掾이 되었다.

이때 합비성에서 군악대 소속의 송금이 탈주했다. 법률에 따르면 탈영병의 처자식은 사형에 처했다. 법률이 엄격한데도 탈영병이 끊이지 않았다. 조조는 탈영병 처벌을 더욱 가중하게 했다. 송금의 모친과 처자식 그리고 두 동생은 노비가 되었다. 담당 관리가 노비에서 그치지 않고 처형해야 한다고 상소했다.

고유는 "사졸이 탈영하는 것은 한탄할 일이다. 그러나 그들 또한 도망친 이후에는 후회할 것이다. 그들의 처자식을 관대하게 처리하면 우리에게 이득이 될 것이 세 가지가 있다. 첫째는 적이 이것으로 인해 그들을 믿지 않을 것이고 둘째는 그로 하여금 돌아오려는 마음을 갖게 할 수 있는 것이며 셋째는 현재의 법대로 주위 사람들을 사형에 처하면 그 주위 사람들마저 도망갈 것이니 그것이 세 번째 이유이다. 형벌을 무겁게 하는 것이 결코 탈영을 막는 방법이 될 수 없다." 조조는 고유의 말을 받아들였고, 그 결과 목숨을 건지게 된 이들이 많았다.

후에 승진하여 영천태수가 되었다. 또 조정에 돌아와 법조연이 되었다. 이때 조조가 노홍과 조달 등을 감찰관으로서 관리들을 감찰하게 했다. 고유는 조조의 정실 인사인 그들의 권한이 지나칠 정도로 강하고 도덕성을 들어 믿을 수 없다고 진언했다. 조조는 고유의 진언을 무시했다. 그런데 이후 고유의 진언대로 그들의 부정이 적발되었다. 조조는 그들을 처형하고 고유의 간언을 인정했다.

220년(황초 원년) 조비가 헌제로부터 선양을 받아 조위를 건국하고 황제에 올랐다. 고유는 치서시어사治書侍御史에 임명되고 관내후에 봉해지며 치서집법이 된다.

조비가 뜬소문을 내는 사람을 죽이고 고발자에게 상을 내리는 법을 만들었다. 고유는 반성과 교화의 기회를 주지 못하고 오히려 온갖 무고와 상호 비방이 끊이지 않을 것이라고 지적했다. 조비는 무시했다. 그러나 고유의 예상대로 무고가 심해지자 결국 몇 년 뒤 고발하는 법을 포기했다. 당시 고발 관련 송사가 처리하기 어려울 정도로 많았다. 하지만 고유는 꼼꼼히 살피며 허실을 명확하게 밝혔다. 작은 위법사항은 가능한 벌금형에 그치도록 했다.

223년(황초 4년)에는 정위로 승진했다. 226년 조비가 법을 무시하면서까지 포훈(조위의 관료로 자는 숙업叔業이며 포신의 아들로서 조비가 벌인 기행의 대표적인 피해자)을 죽이려 했다. 고유는 법대로 해야 한다며 반대했다. 조비는 격노했다. 고유를 상서대로 호출하고 그 사이에 사자 한 명을 정위로 임명해 보내 포훈을 죽인 뒤 고유를 원래 자리로 복귀시켰다.

226년 명제가 즉위하자 고유는 연수정후延壽亭侯에 봉해졌다. 조예에게 유자들을 학문과 품행의 우열에 근거하여 대접할 것을 말하자 받아들여졌다. 또 한편 조예의 대대적인 궁궐 증축과 미녀를 선발하여 후궁을 들이는 행태 등을 법에 따라 비판했다. 한편 해홍이라는 관리가 부친상을 지내다 몸이 약해져 질병으로 조정의 소집 명령을 어겨 처형당하게 됐다. 고유는 진상을 면밀히 조사해 그의 사형을 막았다.

고유는 법률가로서 권력자의 권력 남용에는 법과 원칙을 들어 직언을 아끼지 않았다. 반면 백성들에게는 유연한 법 해석으로 최대한 화를 피하도록 했다.

245년(정시 6년)에는 태상이 되었다. 열흘 후에는 사공(245년 8월 19일~248년 4월)에 임명되었고 248년에는 사도로(248년 4월~256년 9월) 전임했다. 조조와 조비 그리고 조예로 이어지는 3대에 걸쳐 활약하면서 깊은 신임을 받았다.

249년(가평 원년) 사마의가 고평릉 사변에서 조상 일족을 숙청했을 때는 사마의를 도왔다. 고유는 76세의 고령에도 불구하고 황태후의 조칙으로 가절대행군사假節行大軍事가 되어 조상의 진영을 진압하는 공적을 세워 만세향후萬歲鄕侯에 봉해졌다.

250년에는 사마소에게 상국 인수를 전달했다. 조모가 즉위하였을 때는 안국후安國侯에 봉해지고 태위(256년 9월~263년 9월)로 전임되었다. 원제가 즉위하였을 때는 식읍이 더해져 4천 호에 이르렀다.

삼공을 역임한 고유는 263년(경원 4년) 9월 촉한 정벌이 시작된 지 얼마 후 90세의 나이로 숨을 거두었다. 뒤는 손자 고혼高渾이 이었다.

『삼국지연의』에서 고유는 사마의의 쿠데타 때만 등장한다.

공손연

조위—동오—조위—동오
섬김 반복 후 연나라 칭번

공손연은 공손씨 4대 수장으로서 조위와 동오 중 조상들과 같이 조위에 협력하는 외교정책을 폈다. 공손연의 아버지 공손강은 원소의 잔존 세력 원희와 원상을 참수하여 조조에게 보내기도 했다.

동오의 손권은 공손연에게 사자를 보냈다. 조위의 조예는 공손연의 관위를 높여 주며 동오와의 관계 단절을 원했다. 하지만 공손연은 조위에게 공물을 계속 보내면서도 동오와 관계를 이어갔다. 조위는 공손연을 토벌하려 했다. 이에 공손연은 동오의 사신들에게도 답례를 표하고 동오에 사신을 보내며 칭번했다. 손권은 공손연에게 청주목이란 관직을 내려주고 연왕이란 작위도 수여했다.

하지만 공손연은 거리가 먼 동오에 의지하는 것은 위험하다는 판단에 동오의 사신을 참수하여 조예에게 바쳤다. 조예는 공손연에게 대사마와 낙랑공樂浪公이란 관직을 주고 요동태수를 유지시켜 주었다. 공손연은 조위의 사자에 불손한 태도를 취했다. 조예는 토벌하러 갔지만, 장마로 물러났다. 공손연은 조위를 등지고 동오의 편에 섰다. 손권은 구원舊怨이 있지만, 지원을 약속했다. 공손연은 조위의 정벌군 사마의에게 토벌당했고 동오의 지원은 받지 못했다. 결국, 요동과 대방, 낙랑, 현도 등 동북방 변방을 지배한 공손연은 멸망했다.

공손연이 조위를 등지고 동오에 손을 내밀다 다시 조위 그리고 동오의 편에 선 일은 가장 적극적인 배반을 뜻하는 반叛에 해당된다. 이익을 좇아서 한 국가적이고 정치적인 배신으로서 상황을 주도한 능동적 배신이고 자의적인 배신이다.

공손연公孫淵(?~238년)은 후한 말과 삼국시대 요동 공손씨 정권의 4대이자 마지막 수장이며 요동 연나라의 왕이었다. 자는 문의文懿이며 유주 요동군 양평현襄平縣(요령성 요양遼陽) 출신이다.

제1대 공손도의 손자이자 제2대 공손강의 차남이다. 숙부 공손공을 몰아내고 정권을 강탈했다. 동오의 협력 요청에도 불구하고 조위에 협력했던 조상들처럼 그 외교정책을 이어갔다. 하지만 조위에게 공손연은 꺼림칙한 존재였다. 결국, 사마의에게 토벌을 당하면서 반세기를 존속했던 요동의 공손씨 정권은 막을 내렸다.

공손씨는 공손연의 할아버지 공손도 때부터 대대로 요동 일대를 점거하고 있었다. 공손연의 아버지 공손강은 요동태수로서 조조가 원소의 잔존 세력을 소탕할 때 원희와 원상을 참수하여 화평을 청했다. 조정은 그에게 양평후 좌장군을 내렸다.

221년 아버지 공손강이 사망할 때 공손연과 형 공손황은 나이가 어렸다. 부친의 자리 요동태수는 숙부 공손공이 승계했다. 공손공은 나라를 다스릴 만한 능력이 부족했다.

228년(태화 2년) 공손연은 평곽후가 된 숙부를 위협하여 요동태수를 자리를 탈취했다. 조위의 황제 조예는 이를 추인하고 양렬장군揚烈將軍을 내려줬다. 공손연은 조위뿐만 아니라 동오에도 사자를 보내 손권과도 교류했다.

229년 손권이 공손연에게 교위 장강張剛과 관독管篤을 사자로 보냈다. 230년 이를 알게 된 조예가 공손연을 거기장군으로 관위를 올려주었다. 그럼에도 공손연은 동오와 관계를 끊지 않았다.

232년 조예는 공손연이 공물을 계속 보내옴에도 불구하고 동오와 교류하는 것이 거슬러 공손연을 정복하려 했다. 여남태수 전예가 청주에서 서해를 건너고 유주자사 왕웅이 육로로 진공하려다 성과 없이 돌아갔다.

공손연은 주하周賀 등 이미 와있던 동오의 사신들에 대해 답례를 표했다. 교위 숙서宿舒와 낭중령郎中令 손종孫綜을 보냈다. 담비와 말들을 헌상하고 칭번했다. 손권이 기뻐하며 청주목이란 관직을 내려주고 연왕燕王이란 작위도 수여했다.

233년(청룡 원년) 숙서와 손종이 동오 군사 1천여 명의 대규모 호위를 받으며 동오의 사절단과 함께 답진沓津에 도착했다. 동오의 사절단은 책봉 조서와 관련 집기 그리고 금은보화에 구석九錫까지 가져왔고 말들을 사 가려 했다. 태상 장미와 집금오 허안許晏 그리고 중랑장 만태萬泰, 교위 배잠裴潛이 수행원 400여 명을 데리고 치소인 양평으로 향했다. 하달賀達과 우자虞咨는 배에 남았다.

공손연은 손권이 너무 멀리 떨어져 있어 의지하기 어렵다고 판단했다. 장미 등 4인을 참수하고 그 수행원들을 가뒀다. 한기韓起에게는 답진의 동오군을 격파하게 했다. 몰수한 물품과 수급은 서조연西曹掾 공손형公孫珩으로 하여금 조예에게 바쳤다. 공손연은 조예로부터 대사마와 낙랑공樂浪公을 받고 요동태수도 유지했다. 하지만 조위와 불편한 관계는 해소되지 않았다.

공손연은 조예가 내린 관직에 불만을 품고 조위의 사자에 불손한 태도를 취했다. 조예는 공손연을 토벌하기로 결심한다. 관구검을 유주자사에 임명했다. 237년(경초 원년) 관구검은 양평으로 진격했다. 그러나 공손연은 관구검을 요수현遼隧縣에서 역격逆擊(적의 공격을 받고 수비하던 쪽이 갑자기 공격)하여 물리쳤다. 마침 열흘간의 비로 요수遼水가 불어난 상태라 관구검이 물러났다.

공손연은 연호를 소한紹漢이라 정하고 예전에 손권이 봉했던 연왕을 자처했다. 이때 가범과 윤직이 말렸는데 공손연은 그들을 처형했다. 공손연의 반란 소식이 조위 조정에 알려지자, 낙양에 인질로 가 있던 그의 형 공손황은 목숨을 잃었다.

공손연은 동오에 협조를 구하고 선비족을 회유하여 조위의 북방을 교란시키도록 했다. 손권은 구원舊怨이 있지만 양도羊衜의 진언을 받아들여 지난 일은 덮어두고 지원을 약속했다.

238년 봄 조위는 태위 사마의가 우금과 호준 등을 거느리고 보병과 기병 4만 명으로 공손연 토벌에 나섰다. 고죽孤竹과 갈석碣石을 지나 6월에는 요수遼水에 도착했다. 공손연도 비연과 양조 등 수만 명을 요수현으로 출격시켰다. 해자 등의 장애물을 20여 리(8km)에 걸쳐 설치하고 맞섰다.

그런데도 결과는 사마의에게 당했다. 사마의가 동남쪽 방향으로 수비망을 뚫으려 하는 것 같아 전력을 그쪽에 쏟았는데 사마의는 일부 병력만 대치시켜 놓고 북쪽으로 우회하여 강을 건너 양평을 향해 내달렸기 때문이다. 양조 등은 애써 구축한 진지를 버리고 사력을 다해 사마의를 공격했다. 하지만 수산首山도 뚫리고 양평이 포위당했다.

비가 한 달간 내려 강이 범람하는데도 사마의는 철군하지 않았다. 비가 그치고 날이 맑아지자 사마의의 공성이 시작되었다. 토산과 땅굴과 누거樓車와 발석거 그리고 연노 등으로부터 매일 돌과 화살이 빗발쳤다.

공성으로 버티던 양평성에는 식량이 바닥났다. 인육을 먹어야 할 정도로 비참했다. 죽어가는 군사와 백성이 부지기수였다. 양조 등 투항하는 병사들도 생겨났다. 8월에 수십 장丈 길이의 유성까지 동남쪽 방면에 떨어지자 군사들이 두려워했다.

고구려의 동천왕도 수천 명을 보내 사마의를 도왔다. 그런데 손권이 지원군으로 파견한 정주鄭冑는 도착하지 않았다.

공손연은 결단했다. 상국 왕건과 어사대부 유포(유보)를 보내 포위를 풀어줄 것과 면박面縛(양손을 등 뒤로 돌려 결박하고 얼굴을 들게 하여 사람들에게 보이는 것)하여 항복할 것을 간청했다.

하지만 사마의는 허락하지 않고 왕건과 유보의 목숨을 빼앗았다. 그런 뒤 곧바로 공손연에게 격문을 보냈다. 공손연은 다시 시중侍中 위연을 보냈다. 날짜를 정해 볼모를 보내겠다는 뜻을 전했다.

이에 사마의는 "군사에는 다섯 가지 길이 있으니 나와서 싸울 수 있다면 싸우고, 싸울 수 없다면 지켜야 하고, 지킬 수도 없다면 달아나야 한다. 남은 두 가지는 항복과 죽음뿐이다. 공손연이 직접 와서 항복을 청하지 않는 것은 죽음을 각오한 것일 터 질자質子(나라 사이에 조약 이행을 담보로 상대국에 억류하여 두던 왕자나 그 밖의 유력한 사람)를 보낼 필요는 없다."라고 했다.

공손연은 사마의의 뜻이 목숨을 내놓으라는 것으로 여기고 탈출했다. 아들 공손수와 수백 기만을 거느린 채 동남쪽 포위망을 돌파하고 도주했다. 그러나 곧 조위의 군이 길을 끊고 기습하자 말에서 내려 항복했다. 하지만 부자가 동시에 참수됐다. 15세 이상 남자 7천 명과 장군 필성畢盛 등 공경 이하 2천 명을 처형시킨 뒤 경관京觀(사람을 죽이고 해골을 쌓아 흙으로 덮어 산을 이룬 것으로 고대의 전승기념비)을 만들었다. 공손연의 머리는 낙양으로 보내졌다. 공손공 때부터 낙양에 인질로 가 있던 형 공손황도 목숨을 잃었다. 공손연의 공손씨 정권은 189년(중평 6년) 이래부터 군림해 왔다. 요동과 대방, 낙랑, 현도 등 동북방 변방을 지배했다. 그러나 사마의에 의해 멸망했다.

『삼국지연의』에서 공손연은 『삼국지』의 내용과 비슷하게 묘사됐다. 다만 사마의가 인질 받기를 거절하면서 군사로 맞설 때는 중요한 다섯 가지 원칙을 말했다. 싸울 수 있을 때는 마땅히 싸워야 하고, 싸울 수 없을 때는 지켜야 하고, 지킬 수 없을 때는 달아나야 하고, 달아날 수 없을 때는 항복해야 되고, 항복할 수 없을 때는 마땅히 죽어야 한다. 군사대요유오軍事大要有五 능전당전能戰當戰 불능전당수不能戰當守 불능수당주不能守當走 불능주당항不能走當降 불능항당사이不能降當死耳로 약간 달라졌다.

동소
—

원소와 장양을 거쳐
조조에게 귀순

동소는 원소와 장양을 거쳐 조조에 의탁했다. 원소를 떠나게 된 원인은 동소에 대한 원소의 의심에서 시작됐다. 동소가 위군태수일 때 동소의 동생 동방은 장막 휘하에서 진류태수로 있었다. 원소는 장막과 갈등이 생기고 동소에 대한 참언을 들으면서 죽이려 했다.

동소는 헌제를 보러 하내에 갔지만, 장양에게 붙잡혀 투항했다. 단순히 들어갔다는 것을 의미하는 입入 단계의 배신이다. 이후 장양을 등진 것도 같은 배신이었다. 상황에 떠밀린 피동적 행동으로 더 큰 이익과 명예를 좇은 처신이다.

동소董昭(156~236년)는 삼국시대 조위의 관료이다. 자는 공인公仁이며 연주兗州 제음군濟陰郡 정도현定陶縣(산동성 정도定陶) 출신이다.

처음에는 참군사로 원소袁紹를 섬겼다. 소문을 흘리는 적의 계책을 밝혀내 예방하고 교역하는 척하면서 적을 이간시켜 토벌하는 등 많은 공을 세웠다. 191년 원소가 한복韓馥의 땅을 빼앗자 친공손찬파와 친원소파로 나뉘었다. 동소는 친공손찬파인 거록태수鉅鹿太守를 친원소파로 돌리는 공을 세웠다.

193년 3월 위군태수魏郡太守 율반栗攀이 반란군에게 죽자 원소는 동소를 위군태수에 임명했다.

그러나 동소의 동생 동방董訪은 원소와 대립하고 있던 진류태수陳留太守 장막張邈의 휘하에 있었다. 원소는 장막과 사이가 나빠지자 어떤 사람의 참언을 듣고 동소를 의심하여 죽이려 했다. 이에 동소는 헌제를 보러 하내河内까지 갔다. 하지만 하내에서 장양張楊에게 붙잡혔다. 동소는 그 자리에서 관인官印과 직위를 모두 버리고 장양에게 투항했다.

196년 이각李傕과 곽사郭汜의 내분이 일어나자, 헌제는 장안에서 탈출하여 낙양洛阳으로 도주했다. 이때 양표楊彪가 조조에게 도움을 요청했다. 조조는 군사를 이끌고 헌제를 구출하러 갔다. 그러나 조조군은 하내를 거쳐 가야 하므로 장양에게 길을 열어 달라고 요청했다. 이에 장양이 동소에게 의견을 물었다.

동소는 "난세에 가까운 제후들과 척을 져서 좋을 것이 없으며, 지금 조조로서도 굳이 헌제를 구출하러 가는데 우리를 공격할 이유가 없으니 길을 내어주는 것이 좋겠다."라고 했다.

장양은 조조에게 길을 열어줘 헌제에게 가도록 했다. 조조와의 관계도 우호적으로 되었다.

조조가 낙양에서 헌제를 모시던 신하들과 인사를 나누게 되었다. 모두 얼굴이 거무튀튀하고 피골이 상접한 상태였다.

그런데 유독 동소만이 얼굴에 기름이 반질거리며 혈색이 좋았다. 조조는 의아하게 여겨 "어쩌면 그리도 안색이 좋은가."라고 물었다. 동소는 "30년간 채식만 하다 보니 장과 피부가 좋아졌고, 굶어도 배가 고프지 않습니다."라고 했다.

184년 조조가 황건적 소탕에 힘을 쏟고 있을 때 낙양에서 한섬韓暹과 양봉楊奉, 장양, 동승董承 사이에 내분이 일어났다. 동소는 양봉에게 조조의 협력을 요청하라고 권했고 양봉은 따랐다. 하지만 세력이 조조에게 흡수되고 양봉과 한섬은 원술에게 의지하러 도주한다. 장양 또한 도주하려 했다.

동소는 조조에게 허창으로 천도할 것을 권했다. 조조는 동승의 계책을 받아들여 헌제를 모시고 허창으로 옮겼다. 이로써 동소는 계략으로 주위의 세력가들을 없애 버렸다.

199년 장양이 부하 양추楊醜에게 살해당하자 조조에게 하내를 바치면서 조조의 신임을 얻는다.

200년 관도대전官渡大戰 때 순유荀攸의 계책으로 원소군의 배후를 찌르려는 척했다. 이에 안량顔良은 소수의 병력으로 백마진白馬津에 갔다. 이때 동소의 부대가 안량의 진영을 뚫어 관우關羽가 안량의 목을 벨 수 있는 길을 터 주었다.

안량이 죽고 난 후 업성을 포위할 때 원소의 동족同族 원춘경을 위군태수로 임명했다. 원춘경은 성안에 있었다. 그의 부친 원원장이 양주揚州에 머물고 있어 조조는 사람을 보내 원원장을 영접했다. 동소가 서신을 원춘경에게 보냈다. 업성이 이미 평정되자 조조는 동소를 간의대부諫議大夫로 삼았다.

또한, 조조가 오환 정벌 감행시 군량 수송 문제로 어려움을 겪고 있었다. 동소는 계책을 냈다. 바로 통하는 평로平盧와 천주泉州의 두 운하를 만들어 군량을 수송하자고 했다. 그 결과 경제적 손실을 줄였다. 답돈에게 항복한 원상과 오환족도 무너뜨려 원씨 가문을 전멸시키는 데 결정적인 역할을 했다. 동소는 천추정후千秋亭侯에 책봉되고 사공군좨주司空軍祭酒로 전임되었다.

211년에는 옛 제도를 고쳐서 다섯 등급의 작위제를 부활시켜 봉해야 한다고 했다. 또 조조에게 위공魏公으로 오를 것을 건의하고 구석九錫(공로가 있는 신하에게 임금이 특별히 내리는 아홉 가지 은전恩典－거마, 의복, 악기, 주효, 납폐, 호분, 궁시, 부월, 거창)을 청했다.

하지만 순욱荀彧의 반대로 오르지 못했다. 동소는 213년 다시 위공을 재청하여 조조의 위공 추대를 이룬다. 조조가 위공과 위왕의 칭호를 받은 것은 모두 동소가 처음 건의한 데서 비롯되었다.

『헌제춘추』에 의하면 동소는 조조의 위공 추대에 반대한 순욱에게 "조조는 온갖 고생으로 지난 30년 동안 여러 흉적들을 베어 버렸다. 이는 백성들에게 해악이 되는 것들을 없애고, 한 왕실을 다시 존속시켜 유씨가 제사를 받들 수 있게 하기 위함이었다. 지금 여러 장수들과 공신들을 하나의 현을 차지하는 제후로 봉하고자 하니 이는 천하가 바라는 일이다."라는 편지를 보냈다.

219년 관우가 번성을 포위했다. 손권孫權이 조조에게 서신을 보내왔다. 관우를 함께 협공하여 붙잡자는 것과 이를 관우가 모르도록 비밀에 부치자는 것이었다. 즉 비밀동맹을 맺자는 것이었다.

손권은 "저는 군대를 서쪽 위로 보내 몰래 관우를 습격하려고 합니다. 강릉江陵과 공안公安의 요충지는 겹겹이 이어져 있습니다. 관우는 두 성을 잃게 되면 멀리 달아나게 될 것입니다. 그러면 번성의 포위는 구원하지 않아도 스스로 해결될 것입니다. 이 일은 비밀을 구하니 장군께서는 누설하여 관우가 방비하지 못하게 하십시오."

조조가 관리들에게 물으니 모든 관리들이 비밀에 부치는 것이 맞다고 했다. 하지만 동소는 반대하며 조조에게 말했다.

"군사軍事는 임기응변으로 일 처리가 합리적이고 마땅해야 합니다. 손권에게는 비밀로써 호응하면서 내부적으로 그것을 누설해야 합니다. 관우가 손권이 서쪽으로 온다는 것을 듣고 군사를 돌려 스스로를 보호하게 된다면 번성의 포위는 곧 풀려 우리 군은 이익을 얻을 수 있습니다. 그러면 동오와 촉한을 서로 대치하게 하여 그들의 피폐를 기다릴 수 있습니다. 만일 비밀로 하고 누설하지 않으면 손권으로 하여금 뜻을 얻게 하는 것이니 상책上策이라 할 수 없습니다. 게다가 포위된 장수와 관리들은 구원이 있을 것을 알지 못해 매일 같이 곡식의 양을 계산하면서 두려워할 것입니다. 또 만일 다른 뜻을 품는다면 위험스런 일이 적지 않게 생길 것입니다. 이 일은 누설하는 것이 이롭습니다. 관우는 사람됨이 비교적 정직하여 스스로 두 성을 믿고 굳게 지킬 것이며 재빨리 퇴각하지 않을 것입니다. 손권이 이 계략을 비밀로 해 관우를 사로잡게 되면 그 모든 죄를 우리에게 뒤집어씌워 어부지리로 형주荊州를 독차지하겠다는 야심입니다. 그러니 이와 같은 사실을 관우에게도 알려야 합니다. 그렇게 되면 관우는 동오도 막아야 하기 때문에 군사를 분산시켜야 할 것이며, 손권의 야욕이 만천하에 드러나게 되는 것이니 더 이상 술수를 부릴 수 없을 것입니다."

　조조는 동소의 말이 옳다고 여겼다. 손권의 서신을 포위된 번성의 조인과 관우의 주둔지에 쏘아 올리게 했다. 조인의 마음을 안정시키면서 관우도 주저하게 하려는 것이었다. 조인의 군대는 사기가 올랐고, 관우는 마음속으로 주저하면서 퇴각하지 않았다. 결국, 손권은 느닷없이 관우의 뒤를 치는 배신자가 되어 조위와 동맹을 맺은 셈이 됐다. 손권의 군대가 도착하여 두 성을 취하자 관우는 무너졌다. 이때 동소는 관우가 형주로 도망가려는 것을 파악했다. 서황徐晃을 보내 관우의 뒤를 치게 하니 관우는 결국 동오의 마충에게 사로잡히게 되었다.

　이 공적으로 인해 동소는 221년 식읍 8백 호를 받고 시중으로 가게 되었다.

　222년 하후상夏侯尙을 대장군으로 삼아 강릉江陵을 공격하게 했다. 이때 동소는 조비曹조를 따라 참전했다. 날씨가 지지부진했다. 하후상이 삼각주三角洲에 진을 치자, 동소는 그 소식을 듣고 조조도 적을 가볍게 보지 않았다며 조비에게 상소를 올렸다.

"삼각주에 진을 치는 것은 당장 강릉 공격에는 유리할지 모르지만, 지금처럼 지지부진한 상황에서 밀물이 들어와 잠겨버리면 모든 것이 수포가 되고 맙니다. 군대가 깊이 들어갔다 해도 돌아오는 길은 비교적 편리해야 하는데 삼각지에 주둔하는 것은 주위가 모두 물로 둘러싸여 있어 가장 깊은 곳에 들어가는 것이고, 부교로써 건너려는 것은 매우 위험한 것이며, 한길로 가려는 것은 지극히 협소한 것이라 잘못 싸우면 동오에 항복할 것이고 또 그랬다가 홍수가 일어나면 위험하니 차라리 철군이 낫습니다."

조비는 동소의 의견이 옳다고 판단했다. 하후상이 군대를 철군시켰다. 하후상의 기병들이 퇴각하다가 동오군에 습격을 당해 많은 군사들을 잃게 되었다. 동소를 원망하는 목소리가 높았다. 하지만 열흘 후 강이 범람하여 밀물이 들어와 삼각주가 물에 잠기자 언제 그랬냐는 듯이 동소를 찬양했다. 조비는 장량과 진평도 이보다 더한 계책을 구사할 수 없다고 했다.

224년에는 성도향후成都鄕侯에 책봉되고 태상太常이 되었다. 또 광록대부와 시중侍中으로 직위가 옮겨졌다. 조비를 따라 동쪽 정벌에 참여한 후 226년에 돌아와서는 태복太僕이 되었다.

조예가 즉위하자 악평후樂平侯에 책봉되고 위위衛尉가 되었으며 232년에는 사도司徒(230~232년 7월(대리), 232년 7월~236년 5월 13일)가 되었다. 동소는 상소하여 말류末流의 폐해에 대해 말했다.

동소는 말류의 사람 중에서 가까이로는 위풍이 건안 말기에 처형되었고, 조위曹偉가 황초 초에 참혹하게 처형되었는데 지금 젊은 사람들은 다시 학문을 근본으로 삼으려 하지 않고 서로 교유하는 것을 전업으로 삼으려 하고 있다. 권세에 따라 놀고 이익이나 추구하는 사람을 우선으로 하고 있다. 도당을 만들고 무리를 연합하여 서로 칭찬하고 감탄한다. 훼방하고 비난으로써 형벌과 살육을 일삼고 자신들이 하는 일을 찬미하여 작위와 상으로 삼는다. 자신에게 아부하는 자에게는 그를 찬미하는 말을 가득히 하고, 자신에게 아부하지 않은 사람에게는 하자와 틈을 만든다고 했다. 또 어떤 사람은 그의 노비와 식객을 재직가인在職家人이라고 부르며 함부로 나가고 들어오며 서로 방문하여 안부를 묻는데 형벌로서도 사면할 수 없다고 했다. 조예는 이에 말류의 우두머리인 제갈탄과 등양 등을 배척하여 파면시켰다.

동소는 236년 81세에 죽었다. 시호를 정후定侯라 하였고 작위는 아들 동위가 이었다. 동위는 군수와 구경九卿을 역임했다.

『삼국지연의』에서는 천자의 사자로 맨 처음 등장한다. 30년 채식을 이야기하다가 조조에게 천자를 허도로 모시라고 말한다. 적벽대전 이후 조조의 세력이 반석에 오르는 시기인 211년과 213년에 조조에게 위공魏公의 작위와 구석九錫의 특권 수여를 추진한다. 동소가 원소와 장양을 섬겼다는 말은 없다. 출현 빈도가 적지만 『삼국지』와 거의 같은 모습으로 묘사되었다.

문빙

유표 사후 유종의 항복으로
조조에게 귀순

형주의 북방 수비를 맡은 장수로서 조조에게 귀순한 문빙의 유표 배신은 단순히 들어갔다는 것을 뜻하는 입入 단계의 배신이다.

문빙은 유표 사후 후계자 유종이 조조에게 항복할 때 출두하지 않았다. 조조가 한수를 건넌 뒤 나아갔다. 늦게 온 것을 질책하는 조조에게 형주를 지켜 유표와 유종을 보필했어야 했는데 그렇지 못해 슬프고 부끄러워 볼 낯이 없다고 말했다.

조조는 문빙을 충신으로 대우하며 받아들였다. 문빙의 배신은 상황에 내몰린 피동적 배신으로 죽음을 피하기 위한 배신이다.

문빙文聘(?~?)은 삼국시대 유표와 조위의 장수이다. 자는 중업仲業이고 형주 남양군 완현宛縣(하남성 남양) 출신이다.

처음에는 형주목 유표의 대장으로서 형주의 북방 수비를 맡았다. 유표가 죽자 조조는 208년(건안 13년) 형주를 침공했다. 후계자 유종이 형주를 들어 조조에게 항복했다.

유종이 항복하러 갈 때 문빙은 형주를 지키지 못한 죄의 처벌을 기다릴 뿐이라며 출두하지 않았다. 조조가 한수를 건너온 후 왜 늦게 왔느냐고 물었다. 문빙은 "형주를 지켜 유표와 유종을 제대로 보필했어야 했는데 지키지 못해 슬프고 부끄러워 볼 낯이 없었다."며 흐느껴 울었다. 조조가 문빙은 진정한 충신이라며 후하게 대했다.

이때 유비는 장판파에서 도망 중이었다. 조조는 문빙에게 호표기를 맡겨 조순과 함께 유비를 추격하는 임무를 맡겼다. 이들은 하룻밤 사이에 3백 리(118km)를 달려 당양현當陽縣 장판長阪에서 유비를 깨트렸다.

조조는 형주를 평정한 후 문빙에게 관내후關內侯 작위를 내리고 강하태수로 삼아 변경을 방비하게 했다.

조조가 적벽에서 참패한 뒤 조인은 남군에서 주유와 싸웠다. 관우가 북상해 형주 북부를 침공했다. 하지만 문빙은 심구尋口에서 악진과 함께 관우를 물리쳤다. 그 공로로 연수정후延壽亭侯로 봉해지고 토역장군討逆將軍이 되었다. 또 한진漢津에 있던 관우의 치중(수송대)을 공격하여 형성荊城에서 그 배를 불태우기도 했다.

220년(연강 원년) 조비가 황제에 오른 뒤 문빙은 장안향후長安鄉侯에 봉해지고 가절假節을 받았다.

222년(황초 3년) 조진과 하후상 등이 남군 강릉성江陵을 포위할 때 그는 별도로 면구沔口에서 동오군을 막았다. 그 공로로 후장군으로 승진하고 신야후新野侯를 받았다.

226년 손권이 조비 사후의 틈을 타 5만 명으로 석양石陽을 포위했다. 문빙은 성을 굳게 지키며 꿋꿋하게 버텼다. 순우의 복병에 패한 손권이 공격을 포기하고 20여 일 만에 물러갔다. 문빙은 포위망을 풀고 물러가는 손권을 추격하여 격파했다. 문빙의 이름은 강하를 수십 년간 위엄과 인정으로 다스려 동오에도 알려졌다. 장강과 접해있는 동오와의 국경 지대인 강하를 지켜냈다.

시호는 장후壯侯라 했다. 아들 문대文岱가 있었지만, 일찍 죽어 양자 문휴가 후사를 이었다. 손자는 문무文武이다.

『삼국지』의 저자 진수는 이통, 장패, 문빙, 여건이 주군州郡을 지키며 위엄과 은혜까지 드러냈다고 했다. 손성은 자부사군資父事君(아버지를 자료資料로 하여 임금을 섬길 것이니 아버지 섬기는 효도孝道로 임금을 섬김)이라며 그 실례로 눈물을 흘려 진심을 보인 문빙을 들었다.

『삼국지연의』에서 문빙은 유표 휘하 장수로 양양성을 지킨다. 채모가 유비의 암살을 시도할 때 왕유와 함께 조운을 따로 불러내는 역할을 맡는 것으로 등장한다.

유종이 조조에게 항복한 후 피신 중이던 유비와 백성들의 양양성 입성을 채모가 거부한다. 분노한 위연이 반기를 들자 문빙이 나서 대항해 싸운다. 사시巳時(오전 9시~11시)부터 미시未時(오후 1시~3시)까지 싸워도 결판이 나지 않았다. 위연의 병사들이 흩어졌다. 위연은 문빙에게서 몸을 뺀 뒤 한현에게 의탁했다. 조조에게 늦게 출두할 때의 일화는『삼국지연의』에도 삽입되었다.

적벽대전에서는 정욱이 황개의 화공을 간파하자 자신이 수중전에 능하다며 자진해서 황개의 배를 막으려 한다. 하지만 어깨에 화살을 맞아 물에 떨어지는 황개의 화공으로 부상당하는 역할로 등장한다.

이후 동작대를 완공한 기념으로 조조가 베푼 연회에서 조휴, 조홍, 장합, 하후연, 서황 등과 활 솜씨를 뽐낸다. 조비의 동오토벌전에서는 서성의 계책으로 대패한다. 강풍으로 배가 뒤집히고 목숨만 겨우 건진 조비를 작은 배로 구출한다.

문앙

조위와 동오 등지고 서진에 귀순했지만 삼족 멸망

문앙이 조위를 등진 것은 본인의 뜻보다는 아버지 문흠의 행동에 따른 것이었다. 문흠이 당시 실권자인 사마사에 대항하여 반란을 일으켰다. 문앙은 문흠에 뜻에 따랐다. 문흠 부자의 행위는 집안을 살리기 위한 정치적 배신이다. 문흠이 상황을 주도한 능동적 배신으로서 죽음을 피하기 위한 배신이다.

문앙의 배신은 가장 적극적인 배반을 뜻하는 반叛으로서 가장 높은 단계의 배신이다. 문앙은 용맹을 다해 싸웠다. 하지만 문흠의 지원군이 제때 도착하지 못해 패배했다.

도망친 문흠 부자는 동흥에 나와 있던 동오의 손준에게 항복했다. 조위의 제갈탄이 수춘에서 사마소에 반기를 들고 동오의 지원을 요청했다. 동오의 손침은 문흠 부자를 지원군으로 보냈다.

제갈탄은 문흠과 사이가 좋지 않던 터에 전략에서도 의견이 맞지 않자 문흠을 죽였다. 문앙은 제갈탄을 치려 했지만, 군사들이 움직이지 않자 동생 문호와 도주하여 사마소에게 항복했다. 사마소는 문앙이 사마사의 눈병을 악화시켜 죽게 만든 일을 잊지 않았다. 죽이라는 다수의 의견을 물리치며 후하게 대우했다.

반란군의 수춘성 공략에 문앙 형제를 앞장세워 항복 권유에 이용했다. 죽을 줄 알았던 문앙 형제가 죽지 않고 벼슬까지 받자 군사들이 동요했다. 수춘성은 함락되었다.

이후 공적을 세운 문앙은 사마염에게 인사하러 갔다. 문앙을 싫어한 사마염은 관직을 빼앗았다. 291년 사마요는 서진의 실권자 양준과 그 일파를 죽였다. 문앙도 양준 일파로 몰려 죽고 삼족이 멸하는 화를 당했다.

문앙은 살기 위해 동오를 버렸다. 서진을 택했지만, 결말은 좋지 않았다. 동오와 서진을 택한 문앙의 배신행위는 단순히 들어갔다는 것을 뜻하는 입입 단계의 배신이다. 죽음을 피하기 위한 상황에 내몰린 피동적 배신이다.

문앙文鴦(238~291년)은 삼국시대 조위와 서진의 장수이다. 자는 차건次騫이며 예주豫州 초국譙國 초현譙縣(안휘성 호현亳縣) 출신이다. 조위의 양주자사 문흠文欽의 아들이며 문호의 형이다. 앙鴦은 아명이고, 실제 본명은 숙淑이다.

하지만『삼국지』진서晉書에서는 아명으로 기록되었고『삼국지연의』에서도 문앙으로 사용했기 때문에 문숙이라는 이름은 거의 사용되지 않았다.

『진서』'경제기'에 의하면 255년(정원 2년) 문흠과 관구검毌丘儉이 사마사司馬師에 대항하여 수춘에서 반란을 일으켰다. 조위에서는 연주자사兗州刺史 등애鄧艾를 보내 반란군을 막게 했다. 등애는 일만 명의 군사를 이끌고 낙가성樂嘉城에 도착하여 부교를 놓고 사마사가 도착하기를 기다렸다. 진압군인 조위군의 숫자를 적게 보이게 하여 반란군을 유인하려는 계책이었다. 문흠은 조위군의 수가 적은 것을 보고 낙가성을 공격하려 했다. 하지만 도착했을 때는 사마사의 대군이 이미 당도하여 주둔하고 있었다. 문흠은 무척 당황스러웠다.

이때 문앙은 겨우 열여덟 살이었다. 그런데 문흠에게 사마사의 진압군이 안정을 찾기 전에 공격하면 이길 수 있다고 말했다. 문흠은 군사를 둘로 나눴다. 문앙을 선봉으로 삼아 밤에 사마사의 진영을 공격했다. 문앙이 닥치는 대로 적을 죽이며 용맹을 떨치자 사마사의 병영이 순간 혼란에 빠졌다. 사마사가 크게 놀라 어쩔 줄 몰라 하다 종기가 나서 째었던 눈알이 빠져나왔다. 군사들이 두려워할까 봐 옷으로 눈을 가려 모르게 했다. 하지만 문앙은 날이 밝은데도 문흠의 지원군이 제때 도착하지 않자 군사들을 이끌고 물러났다.

뒤늦게 도착한 문흠이 문앙과 동쪽으로 퇴각했다. 사마사는 좌장사左長史 사마반司馬班에게 효기驍騎(용맹한 기병) 8천 명을 줘 뒤를 쫓게 했다. 문앙은 먼저 그 기세를 꺾지 않으면 달아날 수 없는 법이라며 날쌘 기병 10여 명과 함께 적군 속에 뛰어들어 백여 명을 죽이고 나왔다가 다시 들어가서 백여 명을 또 죽이는 행동을 수차례 되풀이했다. 조위군이 두려워하며 더 이상 쫓지 않고 퇴각했다.

그러나 문흠은 끝내 사마사에게 패하고 말았다. 효기 8천 명이 문흠군의 옆을 추격하고, 악침의 보병이 뒤를 끊어 문흠군이 사양에 도착할 때까지 여러 차례 군진이 무너졌다. 문흠은 화살이 비 오듯 쏟아지자 방패로 몸을 가리고 달아났다. 병사들은 항복하고 달아난 문흠 부자와 항성을 지켰다.

문흠의 패배를 들은 관구검은 군대를 버리고 밤중에 회남으로 달아났다. 하지만 추격을 당해 죽었다.

문흠은 마침 동흥東興에 나와 있던 동오東吳의 손준孫峻에게 항복했다. 문흠과 관구검의 난은 이로서 진압되었다. 눈병이 위독해진 사마사는 얼마 후에 죽었다.

257년 조위의 정동장군 제갈탄諸葛誕이 사마소에 반기를 들어 수춘壽春에서 반란을 일으켰다. 아들 제갈정諸葛靚을 동오에 인질로 보내면서까지 동오의 원군을 간절히 요청했다. 손침孫綝의 명령으로 문앙은 아버지 문흠과 함께 제갈탄의 원군으로 참가한다.

그러나 「제갈탄전」에 의하면 문흠과 제갈탄의 사이는 좋지 않았다. 전략적인 견해 차이까지 겹치자 제갈탄은 문흠을 죽였다. 소성小城에 주둔하고 있던 문앙과 동생 문호文虎는 문흠이 죽었다는 소식을 접하고 병사들을 움직이려 했다.

그런데 병사들이 명령을 듣지 않았다. 형제는 도주하여 성벽을 넘어 사마소司馬昭에게 항복했다. 사마소는 문앙이 형인 사마사의 눈병을 악화시켜 죽게 만든 일을 잊지 않았다. 주변에서도 그들을 죽이라고 했다. 사마소는 문흠은 죄가 커 그의 아들들도 죽여야 하겠지만, 그들은 달아날 수 없어 귀순한 것으로 지금 죽이면 수춘성의 병사들이 성을 굳세게 지킬 것이라며 문앙과 문호를 죽이지 않았다. 수춘 함락에 앞세울 목적으로 그들을 받아들였다. 사마소는 표를 올려 문앙 형제를 편장군으로 삼고 관내후關內侯에 봉했다.

문앙은 문호와 함께 수백 명의 병사와 기마를 이끌고 수춘성 주변을 돌았다. 반란군들에게 "문흠의 아들조차도 살해되지 않았는데 병사들은 무엇을 두려워하는가."라며 항복을 권유했다.

반란군 병사들은 사마소가 원한을 가졌던 문앙이 죽지 않고 벼슬까지 받은 것을 보고 크게 동요했다. 항복하는 병사들이 늘어났다. 사마소가 수춘성에 가까이 가도 활을 쏘지 않을 정도였다. 반란군의 사기가 크게 꺾인 것을 본 사마소가 총공격을 가하자 수춘성은 곧 함락되었다.

사마소는 문앙 형제에게 수레와 소를 줘 문흠의 시신을 거둬 염하고 조상의 묘까지 옮겨 장사를 지내도록 했다.

270년(태시 6년) 선비鮮卑의 독발수기능禿髮樹機能이 호열胡烈의 군사를 격파하여 호열이 전사했다. 이듬해는 양주涼州의 이민족들과 호응하여 양주자사涼州刺史 견홍牽弘이 이끄는 군사를 청산靑山에서 포위하여 궤멸시키고 견홍도 죽였다. 이로 인해 양주 지역은 이민족과의 싸움으로 여러 해 동안 혼란스러워졌다.

277년(함녕 3년) 평로호군平虜護軍 문앙은 양주凉州와 옹주雍州의 군사들을 이끈 사마준司馬駿의 명령으로 독발수기능을 위협해 이민족 20만 명의 항복을 받았다. 이민족 격파로 명성을 얻은 문앙은 태강 연간(280~289년)에 동이교위가 되고 가절을 받았다.

직무를 맡게 된 문앙은 사마염에게 인사하러 갔다. 그런데 사마염은 문앙을 보고 싶어했다. 다른 일을 핑계로 문앙의 관직을 빼앗았다.

동안공東安公 사마요司馬繇는 낭야왕琅邪王 사마주司馬伷의 아들이다. 사마주의 아내가 제갈탄의 딸이었으므로 제갈탄의 외손자이기도 했다. 사마요는 문앙의 항복이 수춘성의 사기를 크게 떨어뜨려 성이 함락되어 제갈탄이 죽은 일과 동오에 인질로 갔던 제갈정이 동오가 멸망한 후 초야에 묻혀 지내다 죽은 일 등으로 문앙에게 원한의 감정이 있었다.

291년(원강 원년) 사마요는 황후 가남풍賈南風의 명령으로 3월 8일 정변을 일으켜 당시 서진의 실권자였던 양준楊駿과 그를 따르던 이들을 죽였다. 문앙은 양준 일파로 몰려 죽고 삼족이 멸하는 화를 당했다.

『삼국지연의』에서 문앙은 관구검과 문흠의 반란 때 8척 장신의 소년 장군으로 구리 채찍과 장창을 휘두른다. 등애와 단기필마로 싸운다.

또 홀로 적진 가운데를 돌파해 추격하는 병사를 몇 번이나 격퇴하는 용맹함을 보여 예전의 조운과 비교되었다.

사마소에게 항복할 때 정사『삼국지』를 비롯한 역사기록에서는 사마소가 문앙을 죽이라는 말을 물리치고 벼슬을 주는 것으로 나와 있지만『삼국지연의』에서는 사마소가 문앙을 죽이려 하다가 종회鍾會의 권유로 항복을 받아들이는 것으로 나온다.

문흠
—

조위에서 동오로
다시 조위로 거듭된 배신

문흠의 조위 배신은 죽임을 당할 수 있다는 불안감에서 시작되었다. 무용이 뛰어났지만, 그는 성격이 좋지 않았다. 위풍의 반란에 연루돼 사형을 당할 뻔했다. 조조가 살려 줬다. 이후 몇 번의 탄핵상소에도 조비가 죄를 묻지 않았다. 포로와 전리품 독식 탄핵 때도 조상이 무마해줬다.

양주자사 제갈탄과는 그 휘하에 있으면서 견원지간犬猿之間 이었다. 제갈탄은 문흠이 전공을 부풀려 조정으로부터 상을 받으려는 거짓을 눈감아 주지 않았다. 이후 양주의 군권을 제갈탄 대신 관구검이 쥐었다. 사마사가 조모를 제위에 앉히자 문흠은 신변의 불안감을 더 깊게 느꼈다. 관구검도 이풍과 하후현이 죽으면서 신변에 대한 불안감을 감지했다. 동병상련同病相憐의 입장이 됐다.

문흠은 255년 정월 수춘에서 관구검과 함께 반란을 일으켰다. 죽음을 피하고 집안을 살리기 위해 상황을 주도한 능동적 배신이다. 가장 적극적인 배신을 뜻하는 반叛으로서 나쁜 배신이다. 의도성을 갖는 고의적 배신으로 이기적인 이유의 배신이다.

문흠은 아들 문앙과 군대를 둘로 나눠 낙가를 공격했다. 아들 문앙의 기습은 성공했다. 하지만 자신의 군대를 제때에 도착시키지 못해 실패했다. 관구검의 군대는 붕괴되고 문흠은 동오로 도망쳐 수춘을 도모하러 온 동오의 승상 손준에게 투항했다.

257년 양주도독으로 복귀한 제갈탄이 사마소에 반기를 들었다. 동오에 구원를 요청했다. 동오는 문흠에게 3만 명의 군사를 줘 구원군으로 보냈다. 수춘성에 합류한 문흠은 손침의 지원군이 올 때까지 수성을 이어갔다.

그런데 선공을 주장하던 장반과 초이 그리고 구원군으로 온 전씨 일족들이 조위에 투항했다.

군량이 바닥나면서 제갈탄은 갈등과 분노로 문흠을 죽였다. 문흠의 아들 문앙과 문호는 달아나 조위의 사마소에게 투항했다. 동오를 버리고 배신했던 조위에 다시 귀순했다. 문앙과 문호의 동오 배신은 죽음을 피하기 위한 상황에 내몰린 피동적 배신으로 단순히 들어갔다는 것을 뜻하는 입入의 배신으로서 낮은 단계의 배신이다. 이들의 배신은 결국, 사마염에 의해 죽임을 당하고 삼족이 멸문지화滅門之禍를 당했다.

문흠文欽(?~258년)은 삼국시대 조위와 동오의 장수이다. 자는 중

약仲若이며 예주豫州 초국譙國 초현譙縣(안휘성 호현亳縣) 출신이다.

기마 장수로 이름이 높았던 문직의 아들이다. 어린 시절부터 무용으로 명성을 떨쳤다. 그런데 위풍의 반란에 연좌되었다. 219년 위풍이 업의 수비가 허술하다는 것을 노려 반란하려 했다. 위풍은 장락위위長樂衛尉 진의陳禕 등과 함께 업鄴을 습격하는 계획을 세웠다. 하지만 진의가 조비曹丕에게 밀고하여 위풍은 붙잡혀 처형되었다. 문흠도 연루되어 사형에 처해질 뻔했다. 다행히 조조가 문흠의 부친 문직의 공적을 감안하여 사면해 줬다.

227~233년(태화 연간)에 오영교독이 되었고 아문장에 임명되었다. 그런데 문흠의 과격하고 무례한 성격이 문제가 되었다. 상관에게 불손한 태도로 몇 번이나 탄핵상소를 받았다. 다행히 조비가 그를 벌하지 않았다.

문흠은 자주 전공을 세워 여강태수 겸 응양장군鷹揚將軍이 되었다. 하지만 포로나 전리품을 독식으로 챙기다 왕릉에게 탄핵되어 소환되었다. 당시 권세를 쥔 조상이 고향이 같다는 이유로 문흠의 죄를 묻지 않고 오히려 후대했다.

이런 조치는 조상의 최측근 심복인 정밀(조상의 친구)의 계책이 있었기 때문이었다. 문흠은 다시 여강으로 돌아갔고 관군장군이 되었다. 문흠은 더욱더 오만해지면서 스스로 허명을 높였다.

제갈탄이 양주자사로 있던 때 문흠은 그의 휘하에 있었다. 이때 왕기(190~261년, 삼국시대 조위의 장수, 자는 백여伯輿, 청주 동래군 곡성현 출신)는 문흠에게는 변방을 맡겨서는 안 된다고 제갈탄에게 진언했다. 제갈탄도 문흠을 좋게 보지 않았지만 휘하에 배속시켰다.

육안 땅에 진영을 둔 문흠은 동오의 도망자나 반란자를 유인해 변방에 피해를 주고 있었다. 하지만 동오의 주이 습격을 받아 격파당했다. 이는 243년(적오 4년) 이후의 일이다. 이에 문흠은 250년(적오 13년) 겨울 10월 거짓 모반으로 주이를 유인했다. 하지만 주이 또한 문흠의 투항이 거짓임을 간파했다. 주이의 신중함으로 문흠은 아무것도 얻지 못했다.

조상이 주살된 후 문흠은 전장군에 임명되었다. 하지만 이는 위로와 반발 무마 차원의 임명에 불과했다. 문흠의 불안감은 가시지 않았다. 제갈탄을 대신해 양주자사가 되었다. 몇 년 후인 253년 제갈각이 합비신성을 공격해 왔다. 문흠은 관구검, 장특과 더불어 수비했다.

양주의 군권을 쥔 제갈탄과는 사이가 좋지 않았다. 반란을 모의하지는 않았다. 그런데 조정으로부터 제갈탄 대신 관구검이 진동장군鎭東將軍 겸 도독양주제군사都督揚州諸軍事에 임명되었다. 양주의 군권이 제갈탄에서 관구검으로 옮겨졌다.

문흠은 전공을 여러 차례 세우고 노획물을 부풀려 조정으로부터 상을 받고자 했다. 하지만 제갈탄이 협력하지 않아 뜻대로 되지 않았다. 제갈탄에게 원한이 쌓였다. 그런데 관구검이 이를 감지하고 헤아렸다. 문흠을 후대하자 문흠은 관구검에 대해 의심을 품지 않았다. 253년 동오의 제갈각이 합비신성을 포위하였을 때 관구검과 함께 방어했다.

많은 전공에도 불구하고 문흠은 늘 신변에 불안함을 느꼈다. 사마사가 조방을 폐위하고 조모를 제위에 앉히자 불안감은 더했다.

255년(정원 2년) 정월 문흠은 이풍과 하후현이 죽으면서 비슷한 처지가 된 관구검과 함께 수춘에서 반란을 일으켰다. 수춘 일대의 사람들을 겁박하여 성 안으로 몰아넣은 뒤 이들에게 성을 지키게 했다. 5~6만 명의 군대는 예주 항현(항성)으로 진격시켰다. 두 사람은 역할을 분담해 관구검은 성을 지키고 문흠은 유격대를 맡았다.

하지만 사마사의 빠른 대응으로 항성에서 포위당했다. 문흠은 수춘으로 퇴각하자고 했다. 관구검은 퇴각하면 수춘에서 집중포화를 맞을 것이라며 반대했다. 문흠은 그러면 군량이 있는 남돈을 공격하자고 했다. 하지만 관구검은 군량 창고의 방비가 강할 것이라며 문흠의 제안을 또 거절했다. 결국, 관구검의 의견에 따라 방비가 가장 약할 것으로 추정된 낙가를 공격하기로 했다. 문흠은 관구검의 최정예 병력을 받아 낙가로 출진했다.

낙가에 주둔하고 있는 연주자사 등애의 군대를 공격했다. 하지만 사마사가 곧 등애를 구원했다. 사마사는 관구검과 문흠의 연합군이 낙가로 움직일 것을 예측하고 있었다. 미리 본진의 병력을 이끌고 낙가에 도착해 있었다. 낙가에 도착한 문흠은 조위군을 보고 당황했다.

문흠은 아들 문앙의 진언으로 군대를 둘로 나눠 적을 협공했다. 문앙은 당대 최강의 용맹을 자랑했던 맹장이었다. 문앙의 야습은 성공했다.

그러나 문흠이 약속 시간보다 늦어 공격은 뜻대로 성공하지 못했다. 문흠은 후퇴했다. 한편 문흠은 거기장군 곽회에게 서신을 보내어 함께 할 것을 요청했다. 그런데 곽회가 이미 죽었기 때문에 지원 요청은 헛일이었다.

문앙의 기습에 사마사는 놀랐다. 앓던 눈병의 눈이 튀어나와 목숨이 위태로웠다. 사마사의 군중에 있던 윤대목이 문흠을 설득시키겠다며 문흠을 찾았다. "군후는 어찌 며칠을 더 참지 못하시오."라 하며 사마사가 곧 죽을 것이라는 병세를 문흠이 알기를 바랐다. 그러나 문흠은 이를 눈치채지 못하고 윤대목을 죽이려 했다. 윤대목은 울음을 삼키며 돌아갔다. 윤달 16일 사마사는 기병으로 문흠을 추격하여 낙가에서 격파했다.

패배 소식을 접한 관구검의 군대는 붕괴되었다. 문흠은 동오로 도망쳤다. 마침 수춘을 치러 오던 동오의 승상 손준에게 투항했다. 동오에서는 문흠을 가절加節 진북대장군鎭北大將軍에 유주목 초후譙侯로 삼아 후대했다.

문흠은 동오에 망명한 이후에도 여전히 교만했다. 겸손할 줄 몰랐기 때문에 여거(삼국시대 동오의 장수, 자는 세의世議, 예주 여남군 세양현 출신으로 여범의 차남이자 손일의 매부)와 주이(삼국시대 동오의 장수로 자는 계문季文, 양주 오군 오현 출신으로 주환의 아들이자 주거의 집안 조카)에게

도 미움을 샀다. 하지만 실권자 손준과 손침은 문흠을 비호했다.

256년 문흠은 손준에게 조위를 공격할 계책을 냈다. 손준의 명령으로 여거와 유찬 그리고 주이와 당자 등과 함께 회수와 사수로 들어갔다. 손준이 죽자 문흠은 여거, 당자와 함께 표를 올려 등윤을 승상으로 임명하도록 요청했다. 하지만 받아들여지지 않았다. 문흠은 조서를 받아 유찬, 당자(조위의 항장 출신)와 함께 여거를 체포하려 했다. 하지만 여거는 체포 전에 자살해 버렸다.

257년 양주도독으로 복귀한 제갈탄이 사마소에 대항하여 반기를 들며 동오에 구원을 요청했다. 6월 문흠은 당자, 전단全端, 왕조王祚, 전역과 함께 3만 명의 군사를 이끌고 구원군으로 참가했다. 성 밖의 포위를 돌파하고 수춘성 합류에 성공했다.

제갈탄의 부하 장반과 초이가 손침이 퇴각하기 전에 속히 공격할 것을 주장했다. 하지만 문흠은 반대했다. 장반과 초이가 동오는 겉으로 도움을 주겠다면서 성패를 관망만 하려 한다며 결사항전을 주장했다. 문흠은 손침이 우리를 버리지 않는다며 조금만 더 기다리면 지원군이 올 것이니 군사력을 낭비하지 않는 것이 좋다며 반대했다. 제갈탄은 문흠의 말에 따라 수성을 이어갔다.

제갈탄은 장반과 초이를 죽이려 했다. 둘은 먼저 조위에 투항했다. 구원하러 온 전씨 일족들도 모조리 조위에 투항했다. 손침은 거듭 패전한 주이를 죽이고 손은으로 그를 대신했다. 그런 후 귀국했다.

군량이 다 떨어져 갔다. 258년 1월 문흠은 수성하자던 자신의 말을 뒤집으며 먼저 공격하자고 했다. 전씨 일족들의 투항으로 동오가 불리해져 조위가 방비를 허술하게 할 것이니 이때 공격하자는 것이었다. 제갈탄과 당자가 수긍했다. 포위망을 뚫으려고 맹렬히 싸웠다. 하지만 참호와 보루 때문에 공격을 제대로 하지 못했다. 큰 피해만 입고 퇴각했다.

결국, 군량이 바닥났다. 문흠은 제갈탄에게 제안했다. 제갈탄의 조위군을 내보내고 자신이 이끄는 동오의 군대로 활로를 열자고 했다. 제갈탄은 듣지 않았다. 협력하고 있던 두 사람의 갈등이 표면화되었다. 결국, 분노한 제갈탄은 문흠을 죽였다. 문흠이 제갈탄에게 주살 당하자 아들 문앙과 문호는 조위의 사마소에게 투항했다.

문앙과 문호는 조위에서 반란을 일으켜 동오에 투항했던 배신자들이었다. 또 사마소의 형 사마사를 병들어 죽게 했다. 때문에 조위에 다시 투항하면 처벌을 받을 것이 뻔했다. 조위의 군사들은 두 사람의 처벌을 원했다. 그런데도 사마소는 "성이 함락되지 않는 가운데 그들을 처형하면 적의 결속을 강하게 한다."면서 용서했다. 대신 이들에게 수춘성 주위를 돌면서 "나 같은 사람도 조위에서 용서해 주었다."고 외치게 했다. 제갈탄의 병사들은 이들의 외침을 듣고 항복하는 수가 늘었다. 제갈탄의 난이 평정된 뒤 문앙과 문호는 부친 문흠의 시신을 거둬 장례를 치렀다.

『삼국지연의』에서 문흠은 『삼국지』의 내용과 거의 같다. 문흠의 최후는 수춘성이 포위되어 식량이 부족했기 때문에 제갈탄에게 "원래 조위의 병사는 전의가 없으므로 그들을 성에서 내보내면 성을 더 오래 버틸 수 있다."고 말한 것이 내분의 원인이 되어 피살된다.

방덕
—

마등과 마초와 장로를 거쳐
조조에게 안착

몇 번에 걸친 방덕의 배신행위는 단순히 들어갔다는 것을 뜻하는 입入 단계의 배신이다. 마등과 마초를 섬기다 이들이 조조에게 패하자 마초를 따라 한중에 들어갔다.

마초가 한중에서 한수와 반란을 일으켜 동관과 기성전투에서 조조에게 패한 뒤 유비에게 가자 방덕은 남아 장로를 따랐다. 섬기던 주군이 떠난 상황에서 선택의 여지가 없었다. 이후 조조가 한중을 점령하자 항복한 장로를 따라 조조에게 투항했다.

마등과 마초 그리고 장로를 거쳐 조조를 섬긴 방덕의 선택은 상황에 떠밀린 피동적인 배신이다. 타의적인 배신으로 죽음을 피하려는 행위였다. 궤멸 후면 정상참작의 여지가 있다는 배신이다.

방덕龐德(?~219년)은 후한 말 마등과 조조 휘하의 장수이다. 자는 영명令明이며 양주涼州 남안군 환도현獂道縣(감숙성 농서隴西 동남쪽) 출신이다. 관서의 세력가 중 하나였던 마등과 그의 장남 마초를 섬긴 맹장으로 이름을 날렸다. 조조와의 싸움에서 패해 본거지를 잃은 마초를 따라 한중으로 들어가 장로에게 투항했다.

하지만 마초가 한중에서 촉한의 유비에게 갈 때 방덕은 한중에 남았다. 이후 장로의 한중을 조조가 점령하자 장로를 따라 조조에게 투항했다. 이후『삼국지』「위서」'방덕전'에 의하면 방덕은 조인을 수행하여 번성에 주둔했다.『삼국지연의』의 묘사처럼 관우와 싸우지 않았다.

방덕은 일찍이 군郡의 관리와 주州의 종사從事를 지냈다. 190~193년(초평 연간) 마등 휘하의 장수로 출전해 반란을 일으킨 강인羌族과 저인氐族을 토벌하는 등 여러 차례 공을 세웠다. 관직은 교위校尉에 이르렀다.

202년(건안 7년) 조조가 원담과 원상 형제를 정벌하려 위군 여양현黎陽縣으로 북상했다. 원담과 원상 형제는 곽원과 고간으로 하여금 하동군을 공략했다. 마등은 한수와 더불어 서북부에서 손꼽히는 실력자였다. 종요의 설득으로 조조를 지원했다. 장남 마초를 사례교위 종요에게 파견했다. 방덕도 마초의 부장으로 참전했다. 평양현平陽縣에서 앞장서 싸웠다. 누군지 모르는 장수의 머리를 베었다.

대승 후 그 머리를 활통에서 꺼내 동개에서 보였다. 종요가 통곡했다. 그 장수의 머리는 종요의 생질 곽원郭援(?~202년 후한 말의 장수로 원상袁尙 섬김)이었다.

곽원의 머리를 본 종요는 크게 통곡하며 슬퍼했다. 방덕이 사과하자 종요는 "곽원이 비록 생질이라도 나라의 적이었다."며 사과할 일이 아니라고 했다. 방덕은 중랑장이 되고 도정후都亭侯에 봉해졌다. 이후 마등이 홍농군에서 준동하던 장백기張白騎를 격파할 때도 종군하여 공을 세웠다.

황건적의 잔당이 홍농에서 반란을 일으키자 방덕은 마등의 출전에 종군하여 물리쳤다. 전투 때마다 적진을 함락시켰다. 그 결과 방덕은 마등군 제일의 용장으로 명성이 높았다. 마초와 함께 마등군의 중추를 담당했다.

208년 마등은 가족들과 함께 조위의 도읍인 업으로 이주했다. 마등은 조조의 권위를 인정하고 조정에 들어갔다. 조조는 마등에게 위위衛尉라는 지위를 주었다. 구경九卿에 속하는 고위직이었다. 마등의 아들 마초는 편장군偏將軍에 임명하여 양주에서 마등의 세력을 이어받도록 했다. 방덕은 마등을 따라가지 않고 관서에 남아 마초의 지휘를 받았다.

마등은 조조에게 귀부하여 양주의 자기 세력을 유지하고 싶었다. 하지만 그 뜻은 이뤄지지 않았다. 마초는 한수 등과 결탁하여 반란을 일으켰다.

211년 마초가 동관전투에서 조조에게 패했다. 방덕은 마초를 따라 한양군으로 도망하여 기성에서 수비에 들어갔다. 그런데 212년 기성전투冀城戰鬪에서도 패했다. 마초는 한중의 장로에게 도주했고 방덕도 마초를 따라가 장로를 따랐다.

214년 마초는 촉한의 유비에게 갔다. 장로와 함께 일을 도모하기 어렵다고 근심하던 차에 유비가 성도에서 유장을 포위했다는 말을 들었다. 은밀히 서신을 보내 항복을 청하고 투항했다. 이때 방덕은 한중에 남는다. 이유는 방덕이 마초가 아닌 장로를 따랐기 때문이다. 마초는 이때 아들 마추와 부인 동 씨도 데려가지 않았다.

215년 한중을 지배하던 장로가 조조에게 항복하자 방덕도 투항했다. 조조도 방덕의 용맹을 들었던 터라 관직은 입의장군立義將軍을 작위는 관문정후關門亭侯를 식읍은 300호를 주었다.

방덕은 218년 남양군 완현宛縣에서 후음侯音과 위개衛開가 반기를 들자 조인과 같이 토벌하러 갔다. 219년 이들을 처단한 후 번성樊城으로 내려와 관우와 대치했다.

219년(간안 24년) 관우가 번성에서 조인을 포위했다. 조조는 우금에게 칠군七軍을 거느리고 가서 조인을 구하게 했다. 방덕은 번성에 있었다.

그런데 『삼국지연의』에서는 우금이 방덕을 선봉으로 삼은 것으로 묘사했다. 사촌 혹은 육촌 형 방유龐柔가 촉한에 있었으므로 번성의 장수들은 방덕을 의심했다. 방덕은 늘 관우를 죽이지 못하면 자신이 관우에게 죽을 것이라고 큰소리쳤다. 방덕은 자신의 말처럼 관우의 이마에 화살을 쏘아 맞혔다. 당시 방덕은 백마를 타고 다녔기 때문에 관우군에서는 백마장군이라 부르며 두려워했다.

방덕은 번성에서 북쪽으로 십 리 떨어진 곳에 주둔하고 있었다.

십여 일 폭우가 계속되었다. 한수가 범람하여 물바다가 되었고 방덕은 휘하 장수들과 둑에 올라 물을 피했다. 이때 관우군이 큰 배를 타고 쳐들어와 사방에서 화살을 쏘아댔다. 응사하는 방덕의 화살도 빗나가는 게 없었다.

방덕은 항복하려는 동형과 동초들을 그 자리에서 베었다. 관우군의 공격은 거세지고 화살은 떨어져 육박전이 전개되었다. 성하成何(?~219년 후한 말의 무장으로 방덕을 섬기다 방덕과 함께 전사)에게 "내가 듣건대 훌륭한 장수는 죽음을 겁내 구차하게 피하지 않으며, 열사는 절개를 꺾어 목숨을 구하지 않는다 했다. 오늘이 내가 죽을 날이다." 라고 했다.

치열한 전투에서 방덕의 기상은 더욱더 굳세었다. 하지만 물은 불어나고 장병들은 거의 투항했다. 방덕은 작은 배를 이용해 조인에게 돌아가려 했다. 그런데 거친 물살에 배가 뒤집혔다. 방덕은 전복된 배에 매달려 있다가 관우군에게 발견되어 잡혔다.

관우가 "그대의 형 방유가 한중에 있다. 내 경을 장수로 삼게 하려 했는데 왜 일찍 항복하지 않았느냐."라고 물었다. 방덕은 무릎을 꿇지 않았다.

방덕은 관우를 질책하며 말했다. "애송이야, 무슨 항복을 운운하느냐. 위왕 조조는 백만 명을 거느리고 그 위엄이 천하에 진동하는데 용렬한 재주뿐인 유비가 어떻게 대적하겠느냐. 나라의 귀신이 될지언정 적의 장수는 되지 않는다."라고 욕했다.

크게 노한 관우는 도부수에게 방덕을 참하라 명했다. 의연한 죽음이었다. 조조는 이를 듣고 슬퍼하며 그를 위해 눈물을 흘렸다. 조조가 눈물로 슬퍼하고 방덕의 자식 둘을 열후列侯에 봉했다.

조조는 방덕의 용맹을 관우에게 항복한 우금과 비교하여 평했다. "내가 우금을 안 지 30년이 되는데 위기에 처하자 방덕보다 못하리라는 것을 어찌 짐작이나 했겠는가."라고 탄식했다.

220년(연강 원년) 조위의 왕위를 이은 조비가 방덕의 묘에 사자를 보내 장후壯侯란 시호를 내렸다. 조비는 책(사령)에 "그대는 전장에서 과감하게 나갔으며, 위기를 뛰어넘어 공명을 날렸다. 명성은 당시에 차고 넘쳤고 의로운 마음은 고금에 높았다. 과인은 이를 애달프게 여겨 시호를 장후라 내린다."라고 했다.

뒤를 이은 방회 등 아들 네 명에게는 관내후關內侯라는 작위를 내리고 식읍 100호를 주었다.

방회의 용맹도 아버지 방덕에 버금가 중위장군까지 올랐다. 「관우전」주석 촉기에 따르면 방회는 종회와 등애를 따라 촉한을 정벌한다. 촉한이 격파되자 부친의 원수인 관우의 자손을 모두 찾아내 멸족시켰다.

방덕은 맹장이었다. 전투 때마다 적을 물리치니 그 용맹이 마등군에서 대단했다. 그 명성이 조조에게도 알려질 정도였다. 조비는 시호를 내리면서 "옛날에 선진先軫과 왕촉王蠋이 자신을 희생하며 지조를 지킨 것을 아름답게 여겼다. 방덕은 과의하여 역경을 딛고 명성을 떨쳤으며 그 절의까지 드높였다."고 했다.

진수는 방덕이 목숨을 내놓고 적에게 호통쳤다며 주가周苛(?~기원전 204년? 203년? 전한의 인물로 어사대부를 지냄)의 절개를 지녔다고 평했다.

『삼국지연의』에서는 마초의 꿈을 해몽해주며 처음 등장한다. 그 징조가 좋지 않다며 허도에 간 마등 일행이 변을 당한 것이 아닌가 걱정하는데 마대만이 돌아와 비보를 알린다. 마초를 따라 조조에 대한 복수전에 나선다. 하지만 장안성의 견고함에 애를 먹는다.

방덕이 장안의 식수와 땔감이 부족하다는 것을 이용한 계책을 낸다. 이에 따라 마초가 잠시 군을 무른다. 이때 장안군수 종요는 성문을 열어 땔감과 식수를 구한다. 방덕은 그 틈에 잠입한다. 닷새 후 마초군이 다시 출현하여 종요도 수비 자세를 갖추고 그 가공의 동생 종진鍾進이 서문을 담당한다.

방덕이 한밤중에 종진을 습격하여 죽이고 서문을 연다. 마초와 한수군이 장안을 함락한다. 동관전투에서도 여러 활약을 한다. 한수가 위남渭南을 칠 때 그 선봉이 되어 수행하는데 실은 조조가 파놓은 함정이었다. 급작스런 상황에서도 조인의 가공의 부장 조영曹永을 베고 포위에 빠진 한수를 구출한다.

하지만 결국 패하고 양주에서도 쫓겨난 마초를 따라 한중의 장로한테 의탁한다. 이후 마초와 갈라져 한중에 남는 이유는 와병으로 처리했다. 조조가 한중을 침공해 양평관을 뚫고 남정현南鄭縣에 이르자 염포의 추천을 받아 조조에 대적한다.

조조는 방덕의 용맹을 알았기에 자신의 사람으로 만들고 싶어 한다. 장합·하후연·서황·허저에게 설렁설렁 번갈아 싸우라고 한 뒤 방덕이 지치면 생포하려 했는데 여의치 않는다.

가후가 계략을 낸다. 양송에게 뇌물을 주고 방덕을 모함하게 한다. 장로가 노하여 바로 죽이려다가 염포의 간언에 공을 세우지 못하면 참하겠다고 다그친다.

방덕은 조조를 공격하다 함정에 빠져 붙잡히고 그대로 귀순한다. 이후 유수구濡須口에서는 진무를 쓰러트리고 한중공방전에서는 위연으로부터 조조를 구한다.

번성전투에서는 구원군의 선봉을 자원한다. 방유와의 관계는 친형제로 또 형수가 심히 어질지 못해 술김에 살해하고 그 연이 끊긴 것으로 설정하였다. 자신을 의심하는 자들이 있어 관을 짜고 전장에 나서면서 자신이 죽으면 시체를 넣고 관우를 죽이면 그 머리를 넣겠다며 필사의 각오를 내보인다. 장렬함이 강조되지만, 관을 메는 것은 창작된 묘사이다.

방덕은 먼저 나온 관평과의 전초전에서 "너 같은 애송이는 안 죽일 테니, 네 아비나 불러와라."라고 도발하며 30합을 겨루는데 승부가 나지 않는다. 마침내 관우가 나오자 일기토로 무려 100여 합을 다투는데도 승부가 나지 않는다. 다음날도 50합을 겨뤄도 승부를 내지 못할 정도의 실력을 선보이더니 도망치는 척하다가 화살을 날려 관우의 왼팔을 적중시키고 뒤쫓는다.

이때 방덕이 큰 공을 세우지 못하도록 시기한 대장 우금이 방덕을 철수시킨다. 그런 후 골짜기인 증구천罾口川에 주둔하면서 방덕의 진로를 막는다. 번성 구원군은 관우의 수공에 당해 궤멸된다. 이후의 묘사는『삼국지』와 비슷한데 다만 주창이 뗏목을 타고 와 방덕이 탄 배를 전복시키고 물에 빠진 방덕을 사로잡는 것으로 꾸민 것은 다르다.

이후『삼국지』에서처럼 방덕은 투항을 거부하면서 처형된다. 반면 우금은 관우에게 투항한다.『삼국지』에서는 관우의 이마를 맞혔는데『삼국지연의』에서는 어깨를 맞췄다. 물론 그 와중에 관우는 끈질기게 목숨을 건졌다.

배수

조위를 버리고
서진 건국 견인

배수가 조위를 버리고 서진을 택한 배신은 가장 적극적인 배반을 뜻하는 반叛의 배신이다. 조상과 사마의의 권력 투쟁인 고평릉의 변에서 조상이 졌다. 배수는 조상의 세력으로 분류되어 면직되고 신변의 위협을 느꼈다. 이후 사마의의 둘째 아들 사마소의 천거로 벼슬길에 다시 나서게 됐다. 257년 제갈탄이 수춘에서 반란을 일으켰다. 배수는 사마소를 따라 종군했다. 사마소가 후계자에 대해 묻자 사마염을 천거했다. 사마소가 죽고 사마염이 상국相國과 晉王진왕이 되자 가충과 함께 조환曹奐에게 가서 사마염에게 제위를 선양하라고 했다.

이는 조위의 신하로서 특히 신변의 위협을 느낄 필요가 없는 상황에서 해서는 안 되는 행동이었다. 그럼에도 배수는 앞장서 선위를 주장했다. 이는 더 큰 이익과 명예를 좇아 상황을 주도한 능동적이고 자의적인 배신이다.

———————

  배수裴秀(224~271년)는 삼국시대 조위와 서진의 관료로 지리학자이며 지도 제작자이다. 자는 계언季彦이고 하동군 문희(산동성 문희) 출신이다. 배잠의 아들이자 배무의 손자이며 배외의 아버지이고 배휘의 조카이자 배해의 숙부이다.

  또 곽회의 동생 곽배의 사위이다. 곽배의 다른 딸이 가충의 후처인 곽괴이므로 가남풍에게는 이모부가 되기도 한다.

  배수는 어려서부터 학문을 좋아하고 풍채와 지조가 있었다. 8세 때 문장을 지었고, 10여 세 때는 숙부 배휘를 찾아온 사람들이 갈 때 배수를 찾으면서 그를 칭찬했다.

  배수의 어머니는 첩이었다. 배잠의 부인 선 씨는 배수의 어머니를 예로 대우하지 않았다. 손님이 오면 배수의 어머니를 시켜 음식을 내주도록 했다. 보는 사람들이 그 행동을 좋게 보지 않았다. 그 이후부터 선 씨는 배수의 어머니가 미천한 첩이지만 어린 자식이 현명해 사람들이 경의를 표해준다는 것을 알고 첩인 배수의 어머니에게 음식 내주는 일을 시키지 않았다.

  『진서』에 의하면 관구검이 일찍이 배수를 대장군 조상에게 추천하며 "태어나면서부터 총명하고 자라서는 자연에 따르고 깊이 생각하며 본성의 진솔함을 지키니 성정이 도의 깊은 곳에 들어갔다. 널리 배우고 기억하여 알지 못하는 글이 없다. 효도와 우의는 향당에 현저하고 높은 명성은 원근에서 들린다. 진실로 응당 모략을 보좌하고 정무에 협조하여 대부를 도와 교화를 광대하게 해야 한다. 자기子期(중국 춘추시대 공자의 제자)와 감라甘羅(전국시대 말 진秦나라의 재상)의 무리가 아니고 안연(중국 춘추시대 공자가 가장 아끼는 제자)과 염유(중국 삼국시대 조위의 관료)와 자유子游(중국 춘추시대 공자의 제자)와 자하子夏(중국 전국시대 공자의 제자)의 훌륭함을 더불어 갖추고 있다."라고 말했다.

조상이 징벽徵辟(초야草野에 있는 사람을 임관하려고 부름)하여 연속으로 삼고 아버지의 작위인 청양정후를 잇도록 한 후 황제의 글공부 상대인 황문시랑으로 옮겼다.

정사 『삼국지』 '배잠전'과 주석인 『문장서록』에 의하면 244년에 아버지 배잠이 죽자 후사를 계승하고 나이 25세에 황문시랑이 되었다고 하니 244년 21세의 나이로 관직에 나선 것으로 보인다.

249년에는 조상이 촉한 정벌에 나섰다가 패해 고평릉 사변으로 인하여 사마의司馬懿에게 처형되었다. 배수도 조상의 옛 관리였다는 이유로 면직되었다. 그 뒤 사마의의 둘째 아들인 사마소司馬昭의 천거로 말을 타고 황제를 호위하는 산기상시散騎常侍가 되었다. 이후 정위정, 안동장군, 위장군사마를 지냈다.

폐위된 조방 이후 즉위한 황제 조모曹髦는 산기상시인 배수를 유림장인儒林丈人이라 부르며 서로 학문을 논할 정도로 가까운 사이였다. 조모는 궁중으로 배수와 중호군 사마망司馬望(사마의의 동생 사마부의 큰아들), 시중 왕침王沈, 황문시랑 종회鐘會 등을 자주 불러 격의 없는 토론을 즐겼다.

사마씨의 횡포가 심해지자 257년(감로 2년) 제갈탄이 회남淮南에서 반란을 일으켰다. 배수는 종회와 함께 사마소를 따라 종군했다. 노양향후에 봉해졌다가 264년에 상서복야로 임명되었다. 사마소의 명을 받아 관제를 논하면서 5등급의 관위 제도를 입안하자 이 공으로 제천후에 봉해졌다. 지방 60리(24km)와 1,400호가 주어지면서 고원현 제천의 터를 배수의 후국으로 했다.

사마소가 후계자에 대해 묻자 사마염을 추거했다. 사마염이 대장군이 되자 상서령, 우광록대부를 지내고 관청의 개설이 허가되었다.

265년(함희 2년) 사마소가 죽고 그 아들 사마염이 상국相國과 晉王 진왕이 되었다. 그는 가충과 함께 조환曹奐에게 가서 사마염에게 제위를 선양하라고 전한다.

사마염이 황제에 오르자 좌광록대부에 임명되고 거록군공에 임명되어 3,000호의 식읍을 받았다. 후에 진의 예법과 관제의 제정에 공을 세워 45세에 사공司空이 되었다.

배수는 지리학자이면서 직책이 사공이라 우공지역도를 작성했다. 배수가 지방관에 종사하고 있을 때였다. 서경書經 중의 지리서인 우공禹貢을 참고하여 태고로부터 전해 내려온 수많은 산천의 지명을 바꿔 주위의 비판을 사기도 했다.

그러나 배수는 우공에 기록된 산, 하천, 들, 습지, 제방과 고대의 행정구분인 9주를 고찰했다. 또 당시 16주에 속한 군, 현, 읍의 경계와 옛 지명과 모든 도로를 일일이 대조해 전 국토의 지도인 우공지역도禹貢地域圖 18편을 만들었다. 배수가 주창한 지도 제작에 대한 원리는 이 우공지역도 서문에 나온다.

그가 작성한 제도육체론은 후에 제도의 규범이 되었다. 이는 우공의 산천지명이 오랜 시간 전해 내려오면서 많이 바뀐 것으로 인하여 후세에 말하는 사람들이 혹 견강부회牽强附會하여 점차 분별력이 없어짐으로 옛 문헌을 선별하여 의심나는 것은 비우고 예전에는 이름이 있었지만, 당시 없는 부류는 모두 해설을 붙인 것이었다.

배수의 우공지역도 서문은 "지도를 제작하는 역사는 오래되었다. 예부터 지형을 판별해 지도를 만들어 후세에 전해져 그 활용에 따라 큰 성과를 얻었다. 하·은·주夏殷周 3대에는 그것을 위한 담당관을 두었는데, 국사國史가 그 직무였다. 한漢이 진秦을 제압하고 중국을 통일하자 승상 소하蕭何는 진나라의 많은 도적圖籍을 손에 넣었으나 거의 없어지고, 오직 한나라 때 만들어진 『여지輿地』와 『괄지括地』 외에 『잡도雜圖』만 남았다. 이 같은 지도들은 분율分率 즉 축척에 따라 만들어지지 않았으며 준망准望, 즉 방향도 무시되고, 명산대천의 이름도 기입되지 않았으며, 내용 또한 심히 엉성하여 정밀하지 않고, 변경부에 대해서도 사실과 맞지 않는다.
지도제작에는 여섯 가지 요소가 있는데, 첫 번째가 분율, 즉 면적의 크기를 나타내는 축척이고, 두 번째가 준망, 즉 지역 간의 위치를 정하는 방위이고, 세 번째가 도리道里, 즉 지역 간의 거리이며, 네 번째가 고하高下, 즉 경사진 토지에서 수평거리를 구하는 것이고, 다섯 번째가 방사方邪, 즉 교차하는 각도를 바로 잡는 것이며, 여섯 번째가 우직迂直, 즉 곡선구간에서 직선거리와 방위를 구하는 것으로, 뒤의 세 가지는 지형에 관한 것으로 자칫 틀리기 쉬운 요소들이다.

지도에서 분율이 정확하지 않으면 원근의 차이를 표현할 수 없고, 분율이 정확해도 준망이 없으면 어느 지점은 파악돼도 다른 곳은 알 수 없고, 준망이 있되 도리가 정확하지 않으면 산과 바다에 막힌 곳도 지날 수 있는 듯 보인다. 또 도리가 정확해도 고하, 방사, 우직이 바르지 못하면 경로의 거리가 정확하지 않고 준망을 잃기 때문에 이 여섯 가지 요소를 잘 검토해야 한다.

실제 원근은 분율로 산출할 수 있고, 위치 관계는 도리로 알 수 있으며, 지형의 모습은 고하, 방사, 우직으로 산출할 수 있다. 그러므로 험산거해險山鉅海에 길이 막혀도 우회 답파할 수 있는 이유는 지도로 지형을 파악할 수 있기 때문이다. 준망이 정확해야 곡직원근曲直遠近을 잃지 않는 지형을 표현해 낼 수 있다."

중국의 지도에서는 배수의 우공지역도와 제도육체가 언급된다. 중국의 지도제작법은 배수 이전 시대부터 이론이 확립됐다. 중국을 통일하고 영토를 넓힌 한나라(기원전 206년~기원후 220년) 때 지리학이 크게 발전됐다.

전한의 장창張蒼이 모아 엮은 『구장산술九章算術』이나 후한 무렵 편찬된 『주비산경周髀算經』등은 천문관측이나 토지측량을 할 때 널리 사용됐다. 또 후한의 과학자인 장형張衡(78~139년)이 고안한 100

리를 한 모눈으로 하는『방격도법方格圖法』은 서양의 투영도법이 들어올 때까지 중국과 한국과 일본에서 널리 이용된 지도제작법이다.

배수는 동오의 정벌을 주장했다. 하지만 동오가 멸망하기 전인 271년 세상을 떠났다. 아들 배준裴浚은 요절하였고, 그의 서자인 배경裴憬은 배준의 뒤를 이을 수 없었기 때문에 배준의 막냇동생인 배위裴頠가 뒤를 이었다.

『삼국지연의』에서 배수는 제갈탄의 반란에서 큰 역할은 없다. 진晉 건국의 의식에서 그의 역할은 괄목할 정도이다. 조상과의 관계는 언급되지 않는다.

사마의

4대에 걸친 조위 중신
삼국지 최고의 배신

사마의는 조조를 시작으로 조비, 조예, 조방까지 4대에 걸쳐 조위를 섬긴 중신이다. 말년에는 최고직인 태위와 태부까지 올랐다. 조진 사후에는 조위의 군대를 이끌었다.

촉한의 제갈량과는 치열한 지략 싸움을 벌였다. 끝내 제갈량의 북벌을 막아냈다. 명제 사후에는 실권을 장악했다. 서진 건국의 토대를 구축했다.

사마의의 조위 배신은 가장 적극적인 배반을 뜻하는 반叛의 배신이다. 믿음과 의리를 저버리고 돌아선 경우로 상황을 능동적으로 주도했다. 정치적이고 국가적인 배신으로 오랜 시간 철저히 준비한 의도된 배신이다.

크게 신임해 주지 않았던 조조와 경계를 늦추지 않았던 조비는 그렇다고 해도 믿고 의지했던 조예를 등지고 이후 허울뿐인 황제를 내세워 사마씨 일족의 건국을 준비한 것은 고의적인 배신이다.

삼국지 최대의 배신자를 여포로 꼽는다. 하지만 오랜 시간 조위의 중신으로 있으면서 배신을 계획하고 실행한 점에서 삼국지 최대의 배신자는 여포가 아닌 사마의라고 할 수 있다.

진晉 고조高祖 선황제宣皇帝 사마의司馬懿(179~251년)는 삼국시대 조위의 관료이자 서진의 추존 황제이다. 자는 중달仲達이며 하내군河內郡 온현溫縣 효경리孝敬里(하남성河南省 원현) 출신이다.

하내군 온현 효경리에서 아버지 사마방과 어머니 기정奇庭의 사이에서 차남으로 태어났다. 한 대漢代 명문가들은 대개 낙양과 가까운 거리에 근거지를 마련하고 있었다. 사마의도 여남 원씨(원소, 원술 이복형제 집안)나 홍농 양씨(양표, 양수 부자 집안)에 버금가는 청류파 가문으로 당대에 손꼽히는 대호족 명문가였다.

중국 최고의 역사가인 사마천과 사마의는 같은 가문의 사람이다. 하지만 사마천의 직계 후손은 아니다.

『사기』에 의하면 사마천의 가문은 주나라 때부터 이어진 가문이다. 사관으로서 역사를 기록하는 일을 주로 해온 사마씨 가문은 주나라를 떠나 위衛나라, 조趙나라, 진秦나라 등으로 흩어졌다.

사마천의 가문은 진나라로 간 가문이었다. 진나라로 간 사마씨 중에 사마착이라는 인물이 있었다. 진 혜문왕에게 촉을 정벌할 것을 진언했다. 이에 사마착이 촉을 정벌하여 진왕으로부터 촉의 수장으로 임명되었다.

그 후 사마착의 손자 사마근은 장평대전에서 조나라를 대파하는 데 크게 기여했다. 하지만 백기가 숙청될 때 두우에서 함께 처형당했다. 사마근의 손자 사마창은 진나라에서 철을 관장하는 관리가 되었다. 사마창의 아들 사마무택은 시장(상업 지역을 담당하던 관리)이 되었고, 사마무택의 아들 사마희는 오대부의 작위를 받았으며, 사마희의 아들 사마담은 태사공에 이르렀다. 사마천은 이 사마담의 아들이다.

반면 사마의의 가문은 조나라로 들어간 가문이었다. 조나라로 들어간 사마씨의 후손인 사마앙은 진나라가 멸망할 무렵 조왕 무신의 휘하에 있던 장이의 장수가 되어 조가를 함락했다.

항우에 의해 은왕으로 봉해졌다. 유방이 항우를 정벌할 때 한나라에 귀순하여 하내군을 영지로 받았다. 이 사마앙의 11대손이 경조윤 사마방이고 사마방의 차남이 사마의이다.

사마의의 할아버지 사마준은 학식이 넓고 고대의 유풍을 좋아했다. 신장이 8척 3촌(197cm)이나 되었고, 허리둘레는 10위(115cm)나 되었다. 풍격이 비범해 향리와 일족들이 그에게 의존했다. 지역 호족의 수장 역할을 했으며 영천태수를 지냈다.

경조윤을 지낸 아버지 사마방은 정직하고 공정한 관리의 모범이었다. 한서의 명신 열전을 그 자리에서 줄줄 암송했다. 자신뿐만 아니라 자식들에게도 매우 엄격했다. 엄격함의 정도는 모든 아들들에게 나가라는 명이 없으면 감히 나가지 못했고, 앉으라는 명이 없으면 앉지 못했으며, 가리켜 질문하지 않으면 말을 하지 않아 부자 사이는 매우 숙연했다.

이런 엄격함 덕분이었는지 여덟 명의 아들은 모두 기재였다. 그 가운데 사마의가 으뜸이었다. 사마의의 형제들은 사마팔달司馬八達로 불렸다. 장남 백달伯達 사마랑司馬朗, 차남 중달仲達 사마의司馬懿, 삼남 숙달叔達 사마부司馬孚, 사남 계달季達 사마규司馬馗, 오남 현달顯達 사마순司馬恂, 육남 혜달惠達 사마진司馬進, 칠남 아달雅達 사마통司馬通, 팔남 유달幼達 사마민司馬敏이다.

사마의의 특출한 정치와 군사적 재능은 아버지로부터 배우고 문답을 통해 깨우친 것으로 얘기된다.

'사마랑전'에 의하면 사마의는 아버지를 따라 낙양에 있었다. 그러나 반동탁연합 결성 이후 동탁이 장안으로 천도할 때 아버지의 명으로 형 사마랑을 따라 친족들과 함께 고향 하내군 온현으로 낙향했다. 그 후 하내군의 혼란을 예상한 사마랑은 다시 가족들을 데리고 여양으로 피난을 갔다.

당시 하내군의 사정은 「위서」 '상림전'에 의하면 하내태수 왕광이 유생을 파견하여 관리와 백성들을 감찰하여 잘못이 드러나면 돈과 곡식으로 받았고, 조금이라도 늦으면 종족을 몰살했다고 서술하고 있다.

또한 '사마랑전'에 따르면 반동탁연합군의 병력 수십만 명이 형양과 하내로 모여들어 여러 장수들의 약탈로 남은 하내 백성 중 절반 정도가 죽었다고 한다

사마의는 그 후 온현으로 돌아왔다. 여포와 조조가 복양에서 대치하던 194~195년으로 사마의가 15세~16세 되던 때였다. 대기근으

로 사람이 사람을 잡아먹는 아비규환阿鼻叫喚의 말세에도 사마의는 형과 함께 학업을 닦았다.

사마의는 유년기 때부터 총명했다. 원대한 지략을 지녔고 식견이 넓었으며 유학의 가르침을 가슴 깊이 간직했다. 후한 말 나라가 어지러워지자 늘 천하를 걱정하는 마음을 가지고 있었다.

같은 군郡 출신으로 사람을 잘 알아보기로 유명한 남양태수 양준이 16세~17세의 사마의를 만나본 후 비상한 그릇이라고 말했다. 이때 최염崔琰(163~216년 후한 말의 관료)은 친했던 사마랑에게 "그대의 동생은 총명하고 성실하며 강단이 있고 영특하니 다른 사람들이 그에 미치지 못하오."라고 했다.

201년 군郡에서 상계연上計椽으로 천거했다. 당시 조조는 사공이었다. 사마의에 대한 얘기를 듣고 사마의를 벽소辟召(불러내어 임관任官)하려 했다. 그러나 사마의는 풍비(찬바람이나 습기가 몸에 침투하여 생기는 병으로 통증이나 마비 상태)를 핑계로 사양했다. 한나라의 명운이 쇠미衰微(쇠잔하고 미약)해지니 조 씨에게 절의를 굽히지 않기 위해 관절통 때문에 기거할 수 없다는 것이었다. 조조는 사람을 시켜 밤중에 몰래 사마의를 엿보게 했다. 그런데 사마의는 꼿꼿이 누워 움직이지 않았다.

'선목장황후열전'에 의하면 사마의가 조조의 첫 부름을 거절할 때 중풍을 핑계 댔는데 책을 말리다 갑자기 비가 내리자 중풍의 와병 중이라는 것을 잊고 손수 거둬들인 적이 있었다. 집안의 한 여종이 그 광경을 목격했다. 아내(장춘화)는 이 일이 누설되어 화를 불러들일 것을 염려했다. 그 여종을 죽여 입을 막은 다음 직접 집안일을 돌봤다. 사마의는 이로 인하여 아내를 무겁게 여겼다고 한다.

208년 조조가 승상이 되었을 때 사마의를 다시 불렀다. 거절한다면 가만두지 않겠다는 엄포를 놓았다. 사마의는 두려워 문학연에 취임했다.

사마의는 조조를 시작으로 조비, 조예, 조방까지 4대에 걸쳐 조위를 섬긴 중신이다. 말년에는 신하로서 오를 수 있는 최고직인 태위와 태부까지 올랐다. 조위의 신하로서는 비교 대상이 몇 명 없을 정도로 입지전적인 인물이다.

조조의 아들 조비와 교제하여 황문시랑黃門侍郞, 의랑議郞, 승상丞相 동조속東曹屬 그 뒤에는 주부主簿로 전임했다.

조진 사후에는 조위의 군대를 이끌었다. 경쟁자인 촉한의 제갈량과 치열한 지략 싸움 끝에 끝내 제갈량의 북벌을 막아냈다. 명제 사후에는 실권을 장악하여 서진 건국의 토대를 구축했다.

조조는 사마의가 마음속에 큰 뜻을 품고 있음을 알고 크게 신임하지 않았다. 사마의가 낭고상狼顧相(이리나 늑대처럼 고개를 180도 뒤로 돌릴 수 있는 사람-반역의 상-뜻과 재주가 비상하여 부리기 힘든 인물)이란 소문을 듣고 사마의를 불러 고개를 돌려보게 했다. 몸을 움직이지 않고도 얼굴이 똑바로 뒤를 향했다.

또 조조는 세 마리의 말이 한 구유槽(조씨의 曹와 음이 같다)에서 먹이를 먹는 꿈을 꾸고, 이를 매우 언짢게 여겼다고 전해진다. 세 말은 훗날 조위를 멸망의 길로 들게 하는 사마의, 사마사, 사마소를 뜻하는 것으로 해석되었다.

조조는 조비에게 "사마의는 다른 사람의 신하가 될 사람이 아니다."라며 항상 경계하라고 했다. 조비는 평소 사마의와 친하여 늘 서로 비호했는데 조조의 말을 들은 뒤로는 멀리했다.

사마의는 조조의 의심을 피하려고 하급 관리의 직무를 밤새워 했다. 가축을 기르는 하찮은 일까지도 기꺼이 하자 조조가 마침내 의심을 거두고 안심하게 되었다.

조조가 한중의 장로를 굴복시켰을 때 사마의는 유엽과 함께 유비가 점령한 지 얼마 안 된 익주 공략을 건의했다. 그러나 조조는 득롱망촉得隴望蜀 즉 사람은 만족을 알아야 한다며 받아들이지 않았다.

결국, 익주의 민심을 달래고 군을 정비한 유비가 한중을 점령하여 조조에게 큰 우환을 안겨다 줬다.

우금과 방덕 등이 관우에게 대패하고 관우의 기세가 중원에까지 뻗쳤다. 조조는 허도가 적과 너무 가깝다 하여 하북으로 천도할 것을 고심했다. 이때 사마의는 장제와 함께 "천도한다면 적에게 약한 모습을 보이는 것이니 인근의 백성들이 크게 불안해할 것입니다. 손권과 유비는 겉으로는 친밀하지만, 안으로는 소원하므로 손권을 달래 관우의 후방을 기습하면 번성의 포위는 풀릴 것입니다."라고 건의했다. 조조는 이를 따랐다. 결국, 손권은 여몽으로 하여금 형주를 공격했고 관우의 목숨을 빼앗았다.

조조는 형주의 남은 백성과 한천에서 둔전을 하던 자들이 남쪽 도적(동오)에 가까이 있다 하여 이들을 모두 옮기려 했다. 사마의가 "형초 사람들은 경박하여 동요시키기는 쉬우나 안정시키기는 어렵습니다. 관우가 이제 막 격파되어 악행을 저지른 많은 이들이 몸을 숨기며 관망하고 있습니다. 착한 이들을 옮긴다면 그들이 등을 돌릴 뿐만 아니라, 장차 떠난 자들도 감히 다시는 돌아오지 못할 것입니다."라고 했다. 조조가 이에 따랐다. 그 후 도망한 자들이 모두 돌아와 생업에 종사했다.

사마의는 조위의 태자중서자가 되어 진군, 오질, 주삭과 함께 태자 조비의 신임을 받았다. 조비가 후한으로부터 선양받아 조위의 황제가 되자 사마의는 하진정후에 봉해지고 승상 장사로 전임되었다. 얼마 뒤에는 독군, 어사중승으로 전임되었고 안국향후에 봉해졌다.

221년 조비는 독군督軍(감찰)을 파하고 사마의를 시중 상서우복야 尙書右僕射로 올렸다. 이후 224년 조비가 남쪽을 순행했다. 동오와의 국경 지역에서 군대의 위세를 보였다. 사마의는 허창에 남아 진수했는데 상향후로 고쳐 봉해지고 무군대장군撫軍大將軍 가절假節로 전임되어 5천 군사를 거느리게 되었으며 급사중給事中과 녹상서시錄尙書事의 벼슬이 더해졌다.

사마의가 굳게 사양하자 조비가 말했다. "나의 제반 정무가 밤낮으로 이어져 잠시라도 편히 쉴 틈이 없소. 이는 그대에게 영예를 내리려는 것이 아니라 걱정거리를 나누려는 것일 뿐이오."

225년 조비가 재차 수군을 진수하여 동오 정벌에 나섰다. 사마의에게는 안으로는 백성들을 진무하고 밖으로는 군수 물자를 공급하도록 했다. 사마의에 대한 조비의 신뢰는 매우 두터웠다. 사마의에게 "짐이 동쪽에 있을 때는 그대가 서쪽을 맡고, 짐이 서쪽에 있을 때는 그대가 동쪽을 맡으시오."라고 할 정도였다.

조비가 죽을 때 사마의, 조진, 진군을 불렀다. 황태자 조예에게 조서를 내려 "이 세 명의 신하와 틈이 생기더라도 절대 의심하지 마라."고 당부했다.

사마의는 조예가 황제가 된 후 무양후로 이봉되었다. 손권이 강하를 포위하고 제갈근과 장패張覇(동명이인으로 조위가 아닌 동오의 장수)를 보내 양양을 공격했다. 사마의가 군을 지휘해 손권을 패주시켰다. 진격하여 제갈근을 격파하고 장패를 참수하고 아울러 천여 급을 참수했다. 그 공로로 무군대장군에서 표기대장군으로 승진했다. 227년(태화 원년)에는 조예의 명에 의해 완에 주둔하고 독형예이주제군사를 겸했다.

맹달이 동오와 연락하고 촉한과 관계를 두텁게 해 은밀히 조위를 도모하려 했다. 촉한의 재상 제갈량은 맹달이 언행을 자주 바꿔 어떤 화를 일으킬지 몰라 염려했다. 맹달은 위흥태수 신의申儀(219년 유비가 한중을 차지한 후 맹달, 유봉, 이엄을 보내 한중군 동부 일대를 공격할 때 형 신탐과 같이 유비에게 항복)와 불화를 겪고 있었다.

『전략』에 의하면 227년 제갈량이 성도로부터 한중에 도착하자 맹달 또한 제갈량에 호응하고자 제갈량에게 옥결玉玦과 직성장즙織成郭汁 그리고 소합향蘇合香을 선물로 보냈다. 제갈량은 맹달의 거사를 재촉하려 곽모에게 거짓 항복으로 조위로 가게 했다. 곽모는 맹달과 불화가 있는 신의를 찾아 맹달과의 조위 도모 계획을 누설했다. "옥결은 모책이 이미 결정되었다는 말이고, 직성은 모책이 이미 이루어졌다는 말이며, 소합향은 일이 이미 합해졌다는 말입니다."

신의는 곧바로 맹달이 몰래 촉한과 내통하고 있다는 사실을 표로 올렸다. 그러나 황제 조예는 믿지 않았다.

맹달은 계획이 누설되었다는 말을 듣고 거병하려 했다. 사마의는 맹달의 모반 의도가 드러나자 맹달이 신속하게 군사를 일으킬 것이 두려웠다. 서신을 보내 그를 회유하며 안심시켰다.

"장군이 지난날 유비를 버리고 조정(조위)에 몸을 의탁하자 조정에서는 장군에게 변경의 중임을 맡겨 촉한을 도모하도록 했으니 촉인들은 장군을 증오하지 않는 백성이 없소. 제갈량은 우리를 서로 싸우게 하고 싶었지만, 방법이 없어 고심할 뿐이었소. 곽모가 한 말이 작은 일이 아닌데 제갈량이 어찌 경솔히 누설되게 했겠소."

맹달은 서신을 받고 거병을 망설이며 결단하지 못했다. 그 사이에 사마의는 참군 양기梁幾를 파견해 사실을 파악하는 한편 맹달에게 입조를 권했다. 사마의의 서신으로 거병을 망설이던 맹달은 입조하라는 말에 속아 난을 일으켰다.

「명제기」에 따르면 조예는 227년 12월 표기장군 사마의에게 맹달의 난을 토벌하게 했다. 제장들은 사마의에게 맹달이 두 적(촉한과 동오)과 결탁되어 있으니 관망한 뒤에 움직여야 한다고 했다. 이에 사마의는 "맹달은 믿음과 의리가 없고 그들이 서로 의심하여 결단하지 못하니 이때를 노려 속히 해결해야 한다."며 군을 일으켰다.

주둔지인 완에서 맹달이 있는 상용성까지 이틀 길을 하루에 걷는

급한 행군으로 8일 만에 도착했다. 동오와 촉한이 각기 장수를 보내 서성 안교와 목란새로 향하게 하여 맹달을 구원하려 했다. 사마의는 제장들을 나눠 보내 이를 막았다.

상용성의 3면은 물에 의지했다. 맹달은 성 바깥에 목책을 세워 스스로 굳게 방비했다. 사마의는 물을 건너 그 목책을 깨뜨리고 곧바로 성 아래에 이르렀다. 여덟 갈래의 길로 성을 공격했다. 16일 만에 맹달의 생질인 등현과 장수 이보 등이 성문을 열고 나와 항복했다.

맹달을 참수하여 그 수급을 조정으로 보내고, 1만여 명을 포로로 잡은 뒤 맹달의 남은 무리 7천여 가구를 유주로 옮겼다.

230년(태화 4년) 사마의는 대장군에 임명되고 대도독, 가황월의 벼슬이 더해졌다. 그 해에 조진과 더불어 촉한을 공격했다. 하지만 별성과를 거두지 못한 채 퇴각했다.

231년 제갈량이 천수를 공격했을 때 사마의는 조예의 명을 받아 장안에 주둔해 도독옹량이주제군사를 맡았다. 이후 역사상 유명한 제갈량과의 대결을 벌인다.

227년 제갈량의 북벌은 7년 동안 6차례에 걸쳐 행해졌다. 1차 북벌을 제외하고는 모두 사마의가 나섰고 총지휘한 것은 두 번이었다. 첫 대결은 231년이었다. 조진이 죽은 뒤 촉군의 약점이 식량 보급에 있음을 간파한 사마의가 지구전의 전략을 쓰고 그게 효과를 발휘해 촉한군은 퇴각했다. 그러나 장합의 진언을 무시하고 추격했다가 장합을 잃었다.

두 번째 대결은 234년이었다. 제갈량은 장기전을 예상해 3년에 걸쳐 준비했다. 오장원으로 출진한 제갈량에 대해 사마의는 또다시 지구전을 펼쳤다. 제갈량은 부인용 머리 장식과 여러 장신구들을 사마의에게 보내며 비웃었다.

하지만 사마의는 도발임을 눈치채고 편승하지 않았다. 오히려 가지고 온 사자에게 제갈량의 안부를 물었다. 이때 사마의는 수시로 촉한군의 진영을 염탐해 제갈량의 죽음이 임박했다는 것을 알았다.

『삼국지연의』에서는 제갈량의 죽음을 안 사마의가 즉시 전군에 공격 명령을 내렸으나 제갈량의 목상을 보고 아직 살아있는 줄 착각하고 놀라 도망쳤다고 한다. 촉한군이 퇴각한 뒤 진영을 살펴본 사마의는 제갈량을 '천하의 귀재'라고 평가했다.

237년(경초 1년) 요동의 공손연이 조위에 반기를 들고 독립했다. 이듬해 사마의는 우금, 호준 등과 보병과 기병 4만 명의 토벌군을 이끌고 출진했다. 고죽을 지나고 갈석을 넘어 요수에 이르렀다.

공손연은 비연과 양조에게 보병과 기병 수만 명을 보내 요수에 의지하여 벽을 튼튼히 한 채 수비하며 남북으로 6~70리(24~28km)에 걸쳐 사마의에게 맞섰다. 사마의는 남쪽으로 도강하려는 척하고 몰래 배를 띄워 북쪽으로 도강하여 연의 수도 양평으로 향했다.

연군이 쫓아오자 이를 세 번 무찔렀다. 연군이 물러나 양평에 의지하자 사마의는 양평성을 포위했다. 당시 큰비가 내려 진영의 침수가 염려되었다. 군 전체가 두려워 둔영을 옮기자고 했다.

하지만 사마의는 버틴 뒤 비가 그치자 포위망을 완성하여 맹공으로 성을 함락시켰다. 15세 이상의 남자 7천 명을 모두 죽여 경관(인골을 쌓은 전승 기념비)을 세우고 공손연이 임명한 공경 이하 가짜 관원들을 모두 처형했다. 공손연의 장군 필성畢盛 등 2천여 명도 주륙했다. 4만 호 30여만 가구를 거두었다.

사마의가 요동에서 돌아왔을 때 조예가 궁실 수축을 좋아하고 화려한 규격과 양식을 즐겼다. 그 결과 부역자가 만여 명에 이르고 감상용으로 만든 물건이 천여 개에 달했다. 사마의는 이를 모두 파하도록 상주했다. 비용을 절약하고 농사에 힘쓰도록 하자 모두가 기뻐하며 반겼다.

조예가 사망하기 직전인데 조우曹宇 등과 손자孫資와 유방劉放 때문에 조위 조정에서는 여러 혼란이 있었다. 조우가 처음에는 사마의를 관중으로 보내는 조서를 보낸다. 뒤이어 백옥에 이르렀을 때 사마의를 4백 리(160km) 소환하는 조서가 내렸다. 사흘 동안에 조서가 다섯 번 도착했다. 조예가 직접 쓴 조서에서는 "그간 두렵고 불안해하며 그대가 도착하길 기다리고 있으니 도착하거든 곧바로 협문을 밀치고 들어와 나를 만나도록 하라."고 했다.

장안으로 가라는 조서와 낙양으로 오라는 조서 등 두 가지 다른 조서가 내려오자 사마의가 크게 두려워하며 낙양으로 출발했다. 빠른 거마를 타고 밤낮으로 쉬지 않고 달렸다. 백옥에서부터 4백 리(157km) 되는 길을 하룻밤 묵은 뒤에 도착했다. 가복전의 침실 안으로 안내되어 임금의 침상에 올랐다.

사마의가 눈물을 흘리며 조예의 병세에 관해 물었다. 조예는 사마의의 손을 잡고 제왕(조방)을 눈으로 가리키며 말했다. "뒷일을 맡기오. 죽으려는 것을 겨우 견뎠으니 내가 차마 죽지 못한 것은 그대를 기다린 것인데 이제 서로 만났으니 아무 여한이 없소이다." 사마의는 대장군 조상과 함께 탁고대신托孤大臣으로 조예의 유언을 받아 어린 천자를 보좌했다.

조방이 황제로 즉위하자 사마의는 시중, 지절, 도독중외제군, 녹상서사에 올랐다. 조상과 함께 각기 군사 3천 명을 통수하며 조정을 관장했다. 궁궐 안에서 번갈아 숙직하며 수레를 탄 채 대궐로 들어갈 수 있었다.

어전에 오를 때 칼을 차고 신발을 신고(검리상전劍履上殿), 종종걸음하지 않으며(입조불추入朝不趨) 임금을 알현할 때 호명하지 않는(알찬불명謁讚不名) 구석의 특전을 받았다.

조상은 상서가 황제에게 일을 아뢸 때 먼저 자신을 거치게 했다. 황제에게 말해 사마의를 대사마로 전임하도록 했다. 조정에서 의논이 있었다. 전후의 대사마가 재위 중에 죽었다 하여 사마의를 대사마로 임명하지 않고 태부로 삼았다.

「위서」 '조상전'에 의하면 정밀丁謐이 계책을 내어놓았다. 조상이 천자에 고해 사마의를 태부太傅로 임명하는 조서를 내리도록 했다. 겉으로는 명목상 사마의를 존중하는 것이지만 내심으로는 상서尚書의 주사奏事(국사의 결재를 주청하는 업무)가 먼저 자신을 거치도록 하여 그 일의 경중輕重을 제어하기 위해서였다.

'조상전' 주석 「위서」에 따르면 조상은 사마의를 태부, 대사마로 삼아달라고 했는데 조방이 다음과 같이 말했다.

"짐이 생각건대 선제先帝께서는 본래 군자로서 낙천지명樂天知命 (하늘의 뜻에 순응)하셨으니 티끌만 한 의심으로 꺼린 것은 아니나, 마땅히 백인柏人과 팽망彭亡의 일을 돌아보았기 때문에 저회低徊(생각에 잠겨 고심)하셨으니 그 뜻이 있었도다. 이는 또한 선제先帝가 대신들을 경애하고 중히 여겨 은애恩愛로 지극히 후대한 것이다. 옛날 성왕成王이 보부保傅(태부, 태보)의 관직을 만들고 근래에 한漢 현종顯宗(후한 명제)이 등우鄧禹를 태부로 삼았으니 이는 모두 준걸들을 존숭한 때문이다. 이에 태위를 태부로 임명한다."

241년 사마의는 봉읍이 늘어났다. 예전의 것과 합해 모두 4개 현에 식읍이 1만 호가 되었고, 자제 11명은 모두 열후가 되었다. 자제들은 사마의의 훈덕이 날로 높아졌지만, 더욱더 겸손하고 공손하게 처신했다.

향읍의 덕망 있는 원로인 태상 상림은 그들이 매번 벼슬을 받는 것을 보고 늘 자제들에게 "가득 찬 것은 도가에서 꺼리는 바다. 사시가 변화하는 것을 내가 무슨 덕으로 감당할 수 있겠는가. 덜어내고 또 덜어내야 겨우 화를 면할 수 있다."라고 타이르며 말했다. 245년 12월 조방이 사마의에게 조서를 내려 조회할 때 수레를 타고 어전에 오르도록 했다.

247년 4월 사마의의 부인 장 씨(장춘화)가 사망했다. 조상이 하안何晏(삼국시대 조위의 정치가이자 사상가. 자는 평숙平淑. 친부모는 하진의 아들 하함과 윤 씨, 아내는 조조와 두 씨 사이의 딸 금향공주, 하안은 하진의 손자이자 조조의 사위)과 등양鄧颺(삼국시대 조위의 관료. 자는 현무玄茂. 후한의 개국공신 등우의 후손)과 정밀丁謐(삼국시대 조위의 관료. 자는 언정彦靖. 정비의 아들로 예주 패국 출신)이 내는 모책으로 태후(명원황후)를 영녕궁으로 옮기고 조정을 전횡했다.

조상 형제가 함께 금병(친위군)을 관장하고 친위세력을 구축하여 제도를 여러 차례 고쳤다. 사마의가 이를 제지할 수 없었다. 조상과 틈이 더 벌어졌다. 5월 사마의는 칭병하고 정사에 관여하지 않았다. 당시 백성들이 조상의 전횡에 대해 "하(하안) 등(등양) 정(정밀)이 도읍의 성을 어지럽히는구나."라고 했다.

248년 봄 3월 황문 장당張當(?~249년 삼국시대 조위의 환관)이 사사로이 비빈과 궁녀들 거처의 재인才人과 석영石英 등 11명을 뽑아 조상에게 바쳐 가녀로 삼게 했다.

조상과 하안은 사마의의 병이 위중하다고 여겼다. 황제를 업신여기는 마음을 품었다. 장당과 은밀히 공모해 사직에 해를 끼치려 도모했다. 그러나 사마의는 이들의 전횡을 은밀히 방비했다. 조상의 무리들도 사마의를 의심하기 시작했다.

248년 겨울 이승이 형주자사로 부임하는 길에 사마의를 방문했다. 동태를 살피기 위해서였다. 사마의는 병이 깊은 것처럼 이승을 속였다. 두 명의 여종에게 시중들게 하여 옷을 잡고 있었다. 하지만 옷자락이 땅에 끌렸다. 입을 가리키며 목마르다고 하여 여종이 죽을 올렸는데 사마의는 죽그릇을 잡지 못했다. 죽도 모두 흘려 가슴 자락을 적시게 했다.

이승은 사마의의 병세를 사실로 알고 눈물을 흘리며 말했다. "지금 주상이 아직 어리셔서 천하가 명공을 믿고 의지하고 있습니다. 그러나 사람들이 명공의 옛 풍질(중풍)이 재발했다고 하더니 존체가 이 지경일 줄 어찌 짐작했겠습니까."

사마의가 숨넘어가는 소리로 "늙고 병들어 죽을 날이 코앞에 닥쳤소. 그대가 병주에 가게 되었구려. 병주는 흉노와 가까우니 잘 방비하도록 하시오. 그대를 다시 보지 못할 것 같으니 아들 사마사, 사마소 형제를 부탁하오."라고 말했다.

이승이 "송구하게도 본주(형주)로 돌아가게 된 것이지 병주가 아닙니다."라고 말했다.

사마의가 다시 혼동하며 "군이 병주에 도착하거든 노력해서 자신의 몸을 잘 지키시오."라고 했다.

이승이 다시 "송구하게도 형주로 부임하게 되었습니다."라고 말했다.

사마의가 "이 사마의가 늙어서 정신이 오락가락해 군의 말을 잘못 알아들었구려. 이제 본주 자사로 돌아가면 성덕장렬盛德壯烈히 공훈을 세우도록 하시오. 이제 군과 헤어지면 내 기력이 쇠해 다시 만나기는 힘들 것이니, 내 힘으로는 주인의 예도 다하지 못하니 죽을 날이 가까웠구려. 사마사, 사마소 형제는 군과 우의로 맺어져 있으니 서로 저버리지 마시오. 이것이 나의 두 번째 구구한 바램이오."라고 했다.

이승이 크게 탄식하며 "마땅히 가르침을 받들고, 황제의 칙명에 따르겠습니다."라고 말했다.

이승은 사마의와 작별 후 조상과 만났다. 이승은 "태부의 말씀이 혼란스럽고 입으로는 그릇의 음식을 제대로 먹지 못하고, 남쪽을 가리키면 북쪽을 보는 식입니다. 또 내가 병주로 간다고 말하기에 내가 형주로 가는 것이지 병주가 아니라고 답했습니다. 천천히 또박또박 말하니 그제야 제가 형주로 간다는 걸 알아차렸습니다. 또한, 주인의 예도 행하지 못해 전송할 때 방에서 나오지도 못했습니다."라며 조상 등을 향해 눈물을 흘리며 말했다.

"태부의 병환이 다시 회복되기 어려운 지경이니 애처로운 일입니다."

이승의 말을 들은 조상 등은 이후 사마의를 의심하지 않고 방비하지도 않았다.

249년 봄 정월 천자가 고평릉을 참배하자 조상 형제가 따라갔다. 당시 조상의 형제가 예전에도 여러 차례 함께 성 밖을 나가자 환범이 말했다. "만기萬機(천하의 정치와 정무)를 총괄하는 사람과 금병禁兵을 통솔하는 사람이 함께 나가서는 안 됩니다. 만약 성문을 폐쇄하는 이가 있다면 어느 누가 다시 안으로 들어올 수 있겠습니까." 조상이 "누가 감히 그럴 수 있겠는가."라고 말했다. 이로부터 다시는 함께 나가지 않았다.

그런데 이때는 형제가 모두 함께 성 밖을 나갔다. 사마의는 그동안 몰래 사마사가 기르고 있던 병마를 이끌고 먼저 무기고를 점거했다. 그 뒤 도성을 나와 낙수洛水 부교浮橋에 주둔했다. 이에 사마의는 영녕궁의 태후(명원황후)에게 상주해 조상 형제를 파면하도록 했다.

"신이 예전에 요동에서 돌아왔을 때 선제先帝(명제 조예)께서 폐하와 진왕秦王(조순曹詢) 그리고 신을 어상御床으로 오르게 해 제 팔을 잡고 말씀하시길 깊이 뒷일을 염려한다 하셨습니다.

이에 신은 2조(조조와 조비)께서 신에게 뒷일을 맡긴 것은 폐하께서도 보신 바이니 근심하실 일이 아닙니다. 만에 하나 뜻밖의 일이 생긴다면 신은 '마땅히 죽음으로 명을 받들겠습니다.' 라고 말씀드렸고, 이는 황문령 동기董箕 등과 병을 간호하던 재인才人들도 모두 들어 알고 있는 일입니다.

그런데 지금 대장군 조상이 그 고명顧命을 저버리고 국법을 어지럽히고 있습니다. 안으로는 참람하게도 군주의 의례를 모방하고 밖으로는 권력을 농단하고 있습니다. 여러 영營을 파괴하고 금병禁兵(친위병)들을 장악하고, 백관의 요직에 모두 자기와 친한 자들만 앉혔습니다.

숙위하던 오래된 자들은 모두 쫓아내고, 새로운 인물로 채워 사사로운 계책을 꾸미니, 그들 일당의 뿌리가 더욱 깊어져 그 방자함이 날로 더해갑니다. 또한, 황문 장당張當을 도감都監으로 임명하여 서로 교류하며 지존至尊의 동태를 살피고 신기神器(정권, 제위)를 엿보며 2궁(황궁과 태후궁)을 이간시켜 골육의 정을 다치게 했습니다.

천하가 흉흉하고 사람들이 두려워하고 있는데, 지금 폐하가 남에 기대어 보위에 앉아서 어찌 오래 안전할 수 있겠습니까. 이는 선제께서 폐하와 신을 어상에 함께 오르도록 한 본의에 어긋나는 일입니다. 비록 신이 늙어서 쓸모없으나 어찌 감히 지난날의 맹세를 잊을 수 있겠습니까. 옛날 조고趙高가 득세하자 이 때문에 진秦나라가 망했고 여 씨와 곽 씨呂霍를 일찍 처단했기에 한나라는 오래 이어갈 수 있었습니다. 이는 폐하께서 본보기로 삼을 만한 일이니 신이 목숨을 바칠 때가 지금입니다.

태위 장제, 상서령 사마부 등 신하들 모두 조상이 무군지심無君之心을 품고 있어 그 형제들이 친위군을 지휘해 숙위宿衛하기에 적합하지 않다고 황태후께 상주했습니다. 이에 태후께서 명하시길 상주한 대로 시행하라 하셨습니다. 이에 신이 담당관원과 황문령黃門令에 명하여 조상, 조희, 조훈의 관직과 병권을 파하고 각자 본래 관직인 후侯로서 사저로 돌아가라 명하고, 만일 거가車駕를 억류하면 군법으로 처리하라 했습니다. 신이 병에 걸린 몸으로 군사를 이끌고 낙수 부교로 나아간 것은 비상사태를 살펴 대비코자 함입니다."

당시 사마사는 중호군으로 군사를 거느리고 사마문에 주둔했다. 사마의는 궐 아래에서 포진하고 조상의 문을 지나려 했다. 조상의 장하독 엄세가 문루에 올라 노를 당겨 사마의를 쏘려 하니 손겸이 이를 제지하며 말했다.

"사태가 어떠한지 아직 알 수 없소."

화살을 시위에 세 번 얹었으나 세 번을 말리며 매번 그의 팔꿈치를 당기니 발사하지 못했다.

대사농 환범이 성문을 나가 조상에게 가자 사마의가 말했다.

"꾀주머니가 갔구나."

장제가 말했다.

"조상은 환범과 더불어 안으로 소원하고 지혜가 미치지 못하며 굼뜬 말은 작은 콩에 연연하는 법이니 필시 그를 제대로 쓰진 못할 것입니다."

그리고는 사도 고유에게 부절을 내려 대장군의 사무를 대행하여 조상의 진영을 거느리게 하며 말했다.

태복 왕관에게 명해 중령군의 직을 대행하며 조희의 진영을 관장하도록 했다.

조상은 거가를 이수伊水의 남쪽에 머물게 했다. 나무를 베어 녹각을 세우고 둔갑병屯甲兵 수천 명을 뽑아 호위하게 했다. 사마의가 동생인 사마부에게 말했다. 폐하가 밖에서 노숙할 수 없다며 장막과 태관太官(음식을 담당하는 관직)과 식기를 재촉해 보내 행재소行在所(궁성 밖에 임금이 임시는 머무는 곳)로 가게 했다.

환범이 조상을 설득했다. 거가를 모시고 허창으로 가서 외병外兵을 부르자고 했다. 조상 형제가 머뭇거리며 결단을 내리지 못하자 환범이 다시 조상의 동생인 조희에게 말했다.

"지금에 이르러 경의 가문이 다시 빈천한 자로 돌아가려 한들 그럴 수 있겠소. 게다가 필부조차 인질 한 명을 잡아 살아나고자 하는 법인데 지금 경은 천자를 끼고 있으니 천하에 영을 내리면 누가 감히 응하지 않겠소."

그러나 조희는 이를 받아들이지 않았다.

사마의는 시중 허윤과 상서 진태를 보냈다. 이들은 조상 스스로 한시바삐 돌아가 죄를 받으라고 설득했다. 또한, 조상이 신임하는 전중교위 윤대목을 보내 조상에게 단지 관직에서 파면할 뿐이라 하고 이를 낙수洛水에 맹세했다. 조상이 이를 믿고 군사를 해산했다. 이에 조상은 허윤과 진태를 사마의에게 보내 돌아가 죄를 받고 죽음을 청하도록 한 뒤 사마의의 상주문을 천자에게 알렸다.

군사를 해산하고 조상이 말했다.

"나는 별로 잃는 거 없이 부가옹富家翁(돈 많은 늙은이)으로 살 수 있다."

환범은 하늘을 바라보며 소리 내어 울면서 말했다.

"조자단(조진曹眞)은 훌륭한 사람이었지만 당신이 낳은 자식들은 개새끼나 송아지에 불과할 뿐입니다. 어쩌다 오늘날 당신의 자식들에게 연좌되어 일족이 멸망하게 된 겁니까."

마침내 조상 형제는 파면당해 후侯로서 사저로 돌아갔다.

조상의 형제가 집으로 돌아가자, 낙양현에 조칙을 내려 백성 800인을 뽑고 위부尉部에 명해 조상의 자택을 사방으로 포위했다. 각 모서리에는 높은 망루를 세우고 그 위에서 조상 형제의 거동을 감시했다. 조상이 궁지에 몰려 고민하다 활을 지니고 후원으로 가자, 망루 위의 감시자가 "전 대장군이 동남쪽으로 간다."고 소리쳤다. 조상이 청사로 돌아와 형제와 함께 의논했다. 사마의의 의중이 어떤지 알지 못해 사마의에게 서신을 보냈다.

"비천한 저 조상은 두렵고 두렵습니다. 무상히 화를 초래했으니 마땅히 죽어야 할 목숨입니다. 이전에 집안사람, 하인을 보내 양식을 가져오게 했으나 지금까지 도착하지 않아 여러 날을 굶어 마른 곡식으로 아침저녁 끼니를 잇고 있습니다."

서신을 받은 사마의가 크게 놀라며 즉시 답장을 보냈다.

"양식이 부족하단 걸 미처 알지 못했소. 지금 쌀 1백 곡과 육포, 소금, 메주, 대두를 보내오."

조상 형제는 사마의의 행동을 보고 죽임을 당하지는 않으리라 여겼다.

당초 황문 장당이 사사로이 재인才人 장張 씨, 하何 씨 등을 뽑아 조상에게 바쳤었는데 부정한 일이 있었다 의심하여 장당을 구금하여 치죄했다. 장당이 진술했다. 조상이 하안 등과 함께 은밀히 반역을 꾸며 이전에 훈련시켜 놓은 군사로 오는 3월 중에 거사할 것이라 했다. 하안 등을 잡아들여 하옥했다.

공경公卿 조신朝臣들이 의논하여 결론을 내렸다.

"춘추의 뜻으로 볼 때 임금의 친척은 장수가 되어선 안 되고 장수가 되려고 하면 반드시 죽인다고 했다. 조상은 살붙이로서 대대로 특별한 총애를 입었고 선제先帝께서는 조상의 손을 잡고 유조를 남기며 천하의 일을 부탁하기까지 했다. 그런데도 더러운 마음을 품어 고명을 저버리고 하안, 정밀, 장당 등과 함께 신기神器(임금의 자리)를 도모했다. 환범의 일당도 같은 죄인으로 모두 대역부도大逆不道한 자들이다."

이에 조상, 조희, 조훈, 하안, 등양, 정밀, 필궤, 이승, 환범, 장당 등을 잡아들여 모두 주살하고 삼족을 멸했다.

장제가 "조상의 부친인 조진의 공훈을 볼 때 제사를 잇지 못하게 할 수는 없습니다."라고 말했다. 하지만 사마의는 들어주지 않았다.

장제는 조진의 훈공으로 볼 때 그 제사가 끊어지게 하는 것은 합당하지 않다고 했다. 조진의 족손族孫 조희曹熙를 후사로 삼게 했다.

이후 장제는 자신의 말이 신의를 잃은 것을 질책하다 병이 들어 죽었다. 조상에게 서신을 보내 파면하는 데 그친다고 낙수에 맹세했지만(또는 사마의의 맹세를 전했으나) 이를 어긴 일을 가리킨다.

당초 조상의 사마 노지, 주부 양종이 궐문의 군사를 베고 조상에게로 달아났었다. 조상이 죄를 받으려 하자 노지, 양종이 울며 간언했다.

"공이 대임을 맡아 천자를 끼고 천위에 의지하는 데 누가 감히 복종하지 않겠습니까. 그런데도 이를 버리고 처형장으로 가려 하시니 어찌 통곡할 일이 아니겠습니까."

담당 관원이 주청하여 노지와 양종을 체포해 죄를 결정하라고 하자 사마의가 이들을 용서하며 "이는 주인을 충성스럽게 섬기는 것을 권하기 위함이오."라고 말했다.

1월 황제가 사마의를 승상으로 삼았다. 영천군의 번창, 언릉, 신급, 부성을 봉읍으로 더해 예전과 합쳐 모두 8개 현에 2만 호가 되었다. 상주할 때 자신의 이름을 말하지 않게 했다. 승상직은 굳게 사양했다. 또 구석의 예를 더하고 조회할 때 절하지 않게 했다. 구석 역시 굳게 사양했다.

250년 봄 정월 천자가 사마의에게 명해 낙양에 종묘를 세우도록 했다. 좌우 장사를 두고 관속도 늘리도록 했다. 귀족의 측근이나 시종은 10명을 채우게 했다. 매년 관청 등에서 업무를 돕는 하급 관리

중에서 천거해 어사와 수재를 각기 1명씩을 임명했다. 관기 1백 명과 고취악대도 14명으로 늘리도록 했다. 사마의의 아들 사마융을 평락정후에, 사마륜을 안락정후에 봉했다.

사마의가 오랜 병으로 황제를 배알하지 못하자 큰일이 있을 때마다 천자가 친히 사마의의 사저로 행차해 자문을 구했다.

연주자사 영호우와 태위 왕릉이 사마의를 배반하고 초왕 조표를 옹립할 계책을 꾸몄다. 251년 4월 동오의 병사들이 도수涂水를 막았다. 이때 왕릉은 반란을 일으키려고 각 군대에 비상태세를 갖추도록 하고, 적군 토벌을 구하는 상주문을 올렸다. 그런데 조서에서는 그렇게 할 수 없다는 답장이었다.

왕릉의 음모는 더욱 깊이 진행되었다. 그는 장군 양홍을 파견하여 폐립하는 일을 연주자사 황화에게 알리도록 했다. 황화와 장홍은 연명하여 왕릉의 음모를 사마의에게 보고했다. 사마의는 중군을 이끌고 수로를 이용하여 왕릉을 토벌하면서 먼저 왕릉의 죄를 사면해준다는 명령을 내렸다. 또 상서 왕광을 데리고 동쪽으로 가서 그로 하여금 편지를 써서 왕릉을 깨우치게 했다.

사마의는 대군을 이끌고 몰래 백척百尺까지 진군하여 왕릉이 있는 곳에 다다랐다. 왕릉은 스스로 대세가 이미 끝났음을 알았다. 혼자 배를 타고 나와 사마선왕을 맞이했다. 그리고 하급관원 왕욱을 보내 사죄하고 인수와 절월을 보냈다.

군대가 구두에 도착하자 왕릉은 스스로를 결박하고 물가에서 죗

값을 받으려고 기다렸다. 사마의는 조서를 받고 주부를 보내 결박을 풀어주었다. 왕릉은 이미 사면을 받았고 더욱이 옛날에 잘 지냈던 것을 믿고 다시 의심을 품지 않고 작은 배를 타고 지름길로 사마의에게 가려고 하였다. 사마의는 사람들을 시켜서 이를 막고 배를 회하 가운데 머무르게 하였는데 서로의 거리가 10여 장(30m)이었다. 왕릉은 자기를 바깥사람으로 보고 있다는 것을 알고 이에 멀리 있는 사마의에게 말하였다.

"경이 곧바로 절간折簡(반쪽짜리 죽간)을 가지고 나를 부른다고 하여도 내가 마땅히 감히 이르지 않겠는가. 군대까지 끌고 와야 했는가."

사마의가 말했다.

"경은 편지를 보낸다고 올 사람이 아니기 때문이오."

왕릉이 다시 말했다.

"경은 나에게 빚을 진 것이오."

사마의는 대답했다.

"나는 차라리 경에게 빚을 지지 국가에 빚을 지지는 않겠소."

왕릉을 서쪽(낙양)으로 호송하게 했다. 스스로 중죄인임을 안 왕릉은 관에 박는 못을 요청함으로써 태부의 의중을 떠보았다. 태부가 못을 주었다. 왕릉은 예주 여남군 항현에 이르렀을 때 밤에 속관들을 불러 결별하면서 향년 팔십에 신명이 모두 스러지게 되었으니 '천명인가 보다.'라며 짐독을 먹고 죽었다. 왕릉의 일당은 모두 체포해 삼족을 멸했다.

『자치통감』에 의하면 사마의는 왕릉의 반란이 미수에 그치자 수춘에서 대량으로 사람을 죽였고 6월에는 조표도 죽였다. 조위의 여러 왕공들은 모두 압에 붙잡아 두었다. 담당 관리에게는 이들을 감찰하여 서로 왕래하지 못하게 했다.

황제가 시중 위탄을 현지에 보냈다. 부절을 지니고 오지에서 군의 노고를 위로하게 했다. 사마의가 감성으로부터 수도에 도착하자 대홍려 겸 태복 유의를 보내 절을 주면서 사마의에게 책명을 내려 상국으로 임명하고 안평군공에 봉했다. 사마의의 손자와 형의 아들 각기 1명은 열후로 삼았다. 식읍이 5만 호에 이르고 후로 봉해진 자가 19명에 달했다. 하지만 사마의는 상국과 안평군공은 굳게 사양하며 받지 않았다.

이후 사마씨 가문은 조위의 조씨 정권을 탈취하여 허수아비로 만들고 그 손자 사마염이 선양을 받아 국호를 진으로 고쳤다.

사마의는 오래전부터 앓아온 질병을 앓다가 결국 죽고 만다. 진 제국 성립 후 사마염은 사마의에게 선황제의 시호를 올렸다.

8월 사마의가 병으로 앓아누워 73세에 사망했다. 사마의는 미리 장례에 관한 유언을 지었다. 수양산에 흙을 파서 매장하고 분묘를 만들거나 나무를 심지 말라고 했다. 유언 3편에서는 평상복으로 염하고 부장품을 두지 말고 뒤에 죽는 자를 자신의 묘에 합장하지 말라고 했다.

황제가 소복을 입고 조문했다. 장례는 한나라 곽광의 전례에 의거하고 상국과 군공을 추증했다. 하지만 동생인 사마부가 표를 올려

고인의 뜻을 진술하며 군공과 상여를 사양했다.

9월 하음에 매장하고 시호를 내려 무양문후舞陽文侯라 하고 다시 무양선문후舞陽宣文侯로 고쳤다.

아들 사마소가 진왕에 오른 뒤 사마의는 선왕宣王으로 추존됐다. 또 손자 사마염이 조위의 황제인 원제에게 선양 받은 뒤 황제에 오르자 사마의의 묘호와 존호를 올려 고조 선황제로 추존하고 무덤을 고원이라 하였다.

당 태종 이세민은 진서에서 사마의를 직접 평가했다. 탁월한 재능으로 문文으로 다스리고 무武로써 위세를 떨쳤고 깊은 정과 헤아림을 평가하면서도, 군사에 있어 수비만 한 것은 장수의 도를 그르쳤다고 비판했다.

또한, 후사를 부탁한 조예의 능의 흙이 마르기도 전에 정변을 일으킨 것은 충정한 신하의 길이 아니라고 비판했다.

동진의 명제는 얼굴을 묻으며 진나라를 창업한 선조들이 정변 같은 속임수로 공을 이룬 것을 수치스러워했다.

후조를 세운 석륵은 조조와 사마의를 한데 묶어 평했다. 조조나 사마의 부자처럼 남의 고아나 과부를 속이며 잔꾀를 부리고 온갖 아첨을 일삼으며 천하를 빼앗는 일을 자신은 절대 하지 않을 것이라고 했다.

『삼국지연의』에서 사마의는 제갈량과 지략을 겨누는 최대의 경쟁자로 나온다. 『삼국지』 전반부가 조조와 유비의 대결인 반면 후반부는 제갈량과 사마의의 대결이 주가 된다.

사마의는 조조가 한중의 장로를 정벌하고 난 뒤 등장한다. 조조에게 이 기세로 익주까지 정벌하라고 진언하지만, 조조는 듣지 않는다. 관우가 번성을 수몰시키자 또 등장해서 장제와 함께 조조에게 손권을 끌어들이라고 건의한다.

사마의는 조비에게 진언하여 대군을 다섯 길로 나누어 촉한을 협공하게 한다. 그러나 재빨리 방도를 강구한 제갈량은 군사들을 각기 파견하고 등지로 하여금 동오와 동맹을 다시 맺게 하여 5로 대군을 물리쳤다. 이 5로 대군 이야기는 『삼국지연의』의 창작이다.

조비 사후 조예가 그 뒤를 잇는 과정에서 사마의가 옹주와 양주의 경비를 맡는다. 그때 제갈량은 마속과 이야기하다가 그 사실을 듣고 매우 놀라면서 "조위의 진정한 장수라면 사마의 한 사람뿐이라고 해도 좋다."라고 말하면서 사마의를 칭찬한다.

제갈량은 지략이 뛰어난 사마의가 군을 지휘한다면 북벌이 어려울 것으로 판단한다. 마속은 조비가 죽은 틈을 타서 유언비어로 사마의를 실각시키고 제갈량에게 더 큰 신임을 받는다. 『삼국지』에서는 마속이 이런 계책을 쓰는 장면이 없고 사마의도 실각되지 않았다.

조예는 제갈량의 1차 북벌에서 조진이 연달아 패하자 사마의를 다시 기용한다. 사마의는 신속히 움직인다. 제갈량과 내통 중인 맹달을 평정하고 장합을 파견해 가정의 마속을 패배시킨다. 이후 군을 이끌고 곧바로 서성으로 진군한다. 성에 군사가 없었던 제갈량은 성문을 활짝 열고 성루에 올라 악기를 연주했다. 사마의는 의심이 많아서 제갈량이 복병을 숨겨 놓았을 것으로 의심하고 퇴각한다.

『삼국지』에서 제갈량의 1차 북벌 때 활약한 것은 조진과 장합 등이었다. 사마의는 당시 완성에 주둔 중이라 참가할 수 없었다. 『삼국지』에서도 제갈량이 성을 비우자 복병을 의심한 사마의가 군을 물린 일화가 기록되어 있다. 하지만 배송지는 이 일화의 신빙성을 부정했다.

『삼국지』에서 제갈량의 북벌은 5차례이다. 그러나 『삼국지연의』에서는 조위의 진격에 대한 반격인 3.5차 북벌까지 한 차례 북벌로 추가되어 육출기산으로 묘사된다. 그래서 제갈량의 4차, 5차 북벌이 5차, 6차 북벌이라고 표기되는 경우가 있다.

조위군은 진창에서 궂은 날씨로 인해 앞으로 나아가지 못해 실패한다. 장안으로 퇴각하려고 한다. 조위의 조정에서 퇴각하라는 전서를 보냈다. 전서가 도착한 때는 날씨가 맑아져 진군하려던 참이었다.

사마의는 제갈량이 반드시 공격해 올 것이라 예견했다. 반면 조진은 그럴 일이 없으리라 여겼다. 사마의가 조진에게 제갈량이 기습하지 않으면 얼굴에 분을 바르고 치마를 두른 채 조진에게 절을 하는 벌칙을 받겠다고 한다. 그러자 조진은 자신이 틀리면 조예께서 내리신 말 한 필을 선물하겠다고 말한다.

결과는 사마의의 예상이 옳았다. 조진은 적의 기습을 당해 어려움에 빠졌다. 그러나 가까스로 사마의의 구원을 받아 살아남는다. 조진은 상심하고 부끄러워했다. 거기에 병이 재발하여 힘들던 중 제갈량으로부터 조롱하는 편지를 받고 화병으로 죽는다.

제갈량이 4차 북벌에서 군량 문제로 퇴각한다. 사마의의 만류에도 불구하고 장합은 퇴각하는 촉한군을 추격하다 전사한다. 『삼국지』에서는 장합이 만류하는데도 사마의가 억지로 장합에게 추격을 명해 장합을 죽게 만든 것으로 기록되었다. 그런데 『삼국지연의』에서는 그 반대로 묘사했다.

제갈량은 5차 북벌에서 기만전술을 쓴다. 위연은 사마의와 일기토를 겨루다 거짓으로 후퇴하여 사마의를 상방곡으로 유인한다. 사마의와 위연이 일기토를 벌이는 장면은 문관과 무관의 싸움이라 억지성 창작이다.

제갈량은 상방곡 안으로 들어온 사마의를 화공을 이용하여 거의 죽음 직전까지 몰아넣는다. 하지만 마침 내린 비로 인해 사마의는 탈출한다. 이에 제갈량은 모사재인謀事在人 성사재천成事在天이라며 크게 한탄한다.

사마의가 상방곡에서 화공을 당한 장면은 『삼국지연의』의 창작이다. 사마의는 상방곡에서 당한 뒤 싸우지 않고 진채를 지켰다. 제갈량은 사마의에게 여자 옷과 관을 보내 상례를 치르느라 집에만 처박혀 있는 아녀자에 비유하여 모욕한다. 사마의는 격분한다. 하지만 일시적인 분노를 참는다.

사마의는 제갈량이 보낸 사자로부터 공명이 식사는 적게 하면서 크고 작은 일을 모두 도맡아 한다는 말을 듣고 식소사번食少事煩이니 제갈량의 죽음이 임박했음을 예견한다.

사공명주생중달死孔明走生仲達(죽은 공명이 산 중달을 쫓아냈다)이라는 관용구는 『삼국지』에서도 나오는 대목이다. 하지만 『삼국지연의』에서는 이 일화가 각색되었다. 제갈량이 죽자 사마의는 진격하는데 제갈량이 죽기 직전 명령으로 만들어진 목상을 보고 그가 살아있다 착각하여 깜짝 놀라 퇴각을 명령했다.

사마의는 공손연의 난을 평정할 때 시중 위연衛演을 보내 기일을 정해 볼모를 보낼 것을 청했다. 사마의가 위연에게 말했다.

"軍事大要有五군사대요유오 能戰當戰능전당전 不能戰當守불능전당수 不能守當走불능수당주 餘二事惟有降與死耳여이사유유항여사이 汝不肯面縛여불긍면전, 此爲決就死也차위결취사야 不須送任불수송임. 전쟁에서 중요한 다섯 가지 원칙이 있다. 싸울 수 있을 때는 싸워야 하고, 싸울 수 없을 때는 지켜야 하고, 지킬 수 없을 때는 달아나야 한다. 나머지 두 가지는 항복 아니면 죽음뿐이다. 너희들은 항복하려 하지 않으니 이는 죽기로 작정한 것일 터 인질을 보낼 필요는 없다."

이에 공손연이 남쪽 포위망을 갑자기 공격해 오자 사마의가 군대를 풀어 공격해 격파했다. 양수가의 장성이 떨어진 곳에서 공손연을 참수했다.

사마의는 조예가 죽은 뒤 조상의 음모로 인하여 실권을 빼앗긴다. 하지만 고평릉 사변을 일으켜서 다시 정권을 탈환한다. 왕릉의 난에 대한 묘사는 없지만 죽을 때의 장면은 나온다. 사마의는 아들 사마사와 사마소에게 나라에 충성하라는 유언을 남기고 생을 마감한다.

서황

양봉을 떠나 조조에게
귀순한 맹장

양봉을 섬기다 조조를 따른 서황의 배신은 단순히 들어갔다는 것
을 뜻하는 입入 단계와 속았음을 뜻하는 휼譎 단계가 혼재된 배신
이다.

서황은 양봉에게 조조와 동맹을 권했다. 조조는 양봉을 지원하는
척하면서 헌제를 빼돌렸다. 양봉은 조조와 격돌했지만, 무참히 깨졌
다. 원술에게 도망갔다. 이때 서황은 양봉과 함께 가지 않았다. 양봉
이 도주하여 섬길 주군이 없는 상황에서 조조에게 귀순한 일은 상
황에 내몰린 피동적 배신이다.

하지만 조조와 동맹을 권한 판단은 상황을 주도한 능동적 배신이
다. 더구나 도주하는 양봉을 따라가지 않은 것이 그 입증이기도 하
다. 상황에 떠밀린 틀 안에서 이익을 좇고 죽음을 피하기 위한 배신
이다.

조조에게 귀순한 서황은 뛰어난 무장으로서 수많은 공을 세우며 승승장구했다. 진수는 서황을 이런 오자양장五子良將이라고 평가했다.

서황徐晃(?~227년)은 후한 말에서 삼국시대에 활동한 조위의 장수이다. 자는 공명公明이며 사례 하동군 양현楊縣(산시성 홍동洪東) 출신이다. 하동군의 군리郡吏였던 서황은 이각의 부하 거기장군 양봉을 섬기며 도적을 토벌하는 공적을 세워 기도위에 임명됐다.

195년(흥평 2년) 이각과 곽사가 싸우는 내전으로 수도 장안이 혼란에 휩싸였다. 서황은 양봉에게 헌제를 모시고 낙양으로 돌아가자고 진언했다. 여러 일들을 겪은 끝에 헌제 일행은 황하를 건너 안읍安邑(산시성 샤현)에 당도했다. 서황은 도정후都亭侯에 봉해졌다.

196년(건안 원년) 헌제는 마침내 낙양으로 돌아왔다. 양봉은 하남윤 양현梁縣에 주둔했다. 이때 서황은 양봉에게 조조와 손잡을 것을 권한다. 양봉도 서황의 의견에 동조한다. 하지만 조조는 양봉을 지원하는 척하면서 헌제를 허로 빼돌렸다.

양봉이 후회하며 조조와 격돌했다. 그러나 무참히 깨지고 원술에게 달아났다. 서황만 조조에게 귀순했다. 용맹하고 지모가 있어 조조의 신임을 얻었다.

특히 번성전투에서 관우를 물리쳐 절체절명의 위기에 빠졌던 조인을 구했다. 서황의 용병用兵은 불필요한 소모는 피하면서도 일단 호기를 잡으면 집요하게 파고들었다.

조조에게 귀순한 서황은 맹활약을 했다. 하남윤 권현卷縣과 원무

현원武縣의 도적을 평정하고 비장군裨將軍을 받았다. 198년 여포 토벌에 참여했다. 별도로 군을 이끌고 여포의 장수 조서趙庶와 이추李鄒 등을 항복시켰다. 199년 사환, 조인과 함께 하내군의 수고眭固(후한 말의 흑산적)를 쳐부수고 참했다.

200년 서주에서 거병했던 유비와 백마白馬(허난성 화현)에서 원소의 선봉장 안량을 격파하고, 연진延津에서 문추를 칠 때도 활약하여 편장군이 되었다. 유벽과 유비 등이 여남군 은강현灅彊縣 등 허도 근방을 교란하자 조홍과 함께 출정하여 도적 축비祝臂를 무찔렀다.

「순유전」에 의하면 원소와 관도에서 대치했다. 군량이 떨어지자 순유는 조조에게 한순의 운송대를 습격하자며 적임자로 서황을 추천했다. 서황은 사환과 함께 가서 그 물자들을 불살랐다. 또 사환과 함께 하남군 고시현에서 원소의 군량 운반 수레를 공격했다. 이때 가장 많은 공을 세워 도정후에 봉해졌다.

204년 조조가 업을 포위했다. 그런 뒤 한단현邯鄲縣을 함락시켰다. 역양현령 한범韓範은 일단 항복했다. 그런 뒤 다시 싸웠다. 진압을 맡은 서황은 성공과 실패에 관한 편지를 단 화살을 한범 진영에 쏴 설득했다. 그 결과 한범은 항복했다.

서황은 조조에게 "원담과 원상이 아직 망하지 않았고, 많은 성들이 추세를 지켜보고 있습니다. 지금 역양을 함락시키면 다른 성들은 죽음을 불사할 것이고, 항복을 허락한다면 귀순하지 않을 성이 없을 것입니다."라고 했다. 조조가 옳다며 받아들였다.

이어 복병을 활용한 기습으로 모성毛城도 점령했다. 205년 조조를 수행하여 남피南皮에서 원담을 격멸하는 데 공을 세우고 평원국의 잔당들도 소탕했다.

207년 백랑산白狼山에서 답돈을 정벌할 때도 참전해 횡야장군橫野將軍에 임명되었다. 208년에는 형주 정벌에서 별군으로서 번에 주둔하며 중려中廬, 임저臨沮, 의성宜城의 환건적을 토벌하여 그 방면을 안정시켰다. 만총과 한진漢津에서 관우를 물리치고 조인과 연합으로 강릉江陵을 방어했으나 주유에게 패했다.

조조는 211년 태원군 대릉현大陵縣을 근거지로 들고일어난 상요商曜를 하후연을 보내 진압하고 참수했다. 한수와 마초 등 관중의 세력들은 조조의 한중을 향한 기동에 위협을 느껴 동관潼關으로 동진했다.

서황은 분음현汾陰縣에 머무르며 하동군의 백성들을 편안하게 진정시켰다. 7월 조조가 대군을 이끌고 동관 앞에서 대기하자 관중군도 황하 서쪽을 비우고 남쪽에 전력을 집중했다. 조조는 동관에서 미처 황하를 건너지 못하고 있었다. 서황이 포판진蒲坂津을 건너 그 서쪽을 확보하겠다며 병사를 청하자 조조가 승낙했다.

서황은 밤중에 주령과 함께 보병과 기병 4천 명으로 황하를 넘어갔다. 해자와 울짱(말뚝 따위를 쭉 잇따라 박아 만든 울타리)을 미처 완성하지 못했는데 밤중에 5천 명을 이끌고 공격해 온 양홍을 격퇴했다. 도하작전이 가능하게 하여 마초 등을 격파했다.

그리고 하후연과 같이 우부풍 유미隃麋와 견현汧縣의 저족을 평정한 후 안정安定에서 조조와 합류했다. 섣달 조조는 업으로 귀환하고, 서황은 하후연 등과 장안에 남았다. 212년 부郞와 하양夏陽의 잔당들을 소탕하고 양흥을 죽여 3천여 가구를 항복시켰다.

215년 서황은 장로 정벌에 종군했다. 별도로 독檀과 구이仇夷의 저족들을 깨트리고 평구장군平寇將軍으로 옮겼다. 장순張順의 포위를 풀고 진복陳福 등 30여 둔을 격파했다.

이후 하후연 휘하에 남아서 한중을 수비했다. 유비가 진식 등 10여 군영의 병사를 보내 마명각도馬鳴閣道를 끊으려 했다. 서황은 별도로 군을 이끌고 이를 분쇄했다. 상황을 보고받은 조조는 크게 기뻐하며 서황에게 절節(군사지휘권을 위임하는 깃발)을 내려 주며 "그 잔도는 험한 한중의 요충지로 사람의 목구멍과 같은 곳이다. 유비는 안과 밖을 차단하여 한중을 탈취하려 했지만, 장군의 분쇄로 적의 계획을 좌절시켰다. 매우 장한 일이다."라고 칭찬했다.

「조진전」에 의하면 하후연이 양평에서 죽자 조조의 염려가 컸다. 조진은 정촉호군으로 임명됐다. 서황 등을 지휘하여 양평에서 유비의 별장인 고상을 격파했다. 조조가 직접 양평까지 나가 한중의 군사들을 귀환시켰다.

서황은 219년(건안 24년) 번성樊城의 조인을 도와 관우를 치기 위해 남양군 완현宛縣에 주둔했다. 8월 장마로 물이 불자 한수에 우금 등이 수몰당했다. 조인의 번성과 여상의 양양성은 관우에게 포위당했다.

조조는 서황에게 조인을 구하라 했다. 하지만 다수가 신병이라 육탄전을 치르기가 쉽지 않았다. 양릉피陽陵陂에 진을 쳐 놓고 조인에게 원병이 왔다는 사실만 알렸다. 관우를 견제하며 시간을 끌었다.

「조엄전」에 의하면 서황이 번성에 도착한 후 관우는 조인을 더욱더 견고하게 포위했다. 구원병은 모두 도착하지 않았다. 서황의 병사로는 포위망을 뚫기가 역부족이었다. 그럼에도 장수들은 서황이 서둘러 구조하지 않는다며 비난과 불평을 쏟아냈다.

조엄趙儼(조위의 관료로 자는 백연伯然)이 "열흘 내로 증원군이 올 것이니 그 후에 안팎에서 치고 나가야 한다. 만약 늦어져 처형된다면 목숨을 대신 내놓겠다."며 진정시켰다. 10월 조조가 서상徐商과 여건 등을 보내와 병마가 전부 집결하면 전진하라고 했다. 이내 은서殷署와 주개朱蓋 등의 열두 영도 도착했다.

관우가 조인을 번성에서 포위하자 손권은 조조에게 사자를 파견하여 "군대를 보내 몰래 관우를 습격하려고 합니다. 이 일은 비밀을 구합니다. 장군께서는 누설하여 관우가 방비를 하지 못하도록 하십시오."라고 했다.

조조가 제장들에게 어떻게 하는 게 좋은지 의견을 구했다. 모두 비밀에 부치는 것이 마땅하다고 했다. 그러나 동소는 달랐다.

"마땅히 손권에게는 비밀로써 호응하면서 이면에서는 누설해야 합니다. 관우가 손권이 온다는 것을 듣고 군사를 돌려 스스로를 보호하게 된다면 번성의 포위는 속히 제거될 것이므로 동오와 촉한의 두 적이 서로 대치하게 하여 앉아서 피폐함을 기다릴 수 있습니다."

동소의 의견을 채택한 조조는 칙령을 내렸다. 서황에게 손권의 서신을 번성의 조인과 관우의 주둔지에 쏘아 올리게 했다. 조조군은 사기가 올랐다. 반면 관우는 주저하며 결단을 내리지 못하면서 퇴각하지 않았다. 손권의 군대가 도착하여 그 두 성을 취하자 관우는 무너지기 시작했다.

조조가 서상徐商과 여건呂建 등을 서황에게 보내며 "병마가 집결하기를 기다려 함께 전진하라."고 했다.

관우군은 언성에 주둔하고 있었다. 서황은 도착하여 거짓으로 해자를 파며 언성偃城의 뒤를 끊는 척했다. 관우는 둔영을 불태우고 철수했다. 서황이 언성을 점령하여 양릉피와 언성을 연결하고 점차 전진하여 관우군의 포위망에 3장丈(9m) 거리까지 다다랐다. 공격하기 전에 조조가 그 앞뒤로 은서와 주개 등 모두 12진영(1영은 2,000명으로 12영은 총 24,000명)을 서황에게 보냈다.

관우는 위두圍頭와 사총四冢에 진영을 두었다. 서황은 위두를 치는 척하고 비밀리에 사총을 강타했다. 관우는 사총이 무너지려는 것을 보고 보병과 기병 5천 명을 데리고 달려 나왔다. 서황이 이를 순식간에 여지없이 박살 내고 그대로 포위망 깊숙이까지 짓쳐 들어가 무너트렸다. 승리 후 마피摩陂로 개선했다.

조조는 "적이 에워 싼 참호와 방호벽은 10중이나 되었다. 나의 30년 용병 인생과 역사 속의 용병술을 통틀어 봐도 멀리까지 달려가 곧바로 여러 겹의 포위망 속으로 뛰어들어 붕괴시킨 자는 없었다. 게다가 번성과 양양성이 겪은 포위는 거성莒城과 즉묵성即墨城이 악의에게 당한 것보다도 심했으니 장군의 공은 손무(춘추시대 오나라의 인물로 춘추시대 최고의 명장, 손자병법의 저자)와 전양저田穰苴(사마양저司馬穰苴―춘추시대에 가장 먼저 등장한 체계적인 전략과 전술가이자 제나라의 명장)를 뛰어넘는다.”고 감탄하며 칭찬했다.

직접 7리(2.7km) 앞에서 맞이하고 성대한 연회를 베풀어 노고를 치하했다. 연회 중에도 서황의 군졸만이 정연하게 자리를 지키는 것을 보고 서황을 더욱더 칭찬하며 주아부周亞夫(?~기원전 143년, 중국 전한의 관료로 승상 역임―함부로 범할 수 없는 군영)의 기풍이 있다고 했다.

220년(연강 원년) 조비가 조조를 이어 위왕에 올랐다. 서황은 우장군으로 승진하고 녹향후逯鄕侯에 봉해졌다. 얼마 후 황제에 즉위한 조비는 서황을 양후楊侯로 올려 봉했다.

「유봉전」에 의하면 조예는 정남장군征南將軍 하후상과 서황을 보내 건무장군建武將軍 맹달과 함께 상용上庸으로 진출하여 유봉을 축출하고 양평을 그대로 지켰다.

221년(황초 2년) 조인과 연합 작전으로 양양을 점검한 동오의 진소陳邵를 물리치고 양양을 되찾았다. 222년 조비가 남정을 개시했다. 서황도 조진, 하후상, 장합과 더불어 남군을 포위했다. 하지만 함락시키지 못하고 귀환했다.

226년 조비 사후 조예가 황위를 계승했다. 동오의 제갈근이 어수선한 틈을 타 양양으로 북진해왔다. 서황은 무군대장군撫軍大將軍 사마의 휘하에서 제갈근을 격퇴했다. 상급으로 식읍 200호를 늘려 예전과 합쳐 모두 3,100호가 되었다.

서황은 검약하며 언행을 조심했다. “옛사람들은 명군을 만나지 못할까 걱정했는데 자신은 다행히 조조를 받들게 됐으니 그저 공을 세우는 데 진력할 뿐 사사로운 영예가 필요하겠느냐"며 파벌을 조성하지 않았다.

공과 사도 엄격히 구분했다. 평소 경애하던 관우의 머리에 나라의 일이라며 꺼리지 않고 상을 내걸기도 했다. 전장에서 군을 이끌 때는 멀리까지 적정을 살펴 승산이 없으면 인내심을 갖고 승기를 잡아 싸웠다.

또한, 승세를 타면 군사들이 밥 먹을 틈도 없이 추격을 멈추지 않았다. 227년(태화 원년)에 그는 "내가 죽으면 당시 의복을 그대로 몸에 덮어주라."고 유언하고 병사했다. 장후壯侯라는 시호가 내려졌다. 아들 서개徐蓋가 후사를 이었고, 서개가 죽자 아들 서패徐覇가 뒤를 이었다. 조예는 서황의 봉호를 나누어 서황의 아들과 손자 20명을 열후에 봉했다.

진수는 조조 휘하의 훌륭한 장수로는 장료, 악진, 우금, 장합, 서황이라고 말했다. 『삼국지연의』에서는 이를 병칭竝稱으로 오자양장五子良將(조조 휘하 뛰어난 다섯 명의 장수. 어원은 진수의 『삼국지』 위지魏志 17권에 기술된 太祖태조 建茲武功건자무공 而時之良將이시지양장 五子為先오자위선−태조가 무공을 세울 때 양장으로 다섯 명이 으뜸이었다)이라 했다. 또 장료, 장패, 학맹, 성렴, 송헌, 위속, 조성, 후성을 팔건장八健將(여포의 부하 중 장료를 필두로 한 여덟 명의 장수)이라고 평가했다.

『삼국지연의』에서 서황은 대부大斧라는 큰도끼를 전용 무기로 휘두른다. 헌제가 장안을 벗어나다가 곽사의 습격으로 위기에 빠진 순간 양봉이 나타나 곽사를 쫓아낸다. 이때 양봉의 부하로서 곽사의 부장 최용崔勇을 단 1합 만에 쓰러트리며 처음 등장한다.

헌제를 돕다가 배신한 이락도 1합에 죽인다. 면식이 있던 만총의 설득에 응해 조조에게 귀순한다. 만총이 투항할 때 양봉을 죽이자고 한다. 하지만 양봉을 살해하자는 제안은 거절한다. 섬겼던 사람에게 그럴 수 없다는 것이다. 이 일로 그는 충의의사忠義義士라는 칭송을 받는다. 『삼국지』에서는 성황이 양봉에게 투항을 권했다. 이후 여러 전투에서 공을 세우지만, 『삼국지』에 비해 공적이 대폭 축소되었다.

백마전투에서는 안량에게 일대일로 대항한다. 하지만 20합 이상을 당해내지 못하고 도망친다. 한맹의 운송대를 엄습해 그 물자들을 소각한다.

여양전투에서 원담의 부하 왕소汪昭를 베고, 업전투에서는 심배를 사로잡는다. 남피전투에서도 팽안彭安과 일대일로 대결해 그를 죽인다.

적벽대전에서의 참패로 인해 사력을 다해 퇴각하는 조조를 장료, 장합, 허저 등과 함께 온갖 고난 끝에 지켜낸다. 동작대 완공 기념 연회에서 조휴, 문빙, 조홍, 장합, 하후연과 아울러 활 솜씨를 뽐낸다.

장안을 거쳐 동관으로 진군해오는 마초를 막으러 조홍과 서황이 급파된다. 최소 10일만 사수하라는 명에 따라 관문을 닫아건 채 버티기에 들어가니 마초가 관 아래로 와 매일 조조 3대를 욕한다. 그때마다 참지 못하고 출격하려는 조홍을 가까스로 말린다. 9일째 되는 날 군량과 말꼴을 점검하느라 미처 신경을 못 쓰는 사이 조홍이 기어이 출전하고 만다. 뒤늦게 따라가지만 그대로 복병에 당해 동관을 잃는다. 이후, 포판진을 건너 황하 서쪽을 점거하고 관중군을 협공한다.

한중전투에서는 선봉에 서지만 조운의 활약으로 패한다. 다시 선봉에 서지만 부장 왕평의 조언을 듣지 않고 배수진의 각오로 한수를 건너 촉한군을 공격했다가 패한다. 간신히 진영으로 돌아와서는 자신을 구하러 오지 않은 왕평을 죽이려 한다. 왕평은 그랬으면 진영마저 잃었을 것이라며 패전의 책임이 서황에게 있다고 격하게 반발한다. 패전의 책임을 왕평에게 뒤집어씌우려 하고 왕평을 유비에게 도망가도록 만든다.

그 뒤 번성을 구원하러 달려가 양동, 유인, 복병을 자유자재로 구사하여 관평과 요화를 몰아낸다. 언성과 사총을 손에 넣는다. 직접 구원하러 나온 관우와 대치한다. 과거의 친교를 들춰내는 관우에 대해서 "사사로운 일로 공사를 망칠 수는 없다."고 한다.

오른팔이 성치 않은 관우와 80여 합을 겨뤄 패주 시킨다. 결국, 번성을 구하는 데 성공하고 조조로부터 『삼국지』와 비슷한 칭찬을 듣는다. 최후는 사실보다도 2년을 더 살아 촉한으로 귀순한 맹달을 치기 위해 출진한다. 맹달이 쏜 화살에 머리를 맞아 그날 밤 59세의 나이로 사망하는 것으로 묘사되었다. 하지만 이건 허구에 불과하며 『삼국지』에서는 노환으로 죽었다.

순욱

잠시 머문 동탁과
원소를 떠나 조조를 섬긴 책사

순욱이 원소 진영에 잠시 있다 조조에게 간 일은 단순히 들어갔다는 것을 뜻하는 입사 단계의 배신이다. 죽음을 피하고 집안을 살리기 위한 행위였다. 상황에 내몰린 피동적 행동으로 보이지만 자의적 입장에서 상황을 주도한 능동적 배신이다.

그는 189년 효렴으로 추천되어 수궁령에 배수되었다. 동탁의 난 때 외직을 희망했다. 향보 현령이 제수되었다. 하지만 반동탁연합이 결성되자 관직을 버렸다. 기주목 한복의 초청으로 종족들을 데리고 기주로 피난을 갔다.

그런데 도착할 때쯤 기주는 원소가 차지했다. 원소는 순욱을 비롯한 영천 출신들을 융숭하게 대접했다. 그럼에도 순욱은 원소를 떠났다. 양금택목이良禽擇木而 서서栖 현신택목이사賢臣擇木而事(지혜로운 새는 나무를 골라서 깃들고 현명한 신하는 주인을 골라서 섬긴다)라는 관점에서 원소가 대사를 이룰 수 없다고 봤다.

191년 원소를 떠나 분무장군으로 동군에 있던 조조를 따랐다. 이후 순욱은 조조에게 최고의 책사로서 장자방으로 인정받으며 계책을 냈다.

하지만 말년에는 조조와 갈등으로 불편한 최후를 맞이했다. 순욱은 한실부흥론을, 조조는 건국론을 지향했다.

순욱荀彧(163~212년)은 후한 말 조조 진영의 관료이다. 자는 문약文若이고 예주 영천군 영음현潁陰縣(하남성 허창) 출신이다.

순욱의 집안은 청류파淸流派로 명성이 높았다. 『후한서』에 의하면 할아버지 순숙荀淑은 순자荀子의 11세손으로 기록되었다. 당시 조정을 전횡하던 양기梁冀 일족을 비판하여 높아진 명성으로 신군神君이라 불렸다. 순숙 사후 마을 사람들은 그의 사당을 만들었다고 전해진다.

순욱의 아버지 순곤荀緄은 상서尙書에서 제남상濟南相이 되었다. 또 숙부 순상荀爽은 동탁董卓에게 사공司空에 임명되었고, 동탁을 암살하려 했지만 실패한 뒤 얼마 후 병으로 죽었다. 형제는 순심이고 연상의 7촌 조카는 순유이며 아들로는 순운과 순의 그리고 순찬이 있다.

순욱은 용모가 단정하고 수려한 위장부偉丈夫이었다. 젊은 시절 하옹何顒으로부터 왕좌지재王佐之才(왕을 도울 만한 재능)라는 칭찬을 받았다.

189년(중평 6년) 동탁이 소제를 폐하고 헌제를 제위에 올렸다. 순욱은 효렴에 추천되어 수궁령守宮令이 되었다. 하지만 반동탁연합이 결성되던 때 관직을 버렸다. 낙향하여 기주목冀州牧 한복의 초빙을 받아 가족을 이끌고 기주로 피난을 갔다.

그런데 순욱이 기주에 도착할 때쯤 기주는 원소袁紹의 차지가 되어 있었다. 원소는 순욱과 동생 순심 그리고 순욱의 동향 출신인 신평과 곽도를 융숭하게 예우했다. 그러나 순욱은 원소를 대단치 않은 인물로 봤다. 대업을 이룰 수 없다는 판단에 있어달라는 원소의 요청을 물리쳤다.

『종요전』'주석 후한서'에 의하면 음수陰脩(?~190년 후한 말의 관료로 자는 원기元基)는 영천태수로 있을 때 향거리선제에 의거하여 유능한 인재를 많이 추천했다. 그 가운데 오관연 장중, 찰공조 종요, 주부 순욱, 주기연 장례, 적조연 두우, 효렴 순유, 계리 곽도 등은 모두 조위의 인물이 되었다.

순욱은 191년(초평 2년) 29세 때 분무장군으로 동군에 있었던 조조에게 갔다. 순욱을 맞이한 조조는 "나의 자방子房이 왔구나."라고 크게 기뻐하면서 사마에 임명했다. 순욱은 조조를 위해 곽가와 사마랑 등 훌륭한 인재들을 많이 추천했다. 순욱은 정치와 전략 양쪽을 넘나들며 수많은 공적을 세웠다.

194년(흥평 1년) 조조는 서주의 도겸을 공격할 때 순욱과 정욱에게 본거지였던 연주兗州의 수비를 담당하게 했다. 이때 장막과 진궁이 반역을 도모하여 여포를 맞이했다. 순식간에 연주의 군과 현이 모두 호응했다. 순욱이 지키던 견성鄄城(하남성 복양현 동쪽)에 "여포가 조조의 원군으로 왔으니 성문을 열라."는 사자가 왔다. 순욱은 이미 모반을 간파했다. 하후돈에게 사자를 보내 합류하고 조조 진영에 남겨진 3개의 성 즉 견성, 범范(하남성 범현), 동아東阿(산동성 양곡현 아성)를 정욱과 함께 지켜 조조의 귀환 때까지 사수했다. 만약 이때 이 3개의 성마저 빼앗겼다면 조조는 의지할 곳 없는 상황이었다.

조조가 돌아와 다시 찾는다 해도 그 주력부대는 여포에게 무참히 부서졌을 것이다. 조조는 서주를 얻기 전에 연주를 먼저 잃으면 근거지 없이 유랑했을 것이다.

귀환한 조조는 근거지를 빼앗기지 않은 것을 다행으로 여겼다. 서주를 다시 공격하려고 했다. 순욱은 "고조 광무제께서 천하를 얻은 것은 자신의 근거지였던 관중과 하내를 확실하게 다스렸기 때문입니다. 장군의 근거지인 연주를 확실하게 다스리는 것이 먼저입니다."라고 조언했다. 조조는 이를 받아들였다.

도겸이 죽은 후 조조는 다시 서주를 공략했다. 되돌아와서는 복양의 여포를 평정하려 했다. 이때 순욱은 여포의 평정을 위한 전략을 세웠다. 군량미를 충분히 준비하여 여포를 패주시켜 연주를 평정하도록 했다.

196년(건안 1년) 조조가 황건적을 격파했다. 헌제가 장안長安을 탈출하여 낙양으로 돌아왔다. 산동은 아직 평정되지 않았다. 한섬과 양봉이 헌제를 데리고 낙양에 도착했고 북으로 장양과 연계되어 있어 그들의 세력을 제압하기 어렵다고 했다.

하지만 순욱의 생각은 달랐다. 조조에게 천자를 받들어 모시는 것은 백성들의 여망을 따르는 것이므로 맞아들이자고 조언했다. 조조는 이를 받아들여 헌제를 허창許昌으로 맞이했다. 헌제를 맞이한 공적으로 조조는 대장군이 되었고, 순욱은 시중侍中으로 승진되어 상서령尚書令을 관장했다.

순욱은 중요한 자리에 있으면서도 중용을 지켜 엄정한 태도를 잃지 않았다. 신분이 낮은 인사들까지도 겸손하게 대우했다. 품행이 단정치 않은 사람은 친척일지라도 '관직이란 재능을 발휘하는 것'이라고 하여 요직을 맡기지 않았다.

조조는 국사와 군사에 관한 모든 것을 순욱과 논의했다. 조조는 순욱이 천거한 순유와 종요, 곽가, 희지재가 모두 유능한 인재였으므로 순욱은 사람의 재능을 알아보는 눈이 있다고 감탄했다.

원소가 하북을 병합하자 조조는 그 강대한 세력에 위협과 두려움을 느꼈다. 조조가 동으로 여포를 우려하고 남으로는 장수를 막고 있던 때였다. 더구나 장수가 완성에서 조조군을 패배시켰다. 조조는 불안했다.

원소의 오만한 글을 받은 조조는 원소를 정벌하기로 한다. 세력이 약한 조조는 원소의 편지를 순욱에게 보여주며 의견을 구했다.

순욱은 조조가 도량과 계략, 무력, 덕의 등 4가지 면에서 원소보다 우월하고, 천자를 보좌해 정의의 군사를 일으키면 승리할 수 있다고 했다. 순욱의 말은 조조의 원소 정벌 결행에 힘으로 작용했다.

198년 장수와 여포를 격파하고 서주를 평정한 조조는 마침내 200년(건안 5년) 관도전투에서 원소와 맞섰다. 이때 공융은 원소의 강대함과 풍부한 인재를 들어 승산이 없다고 했다. 하지만 순욱은 원소군에 있었을 때 경험을 바탕으로 그들의 약점을 상세히 설명했다. 군세는 다수이지만 군법이 정비되어 있지 않은 점과 책략과 무장이 상대적으로 낮다는 점을 들어 조조의 승리를 장담했다.

순욱은 관도전투에서 조조의 본거지 수비를 맡았다. 전쟁 도중 약세라고 느낀 조조는 불안을 떨쳐 버리지 못하고 허장으로 회군하는 것이 어떻겠냐고 순욱에게 문의한 적이 있었다. 순욱은 격려의 편지를 보내 조조의 마음을 안정시켰다. 조조는 심기일전 각오를 새롭게 다진 후 오소의 군량 창고를 기습하여 순우경을 격파하고 승리를 끌어냈다.

또한, 조조가 원소에게 승리한 후 원소와의 결전을 중지하고 남쪽의 유표와 싸우려고 할 때도 순욱은 "원소가 남은 무리를 수습하고 빈틈을 이용한다면 공은 성공할 수 없을 것."이라며 원소의 완전 소탕을 주장했다.

조조는 순욱의 진언에 따라 황하를 두고 원소와 대치를 계속했다. 원소가 죽은 뒤 원소의 세력이 내분에 빠지자 그 틈을 공격하여 하북의 대부분을 세력권에 넣었다. 관도전투는 당초 순욱이 말한 대로 전개되었다. 관도전투 이후 조조는 딸 안양공주를 순욱의 장남 순운

에게 시집을 보냈다. 조조와 순욱은 우의가 돈독한 사돈지간이
됐다.

203년(건안 8년) 순욱은 그간의 공적으로 만세정후萬歲亭侯에 봉
해졌다. 207년에는 식읍 1천 호가 늘어나 합쳐 2천 호가 되었다. 순
욱은 봉급과 은상을 친척과 지인에게 나눠주며 겸허하고 검소하게
생활했다. 집에는 여분의 재산을 남기지 않았다. 그 후에도 순욱의
봉록이 증가했다. 하지만 사람의 관계는 항상 좋은 것은 아니었다.
세력이 확대됨에 따라 조조와 순욱의 정치적 이상은 상당히 달랐다.
세력이 확대되면서 조조는 새로운 왕조를 열어 자신이 천하를 차지
하려 했고, 순욱은 재건을 통해 한나라를 부흥시키려 했다.

212년 동소 등이 조조를 위공魏公의 지위에 오르게 하려 했다. 순
욱이 이에 대해 반대 의사를 분명히 밝혔다.

조조는 조금씩 찬탈 의사를 비치기 시작했다. 위공의 지위를 욕심
내어 구석九錫을 받으려고도 했다. 하지만 한나라 재건이란 정치적
이상을 지닌 순욱은 조조의 욕심을 맹렬히 반대했다. 조조와 사이가
틀어지기 시작했다.

212년(건안 17년) 순욱은 조조의 손권 정벌에 함께 출정하여 시중
侍中 겸 광록대부光祿大夫가 되었다. 조조군이 유수에 도착했을 때
병으로 쓰러졌다. 수춘에 잔류한 그는 근심과 고민 속에서 50세의
나이에 조조와의 불화 속에 죽었다.

순욱의 죽음은 역사서마다 서술이 다르다. 진수의 『삼국지』에서는
병사로 기록한 반면, 『후한서』와 배송지의 주석에서는 조조와의 불

화로 자살한 것으로 기록하고 있다.

『위씨춘추』에 의하면 조조가 순욱에게 위문하는 품품을 보냈는데 열어 보니 그 속은 비어 있었다. 품은 형식일 뿐이었다. 내용물이 없다는 것은 예의만 갖출 뿐 마음은 없다는 의미다.

순욱은 조조의 뜻을 간파하고 독주를 마시고 스스로 목숨을 끊었다. 순욱의 죽음에는 어떤 식으로든 조조와 불화가 있었다는 것을 확인할 수 있는 기록들이다. 조조는 순욱이 죽은 다음 해 위공이 되었다.

순욱의 죽음은 순욱 집안의 몰락으로 연결되지는 않았다. 순욱의 장남 순운은 조조의 3남 조식과 친했다. 조비가 태자의 자리에 오른 뒤에도 순운은 조식과의 친교를 끊지 않고 계속 이어갔다. 조비에게는 불쾌했다. 신경 쓰이는 일이었다. 하지만 「위지」 '순욱전'에 따르면 조비의 누이 안양공주가 순운에게 시집갔기 때문에 조비는 순운을 특별히 총애했다고 한다.

역사가들의 순욱에 대한 평가는 긍정적이었다. 『삼국지』의 저자 진수는 순욱과 연장자인 조카 순유, 모사 가후를 같은 권(『삼국지』 위서 10권)에 넣었다. 진수는 "순욱은 청아한 풍모와 왕좌의 풍격 그리고 선견지명을 갖추고 있었다. 하지만 뜻을 달성하는 데는 뛰어나지 못했다."라고 했다.

『삼국지』에 주석을 달았던 배송지는 "당시 난세를 평화로 이끌었던 조조에게 협력한 것밖에는 없었다. 이 일로 인해 한나라는 살아나지 못했다. 하지만 백성들은 구할 수 있었다."고 극찬했다.

또한, 배송지는 가후를 싫어하여 "순욱이란 인물을 가후 등과 동격으로 취급하는 것은 어리석은 일이다."고 말했다.

범엽范曄(398~445년 중국 위진남북조魏晉南北朝 시대 남조南朝 송宋의 정치가이고 문장가이며 역사가로서 후한서後漢書의 저자)은 순욱을 후한 왕조에게 순사한 충신으로 평가하여 후한서에 순욱의 전기를 따로 실었다. 순욱이 난세에 괴로워하는 사람을 위해 힘썼지만, 조조와 양립할 수 없어서 자신을 희생했다고 했다.

청나라 시대의 조익도 저서『이십이사차기』에서 범엽이 순욱을 한나라의 신하로 열전을 실은 것을 공감했다.

당나라 시대의 시인 두목은 저서『한기』에서 순욱이 조조를 전한의 건국자 한고조, 후한의 건국자 광무제에 비유하며 조조를 응원한 기록이 있으면서 조 씨를 도와 한나라를 멸망시킨 것을 비판했다.

『자치통감』의 저자 사마광은 두목의 비판에 대해 순욱이 조조를 광무제, 한고조에 비유한 것은 단지 사가의 창작이라며 두목의 의견을 반박했다. 그러면서 순욱이 조조를 황제에 올려 부와 영예를 쫓지 않고 한나라를 위해 죽은 충신이라고 찬양했다.

순욱이 조조가 패업을 이루는 데 가장 큰 공을 세운 일등공신이라는 것을 누구나 인정한다. 조조 휘하에는 뛰어난 책사가 많았다. 그중에서 순욱은 단순히 부하로서의 책사가 아니었다. 패업의 공동설계자였다. 현대적 의미로는 동업자였다. 조조에게 순욱의 존재가 어떤 무게 중심이었다는 것은 사돈 간이었다는 것이 그 증거이다.

『삼국지연의』에서 순욱에 대한 묘사는 『삼국지』의 내용과 크게 다르지 않다. 초기에는 원소 진영에 있었다. 이후 조카 순유와 함께 조조를 섬겼다. 정욱을 조조에게 추천하는 등 영천파가 성립될 정도로 고향의 많은 인재들을 소개했다.

여포를 토벌하고, 헌제를 맞아 허도로 천도하는 것 등은 『삼국지』의 내용과 같다. 순욱의 계략 중 백미는 이호경식지계二虎競食之計였다. 유비와 여포를 서로 싸우게 하려고 유비에게 관직을 주고 그 담보로 여포를 치게 한 것이다.

또한, 유비와 원술을 다투게 해 서주를 지키고 있는 여포의 변심을 유도하는 즉 호랑이를 몰아내고 이리를 삼키는 구호탄랑지계驅虎吞狼之計도 뛰어난 계략이었다. 두 계략은 모두 유비와 여포의 사이를 갈라지게 하지는 못했다. 하지만 음모가 판치는 난세를 잘 묘사하고 있다.

순욱은 후에도 여포 토벌과 서주의 유비 공격 그리고 관도전투에서도 수많은 계략을 내놓으면서 활동한다. 최후의 묘사는 『삼국지』와 거의 같다.

순유
—

하진 등지고 동탁 배신한 뒤
조조에 안착한 책사

———

순유는 하진과 동탁을 거쳐 조조에게서 책사로서 역량을 발휘했다. 하진 휘하에 있다 동탁의 낙양 입성으로 동탁을 따른다. 단순히 들어갔다는 것을 뜻하는 입입 단계의 배신이다. 상황에 내몰린 피동적 배신이다.

그런데 동탁의 장안 천도로 낙양이 무법천지가 되자 동탁 암살을 기도했다. 상황을 주도한 능동적 배신으로 국가를 구하려는 충의적 행동이었다. 하지만 결과는 실패했다. 체포되어 죽음을 기다리던 중 여포의 동탁 암살로 들어선 왕윤에 의해 살아났다. 이후 살 방도를 찾던 중 조조의 초빙에 응했다.

———

순유荀攸(157~214년)는 후한 말 관료이다. 자는 공달公達이며 예주 영천군 영음현潁陰縣(하남성 허창) 출신이다. 순욱의 7촌 조카지만 나이는 여섯 살 위이다. 순담荀曇의 손자이며, 순이荀彝의 아들이자 순집荀緝과 순적荀適의 아버지이다. 시호는 경후敬侯이다.

조부인 순담은 광릉태수를 지냈다. 아버지인 순이는 주의 종사로 있었는데 순유가 어렸을 때 죽었다.

하진이 정권을 잡았을 때 원소와 음수陰脩(?~190년 후한 말의 관료로 자는 원기元基이며 남양군 신야 출신으로 영천태수를 지내면서 유능한 인재 다수를 추천) 등에게 천거되어 황문시랑으로 임명됐다.

동탁이 군을 이끌고 낙양에 들어오자 불가피하게 동탁 정권에 참여한다. 하지만 동탁이 전횡을 일삼고, 장안 천도를 하면서 무법천지가 되자 정태, 하옹과 함께 동탁 암살을 기도한다.

그러나 그 계획은 사전에 발각되어 사형이 결정됐다. 하지만 그는 운이 좋았다. 사형이 집행되기 전에 동탁이 왕윤에게 암살당했다. 죽었다가 살아난 셈이다.

이후 그는 머물 곳을 찾아 촉군태수가 되려고 했다. 하지만 유언이 촉으로 가는 길을 끊어버려 부득이 형주에 머물게 된다.

그런데 헌제를 자신의 본거지인 허창으로 맞이한 조조로부터 초빙되었다. 여남태수로 있다가 군사軍師로 임명됐다.

순유는 지혜가 풍부하고 지모가 넓었다. 조조가 순유에게 많은 것을 의지했다. 198년(건안 3년) 조조가 하비에서 여포를 포위했다. 오랫동안 성을 포위했지만 함락시키지 못했다. 병사들이 피로해져 철군하려 했다. 이때 순유는 여포군의 예기豫期(앞으로 닥쳐올 일에 대하여 미리 생각하고 기다림)가 떨어진 것을 간파했다. 순유는 곽가와 함께 급습할 것을 간언했다. 조조는 이를 받아들였다. 기수沂水와 사수泗水를 끌어들여 하비성을 수몰시켜 여포를 사로잡았다. 조조는 "안자顔子(공자의 수제자인 안회顔回 B.C 513~482년)나 영무자寧武子(영자寧子, 영생寧生, 영무寧武, 영유寧俞, 춘추시대 위衛나라 출신)와 같은 성현이 다시 태어나더라도 순유 만큼은 되지 못할 것이다."라며 극찬했다.

같은 해 원담과 원상이 형제 골육상쟁을 벌였다. 패배한 원담이 조조에게 구원을 청했다. 순유는 그 기회를 이용하여 기주를 조조가 점령하도록 했다.

198년 장수 정벌 수행 때도 그랬다. 무리한 공격을 피해 장수를 회유하도록 진언했다. 조조는 받아들이지 않았다. 결과는 패배였다. 이후 조조는 순유를 존중하며 계책을 받아들였다.

순유는 조조의 중요한 전투에 군사로서 종군하며 적절한 조언을 했다. 관도전투의 전초전인 백마전투에서 원소군의 기병대장 문추를 죽이는 공적을 세웠다.

원소가 안량으로 백마를 포위했다. 본대는 안량의 배후에 주둔하며 백마를 인질 삼아 조조에게 결전을 강요했다. 순유는 성동격서聲東擊西의 계책을 냈다. 하내를 쳐 원소 본대를 분산시키는 계략이었다.

문추와 유비가 추격해 오자 치중대를 미끼로 쓰는 방안을 진언했다. 문추가 덫에 걸리자 격퇴했다. 그 뒤 조조는 순유의 계책에 따라 서황과 사환에게 원소 진영의 한순이 이끄는 수송대를 공격했다. 수천 대의 곡물 수송 수레를 불태웠다.

또 허유가 투항하면서 순우경의 오소 숙영 사실을 알리자 모두 의심했다. 하지만 순유는 가후와 함께 이 계책을 지지했다. 순유는 조조가 병력을 이끌고 오소를 기습하는 동안 조홍과 함께 관도의 수비를 맡아 전력이 집중된 원소의 공세를 막아냈다.

오소의 군량 창고 공격으로 원소의 장합과 고람이 투항하려 했다. 그 저의를 의심하는 조홍을 설득하여 그들의 투항을 받아들이게 했다.

이후 곽가가 죽은 뒤에는 조조의 최측근으로서 항상 곁에 있었고 그 신임이 매우 두터웠다.

적벽전투에서도 여러 번 계책을 진언했다. 주유가 화공을 준비하려는 책략을 알아채고 대비책을 준비하라고 했다. 하지만 승리를 자신하던 조조는 받아들이지 않았다. 이후 결과는 순유의 예측대로 조조군은 화공에 의해 대패했다.

207년 준군사로 전임한 순유는 조위가 건국된 후에는 상서령이 됐다. 순유는 생각이 치밀하고 일을 처리하는 판단력과 일신을 지키는 지략이 뛰어나 계략을 세운 후에는 어느 누구에게도 누설하지 않았다. 조조는 이런 순유에 대해 "겉으로는 둔하고 겁이 많은 것처럼 보이지만 속으로는 지략과 용기를 지니고 있다."고 칭찬하며 조비에게 본보기로 삼으라고 말했다.

214년 손권 정벌에 종군하던 중 58세에 병으로 인해 쓰러져 진중

陣中에서 사망했다. 경후敬侯라는 시호가 내려졌다. 조조는 순유에 대한 이야기를 할 때마다 눈물을 흘리고 슬퍼했다.

순유는 조조의 패업을 이끌고 지탱했던 군사들 중 명군사였다. 조조의 최측근이면서도 교만하거나 사치를 부리는 일이 없었다. 언제나 겸손하고 친절하여 지인들이 많았다고 한다.

특히 종요와는 관계가 매우 돈독하여 죽을 때 남겨진 아이들의 뒷바라지를 맡긴다는 유언을 했다. 하지만 두 아들도 세상을 일찍 떠나 순유의 집안은 한미해졌다. 이후 순유의 손자 순표荀彪가 성인이 되어 가문을 부흥시켰다.

순유가 쓴 『기책20종奇策二十種』은 친구인 종요만이 알고 있었는데 한창 저작 중에 죽었기 때문에 세간에는 순유의 비책이 전해지지 않았다고 한다.

『위관의魏官儀』1권이 양나라 때까지 전해졌지만, 수나라 때 소실되었다.

『삼국지연의』에서 순유는 214년 조조가 위왕魏王에 오르는 것을 시중 왕찬 등과 함께 반대하는 것으로 나온다. 이때 조조로부터 노여움을 사 그 충격으로 울화병이 들어 얼마 후 병사했다고 기록되어 있다. 『삼국지』에서는 조조가 왕이 되는 것을 찬성했다.

신비
___

원소(원담−원상)을 버리고
조조에 귀순

___

신비가 원소를 버리고 조조를 따른 것은 가장 적극적인 배반을 뜻하는 반叛에 해당된다. 원소 사후 원담과 원상의 골육상쟁에서 신비는 형 신평과 함께 원담의 편에 섰다.

원상이 원담을 공격하자 곽도는 원담에게 조조와 강화를 진언했다. 이때 신비는 곽도의 진언으로 조조의 구원 사자로 보내졌다.

신비는 원담과 원상이 싸우는 사이에 원상의 본거지 업鄴을 공략하여 점령하라고 했다. 원담과 화친 한 조조는 업을 점령하고 신비를 의랑으로 삼았다. 이때부터 신비는 조조의 참모가 되었다.

신비는 상황을 주도한 능동적 배신으로 원소(원담−원상)를 버렸다. 당시 조조는 유표를 공격하러 가던 중이었다. 원담과 원상의 싸움은 그들이 서로 싸우다 망하길 바랐다. 그런데 신비는 조조의 책사 곽가의 주선으로 조조를 재차 만나 업鄴 공략을 강조했고 조조는 받아들였다. 죽음을 피하고 이익을 쫓는 배신이다. 이후 신비는 조조 진영에서 비중 있는 책사로서 활동했다.

신비辛毗(?~?)는 후한 말과 조위의 관료이다. 자는 좌치佐治이고 예주 영천군 양책현陽翟縣(하남성 우주禹州) 출신이다. 신평의 동생이자 신헌영(후한 말과 삼국시대 조위와 서진의 여성. 이름名은 불명, 자는 헌영憲英, 신비의 딸이고 신창의 누나이며 양탐羊耽의 부인으로 양수羊琇의 어머니, 양호의 숙모)과 신창의 아버지다.

신비는 처음에 형 신평辛評(?~204년? 후한 말 원소의 책사로 자는 중치仲治)을 따라 원소를 섬겼다. 조조가 사공이 되어 벽소辟召(지방 정부에서 특채로 임용하는 것) 했지만 응하지 않았다. 원소 사후 원상과 원담의 내분에서 신평은 원담파의 주축이었다. 원담은 원상의 공격을 받자 신비를 조조에게 보내 지원을 요청했다.

『영웅기英雄記』에 의하면 203년(건안 8년) 원담이 원상에게 참패했다. 원담의 군사는 평원平原에서 포위당했다. 곽도가 원담에게 진언했다. "조조와 강화하여 함께 원상을 무찌른 뒤 원 씨의 영지들을 규합하여 맞서자며 강화 사절로 신비가 적임이라고 했다."

신비는 조조를 만나 원담의 뜻을 전했다. 조조는 유표와 싸우러 가던 중이었다. 조조는 처음에는 반겼다. 그러나 며칠 후 마음이 바뀌었는지 유표와 싸우고, 원상과 원담이 서로 싸우다 망하게 하려 했다.

사태를 파악한 신비는 곽가를 재차 만났다. 곽가의 주선으로 조조를 다시 봤다. 유표와 힘들게 싸우는 것보다 원담과 원상이 싸우는 사이에 원상의 본거지인 업鄴을 공략하여 하북을 점령하라고 권했다.

조조는 신비의 의견을 받아들여 원담과 화친했다. 204년(건안 9년) 업鄴을 무너뜨리고 신비를 의랑議郎으로 삼았다. 원담의 항복 사자로 갔던 신비는 이때부터 조조 진영의 참모가 되었다.

원담은 기주를 떠날 때 신비와 곽도의 가족들도 챙겼다.

그러나 형 신평의 가족은 업에 남아 있었다. 원상 진영의 심배는 곽도와 신평이 원담을 앞세워 원가를 분열시켰다며 극도로 증오했다. 신평의 가족들을 모조리 잡아들여 죽였다.

신비는 업이 함락될 때 신평의 가족들을 구출하려 했다. 그러나 이미 심배가 모두 죽인 뒤라 소용이 없었다. 심배가 사로잡혀 오자 신비는 심배를 말채찍으로 후려갈겼다. 자신의 일족을 참살한 복수를 했다. 하지만 신비는 심배로부터 기주를 망친 자로 매도당했다. 조조가 원상에 대한 심배의 충성심을 생각해 살려줘 쓰려 하자 신비가 읍소하여 참수되도록 했다.

신비는 218년(건안 23년) 마초와 장비의 침입에 대응하여 하변에 파견되는 조홍을 조휴와 함께 참군參軍으로서 출정했다. 마초와 장비를 격파했다. 조조가 한중에서 철수한 뒤에는 승상장사丞相長史가 되었다.

220년(건안 25년, 황초 원년) 조조가 죽고 조비가 위왕이 되었다. 화흠, 왕랑과 함께 헌제에게 조비에게 선위하도록 주청을 했다. 조비가 황제가 된 뒤 신비는 시중侍中으로 승진하고 관내후에 봉해졌다.

황초 연간에 조비가 하북의 주민 10만 호를 하남으로 옮기는 강제 이주안을 발표했다. 메뚜기 떼가 들끓어 백성들이 굶주리고 있던 때였다. 반대 의견이 빗발쳤다. 조비가 간언을 허용하지 않겠다고 엄포를 놓았다. 신하들이 더 이상 간언하지 못했다.

그러나 강직했던 신비는 혼자서 끈질기게 간언했다. 결국, 이주민을 반으로 줄이는 결과를 얻었다. 조비가 사냥을 즐기는 것에 대해서도 아랫사람들에게 고통을 준다며 간언했다. 조비는 사냥 횟수를 줄였다.

222년(황초 3년) 조비의 1차 남정 때는 상군대장군上軍大將軍 조진의 군사로서 출정했다. 주연이 지키는 강릉성을 치는 전투였다. 돌아온 뒤 그는 광평정후廣平亭侯가 되었다. 조비가 동오를 정벌하려 할 때도 신비는 군대 양성을 주장하며 적극 반대했다. 조비는 듣지 않았다. 원정의 결과는 실패였다.

조예가 황제가 된 뒤에는 영향후潁鄕侯로 봉작이 올랐다. 중서감中書監 유방과 중서령中書令 손자가 정권을 장악했다. 신하들이 모두 그들에게 아부하며 친교를 맺었다. 하지만 신비는 그런 시류에 영합하지 않았다.

아들 신창辛敞이 염려했다. 시류에 영합하지 않으면 유방과 손자에게 훼방 받을 것이라고 간언했다. 하지만 신비는 조예가 총명하지도 않지만 어리석지도 않으니 그래 봐야 삼공三公이 못 될 뿐이니 절개를 굽힐 수 없다며 태도를 바꾸지 않았다.

용종복야冗從僕射 필궤가 상서복야尚書僕射를 왕사王思에서 신비로 바꾸도록 표를 올렸다. 이에 유방과 손자가 반대했다. 뿐만 아니라 외직으로 보내져 위위衛尉가 되었다. 유방과 손자는 세상 사람들의 조소를 받았다. 아들 신창이 지난날에 가졌던 우려가 현실이 되었다.

조예가 사치성 궁궐을 지을 때도 백성을 피폐하게 한다며 강한 어조로 간언했다. 강직한 충언의 태도가 걸림이었는지 신비는 삼공의 지위에 오르지 못했다. 그렇다고 소외되지도 않았다. 충의와 성실함은 평가받았다.

234년(청룡 2년) 제갈량의 5차 북벌 때 오장원전투에서 대장군 사마의가 싸우기를 청했다. 조예는 허락하지 않았다. 그러나 사마의가 듣지 않을 것이 염려되었다. 장수와 군사들의 전투 의욕이 높았기 때문이었다.

조예는 신비를 대장군군사大將軍軍師와 사지절使持節로 삼아 전장에 보냈다. 신비는 제갈량과의 결전을 원하는 사마의의 뜻을 허락하지 않았다. 황제도 무서워하지 않는 신비를 사마의 등은 감히 거역하지 못했다.

『위략』에 의하면 사마의가 여러 번 진격하여 공격하려 했다. 신비는 그때마다 출전을 허락하지 않았다. 사마의는 능히 움직일 마음이 있었지만, 신비의 뜻을 거스르지 못했다.

제갈량이 죽은 뒤 신비는 위위로 복직했다. 사후 숙후肅侯라는 시호를 받았다.

『삼국지연의』에서 신비는 이름이 신비辛毗로 등장한다. 『삼국지』와 같이 원소 사후 원담을 저버리고 조조에게 합류한다. 심배가 지키던 업이 함락된 후 심배에게 갇힌 가족들을 찾으러 간다. 하지만 심배에 의해 이미 모두 죽어 있었다. 분노한 신비는 군막으로 옮겨지는 심배에게 말채찍으로 목을 후려치면서 그를 저주한다. 조조가 심배의 충성심을 인정하여 쓰길 원하며 신비를 설득하려 한다. 하지만 심배는 끝까지 눈물로 호소한다. 조조는 심배를 결국 죽인다.

220년 조조가 죽고 맏아들 조비가 조조의 뒤를 이었다. 신비는 화흠과 왕랑 등과 함께 한나라의 마지막 황제인 헌제에게 양위를 강요하는 것으로 나온다.

오장원전투에서는 『삼국지』와 비슷하게 사마의에게 조예의 칙서를 전하며 제갈량과 결전을 치르려는 것을 말린다.

왕찬
—

유표(유종)을 버리고
조조에게 귀순

———

왕찬은 유표 사후 형주를 이어받은 유종을 버렸다. 조조에게 항복할 것을 권했다. 왕찬의 행위는 상황을 주도한 능동적 배신이다. 가장 적극적인 배반을 뜻하는 반叛이었다.

다른 신하들과 함께한 행동이었지만 유종으로서는 동오의 손권처럼 거부하기 어려웠다. 이후 그는 조조의 부름을 받아 승진을 거듭했다.

주군인 유종의 입장보다는 자신들의 생존을 위해 항복을 선택한 신하들의 중론에서 다른 목소리를 내지 못했다. 죽음을 피하고 이익을 좇아서 한 정치적 배신이다.

———

왕찬王粲(177~217년)은 후한 말 관료이자 건안칠자의 일원으로 문장가이다. 자는 중선仲宣이며 연주 산양군 고평현高平縣(산동성 추현鄒縣 서남쪽) 출신이다. 태위 왕공의 증손이자 사공 왕창의 손자이다.

건안 시대의 일곱 문인 중 한 사람으로 60편의 시詩와 부賦와 논論과 의議를 썼다. 대표적인 시로는 종군시從軍詩와 칠애시七哀詩가 있고 역사서인 영웅기英雄記도 편찬했다.

왕찬은 체구가 빈약하고 풍채가 좋지 않았다. 하지만 외모와는 달리 뛰어난 재능의 소유자였다. 왕찬의 부친 왕겸王謙은 대장군 하진의 장사長史였다. 하진은 왕겸의 집안이 삼공을 배출한 명망을 높이 사 인척 관계를 맺으려고 했다. 자신의 두 딸을 보내 보여주며 둘 중 한 명과 혼인하도록 보냈다. 그런데 왕겸은 이를 거절했다. 이를 이유로 왕겸은 면직되면서 낙향 후 병으로 죽었다.

헌제가 동탁에게 이끌려 장안으로 천도할 때 왕찬도 장안으로 이주했다. 좌중랑장左中郎將 채옹이 왕찬을 만나 본 후 기이한 재주를 높이 평가했다.

당시 채옹은 재능과 학문이 탁월한 후한 말의 명사였다. 항상 빈객들의 말과 수레가 채옹의 집을 가득 메웠다. 그런 채옹도 왕찬이 문밖에 있다는 말을 들으면 신발까지 거꾸로 신고 나가 영접할 정도였다. 왕찬이 들어가면 빈객들은 나이가 어리고 생김새가 작고 초라하여 모두 놀랐다.

채옹은 그런 빈객들에게 "이 사람은 왕공王公의 손자로서 뛰어난 재주를 갖고 있으며, 나도 그보다 못하오. 그러니 우리 집에 있는 서

적과 문학 작품을 모두 그에게 주어야겠소."라고 했다.

왕찬은 17세에 사도 순우가의 초빙을 받아 황문시랑黃門侍郞으로 임명되었다. 하지만 당시 장안이 혼란스럽자 받지 않고 형주의 유표에게 의탁하러 갔다. 유표는 왕찬의 조부인 왕창에게서 학문을 배운 제자였고, 왕찬과 고향이 같다는 인연이 있었다.

그러나 유표는 왕찬의 용모가 빈약하고, 신체가 허약한 점이 마음에 걸렸던지 왕찬의 성격이 대범하다는 것을 알면서도 중용하지 않았다.

208년(건안 13년) 조조가 남정에 나선 후 유표가 병들어 죽었다. 후계는 아들 유종이 이었다. 왕찬은 부손 등과 함께 조조에게 항복할 것을 권했다. 유종이 왕찬과 다른 신하들의 의견대로 조조에게 항복했다. 이후 왕찬은 조조의 부름을 받았다. 승상연承相椽으로 임명되고 관내후를 받았다. 후에 왕찬은 군모제주軍謀祭酒로 승진했고 조위 건국 이후에는 시중侍中으로 임명되었다.

한편 조조는 옛 제도를 참고하여 의례義禮 제도를 제정할 때에는 반드시 왕찬을 책임자로 삼았다. 왕찬에 대한 조조의 신임은 매우 각별했다. 216년(건안 21년)에는 조조의 동오 정벌에 종군했다. 하지만 이듬해 봄 길에서 41세로 병사했다.

아들은 두 명을 뒀다. 왕찬이 죽은 2년 뒤 위풍魏風이 반란을 일으켰다. 왕찬의 두 아들은 이에 휘말려 처형됐다. 다행히 5촌 조카 왕업이 양자가 되어 뒤를 이었다. 왕업은 유표의 외손자로서 왕찬과 파혼했던 유표의 딸과 왕찬의 사촌 형인 왕개 사이에서 태어난 자식이다.

유표는 왕찬의 재능을 아껴 사위로 삼으려 했었다. 그러나 볼품없는 외모와 허약한 신체가 신경 쓰였고 자유분방한 성품도 걸려 사위 삼으려던 생각을 포기했다. 대신 미남에 체격이 좋은 왕개를 사위로 삼았다.

비범한 왕찬은 몇몇 일화를 남겼다. 조조가 한수漢水 해안가에서 주연을 베푼 일이 있었다. 왕찬이 축배를 들면서 원소袁紹와 유표를 비판하고 조조에게는 축하의 말을 했다.

"지금 원소는 하북에서 일어났으며, 의지하는 사람이 많고 뜻을 세워 천하를 겸병하려고 합니다. 그러나 그는 현인을 좋아할 뿐 기용하지 못하기 때문에 재능 있는 선비들도 그를 떠납니다. 또 유표는 어리석게도 형초荊楚 땅에서 중원의 전란에 아랑곳하지 않고 앉아서 시세 변화를 관망하는 것만으로 스스로 주나라 문왕文王 같은 명군이 될 수 있다고 생각했습니다. 당시에 난세로부터 자신을 지키기 위해 형주에 의탁한 선비들은 모두 이 나라의 준걸들이었지만, 유표는 그들을 등용할 줄을 몰랐으므로 자신의 나라가 위태로웠을 때에도 그를 보좌하는 사람이 없었습니다. 반면에 밝으신 공께서는 기주를 평정하던 날에 수레에서 내려 군대를 정돈하고, 그곳의 호걸들을 받아들이고 기용하여 천하를 평정했습니다. 또한, 장강과 한수 지역을 평정하여 그곳의 인자들과 현인을 초빙하여 그들을 관직에 올려놓고, 천하로 하여금 당신에게 마음이 돌아가도록 하여 당신의 풍채를 바라보고, 다스림 받기를 원하도록 했습니다. 문인과 무인이 함께 기용되고, 영웅들은 공을 위해 힘을 다하고 있으니 이것이 바로 삼왕三王과 같은 품행입니다."

또한, 왕찬이 기억력이 좋았음을 말해 주는 일화도 있다. 어느 날 왕찬이 다른 사람들과 길을 걸어가다가 길가에 세워진 비석을 읽었는데 사람들이 그에게 물었다.

"당신은 이 비석의 내용을 암송할 수 있습니까."

왕찬이 대답했다.

"할 수 있소."

사람들은 그에게 등을 돌리게 하고 비석의 내용을 외우도록 했다. 왕찬은 한 글자도 빠뜨리지 않고 매끄럽게 외웠다. 또 한 번은 다른 사람들이 바둑 두는 것을 구경하고 있었다. 그런데 바둑을 두던 사람이 실수로 바둑알을 흩어 버렸다. 그러자 그 광경을 본 왕찬은 바둑알의 위치를 하나도 틀리지 않고 원래 모양대로 복원시켰다. 바둑을 두던 사람들은 믿을 수 없다며 이번에는 수건으로 왕찬이 바둑알을 올려놓았던 바둑판을 가리고 다시 다른 바둑판에 바둑알을 놓게한 후 수건으로 가렸던 바둑판과 비교해 보았다. 그런데 역시 한 알도 틀리지 않았다.

왕찬은 계산에 능했다. 산법算法을 만들기도 했다. 글도 잘 지어붓을 들면 바로 문장이 이루어졌다. 문장이 너무 뛰어나 한번 쓴 문장은 고치는 일이 없었다. 사람들은 왕찬이 항상 전부터 그 글을 기억해 놓았다가 쓴 것으로 생각했다. 하지만 아무리 여러 번 생각해 봐도 그를 뛰어넘을 수는 없었다.

조비는 건안칠자에 대한 평가에서 왕찬에 대해 다음과 같이 말했다. 조비는 오관장五官將으로 있던 시절 동생인 평원후平原侯 조식曹植과 함께 문학을 좋아했다. 왕찬과 같은 건안칠자인 서간徐幹, 진림陳琳, 완우阮瑀, 응창應瑒, 유정劉楨을 벗으로 사귀었다.

조비는 건안칠자가 모두 죽은 후 원성현元城縣의 현령 오질吳質에게 편지를 써서 다른 건안칠자들과 함께 왕찬에 대한 평가도 했다.

"중선(왕찬)은 사辭와 부賦에 뛰어났소. 하지만 안타깝게도 몸이 병약한 까닭에 문장을 세우지 못했소. 그러나 그가 만든 작품은 너무 뛰어나 고인들도 그의 재주를 넘지 못하오."

그리고 조비는 덧붙여 건안칠자 모두를 평가했다.

"옛날 백아伯牙는 유일하게 자기의 거문고 소리를 알아주는 친구였던 종자기鍾子期가 죽자, 거문고 줄을 끊었고, 공자는 자로子路가 죽자 원통하여 육장肉醬(쇠고기를 잘게 썰어서 간장에 넣고 조린 반찬)을 엎었소. 전자는 음악을 이해하는 자의 조우를 애통해 한 것이고, 후자는 자신이 아끼던 제자가 죽은 것 때문에 상심한 것이오. 건안칠자는 비록 백아나 공자에게 미치지는 못해도 한 시대의 준걸이오."

왕찬의 시 중 종군시와 칠애시는 대표적이다. 칠애시는 젊은 왕찬이 당시 혼란한 수도 장안을 떠나 형주로 가면서 신세를 한탄한 시이다. 후한 말 처절한 백성들의 생활상이 시에 그대로 묻어 나온다.

七哀詩 칠애시

西京亂無象 서경난무상
장안은 혼란스러워 도리는 사라졌고

豺虎方遘患시호방구환

승냥이와 호랑이들이 곳곳에서 날뛴다.

復棄中國去부기중국거

다시금 중원을 버리고 떠나야만 하니

遠身適荊蠻원신적형만

몸을 멀리 두기에는 형만의 땅이 맞겠구나.

親戚對我悲친척대아비

친척들이 나를 보며 슬퍼하고

朋友相追攀붕우상추반

친구들이 쫓아와서 매달린다.

出門無所見출문무소견

문밖으로 나오니 보이는 건 하나 없네.

白骨蔽平原백골폐평원

백골들만 평원을 뒤덮고 있다.

路有飢婦人노유기부인

거리에 배고픈 여인이 있어

抱子棄草間포자기초간

안고 있던 아이를 풀숲 사이에 버린다.

顧聞號泣聲고문호읍성

귓전에 들리는 건 그녀를 부르는 아이의 울부짖음

揮涕獨不還휘체독불환

눈물을 닦지만 그녀는 돌아서질 못한다.

未知身死處미지신사처

내 몸이 죽을 곳도 모르는데

何能兩相完하능양상완

어찌 능히 둘이 함께 살아가겠는가.

驅馬棄之去구마기지거

말에 채찍을 가하여 그곳을 피하고 말았으니

不忍聽此言불인청차언

그 여인의 말을 참고 들을 수가 없어서였다.

南登覇陵岸남등패릉안

남으로 내려와 패릉의 언덕 위로 올라

廻首望長安회수망장안

머리를 돌려 장안을 그리워하니

悟彼下泉人오피하천인

하천을 지은 사람의 뜻을 깨달아

喟然傷心肝위연상심간

쓰린 가슴으로 한숨을 내쉰다.

『삼국지연의』에서 왕찬은 동작대 낙성식 때 조조의 덕을 찬양하는 시를 지어 올리고, 조조를 위왕으로 세우려고 획책하는 것으로 나온다.

우금

포신–조위–촉한–동오 거쳐
다시 조조에 의탁

우금은 포신과 조위의 조조 그리고 촉한의 유비와 동오의 손권을 거쳐 마지막에는 조위에서 활동한 장수이다. 처음에는 포신의 모병에 응해 의탁했다. 포신이 황건적과의 전투에서 죽자 왕랑의 지휘를 받다 그의 천거로 조조를 만났다.

포신에서 조조에게 의탁한 일은 단순히 들어갔다는 것을 뜻하는 입入 단계의 배신이다. 주군이 죽고 없는 상황에서 조조를 선택한 것은 상황에 내몰린 피동적 배신이다.

조조에게서 군사마를 받은 그는 이후 여러 공적을 세우며 관직이 높아졌다. 그런데 219년 번성전투에서 장마 중에 싸우다 관우에게 붙잡혀 항복했다. 이후 여몽이 형주의 관우를 물리칠 때 풀려나 동오에 인계됐다. 동오에서 지내던 우금은 221년 손권이 조위에 칭번하면서 조위에 보내졌다.

관우의 억류에서 벗어나 동오에서 있다가 다시 조위로 간 우금의 처지는 타의적 결정으로 떠밀려가는 상황이었다. 죽음을 피한 행동이었다.

조위의 조비를 본 우금은 눈물로 자신의 처지를 말했다. 조비는 우금을 용서했다. 안원장군에 앉혔다. 이후 동오에 사자로 보냈다. 하지만 우금은 동오로 가는 길에 조조의 능묘와 고릉을 참배하라는 조비의 명령에 따라 참배하다 자신을 조소하는 그림을 보고 울화병이 도져 죽었다.

죽음을 피해 여러 차례 배신을 한 그는 숱한 조롱과 조소를 견디지 못했다. 잃은 명예를 회복하지 못하고 장수로서 부끄러움을 남겼다.

───────────

우금于禁(?~221년)은 후한 말과 삼국시대 조위 초기의 장수이다. 자는 문칙文則이며 연주 태산군 거평현鉅平縣(산동성 태안泰安 남쪽) 출신이다.

후한 말 영제 때 황건적이 봉기하자 기도위 포신이 모병했다. 우금이 이에 의탁하여 따랐다. 192년(초평 3년) 제북상 포신이 연주를 침입한 청주의 황건적과 싸우다 전사했다. 우금은 도백都伯이 되어 왕랑의 지휘를 받았다. 조조가 연주를 다스릴 때였다.

왕랑은 우금을 조조에게 추천할 때 대장군의 능력이 있다고 했다. 조조가 우금을 불러 대화를 나눠 본 후 군사마로 임명했다. 서주를 칠 때 광척廣戚을 함락시킨 공으로 함진도위陷陳都尉에 올랐다.

조조가 본거지 연주를 비운 사이 형제인 장막과 장초가 여포를 끌어들여 반란을 일으켰다. 조조를 수행하여 복양과 수창須昌(산둥성 둥핑 현), 수장壽張, 정도, 이호離狐, 옹구雍丘(허난성 치현) 등에서 싸우며 연주 탈환에서 공을 세웠다.

196년(건안 원년) 조조가 영천에서 준동하던 황건족의 잔당 황소와 유벽 등을 토벌할 때도 활약했다. 난 진압 후 평로교위平虜校尉로 승진했다.

197년(건안 2년) 완宛에서 순응順應하지 않던 장수張繡를 정벌하러 갈 때도 참여했다. 장수는 처음에 항복했다. 그러다 조조가 숙모 추 씨를 취하는 등 여러 일로 마음을 바꿔 조조를 기습했다. 기습을 당한 조조가 겨우 빠져 탈출하고 뒤를 막던 우금은 혼란한 가운데도 수백 명을 거느리고 진을 흩뜨리지 않았다. 부상을 입고 알몸으로 달아나는 병사들을 봤다. 이유를 물었다. 청주병의 일부가 약탈하고 있기 때문이라고 했다.

청주병은 청주의 황건적들이 조조에게 투항한 뒤에 만들어진 군대였다. 그들은 사납고 거칠었다. 우금은 약탈한 병사들을 잡아 처형했다. 군율대로 군사들을 엄격하게 대했다. 적의 재물도 사사로이 취하지 않아 중용을 받아 왔었다. 청주병들이 급히 조조에게 억울하다며 진정을 했다. 후퇴한 우금은 진영에 당도하여 보루부터 쌓았다. 걱정하던 이들은 조조부터 만나야 한다고 했다.

우금은 "지금 배후에 적들이 있어 불시에 들이닥칠 수 있는데 방비를 하지 않으면 어떻게 대적하겠느냐."고 했다. 해자垓字(성城의 주위를 파 경계로 삼은 구덩이)까지 판 뒤 군영을 정비한 후 조조에게 나아가 진술했다.

조조는 우금을 "육수清水에서의 난으로 급박한 와중에도 우금은 군사를 정돈해 적들과 싸우고 보루를 단단히 했다. 혼란스럽게 움직이지 않는 절도가 있다. 역사 속 명장이라 한들 이보다 뛰어나겠는가."라고 극찬하며 익수정후益壽亭侯에 봉했다.

「무제기」에 따르면 197년 9월 원술이 예주 진국을 침략하자 조조가 동쪽으로 가서 정벌했다. 원술은 조조가 직접 온다는 말을 듣고 군을 버리고 달아났다. 대신 장수인 교유와 이풍 그리고 양강과 악취를 남겼다.

조조를 수행한 우금은 예주 진국 고현에서 교유를 포위하고 교유 등 4명의 장수를 참수했다. 그런 뒤 다시 조조를 수행했다. 양에서 장수를 공격하고 하비에서는 여포를 사로잡았다. 또한, 별도로 사환, 조인과 함께 사견에서 휴고를 공격해 무찌르고 그를 참수했다.

우금은 관도대전에서도 선봉에 서기를 원했다. 2천 명으로 연진延津을 방어했다. 조조가 관도官渡(허난성 중무현)에 있을 때 유비가 서주에서 독립했다. 200년 조조가 유비를 평정하는 동안 우금은 원소의 견제를 막아냈다.

조조가 백마白馬에서 원소와 싸울 때는 악진과 함께 5천 명을 이끌고 황하를 건넜다. 연진 서남쪽으로 강변을 따라 급汲과 획기獲嘉에 이르는 동안 30여 둔을 불살랐다. 죽이거나 생포한 자가 수천 명이었다. 하무何茂와 왕마王摩 등 20여 명의 장수가 우금에게 항복했다.

이후 우금은 원무原武(허난성 위안양현)에 주둔하며 두씨진杜氏津에서 원소의 별영別營(따로 설치한 군영)을 격파했다. 이런 공적으로 인해 비장군裨將軍으로 승진했다. 관도로 합류한 뒤에는 수적 열세 속에서도 분전하여 조조군이 쌓아놓은 토산을 지켰다. 조조가 승리한 뒤에는 편장군偏將軍으로 옮겼다.

202년 조조는 여양黎陽(허난성 쉰현)에서 원담·원상 형제와 일진일퇴를 거듭하고 있었다. 이때 유표에게 의탁하고 있던 유비가 섭현葉縣까지 공격해 왔다. 우금은 이전과 함께 하후돈을 따라 막으러 갔다.

그런데 유비가 유인작전을 펼쳤다. 진지를 불태우고 박망博望으로 퇴각했다. 이전이 추격을 만류했다. 그러나 우금은 하후돈과 함께 쫓아갔다. 결국, 유비의 복병에 당했다. 진영에 남아있던 이전이 구하러 달려오자 유비가 물러났다.

우금은 군중에서 매우 엄격하고 냉철했다. 201년에 조조에게 귀순했던 동해군의 창희가 206년 다시 반기를 들었다. 장패, 하후연과 같이 진압했다.

창희는 평소 친분이 있었던 우금에게 투항했다. 장수들은 창희를 조조에게 이송해야 한다고 했다. 하지만 우금은 그런 의견을 물리쳤다. 비록 창희가 옛 벗이지만 포위당한 후에 항복한 자는 사면하지 않는 것이라면서 눈물을 흘리며 직접 곧바로 참수했다. 순우淳于에 와있던 조조는 우금의 처리를 표를 올려 칭찬했다.

헌제에게 올리는 표에서 우금과 악진, 장료를 다음과 같이 말했다. "이들은 무력이 걸출할뿐더러 계략까지 능합니다. 충성심도 한결같이 절의를 지킵니다. 싸울 때마다 병사를 지휘하여 어떠한 강한 적이라도 분격하여 물리치고 스스로 북을 쳐 지치지도 않습니다. 원정을 가면 병사를 잘 살펴 화합하게 하고 법을 받듭니다. 적을 만나면 과감하게 결단하면서도 실수가 없습니다." 우금은 호위장군虎威將軍, 악진은 절충장군折衝將軍, 장료는 탕구장군盪寇將軍에 임명됐다.

209년 진란과 매성梅成이 육안六安에서 반란을 일으켰다. 우금과 장패가 매성을 맡고 장료와 장합이 진란을 맡았다. 매성은 우금에게 거짓 항복했다. 3천 명의 군사를 숨겼다가 진란에게 합류했다. 우금은 장료에게 군량을 계속 공급하여 진압할 수 있도록 도왔다. 비로소 장료가 진란과 매성을 베고 진압했다. 우금은 식읍 200호를 더해 모두 1,200호가 되었다.

우금은 계속 승진하여 좌장군에 오르고 가절월假節鉞도 받았다. 219년(건안 24년) 조조가 번성樊城의 조인에게 관우를 공격하게 했다. 우금에게는 조인을 도우라고 했다. 8월 많은 비가 쏟아져 한수가 범람했다. 그 바람에 우금이 주둔한 군 등 일곱 군이 물에 잠겼다. 우금 등이 높은 곳에 올라갔지만 피할 곳이 없었다.

그런데 관우가 큰 배를 타고 공격해 왔다. 결국, 우금은 항복했다. 반면 방덕은 굽히지 않고 싸우다 관우에게 처형됐다.

조조는 우금의 항복에 "30년간 알고 지냈던 우금이 위기에 처하자 방덕만도 못하단 말인가."라며 탄식했다. 우금과 3만 명의 포로는 강릉江陵(후베이성 징저우구)으로 보내졌다. 강릉에서는 이들을 먹일 식량이 부족했다. 관우는 손권이 비축해 놓은 상관湘關(영릉군 소재)의 쌀을 멋대로 취했다. 형주 탈환을 은밀하게 준비하던 여몽은 이를 명분으로 삼았다. 곧바로 나아가 형주를 점령했다. 덕분에 풀려난 우금은 동오로 인계되었다.

손권은 우금을 예우했다. 어느 날 손권이 우금과 나란히 말을 타고 외출했다. 우번(동오의 관료로 자는 중상仲翔)이 "당신은 죽지도 못한 포로이면서 어찌 감히 우리 주군과 말 머리를 나란히 하느냐."고 꾸짖으며 채찍을 휘두르려 했다.

손권이 제지했다. 다른 날 손권이 누선樓船(고대 중국의 전함으로 그 크기와 구조가 밖에서 보면 마치 누각과 같다 해서 붙은 이름)에서 신하들과 술을 마셨다. 음악을 듣던 우금이 눈물을 떨궜다. 우번이 또 빈정댔다. 손권은 적잖이 불편했다.

221년(황초 2년) 손권이 조위에 칭번稱藩(스스로 번국임을 칭함)하며 우금을 송환하려 했다. 우번이 또 반대했다. 그렇게 한다고 하여 군사에 익숙한 조위는 우리의 바람대로 움직이지 않을 것이라고 했다. 우금을 베어 두 마음을 품은 이들에게 경계심을 갖자는 것이다. 하지만 손권은 듣지 않았다. 우금은 조위에 송환되었다. 우금은 동오에서 우번에게 많은 지탄을 받았음에도 우번을 칭찬했다.

우금은 매우 초췌한 몰골로 눈물을 흘리며 조비를 봤다. 조비는 "진나라晉는 순림보가 패했어도 다시 기용하여 북적의 땅을 얻었다.

또 진나라秦는 맹명시孟明視가 군대를 잃었어도 다시 기용하여 서융을 제패했다. 소국들도 이러할진대 하물며 만승의 제국이랴. 번성에서의 패전은 수재로 인한 것이지 그대의 과실이 아니다."며 위로하고 안원장군安遠將軍에 앉혔다.

또한, 조서에 "한고제는 옷을 벗어 한신에게 입히고 광무제는 수綬를 풀어 이충李忠에게 둘러주어 그 공로를 공경하였다."라고 하면서 원유관遠遊冠(왕이나 왕세자의 조현복朝見服인 강사포에 갖추어 쓰던 관)까지 하사했다.

이후 조비는 우금을 동오에 사자로 보냈다. 가기 전에 업에 있는 조조의 능묘와 고릉高陵을 참배하라고 했다. 그런 뒤 조비는 미리 관우가 싸움에서 이기고 방덕이 분노하며 우금이 항복하는 그림을 그려놓았다. 그림을 본 우금은 부끄럽고 분한 마음이 들었다. 결국, 울화병을 이기지 못하고 죽었다. 시호는 여厲라 했고 익수정후는 아들 우규于圭가 이었다.

『삼국지』의 저자 진수는 조조 휘하의 훌륭한 장수는 장료와 악진, 우금, 장합, 서황 등 다섯 명이라고 말했다. 그 중 우금이 가장 굳세고 엄중했지만, 그 명성을 끝까지 지키지는 못했다고 했다.

배송지는 "교분이 있던 창희를 조조에게 호송해야 한다는 중론까지 거부하며 바로 참했으면서 자신은 살아서 적의 포로가 되었으니 나쁜 시호를 받은 것이 당연하다."고 했다.

사마광 또한 "수만의 군사를 거느리고 패하여 죽지 않고 살아서 항복했으니 조비가 폐하는 것도 옳고 죽이는 것도 옳다."고 했다. 다

만 고릉에 그림을 그려놓아 능욕한 것은 임금이 할 짓이 아니라고
했다.

『삼국지연의』에서도 『삼국지』의 내용과 거의 비슷하다. 포신의 부
하였을 때의 행적은 나오지 않는다. 이각 등이 집권할 무렵 조조가 연
주에서 순욱과 전위 등 인재를 모으면서 임관하는 것으로 등장한다.

이후 수많은 전장에 조조와 함께한다. 육수에서의 청주병 일화도
삽입되었다. 유종이 형주를 들어 조조에게 귀부한 후 청주자사에 임
명되어 가는 길에 조조의 명령을 수행하여 유종과 그 모친 채씨蔡氏
를 죽인다.

적벽대전에서는 채모와 장윤이 처형되자, 모개와 함께 후임 수군
도독이 된다. 제갈량이 안갯속에서 보낸 배에 조조의 명에 따라 화
살을 쏴 10만 개의 화살을 넘겨주고 만다. 그러나 이 두 가지 장면은
모두 허구다.

동관潼關을 함락한 마초와 일대일 대결을 벌이지만 팔구 합 만에
패주한다. 이간계離間計에 넘어간 마초가 한수를 의심하고, 한수는
결국 조조와 내통한다. 조조가 마초를 기습하고 마초는 한수의 부장
이감을 추격한다. 우금이 마초 뒤에서 활을 쏜다. 그런데 마초가 소
리를 듣고 피하자 그 앞에 있던 이감이 맞아 죽는다. 마초가 말 머리
를 돌려 우금에게 달려들자 도망친다.

우금이 번성을 구원하러 간다. 방덕이 관우와 일대일 대결을 하다가 내빼는 척하면서 화살을 쏘아 관우의 왼팔을 맞춘다. 우금은 방덕이 큰 공을 세울까 시기하여 바로 불러들이고 군대를 증구천罾口川에 주둔시킨 채 출격하지 않는다.

마침 비가 연일 내려서 관우는 일시에 둑을 무너트릴 계획을 세우고 각종 배들을 준비한다. 위군 독장督將 성하가 강물이 범람할 위험이 있다며 옮기자고 해도 우금은 듣지 않는다. 관우의 수공에 의해 궤멸되고 잡혀 목숨을 애걸한다. 여몽이 형주를 취한 덕에 조조에게 이송된다. 220년 조비가 왕위에 오른 해『삼국지』에서와 같은 최후를 맞는다.

위관

조위를 등지고 떠오르는
서진을 좇은 명필

위관이 섬기던 조위를 등지고 서진을 따른 것은 단순히 들어갔다는 것을 뜻하는 입入 단계의 배신이다. 상황에 따르는 피동적 배신이다. 이익과 명예를 좇아 떠오르는 서진을 따랐다.

서진에 적극 협력한 위관의 딸은 사마염의 며느리가 될 뻔했다. 아들 위선은 번창공주와 결혼했다. 진의 왕실과 깊은 인연을 맺는 등 승승장구했다. 하지만 아들과 손자들까지도 모두 죽임을 당했다.

위관衛瓘(220~291년)은 삼국시대 조위와 서진의 관료이다. 자는 백옥伯玉이며 조위 상서 위기衛覬의 아들이다. 하동 안읍(산서성 하현夏縣 서북쪽) 출신이다. 서예에 능한 인물이었지만 가남풍賈南風의 미움을 산 끝에 죽임을 당했다.

위관은 부친 위개의 상서랑을 이어받은 이후 조위의 정위廷尉가 됐다. 사마소司馬昭가 촉한을 정벌할 때 종회鍾會를 보좌하는 행진 서군사行鎭西軍司 즉 감군으로서 종회의 병사들을 감독했다.

등애와 종회는 불편한 관계였다. 등애鄧艾의 활약으로 촉한이 멸망한 후 종회는 등애에게 모반죄를 씌우려 했다. 위관은 종회의 등애 모함에 협력했다. 사마소는 등애를 의심하면서 종회에게 등애를 체포하라고 했다. 종회는 위관에게 등애를 체포하게 했다. 화가 난 등애가 위관에게 해를 입히면 이를 구실로 종회는 자신이 직접 등애를 잡아들일 계획이었다.

위관은 등애가 주둔하고 있는 성도로 갔다. 등애의 부하 장수들에게 조서를 받들어 등애를 체포하는 것이니 다른 사람들에게는 죄를 묻지 않겠다고 밝혔다. 장수들이 등애를 떠나 위관에게 왔다. 등애는 위관에게 아들 등충鄧忠과 함께 새벽녘에 붙잡혔다.

등애를 두려워하던 종회는 자신의 야심을 이루기 위해 강유姜維와 함께 익주에서 모반하려 했다. 그러나 호열胡烈의 아들 호연胡淵의 공격을 받고 종회와 강유는 죽임을 당했다.

이때 등애 부자는 죽지 않고 있었다. 그런데 위관은 종회와 함께 등애를 모함한 일이 밝혀지면 해를 당할 것을 우려해 등애에게 원한을 품었던 전속田續을 부추겨 등애 부자를 죽이게 했다. 같이 종군한 동료 두예杜預는 위관의 행동을 비판했다. 위관은 직접 두예를 찾아가 일의 전말을 해명했다.

271년 사마염은 원래 위관의 딸을 태자비로 삼으려 했다. 그러나 가충賈充의 아내 곽괴郭槐가 양황후의 측근들에게 뇌물을 줘 가남풍이 태자비가 되게 했다.

276년 정북장군征北將軍 겸 유주자사였던 위관은 선비족의 왕자 탁발사막한拓拔沙漠汗이 진나라에 왔다가 돌아가려 할 때 그를 조정에 붙들어 놓게 했다. 그러면서 선비족의 유력 관리들에게는 금품을 줘 이간시켰다.

탁발사막한은 다음 해가 돼서야 돌아갈 수 있었다. 그때는 이미 내분이 일어난 상태였다. 그는 선비족의 대인大人들에게 모함을 받아 죽었다. 이후에도 계속 정쟁으로 어지러웠기 때문에 한동안 선비족은 힘을 쓰지 못했다.

위관은 278년 상서령尚書令이 되었다. 사마염이 베푼 잔치에서 술에 취한 척하며 앞으로 나아가 옥좌를 어루만지면서 사마충의 우매함을 걱정하며 이 자리가 애석해질 수 있다고 말했다. 사마염은 위관의 뜻을 알아차렸다. 그러나 모른 척하고 넘어갔다. 하지만 사마염은 내심 사마충 대신 동생 사마유에게 자리를 물려줄 생각을 하게 되었다. 나중에 이 일이 가충 부녀에게 알려지면서 그들의 미움을 사게 되었다.

가남풍은 곧 사마염이 사마충에게 국정에 관한 글을 지어 올리라고 명을 내리자 적정한 글을 사마충이 쓴 것처럼 꾸며 올리게 했다. 그 결과 사마염은 태자를 폐할 생각을 접었다.

282년 서진 건국 후에는 사서령에서 사공司空으로 승진했다. 284년에는 구품九品 제도의 폐해가 문제가 되자 여남왕汝南王 사마량司馬亮과 함께 상소를 올려 구품 제도의 폐지를 주장했다.

290년 번창공주樊昌公主와 결혼한 아들 위선衛宣이 술을 좋아하여 과실過失이 많았다. 때문에 양준楊駿은 공주를 다시 궁궐로 불러들여야 한다고 주장했다. 위관은 자신이 물러나겠다고 청했다. 태보太保로 옮겨 간 후 집에서 머물게 되었다.

사마염이 죽고 사마충司馬衷이 즉위하자 가남풍은 양준과 그의 딸 양태후를 모두 제거하고 자신이 정사를 농단했다. 양준 일파 제거에 앞장선 사마량과 사마위의 영향력이 세졌다.

원로인 위관은 291년 여남왕 사마량과 함께 초왕楚王 사마위司馬瑋를 견제했다. 사마위는 난폭하고 사람 죽이는 것을 좋아했다. 위관은 사마위의 병권을 빼앗으려 했다. 사마량과 의논하여 사마위를 봉지로 돌려보내려 했다. 그 일환으로 사마위의 수하 공손굉을 잡아들이게 했다. 그런데 이 일로 위관은 사마위의 원망을 사게 됐다.

결국, 사마위의 부하 기성岐盛이 위관과 사마량이 사마충을 폐위시키려는 음모를 꾸민다고 모함했다. 위관을 미워하던 가남풍은 혜제(사마충)을 움직여 두 사람을 파면하는 조서를 사마위에게 내리게 했다. 이를 구실삼은 사마위는 군사를 이끌고 위관과 사마량을 죽였다. 위관의 아들들과 손자들도 모두 죽임을 당했다.

얼마 지나지 않아 가남풍은 사마위가 정식 칙명도 받지 않고 대신을 죽였다며 사마위까지 처형했다. 이때 위관의 딸은 아버지를 신원시켜 줄 것을 청했다. 죽은 위관은 난릉군공蘭陵郡公으로 추봉되었고 성공成公이라는 시호가 내려졌다.

위관은 초서에 능해 당대에 서예가로도 명성이 높았다. 아버지 위기와 아들 위항까지 3대가 모두 명필로 유명했다. 위관의 아들은 위항衛恒이고 자가 거산巨山으로 황문시랑을 지냈다. 손자는 위개衛玠로 자가 숙보叔寶인데 명성이 있어 태자세마가 되었지만, 멸문으로 일찍 죽었다.

『삼국지연의』에서는 촉한 멸망 장면에서 나온다.

장료

정원-하진-동탁-여포 거쳐 조조에게 귀순

삼국지 최고의 맹장은 누구일까. 흔히 여포와 관우를 꼽는다. 하지만 삼국지에 대한 이해가 깊을수록 장료라고 말한다. 장료는 여포의 부하였다. 또한, 조조의 군중에서는 관우의 부장이었다. 무공의 기준으로 본다면 여포나 관우가 한 단계 높다고 할 수 있다.

그러나 장수라는 측면에서 보면 장료가 그들보다 한 수 위라고 할 수 있다. 전투의 승패에서 가장 중요한 것은 군사들의 사기이며 그 분위기를 높일 수 있는 것은 장수의 기백과 용기이다. 장료의 기백과 용기는 다른 장수들조차 감탄할 정도였다. 그 증거는 합비전투였다.

장료는 여러 명의 주군을 섬겼다. 당시 대부분의 관료와 장수들이 그렇듯이 그도 죽음을 피하고 이익을 좇아 바꿨다.

첫 번째 주군 정원이 여포의 배신으로 죽임을 당하자 대장군 하진에

게 의탁한다. 하진의 명에 따라 하북에서 군사를 모으던 중 하진이
십상시에게 암살당했다. 이후 동탁이 정권을 장악하자 동탁을 섬긴
다. 그런데 여포가 동탁을 죽이자 여포를 따른다.

여포가 서주에서 조조에게 패하자 조조를 섬긴다. 정원－하진－동
탁－여포를 거쳐 조조에게 귀순하는 장료의 행보는 단순히 들어갔
다는 것을 뜻하는 입入 단계의 배신이다. 무장으로서 섬기던 이들이
모두 죽자 승자인 조조에게 귀순했다. 이후 장료는 무장으로서 많은
공적을 세운다.

장료張遼(169~222년)는 후한 말과 삼국시대 조위의 장수이다. 자
는 문원文遠이며 병주 안문군 마읍현馬邑縣(산서성 삭현朔縣) 출신이
다. 장료의 선조는 전한 무제 때의 섭일聶壹이다. 섭일은 교역을 핑
계로 흉노를 속여 섬멸하려 했다. 이 일로 그는 원한을 피하려고 성
씨를 고쳤다.

장료는 젊은 시절 군의 관리였다. 병주자사 정원의 부름을 받고
종사從事가 되었다. 첫 번째 주군이 정원이었다. 정원의 군에서 종
사로서 군을 이끌고 수도로 가게 되었다. 그 사이 여포가 정원을 죽
이고 동탁에게 가는 일이 발생했다.

장료는 병사들을 이끌고 대장군 하진의 수하로 들어간다. 하진은
장료를 하북으로 보내 병사 1천 명을 모으게 했다. 하지만 그 사이
하진이 십상시에게 암살당하고, 동탁이 조정과 중앙군을 장악했다.
장료도 불가피하게 동탁의 지휘를 받았다.

192년(초평 3년) 여포가 동탁을 죽이고 집권했다. 여포를 섬기게 된 장료는 기도위로 승진했다. 그런데 한 달 만에 정권은 이각에게 돌아갔다. 장료는 패망한 여포를 따라 서주까지 가서 28살의 나이에 노국상魯國相과 북지태수北地太守를 겸직했다.

「선주전」주석 '영웅기'에 따르면 198년 봄, 여포는 사람을 시켜 금을 지니고 사례 하내군으로 가서 말을 사오게 했다. 그런데 유비의 군사들에게 약탈당했다. 여포는 중랑장 고순과 북지태수 장료 등을 보내 유비를 격파하고 패성沛城도 점령했다.

하지만 이후 조조가 하비에서 여포를 격파하자 부하들을 이끌고 조조에게 항복했다. 중랑장과 관내후關內侯를 받았다.

200년 원소는 남진했다. 안량에게 백마白馬(허난성 화현)를 공격하게 했다. 조조는 연진延津에서 도하하는 척 위장하여 원소가 본대를 나누게 한 뒤 백마를 기습했다.

장료와 관우가 선봉이 되어 안량을 베었다. 이외에도 여러 전공을 세워 장료는 비장군裨將軍에 올랐다. 관도대전에서 승리한 후에는 별도로 파견되어 노국魯國의 여러 현을 평정했다.

201년 하후연과 함께 서주 동해군에서 창희를 몇 달간 포위 공격했다. 이기지 못하고 군량이 다 떨어졌다. 회군하기 전에 장료는 하후연에게 말했다.

"며칠 사이 포위된 곳을 순시할 때마다 창희와 매번 눈이 마주쳤는데 그들이 화살을 쏘는 일이 드물었소. 이는 창희가 마음속으로 망설이는 게 있어 전력을 다하지 않는 것이오. 내가 그와 얘기를 나눠보면 그를 달랠 수도 있을 것이오.”

창희에게 사자를 보내 “공(조조)께서 남긴 명이 있어 장료를 통해 전하게 했다.”고 말했다.

창희는 장료의 예측대로 성 아래로 내려와 장료와 대화를 나눴다. 장료가 창희를 설득하며 “조조께서 뛰어난 무용과 덕으로 사방을 품으니 먼저 귀부한 자가 큰 상을 받았소.”라고 말했다.

창희가 투항을 허락했다. 장료는 단신으로 삼공산三公山에 올라 창희의 집으로 가서 그의 처자식에게 예를 갖추었다. 창희가 매우 기뻐하여 장료를 따라 조조를 배알했다. 조조는 창희를 돌려보낸 뒤 장료를 꾸짖었다.

조조로부터 장수가 적진에 혼자 들어가는 일은 대장으로서 할 일이 아니라는 힐난을 받고 깊이 사죄했다.

202년 장료는 조조가 여양黎陽(허난성 쉰현)에서 원상·원담 형제와 공방전을 벌일 때 종군했다. 203년 3월 여양이 함락되고 중견장군中堅將軍이 되었다. 4월에는 조조를 따라 업으로 진격했다. 하지만 원상의 수비에 막혔다. 대신 악진과 같이 음안陰安을 쳐서 그 백성을 황하 이남으로 이주시켰다.

204년 조조가 다시 업을 공격할 때 참전했다. 8월 업이 무너진 후 기주 조국趙國과 상산군 방면으로 나아가 공략하고 흑산적 손경 등 여러 산적들을 규합했다. 205년에는 조조의 지휘 하에 원담을 격멸한 후 요동의 도적 유의柳毅를 무찌르는 등 바닷가 일대까지 정리하고 귀환했다. 조조가 친히 맞으며 탕구장군盪寇將軍에 임명했다. 형주 강하군의 여러 현들도 평정하여 도정후都亭侯에 봉해졌다.

207년 조조가 원상과 오환을 마저 정벌하려 했다. 장료는 다른 장수들과 함께 "유표가 유비를 시켜 허도를 기습할 수도 있습니다."라며 말렸다. 그러나 조조는 "유표는 유비를 신임하지 않는다."는 곽가의 진언에 따라 출병하였고 장료는 이를 수행했다.

원상과 오환의 연합군은 유성柳城(랴오닝성 차오양시)에 주둔했다. 조조는 그 앞에서 퇴각하는 척하면서 전주田疇(169~214년 후한 말의 관료로 자는 자태子泰이며 유주 우북평군 무종현無終縣 출신)가 알려준 200년간 끊어져 있었지만 이용할 수 있었던 샛길을 몰래 돌파하여 오환의 본거지를 향해 잠행했다.

오환은 노룡盧龍을 통한 샛길의 존재를 모르고 있었다. 조조군이 사라지자 몇 차례의 척후 끝에 실제로 조조가 철수했다고 믿고 있었다.

하지만 총사령부인 유성柳城에서 불과 200리(80km)가 남았을 때 알아차리고 황급히 진형을 짰다. 8월 답돈은 백랑산白狼山에 올라갔다가 조조와 우연히 만났다. 당시 조조는 본대에서 떨어져 있었다. 거느린 군사는 적었지만, 다행히 고지에 위치해 있었다. 답돈의 군사들은 대오도 갖추지 못하고 있었다. 조조는 장료와 장합에게 명해 곧바로 들이쳐 대승을 거뒀다. 답돈은 조순曹純의 부하들에게 붙잡혀 참수당했다.

원상은 답돈의 잔존 세력을 모아 조조군과 싸웠다. 하지만 불의의 습격과 지도자 답돈까지 잃은 오환족은 철저히 붕괴되었다. 원상은 누반 등 다른 오환의 지도자들과 공손강에게 달아났다가 죽었다.

장료는 냉정하고 침착하며 용맹한 장수였다. 208년 조조가 형주로 남하하기 직전이었다. 그는 영천군 장사현長社縣(허난성 창거시)에 주둔하고 있었다. 밤중에 반란을 꾀한 자가 불을 지르자 모든 병사들이 술렁거렸다. 장료는 주동자의 숫자가 적다는 것을 알고 반란에 가담하지 않은 자는 앉아서 움직이지 말라고 했다. 소동을 진정시킨 후 측근 수십 명을 데리고 진중에 들어가 주동자만 골라 처단했다.

「조엄전」에 의하면 우금은 영음에 주둔하고 있었고, 악진은 양적에 주둔하였으며, 장료는 장사에 주둔하였다. 그런데 그 장수들은 기질에 따라 행동하면서 서로 협력하지 않았다. 조조가 조엄에게 세 군대의 사무를 동시에 담당하도록 했다. 조엄은 매번 규분糾紛(일이 어지럽게 얽힘)이 있을 때마다 훈계하여 깨우쳐 세 장수가 친하게 되었다.

209년 진란과 매성梅成이 육안六安에서 반기를 들었다. 장료가 장합과 우개牛蓋를 거느려 진란을 맡고, 우금과 장패가 매성을 맡았다. 매성은 우금에게 거짓 항복하여 전력을 보전했다가 진란에게 합류했다. 진란은 첨산灊山으로 들어가 버렸다.

그중에서도 천주산天柱山은 험하고 깊어서 사람이 겨우 들어갈 수 있는 곳이었다. 우금은 장료에게 계속 군량을 보급하고, 장패는 환현皖縣(안후이성 첸산현), 서현舒縣(안후이성 루장현) 일대에서 한당과 손권을 격파하여 동오의 지원을 차단함으로써 장료가 마음 놓고 작전할 수 있도록 도왔다. 결국, 장료가 험난한 산세를 무릅쓰고, 깊이 돌입하여 진란과 매성을 베고 그 무리를 모두 포획했다. 이 공으로 장료는 식읍이 늘고 가절假節의 권한까지 생겼다.

「오주전」에 의하면 214년 5월 손권이 여몽, 감녕 등을 이끌고 환성으로 쳐들어왔다. 윤달에 환성을 함락시키고, 여강태수 주광과 참군 동화 그리고 남녀 수만 명을 포로로 잡았다.

장료가 원군으로 달려갔다. 하지만 협석夾石에 다다랐을 때는 이미 성이 함락당했다. 돌아온 장료는 악진·이전과 함께 7천 명으로 합비를 지켰다.

215년 조조는 장로를 토벌하러 떠나면서 호군護軍 설제薛悌(173~? 후한 말에서 삼국시대 조위의 관료로 자는 효위孝威이며 연주 동군 출신)에게 '적이 침입하면 뜯어보라'고 겉에 쓰인 교서를 장료에게 보냈다.

8월 손권이 조조의 예측대로 합비를 포위했다. 병력이 무려 10만 명이었다. 장료는 교서를 열어 봤다. 교서에는 "장료와 이전은 나가 싸우고, 악진은 수비하고, 설제는 참전하지 말라"고 씌어 있었다. 하지만 병력의 차이가 너무 컸기 때문에 많은 장수들이 불안을 느끼며 싸움의 기세가 꺾였다.

이때 장료는 "성을 지키는 농성책보다는 손권이 진용을 갖추기 전에 급습하여 예봉을 꺾어야 병사들의 사기를 다스리고 성을 지켜낼 수 있다."고 했다. 평소 불화 관계에 있던 이전도 생각을 같이했다.

용맹한 장료와 이전이 먼저 선봉을 꺾고, 신중한 악진이 방비를 튼튼히 하자는 것에 모두 의견을 같이했다. 밤중에 정예병 중 결사대 800명을 선발했다. 소를 잡아 배불리 먹이고 동트기를 기다렸다.

동이 트기 전 새벽녘 장료와 이전이 손권을 향해 돌격했다. 장료는 맨 앞에 서서 자신의 이름을 크게 외치며 적장 두 명과 병사 수십 명을 베고 방어벽을 돌파했다. 이어 손권의 영채를 향해 돌진했다. 손권은 장료가 막사 아래까지 다가오자 순식간의 광경에 깜짝 놀라 벌판 한가운데에 있는 언덕으로 도주했다. 오래되어 버려진 옛 무덤이었다.

손권을 에워싼 장수와 호위무사들은 장극을 빽빽이 세워 고슴도치와 같은 모습으로 방어에 임했다. 장료가 바로 언덕 아래까지 쫓아왔다. 손권을 바라보며 큰소리로 외쳤다.

"내려와 나와 일전을 벌이자."

겁에 질린 손권은 평소 담대하던 위엄도 잊고 꿈쩍도 못 했다. 손권 주변에는 동오의 내로라하는 장수들 즉 여몽, 감녕, 능통, 장흠, 진무, 반장 등이 모여 있었다. 이들도 장요의 대범함에 기가 꺾여 움직일 생각을 못 했다.

날이 밝자 흩어졌던 동오군은 장료의 병력이 적은 것을 본 후 겹겹이 에워쌌다. 하지만 장료는 병사들을 불러 모았다. 밀집대형으로 만든 후 앞으로 돌격하며 포위망을 뚫었다. 미처 빠져나오지 못한 병사들이 구원을 요청하자 포위망을 다시 뚫고 들어가 모든 병사를 구출해 냈다.

손권의 동오군은 바람에 휘날리는 갈대처럼 짓밟혔다. 사기는 완전히 바닥으로 떨어졌다. 장료는 합비로 복귀하여 방비를 굳건히 했다. 성에 있는 군사들은 안정감을 찾고 장수들은 경탄을 금치 못했다.

전의를 상실한 손권은 성에서 물러났다. 수비를 튼튼히 하면서 열흘 정도 합비를 포위했다. 하지만 성을 함락시키지 못하고 역병까지 겹쳐 퇴각했다. 장료는 퇴각의 틈도 주지 않았다. 손권을 사로잡기 직전까지 몰고 갔다. 손권은 군을 퇴각시키면서 최후 진영인 소요진逍遙津 북쪽에 가장 늦게까지 남았다. 여몽과 장흠, 능통, 감녕, 그리고 1천 명의 근위병이 손권을 호위했다.

장료가 이를 놓치지 않았다. 피 튀기는 난전 속에 손권은 가까스로 몸을 피했다. 전투가 끝난 뒤 장료가 항복한 동오 사람에게 물었다. "말을 능숙하게 타고 활을 잘 쏘는 상체가 길고 하체가 짧은 자줏빛 수염의 장군이 있던데 그게 누구인가." 손권이라는 말에 그는 손권을 잡지 못한 것을 매우 아쉬워했다.

조조가 장료의 용맹함과 용병술을 장하게 여기고 정동장군征東將軍으로 임명했다. 장료는 여러 전투에서 공적을 세웠다. 그 중 합비 전투에서의 뛰어난 전공은 그를 조위 최고의 장수로 여기게 했다. 7천 명으로 손권의 10만 대군을 물리치는 등 주로 동오 전선을 담당하며 맹위를 떨쳤다.

『삼국지』에서는 조조 막하에서 가장 강한 맹장이었다. 동오와의 전투에서 실수가 없었고, 전선에 나가 장수를 수없이 베고 승리를 이끌어 동오에서는 어린 아이들도 장문원이란 이름만 들어도 벌벌 떨 정도였다.

또한, 서주군전투 때는 관운장과 전투 중에 수십 합을 겨뤄도 밀리지 않았다. 관우가 힘겨워하자 도와주러 온 부장 장익과 마상과 주원 등을 죽였다. 이때 관우는 후퇴하였다. 조조군에 포위된 관우는 잠시 후 항복하여 조조에게 몸을 의탁하게 됐다.

217년 유수구전투에서 장료는 장패와 선봉이었다. 전후 하후돈 등과 함께 거소居巢를 지켰다. 219년 관우가 번성樊城의 조인을 포위하고, 손권은 스스로 칭번稱藩(스스로 번국임을 칭함) 하자, 조조는 장료로 하여금 조인을 구하게 했다. 장료가 도착하기 전에 서황이 먼저 관우를 물리치고 포위를 풀었다. 장료는 조조의 지휘소가 있던 마피摩陂에서 조조를 배알했다. 조조는 장료군이 도착하자 수레를 타고 나가 그 노고를 위로했다. 되돌아간 장료는 예주 진군에 주둔했다.

조비는 장료에게 특별대우를 했다. 220년 위왕을 이어받으면서 장료를 전장군에 임명하고, 형 장범張汎과 아들은 열후列侯에 봉했다. 손권과 반목이 고조되면서 조비는 장료를 도향후都鄕侯에 봉하고 다시 합비에 주둔케 했다. 조비는 장료의 어머니에게도 수레를 하사하고 병마兵馬를 보내 그 가족을 전송했다. 합비의 모든 장수와 관리들은 백성을 길가에 정렬시켜 장료를 절하며 맞이하도록 했다.

조비가 황제에 오르자 장료는 진양후晉陽侯가 되었다. 식읍도 1,000호를 더하여 모두 2,600호가 되었다.

221년(황초 2년) 조비는 장료가 낙양궁에 참례參禮 했을 때 동오의 격파 이야기를 듣고 감동한 나머지 장료에게는 저택을, 장료의 어머니에게는 특별히 전각을 지어 주었다. 뿐만 아니라 장료의 모집에 응하여 동오를 격파한 병사들은 호분虎賁(천자를 호위하는 군사)으로 삼았다.

8월 손권이 이릉대전으로 인해 칭번稱藩(스스로 번국임을 칭함)하자 장료는 돌아와 옹구雍丘에 주둔했다. 그런데 병이 들어 눕는다. 조비는 시중侍中 유엽에 태의太醫를 딸려 보내 살폈다. 장료의 상태를 묻는 호분虎賁(황제의 직속 부대)의 문안도 끊이지 않았다.

병이 낫지 않자 장료를 행재소行在所(왕이 멀리 거동할 때 임시 숙소)로 들이고 친히 문병을 갔다. 장료의 손을 잡고 위로한 조비는 어의를 보내고 태관太官으로 하여금 매일 천자와 똑같은 식사를 제공했다. 병세가 어느 정도 회복되자 장료는 곧 주둔지인 옹구로 돌아갔다.

이때 신하의 예를 취하던 손권이 태도를 달리했다. 222년 조비는 동오에 대한 남정을 시작했다. 장료와 조휴는 해릉海陵으로 갔다. 손권이 장료의 움직임을 예의 주시하면서 장수들에게 병이 들었다 해도 장료이니 주의할 것을 당부했다. 장료는 여범을 상대로 선전했다. 하지만 병이 깊어져 강도江都에서 병사했다. 조비는 눈물을 흘리며 시호를 강후剛侯라 했고 아들 장호가 뒤를 이었다. 편장군에 임명된 장호가 죽은 뒤는 손자인 장통張統이 후사를 이었다.

장료는 담력이 남달랐다. 몇 달 동안 서로 전투를 벌였던 창희가 장료의 설득에 응해 투항하자 그 답례로 혼자 창희의 본거지인 삼공산三公山에 올라 그 가족에게 예를 갖추었다. 창희가 감격하여 장료를 따라 허창까지 와서 조조를 배알했다. 창희가 돌아간 후 장료는 조조에게서 '적의 소굴에 단독으로 들어가는 것은 대장이 해서는 안 되는 행동'이라는 주의를 받았다.

백랑산전투에서는 적은 병사로 갑자기 원상과 오환 연합군을 만났음에도 바로 칠 것을 조조에게 권하기도 했다.

합비전투에서는 직접적으로 지명되어 나가 싸우라는 교서까지 받을 정도였으며 그대로 손권군을 상대로 무쌍난무를 선보였다. 216년 조조는 격전지를 둘러보며 매우 오랫동안 감탄했다. 동오 백성들에게는 극한의 공포로 남아 '울던 아이 장료 온다는 말에 울음 그친다'는 말까지 생겨났다.

장료는 공과 사의 구별에서도 엄격했다. 관우가 잠시 조조에게 의탁하고 있을 때였다. 장료는 조조의 명을 받아 관우의 의중을 물었다. 관우는 유비와 함께 죽기로 맹세했다며 조조에게서 받은 은혜를 갚는 대로 떠날 것이라고 했다. 장료는 관우의 말을 그대로 전하면 형제와 같은 관우를 조조가 죽일까 두려웠다. 그렇다고 전하지 않자니 주군을 섬기는 도리가 아니었다. 고민이 깊었지만, 사실대로 말했다. 다행히 조조는 관우를 의롭게 여겨 관우의 뜻대로 해주었다. 장료의 태도는 이후 신하의 바른 자세로서 얘기되었다.

또한, 장료는 의리가 있었고 잘못을 고칠 줄 아는 도량이 있었다. 장사현에 주둔할 무렵 우금은 영음穎陰에, 악진은 양책陽翟에 주둔했다. 셋은 서로 사이가 좋지 않았다. 사공연속주부司空掾屬主簿 조엄이 세 군영의 일에 간여하며 타이르니 모두 깨우쳐 화목했다.

합비에서는 호군 무주武周와 틈이 벌어져 양주자사 온회에게 호질로 변경해 줄 것을 청한 적이 있다. 호질이 병을 핑계로 사양하자 장료가 직접 그 이유를 물었다. 호질은 관포지교의 우정을 먼저 애기한 후 "무주는 한때 장군께서 입에 침이 마르도록 칭찬한 고아한 선비입니다. 그런데도 지금 사이가 벌어졌는데 부족함이 많은 제가 어찌 끝까지 좋은 관계를 유지할 수 있겠습니까."라고 했다. 이에 장료는 깨닫고 무주와의 관계를 회복했다.

조조는 206년 헌제에게 올리는 표表에서 우금, 악진, 장료를 "이들은 무력이 걸출할뿐더러 계략까지 능합니다. 충성심도 한결같아 절의를 지킵니다. 싸울 때마다 병사를 지휘하여 어떠한 강한 적이라도 분격하여 물리치고 스스로 북을 쳐 지치지도 않습니다. 원정을 가면 군대를 어루만져 화합하게 하고 법을 받듭니다. 적을 만나면 과감하게 결단하면서도 실수가 없습니다."라고 했다. 이런 평가는 우금을 호위장군虎威將軍, 악진을 절충장군折衝將軍, 장료를 탕구장군湯寇將軍에 임명하게 된 결과였다.

조비는 장료로부터 합비의 무용을 듣고는 소호召虎(주周 선왕宣王 때의 명장)라 했다. 225년에는 장료와 이전을 추념하며 "800명으로 10만 명을 깨뜨리는 미증유의 용병술은 지금까지도 동오 백성들의 전의를 상실하게 만들고 있으니 실로 우리나라의 발톱과 어긋나이다."라 말하고 각각의 아들 한 명에게 관내후를 수여했다.

부현傅玄(서진의 학자이자 문신)은 조인 다음으로 장료를 가장 용맹하다고 평했다. 『삼국지』의 저자 진수는 조조 휘하의 훌륭한 장수로는 장료, 악진, 우금, 장합, 서황 5명이 으뜸으로 가히 명장이라고 했다.

『삼국지연의』에서는 여포의 부하 중 제1대장으로 등장한다. 조조를 복양에서 격파한다. 조조에게 서주에서 여포와 진궁과 함께 포박된다. 여포는 조조에게 자신을 장수로 써 보라며 목숨을 구걸한다. 그때 장료는 여포를 연민의 눈길로 보며 "창피하지 않습니까. 대장부는 죽을 때 깨끗이 죽는 법입니다." 하고 비난한다. 조조는 국적國賊으로 매도한다. 조조는 그런 그를 죽이려 한다. 그런데 인물됨과 재능을 아까워한 유비와 관우가 만류한다.

조조는 몸소 포승을 풀어주며 자기 옷을 내준다. 깊이 감동한 장료는 조조의 부하가 되기로 마음먹고 이후 맹활약을 펼친다.

장료는 유비를 격파하고 하비성에 고립되어 궁지에 몰린 관우를 조조에게 항복하도록 설득한다. 관우는 세 가지 조건을 내세운다. 장료는 조조에게 그 조건을 승낙 받아 관우를 항복시키는 데 성공한다. 후일 관우가 의리를 다하려고 조조 밑을 떠나 유비에게 가면서 다섯 관문을 돌파하며 하후돈과 싸우려 할 때 관우를 보내준다는 조조의 명을 알리며 둘의 싸움을 말린다.

관도전투에서는 장기를 무찌르고 원소가 죽은 후 저곡과 오환족의 답돈을 토벌하여 북방 평정에 기여한다.

적벽대전에서는 습격하던 황개에게 화살을 쏴 조조를 구한다. 퇴로의 복병으로 나타난 관우에게는 이전의 은혜를 상기시켜 탈출을 묵인 받고 조조를 무사히 귀환하게 한다.

후에 합비를 수비한다. 손권과 수차례나 전투를 벌인다. 손권군 태사자의 계략을 간파하여 역습하고 중상을 입혀 결국 죽인다. 오군 10만 명의 공격에는 소수 병력 7천 명으로 손권을 공격하여 퇴각하게 한다. 이 전투로 동오 백성들에게 장료의 명성은 밤에 우는 아이들에게 장료가 왔다 하면 울음을 그칠 정도였다고 한다.

224년 8월 동오와 촉한의 동맹에 분노한 조비가 토벌에 나서고 장료는 종군한다. 하지만 동오 서성의 계략으로 조위군이 대패하고 조비의 퇴각을 호위하다 정봉丁奉의 화살을 맞고 상처가 깊어져 허창에서 사망한다.

『삼국지』 '위지 장료전'에 의하면 장료는 222년(황초 3년)에 조휴와 함께 군사를 거느리고 동오를 공격하러 가다가 도중에 병으로 죽었다. 『삼국지연의』 죽음 묘사는 시간과 줄거리에서 모두 허구이다.

장합

—

한복과 원소를 거쳐
조조에게 귀순

장합은 기주의 한복을 섬기다 한복이 원소에게 항복하자 원소에게
의탁했다. 이 일은 단순히 들어갔다는 것을 뜻하는 입入 단계의 배
신이다. 한복이 항복한 상황에서 장합은 장수로서 이견 없이 원소
를 따랐다. 상황에 내몰린 피동적 행동이었다.

장합이 조조를 따른 계기는 관도대전이었다. 고람과 함께 조조의 본
진 공격 임무를 맡은 장합은 오소의 군량창고를 지키던 순우경이
패했다는 소식을 듣고 고람과 함께 조조에게 귀순했다.

당초 장합은 오소 군량창고가 기습당했다는 말에 원군을 보내야 한
다고 했다. 그런데 원소는 곽도의 의견에 따라 본진을 공격하라고
했다. 더구나 곽도가 패배의 책임을 면하기 위해 장합을 참언하자
후환이 두려워 항복했다. 따라서 장합의 항복은 목숨을 구하기 위
한 타의적 배신이다.

—

장합張郃(?~231년)은 후한 말과 삼국시대 조위의 장수이다. 자는 준예儁乂이며 기주 하간국 막현鄚縣(하북성 임구任丘 북쪽) 출신이다. 오장군 중의 한 명이다. 조위 장수들 중 유일하게 제갈량의 북벌군을 모두 막아낸 명장이다.

장합은 변화의 법칙을 잘 깨우치고 있었다. 어떠한 사태에 빠져도 임기응변으로 대응했다. 진영의 통솔에도 능했다. 상황이나 지형을 고려하여 계략을 만들고 시행할 줄 알았다. 계획대로 되지 않는 일이 없을 정도였다. 그렇기 때문에 유비와 제갈량과 촉한의 군사들은 모두 장합을 두려워했다.

또한, 무장이면서도 유학을 좋아했다. 큰일이 있을 때마다 유학자들의 도움을 받았다. 경학에 밝은 동향 출신의 비담卑湛을 천거하기도 했다.

젊은 시절 황건적의 난에서 토벌군 모병에 응했다. 황건적 토벌 후 군사마가 되어 한복韓馥의 휘하에서 활약했다. 한복이 항복하여 기주를 원소가 점령하자 원소에게 의지하여 교위校尉에 임명되었다. 공손찬公孫瓚 정벌에서 활약한 공적으로 영국중랑장寧國中郎將으로 승진했다.

200년 관도대전에서 오소烏巢의 군량창고가 기습을 받았다. 장합은 원소에게 조조의 전략이 강하니 오소를 지키는 순우경에게 원군을 보내야 한다고 진언했다. 그런데 동료인 곽도郭圖가 반대했다. 대신 조조의 본진을 공격하는 것이 좋다고 했다.

장합은 조조의 본진은 간단히 함락시킬 수 없다고 했다. 원소는 곽도의 의견을 쫓아 오소에는 경기병輕騎兵(가벼운 무장을 한 기병)만 원군으로 보냈다. 중기병重騎兵은 조조의 본진을 공격하게 했다. 결과는 원소와 곽도의 예상과 달리 오소가 먼저 조조에게 함락됐다.

순우경이 패했다는 비보를 접한 장합은 곽도의 참언으로 신변의 위협을 느꼈다. 고람高覽과 함께 진영을 불태운 뒤 조조에게 귀순했다. 이로써 원소군은 총대장의 생사마저 불확실해져 대혼란에 빠졌다. 붕괴의 길로 접어들기 시작했다.

조홍曹洪과 순유荀攸는 본진의 수비를 맡고 있었다. 조홍은 장합의 항복에 의구심이 생겨 받아들이지 않으려 했다. 그러나 순유는 "장합의 항복은 자신의 계략이 채택되지 않아 분노하여 항복하는 것입니다."라고 말하며 장합을 맞이하게 했다.

장합의 항복은 순우경의 패배가 자신의 잘못이라고 느낀 곽도가 "장합은 패배를 기뻐하고, 불손한 말을 했습니다."라고 참언을 했기 때문에 그 후환을 두려워했다.

조조는 장합의 항복을 매우 기쁘게 환영했다. "오자서伍子胥는 자신이 잘못된 군주를 섬긴 것을 뒤늦게 알았기 때문에 불행한 최후를 맞이했다. 그대가 나에게 항복한 것은 미자계微子啓(상나라의 왕자로 이름은 계啓, 주로 미자계라고 함)가 은나라를 배신하고 주나라를 섬긴 것과, 한신이 항우를 버리고 유방을 섬긴 것처럼 올바르고 정당한 행동이다."라며 극찬했다. 편장군偏將軍에 임명하고 도정후都亭侯로 발탁했다.

그 후 조조 휘하의 장군으로서 여러 전투에서 공적을 쌓았다. 고 람과 함께 원상과 원담과의 싸움에서 중요한 역할을 했다. 207년 오 환烏丸과의 전투에서는 장료와 더불어 선봉을 맡았다. 그 공적으로 평적장군平狄將軍에 임명되기도 했다.

211년부터는 마초馬超와 한수韓遂의 연합군과 싸웠다. 양추楊秋 (후한 말과 조위의 무장)를 항복시켰다. 215년 장로張魯와의 싸움에서 도 주령朱靈과 함께 저족을 격파했다. 본군이 이동할 수 있는 길을 만들어 냈다. 장로는 조조에게 항복했다. 장합은 총대장인 하후연과 함께 한중의 수비를 맡아 유비와 대치했다.

장합은 하후연에게 촉한 정벌을 건의했다. 하지만 조홍의 반대로 인해 군령장을 쓴 후 비로소 3만 명의 군을 이끌고 촉한의 파군 지역 으로 진출했다. 파동巴東과 파서巴西의 두 군을 항복시키고 백성들 을 한중으로 이동시켰다. 유비의 야습에도 불구하고 눈부신 활약을 보였다. 유비가 하후연보다 장합을 두려워할 정도였다.

하지만 촉한에서 출전한 장비에게 격퇴당했다. 유비는 파서태수 장비를 시켜 장합과 대치하게 했다. 50여 일이 지나자 장비가 장합 을 습격하여 대파시켰다. 장합이 달아나 남정으로 돌아가자 유비도 성도로 돌아갔다.

장합이 먼저 고지대를 선점했다. 그런데 장비가 산 아래 진을 치 고 보급로를 끊었다. 전군을 잃고 곽회와 더불어 몇몇의 수하만을 데리고 한중으로 돌아갔다. 출전하기 전 써놓은 군령장으로 인하여 처형을 당할 위기에 놓였다. 그러나 조조가 직접 사면령을 내려 목숨을 건졌다.

219년 하후연은 유비군의 습격으로 황충黃忠에 의해 쓰러졌다. 총대장이 전사한 조위군은 혼란에 빠졌다. 그때 하후연의 막료로 사마였던 곽회郭淮가 나섰다. "장합 장군은 국가의 명장으로서 적장인 유비도 두려워한다. 이 사태는 장합 장군 없이는 타개할 수 없을 것이다."라며 전군에게 명령했다. 그 결과 장합을 총대장으로 선별했다.

장합은 전군을 격려하며 동요를 가라앉혔다. 모든 장수들도 단합하여 장합의 명령에 따랐다. 그 후 조조가 직접 한중에 도착했다. 유비군과 대치했지만, 대규모 충돌은 일어나지 않았다. 조조는 한중에서 군을 철수시키고, 장합은 한중과 장안長安의 중간에 있는 진창陳倉으로 돌아와 주둔했다.

220년 조비曹丕가 왕위에 올랐다. 장합은 좌장군左將軍으로 임명되었고 도향후로 봉해졌다. 제위에 오른 뒤에는 막후鄚侯에 봉해졌다. 그 후에도 조진曹眞과 함께 노수호盧水胡와 동강東羌을 토벌했다.

조진, 하후상夏侯尙 등과 함께 동오의 강릉江陵을 공격할 때는 함대를 통솔하여 손성孫盛을 격파하고 장강長江 중주中州의 요새를 점령했다. 조비의 1차 남정 때였다.

조예가 즉위하자 장합은 형주에 주둔했다. 사마의와 함께 손권의 별장別將 유아를 공격해 기구까지 추격하여 격파했다.

228년(태화 2년) 제갈량이 기산으로 출진했다. 장합은 조예로부터 특진의 지위를 받아 군사를 지휘했다. 촉한의 제갈량이 이끄는 북벌군의 선봉대장 마속馬謖은 성에 포진하지 않고 남산에 주둔하면서 요새도 세우지 않았다. 가정에서 제갈량이 내린 명을 따르지 않은 것이다.

장합은 마속을 산 아래에서 포위했다. 마속군의 식수로를 끊은 후 공격하여 격파했다. 일전에 촉한군에게 항복했던 천수天水와 남안南安과 안정安定의 삼군을 평정했다. 장합은 전공에 힘입어 식읍이 1,000호 증가하여 예전 것과 합쳐 4,300호가 되었다. 후에 정서거기장군征西車騎將軍에 임명되었다.

사마의가 형주에서 수군을 조련했다. 면수(한수)를 따라 장강으로 들어가 동오를 토벌하려 했다. 조예는 장합에게 조서를 내려 관중의 제군을 이끌고 사마의에게로 가서 절도節度를 받도록 했다. 형주에 도착했을 때는 겨울이었다. 물이 얕아 큰 배가 다닐 수 없어 방성으로 돌아가 주둔했다.

제갈량이 2차 북벌로 다시 출병하여 진창을 급습했다. 조예는 형주에 주둔하고 있던 장합을 수도로 오게 했다. 조예는 친히 하남성으로 행차하여 주연을 베풀며 장합을 전송했다. 남북군사南北軍士 3만 명을 보냈다. 무위武衛와 호분虎賁을 나누어 보내 장합을 호위하도록 했다.

조예는 장합이 진창에 늦게 도착하면 제갈량이 먼저 차지해 버리지 않겠느냐며 말했다. 장합은 제갈량이 외떨어진 군사로 군량이 부족해 오랫동안 공격할 수 없다며 자신이 도착하기도 전에 제갈량은 달아났을 것이리라고 했다.

장합은 새벽과 밤을 가리지 않고 진격했다. 남정에 도착하자 제갈량이 이미 퇴각했다. 조예는 조서를 내려 장합을 수도로 돌아오게 하고 정서거기장군에 임명했다.

「후주전」에 의하면 230년 가을, 조위의 사마의는 서성과 장합은 자오를 조진에게는 야곡을 지나게 해 한중을 공격하려 했다. 촉한의 승상 제갈량이 성고와 적판에서 이들을 기다렸다. 때마침 큰 비가 내려 길이 끊기자 조진 등이 모두 돌아갔다.

제갈량의 4차 북벌에서 「제갈량전」 주석 '한진춘추'에 의하면 제갈량이 기산을 포위하고 선비 가비능을 불렀다. 가비능 등이 옛 북지석성에 이르러 제갈량에게 호응했다. 이때 조위의 대사마 조진은 병이 들었다. 조예는 사마의를 형주로 불러 "서방의 일이 중대하니 그대가 아니면 가히 맡길 만한 자가 없다."고 했다.

사마의를 장안에 주둔하게 한 후 장합과 비요, 대릉, 곽회 등을 이끌게 했다. 사마의는 비요와 대릉에게 정병 4천을 남겨 천수군 상규현을 지키게 했다. 나머지 군사들은 모두 이끌고 서쪽으로 가서 기산을 구원했다.

장합이 군사를 나눠 옹과 미에 주둔시키려 하자 사마의가 "전방의 군대가 홀로 적을 감당할 수 있다면 장군의 말이 옳소. 그러나 만약 능히 감당하지 못하면서 전군과 후군으로 나누는 것은 예전에 초의 3군이 경포(영포)에게 사로잡힌 까닭이었소."라고 말하며 진격했다.

제갈량은 군을 나눴다. 기산을 공격하게 하면서 자신은 상규에서 사마의를 역격하려 했다. 곽회와 비요 등이 요격하자 제갈량이 이를 격파했다. 이후 그곳의 보리를 수확하다 사마의와 상규 동쪽에서 만났다. 사마의가 군사를 엄히 단속하여 험조險阻한 곳에 의지하며 교전하지 않자 제갈량이 군을 이끌고 돌아갔다. 사마의가 제갈량을 뒤이어 노성에 도착했을 때 장합이 말했다.

"제갈량이 교전을 청하는데 우리가 허락하지 않으니 저들은 우리가 싸우지 않는 장기적인 계책으로 제압하려 한다고 여길 것입니다. 이곳에 머물러 주둔하되 군을 나눠 기습군으로 삼아 그들의 배후를 칠 것처럼 과시할 만합니다. 지금 제갈량은 외떨어진 군사로 군량이 적으니 또한 곧 달아날 것입니다."

사마의가 따르지 않고 제갈량을 뒤쫓았다. 도착해서는 또 산에 올라 영채를 세우고 싸우려 하지 않았다. 가허와 위평이 여러 차례 "공께서 촉한을 범처럼 두려워하니 천하의 웃음거리가 되면 어찌하시렵니까."라고 싸우길 청했다.

사마의가 제장들의 공격 요청에 5월 장합에게 남쪽을 포위한 무당감 왕평을 공격하게 했다. 그리고 자신은 중도를 따라 제갈량에게로 향했다.

제갈량은 위연과 고상 그리고 오반을 보내 이를 막게 하여 대파했다. 갑옷 입은 군사 3천 급과 철갑옷 5천 벌 그리고 각노 3,100장을 노획했다. 사마의는 돌아가 영채를 지켰다.

「왕평전」에 의하면 231년 제갈량은 기산을 포위하고 왕평은 따로 남쪽을 포위하며 지켰다. 사마의가 제갈량을 공격하고 장합은 왕평을 공격했다. 왕평이 굳게 지키고 움직이지 않으니 장합은 이기지 못했다.

231년 제갈량은 군량 부족으로 북벌이 실패하자 기산祁山에서 전면 철수했다. 이때 낙양略陽에 있던 사마의司馬懿는 장합에게 추격 명령을 내렸다. 『위략』에 의하면 장합은 "군법에도 적을 포위할 때는 항상 한쪽을 열어두어야 한다고 했습니다. 궁지에 빠져 퇴각하는 군대를 추격하는 일은 할 수 없습니다."라고 했다. 하지만 사마의는 추격 명령을 거둬들이지 않았다. 장합은 할 수 없이 출격했다.

그런데 복병의 공격을 받았다. 촉한군이 고지에 올라 숨어 엎드려 궁노를 난사했다. 장합은 싸우는 도중 오른쪽 장딴지에 화살을 맞아 과다출혈로 사망했다.

원희지袁希之의 『한표전漢表傳』에 의하면 제갈량이 출군하여 기련산祁連山을 포위했다. 이때 목우木牛로 군량을 운반했다. 조위의 사마의와 장합이 기련산을 구하러 왔다. 대치하다 6월 제갈량은 군량이 다하자 군대를 물려 청봉 목문에 이르렀다. 장합이 추격해 왔다. 제갈량은 군대를 주둔시키고 나무껍질을 깎아내어 '장합은 이 나무 아래에서 죽는다'고 크게 글을 썼다. 미리 병사들에게 군령을 내려 좁은 길에 수천의 강노를 준비시켰다. 장합이 모습을 드러내자 천 개의 노를 동시에 발사하여 장합을 쏘아 죽였다.

조예曹叡는 장합의 타계를 깊이 슬퍼하며 장후壯侯라는 시호諡號를 주었다. 아들 장웅張雄이 후사를 이었다. 장합의 정벌전 공적을 높이 평가한 조예는 장합의 봉호를 떼어내어 장합의 아들 4명을 열후에 봉했다. 어린 아들에게는 관내후의 작위를 내렸다. 정시壯侯 4년 장합은 태조의 묘당에 배향됐다.

『삼국지연의』에서는 사마의가 작전을 짜고 장합이 실행하는 것으로 묘사되었다. 제갈량의 조위 침략에서 장합의 활약이 사마의의 공적인 경우가 많다. 장합은 공적으로 4,300호의 영읍을 소유하게 된다. 조위의 장군으로서 그 정도의 대우는 장합 밖에 없다.

제갈량이 출진하여 진창을 공격했다. 명제는 장합을 불러 구원에 나서게 한다. 장합은 제갈량이 장기전을 치를 수 없음을 간파했다. 명제에게 자신이 전장에 도착하기도 전에 제갈량은 퇴각할 것이라고 했다. 밤낮을 가리지 않고 진군하여 남정에 도착하자 제갈량은 그의 예상대로 철수하고 난 뒤였다. 명제는 장합을 불러들여 정서거기장군에 임명한다.

231년 제갈량이 다시 기산에 출진한다. 장합이 여러 장수를 이끌고 낙양에 도착하자 제갈량은 퇴각한다. 사마의는 장합에게 추격하도록 한다. 장합이 도망가는 적은 추격할 필요가 없다고 해도 사마의는 추격하라고 한다. 장합은 목문에서 복병을 만나 오른쪽 장딴지에 화살을 맞고 전사한다.

그런데 『삼국지연의』에서는 사마의가 말리는 것을 듣지 않고 장합이 추격하는 것으로 묘사되었다.

장합은 처음에 원소의 부하 장수로 등장한다. 관도전투에서는 장료와 단기필마로 싸워 승부를 내지 못한다. 조조의 성채를 고람과 함께 공격하지만 패배한다. 곽도의 모함을 받아 목숨이 위태로워지자 조조에게 항복한다.

유비를 공격할 때 아두를 안고 있는 조운을 함정에 빠뜨린다. 이때 이상한 빛이 구멍에서 나오는 것을 보고 놀라다가 그를 놓친다.

서량의 마초와 일대일 대결로 싸운다. 하지만 당해내지 못하고 패주한다. 그 후 한중의 장로 공격 시 선봉을 맡는다. 장로의 장수 양앙과 야임의 야습을 받아 대패하면서 조조의 질책을 크게 받는다. 하지만 그 뒤 조조를 구원해 양앙을 토벌한다.

한중 쟁탈전에서는 장비와 우열을 가리기 어려운 호각互角의 승부를 벌인다. 뇌동을 토벌하지만, 전략에서 장비에게 패한다. 조홍이 맡긴 3만 명의 병사를 잃는다. 뿐만 아니다. 가맹관에서도 황충과 엄안에게 패해 처벌될 위기에 처한다. 하지만 곽회의 주선으로 살아난다.

제갈량의 1차 북벌 때는 가정에서 마속을 격파한다. 3차 북벌 시에는 기산에서 적에게 포위된다. 하지만 창을 휘둘러 포위를 뚫어 제갈량을 놀라게 한다. 퇴각하는 제갈량군을 사마의의 충고도 듣지 않고 추격하다가 위연과 관흥에게 목문도까지 유인당해 비 오듯 쏟아지는 화살을 맞고 최후를 마친다.

전예

유비−공손찬−선우보를 거쳐
조조에게 귀순

전예는 처음에 유비를 섬겼다. 유비가 예주자사가 된 무렵 노모를 모시기 위해 헤어졌다. 배신이라 할 수도 없는 일이었다. 이후 공손찬을 섬겼다. 공손찬이 원소와의 싸움에서 패하자 선우보에 의탁했다. 원소와 조조 중 누구를 따르는 것이 좋은지를 고민하는 선우보에게 조조를 따르도록 했다.

이익을 좇아 조조에게 의탁했다. 전예의 행동은 단순히 들어갔다는 것을 뜻하는 입지 단계이다. 이후 전예는 공적을 쌓으면서 관직이 높아졌다. 지장과 덕장의 면모를 갖춘 조위의 명장으로 평가받았다.

전예田豫(171~252년)는 삼국시대의 조위의 장수이다. 자는 국양國讓으로 유주幽州 어양군魚陽郡 옹노현擁奴縣(천진시 무청武淸 동북쪽)

출신이다.

초기에는 여러 세력을 전전하며 지냈다. 유비가 의병을 일으켰을 때 섬겼다. 「전예전」에 의하면 전예가 스스로 의탁하여 섬겼다고 했다. 당시 세력이 없던 유비를 따랐기 때문에 유비가 전예를 조운처럼 눈여겨봤다.

하지만 유비가 도겸에 의해 예주자사가 된 194년 무렵 전예는 고향의 노모를 모시기 위해 유비와 헤어졌다. 유비가 눈물을 흘리며 "그대와 더불어 함께 대사大事를 이루지 못함이 한스럽구려."라고 말하며 작별을 무척 아쉬워했다.

그 후 공손찬公孫瓚을 섬겨 동주현東州縣을 지켰다. 공손찬의 부하였다가 원소袁紹에게 투항한 장수 왕문王門이 군사 만여 명을 거느리고 쳐들어오자 전예는 "그대는 공손씨의 은혜를 입고도 떠났다. 부득이한 사정이 있었을 것으로 본다. 그러나 다시 돌아와 공격하니 한낱 배신자에 지나지 않음을 이제야 알았다. 보잘것없는 지혜를 가진 자라도 자기 것을 지키며 쉽게 내어주지 않는 법이다. 나는 이곳을 지키는 임무를 맡았다. 어찌 속히 공격하지 않느냐."라고 말했다. 왕문은 전예의 질책에 부끄러움을 느끼며 돌아갔다.

전예는 공손찬이 성급하게 원소와 싸우려는 것을 말렸다. 하지만 무시만 당했다. 결국, 공손찬이 멸망하자 선우보鮮于輔(?~? 후한 말 유우의 부하이자 삼국시대 조위의 장수) 밑에서 장사를 지냈다. 선우보가 누구를 따르는 것이 좋은지 묻자 조조가 이길 것이라며 조조를 따르도록 했다.

전예는 199년 공손찬의 멸망 이후 조조曹操를 섬겼다. 208년 조조가 승상이 되자 승상공모연으로 임명되었다가 낭릉 현령과 익양 태수를 역임하며 공적을 쌓았다.

218년 조창曹彰이 반역을 일으킨 오환족을 토벌하러 갈 때 대군代郡을 치며 전예를 상相으로 삼았다. 군대가 역수易水 북쪽에 주둔하자 기병騎兵의 복병이 공격해 왔다. 병사들이 당황했다.

전예는 지형에 의거하여 수레로 둘러싸 원진을 만들었다. 그 안에서 군사들이 활과 쇠뇌를 가득 당기고 의병疑兵들을 그 틈에서 싸우도록 했다. 오환족이 진격하지 못했다. 흩어져 물러나자 그들을 뒤쫓아 대승을 거두며 대군代郡를 평정했다.

이후 남양태수南陽太守로 승진했다. 요역徭役(백성에게 구실(온갖 세금) 대신 시키던 노동)에 고통스러운 남양인들이 218년 겨울 10월 후음侯音(?~219년 형주 남양군 출신)을 필두로 완현에서 반란을 일으켰다. 219년 봄 정월 동리곤 등이 조인, 방덕과 연합해 공격하여 완현이 도륙되면서 후음이 참수당했다.

그런데 후음이 죽은 뒤 그 무리 수천 명이 산속에 있다가 도적이 되어 큰 근심거리였다. 전 태수 동리곤이 그중 500명을 붙잡고 새로 부임한 태수 전예에게 자랑하면서 "병사들의 사기를 높이고 도적들이 다시 생기지 않도록 본보기로 모두 죽여야 한다."고 했다.

하지만 전예는 그들을 직접 만나 위로하고 타일러 스스로 죄를 씻고 새로운 길을 가게 하자 그 소문이 널리 퍼져 후음의 무리들이 모두 해산하여 도둑들이 사라졌다.

220년 조비가 즉위하자 전예는 오환교위 지절이 되어 오환족을 감독하는 역할을 담당했다. 그는 이이제이以夷制夷의 전법을 기본으로 삼아 그들을 상대했다. 전예는 선비족의 대인 소리가 중국에 말을 보내지 말자는 자신들의 서약을 어기고 말 천 필을 중국의 관에 보낸 일로 선비족 가비능軻比能(?~234년 후한 말과 삼국시대 선비족의 대인)에게 공격을 받자 그를 도와주러 갔다. 그러나 너무 깊숙한 곳으로 들어가 귀로가 끊기게 됐다.

전예는 소똥과 말똥을 태워 불을 환하게 밝혀 군사가 있는 것으로 위장해 빠져나왔다. 적이 뒤쫓아 와 다시 마성에서 포위됐다. 남문에서 큰소리를 내며 나가는 척하면서 북문으로 나가 적을 공격하여 대파시켰다.

오환족의 추장 골진의 반란에 오환교위烏桓教位가 된 전예는 1백여 기를 이끌고 골진의 진영으로 가서 그의 목을 베어 빠져나왔다. 이후 모두 전예를 두려워하여 섣부른 행동을 하지 못했다. 골진의 동생에게 골진을 대신하게 하자 이후로 전예의 위엄에 대항하지 않았다. 9년간 변방을 안정시켰다. 그 공적으로 여남태수汝南太守 겸 중랑장中郎將이 되었다.

산적 고애가 노략질을 하자 선비족 소리를 보내 고애를 배게 했다. 이 공적으로 전예는 장락전후에 봉해졌다. 공손연이 배반할 때 조위에서는 동오와 공손연의 연계를 두려워했다. 양기의 추천으로 파견된 전예는 산동반도에서 진을 치고 기다렸다. 텅 빈 땅에 진을 치고 있으니 모두 전예에게 미쳤다고 했다.

그런데 갑자기 폭풍우가 몰아쳐 주하周賀(?~232년 삼국시대 동오의 장수) 등 공손연에게 갔다가 돌아오는 동오의 사절이 산동반도에 표류하자 모두 잡아들였다. 손권이 공손연에 장미와 허안 등을 사신으로 파견했다. 공손연은 동오와 친교를 유지할 생각이 없었다. 재물에 욕심을 내 사신들을 처형했다. 다행히 주하 일행이 살아서 배를 타고 동오로 귀환하려다 전예에게 잡혔다.

234년 제갈량의 마지막 북벌 때 손권이 10만 대군을 칭하며 촉한과 함께 양동작전으로 신성을 공격했다. 만총이 곧장 신성을 구원하려 했다.

전예는 조예에게 "적이 대규모로 출병한 것은 작은 이익을 노리는 것이 아니라 신성을 담보로 하여 우리의 대군을 끌어들이려는 것입니다. 그러니 그들이 공성하도록 내버려둬 그 예기를 꺾어야 하니 그들과 적극적으로 싸워서는 안 됩니다. 성이 함락되지 않으면 적군은 피로하여 나태해질 것이므로 그 전후에 공격하면 크게 이길 수 있습니다."라고 진언했다.

또한, 전예는 "만약 적이 우리의 계책을 알아챈다면 반듯이 공성하지 않고 스스로 달아날 것입니다. 그때 곧바로 진병하면 적의 계책에 그대로 빠져드는 것입니다. 또한, 대군이 서로 상대할 때는 알기 어렵도록 해야 하므로 자획自劃(하던 일을 도중途中에 단념) 하게 해서는 안 됩니다."라고 손권의 전략을 모두 예측한 듯한 의견을 피력했다. 조예가 이를 받아들이자 손권은 전예의 예측대로 도주했다.

경초 연간(237~239년) 전예의 식읍은 3백 호가 늘어나 5백 호가 되었다. 232년 진이장군을 지낸 전예는 겨울 10월에 군대를 이끌고 동오의 장수 주하를 성산에서 토벌하고 죽였다. 하지만 정희程喜(?~? 삼국시대 조위 장수로 자는 신백申伯)의 참언 때문에 공적을 인정받지 못했다.

정시(240~248년)에는 사지절, 호흉노중랑장, 진위장군, 병주자사로 임명되었다. 호인들은 예전 그의 위명을 따라 서로 뒤따르며 헌상했다. 후에 위위가 되었다가 여러 번 사직을 청했다. 사마의가 들어주지 않았다. 결국, 병이 위독하여 태중태부에 임명되었다가 252년 천수를 누린 82세로 죽었다. 작위는 아들 전팽조田彭祖가 이었다.

전예는 청렴했다. 조정의 포상을 언제나 장수들에게 나눠 주었다. 호와 적이 보낸 사사로운 선물도 모두 장부에 적고 관에 보관했다. 자기 집에 들이지 않아 살림은 늘 가난했다. 전예와 다른 부류의 이들까지도 그의 절의를 높게 여길 정도였다.

전예는 군사적 지략에 인품까지 높아 지장과 덕장의 면모를 두루 갖춘 조위의 명장으로 평가받았다.

전예의 청렴 일화가 전한다. 선비족 소리 등이 바친 소와 말을 항상 관으로 보냈다. 전예가 가난한 것을 측은히 여긴 호가 금 30근을 바치며 가물家物로 쓰라고 하자 소매를 펼쳐 받았다. 그런 뒤 호를 돌려보낸 후 관에 바쳤다. 조정에서는 조서를 내려 칭찬했다.

"옛날에 위강(춘추시대의 인물 진도공의 신하)은 가슴을 열어 융의 뇌물을 받았는데 이제 경은 소매를 들어 적의 금을 받았으니 짐은 이를 매우 가상히 여기노라."

그런 뒤 비단 5백 필을 하사했다. 하지만 전예는 하사품을 받자 이를 또 나누었다. 절반을 소부에 간직하고 나머지 절반은 뒷날 호가 다시 왔을 때 그에게 주었다.

또 여남에서 그가 쇠약해졌다는 말을 듣고 비단 수천 필을 모아 전예에게 줬다. 하지만 그는 받지 않았다. 전예가 죽으면서 말하길 서문표와 같은 길을 걸었으니 그와 같은 곳에 있을 수 있을 것이라면서 서문표西門豹(?~? 전국시대 인물로 위魏나라 관료, 공자의 제자로서 공문십철로도 꼽히는 자하로부터 학문 수학)의 사당 옆에 묻어 달라고 했다.

『삼국지연의』에서 전예는 짤막하게 등장한다. 234년 제갈량의 제5차 북벌에 호응한 동오의 손권이 조위의 양양을 공격하자 조예가 파견하여 양양襄陽을 지키게 했다.

전위

장막 사후 조조에게
의탁한 친위대장

전위는 장막이 의병을 일으켰을 때 따랐다. 사마 조총의 휘하에 배치되었다. 장막이 조조와의 싸움에서 패해 부하에게 죽임을 당하자 이후 하후돈의 휘하에서 종군하여 전공을 세워 사마가 되었다. 그 뒤 하후돈의 추천으로 조조를 섬겼다.

장막이 죽고 난 뒤 조조를 섬긴 전위의 행위는 단순히 들어갔다 빠져나오는 것을 뜻하는 입入 단계의 배신이다. 상황에 내몰린 피동적 배신이다. 죽음을 피하고 이익과 명예를 좇아 몸을 옮긴 타의적 배신이다.

전위典韋(?~197년)는 후한 말 조조 휘하의 장수로 연주 진류군 기오현己吾縣(하남성 영릉寧陵 서쪽) 출신이다. 자字는 전해지지 않는다.

강한 지조와 의협심을 가진 인물로 용모가 당당하고 완력이 세었다. 사지에 빠진 조조를 경호하다가 전사했다.

양읍襄邑의 유 씨劉氏가 수양睢陽의 이영李永과 원수지간이었다. 전위는 유 씨를 위해 복수했다. 예전에 부춘장富春長을 지낸 이영은 자신의 안전과 경호에 많은 신경을 써 집안을 매우 삼엄하게 경계했다. 전위가 수레에 닭과 술을 싣고 방문객으로 가장하여 문을 열게 했다.

대낮이었다. 문이 열리자 그는 곧바로 품고 온 비수로 이영을 찌르고 그의 아내도 죽였다. 부부를 살해한 그는 태연히 수레에 칼과 창戟을 싣고 걸어 나와 떠났다. 이영의 집은 시장과 가까웠다. 시장 사람들 모두가 놀라며 그를 두려워했다. 추격하는 사람이 수백 명이나 되었다.

하지만 어느 누구도 감히 싸우지 못했다. 4~5리(2km)를 가다 추적자를 만나자 뒤돌아서 싸우며 탈출했다. 이 사건으로 그는 세상의 호걸들에게 알려지게 되었다. 악래惡來(고대 은殷나라의 장사)라는 별명으로 유명해졌다.

초평 연간(190~193년) 장막이 병사를 일으키자 그의 병사가 되었다. 장막은 전위를 사마司馬 조총趙寵에게 배속시켰다. 그때 아문牙門(대장의 군문軍門)의 깃발이 높고 커서 누구도 들어 올리지 못했다. 전위는 한 손으로 잡아 보였다. 조총은 그의 재주와 힘을 기이하게 여겼다.

이후 하후돈夏侯惇을 따라 종종 전공을 세워 사마에 임명됐다. 192년 하후돈의 추천으로 조조를 섬긴다.

조조가 복양의 여포를 토벌할 때였다. 여포는 복양에서 서쪽으로 4~5리쯤 되는 곳에 부대 하나를 주둔시켰다. 조조가 밤에 여포의 주둔군을 급습하여 날이 밝을 때 격파시켰다. 군대가 미처 돌아가지 않았는데 여포의 구원병이 도착하여 삼면에서 조조 군대를 공격했다. 여포는 전투에 직접 참가하여 하루 종일 쌍방이 대치했다. 수십 차례 교전을 벌이며 격렬하게 싸웠다.

조조가 여포군을 뚫고 나갈 공격부대를 소집했다. 전위가 제일 먼저 지원했다. 지원한 수십 명을 통솔했다. 그들은 두꺼운 옷과 두 겹의 갑옷을 입고 방패도 들지 않은 채 긴 창과 화극을 손에 들고 있었다. 그때 서쪽에서 또 긴급하다고 했다. 전위는 병사를 이끌고 적들을 감당했다. 적은 화살과 쇠뇌를 어지럽게 쏘았다. 화살이 비 오듯 쏟아졌다. 전위는 적들을 바라볼 수도 없게 되자 병사들에게 말했다. 전위는 적이 다섯 발짝까지 오길 기다렸다가 손에 십여 개의 화극을 들고 일어나 적을 향해 휘둘렀다. 화극이 닿은 적들이 쓰러졌다. 여포의 군대는 퇴각하고 날이 저물자 조조도 병사를 인솔하여 떠났다.

전위는 이 공적으로 도위에 임명되었다. 조조의 측근이 되었다. 친위대 수백 명을 거느리고 조조를 호위했다. 전위가 거느리는 병졸들은 모두 선발된 자들이었다. 전투 때마다 선봉으로 나서 적진을 함락시켰다. 덕분에 전위는 그 공적으로 교위로 승진했다.

전위는 충직하며 신중했다. 낮에는 조조 곁에서 대기하고 있었고, 밤에는 막사 주변 가까이에 머물렀다.

대식가로서 주량도 보통 사람의 배나 되었다. 먹을 때는 좌우에서 챙겨줘야 만족할 정도였다. 그는 커다란 쌍창과 장검을 늘 지녔다. 군사들은 "막하幕下의 장사로 전위가 있고, 하나에 80근(48kg)되는 창을 손에 든다."고 칭찬하며 자랑스러워했다.

197년 완宛성에서 조조의 군세에 겁을 먹은 장수張繡가 항복했다. 조조는 기뻐하며 장수와 그 지휘관들을 초대해 연회를 베풀었다. 전위는 이때 조조의 배후에서 날의 지름이 1척(30cm)이나 되는 큰 도끼를 가지고 호위했다. 장수 등 어느 누구도 눈을 치켜뜨며 보려 하지 않았다.

며칠 후 장수는 배반하여 심야에 조조를 습격했다. 연회 뒤 조조가 장수의 숙모 추 씨를 잠자리에 시중들게 한 사실을 알았기 때문이다.

취중의 전위는 놀라 깨어 갑옷을 입을 사이도 없이 조조 숙소의 군영을 죽음으로 지켰다. 하지만 장수의 기습을 막는 건 역부족이었다.

조조는 군세가 불리하여 전위의 말을 탄 채 경기병을 이끌고 탈출했다. 반면 전위는 진지에 남아 적들의 접근을 막았다. 그 사이에 조조는 가까스로 퇴각했다.

전위는 수십 명의 부하로 수백 명을 상대하여 분전했다. 부하들은 모두 죽고 전위도 수십 군데 상처를 입었다. 백병전은 격렬했다. 전위는 두 사람을 양팔에 끼고 목을 죄어 죽였지만, 장수가 쏜 화살에 맞아 입을 벌리고 눈을 부라린 채 큰 소리로 적에게 고함을 지르다 수십 개의 창에 찔린 채 장렬한 최후를 맞았다.

전위는 눈을 부릅뜨고 선 채로 죽었다. 때문에 장졸들이 그 모습을 두려워하여 감히 그 옆을 통과하지 못했다.

조조는 무음舞陰으로 퇴각해 주둔하던 중에 전위가 죽었다는 소식을 들었다. 전위의 시신을 데려올 지원자를 모집하여 가져왔다. 직접 고별식에 나가 대성통곡했다. 전위의 관을 양읍襄邑으로 이송하여 장례식을 성대하게 치러줬다. 그런 후 그의 아들 전만典滿을 낭중郎中으로 임명했다.

조조는 전위가 전사한 장소를 통과할 때마다 제례를 행했다. 전만을 사마로 임명하여 자기 옆에 두었다. 전위의 죽음에 대해 조조는 장남 조앙曹昻과 조카 조안민曹安民을 잃은 것보다 슬픔이 더 크다고 했다. 조비는 왕에 오른 후 전만을 도위로 임명하고 관내후의 작위를 주었다.

전위는 243년 7월 조위 건국 공신 20인으로 추대되었다. 244년 11월에는 순유를 포함해 다음 해인 245년 11월 조조의 제묘 앞 정원에서 제사를 지냈다.

『삼국지연의』에서 전위는 처음에 진류태수 장막의 부하였다. 진영의 군사와 다퉈 수십 명을 죽이고 산중으로 도망하여 생활하던 중 호랑이를 쫓고 있는 광경이 하후돈의 눈에 띄어 조조에게 추천된다. 전위의 엄청난 괴력을 인정한 조조는 본진 소속 도위로 임명한다.

후에 복양전투에서 조조가 여포군에게 포위당해 사로잡힐 위기에 처한다. 전위가 나타나 길을 열어 조조를 구한다.

전위의 도움으로 간신히 목숨을 건진 조조가 복양성 부호의 거짓 항복에 속아 또다시 여포군에 대패하고 사로잡힐 위기에 처한다. 이 번에도 전위가 나타나 조조를 덮치려던 고순과 후성 두 명을 상대로 쌍철극을 휘두른다. 고순과 후성은 두어 번 창칼을 맞댄 뒤 달아난 다. 고순과 후성을 쫓아버린 후 복양성을 탈출하려다 불타는 기둥에 깔긴 조조가 기절하자 하후연과 함께 불길 속에서 조조를 구한다.

훗날 장수를 항복시킨 조조가 완성에 주둔하는데 얼마 후 장수가 참모 가후의 책략으로 조조를 기습한다. 장수는 기습하기 전에 부관 호차이에게 전위를 술에 곯아떨어지게 하고, 무기인 창 두 자루까지 빼앗아 둔다. 전위는 조조가 탈출하도록 영문에서 적은 군사로 분전 한다. 수십 군데의 상처에도 불구하고 기세가 꺾이지 않은 그는 적 병 두 명을 양팔에 끼고서도 여러 명을 죽인다.

전위의 최후는 그를 둘러싼 적병들이 소낙비처럼 쏜 화살에 맞고 배후에서 찌른 적의 창에 사자후를 토하다가 끝내는 지쳐 죽는다. 조조는 이 전투에서 장남 조앙과 조카 조안민도 잃는다. 그런데 이 들의 죽음보다 전위의 죽음을 더 슬퍼한다. 사당을 건립하고 다음 해 육수를 지날 때 전위의 죽음을 생각하면서 소리 높여 울고 추도 하는 제사를 성대하게 치른다.

제갈탄

조위를 등지고 동오 바라보다
삼족 멸족으로 멸문

제갈탄은 조비와 조예 그리고 조방 시대를 거치면서 높은 관직과 지위를 누렸다. 하지만 사마씨 일족이 조상과 가까운 이들을 제거하면서 갈등이 깊어졌다.

257년 제갈탄은 조모 때 사마소에 대항해 수춘에서 반란을 일으켰다. 죄어 오는 두려움이 컸기 때문이다.

그가 조위를 등진 것은 가장 적극적인 배반을 뜻하는 반叛의 배신이다. 믿음과 의리를 저버리고 돌아선 행위였다.

회남과 회북의 둔전병 10여만 명과 양주의 정예병 4~5만 명을 확보하고 1년분의 식량을 준비하여 성문을 굳게 닫고 지켰다. 오랜 시간에 걸쳐 배신을 준비했다. 상황을 주도한 능동적 배신으로 정치적 배신이다. 결국, 제갈탄은 사마소에게 패해 도주하다 죽고 삼족이 멸해졌다.

제갈탄諸葛誕(?~258년)은 삼국시대 조위의 관료 겸 장수이다. 자는 공휴公休이며 서주 낭야국 양도현陽都縣(산동성 기남沂南 남쪽) 출신이다. 전한의 명신 사례교위 제갈풍의 자손으로 촉한 제갈량과 동오 제갈근의 종제이다.

젊은 시절부터 하후현夏侯玄, 등양鄧颺 등과 교류했다. 처음에는 상서랑尙書郎으로 형양령榮陽令이 되었다. 중앙으로 들어가 이부랑吏部郎이 되었다.

제갈탄은 인사 촉탁이 있을 때는 그 말을 분명히 표명해 기용을 승낙했다. 후에 적당한지 아닌지를 살필 때에는 공개적으로 의논하여 그 사람의 득실로써 포폄褒貶(옳고 그름이나 선하고 악함을 판단하여 결정)했다. 이로부터 조정의 관료들은 천거를 매우 신중히 했다.

제갈탄은 자주 승진하여 어사중승상서御史中丞尙書가 되었다. 친구 하후현, 등양 등과 조정에서 명성을 날렸다. 사람들로부터 칭송도 받았다.

그러나 조예(명제)는 제갈탄 등이 헛된 명성으로 부화하고 허명과 경박한 평가를 내리는 풍조는 좋지 않다고 했다. 중서랑 노육을 시켜 관리의 성적을 평가해 임용하는 제도를 만들게 했다. 이런 연고로 제갈탄 등은 모두 면직됐다.

『세어世語』에 의하면 당시 준걸인 산기상시 하후현, 상서 제갈탄, 등양이 무리를 지어 서로를 품평하며 글을 쓰곤 했다. 이에 하후현의 부류 네 명을 사총四聰이라 하고 제갈탄 등 여덟 명 모두를 팔달八達이라 하였다. 또 중서감 유방의 아들 유희, 손자의 아들 손밀, 이

부상서 위진의 아들 위열은 하후현과 제갈탄 등에게 견줄 바가 아니었다. 하지만 아버지의 세력을 받아들여 삼예三豫라 했다. 이들은 총 15인十五人이었다. 조예는 이들이 겉만 화려할 뿐이라며 종신토록 관리가 될 수 없게 했다.

조예 사후 조방이 황제에 오르고 조상이 정권을 잡았다. 친하게 지냈던 하후현과 등양이 득세하자 제갈탄은 정시 초년에 다시 어사중승상서의 자리에 복직되었다. 뒤에 양주자사揚州刺史가 되어 소무장군昭武將軍까지 올랐다.

조상 일파가 실각하는 와중에도 사마의는 그를 계속 기용했다. 왕릉王淩의 반란을 토벌할 때 제갈탄은 진동장군鎭東將軍에 산양정후의 작위까지 받았다.

또한, 사마씨 집안과도 인척 관계를 맺었다. 사마의의 아들 사마주에게 딸 제갈태비를 시집보냈고, 막내아들 제갈정은 훗날 진 무제가 된 사마염과 어려서 서로 친하게 지냈다.

252년(가평 4년) 10월 동오의 태부 제갈각諸葛恪이 침공해 동흥東興에 성을 쌓았다. 12월 사마사司馬師는 대대적으로 동오를 공격했다. 왕창王昶에게 남군을, 관구검毌丘儉에게 무창을 공격하게 했다. 제갈탄에게는 호준胡遵 등과 함께 동오가 두 달 전에 세운 동흥을 공격하게 했다.

동오에서는 제갈각을 내세워 막았다. 한겨울 매서운 날씨에 방심한 군사들이 술을 마시며 잔치를 즐기다 동오의 장수 정봉丁奉의 기습을 받아 선두부대가 격파당했다. 동오의 장수 여거 등도 도착하여 조위의 부마며 장군인 낙안태수 환가桓嘉와 선봉장인 한종韓綜을 잃는 등 큰 패배를 했다.

제갈탄이 패배했다는 말을 들은 왕창과 관구검은 영채를 불태우고 도주했다. 결국, 동오 정벌은 실패로 끝났다. 제갈탄은 패배로 인해 관구검과 관직이 바뀌었다. 진남장군鎭南將軍 도독예주都督豫州가 되었다.

255년(정원 2년) 정월 관구검과 문흠文欽은 사마씨의 전횡에 분노했다. 모반을 일으켜 제갈탄에게 사자를 보내 예주의 선비와 백성들의 지원을 요청했다. 그러나 제갈탄은 사자의 목을 베고 관구검과 문흠의 모반을 천하에 알렸다.

대장군 사마사는 동쪽 정벌에 오르면서 제갈탄에게 예주의 군대를 지휘하여 안풍진安風津을 건너 반란을 진압하라고 했다. 제갈탄은 관구검과 문흠을 격파해 그들의 근거지였던 수춘을 빼앗았다.

수춘의 10여 만 백성들은 관구검과 문흠이 패배했다는 소식을 듣고 걱정했다. 죽임을 당할까 두려워 성문을 부수고 나와 도주하거나 산택山澤(산과 숲과 냇가와 못)을 떠돌거나 동오에 투항했다.

제갈탄은 회남에서 오랫동안 지켜냈다. 그 공으로 진동대장군鎭東大將軍 겸 의동삼사儀同三司가 되어 다시 양주도독揚州都督을 맡았다.

256년 겨울 혼란한 틈에 동오의 승상 손준孫峻이 북상하여 문흠의 투항을 받아들였다. 그는 수춘성을 치려 했다. 그러나 제갈탄이 수춘성에 들어갔다는 소식을 듣고 도주했다.

제갈탄은 장반을 파견하여 손준을 추격했다. 2월 동오의 좌장군 유찬의 목을 베어 조정에 보내고 인수와 부절을 손에 넣었다. 그 공적으로 고평후高平侯에 봉해져 식읍 3,500호를 받았다. 7월에는 정동대장군征東大將軍으로 전임되었다.

제갈탄은 당초 사마씨의 정적인 하후현, 등양 등과 친했다. 또 사마씨에게 반기를 든 왕릉과 관구검의 삼족이 모두 멸문당해 불안했다. 백성들에게 재물을 털어 인심을 사는 데 힘을 썼다. 식솔과 양주의 협객 수천 명을 후하게 대접했다. 우호적 관계를 맺거나 유지하기 위해서였다. 자신을 위해 죽음도 두려워하지 않는 사람들로 만들려고 했다. 그들에 대한 포상이 치나 칠 정도였다. 사형에 처해야 할 죄를 지어도 법률을 무시하고 구해줬다.

제갈탄은 사마씨 일족이 조상과 가까운 이들을 제거했기 때문에 늘 그들이 두려웠다. 양주 일대에서 민심을 얻으며 근거지를 확보하려 했다.

256년(감로 원년) 동오의 침공 기미가 있었다. 조정에서는 제갈탄의 병마로 막을 수 있다고 했다. 하지만 제갈탄은 조정에 10만 명의 군사를 요청했다. 또 회하에 성을 쌓아 침공을 막기 위해 회남을 지키고자 했다. 조정에서는 제갈탄이 반란을 일으킬 것으로 알았다. 그러나 선제 이래 오래된 공신이므로 조정에 들어오게 하여 처리하려 했다.

『위진세어魏晉世語』(진나라 곽반郭頒의 저서)에 따르면 사마소가 조정을 장악할 무렵이었다. 장사 가충은 참좌를 보내 사정장군들을 위로해야 한다고 했다. 사마소는 받아들여 가충을 수춘으로 보냈다.

가충은 돌아와 사마소에게 "제갈탄이 양주에 주둔하여 위명이 있어 백성들은 제갈탄에게 의탁하기를 바라고 있습니다. 지금 소환하면 반듯이 돌아오지 않고 반란을 미숙하게 일으켜 화가 적을 것입니다. 하지만 불러오지 않으면 반란이 지체되어 화가 커질 것입니다."라고 말했다. 사마소는 가충의 조언에 따라 제갈탄을 사공으로 삼았다.

『위말전』에 따르면 가충은 제갈탄과 만나 담론했다. 당시 선양의 여론이 있는데 어떻게 생각하느냐며 제갈탄을 떠보았다. 제갈탄은 가충을 매도했다. 자신은 마땅히 조위의 황실을 위해 죽겠다고 답했다.

257년(감로 2년) 조정으로부터 사공司空의 임명장이 도착했다. 제갈탄은 자신이 왕창보다 먼저 삼공에 오른 것을 괴이하게 여겼다. 두려움을 느껴 응하지 않았다. 사마소에 대항해 반란을 일으켰다. 양주자사 악침樂綝이 병사를 받게 되었으므로 좌우의 수백 명만 거느리고 바로 양주로 가서 악침을 죽였다.

제갈탄은 회남과 회북의 둔전병 10여만 명과 양주의 정예병 4~5만 명을 확보하고 1년분의 식량을 준비하여 성문을 굳게 닫고 지켰다. 장사長史 오강吳綱에게는 막내아들 제갈정諸葛靚을 동오에 인질로 보내 구원을 청했다. 조위의 진남장군 왕기는 수춘성을 포위했다.

6월 황제인 조모가 친히 항성에 이르렀다. 사마소는 직접 군사 26만 명을 거느리고 토벌에 나서 회수에 닿았다. 사마소는 구두에 주둔하고 왕기와 진건 등은 수춘성을 포위했다. 감군 석포와 연주자사 주태州泰 등을 유군遊軍(일정한 소속이 없이 필요에 따라 아군을 지원하고 적군을 공격하는 군대)으로 삼아 외부의 침입에 대비하게 했다. 수춘은 매년 비가 내려 회수가 넘치고 성이 물에 잠긴다. 이런 지리적 특징을 아는 제갈탄은 사마소의 포위망을 비웃었다.

동오의 제2대 황제 회계왕會稽王 손량孫亮과 실권자 손침孫綝은 제갈탄을 좌도호左都護 · 가절加節 · 대사도大司徒 · 표기장군驃騎將軍 · 청주목靑州牧에 임명하고 수춘후壽春侯로 봉했다.

또 문흠 · 문앙文鴦 부자와 당자唐咨, 전역全懌, 전단 등에게 3만 명의 원군을 보냈다. 이 군대는 왕기가 수춘성을 포위하기 전에 성에 들어갔다.

또 주이에게 여러 차례 군사를 주어 바깥에서 지원하게 했다. 그러나 주이는 주태, 석포, 호열 등에게 수차례 패했다. 화가 난 손침은 주이를 이유 없이 죽였다.

문흠 등은 여러 차례 성 밖으로 나와 포위망을 뚫으려 했지만 실패했다. 장반과 초이는 손침이 오래 있지 않고 돌아갈 것으로 봤다. 군사들의 사기가 높은 초반에 총공격하기를 권했다. 하지만 문흠은 버틸 것을 주장했다. 장반과 초이가 완강하게 권하자 문흠이 화를 냈다. 제갈탄도 장반 등을 죽이려 했다. 두 사람은 11월 조위에 투항했다.

12월 사마소가 종회鍾會의 제안을 받아들였다. 전역의 조카로 과거 조위에 항복한 전휘全輝와 전의全儀의 이름으로 편지를 보내 동오가 전역을 죽이려 한다고 전하자 전역과 전단 등 전씨 일족은 모조리 조위에 항복했다.

258년 정월, 문흠은 전씨 일족들이 모두 투항하여 조위의 방비가 느슨할 것이니 싸우자고 했다. 궁지에 몰린 제갈탄과 당자 등이 동의했다. 문흠과 함께 일주일간 밤낮을 가리지 않고 수춘성의 남쪽 포위를 뚫으려 했다. 하지만 실패했다. 식량은 떨어져 가고 투항자는 수만 명이 넘어갔다.

문흠이 북방 사람들을 내보내 식량을 아껴 동오 사람들과 함께 성을 지키자고 했다. 제갈탄은 받아들이지 않았다. 제갈탄과 문흠의 사이는 처음부터 좋지 않았다. 사태가 위급해지자 둘은 더욱 서로를 의심했다. 결국, 제갈탄은 문흠을 죽였다. 부친의 죽음을 접한 문앙은 동생 문호文虎와 함께 단신으로 성을 탈출해 조위의 실권자 사마소에게 투항했다.

사마소는 문흠의 자식들을 처형하지 않고 우대했다. 관내후關内侯에 봉해진 문앙은 문호와 함께 수춘성 주변을 돌며 항복을 권유했다. 문앙이 사마소의 형인 사마사의 병을 악화시켜 죽게 했음을 알고 있던 제갈탄의 병사들도 그가 죽지 않고 벼슬까지 받은 것을 보고 크게 동요했다. 심한 기아로 인해 모든 수습책이 허사였다.

사마소는 일체의 공격을 하지 않고 있었다. 그럼에도 사기가 꺾인 병사들이 조위에 항복해 왔다. 이를 본 사마소는 2월 총공격을 가해 수춘성을 함락시켰다.

성이 함락되던 날 큰비가 내렸다. 제갈탄은 도주하다 대장군 사마 호분의 부하에게 죽었다. 그의 목은 조정에 보내졌다. 삼족이 멸해졌다. 막내아들 제갈정은 동오에 그대로 눌러앉아 장수로 지냈다. 동오가 진나라에 평정되자 진으로 귀순했다.

사마염은 제갈정을 불러 시중에 임명하려 했다. 하지만 제갈정은 끝내 사양하고 초야에 묻혀서 여생을 마쳤다. 낭야왕 사마주의 아들 동안왕 사마요는 제갈탄의 외손자였다. 혜제 때 문앙을 역적으로 몰아 멸족시켜 외할아버지 제갈탄, 외삼촌 제갈정, 그리고 백부 사마사를 간접적으로 죽인 원수를 갚았다. 사마주의 장손 즉 제갈탄의 외증손자인 사마예는 훗날 동진을 건국한다.

제갈탄 수하에 있던 수백 명은 투항하지 않고 '제갈공을 위해 죽는다. 후회는 없다'며 죽음을 맞았다. 제갈탄이 부하들로부터 신망이 두터웠기 때문이다.

당시 제갈탄 휘하의 수백 명이 제갈탄을 위해 죽은 것에 대해 사람들은 제갈탄을 전한시대의 전횡田橫(?~기원전 202년 진나라 말의 인물)에 비했다.

『삼국지』의 진수는 "제갈탄은 엄숙하고 강인하고 위엄이 있었다." 고 했다. 왕릉, 관구검, 종회와 함께 "마음속에 큰 뜻을 품어 화란을 생각지 않았으며, 기회를 잡아 변을 일으켜 종족들을 모두 죽게 했으니, 어찌 큰 잘못과 미혹됨이 아니겠는가."라고 평했다.

『삼국지연의』에서는 제갈량의 사촌 동생이라서 처음에는 중용되지 않는 것으로 나온다. 사마소의 전횡에 대한 조사했을 때 황제 폐위의 음모를 미리 알고 경계대상이 된다. 이후 반란을 일으키지만 진압된다.

종요

한실부흥론보다
조위건국론 편에 선 관료

종요는 후한에서 벼슬을 하다 동향 출신 순욱의 천거로 조조를 섬긴다. 헌제가 조조의 비호를 받을 때였다. 조위 건국 후에는 3대에 걸쳐 조위를 섬겼다. 종요의 행위는 단순히 들어갔다는 것을 뜻하는 입入의 배신이다.

후한의 힘이 빠진 때 상황에 내몰린 피동적 배신이다. 이익과 명예를 좇아 몸을 옮긴 배신이다. 한실 부흥론이 아닌 조위 건국론 편에 섰다.

종요鍾繇(151~230년)는 후한 말과 삼국시대 조위의 관료이고 서예가이다. 자는 원상元常이며 예주 영천군 장사현長社縣(하남성 장갈長葛 동쪽) 출신이다.

영천에서 유명한 명사인 종호의 증손자이다. 아들은 종육, 종회이고 아내는 장창포이며 외조카는 곽원이다.

본래 후한에서 상서복야尙書僕射 벼슬을 하고 있었다. 하지만 뒤에 조조를 도와 조위 건국 후에는 3대를 섬겼다. 조조보다 4살이 많았다. 조조의 초창기 기반이 된 이른바 영천 호족의 일원으로서 순욱, 순유, 진군, 곽가, 두습 등의 쟁쟁한 인사들과 어깨를 나란히 했다.

종요는 어린 시절 재당숙 종유와 낙양에 간 적이 있었다. 가던 중에 한 관상가가 "이 아이는 출세할 상이지만 물을 조심해야 한다."고 말했다. 그런데 10리를 못 가서 강에 빠져 죽을 뻔했다. 종유는 종요를 잘 길러 학문에 전념하게 했다. 성장 후 음수陰脩(?~190년 후한 말의 관료, 자는 원기元基)에게 효렴으로 추천되었다. 삼공三公 관청에 소환되어 정위정 황문시랑이 됐다. 이각과 곽사가 실권을 장악하던 때였다.

종요는 처음에는 후한의 신하로서 헌제獻帝를 섬겼다. 연주목을 겸임한 조조가 사자 왕필을 파견해 상소했다. 이각과 곽사는 이를 거절하려 했다. 이때 종요는 왕실의 충절에 거스르는 것은 좋지 않다고 진언해 조조의 사자는 통과할 수 있었다.

그 후 헌제를 장안에서 탈출시키는 데 비밀리에 활약했다. 헌제가 조조에게 비호를 받을 때 종요는 동향 출신이었던 순욱荀彧의 천거로 조조를 섬겼다. 장안長安 지역의 통치와 치안을 비롯한 내정에서 장기張旣와 더불어 큰 공적을 세웠다.

조조가 집정한 뒤에는 시중 겸 사례교위를 맡아 부절을 지니고 관중의 군사를 총지휘했다.

마등과 한수가 세력 다툼을 하면서 산동에서 싸우고 있을 때 조조는 배후의 움직임을 염려했다. 조조는 종요에게 관중의 군벌들을 관리하라고 파견했다. 종요는 장안으로 가서 마등과 한수에게 편지를 보내 설득했다. 두 사람 모두 자식을 인질로 삼아 조정에 보냈다.

관도대전에서는 말 2천 필을 조조에게 지원했다. 조조는 종요를 한漢의 소하蕭何(한 고조의 심복으로 정치가)에 필적한다며 편지로 격려했다.

흉노의 선우가 반란을 일으키자 진압하던 중에 원상이 임명한 종요의 외조카 곽원이 하동으로 왔다. 그 세력이 강해지자 모두 하동을 버리고 달아나자고 말했다. 하지만 종요만은 싸우자고 말했다. 장기가 마등을 설득하자 아들인 마초가 군사를 끌고 와 곽원을 물리쳤다.

그 후 위고와 장성, 장염 등의 반란을 진압하던 종요는 폐허가 된 낙양에 관중 백성을 이주시켰다. 도망자와 반란자를 불러들여 마을을 부흥시켜 재건했다. 조조가 관중 정벌에 나설 때 가장 큰 힘이 된 백성들이 이들이었다. 조조는 종요를 상주시켜 전군사로 임명했다.

조조가 위왕이 된 뒤에는 대리大理가 되었다가 상국相國이 되었다. 그런데 219년 위풍魏諷이 반란을 꾀했다. 종요는 위풍을 추천한 책임으로 추궁을 받고 관직을 박탈당했다.

하지만 조비가 왕위에 오르자 복권되어 정위廷尉가 되었다. 황제로 즉위한 뒤에는 가후가 사망하면서 태위太尉가 되었다.

『위씨춘추』에 의하면 종요는 종회의 생모인 장창포를 총애해 정실인 손 씨와 이혼했다. 종요는 75세에 27세인 장창포와의 사이에서 종회를 낳았다. 이를 도덕적으로 못마땅하게 여긴 무선황후 변씨가 조비를 통해 저지하려 했다. 조비가 이혼한 아내와 재결합하라고 명했다. 종요는 화를 참지 못하고 자해하려 했다. 산쑥을 한꺼번에 먹어 인후가 잘못돼 입이 쉽게 열리지 않아 말을 할 수가 없었다. 조비도 어쩔 수 없이 종요의 뜻을 꺾지 못했다.

명제 때는 황제의 스승에 해당하는 최고 명예직인 태부太傅가 됐다. 종요는 230년(태화 4년) 80세를 일기로 세상을 떠나고 성후成侯라는 시호를 받았다.

후계는 225년 종요의 나이 74살이 넘어 얻은 아들 종회가 이었다. 종회는 종요의 전무후무한 늦둥이였다.

종요는 순유와 매우 친했다. 순유가 죽을 때 자기 식솔들의 살림을 종요에게 맡긴다고 했다. 또 자신의 경험을 담은 병법과 전략책도 넘겼다. 하지만 아쉽게도 해당 서적은 분실되었다. 『주건평전』에 의하면 순유와 친하던 종요가 순유가 죽은 후 그의 집안을 정리하며 아무阿鶩(?~? 후한 말의 여성으로 순유의 첩)를 비롯한 순유의 첩들을 시집보냈다.

종요는 서예가로서도 유명한 인물이었다. 교묘한 소해小楷의 서
법書法으로 그 이름을 남겼다. 예서와 행서에도 탁월했다. 해서가
특히 유명했다. 삼국시대에는 해서란 말이 없었는데 후세의 서예가
들이 해서에 해당되지는 않는다고 주장하여 예서와 해서의 중간에
위치하는 서체라고 했다. 이를 종육체라고 불렀다. 종요의 해서는
서성 왕희지王羲之(303~361년 동진의 정치가이자 시인이며 서예가)를
시작으로 매우 많은 서예가가 공부하면서 현대에도 전해지고 있다.

『삼국지연의』에서는 조조의 막료로 동작대 완성식에 처음 등장 한
다. 그 후 장안을 지키는데 마초와 한수에게 공격당한다. 장안성을
수비하는데 서문을 담당한 가공의 동생 종진鍾進이 잠입해 온 방덕
에게 살해당하고 서문이 뚫리면서 빼앗기고 만다. 종요는 관동으로
도망가지만, 동생 종진은 전사한다.

조예 때에는 촉한 마속의 책략으로 좌천된 사마의를 등용하라고
진언하는 등 유능한 참모로 나온다. 제갈량에 대항하는 지휘관으로
묘사되었다.

주령

원소보다는 조조라는
선택으로 귀순

원소의 부하였던 주령이 조조를 따른 것은 조조에 대한 흠모에서 시작됐다. 주령은 193년 조조가 원소의 명으로 서주 도겸을 정벌할 때 원군으로 파견됐다. 전투 후 파견부대는 모두 원소에게 귀환했다. 하지만 큰 공을 세웠음에도 불구하고 주령은 돌아가지 않았다.

부하들에게 조조만 한 이가 없다며 남아 조조를 따르자고 설득했다. 새가 나뭇가지를 골라 앉고, 선비가 좋은 주군을 가려 섬기듯 신하가 주군을 택했다.

원소를 등지고 조조에게 귀순한 주령의 배신은 가장 적극적인 배반을 뜻하는 반叛의 배신이다. 믿음과 의리를 저버리고 돌아선 행위다. 더 큰 이익과 명예를 좇아서 상황을 주도한 능동적 배신이다. 상관인 원소가 싫어서 한 정치적 배신이다. 의도적이고 고의적인 배신으로 원소에게 아픈 상처를 남긴 배신이었다.

주령은 일생 동안 조조에게 지우지은知遇之恩의 예를 다했다. 조조에 이어 조비 때에도 많은 공적을 이뤘다. 그 결과 사망 뒤에 조비에 의해 태조로 추존된 조조의 묘에 다른 공신들과 함께 배향되었다.

주령朱靈(?~?)은 후한 말과 조위의 장수이다. 기주 청하국 수현鄃縣 출신으로 자는 문박文博이다.

주령이 원소 진영에 있을 때였다. 『구주춘추』에 의하면 주령과 같은 기주 출신인 계옹季雍이 원소를 배신하고 청하국 수현을 공손찬에게 바치며 투항했다. 공손찬이 군사를 보내 계옹을 보호했다. 원소는 주령을 보내 공격하게 했다. 이때 주령의 가족들은 성안에 있었다. 주령이 계옹을 공격하는 순간 가족들은 인질이 될 수 있는 상황이었다.

계옹이 주령의 모친과 동생을 성 위로 끌고 와 인질로 삼았다. 하지만 주령은 눈물을 흘리며 계옹을 공격하기로 했다. "장부가 세상에 한 번 나온 이상 어찌 가족들을 돌아보겠는가."라는 말을 남기고 공격하여 성을 함락시켜 계옹을 사로잡았다. 반면 주령의 가족들은 계옹에게 모두 죽임을 당했다.

193년(초평 4년) 조조는 원소의 명으로 서주徐州의 도겸陶謙을 정벌했다. 원소는 원군으로 주령을 조조에게 보냈다. 주령은 전투에 참가하여 큰 공을 세운다. 전투가 끝난 후 원소의 파견부대는 모두 귀환했다. 하지만 주령은 돌아가지 않았다. 조조를 흠모한 주령은 부하들에게 "내가 이때까지 많은 전쟁을 치르면서 사람을 만났다. 하지만 조공曹公(조조)만 한 이가 없었다. 조공은 천하의 명군이다. 늦게나마 만났는데 어떻게 쉽게 떠날 수 있다는 말인가."라고 설득하여 남은 뒤 조조를 따랐다.

이후 주령은 조조 진영에서 계속 장수로서 활동했다. 그의 명성은 조조 진영에서 서황徐晃 다음이었다. 관직은 후장군까지 올라 고당정후高唐亭侯에 봉해졌다.

199년(건안 4년) 조조는 유비에게 원술 토벌을 명했다. 주령과 노초路招가 함께 했다. 유비를 감시한 것이다. 그런데 전투가 시작되기 전 원술이 병으로 죽었다. 주령은 유비를 남겨두고 조조에게 돌아갔다. 조조에게 귀환함으로써 변함없는 의리를 보였다.

조조는 205년(건안 10년) 기주를 평정했다. 주령의 능력을 인정하고 있던 조조는 항복한 기주의 병사들을 주령에게 맡겼다. 주령이 명령을 받고 임지로 떠났다.

그런데 문제가 생겼다. 양책陽翟(예주豫州 영천군潁川郡의 속현)까지 왔을 때 휘하의 중랑장 정앙程昂이 반란을 일으켰다. 주령은 곧바로 그를 죽이고 반란을 진압했다. 지휘 소홀의 책임을 지기 위하여 조조에게 사태를 보고했다. 그러나 조조는 등우鄧禹의 예를 들어 죄를 묻지 않았다.

208년(건안 13년) 조조는 형주 정벌을 시작했다. 사공연속주부司空掾屬主簿 조엄趙儼은 장릉태수章陵太守를 겸임하는 한편 도독호군都督護軍에 임명되었다. 이때 주령은 우금于禁, 장료張遼, 장합張郃, 이전李典, 노초路招, 풍해馮楷 등과 함께 조엄의 지휘하에서 중요한 역할을 했다.

211년(건안 16년) 7월 주령은 조조가 마초를 정벌할 때도 종군했다. 이때 조조는 은밀히 주령과 서황에게 야밤에 포판진蒲阪津을 건너 황하 서쪽에 진영을 구축하도록 했다. 마초가 패한 뒤 이듬해 주령은 노초와 함께 하후연의 지휘를 받아 장안에 주둔했다. 이때 하후연은 남산南山의 유웅劉雄을 격파하고 그 군대를 항복시켰다. 마초와 한수의 옛 부하인 양흥도 토벌했다.

215년(건안 20년) 3월 조조는 장로 정벌을 시작했다. 주령도 빠지지 않고 종군했다. 조조가 무도武都 방면으로 나아가려 할 때 저氐가 길을 막았다. 주령은 장합과 함께 이들을 무찔러 조조의 진군을 도왔다.

이처럼 주령은 조조가 여러 세력을 정벌할 때마다 종군했다. 그 공로로 조조 사후 조비가 황제로 등극하던 220년에는 수후鄃侯에 봉해지고 식읍도 늘었다.

조비는 주령의 위광이 주周 선왕宣王의 명신인 방숙方叔과 소호邵虎보다 위이고, 공적은 한漢 고조 유방의 장수 주발周勃과 관영灌嬰보다 크다고 극찬했다.

또한, 주령에게 원하는 땅을 주겠다고 했다. 주령이 고당高唐 땅을 원하자 그를 고당정후高唐亭侯에 봉했다.

주령은 229년(태화 3년) 가을에 조휴曹休, 가규賈逵와 함께 동오 정벌에 참여했다. 주령은 조휴가 석정石亭를 공격하다 패할 때 구원했다. 죽은 후 시호는 위후威侯에 봉해졌다.

243년(정시 4년) 7월 주령은 이미 사망했음에도 다른 공신들과 함께 태조太祖로 추존된 조조의 묘에 배향되었다.

주령은 조조에게 지우지은知遇之恩(자신을 인정해 주고 잘 대우해준 은혜)의 예를 다했다. 당초 자신의 기량을 충분히 펼 수 있는 주군을 원소가 아닌 조조라고 생각했기 때문에 일생 동안 조조를 위해 최선을 다했다.

조조에게서 패왕의 자질을 확인한 주령의 안목은 매우 높았다. 그 안목으로 자신의 능력을 펼 수 있는 주군을 제대로 만나 신하로서 부귀영화를 누렸다.

『삼국지연의』에서 주령은 노초와 함께 원술을 치는 유비를 감시하러 갔다. 하지만 유비에게 속아 돌아온 뒤 감시 책임을 다하지 못했다며 분노한 조조에게 죽임을 당할 뻔한다. 순욱의 간청으로 겨우 살아남는다.

등우鄧禹의 예란 26년(건무 2년) 봄, 광무제가 사자를 보내 등우를 양후梁侯로 봉하고 네 현을 식읍으로 하사했다. 이때 적미군은 서쪽에 있는 부풍扶風으로 달아났다. 등우는 남쪽에 있는 장안에 이르러 곤명지昆明池에 군사를 머무르게 했다. 병졸들에게는 큰 잔치를 열어 줬다. 그런 다음에 길일을 택해서 장수들을 거느리고 목욕재계한 후 제물을 준비하여 한고조 유방의 사당인 고묘高廟에 가서 제사를 지냈다. 그리고 한漢나라 황제 열한 명의 신주를 수습해서 사자를 통해 경건하게 낙양으로 보냈다. 또한, 황제들의 능을 돌아보고 관리와 사졸을 두어 그곳을 지키게 했다.

등우는 군사를 이끌고 연잠延岑과 남전藍田에서 싸웠다. 하지만 패했다. 이후 식량이 저장되어 있는 운양雲陽으로 갔다. 한중왕漢中王 유가劉嘉가 등우에게 와서 투항했다.

그런데 유가의 재상으로 있는 이보李寶의 행동이 거만하고 무례했다. 등우는 그를 죽였다. 비보를 접한 이보의 아우는 이보의 부하와 군사를 모아서 등우를 습격했다. 장군 경흔도 죽였다. 풍음이 반란을 일으킨 뒤 등우의 위세는 떨어졌다. 식량마저 바닥이 났다. 투항했던 사람들은 등우를 떠났다. 뿐만 아니라 적미군이 다시 장안으로 돌아왔다. 등우의 군사는 적미군과 싸웠지만 패하여 고릉高陵으로 달아났다. 등우의 굶주린 병사들은 대추와 푸성귀를 먹으면서 배고픔을 달랬다. 이에 광무제는 등우를 소환하는 조서를 내렸다.

"적미군은 양식이 없으니 자연히 동쪽으로 돌아올 것이니라. 내가 말을 채찍질하는 지팡이를 꺾어 그들을 매질할 것이니, 장수들이 근심할 바가 아니로다. 다시는 함부로 군사를 출동시키지 말지어다."

등우는 서쪽을 정벌하라는 명을 받았음에도 공을 이루지 못한 것을 부끄럽게 여겼다. 이에 여러 차례나 굶주린 병사들을 데리고 싸움을 했으나 그때마다 전세가 불리했다.

27년(건무 3년) 봄에 등우가 거기장군 등홍鄧弘과 함께 적미군을 공격했다. 패하자 병사 대부분이 죽거나 달아났다. 등우는 홀로 24기騎만을 데리고 의양宜陽으로 돌아왔다. 그리고 사죄하며 대사도와 양후의 인수를 반납했다. 광무제는 조서로 양후의 인수를 등우에게 되돌려줬다. 몇 달 뒤에 등우는 다시 우장군에 임명됐다.

진군

유비를 떠나
조조에게 귀순

진군은 처음에 유비의 발탁에 따랐다. 유비가 서주자사 도겸의 후임
이 되자 별가로서 계책을 냈다. 유비는 받아들이지 않았다. 얼마 후
유비는 여포에게 영지를 잃고 진군의 계책을 채택하지 않은 것을 후
회했다. 이후 현령에 임명되었지만 부임하지 않았다.

4년 뒤 조조가 여포를 토벌했다. 조조의 부름에 응해 사공서조연속
이 되고 순욱의 사위가 되었다. 유비를 버리고 조조에게 응한 진군
의 처세는 단순히 들어갔다는 것을 뜻하는 입入 단계의 배신이다.
상황에 내몰리면서도 자의적 선택이 강한 배신이다.

진군은 조조 사후 헌제에게 선양을 권했다. 이후 조위 건국의 공으
로 조비 때 중용됐다.

진군陳群(?~236년)은 후한 말과 조위의 관료이다. 자는 장문長文이며 예주 영천군 허현許縣(하남성 허창 동쪽) 출신이다.

태구장太丘長 진식陳寔의 손자이고 대홍려 진기陳紀의 아들이며 진심陳諶의 조카이다. 순욱荀彧의 사위이며 진태의 아버지이다.

대대로 청류파로 이름 높은 명사 집안에서 태어난 자제이다. 조부인 진식은 항상 진군의 재능을 특별하게 생각하며 종족의 장로들에게 "이 아이는 반드시 우리 가문을 일으킬 것입니다."라고 말했다.

『세설신어』에 의하면 진원방(진기)의 아들 진장문(진군)과 진원방의 동생 진계방(진심)의 아들 진효선(진충)이 서로 자기 아버지의 공덕이 더 훌륭하다고 말했다. 매번 결말이 나지 않자 할아버지인 진식에게 판정을 내려달라고 했다. 그러자 진식은 "형이 낫다고 하기도 어렵고 동생이 낫다고 하기도 어렵구나."라고 말했다. 진식의 이러한 대답은 난형난제難兄難弟라는 고사성어를 유래하게 했다.

진군은 어릴 적부터 재기가 있었다. 노나라의 공융조차 인정할 정도였다. 한때 예주에 체재하고 있던 유비에게 발탁되어 별가가 되었다.

194년 서주자사 도겸이 죽었다. 유비가 후임으로 영입되었다. 진군은 "원술은 아직도 세력이 강하므로 동쪽으로 간다면 반드시 그와 싸우게 될 것입니다. 또 여포가 만일 장군의 뒤를 습격한다면 장군은 서주를 얻었다 하더라도 일은 반드시 성공할 수 없습니다."라고 진언했다. 하지만 유비는 받아들이지 않았다.

얼마 후 유비는 여포에게 패하여 영지를 잃었다. 유비는 진군의 주청을 받아들이지 않은 것을 크게 후회했다. 진군은 아버지와 함께 서주에서 피난생활을 보냈다. 문재로 천거되어 현령에 임명되었지만 부임하지 않았다.

4년 뒤인 198년에 조조가 여포를 토벌했다. 조조는 진군을 불렀다. 사공서조연속이 되어 조조를 섬겼다. 순욱의 사위가 되어 정치적 입지도 튼튼히 굳혔다.

누군가 왕모와 주규를 천거했을 때 진군은 이들이 악하다며 반대했다. 하지만 조조는 진군의 말을 듣지 않고 이들을 등용했다. 후에 왕모와 주규는 잘못을 저질러 처형되었고 조조는 사람에 대한 혜안이 높은 진군에게 사과했다.

한편 진군은 진교와 대건을 조조에게 천거했다. 진교는 명신이 되어 상서령까지 올랐고, 대건은 동오 사람이 모반하자 충의를 다하여 위험 속에서 죽었다. 당시 사람들은 인물을 보는 진군의 안목을 인정하며 칭찬했다.

214년에는 어사중승御史中丞으로 승진했다. 진군은 주로 내정에서 활약했다. 특히 법제의 정비에 종사했다. 조조가 위왕이 되었을 때 코 베기와 다리 자르기 등과 같은 육형肉刑을 부활시키려 했을 때 부적절한 사형을 줄일 수 있다는 점에서 종요와 함께 찬성했다. 하지만 왕랑王朗 등의 반대로 인해 무산되었다.

「곽가전」에 의하면 진군의 법 적용은 매우 엄정했다. 조조의 최측근 모사 곽가의 행실이 바르지 못한 것을 지적하여 여러 차례 고발했다.

조조는 곽가를 감싸 주었지만, 진군의 엄정함도 높이 평가했다.

유이는 동생이 위풍의 반역 도모에 연루되어 사형을 당할 위기에 처했다. 진군이 조조에게 청하자 조조는 유이를 사면하고 관직을 회복시켰다. 유이가 진군에게 고마워하자 진군은 "대체로 형벌에 대한 논의는 국가를 위한 것이지 사사로운 정을 위한 것이 아닙니다. 더구나 이것은 성명成命(임금이 신하의 신상身上에 관하여 결정적으로 내리는 명령)한 군주의 의향으로부터 나온 것인데 내가 어찌할 수 있었겠습니까."라고 답했다.

조조 사후 조비가 위왕이 되자 진군은 화흠, 왕랑과 함께 헌제에게 황제의 자리를 조비에게 선양하라고 권했다.

조비(문제文帝)는 제위에 오르자 진군은 조위를 건국시킨 공으로 중용되었다. 조비는 태자 시절부터 진군과 사이가 좋았기 때문에 진군을 매우 신뢰했다. 진군의 벼슬은 상서령尙書令에 이르렀다.

진군의 건의로 220년에는 구품관인법九品官人法을 실시했다. 호족의 추천이나 채용관의 의사가 개입되기 쉬웠던 인재 등용 절차를 체계적으로 정비한 것이다. 각 지방에 중정관을 설치해 사관 희망자의 재능과 덕행을 심사하여 구품으로 나눠 내신서를 작성하고 매긴 등급보다 몇 단계 낮춰 초임시키는 형식이 골자였다.

이 제도는 위진남북조 시대에 관리를 선발하는 기본제도로 가장 융성했다. 당시 채용관이나 지방호족의 자의성이 짙었던 인재등용을 법률로써 재정비시켜 자의성이 개입할 수 없도록 한 제도였다.

또한, 후한에서 조위로 이어지는 역성혁명에 대비하여 후한의 관료들을 조위에 재등용할 때 재분배를 효과적으로 하기 위한 것이었다.

진군은 조비 시절 진군대장군鎭軍大將軍의 관직을 겸하기도 했다. 손권과 싸울 때는 수군을 지휘하는 직책에 있었다.

226년(황초 7년) 조비가 세상을 떠날 때에는 조진과 사마의와 함께 조위의 후일을 당부 받는 탁고대신이었다. 뒤를 이어 즉위한 명제 때에도 중신으로 대우받아 중용되었다. 내치와 촉한과의 전쟁에서 활약하여 관직이 사공에 이르렀다.

조진이 조예에게 표를 올려 촉한 토벌을 몇 차례 진언했다. 사곡에서부터 공격해 들어가려고 했다. 하지만 진군은 군량이 준비되지 않았고 사곡의 지세가 험난하다는 이유로 반대 상소를 올렸다. 조예는 진군의 의견을 들었다.

조진이 다시 표를 올려 자오도에서부터 촉한을 공격하려 했다. 진군도 다시 표를 올려 시행하기가 어렵다고 말했다. 덧붙여 군사를 다루는 계책을 말했다. 조예는 조서를 내려 진군의 건의를 조진에게 줬다. 조진은 진군의 건의에 따라 시행했다.

마침 며칠간 장마가 계속됐다. 진군은 조서를 내려 조진을 귀환시켜야 한다고 했다. 조예는 진군의 의견을 받아들였다.

조예의 딸 조숙이 병으로 죽자 시호를 평원의공주로 추증했다. 진군은 여덟 살 이하의 어린애 죽음인데 한 달이나 장례를 치르며 조정의 관료들에게 흰 조복을 입히고 아침저녁으로 곡을 하게 하느냐며 상소를 올렸다. 하지만 조예는 듣지 않았다.

조예의 사치스런 궁궐 건축에 대해서도 백성들이 힘들어 한다며 멈출 것을 상소했다. 진군은 '우임금도 요순을 계승했지만 검소했다. 여러 전란 이후로 백성들의 수는 한나라 문제와 경제 때와 비교하면 큰 한 군에 불과하고, 변방은 늘 시끄러워 장수와 병사들은 힘들다. 여기에 수재나 한재 등이 오면 국가는 커다란 걱정에 빠진다. 뿐만 아니다. 동오와 촉한이 아직 멸망되지 않아 사직이 불안한데 궁궐 짓는 것은 중요한 일이 아니다. 옛날 유비가 황제를 칭한 후 성도에서 백수까지 4백 곳에 관사를 지어 많은 인력을 소모하는 것을 보고 위무제(조조)가 백성을 피곤하게 하는 일이라고 비판했는데 똑같은 일을 하지 마시라.'고 했다.

조예가 '왕자王者의 궁전은 동오와 촉한을 멸망시키는 것과 더불어 해야 한다. 적을 멸망시킨 다음에는 다만 요역을 면하고 지키기만 해야지 어떻게 다시 요역을 일으키겠는가. 그러므로 이는 그대의 직무이자 소하의 큰 계략'이라고 반박했다.

하지만 진군이 "옛날 한고조는 단지 항우와 천하를 다퉜는데 항우는 멸망하고 궁실은 타 버렸기 때문에 소하가 무고와 태창을 만들 것을 건의한 것은 모두 긴급히 필요한 것들이었습니다. 한고조는 그것을 웅장하고 화려하게 짓지 말라고 했습니다. 지금 두 적(동오, 촉한)이 평정되지 않았으니 옛날과 같이 하는 것은 마땅치 않습니다."라고 말했다. 이에 조예는 궁전 건축의 규모를 축소시켰다.

진군은 236년에 세상을 떠났다. 조예는 그의 공덕을 추모하고, 식읍을 분할하여 한 아들을 열후로 봉했다.

　진군에 대한 평가는 근엄실직謹嚴實直이라는 말로 대변된다. 언제나 공정한 태도로 사태를 판단했다. 도덕에 벗어난 처사는 절대로 하지 않았다. 이로 인해 어렸을 때의 조비는 그의 인품에 경의를 표했고 신하가 아닌 친구의 예로 진군을 대했다.

　『삼국지연의』에서는 진군이 유비를 따르던 때의 이야기는 빠져 있다. 헌제에게 양위를 강요한 인물 중 한 사람으로 부각 되었다.

진규

도겸–유비–여포를 거쳐
조조에게 안착

진규는 서주의 도겸과 이어진 유비와 여포 그리고 조조 휘하에서 그들을 모셨다. 그중 조조를 향한 마음이 가장 컸다. 따라서 그가 여러 주군을 바꾼 과정은 단순히 들어갔다는 것을 뜻하는 입사 단계 정도의 배신으로 보인다.

하지만 그의 배신은 가장 적극적인 배반을 뜻하는 반叛이다. 믿음과 의리를 저버리고 돌아선 배신이다. 오랜 시간 자의적 판단에 따라 상황을 주도한 능동적 배신이다.

여포 휘하에 있을 때 그는 원술과 여포 사이를 이간질했다. 원술의 초빙도 거부했다. 198년 여포가 조조의 침공을 막기 위해 출전 할 때 서주를 지키라고 하자 조조에게 바쳤다. 오랫동안 아들 진등과 함께 조조를 위해 밀약했다. 더 큰 이익과 명예를 좇아 조조를 주군으로 삼았다. 조조는 그런 진규 부자에게 서주 토벌 후 걸맞은 대우를 했다.

진규陳珪(?~?)는 후한 말의 관료로 자는 한유漢瑜이다. 서주 하비국 회포현淮浦縣(강소성 수녕睡寧 서북쪽) 출신이다. 태위 진구의 조카이고 진등과 진응의 아버지이다.

서주 일대의 주요 호족이다. 대대로 이천석을 배출한 명문가 집안의 자제로 효렴에 천거되어 극劇 땅의 현령을 지냈다가 사퇴했다. 이후 무재로 다시 천거되어 제북상을 지냈다. 여포의 지배하에서도 조조에게 협력했다. 서주의 패상沛相이며 아들 진등과 함께 도겸과 유비, 여포, 조조 휘하에서 지냈다.

195년경 원술이 양주揚州를 중심으로 세력을 확장하며 굳건히 했다. 황제를 참칭하려던 원술이 진규를 자기편으로 만들기 위해 편지를 보내 회유했다. 둘은 한나라 고관의 자제들이었다. 어린 시절부터도 친한 사이였다. 하지만 진규는 원술의 뜻을 받아들이지 않았다. 원술의 야망을 경계하고 있던 터라 헌제獻帝를 옹립한 조조를 돕겠다며 거절했다.

원술이 서주徐州를 지배하고 있던 여포를 회유했을 때도 방해했다. 원술과 여포의 연합은 한 왕조의 재앙이라고 봤다. 한 왕실의 혼란이 더해질 것을 염려하여 둘을 이간질했다.

원술의 아들과 여포의 딸이 혼인하는 것을 저지했다. 여포에게 "원술과 혼인을 맺는 것은 천하로부터 의롭지 못한 일로 지탄 받을 것"이라고 설득했다. 그때 여포의 딸은 이미 원술에게 가고 있었다. 여포가 부랴부랴 쫓아가 다시 데려왔다. 원술의 사자 한윤을 사로잡아 허도의 조조에게 보냈다. 한윤은 허도의 저잣거리에서 효수梟首(죄인의 목을 베어 높은 곳에 매달아 놓는 형벌) 됐다. 이 공적으로 진규는 조조로부터 2천 석의 부지미扶持米를 받는다. 아들 진등을 광릉태수로 삼고 내응을 당부했다.

격노한 원술은 한섬, 양봉과 손을 잡고 장훈張勳을 대장군으로 하여 서주를 공격했다. 여포는 진규에게 "귀공 때문에 원술이 공격해 왔소"라며 책망했다.

진규는 "한섬, 양봉과 원술은 졸지에 합해진 군사일 뿐이다. 책략이 평소에 정해져 있던 것도 아니니 능히 서로 유지할 수 없다. 아들인 진등이 이미 이를 헤아렸다. 비유하자면 닭들이 서로 잠시 합한 것으로 함께 둥지를 틀지 못할 것이니 뿔뿔이 흩어질 것이다."라고 했다.

여포가 이를 따라 한섬과 양봉에게 서신을 보내 회유하자 둘은 응했고 장훈은 격파당했다. 이간계의 혼란에 빠진 원술군은 격퇴되었다.

한편 아들 진등陳登을 수도 허許에 사자로 보내 여포에게 좌장군左將軍 작위를 내리도록 하여 여포의 굳건한 신뢰를 얻는다. 조조의 지시에 따라 아들 진등과 함께 여포를 토벌하기 위해 비밀리에 활약한다. 조조에게 여포 토벌을 적극 진언했다.

198년(건안 3년) 조조는 여포를 공격했다. 여포는 출전하면서 진규에게 서주(팽성彭城)를 지키라고 명했다. 고양이에게 생선을 맡긴 격이었다. 진규는 조조에게 서주를 바친다. 조조는 진규에게 10현에 해당하는 녹을 더해 줬다.

『삼국지연의』에서는 진규의 활약을 교활함으로 부풀렸다. 여포를 조종하는 모습이 더욱더 세밀하게 묘사되었다. 조금씩 여포의 신임을 얻어가다 마지막에는 내분을 일으켜 소패성을 탈취하는 데 성공한다.

여포를 처형한 후에는 아들 진등과 함께 유비에게 협력하여 서주자사 차주를 토벌한다. 그 후 조조에게 공격당해 항복한다. 서주에서의 명성을 팔아 수비를 맡게 된다. 친유비파로 설정되고 있지만, 『삼국지』에는 없는 내용이다.

진등

아버지와 함께 도겸−유비−여포를 거쳐 조조에게 귀순

진규의 아들인 진등은 아버지와 함께 도겸과 유비와 여포와 조조를 모셨다. 최종적으로 따른 주군은 조조였다. 진규의 행보는 도겸 사후 유비에게 갈 때는 단순히 들어갔다는 것을 뜻하는 입입 단계의 배신이다. 서주를 유비에게 양도한다는 도겸의 유언을 받든 사자로 유비에게 가서 요청했다.

여포가 서주를 탈취하자 여포를 섬겼다. 원술이 서주를 공격하자 조조에게 협력 요청의 사자로 갔다. 그런데 그는 조조에게 여포를 토벌하라고 권했다. 조조는 진등을 광릉태수에 임명했다. 이후 진등은 아버지 진규와 함께 조조를 위해 밀약했다. 여포에 대한 배신은 가장 적극적인 배반을 뜻하는 반叛이다. 믿음과 의리를 저버리고 돌아선 행위다. 자의적 판단에 따라 상황을 주도한 능동적 배신이다.

더 큰 이익과 명예를 좇아 고의적으로 계략을 세워 배신했다. 조조

에게 귀순한 그는 이후 많은 계책을 내고 전공을 세우면서 문무 양
면에서 능력을 발휘했다.

진등陳登(?~208년 이후)은 후한 말기의 관료이다. 자는 원룡元龍이
며 하비국 회포현淮浦縣(강소성 수녕睡寧 서북쪽) 출신이다. 진규의 아
들로 백조부 진구는 태위를 지냈다.

처음에는 서주자사 도겸을 섬겼다. 사려 깊고 문학적 재능이 뛰어
나 문무에 능했다. 25세 때 효렴으로 천거되어 동양장東陽長이 됐다.
그 후 전농교위典農校尉에 임명되었다. 진등은 토지에 따라 어떤 작
물을 심어야 하는지를 살펴 수로를 파고 관개시설을 정비하여 생산
증대에 기여했다.

194년(흥평 원년) 도겸이 죽고 유비가 서주목에 임명되었다. 「선주
전」에 따르면 도겸이 죽으면서 미축에게 유언하여 유비에게 서주를
양도하려고 했다. 유비가 거절하자 진등은 사신으로서 유비에게 서
주를 맡아달라고 청한다.

하지만 유비는 또다시 거절한다. 수춘의 원술이 명문가이니 그에
게 양도하는 게 좋겠다고 한다. 진등은 원술은 교만하여 서주를 다
스릴 인물이 되지 못한다면서 "만약 사군使君(주자사에 대한 경칭)이
제 청을 들어주시지 않는다면 저 진등도 사군의 뜻에 따르지 않겠습
니다."라고 말했다.

유비는 공융까지 서주를 맡아 달라고 권하자 그때야 받아들인다.
『헌제춘추』에 의하면 진등 등이 원소에게 사자를 보내 유비가 새로

운 서주자사가 되었다고 알리자 원소가 인정했다.

진등은 막관幕官(군사, 관직에 관한 일을 처리하는 곳)에 임명됐다. 여포가 서주를 탈취한 뒤에는 여포를 섬겼다. 하지만 진규와 진등은 여포를 탐탁하게 여기지 않았다.

진등은 원술이 여포를 공격할 때 조조에게 협력을 요청하러 사자로 갔다. 진등은 사자의 본분을 잊고 조조에게 여포를 반드시 물리쳐야 한다고 진언했다. 조조는 진등을 광릉태수에 임명했다. 진등의 통치로 광릉은 안정되었다.

「여포전」에 주석으로 달린 「선현행장」에서는 진등을 성실하고 침착하며 문무에 뛰어난 인물로 기록하고 있다. 정사에 충실하여 명성이 천하에 두루 미쳤다고 했다. 두 번에 걸친 손책의 공격을 기묘한 책략으로 격퇴했다고 했다.

진등은 예전에 손책에게 격파당한 진우의 조카였다. 예전에 진우가 손책에게 당한 것을 갚으려 했다. 진등은 몰래 인수를 엄백호嚴白虎(?~? 후한 말의 군벌로 강동의 호족, 양주 오군 출신)의 잔당에게 주었다.

손책은 군사를 보내 광기성匡琦城에서 진등을 공격했다. 진등의 수하들은 적군이 아군의 10배나 되니 성을 비우고 피하자고 했다. 동오군은 물에 익숙하지만, 육지에서는 능숙하지 않아 곧 철수할 것이라고 했다.

하지만 진등은 성문을 닫고 지키며 밤새 형세를 관망했다. 날이 밝자 때를 노려 동오군을 급습하여 패퇴시켰다. 진등은 승기를 잡고 추격했다. 수많은 병사를 참수하거나 포로로 잡았다.

그 후 손권은 대군을 일으켜 진등을 공격했다. 진등은 수적 열세를 극복하기 어렵다고 판단해 공조功曹 진교를 조조에게 보내 구원을 요청했다.

진등은 군영의 처소를 몰래 성 밖 멀리 떨어진 곳에 두었다. 땔나무를 많이 베어오게 했다. 땔나무 묶음을 간격을 두고 가로와 세로로 엇갈려 세워뒀다. 밤이 되자 땔나무 묶음에 불을 질러 성 위에서 경축하고 환호하게 했다. 마치 대군이 도착한 것처럼 보였다. 손권군이 놀라 도망가는 사이에 진등은 군을 이끌고 추격하여 대승을 거뒀다.

진등은 손권군을 무찌른 공로로 동성태수로 진급하여 전임했다. 진등이 떠날 때 광릉의 백성들이 진등을 기리며 뒤따르려 했다. 진등은 이들을 설득해 광릉으로 되돌려 보냈다.

광릉은 얼마 후 손권의 지배에 들어갔다. 조조는 매번 장강에 이를 때마다 "진등의 계략을 쓰지 않아 동오의 세력을 키워 주었다."고 후회했다.

197년(건안 2년) 원술이 여포를 공격하자 진등은 진규와 함께 원술의 우군인 한섬과 양봉을 회유하도록 진언했다. 여포는 이를 받아들였고 원술은 크게 패했다. 그들을 이간책으로 분열시켰다.

198년(건안 3년) 조조가 하비에서 농성 중인 여포를 공격했다. 진등은 여포군 내부를 교란시키는 계책을 썼다. 소관蕭關, 서주徐州, 소패小沛 등을 빼앗는 데 공을 세웠다. 그 공적으로 진등은 복파장군 伏波將軍에 임명됐다.

진등은 생선회를 즐겨 먹었다. 위에 기생충이 있었다. 치료로 잠깐 회복되었지만 3년 후에 재발하여 39세에 죽었다. 조비는 진등의 생전 공적을 추념하여 진등의 아들 진숙을 낭중으로 삼았다.

배송지는 진등과 장홍을 묶어 "진등, 장홍은 웅기와 장절을 지니고 있었다. 하지만 진등은 요절하면서 공업을 모두 이루지 못했고, 장홍은 약한 군사로 강한 군사를 대적하여 열렬한 뜻을 세우지 못했으니 애석하다."고 평했다.

유비는 유표에게서 천하인을 논할 때 진등에 대하여 "만약 원룡(진등)처럼 문무와 담지(담력과 포부)를 갖춘 자는 응당 고대에서 구할 뿐 창졸간에 그와 비견될 자를 구하기 어려울 것입니다."라고 말했다.

진등도 「진교전」에 의하면 유비는 패왕의 재력이 있어 존경한다고 얘기했다. 둘은 서로 좋은 감정을 가졌다.

『삼국지연의』에서 진등은 진규와 마찬가지로 여포 토벌 후 유비에게 의지해 여러 가지 계책을 내놓는다. 하지만 『삼국지』에는 그 기록이 없다.

조조에게 항복한 후 갑자기 사라진다. 그 후 화흠이 명의 화타를 조조에게 소개할 때 환자로 등장한다. 생선회를 지나치게 많이 먹어 괴이한 병에 걸려 약을 먹었더니 머리가 빨간 기생충을 석 되나 토해낸다. 그리고 화타의 예언대로 3년 후 병이 재발해 사망한다.

진림
—

하진–원소–원상을 거쳐
조조에게 안착한 문장가

진림은 처음에 하진을 모셨다. 환관 제거를 위해 동탁을 불러들이는 것을 반대했다. 하진이 환관들의 역습으로 죽자 기주로 피난 갔다. 기주에서 원소를 따라 문장을 담당했다.

진림이 원소를 따른 것은 단순히 들어갔다는 것을 뜻하는 입入 단계의 배신이다. 하진이 죽고 없는 상황에서 죽음을 피하고 생존을 위해 원소를 섬겼다. 상황에 내몰린 피동적 배신이다.

진림은 원소 진영에서 문장가로 활동했다. 특히 200년 조조 비난의 격문은 유명했다. 관도대전 이후 진림은 조조를 따랐다. 문서와 격문을 담당했다. 조조는 진림의 글을 보면 두통을 잊어버린다고 할 정도로 높이 평가했다.

진림陳琳(?~217년)은 후한 말과 조위의 관료이자 문장가이다. 자는 공장孔璋이며 광릉군廣陵郡(강소성 양주揚洲) 출신이다. 건안 시대의 일곱 문인建安七子 중 한 명이다.

처음에는 대장군大將軍 하진何進의 밑에서 주부注簿를 지냈다. 하진이 원소의 계책에 따라 환관宦官들을 제거하기 위해 동탁 등 외부 장군들을 도성으로 불러들일 때 "지금 장군께서는 황제의 위엄을 지니고 군권을 장악하여 위엄을 떨치고 계십니다. 이제 대군이 모여들면 그 가운데 최강자가 영웅이 되게 마련입니다. 이 같은 경우를 빗대어 '무기를 거꾸로 들어 남에게 칼자루를 쥐어 준다.'라고 합니다. 결국, 공을 이루지 못하고 세상만 어지러워질 따름입니다."라고 진언했다. 시어사 정태鄭泰와 상서 노식盧植도 동탁을 불러들이는 것은 온당치 않다고 말했다. 하지만 하진은 듣지 않았다.

189년(광희 원년) 8월 하진은 환관들에게 역으로 피살당했다. 진림은 기주冀州로 피난을 갔다. 그곳에서 원소袁紹의 막료가 되어 기실記室로서 문장을 담당했다.

「장홍전」에 따르면 195년 12월 동군태수 장홍이 원소에게 반기를 들었다. 원소는 장홍을 공격해 성을 포위했다. 하지만 3개월 이상의 공격에도 성이 함락되지 않았다. 원소는 같은 군 출신이었던 진림을 시켜 항복을 종용하는 편지를 쓰게 했다.

장홍이 답서를 보내 진림의 말을 조목조목 반박했다. 진림에게 "전쟁터에 첩실을 데리고 와 편하게 지내고 옳고 그름을 말하지만 진실된 마음이 없이 자신의 위기만 구하려 한다."고 했다.

199년에는 원소가 공손찬을 포위했을 때 공손찬이 동맹군인 장연에게 구원을 요청하는 서신을 보내자 원소가 이를 가로챘다. 그런 뒤 진림을 시켜 내용을 조작했다. 진림이 위조한 거짓에 속은 공손찬은 원소에게 참패했다.

「무제기」와 「원소전」에 의하면 조조가 업을 포위하자 이를 구하기 위해 원상이 회군했다. 그러나 조조는 원상까지 격파하고 포위했다. 원상이 진림과 전 예주자사 음기를 사절로 보내 항복을 청했다.

『삼국지』'원소전'에 의하면 200년(건안 5년) 진림은 일찍이 원소의 명을 받아 조조를 성토하는 격문을 지었다.

202년 5월 조조와 명운을 걸고 싸운 관도대전에서 패한 원소가 화병으로 죽었다. 원소 진영은 후계 자리를 놓고 장남 원담袁譚과 셋째 원상袁尚으로 갈렸다. 진림은 원상을 지지했다.

원상이 양쪽으로부터 초빙을 받은 기도위 최염崔琰(163~216년, 후한 말의 관료로 자는 계규季珪이며 청하국 동무성현東武城縣 출신, 공명정대하고 성실한 인물, 조카딸 최 씨는 조식의 아내, 후에 조조가 죽인 사람들 중에서 가장 억울하게 죽은 사람으로 평가)이 병을 핑계로 출두하지 않자 옥에 가뒀다. 진림은 동료 음기陰夔(?~? 후한 말 관료, 옛 예주자사)와 함께 그를 변호하여 최염을 구했다.

204년(건안 9년) 8월 업鄴이 조조에게 무너졌다. 조조는 진림이 쓴 격문을 진림 앞에서 읽으며 질책했다.

"나의 죄상을 쓴 것은 그렇다 해도 어째서 부친과 조부의 일까지 들춰 욕되게 한 것인가."라고 추궁했다.

『삼국지』'왕찬전王粲傳'에 첨부된 '진림편'에는 진림이 "시위를 당긴 화살은 쏘지 않을 수가 없었습니다."라고 말했다. 조조는 진림의 재주를 아껴 더 이상 책망하지 않았다.

조조는 진림을 사공군모제주司空軍謀祭酒에 임명하여 군사와 국정에 관한 문서나 격문을 담당하게 했다.

조조 휘하에서 진림은 원소 시절만큼 외부적으로 부각되지는 않았다. 하지만 나름대로 중용되었다. 진림은 글의 초안이 완성되면 우선 조조에게 보였다. 조조가 진림의 글을 볼 때마다 감탄한 나머지 지병인 두통조차 잊어버렸다고 한다. 당시 중요한 국가의 포고령과 군사문서, 격문 등은 모두 진림과 완우에게서 나왔다.

이후 문하독으로 옮겼다가 217년 역병이 크게 유행하자 진림, 서간, 응창, 유정 등이 동시에 병이 들어 죽었다.

조비가 원성현의 현령이던 오질에게 보낸 편지에서 진림에 대해 "문장은 탁월하지만 조금 번잡하다."고 평가했다.

『삼국지연의』에서 진림은 대부분『삼국지』와 비슷하다. 다만『삼국지』의 내용이 한 가지 사건으로 묶인다.『삼국지』에서 조조의 두통을 낫게 한 진림의 글은 토조조서가 아니다.『삼국지』에서는 진림이 조조에게 귀순한 후 조조에게 문장을 보여주자 조조가 진림의 문장을 보고 두통이 나왔다.『삼국지연의』에서는 이 일화를 토조조서 때와 합해 진림이 원소 밑에서 조조를 규탄하는 글을 쓴 걸 조조가 보고 두통이 낫는 걸로 바꾸었다.

『삼국지연의』에서 합쳐진 내용은 당시 조조는 지병인 두통으로 침상에 누워있었다. 격문을 접한 조조는 모골이 송연해지며 식은땀이 흘러내렸다. 자신도 모르는 사이에 두통이 사라진 조조는 벌떡 일어나더니 조홍에게 "누가 이 글을 지었느냐."고 물었다. 조홍이 "진림이라는 자가 지었다고 합니다."라고 말했다.

조조는 빙긋이 웃으면서 "글재주가 있는 자는 반드시 무략武略(군사상의 책략)으로써 제도해 주어야 한다. 진림의 문장이 훌륭하지만, 원소의 무략이 부족하니 어쩌겠느냐."고 말했다. 그런 뒤 조조는 모든 책사들을 한 자리에 모아 놓고 원소를 상대할 대책을 상의한다. 이것이 그 유명한 '진림의 격문이 두통을 고쳤다.'는 일화다.

최염

원소를 등지고 조조를 섬겼지만 결말은 악연

최염은 황건적의 난으로 오랜 시간 유랑하다 고향에 돌아와 있던 중에 원소의 부름에 응했다. 원소의 관도전투 개시를 말렸다. 듣지 않은 원소는 조조에게 패했다. 원소 사후 최염은 골육상쟁을 벌이던 원담과 원상 모두가 초빙했다. 최염이 칭병을 핑계로 어느 쪽에도 응하지 않았다. 원상이 옥에 가뒀지만, 음기와 진림의 간언으로 풀려났다. 이후 그는 은둔자가 됐다.

관도대전에서 승리한 조조가 최염을 별가종사에 임명했다. 조조의 부름에 응한 최염은 삼공의 관직에까지 올랐다.

최염이 원소의 후계자인 원상을 모른 채 한 것은 속았음을 뜻하는 휼譎의 배신이다. 원상의 기만에 속지 않겠다는 상황 주도의 능동적 배신이었다. 조조의 부름에 응한 것은 단순히 들어갔다는 것을 뜻하는 입入의 일이었다. 상황에 내몰린 선택이었다. 최염과 조조의 최종 인연은 순연이 아닌 악연으로 끝났다.

최염崔琰(163?~216년)은 후한 말기의 관료이다. 자는 계규季珪이
며 청하국 동무성현東武城縣(산동성 무성武城 서북쪽) 출신이다. 공명
정대하고 성실한 인물이었다.

최염은 젊었을 때부터 검술을 익혔다. 23세 때 향鄕(현 아래의 행정
단위)으로부터 추천되어 병사에 임명됐다.

하지만 이후 학문에 힘써 『논어』와 『한시韓詩』를 읽었다. 29세에는
공손방公孫方 등과 함께 정현鄭玄(127~200년 후한 말 학자로 자는 강성
康成이며 북해국 고밀현高密縣)에게 가르침을 받았다.

1년이 채 안 되었을 때 황건적이 북해를 습격했다. 정현은 제자들
과 함께 산으로 피신했다. 식량이 부족했기 때문에 정현은 어쩔 수
없이 제자들을 떠나보냈다. 최염은 도적들로 인해 길이 막혀 고향으
로 돌아가지 못했다. 청주와 서주, 연주, 예주 등을 4년에 걸쳐 유랑
流浪했다. 멀리는 남쪽의 수춘壽春까지 갔다. 장강과 대호大湖를 구
경했다. 그 후 고향으로 돌아와 독서와 음악을 즐겼다.

대장군 원소가 최염을 불렀다. 최염은 그의 가신이 되었다. 원소
의 병사들이 무덤을 파헤친다는 이야기를 듣고 적극 말렸다. 이후
기도위騎都尉에 임명되었다.

200년(건안 5년) 원소가 조조와 결전을 치르기 위하여 남쪽으로 출
정했다. 최염은 원소에게 황제가 허許에 있고 백성들이 천자를 돕고

순종하기를 바라니 국경을 지키면서 구현區縣의 안정을 도모해야 한다.”고 간언했다. 하지만 원소는 듣지 않았다. 원소는 관도대전官渡大戰에서 조조에게 대패했다.

202년(건안 7년) 2월 원소가 죽었다. 원소의 두 아들 원담과 원상은 세력다툼을 벌였다. 서로 가신들을 초빙하기에 바빴다. 최염도 양쪽에서 초빙했다. 최염은 병을 핑계로 어느 쪽에도 응하지 않았다. 원상은 최염을 옥에 가두었다. 하지만 음기와 진림의 간언으로 곧 풀려났다. 이후 은둔자의 생활을 했다.

원소를 무찌른 조조는 204년(건안 9년) 최염을 초빙하여 별가종사別駕從事에 임명했다. 조조는 기주의 호적을 보고 “30만 명의 병사를 모을 수 있는 곳으로 기주가 과연 대주大州이다.”라며 병정의 숫자를 먼저 따지며 기주 점령의 기쁨을 말했다.

최염이 전란에 지친 백성들을 돌보아야 한다고 직언했다. 조조가 곧바로 사과하며 존경을 표했다. 조조가 병주并州를 토벌할 때는 업에 남아 조비를 보좌했다. 사냥을 즐기는 조비에게 폐단을 엄중하게 간했다.

“놀이와 사냥에 정신이 팔리는 것을 상서에서 경계한 바 있습니다. 노은공魯隱公(기원전?~기원전 712년 노나라의 14대 군주로 노혜공의 아들)이 물고기를 보고 끌리는 것을 춘추에서 비난했다고 들었습니다. 이는 주공과 공자의 격언이며 상서와 춘추 두 경전에서 명확히 밝힌 진리입니다.

은은 하후씨夏后氏로써 귀감을 삼았고, 시경에서는 먼 시대의 일이 아니라고 했습니다. 은의 주왕과 하의 걸왕이 죽은 갑자일甲子日과 을묘일乙卯日은 음악을 연주하지 않았습니다. 예기禮記에서도 이날은 음악을 연주하지 않는 기일로 삼았습니다. 이러한 것은 근세 득실의 귀감이 되므로 깊이 고찰해야 합니다. 원씨 일족은 부강하고 자제들은 방종했습니다. 수렵에 빠지고 사치가 점차 심하여 도의의 소리를 듣지 못했습니다. 철인과 군자는 불편한 심기를 노출했고 용맹한 무사는 다른 나라를 침략하는 도구로 타락했습니다. 이는 백만의 무리를 이끌고 하북 일대를 넘더라도 발을 들여놓을 곳이 없는 까닭입니다. 국가는 쇠약해지고 은혜와 안락한 생활은 이뤄지지 않고 있습니다. 남녀 모든 백성이 바라는 것은 덕德입니다. 공은 친히 전마를 통솔하여 관병들은 매우 고달픕니다. 따라서 정도正道를 존중하여 따르고 행위를 삼가며 단정하게 해야 합니다. 항상 국가를 다스릴 높은 책략을 생각하며 안으로는 근세의 혼란스런 정치를 교훈으로 하고, 밖으로는 원대한 절개와 의리를 드날려야 합니다. 공은 신자군信者君의 중요한 지위에 있음을 깊이 생각하여 몸을 귀중히 여겨야 합니다.

그러나 공은 사냥꾼이나 병졸들의 의복을 입고, 말을 달려 험난한 곳을 뛰어넘으며 꿩이나 토기를 잡는 작은 즐거움을 취하면서 국가의 중요한 일을 잊고 있습니다. 이를 식자들은 걱정하고 있습니다. 수렵용품을 불사르고 말 탈 때 입는 옷을 버려 백성에게 희망을 줘 늙은 신하로 하여금 하늘에 죄를 짓지 않도록 해주십시오."

조비는 "당신의 좋은 충고를 받았소. 여러 차례 나에게 고매한 이치를 말해 줘 수렵용품을 파괴하고 말 탈 때 입는 옷도 버리게 만들었소. 이후로 이와 유사한 일이 생기면 당신의 충고를 다시 받겠소."라며 받아들였다.

승상이 된 조조는 최염이 청렴하고 강직하다며 동조와 서조의 속관을 거쳐 정사를 맡게 했다.

조조가 위공魏公이 된 후 최염은 상서尚書에 임명되었다. 모개毛玠와 함께 인사에서 훌륭한 능력을 발휘했다.

당시 임치후 조식이 재능이 있어 조조의 총애를 받았다. 태자가 정해지지 않은 때였다. 조조는 조비와 조식 두 아들 중 누구를 후계자로 삼을지 고민했다. 조조가 신료들에게 글을 봉하여 의견을 내도록 했다. 최염은 조카딸 최 씨를 조식에게 시집보냈는데도 불구하고 글을 봉하지 않은 채 "춘추의 뜻에 의하면 세자를 세울 경우에는 맏아들로 해야 한다고 했습니다. 게다가 오관장五官將(조비)은 애정이 깊고 효성스러우며 총명하므로 대통을 이어야 합니다. 최염은 죽음을 각오하고 이것을 지키겠습니다."라며 조비를 태자로 임명해야 한다고 주장했다.

조조는 조식을 임명하려는 마음을 돌려 조비를 태자로 삼았다. 조조는 최염에게 새삼 경의를 표하며 중위에 임명했다.

「최염전」에 의하면 음성과 자태에 기품이 있었다. 눈썹은 시원스럽게 퍼져 있었고, 두 눈은 맑았으며 수염의 길이가 넉 자나 되어 더욱 위엄이 있었다. 평소 조정의 대신들은 그를 앙모했고, 조조도 그를 존경하며 두려워했다.

또 『세설신어』에 따르면 조조가 흉노의 사자를 접견하게 되었다. 조조는 자신의 용모가 뛰어나지 못해 사자를 제압할 위엄이 없다고 여겼다. 자신은 칼을 찬 신하로 위장하고 대신 최염을 왕좌에 세워 왕으로 보이게 하여 흉노의 사신을 접대하게 했다. 접견이 끝난 뒤 조조는 첩자를 보내 흉노의 사자에게 다음과 같이 묻게 하였다. "보기에 위왕의 인물됨이 어떠하던가요." 흉노의 사자는 "위왕의 용모는 위엄이 있었지만, 용상 옆에 칼을 차고 있던 사람이야말로 영웅이었소."라고 대답했다.

『선현행장』에 따르면 최염은 맑고 충직하며 명석했다. 원대한 경륜과 넓고 깊은 지식으로 반듯하고 곧게 처신했다. 조정에서는 항상 바른말을 했다. 위 씨가 처음 정권을 세웠을 때 그는 모개와 더불어 인재를 평가하는 일을 했다. 공평하고 깨끗하게 일을 처리하여 10년 동안이나 그 일을 계속했다. 문무를 겸비한 인재들을 제대로 선발하자 조정은 다시 위엄을 갖추게 되었고, 그는 공평하다는 평가를 받았다.

최염은 사마랑과 친한 사이였다. 그의 동생 사마의의 재능을 일찍이 높게 평가했다. 사마랑은 최염의 생각에 동의하지 않았다. 하지만 최염은 매번 이 의론을 견지했다. 최염은 사촌인 최림의 자질에 대해 "그는 대기만성형의 사람이니, 나중에는 심원한 데까지 이를 것이다."라고 했다.

손례와 노육이 군부軍府에서 일을 시작할 때 최염은 그들은 삼공의 재능을 가진 인물이라고 평했다. 나중에 그들은 최염을 포함해 모두 삼공의 관직까지 올랐다.

최염과 모개가 검약한 삶을 인재 등용의 중요한 기준으로 강조했다. 화흡은 과도한 청빈은 현실적이지 않다며 관리들이 억지로 검소한 행세를 하는 풍조가 생길 수 있다고 지적했다.

『삼국지』「위서」'최염전'에 의하면 건안 21년 조조는 위왕에 올랐다. 최염이 천거했던 양훈楊訓이 표를 지어 조조의 공덕을 찬미했다. 어떤 이들은 양훈이 세상에 보기 드문 거짓말을 한다고 비웃었다.

그러나 최염은 양훈의 초교를 받아 본 후 그에게 서신을 보내 "표문을 살펴보니 위왕의 사적이 우수할 뿐이다. 시절이여, 시절이여 변혁되어야 할 시절이여."라고 했다.

최염의 본의는 의론하는 자들이 견책하기만을 좋아할 뿐 객관적으로 정리情理를 살피지 않는 것을 풍자한 것이다.

그런데 어떤 사람이 그 뜻을 곡해하여 최염이 '조조를 오만하게 보고 원망하며 비방한다'고 참언했다. 화가 난 조조가 "속담에 '여자를 낳을 뿐(生女耳)'이라는 말이 있는데, '뿐耳'이라는 것은 좋은 말이 아니오. '응당 변혁해야만 되는 시대요(會當有變時)'라는 것이 가리키는 의미도 겸손하지 못하다."라며 최염을 옥에 가두었다.

역소에서 잡일 하는 노예로 만들고 감시하도록 했다. 최염의 말과 얼굴에는 굴복의 기색이 없었다. 조조가 "최염은 형벌을 받았는데도 집에 빈객들을 드나들게 하여 문 앞이 장사하는 사람의 집과 같다. 그는 규룡과 같은 수염을 기르고 빈객들의 얼굴을 대하니, 마치 노여워하는 것 같다."고 말했다. 결국, 조조는 자결을 명하고 최염은 스스로 옥중에서 목숨을 끊었다. 억울한 죽음이었다.

『위략』에는 최염의 죽음과 관련해 다른 이야기를 전하고 있다. 어떤 사람이 최염의 글을 얻었다. 그는 그것을 두건으로 쌓아 상자에 넣어 행차할 때마다 가지고 다녔다. 당시 최염과 오랫동안 불편하게 지냈던 사람이 있었다. 그는 길을 가다가 최염의 이름이 적힌 궤짝을 가지고 가는 사람을 보고 뒤를 따라가 자세히 살핀 다음 그 사실을 고발했다.

조조는 최염이 마음속으로 자신을 비방하고 있다고 생각해 그를 잡아서 곤형髡刑에 처한 다음 유배시켰다. 최염을 최초로 고발했던 사람이 다시 "최염이 유배된 후에 다시 수염을 기른 것은 마음속에 불평을 품은 것이나 다름이 없습니다."라고 고발했다.

조조는 그의 말이 옳다고 여겨 최염을 죽이려고 했다. 청공대리淸公大吏를 시켜서 최염에 대한 것을 조사하여 3일 이내에 자세히 보고하라고 했다.

하지만 최염은 그 사실을 알지 못했다. 며칠 후에 관리가 최염은 평안하다고 보고했다. 조조는 화를 내며 최염이 분명히 홀로 칼을 갈고 있을 것이라고 말했다. 관리가 그 사실을 최염에게 알리자 그는 관리에게 감사하며 "내가 죽어야 할 이유는 없지만, 공의 뜻이 그렇다는 것을 알지 못했다."고 말한 뒤 자살했다.

『삼국지』의 저자 진수는 채염을 평하면서 조조는 기피하는 감정이 강한 성격이다. 공융과 허유, 누규婁圭는 모두 예전의 관계에 의지하여 불손한 태도로 대했다가 처형되었다.

하지만 최염은 조조가 지시하여 처형되도록 한 인물들 중에서도 가장 억울하게 죽었다. '사관의 입장에서 볼 때 그는 어떠한 죄도 없었을 것이라고 굳게 믿는다'고 적었다.

『삼국지연의』에서는 이 양훈의 조조 찬미 글과 관련된 오해에 허구를 가미하여 최염이 조조에게 불만을 토로하다 죽은 것으로 묘사했다.

필심

조조를 따르다 장막과
여포 거친 뒤 다시 조조에 귀순

필심은 처음에 조조를 섬겼다. 그런데 여포를 앞세워 반란을 일으킨 장막과 진궁이 식솔들을 잡아 두자 조조가 떠나라고 했다. 필심은 떠나지 않겠다고 했지만, 어느새 장막에게 갔다.

필심이 조조를 떠난 것은 상황에 내몰린 피동적 배신으로 단순히 들어갔다는 것을 뜻하는 입入 단계의 배신이다. 가족을 구하기 위한 상황에 내몰린 피동적 배신이다.

이후 장막과 여포를 토벌한 조조 앞에 필심이 끌려 왔다. 조조는 필심을 용서했다. 조조를 배신했다 다시 섬긴 필심의 배신행위는 첫 번째 배신행위와 다르지 않았다. 상황에 내몰린 배신이다.

필심畢諶(?~?)은 후한 말의 관료로 연주兗州 동평국東平國 출신이

다. 조조가 연주자사兗州刺史로 있을 때 별가(수행비서관격)로 임명했다. 장막과 진궁이 여포를 맞아들여 반란을 일으켰을 때 필심의 어머니와 동생과 처자식을 잡아 가뒀다.

조조는 어쩔 수 없이 필심을 떠나보내려는 마음으로 "그대의 노모가 저쪽에 계시니 나를 떠나도 좋다." 이에 필심은 "저는 공을 섬긴 이상 절대로 떠나지 않겠습니다."라고 했다.

조조는 필심의 충성심에 감동했다. 눈물을 흘렸다. 그런데 어느 날 필심이 보이지 않았다. 마음이 변하여 장막에게 갔다.

198년(건안 3년) 12월 조조는 복양전투의 패전을 딛고 장막의 세력을 흡수한 여포呂布를 토벌했다. 필심도 사로잡혀 조조 앞에 끌려왔다. 주위에 있던 장수들과 병사들은 조조가 필심을 죽일 것으로 봤다.

그런데 조조는 "夫人孝於其親者부인효어기친자 肯不亦忠於君乎긍불역충어군호 吾所求也오소구야 부모에게 효도하는 사람이 어찌 그 왕에게는 충성하지 않겠는가. 그는 바로 내가 찾고 있는 그런 사람이다." 라며 뜻밖의 말을 했다.

조조는 필심을 용서하고 곧바로 노국상魯國相에 임명했다.

하후란

조조를 섬기다 생포된 뒤
유비에게 귀순

하후란은 조조를 섬기다 박망전투에서 동향인 조운에게 생포 당했다. 조운의 구명과 추천으로 유비를 따랐다. 하후란의 배신은 단순히 들어갔다는 것을 뜻하는 입入의 배신이다. 목숨을 보전하기 위한 타의적 배신이다. 상황에 내몰린 피동적 배신이다. 법률에 밝은 그는 유비 진영에서 군정이 됐다. 그런데 이후의 활동은 역사적 기록이 없어 어떤 경로를 거쳤는지 알 수 없다.

하후란夏侯蘭(?~?)은 후한 말 기주 상산국(안휘성 박주亳州) 출신이다. 처음에 조조를 섬겼다. 202년(건안 7년) 유비가 하후돈을 박망博望으로 유인하여 무찔렀다. 하후란은 박망전투에서 조운과 교전하다 생포 당했다.

『삼국지』「촉서」 '조운전' 주에 인용된 '운별전'에 의하면 하후란은 조운과 동향 사람이다. 조운이 유비에게 하후란을 살려 달라고 했다. 그가 법률에 밝다며 추천했다. 유비는 그를 군정軍正으로 삼았다. 그런데 『삼국지연의』에서는 이를 허구화했다.

조운은 불필요한 오해를 사지 않기 위해 하후란이 자신에게 가까이 있는 것은 꺼렸다.

『삼국지연의』에서 하후란은 신야로 출정하는 장면에서 하후돈의 부장으로 등장한다. 조운과 동향이라는 말은 언급되지 않는다. 박망파에서 하후돈은 제갈량에게 화공을 당해 전멸 당한다. 하후란은 한호와 함께 군량과 말먹이 풀을 건져보려 한다. 이때 장비를 만나 수합 만에 창에 찔려 죽는다.

하후패

조위의 부마에서
죽음을 피해 촉한으로 망명

하후패는 조위의 부마로서 관중 지역에서 상당한 역할을 했다. 그런데 고평릉의 사변으로 사마의가 정권을 잡으면서 입지가 달라졌다. 조상 일파는 두려움을 갖게 됐다. 조상의 이종사촌 동생 하후현이 도성으로 소환되었다. 하후패는 함께 촉한으로 망명하자고 했다. 하지만 그는 구차하게 적의 빈객이 될 수 없다며 듣지 않았다. 정서장군에서 해임되어 군권을 잃고 대홍려, 태상에 있다 254년 사마씨 제거 모의에 연루되어 삼족이 멸족당했다.

하후패는 친척 조카 하후현이 처형당하고 사이가 좋지 않던 사마씨 세력의 곽회가 하후현의 후임으로 온다는 말을 듣고 군마를 이끌고 촉한으로 망명했다.

촉한 귀순 이후 하후패는 장비의 부인이 하후연의 조카딸인 인연으로 거기장군이 되어 왕족 일원으로 대우받았다.

하후패의 조위 배신은 죽음을 피한 정치적 배신이다. 상황에 떠밀린 피동적 배신으로 단순히 들어갔다는 것을 뜻하는 입입 정도의 배신이다.

하후패夏侯霸(?~259년 이전)는 삼국시대 조위와 촉한의 장수이다. 자는 중권仲權이고 예주 패국 초譙(안휘성 벅주亳州) 출신이다. 조위의 맹장 하후연夏侯淵의 차남(『삼국지연의』에서는 하후연의 장남)으로 어머니는 조조의 처제이다. 백부는 하후돈夏侯惇이다. 동생으로는 하후칭과 하후영, 하후위, 하후혜, 하후화가 있고, 자녀로는 양호와 결혼한 딸 만세향군이 있다.

하후연의 아들로 태어나 하후돈의 뒤를 잇는 양자가 되었다. 조조의 딸 청하공주에게 장가를 들어 조위의 부마이기도 하다.

하후패의 부친 하후연은 한중에서 촉한과 싸우다 황충에게 죽었다. 하후패는 촉한을 원수로 여기며 언제나 복수하려고 했다.

황초 연간(220~226년) 하후패는 편장군이 되었다. 230년(태화 4년) 조진曹眞의 촉한 정벌 시에는 선봉을 맡아 분전했다. 그 뒤 우장군으로 승진했다. 농서에 주둔하며 병사를 아끼고 이민족을 회유했기 때문에 평판이 좋았다.

『위략』에 의하면 먼저 우장군이 되었고, 병졸을 잘 육성하고 이민족 서융과도 화합했다. 정시 연간(240~249년)에 하후유를 대신해 정촉호군이 되어 정서장군 하후현의 휘하에서 옹주의 수비를 맡았다.

230년 조진이 자오도를 통해 촉한을 침공했다. 하후패도 같이 참전했다. 선봉을 맡은 하후패는 흥세를 포위하고 전곡에 진채를 내렸다.

촉한에서도 군사를 출정시켜 곧바로 공격했다. 『위략』에 따르면 하후패는 녹각鹿角(나뭇가지나 나무토막을 사슴뿔처럼 얼기설기 놓거나 막아서 적을 막는 장애물) 사이에서 몸소 싸웠지만, 열세로 구원병이 도착한 뒤 가까스로 위기를 벗어났다. 그는 아버지의 죽음 외에도 직접 촉한군과 싸우면서 촉한과 악연을 쌓는다.

촉한과 교전 이후 하후패의 행적은 기록되어 있지 않다. 하지만 이후 그는 『위략』에 의하면 우장군에 임명되어 농서에 주둔했다. 병사를 육성하고 융족과 화친하여 그들의 환심을 샀다. 정시 연간 (240~249년)에 하후유夏侯儒의 뒤를 이어 정촉호군征蜀護軍이 되어 정서장군의 관할에 속하게 되었다.

당시 강유의 북벌에 대해 기록한 「강유전」과 「곽회전」에서는 촉한 군과 맞서는 장수로 곽회와 하후패를 언급한다. 곽회는 옹주자사로 서 관중 지역의 군사력을 총괄하고 있었다. 하지만 하후패도 토촉호 군으로서 조정에서 조상 일파의 일원인 정서장군 하후현의 직속으 로 관중 지역에서 역할이 상당했다.

247년에 옹주와 양주의 이민족들이 반란을 일으켰다. 조위를 배 신하고 촉한에게 항복했다. 촉한의 강유는 이에 호응하여 군사를 일 으켰다. 하후패는 옹주자사 곽회와 함께 조서洮西에서 이들과 맞서 싸웠다.

「곽회전」에 의하면 하후패는 군사를 인솔하여 위시爲翅에 주둔했다. 곽회는 강유가 하후패를 반드시 공격할 것으로 예측했다. 실제 강유가 하후패를 공격했다. 곽회는 하후패를 도와 강유와 맞섰다. 점차 퇴각하던 강유군과 조위의 군대는 조서洮西에서 겨뤘다.

『자치통감』에 따르면 247년 옹과 량의 강족호인들이 배반하여 촉한에 항복했다. 강유는 군사를 농우에 출병시켜 이들에 호응했다. 또한, 옹주자사 곽회, 토촉호군 하후패와 도수의 서쪽에서 싸웠다. 호왕 백호문과 치무대 등이 주민을 이끌고 강유에게 항복했고, 강유가 이들을 옮겨서 촉한으로 들어갔다. 곽회는 강유가 촉한으로 들어간 이후 진격하여 강족 호인들의 나머지 세력을 모두 평정했다.

하후패는 강유의 북벌에 맞서 맹렬히 촉한과 싸웠다. 하지만 249년(가평 원년) 고평릉의 사변으로 사마의가 정권을 잡자 어려움을 겪는다. 조상曹爽이 주살된 후 사마의가 하후현을 중앙으로 소환했다. 하후현은 조상의 이종사촌 동생으로 사마씨와는 정치적으로든 사적으로든 사이가 좋지 않았다.

조상과 친밀한 관계였던 하후패는 신변에 위험을 느꼈다. 조상의 죄가 자신들에게도 미칠 것을 알고 하후현에게 가지 말 것을 권했다. 하후현은 듣지 않았다. 도성으로 귀환된 그는 결국 처형되고 만다.

하후패는 하후현의 처형으로 더욱더 두려움이 커졌다. 거기에 평소 서로 사이가 나빴던 곽회郭淮가 하후현의 후임으로 온다는 말을 듣고 휘하 군마를 이끌고 연희 12년 정월에 촉한으로 망명한다.

촉한으로 가던 하후패는 음평을 넘어 자오도에서 길을 잃었다. 식량이 떨어져 군마를 잡아먹으며 아사 직전까지 갔다. 더구나 다리까지 다쳐 걸어갈 수도 없게 되었다.

그런데 다행히 이 사실을 알게 된 강유가 촉한의 병사를 보내 하후패를 구출했다. 촉한이 하후패를 구출한 데는 나름의 이유가 있었다.

첫째는 한나라를 창건한 한고조의 개국공신 하후영 후손의 촉한 귀부이다. 유비는 전한 한경제의 후손으로 조위에 의해 후한이 멸망하자 한을 잇는다는 의미에서 국호를 촉한이라고 칭했다. 스스로 한나라의 정통을 이었다고 여겼다.

둘째는 유선의 아내 경애황후와 장황후의 아버지 장비의 처가 사람이라는 사실이다. 장비는 과거 유비가 조조에게 귀부하던 시절 조조가 장비를 끌어들이고자 하후연의 조카딸 하후 씨와 혼인시켰다. 유선의 아내였던 경애황후와 장황후 모두 하후 씨의 딸이라서 하후패는 두 황후의 당숙이다.

하후패는 사촌 여동생 하후 씨가 장비의 아내였던 관계로 조운趙雲이 받았던 예우 못지않은 대접을 받아 거기장군車騎將軍에 임명되었다. 하후패는 조위와 촉한의 황후와 친척 관계를 맺은 인물이었다.

거기장군은 황실의 인척이 주로 맡는 직책이다. 유선은 하후패에게 거기장군을 줘 인척으로 만들었다. 단순 서열상으로는 위장군 강유보다 위였다. 사후에는 개국 최고 공신인 관장마황조(『삼국지연의』에 등장하는 촉한의 다섯 명장에게 내려진 미칭美稱─오호대장군五虎大將軍)보다 시호를 먼저 받았다.

「촉서」'강유전'에 의하면 255년(연희 18년) 하후패는 강유와 함께 적도狄道로 출병하여 조위의 옹주자사 왕경王經을 조서洮西에서 대파한다. 촉한을 위해 나름 공헌한다.

하후패의 사망은 조수전투 이후 시호를 받았다는 기록 외에는 언급이 없다. 받은 시호조차 기록되지 않을 정도이다. 촉한이 멸망한 263년에는 언급되지 않은 것으로 볼 때 그 이전에 사망한 것으로 추정된다. 260년 조운이 시호를 받기 이전에 하후패의 시호는 내려졌다.

「촉서」'조운전'과 '장익전'에 의하면 260년 이전에 시호가 내려졌고, 거기장군을 요화와 장익이 각각 좌우로 나눠 맡은 시기가 259년이므로 그 이전에 사망한 것으로 보인다.

『삼국지연의』에서의 하후패는 장합이 죽은 뒤 사마의의 부장으로 처음 등장한다. 사마의의 천거로 제5차 북벌에서 아우들과 함께 출전한다.

죽은 제갈량이 만들어 둔 목상을 보고 놀라 후퇴하는 사마의를 호위한다. 공손연 토벌의 선봉으로도 종군한다.

촉한에 투항한 후에는 강유의 참군으로 조위의 등애와 종회의 존재를 알려주고 북벌군에서 수차례 분투한다. 262년 제8차 북벌 때 조양으로 나가 싸우다 등애鄧艾의 복병에 걸려 화살을 맞고 전사한다. 『삼국지』에 비해 다채로운 활동을 보여준다.

한호

왕광과 원술 거쳐
조조에게 귀순

한호는 처음에 하내태수 왕광을 섬겼다. 반동탁연합군에서 한호의
전공을 평가한 원술이 기도위를 삼았다. 하후돈이 그의 명성을 듣
고 찾아가 조조에게 가자고 권유했다.

조조에게 귀순 이후 한호는 조조의 절대적 신임을 받았다. 둔전제
제안자로도 유명하다. 왕광과 원술을 거쳐 조조에게 안착한 한호의
배신은 단순히 들어갔다는 것을 뜻하는 입入 단계의 배신이 가장
적극적인 배반을 뜻하는 반叛 단계의 배신으로 진화한 배신이다.
상황에 내몰린 피동적 배신에서 상황을 주도한 능동적 배신이다. 더
큰 이익과 명예를 좇아 몸을 옮긴 배신이다.

한호韓浩(?~?)는 후한 말 조조 휘하의 장수이다. 자는 원사元嗣이

며 사례 하내군(하남성 무척武陟 서남쪽) 출신이다.

도적의 무리가 날뛰자 무리를 모아 현을 지켰다. 하내태수 왕광의 종사從事가 되었다. 190년(초평 원년) 왕광이 반동탁연합군에 가담하자 휘하 장수로서 참전했다. 맹진盟津에서 동탁군과 맞섰다. 동탁이 하음현령河陰縣令이자 외삼촌인 두양杜楊을 잡아두고 한호를 불렀지만 응하지 않았다. 한호는 동탁군을 계속 공격하여 전공을 세웠다. 이를 높이 평가한 원술이 한호를 기도위로 삼았다.

얼마 후 한호의 명성을 들은 하후돈이 그를 찾아갔다. 한호는 하후돈의 권유에 응하여 조조에게 귀순했다.

194년(흥평 원년) 조조가 도겸을 치러 갔다. 그 사이에 장막이 여포를 불러들여 연주를 장악했다. 하후돈은 순욱의 다급한 요청에 견성鄄城으로 들어갔다. 장막에게 호응하려던 자들을 처단했다. 그 과정에서 몇몇이 항복하는 척하다가 하후돈을 사로잡고 재물을 요구했다.

한호는 하후돈 휘하의 관리들과 병사들을 소집하여 동요하지 않도록 군을 진정시켰다. 그런 뒤 병력을 이끌고 인질범들에게 "흉악한 놈들아 어디서 감히 대장군을 위협하고 살기를 바라느냐. 내가 이미 도적들을 토벌하라는 명을 받았다. 장군 한 명이 너희들에게 붙잡혔다고 하여 요구를 들어줄 것으로 보느냐."면서 호통을 쳤다.

잡혀 있던 하후돈을 보며 눈물을 흘리면서 "송구스럽습니다. 장군님, 국법을 위해 죽어 주십시오."라고 했다.

하후돈도 한호의 조치에 호응했다. 눈물을 흘리며 국법이니 어쩔 수 없다며 병사들에게 빨리 공격하라고 다그쳤다. 인질범들은 자신들이 위험에 처했다는 사실을 깨닫고 하후돈의 몸값과 하후돈을 맞바꾸자고 했다. 한호가 인질범들의 요구를 단호하게 묵살하자 그들은 두려워하며 허둥댔다. 한호는 공격하여 인질범들을 모두 베고 하후돈을 구출했다.

상황을 들은 조조는 하후돈이 죽을 뻔한 사건이었지만 기뻐하면서 한호를 "그렇게 한 것은 가히 만세의 법이오."라며 크게 칭찬했다. 조조는 인질범들은 언제라도 잡아 죽일 것을 명했다. 이후 인질범들이 사라졌다. 이후 조조는 한호의 충성과 용맹을 높이 평가해 주변에 두고 늘 신임했다.

한호는 조조에게 둔전을 제안한 것으로 유명하다. 『삼국지』 「위서」 '무제기'에 의하면 "196년(건안 원년) 한호는 조지棗祗(?~? 후한 말 관료로 예주 영천군 장사현長社縣 출신)와 함께 조조에게 둔전법屯田法 시행을 건의했다. 조조는 곧바로 받아들였다. 둔전법은 조조의 세력을 크게 증강시키는 데 일조했다. 한호는 관직이 중호군中護軍에 이르고 열후에 봉해졌다."고 한다. 뿐만 아니었다. 조조는 사환史渙과 함께 근위병의 지령관으로 임명했다.

207년 조조가 원상과 오환을 마저 정벌하려 했다. 대다수의 장수가 반대했다. 사환도 그랬다. 사환이 함께 간언하자고 했다. 하지만 한호는 "지금 세력이 강성하여 그 위엄이 사해에 미치는데 이때 천하의 근심거리를 제거해두지 않으면 나중에 후환이 됩니다. 조조공의 무용과 계책이 신묘하고 빈틈이 없으니 우리가 중군의 병사들을 막는 것은 좋지 않습니다."라고 답했다.

한호는 사환과 함께 유성柳城 토벌에 나섰다. 사환은 적진 깊숙이 진입하는 것을 꺼렸다. 하지만 한호는 "병사의 기세를 꺾어서는 안 된다."고 했다. 유성을 격파한 후 그 공으로 중호군으로 승진하여 장사와 사마를 두게 되었다.

그 후 215년 한중 정벌에 종군하여 장로를 항복시켰다. 누군가 한호는 지략이 많으니 한중의 총사령관으로 삼자고 말했다. 하지만 조조는 "나에게는 아무래도 호군(한호)이 필요하다."며 그 주장을 물리쳤다. 조조와 함께 귀환했다. 한호에 대한 조조의 신임은 그만큼 각별했다. 작위는 만세정후萬歲亭侯였다. 한호의 후사는 아들이 없어 양자인 한영韓榮이 뒤를 이었다.

『삼국지연의』에서는 장사태수 한현의 동생으로 설정되어 나온다. 하후돈이 신야의 유비 토벌로 출정하는 장면에서 그 부장으로 처음 등장한다. 하후돈이 제갈량의 계략인 줄도 모르고 박망파로 짓쳐 들어간다. 이때 한호가 매복을 염려한다. 하지만 묵살당한다. 하후돈은 화공에 대패하여 겨우 목숨만 건져 도망한다. 하후란과 함께 군량과 말먹이를 건져보려 한다. 하지만 장비와 마주친다. 하후란은 장비에게 죽고 한호는 도주한다.

장합이 가맹관 함락에 실패하자 조홍이 장합을 참수하려 했다. 곽회가 조홍에게 한호와 하후상을 원군으로 파견하자고 진언한다. 한호는 촉한의 장수가 황충인 것을 듣고 형의 복수를 다짐한다. 연전연승하며 전진하여 가맹관을 공격하려 한다.

그런데 한호의 연전연승은 조위군을 교만하고 나태하게 만들려는 황충의 교병계驕兵計였다. 책략에 빠진 한호는 황충의 역습에 그동안 취했던 영채들과 군수물자를 내팽개치고 천탕산으로 달아난다. 천탕산에 주둔하고 있던 하후덕에게 병사를 지원받아 황충에게 도전한다. 단 1합 만에 고꾸라져 죽임을 당한다. 하지만 『삼국지연의』의 내용은 『삼국지』와는 연관성이 없다.

둔전제로 공을 세운 부분이 삭제되고, 부정적으로 묘사되는 한현의 동생이라는 설정이 추가된다. 『삼국지연의』로 인해 피해를 입은 인물 중 한 명으로 이야기된다.

화흠

하진–동탁–원술–마일제–손책을 거쳐 조조에게 안착

화흠은 하진과 원술, 마일제, 손책을 거쳐 조조에게 안착했다. 화흠이 하진과 원술 그리고 마일제를 떠난 일은 상황에 내몰린 피동적 처신으로 단순히 들어갔다는 것을 뜻하는 입入 정도의 배신이다.

그러나 손책 사후 손권을 등지고 조조에게 갈 때는 달랐다. 가장 적극적인 배반을 뜻하는 반叛의 행동으로 믿음과 의리를 저버리고 돌아섰다. 상황을 주도한 능동적 배신이다. 더 큰 이익과 명예를 좇아 의탁하고 싶은 주군을 찾아갔다.

첫 주군 하진은 십상시들의 암살로 떠났고, 두 번째 주군 원술은 자기의 뜻을 담아 줄 그릇이 되지 못한다는 판단에서 등졌다. 그리고 세 번째 주군 마일제는 자신이 손책의 공격을 당해 패해 항복함으로써 더 이상 섬기지 못했다. 모두 상황에 내몰린 피동적 배신이다.

네 번째 주군 손책은 죽으면서 동생 손권에게 정권을 넘겼다. 화흠은 손권을 모셨다. 그러나 천자를 끼고 제후들에게 조서를 내리던 조조가 화흠을 불러들였다. 화흠은 손권을 떠나고 싶었다. 하지만 손권은 보내고 싶지 않았다. 화흠은 손권을 설득하여 떠나왔다. 조조에게 귀순한 화흠은 조비와 조예를 거치면서 고관으로서 명예를 누렸다.

화흠華歆(157~231년)은 후한 말에서 삼국시대 조위의 관료로 자는 자어子魚이며 청주 평원군 고당현高唐縣(산동성 우성禹城 서남쪽) 출신이다.

화흠의 고향 고당현 제의는 번화가로서 물자가 풍부한 지역이었다. 인파도 북적거렸다. 하지만 화흠은 휴일에는 집에서 나오지 않았다. 그는 객관적인 사고로 어떤 논의에 대해서도 늘 공평했다. 상대에게 상처를 입히는 언행은 하지 않았다.

『위략魏略』에 따르면 화흠은 어려서 병원, 관녕 등과 친구였다. 사람들은 이들의 우수함을 화흠은 용의 머리이고 병원은 용의 배이며 관녕은 용의 꼬리라고 했다. 셋을 합해 일룡一龍이라고 칭했다.

화흠은 평원군의 도구홍과 서로 명성을 다투었다. 영제의 치세로 기주자사 왕분이 황제를 폐립시키려고 할 때 동참하려 했던 도구홍에게 충고를 했다. 왕분의 모의는 성공하지 못했다. 이 일로 도구홍은 화흠을 인정하게 되었다. 얼마 후 화흠은 효렴으로 천거되어 낭중郎仲이 되었다. 하지만 얼마 지나지 않아 병을 앓게 되어 사직했다.

화흠은 189년 영제가 붕어하자 대장군 하진에게 초빙되었다. 정태, 순유 등과 함께 하진을 도우면서 상서령尚書令이 되었다. 하지만 화흠의 관직은 오래가지 않았다. 하진이 십상시들에게 살해되고 얼마 지나지 않아 동탁이 실권을 잡았기 때문이다.

191년 반동탁연합군이 결성되었다. 동탁은 장안으로 천도하려 했다. 화흠은 하규현령下邽縣令으로서 동탁으로부터 지방으로 벗어나려 했다. 하지만 병에 걸려 임지에 가지는 못했다. 후에 장안을 빠져나와 남양으로 도주하여 원술을 섬겼다.

화흠은 남양에 있던 원술에게 동탁 토벌을 진언했다. 하지만 원술은 응하지 않았다. 화흠은 원술을 떠나려 했다. 그런데 그즈음 마일제가 장안 조정의 명에 의해 관동關東의 안정을 꾀하기 위해 파견되었다. 마일제가 부르자 화흠은 그의 속관이 되었다. 이때 화흠은 각지의 정치교화를 위해 순찰했다. 이후 예장태수로 임명되었다. 백성들이 감격할 정도로 청정한 정치를 했다.

197년 양주자사 유요가 손책에게 추격당해 죽었다. 그의 가신들이 화흠에게 의지하려 했다. 하지만 화흠은 임의대로 임명하는 것은 좋지 않다는 판단에 따라 거절했다.

『오력吳曆』「보서譜敍」 '강표전江表傳'에 따르면 이후 손책이 화흠을 공격했다. 손책의 교묘한 용병술을 알게 된 화흠은 갈건葛巾을 쓰고 항복했다. 손책도 화흠의 명성을 익히 알고 있었기 때문에 그를 상객으로서 대우했다.

3년 후 200년에 손책이 죽자 손권을 섬겼다. 그때 조조가 화흠을 불러들이면서 천자에게 상주했다. 화흠도 떠나려 했다. 하지만 손권은 화흠을 보내고 싶지 않았다. 화흠은 손권과 조조와의 국교가 간신히 유지되고 있는 상황에서 관계를 공고히 하려면 자신을 잡아두는 것은 좋은 계책이 아니라고 했다. 자신이 손권을 위해 움직일 수 있게 해달라고 설득했다. 손권은 화흠을 장굉과 함께 보내 주었다.

화흠은 떠나기 직전에 수천 명의 빈객들로부터 전송을 받았다. 전별금餞別金도 많았다. 하지만 화흠은 전별에 표시를 남겨두었다. 일단 받은 후에 준 사람들에게 되돌려 보내려는 마음으로 받았기 때문이다. 출발할 때가 되자 빈객들에게 받은 전별금을 전부 돌려줬다. 빈객들은 화흠의 덕의에 감탄했다.

허도에 도착한 화흠은 의랑議郎에 임명되었다. 이후 조정에 들어가 사공의 군사로 시작하여 상서尚書와 시중侍中이라는 중앙의 요직을 맡았다. 순욱을 대신하여 상서령尙書令에 임명되었다. 조조가 손권을 정벌하려고 할 때는 군사로서 책략을 냈다.

214년 복황후가 친정아버지에게 사사로이 보낸 편지가 발각되어 복황후와 그 일족(복완은 이미 사망)이 몰살당했다.『조만전』에는 이때 화흠이 복황후를 끌어내는 장면이 있다.

"공(조조)이 화흠을 보내 군사를 이끌고 궁으로 들어가 황후를 잡아오게 했다. 황후는 문을 닫고 벽 속에 숨었는데 화흠이 문을 부수고 벽을 열어 황후를 끌어냈다. 이때 황제가 어사대부 치려와 함께 앉아있었다. 황후는 머리가 풀어 헤쳐진 채 맨발로 걸어 지나가다 황제의 손을 잡으며 "다시 살아날 수 없겠습니까?"라고 말하자 황제가 "나 또한 언제 죽을지 모르오."라고 했다. 또 황제가 치려에게 "치공, 천하에 어찌 이런 일이 있소."라고 말했다. 마침내 장차 황후를 죽이려 하였고, 복완과 그 종족으로 죽은 이가 수백 명에 이르렀다.

216년 조조는 위왕이 되자 화흠을 어사대부御史大夫로 임명했다. 220년 조비가 왕위를 계승하면서 화흠은 상국에 임명되었고, 황제에 오르게 되었을 때는 사도로 승진했다.

이때 화흠은 조위의 제신 중에서도 제일 우대를 받았다. 그럼에도 그는 청빈한 생활을 했다. 봉록이나 하사품은 친척과 지인들에게 나눠 줬다. 집에 재산을 축적하지 않았다. 어느 날 공경公卿의 관리들이 관청 소속의 노비를 하사받았다. 그런데 화흠은 자신의 집에 있던 하녀들을 신분으로부터 해방시켜 다른 가문으로 시집보냈다.

그는 삼공三公의 역소에 대해 인사에서는 덕행을 존중해야 하므로 경전 시험의 비중을 가볍게 해도 되지 않느냐는 의견이 나왔을 때 반론하였다. 학문의 존립이야말로 왕도가 성하는 것이라고 했다.

그 후 화흠은 조비가 인재를 천거하라고 하자 자신의 벗인 관녕을 추천했다. 『세설신어』에 의하면 문제가 차를 준비해 관녕을 맞아들이려고 했다. 그런데 관녕이 요동에서 자신의 고향으로 돌아가면서 임관을 거절했다.

관녕이 받아들이지 않은 것은 화음을 신뢰하지 않아서다. 두 사람은 젊은 시절 같이 수학했다. 어느 날 밭일을 하다 금덩어리를 꺼냈다. 관녕은 바로 흙으로 덮고 보지 않았다. 반면 화음은 호미로 캐내어 만져 본 뒤에야 땅에 묻었다. 또 두 사람이 독서할 때 밖에서 고관의 행차 소리가 요란했다. 관녕은 독서를 계속 했지만 화음은 나가 행차를 구경했다. 이런 일로 관녕은 화음의 사람됨을 낮게 평가하고 자리를 갈라 따로 앉았다. 화음을 벗으로 생각하지 않았다.

226년 문제가 죽고 그의 아들 조예가 그 뒤를 잇자 화음은 박평후博平侯에 봉해졌다. 500호가 더해져 식읍이 1,300호를 다스리게 되어 태위가 되었다. 이 무렵 화음은 노령을 이유로 태위직을 친구인 관녕에게 양도한 후 은거하고 싶다고 탄원했다. 관녕도 거절했고 조예도 받아들이지 않았다. 오히려 조예가 산기상시散騎常侍 무습繆襲을 파견해 강한 어조로 출사할 것을 요구하여 부득이 출사했다.

230년 조진이 자오가도子午街道를 통해 촉한을 침공했다. 명제(조예)는 허창許昌에서 행차했다. 이때 화음은 천명을 기다려야 한다며 비전론을 주장했다. 명제는 자신의 천명을 함부로 무력에 호소하는 것은 아니라고 대답하여 화음의 충고에 대해 감사의 뜻을 보였다. 결국, 여름에 폭우가 내렸기 때문에 조칙에 의해 조진군은 퇴각했다.

화음은 231년 75세로 병사했다. 경후敬候라는 시호를 받아 아들 화표華表가 그의 뒤를 계승했다.

화음의 자손들은 조위와 서진西晉 두 왕조 시대에 활약했다. 화음의 손자인 화교華嶠는 후한의 역사를 모은 한서漢書를 저술했다.

화흠에 대해『삼국지』의 저자 진수陳壽는 순결하고 덕성을 겸비한 인물로 평했다. 배송지裵松芝는 위략의 화흠이 용의 머리이고, 관녕이 용의 꼬리라는 평가에 대하여 관녕은 화흠보다 높이 평가되고 있으므로 순서를 착각한 것이라고 반론했다.

『삼국지연의』에서 화흠은 예장의 태수로서 손책에 항복한 부하로 처음 등장한다. 그는 202년 조조의 부름으로 조정에 불려가 그대로 조정에 머무른다. 214년 조조의 목숨을 노렸던 복완의 딸 복황후孝獻皇后의 머리를 잡고 끌어내 붙잡는다. 냉혹하고 아첨하는 악인으로 묘사되었다.

또한, 220년 조식曹植의 재능을 질투하는 조비에게 조식을 재시험하게 하여 마음에 들지 않을 경우에는 처형하는 것을 진언한다. 그 후 왕랑王朗, 환계桓階, 가후賈詡, 허지許智, 조홍曹洪, 조휴曹休 등과 함께 헌제獻帝에게 양위할 것을 권했으며 조위가 건국되자 그 공적으로 위인신位人臣으로 임명되었다.

227년에는 제갈량諸葛亮의 이간책에 걸려 명제(조예)에게 사마의 司馬懿의 병권을 박탈하고 주살할 것을 권한다. 이후 제갈량이 조진의 군대를 격파하자 명제에게 모든 제후들을 집결하여 힘을 다해 싸워야 한다고 진언하는 것으로 이후에는 등장하지 않는다.

『삼국지』의 인물상과는 정반대의 이미지로 묘사되었다. 출세를 위해서라면 어떤 일이든 하는 인물로 묘사되었다.

환계

손견 사후 자신의 주군으로
조조 선택

환계는 장사태수 손견을 따랐다. 손견이 유표를 공격하다 죽었다.
환계는 손견의 시체와 포로로 잡힌 황조를 교환하는 데 사자로 나
섰다.

그 후 후임 장사태수 장선을 섬겼다. 관도대전에서 유표가 원소를 도
우려 하자 장선에게 조조를 돕자고 했다. 환계는 조조에게 귀순했
다. 조조의 지원을 받지 못한 장선은 유표에게 진압됐다. 잠적한 환
계에게 유표는 여러 유혹으로 초빙했다. 하지만 환계는 칭병으로 응
하지 않았다.

유표 사후 형주를 차지한 조조에게 의탁했다. 조비에게서도 후한 대
우를 받았다. 환계가 손견 사후 유표의 유혹을 뿌리치고 조조를 따
른 것은 상황을 주도한 능동적 배신이다. 손견 사후 손책과 손권이
손견의 뒤를 이어갔지만 자기의 뜻을 받아 명예와 이익을 안겨 줄

주군으로 조조를 선택했다.

환계桓階(?~?)는 후한 말과 삼국시대 조위의 관료이다. 자는 백서伯緒이며 형주 장사군 임상현臨湘縣(호남성 장사) 출신이다.

환계의 집안은 조부 때부터 장사에서 출사했다. 부친 환가는 상서尚書를 지낸 인물로 남중에서 유명했다. 동생 환이도 상서를 지냈다.

환계는 장사에서 공조功曹를 지냈다. 당시 장사태수였던 손견이 효렴으로 천거하여 상서랑尚書郎이 되었다. 그러나 부친이 사망하자 관직을 버리고 고향으로 돌아갔다.

191년(초평 2년) 그때 손견은 유표를 공격하다 화살에 맞아 죽었다. 환계는 손견에 대해 은혜를 갚으려 했다. 위험을 무릅쓰고 포로로 잡힌 유표의 대장 황조와 손견의 시체를 맞바꾸자는 사자로 나서 제의했다. 유표는 환계를 의롭게 여겨 손견의 시체를 내줬다.

그 후 후임 장사태수 장선張羨을 섬겼다. 유표가 관도대전官渡大戰에서 원소에게 호응하는 움직임을 보이자 환계는 장선에게 조조를 도울 것을 진언했다. 이에 장선은 형주 남부로 가서 유표에게 반기를 들 것을 선동했다.

환계는 조조에게 귀순하여 사절使節로 부임했다. 조조는 환계의 귀순을 환영했다. 하지만 장선에게 원군을 보낼 형편은 되지 못했다. 장선이 병으로 죽고 아들인 장역이 이어받아 다스렸지만, 장사와 그에 호응한 계양과 영릉은 유표군에게 진압되었다.

환계는 잠적했다. 종사좨주라는 관직과 자신의 처제를 주겠다는 유표의 유혹을 뿌리치고 이미 결혼했다는 핑계로 은거했다.

유표가 죽은 후 형주는 조조의 지배하에 놓였다. 조조는 환계가 장선을 도운 점을 공적으로 높이 평가해 승상연주부丞相掾主簿와 조군태수에 임명했다.

환계는 조식을 총애하는 조조에게 조비를 후계자로 삼을 것을 진언했다. 당시 조식을 지지하던 정의가 조비를 지지했지만, 친구가 없던 모개와 서혁을 비방했다. 환계는 이들을 감싸 지켜줬다. 그 후 승진해 상서가 됐다.

관우의 공격으로 궁지에 몰린 조인을 구하기 위해 조조가 직접 군을 이끌고 가려 했다. 환계는 조조에게 조인을 믿는다면 직접 가지 말라고 했다. 조조는 환계의 말을 듣고 마피摩陂에 군을 주둔시켰다. 침착하게 행동하도록 하여 전투를 승리로 이끌었다.

220년(건안 25년) 조조가 죽고 조비가 위왕의 자리를 계승했다. 환계는 화흠, 왕랑과 등과 함께 헌제에게 제위를 조비에게 선양하기를 청한다.

조비가 황제에 오른 뒤 환계는 호분중랑장虎賁中郎將과 상서령尚書令에 임명되고 고향정후高鄉亭侯에 올랐다. 관직은 시중侍中까지 맡았다. 조비는 환계를 극진하게 대했다.

아들 조예의 후견인이 될 만한 신하로 여겼다. 그런데 환계는 중병이 들었다. 조비는 그를 안락향후安樂鄉侯에 봉하는 한편 식읍

600호를 주었고 3명의 아들을 관내후에 봉했다. 환계의 병세가 위독해지자 그를 구경 중 하나인 태상에 임명했다. 하지만 환계는 얼마 후 죽었다. 조비는 그에게 정후貞侯를 시호로 내렸고 작위는 아들 환가桓嘉가 이었다.

『삼국지연의』에서 환계는 처음부터 손견의 부하로 등장한다. 손견이 죽자 사자로 유표에게 가 시신을 요구한다. 사실과 마찬가지로 조비가 제위에 오르는 데 앞장선다. 왕랑, 화흠과 함께 궁 안으로 가 헌제에게 선양을 강요한다.

둥오

오나라

감녕

유표와 황조를 거쳐
손권에 의탁

감녕은 대우에 불만을 품고 섬기던 주군을 바꿔 성공한 장수이다. 처음에는 유표를 섬겼지만, 역할과 대우가 없었다. 다음은 황조를 섬겨 공을 세웠다. 하지만 황조의 대우 또한 유표와 크게 다르지 않았다.

그러나 손권을 섬기면서부터 역할과 대우가 달라졌다. 손권 휘하에서 여러 번 수훈을 세워 문무를 겸비한 장수로서 면모를 세웠고 의리를 중시한 인물로 평가받았다.

감녕은 유표와 황조를 거쳐 손권을 섬겼다. 감녕의 주군에 대한 배신은 단순히 누구에게 들어갔다는 입사의 정도로 낮은 단계이다. 유표와 황조가 감녕의 능력을 높이 평가하고 그에 걸맞은 대우를 했다면 불만을 가지지 않았을 것이다.

따라서 감녕의 배신은 상관인 유표나 황조가 싫어 더 큰 이익을 찾아 손권에게 의탁한 배신으로 배신의 정도에서도 낮은 단계이다.

감녕甘寧(?~219년)은 후한 말의 장수로 자는 흥패興覇이며 익주 파군 임강현臨江縣(사천성 충현忠縣) 출신이다.

감녕의 선조는 원래 남양군 사람인데 파군으로 이주해 왔다. 처음에는 계연, 군승을 지냈지만, 곧 관직을 버렸다. 젊은 시절부터 호방하고 의협심이 강했다. 동네 무뢰한들을 이끌고 지역 자경단과 같은 조직을 만들어 범죄 사건이 일어나면 범인의 체포와 처벌을 해 치안을 유지했다.

또한, 조정의 관리라도 자신들을 존중하고 후하게 대접하면 함께 즐겼고, 그렇지 않으면 부하들을 시켜 혼내주는 등 방약무인한 행동으로 날뛰었다. 이런 행위를 20여 년간 계속 했다. 감녕의 무리는 물소 꼬리로 만든 깃발을 등에 지고, 손에는 활 등을 들고, 허리에는 방울을 달고 있었으므로 사람들은 방울 소리만 듣고도 그들이 찾아온 것을 알았다고 한다. 그뿐만 아니라 그는 성격이 포악하여 사람 죽이기 것을 개의치 않았다.

감녕은 익주에서 반란을 일으켰다. 그러나 유장劉璋에게 진압당한 뒤 형주로 야반도주했다. 익주를 떠나서 형주에 도착한 뒤에는 형주목 유표劉表를 따랐다.

『삼국지』에서는 "공격하여 탈취하기를 그만두고 제자백가의 책을 읽었으며, 유표에게 가서 의탁했다."라고 익주를 떠나 유표에게 간

경위를 서술했다.

그러나 『영웅기』에서는 감녕이 형주로 간 원인을 다르게 기록하고 있다. 감녕은 처음에 익주목 유언이 죽은 후 익주의 토호 출신 조위가 옹립하여 유언을 대신해 자사가 된 유언의 아들 유장劉璋을 섬겼다.

그러나 조정에서 호모를 유장 대신 자사로 삼아 내려 보내자, 동료 심미沈彌와 누발婁發과 형주별가荊州別駕 유합劉闔 등과 함께 손을 잡고 반란을 일으켜 유장을 공격했지만, 패하여 형주로 달아났다고 쓰고 있다.

감녕은 남양에 주둔했다. 하지만 유표가 중용하지 않았다. 문사文士를 중시하는 유표는 감녕을 제대로 평가하지 못했다. 감녕 또한 이상론에 치우친 유표는 난세를 타개할 수 없다고 판단해 황조에게 갔다.

「오서」에서는 유표가 유학자라 군사에 익숙하지 못해 감녕이 이를 보고 주변의 영향으로 갑자기 무너질 것이라 염려하여 유표를 떠났고, 원래 동오로 가려 했지만, 황조가 하구를 막고 있어 황조를 섬겼다고 한다.

그런데 황조도 바른말 잘하며 고분고분하지 않은 감녕을 예우해 주지 않았다. 3년 후 손권이 공격해 오고 황조의 군사가 패주할 때, 감녕이 손권의 부하 능조凌操(능통의 아버지)를 사살하여 황조를 사로잡힐 위기에서 구했음에도 감녕에 대한 황조의 대우는 달라지지 않았다.

황조의 부장 소비蘇飛는 자주 황조에게 감녕을 중용하도록 진언했다. 하지만 황조는 오히려 감녕을 견제하기 위해 감녕의 빈객들을 유혹해 흩어지게 했다. 감녕은 소비에게 불우한 처지를 한탄했다. 소비는 황조에게 말해 감녕을 주邾의 현장으로 삼아 원하거든 다른 곳으로 가도록 했다. 감녕이 변방으로 가서 도망치거나 남거나 선택하도록 했다.

감녕은 소비가 만들어 준 기회를 틈타 8백 명의 무리를 모아 손권의 밑으로 들어갔다. 예전에 동오의 장수 능조를 죽인 일이 있어 손권에게 바로 가지는 못했다. 주유周瑜와 여몽呂蒙의 추천으로 기존 신하들과 같은 특별대우를 받았다.

감녕은 손권에게 먼저 노쇠한 황조를 치고, 더 나아가서 유표의 뒤를 이을 아들들의 유약함을 틈타 형주를 아우르며, 나아가 익주까지 엿보자고 진언했다. 감녕은 무뢰배로 지내온 이력과는 달리 의외로 문무를 겸비한 인물이었다.

『삼국지』「오서」'감녕전'은 그 내용을 다음과 같이 기록하고 있다.

"지금 한나라는 매일 쇠미해져 가고 있습니다. 조조는 더욱더 교만해져 끝내는 제위를 찬탈하려고 할 것입니다. 남쪽의 형주 땅은 산세가 편리하고 강과 하천의 흐름이 원활하니, 서쪽은 동오에 유리한 형세입니다. 저는 이미 유표를 관찰했는데, 그의 생각은 원대하지 않습니다. 또 자식들은 모자라서 기업을 계승하여 전할 수 있는 자가 아닙니다. 공께서 이것을 일찍 살펴보기만 한다면 조조의 뒤에 있을 필요가 없을 것입니다. 이 토지를 도모하는 계책은 응당 먼저 황조를 취하는 것입니다. 황조는 지금 연로하여 혼미함이 매우 심하고, 재물과 식량은 모두 부족하며, 수하의 사람들은 그를 속이고 재화를 탐합니다. 부하 장수들의 이익을 빼앗아 장수들의 마음에는 원한이 있고, 배와 무기는 버려진 채 정리되어 있지 않으며, 농경에는 게으르고 군대에는 엄한 규율이 없습니다. 공께서 만일 지금 간다면 그들의 패배는 필연적인 것입니다. 일단, 황조의 군대를 파괴하고 북을 치며 서쪽으로 진군합니다. 서쪽에서 초관楚關을 점거하여 대세를 넓히면 즉시 점차적으로 파군과 촉군을 도모할 수 있을 것입니다."

손권은 감녕의 진언을 받아들였다. 그 당시 자리에 있던 장소는 감녕을 비난하며 "동오는 현재 형세가 위급한데, 만일 군대가 무리하게 출동한다면 아마 어지러운 상황이 될 것이오."라고 말했다.

감녕이 장소에게 "나라에서는 소하蕭何의 임무를 그대에게 맡겼거늘, 그대는 남아서 지키면서 혼란을 걱정하고 있으니, 어찌 소하를 배우길 바라시오."

손권은 감녕에게 전군의 지휘를 맡겼다. 감녕은 악현과 사이현을 점령했다. 황조를 토벌하여 원수를 갚고 강하 지역을 점령한 후 당구에 주둔했다.

손권은 체포된 황조의 부하 소비를 죽이려 했다. 감녕은 소비와의 옛일을 생각해 손권에게 무릎을 꿇고 마루에 머리를 쳐 피를 흘리며 소비의 구명을 호소했다.

"소비는 예전에 제게 은혜를 베푼 자입니다. 저는 소비를 만나지 않았다면 이전에 길가에서 죽어 장군 휘하에서 목숨을 다하지 못했을 것입니다. 소비의 죄는 죽임을 당해 마땅하지만, 특별히 장군께서 그의 머리를 제게 주시길 원합니다."

손권은 소비가 도망치면 어쩔 것이냐고 물었다. "소비는 사지가 찢기는 화를 면하고 살 수 있는 은혜를 받는다면 달아나지 않을 것입니다. 어찌 도망칠 생각을 하겠습니까. 만일 그렇게 한다면 저의 머리를 대신 상자에 넣을 것입니다."

손권은 소비를 살려 주었다. 감녕은 소비의 구명을 위해 죽을 각오로 손권에게 구원하여 옛 은덕에 보답했다.

그 후로도 감녕은 담력과 기지를 이용해 뛰어난 군사 능력을 발휘했다. 209년 적벽대전이 끝나고 주유가 남군의 조인曹仁과 싸웠다. 하지만 아직 성을 함락시키지 못하고 있을 때 감녕은 이릉성을 탈취했다.

그러나 곧바로 조인이 보낸 몇 배나 되는 적군에게 포위 당했다. 병사들이 두려움에 떨고 있었다. 감녕만은 아무렇지도 않다는 듯이 태연자약하게 있으면서 주유에게 구원을 요청한 후 구원병이 올 때까지 성을 끝까지 지켜냈다. 주유가 오자 조위군이 포위를 풀었다. 감녕의 태도는 담소자약談笑自若(위급한 상황에서도 태연하게 여유)이란 사자성어의 유래를 낳았다.

감녕은 214년 훗날 손권이 장사, 영릉, 계양 3군을 탈취한 일로 노숙魯肅이 관우關羽와 익양에서 대치하게 되었을 때 이를 수행했다. 당시 관우가 3만 명의 병사를 이끌고, 그중 정예 5천 명을 가려내어 밤을 틈타 냇물을 건너겠다고 했다. 감녕은 당시 병사 3백 명을 거느리고 있었는데, 노숙에게 병사 5백 명을 요청하여 관우에게 대항하겠다고 말했다. 노숙이 선발한 병사 1천 명을 받아 그 날 밤에 가니 관우는 강을 건너지 못했다. 감녕은 관우가 강을 건너지 못할 것이며, 건너면 반드시 사로잡는다고 자신했다. 그런데 관우는 정말 함부로 강을 건너지 못하고, 그 자리에서 땔나무로 진영을 만드는 데 그쳤다. 그 이름을 관우뢰關羽瀨라고 했다.

217년 감녕은 유수에서 조조의 40만 대군과 대치할 때 부하 가운데 용감한 병사 100명 정도를 선발했다. 조조군을 기습하여 혼란케 한 후 크게 승리했다. 그는 전투 전에 병사들을 격려하며 일일이 술잔을 따라 돌렸다.

감녕은 유능한 인물을 존중하고 병사들을 아꼈다. 때문에 모두들 그를 위해 기꺼이 싸웠다. 손권은 "조조에게는 장료張遼가 있지만, 나에게는 감녕(감흥패甘興覇)이 있다."라며 감녕을 높이 평가하고 자랑스러웠다.

감녕은 이릉대전이 발발하기 3년 전인 219년 노환으로 사망했다. 아들 감괴甘瑰는 죄를 범하여 회계군으로 망명 후 오래지 않아 죽었다.

『삼국지연의』에서는 해적 출신으로 나중에 동오의 수군 핵심이 된다. 적벽대전에서는 조조군에게 '숨겨진 독(매복지독埋伏之毒)'으로 보낸 채중과 채화라는 첩자에게 가짜 정보를 들려준다.

감녕은 동료인 능통凌統과 자주 불화를 일으켰다. 그 이유는 능통의 아버지인 능조를 감녕이 전투에서 죽인 일 때문이었다. 감녕에 대한 능통의 증오심 때문에 두 사람은 전장에서 공로 다툼을 벌였고, 손권이 이를 중재해 화해시키는 일이 잦았다.

하지만 합비전투에서 능통이 손권을 구출하는 과정에서 악진樂進을 만나 고전하여 죽게 될 위기에 몰리자 감녕이 악진을 물리치고 능통을 구출해 준 것을 계기로 능통은 감녕과 화해한다. 『삼국지』에는 나오지 않는 이야기이다.

또한, 감녕의 죽음에 대해서도 『삼국지연의』에서는 감녕은 머리에 촉한의 사마가沙摩柯가 쏜 화살을 맞고 부지구의 큰 나무 밑에서 죽고, 이때 나무에 있던 수백 마리의 까마귀가 그의 시신을 에워싸고 지켜주었다는 내용이 있다. 그러나 이것은 어디까지나 각색일 뿐 『삼국지』에는 사마가가 감녕을 죽였다는 내용이 없다.

그 뒤 감녕을 기리는 '오장군 사당'이 세워지고, 바닷길의 안전을 기원하며, 고깃덩어리를 던지면 까마귀가 공중에서 받아먹는다는 전설도 생겨났다.

규람

—

주군 손익 죽인 뒤 그 부인 취하려다
죽은 질 낮은 배신

손익을 죽인 규람의 배신은 손권에 대한 복수라고 할 수 있다. 하지만 결과는 자신을 믿어 준 손익에 대한 배반背叛이었다. 처한 상황에서 목숨을 보전하기 위한 배반이 아니었다. 더 큰 이익을 얻기 위한 것도 아니었다.

규람은 처음부터 두 마음을 갖고 손익의 부름에 응했다. 그런 뒤 배신의 계획에 따라 행동했다. 더구나 손익을 죽인 뒤 그의 가신들과 처첩들에 대한 행위는 배신의 등급에서도 질이 낮은 행위였다. 규람의 명분 없는 배신은 욕망의 이익으로 변질되어 자신의 몸을 해치는 결과를 맞았다.

규람嬀覽(?~204년)은 후한 말의 관료이다. 처음에는 대원과 함께

오군태수 성헌에 의해 효렴으로 천거되었다. 손권이 성헌을 죽이자 규람은 산중으로 달아나 숨었다.

이후 203년 손권의 동생인 손익이 단양태수가 되어 규람을 예로써 초빙하자 단양대도독이 되어 군사를 지휘했다.

그러나 규람은 마음속으로 복종치 않았다. 단양 군승郡丞 대운戴員과 모의했다. 대운과 함께 친하게 지낸 손익의 측근인 변홍을 끌어들였다. 손권이 원정을 나간 사이에 장리들에게 연회를 베풀 때 변홍으로 하여금 손익을 암살하게 했다.

그런 후 얼마 뒤 그 죄를 변홍에게 뒤집어씌워 참수했다. 손하孫河(?~204년 후한 말의 관료, 자는 백해伯海이며 오군 출신)가 단양으로 달려와 규람과 대운이 직무를 다하지 못해 손익이 죽게 되었다고 질책했다.

규람은 대운과 상의했다. "손익과 먼 사이인 손하도 크게 분노하고 질책하는데, 만일 손권이 오면 우리의 식솔들과 무리들은 남아나지 않겠다."며 꾸짖는 손하마저 죽였다.

규람은 손권의 보복에 대비하여 조조의 부하인 양주자사 유복을 끌어들였다. 그와 연계하기 위해 역양에서 주둔하도록 했다가 단양에서 반란을 일으키려고 했다.

뿐만 아니었다. 부중에 들어가 대원과 함께 손익의 빈첩들과 시어侍御들을 체포하면서 손익의 처인 서 씨를 강제로 취하려고 했다.

남몰래 죽은 남편의 복수 기회를 노리고 있던 서 씨는 규람의 요구를 허락하는 척했다. 서 씨는 손익의 제사를 지내야 하니 그믐이 되면 제사를 지낸 뒤 상복을 벗은 후 따르고 싶다고 했다. 그믐이 되어 규람의 요구를 허락했다.

서 씨는 미리 손익의 부하인 손고孫高와 부영傅嬰을 숨겨 두었다. 규람이 부중으로 들어와 결혼하는 날 죽이기로 했다. 전혀 대비하지 않은 채 서 씨를 찾아온 규람은 손고와 부영에게 죽임을 당했다.

나머지 군사들은 밖에서 대원도 죽였다. 서 씨는 규람과 대원의 목을 가지고 손익의 묘에서 제사를 지냈다.

『삼국지연의』에서 규람은 『삼국지』의 내용과 같이 묘사되었다. 손하를 죽인 장면과 유복에게 도움을 요청한 장면은 나오지 않는다.

노숙

—

원술을 떠나 주군 찾아
손권에게 의탁

원술의 진영에 있던 노숙이 손권에게 의탁한 일은 단순히 누구에게 들어갔다는 입入 정도이다. 낮은 단계의 배신이다. 원술에게 실망한 뒤 기회를 봐 떠났다.

노숙은 새가 나뭇가지를 골라 앉듯이 섬길 주군을 찾았다. 친구 유엽의 권유로 정보를 섬기려 했다. 하지만 그 사이에 주유의 천거로 손권을 만났다. 명망이 높던 손권의 책사들 사이에서 주군의 결단이 필요한 천하이분지계天下二分之計와 적벽대전赤壁大戰 같은 계략을 내놓았다. 손권이 받아들이면서 역할과 위치가 튼튼해졌다.

노숙이 원술에게 머문 시간은 매우 짧았다. 잠시 거쳐 가는 정도였다. 떠나올 때 원술 진영에서 관직은 동성현의 현장에 불과했다. 따라서 노숙이 원술을 저버린 것은 주유라는 친구를 따라 자의적 판단으로 섬길 주군을 선택한 배신이다.

원술이 문무를 겸비한 노숙에게 걸맞은 예우를 해주었다면 유엽의 권유나 주유의 간곡한 요청에 원술에게서 몸을 빼지 않았을 것이다.

노숙魯肅(172~217년)은 후한 말 동오의 장수이자 관료로 자는 자경子敬이며 서주 임회군 동성현東城縣(안휘성 정원定遠) 출신이다.

부유한 호족의 집에서 태어났다. 하지만 어릴 적에 아버지를 여의고 조모와 함께 살았다. 난세에 그는 부유한 재산을 정리하여 가난한 이들을 구휼하고 이웃에 베푸는 것을 좋아했다. 명사들과의 교분도 두텁게 맺어 인망도 얻었다.

노숙의 기골은 장대했다. 검술과 기마술을 비롯해 궁술까지 익혔다. 젊은이들을 구제하여 사병을 모았다. 그들에게 무술과 병법을 가르치며 군사 훈련에 힘썼다.

고을 노인들 중에서는 그런 노숙을 우매한 사람이라고도 했다. 하지만 가문의 어른들은 달랐다. "노씨 가문이 대를 거듭하면서 쇠퇴했는데 기백이 우리들과는 다른 아이가 태어났다."며 큰 기대를 했다.

주유周瑜가 거소장(거소현의 현장)일 때 노숙에게 자금과 군량미를 요청했다. 노숙은 각각 3천 곡의 곡식이 있는 창고 둘 중 하나를 통째로 주유에게 내줬다. 자신이 가지고 있는 쌀의 절반을 뚝 떼어 준 것이다. 이후 주유와의 친교는 더욱 두터워졌다.

이 일은 훗날 친구에게 분연히 돈을 빌려준다는 지균상증指囷相贈이란 사자성어가 만들어지는 계기가 되었다.

노숙의 명성이 높아지자 원술袁術이 불렀다. 동성장(동성현의 현장)으로 삼았다. 하지만 노숙은 기강이 해이한 원술의 진영에 실망한다. 함께 대사를 이룰 수 없음을 깨닫고 도망치기로 한다. 100여 명의 군사들을 이끌고 주유가 있는 거소로 갔다. 이후 주유가 거소장을 버리고 장강을 건너 곡아曲阿에 머물렀다. 노숙도 함께했다.

하지만 할머니가 죽자 다시 고향 동성현으로 돌아갔다. 노숙은 할머니를 안장시켰다. 친구인 유엽劉曄이 편지를 보내왔다. 거소(소호)에 웅거하여 1만의 병사를 모으고 있는 정보鄭寶를 함께 따르자는 것이었다. 노숙은 유엽의 말을 받아들여 북쪽으로 가겠다고 말한 뒤 곡아로 돌아왔다.

그런데 주유가 노숙의 어머니를 오군으로 모셔 왔다. 손책이 죽고 손권이 뒤를 이은 때였다. 노숙이 정황을 자세히 말했다. 주유는 자신의 주군 손권을 따르자고 권했다. 손권이 후한 왕실을 대신할 수 있는 인물이라며 노숙의 북쪽행을 만류했다. 노숙은 주유의 간곡한 설득을 받아들였다. 주유는 노숙을 손권에게 추천했다.

노숙과 마주한 손권은 주위 사람들을 물렸다. 단둘이서 향후의 일에 대한 이야기를 나눴다. 노숙은 "한 왕실의 부흥은 이미 때가 늦었다. 먼저 강동 지역을 근거지로 하여 황조와 유표를 쳐 형주를 손에 넣고 제왕의 지위에 올라 천하를 넘보는 것이 좋을 것이다."라고 진언했다. 손권에게 천하이분지계를 말했다.

장소는 노숙의 태도가 마음에 들지 않았던지 나이가 어려 임용할 수 없다며 중용하지 말라고 간언했다. 하지만 손권은 개의치 않았다. 이후 노숙을 점점 더 존중하고 그의 말을 중시하며 후대했다. 노숙의 어머니는 손권이 하사한 옷과 휘장 그리고 생필품으로 인해 전처럼 부유해졌다.

형주의 유표가 죽자 형주를 노리는 제후들의 힘은 꿈틀거리며 요동쳤다. 208년 조조가 하북의 원소와 관도대전에서 싸워 이겼다. 하북을 평정한 기세로 유종劉琮의 형주마저 점령했다. 조조는 마침내 강동을 위협했다.

노숙은 손권에게 "유표의 자식들은 나라를 다스릴 만한 역량이 없다. 조조가 먼저 취하기 전에 형주를 손에 넣어야 한다. 유표에게 의지한 유비에게 지원군을 보내 함께 조조와 싸우게 하는 것이 좋을 것이다."라고 진언했다.

노숙은 손권에게 전에 말했던 천하이분지계 전략에 대해 자세히 설명했다. ①강동과 인접한 형주는 강과 산 그리고 견고한 성이 방어하기 좋아 농지와 백성과 인재가 풍부하므로 제왕의 기반으로 얻어야 한다. ②유표 사후 두 아들에 따라 파벌로 갈린 유표군은 대립 중이며, 천하의 영웅 유비가 유표에게 의탁했지만, 유표는 유비의 재능을 믿지 않아 중용하지 않았다. ③유비가 유종과 유기와 화합하고 협력하면 우리는 그들과 결맹해야 하고, 그들의 사이가 나빠지면 새로운 계책을 세워야 한다. ④내가 조문 사절로 가서 형주의 군 실권자들을 위로하고 유비로 하여금 유표의 부하들을 설득시켜 모두 결탁해 조조에게 대항하자고 하면 유비는 매우 기뻐하며 따를 것이다.

노숙은 유비와 결맹이 성공하면 천하를 평정할 것이니 조조가 기회를 잡기 전에 지금 즉시 가야 한다며 자신이 사자로 갈 것을 재촉했다.

손권은 노숙을 사자로 보냈다. 노숙은 하구夏口에서 조조가 이미 형주 정벌군을 일으킨 것을 알게 된다. 즉시 방향을 남군南郡으로 돌렸다. 남군에 도착해 보니 유표의 아들 유종이 이미 조조에게 항복했고, 조조가 두려운 유비는 강하江夏로 도주하고 있다는 것을 알았다. 노숙은 길을 멈추지 않았다. 당양의 장판파까지 가서 유비를 만났다.

노숙은 강동이 강대하고 견고하다며 손권의 의향을 전했다. 손권과 동맹을 맺어 조조와 대치할 것을 말했다. 유비는 크게 기뻐했다.

또한, 유비와 동행한 제갈량에게 자신이 제갈량의 형인 제갈근의 친구임을 밝히며 친교를 맺었다. 유비가 하구에 이르자 제갈량은 사자를 자청했다. 유비는 제갈량을 사자로 삼아 노숙과 동행시켜 손권에게 보냈다.

노숙은 제갈량과 함께 귀환했다. 제갈량은 먼저 손권의 마음을 도발시켰다. 이후 강노지말強弩之末의 고사를 들어 조조군을 약체라고 폄하했다. 조조를 물리치면 형주와 동오의 땅이 정족의 형세를 이루게 된다는 말로 손권의 전의를 돋구었다.

손권은 조조가 강동으로 침입할 준비를 하고 있다는 첩보를 듣고 장수들과 상의했다. 모두 조조가 강하니 항복하자고 했다. 하지만 노숙은 혼자 침묵하고 있었다. 손권이 옷을 갈아입으러 가자 뒤쫓아 갔다. 노숙의 속마음을 짐작한 손권은 노숙의 의향을 물었다.

노숙은 손권에게 "항복을 주장하는 이들은 자신의 안위를 먼저 생각하고 있습니다. 나는 명가의 출신이기 때문에 조조 밑에서도 상당한 대우를 받을 수 있죠. 그러나 주군은 몸 둘 곳조차 없을 것입니다."라고 충고하며 항전의 결단을 촉구했다. 손권은 항복하자는 관료들과 장수들에게 실망했다고 말했다. 결국, 손권은 항전을 선택했다.

노숙은 손권에게 주유를 불러들이도록 했다. 파양에서 귀환한 주유는 항전을 주장했다. 마침내 주유의 의견을 통해 동오는 항전을 결정했다. 손권은 주유를 총지휘관으로 임명하고 노숙을 찬군교위贊軍校尉(총참모)로 하여 보좌하도록 했다.

조조와 손권은 적벽에서 대치했다. 주유와 노숙의 활약으로 조조를 격파하고 개선했다. 손권은 노숙에게 "내가 귀공의 손을 잡고 말에서 내리도록 한다면 귀공의 공적에 보답할 수 있을까."라고 물었다.

노숙이 "주군이 천하를 얻고 천자가 현자를 맞듯이 저를 맞아 준다면 저는 그때 만족할 수 있습니다."라고 답했다.

유비는 적벽대전에서 형주 남부의 4군인 무릉과 장사, 계양, 영릉을 조조로부터 빼앗았다. 공안公安도 차지했다. 후에 유비가 경구로 왔다.

손권이 형주 관할에 관해 물었다. 주유와 여범은 손권에게 유비를 묶어두라고 권했다. 하지만 노숙은 유비에게 땅을 빌려줘 함께 조조에게 대항하도록 권유했다. 손권은 노숙의 말을 들었다. 유비에게 형주를 빌려줬다. 조조는 이 소식을 듣고 편지를 쓰다 붓을 떨어뜨릴 정도로 충격을 받았다.

210년 주유가 병사하면서 유언을 남겼다. 노숙은 주유의 유언으로 도독의 직책을 이어받았다. 손권은 노숙을 분무교위로 임명했다. 주유의 병사 4천 명과 영지로 4현을 노숙에게 줬다. 정보程普가 남군태수로 임명되고 노숙은 강릉江陵에 주둔했다. 그러나 얼마 후 육구로 주둔지를 옮겼다. 동오의 군권은 주유에서 노숙으로 그리고 여몽-육손-주연-제갈각-손준-손침-주적-정봉-육항으로 이어졌다.

노숙이 육구로 진지를 옮기던 중에 평소 어리석다고 여긴 여몽을 방문했다. 사람들이 여몽이 전과 달라졌다며 만나 보기를 권해서였다. 노숙은 여몽이 이전과 다르게 영민해졌음을 느낄 수 있었다.

술에 취하자 여몽이 노숙에게 관우에 관해 이야기했다. "관우는 워낙 출중하고 학문을 좋아해 춘추좌씨전을 읽어 줄줄 외운다고 합니다. 그는 강직하고 웅대한 기백이 있는 반면 자부심이 매우 강한 성격으로 다른 사람들 위에 서는 것을 좋아합니다."

여몽은 이어 노숙에게 관우를 상대할 계책을 물었다. 노숙은 "때에 따라 적절하게 대응할 것이다."라고 답했다.

여몽이 다시 말했다. "지금 동서(유비와 손권)가 비록 한 집안이 되었지만, 관우는 실로 곰과 범 같은 장수인데 어찌 계획을 미리 정하지 않을 수 있습니까." 그런 후 노숙을 위해 서너 가지 계책을 말해 주었다. 경청한 노숙은 여몽의 말을 비밀에 부치고 발설하지 않았다. 노숙은 높아진 여몽의 식견에 감탄했다. 여몽의 어머니에게 절하고 우의를 맺은 다음 헤어졌다. 괄목상대刮目相對의 고사성어는 노숙과 여몽과의 이런 관계에서 생겨났다.

유비는 손권의 의도와는 달리 형주를 기반으로 하여 촉한을 세운다. 이에 손권은 유비에게 형주 반환을 요구한다. 하지만 유비는 받아들이지 않는다. 오촉동맹은 깨지기 시작했다. 손권은 노숙에게, 유비는 관우에게 국경을 맡겼다.

「여대전」에 의하면 안성현의 현장 오탕과 중랑장 원룡이 관우와 결탁해 반란을 일으켰다. 노숙이 유현의 오탕을 격파하고 여대는 예릉의 원룡을 참수시켜 반란을 진압했다.

노숙과 관우가 맡은 동오와 촉한의 국경에서 분쟁이 자주 일어났다. 하지만 노숙은 사태에 우호적인 태도로 임한다. 동맹을 유지하기 위해서였다.

유비가 익주를 얻자 손권은 제갈근을 사자로 보내 형주의 반환을 요구했다. 하지만 유비는 거절했다. 손권은 여몽을 파견하여 무력으로 삼군을 빼앗게 했다. 장사와 계양을 함락시켰다.

유비는 사태를 관망하지 않았다. 직접 공안으로 돌아왔고 관우를 익양에 파견했다. 노숙군은 관우군과 대치했다.

「감녕전」에 의하면 노숙은 감녕의 건의를 받아들여 감녕으로 하여금 관우가 강을 건너지 못하게 했다.

노숙은 관우와 일대일의 대면을 요구했다. 관우가 응했다. 각각의 병마를 100리(40km) 떨어지도록 하고 서로 호신용 검 한 자루씩만 지니고 회담에 임했다. 칼 하나만 가지고 회담장에 참석한다는 단도부회單刀赴會라는 고사성어가 여기서 생겼다.

「오서」에 의하면 노숙의 부하들이 노숙에게 위험이 생길 것을 우려하여 만류했다. 하지만 노숙은 유비가 나라의 일을 맡으면서 시비도 제대로 못 가렸는데 어찌 관우가 이 명령을 어기겠느냐며 서로의 생각을 드러내야 한다고 말했다.

관우가 "오림의 전역에서는 좌장군(유비)은 군중에 몸을 두시고, 주무실 때에도 갑주를 풀지 않으셨으며, 협력하여 조위를 격파하였던 것이오. 어찌 우리가 고생한 것을 무로 돌려 한 뼘의 땅이라도 빼앗길 수 있겠으며, 족하는 무슨 연유로 땅을 빼앗고자 하는 것이오." 라고 말했다.

노숙이 "과거 장판파에서 유비를 봤습니다. 적은 군사에 전의와 기세도 없이 도망쳐 숨을 생각밖에 없었습니다. 형주를 얻는 것은 불가능했습니다. 손권께서 몸 둘 곳이 없는 유비를 불쌍히 여겨 땅과 휘하의 힘 보태기를 아까워하지 않으셨습니다. 유비가 세력을 돌볼 수 있도록 비호하여 그 곤란을 구제하셨습니다. 그런데도 예주는 사사로운 마음으로 은의에 등을 돌리고 호의를 저버렸습니다. 지금 이미 서쪽의 익주를 차지하여 몸 기댈 곳으로 삼았음에도 불구하고, 형주의 땅까지 차지하려 합니다. 이는 범부라 하더라도 참을 수 없는 행위인데 어찌 군주라는 자가 할 행위이겠습니까."라고 답했다.

관우는 말하지 못했다. 이어 노숙은 "탐욕에 따라 의를 버리는 것은 재난을 불러오는데 그대는 중임을 맡았음에도 도리와 의로움을 지키지 못하고 분수도 모른 채 연약한 군세로 싸우려 하니 이길 수 없을 것입니다."

관우는 이에도 답하지 못했다. 노숙은 관우를 여러 차례 질책하며 "우리 군주가 본래 성의껏 그대들에게 땅을 빌려준 것은 그대들이 전쟁에서 패하여 멀리서 왔고, 의지할 곳이 없었기 때문입니다. 진즉에 익주를 얻었으면서 형주를 봉환하려는 뜻도 없습니다. 우리들은 단지 그대들이 세 군만 반환해 줄 것을 요청하는데도 명에 따르지 않고 있습니다."라며 군주의 도리를 들어 말했다.

두 사람의 담판은 파탄으로 끝났다. 그런데 사정은 다른 데서 생겼다. 조조였다. 조조가 장로의 한중을 얻자 남진을 염려한 둘은 어쩔 수 없이 화친하고 상수를 기준으로 형주를 분할했다. 유비는 강하, 장사, 계양 3군을 동오에 할양해주고 남군, 무릉, 영릉을 차지했다.

노숙魯肅은 217년(건안 22년) 46세로 타계하기까지 오촉동맹에서 주도적인 역할을 했다. 그 결과 그의 생전에 동맹이 무너지는 일은 없었다. 후임은 여몽呂蒙으로 선정됐다.

손권은 그의 죽음을 슬퍼하며 장례식에 참석했다. 제갈량 또한 노숙을 위한 추도식을 열었다. 노숙은 유복자인 아들 노숙魯淑 (217~274년)을 두었다. 노숙이 장성하면서 유수도독 장승에게 인정을 받았다. 그의 후계자로 주목을 받았다. 장승은 노숙이 훗날 유수도독이 될 것이라고 했다. 노숙은 유수의 말과 같지는 않았지만, 도독으로 임명되었다. 영안 연간(258~264년)에 소무장군 도정후 무창독에 임명됐다.

건형 연간(269~271년)에는 부절을 받아 하구독으로 승진했다. 임지에서는 항상 엄정한 통치를 실시했고 지략을 발휘했다. 익양전투에서 황혼에게 격파되어 274년에 죽자 아들 노목이 후사를 잇고 병마를 통솔했다.

「엄준전」에 의하면 손권은 노숙의 후임으로 학자인 엄준을 염두에 뒀다. 그러나 엄준이 학문에 열중한다면서 사양하자 여몽을 후임으로 기용했다. 노숙 사후 여몽이 군권을 이어받은 뒤 동오와 촉한의 관계는 악화 일로를 걸었다.

「오서」에 의하면 노숙은 근엄하고 소박하여 겉을 꾸미지 않았다. 공과 사에서 검약에 힘썼다. 저속한 취미에는 손을 대지 않았다. 군 통솔에도 질서가 있고 금령은 반드시 시행했으며 진중에서도 독서를 즐겼다. 또한, 담론에 뛰어났고, 문장 솜씨도 뛰어났으며, 사려는 원대하여 다른 사람의 배나 되는 총명함을 갖고 있었다.

조조에게 순욱이 있고, 유비에게 제갈량이 있다면, 손권에게는 노숙이 있다는 평가이다. 주유와 함께 동오의 창업에 가장 많이 기여했다.

『삼국지연의』에서 노숙은 주유와 같은 역할로 묘사되었다. 제갈량을 돋보이게 하는 조연이었다.

관우가 손권의 관솔을 내쫓은 것은 동일하다. 하지만 익양대치 사건은 아예 등장하지 않는다. 단도회는 형주를 탈환하고 관우가 이에 응하지 않을 때 관우를 죽이려는 노숙의 계략으로 각색된다. 단도회는 『삼국지』의 내용처럼 노숙이 먼저 제의하고 관우가 참여하며 나눈 대화도 비슷하다.

관우가 "오림의 전쟁은 좌장군께서 친히 시석矢石을 무릅쓰시고 협력하여 적병을 깨부수었거늘 어찌 헛수고만 하고 한 척의 땅도 가질 수 없겠소. 이제 족하께서 다시 땅을 찾으러 오신 것이오."라고 하자, 노숙이 『삼국지』와 같은 논리로 반박하자 관우가 화답하지 못하는 사이 주창(『삼국지』에선 이름 없는 장수)이 『삼국지』와 같은 논리로 반박한다. 관우가 호통을 쳐 주창을 물러나게 한다.

하지만 이후 『삼국지연의』는 관우를 띄워 주고 노숙을 초라하게 묘사한다. 노숙이 연회장에 복병을 숨겨둔다. 회담 도중 끼어든 주창을 관우가 참견한다며 쫓아버린다. 연회장을 빠져나온 주창은 미리 대기시킨 관평에게 연락하여 배를 접응토록 한다. 관우는 술주정을 빙자하여 노숙을 붙잡고 인질극으로 빠져나온다. 복병들은 노숙이 다칠까 봐 감히 움직이지 못해 계략은 실패한다. 그 결과 노숙과 여몽은 관우를 칠 것을 결의한다. 격노한 손권도 관우를 치려 한다. 그러나 조조의 침공으로 그만둔다. 이후 조조가 장로를 공격하여 한중을 점령하자 조조를 두려워한 유비가 강하와 장사, 계양을 양도한다.

반준

유표와 유비를 거쳐
손권에게 안착

반준은 유표와 유비를 따르다 손권을 섬겼다. 반준의 행위는 배신보다는 상황에 따른 항복에 가깝다. 유표를 섬기다 유비를 따른 것은 유표 사후의 일이다. 궤멸 전이면 배신이고 궤멸 후면 정상참작의 여지가 있는 항복이라는 부분에 부합된다.

유표 사후 형주는 유비가 맡았다. 강하군 종사에서 형주 종사로 옮겼다. 유비는 신임했지만 형주독인 관우는 그를 경원시했다.

이후 손권이 형주를 점령하자 그는 칩거했다. 손권의 부름에 응하지 않았다. 대부분의 관리들이 귀순했지만 반준은 홀로 남았다. 손권이 자택을 방문하여 도움을 청하자 버티다 응했다. 반준의 귀순은 단순히 들어갔다는 뜻의 입의 정도이다. 배신으로는 가장 낮은 단계이다.

유표가 죽고 없는 상태에서 유비가 지배하자 그 밑에 들어갔고, 다시 형주를 손권이 점령하자 칩거하다 귀순했다. 죽음을 피하고 이익을 좇아 유표와 유비를 배신하고 손권을 섬긴 게 아니었다. 상황에 내몰린 피동적 배신이다. 손권의 휘하에서 반준은 관료와 장수로서 충직하고 과감한 직간으로 능력을 발휘했다.

반준潘濬(?~239년)은 후한 말과 동오의 관료로 자는 승명承明 이다. 형주 무릉군 한수현漢壽縣(호남성 상덕常德) 출신이다. 형주의 유표와 유비 그리고 손권을 차례로 섬겼다.

나이 20세 전후에 송충宋衷(?~219년, 후한 말 형주 남양군南陽郡 장릉현章陵縣 출신으로 자는 중자仲子 훈고학의 대가로 알려진 형주의 대유학자, 유표의 초빙을 받고 후학을 양성하여 형주학파를 이룬 석학)으로부터 학문을 배웠다.

「오서」에 의하면 총명한 자질로 남과 응대하는 데 기민했다. 말에 조리가 있다는 왕찬王粲(177~217년, 연주 산양군 고평현 출신으로 건안칠자의 일원, 자는 중선仲宣)의 평가를 들은 후 형주의 인사들 사이에서 명성을 얻었다.

30세 이전에 형주목 유표의 초빙으로 강하군江夏郡의 종사에 임명됐다. 반준은 당시 강하군 관리들의 횡포를 법에 따라 처벌했다. 백성들은 그의 엄격한 법 적용을 두려워했다. 이후 상향현湘鄉縣의 현령으로서 공사를 공명정대하게 처리하여 평판이 좋았다.

유표 사후 유비가 다스리는 형주에서 그의 부하가 되어 형주종사를 맡았다. 유비가 촉으로 들어간 뒤에는 형주에 남아 주의 사무처리를 했다. 반준은 유비에게 신임을 받았다. 하지만 「양희楊戱전」의 '계한보신찬季漢輔臣贊'에 따르면 형주독인 관우에게는 미방糜芳이나 사인士仁과 같은 취급을 받았다.

219년(건안 24년) 손권이 형주를 습격했다. 여몽呂蒙의 계략에 의해 형주를 수비하고 있던 미방과 사인이 배반했다. 관우도 살해되고 손권에 의해 점령되었다.

「강표전」에 따르면 형주에 있던 유비의 부장과 관리들 대부분은 손권에게 귀순했다. 하지만 반준 혼자만 자택에 칩거해 출두하지 않았다. 미방이나 사인과는 달리 바로 항복하지 않았다. 손권은 반준의 집을 찾아갔다. 그래도 반준은 문밖으로 나오지 않았다. 손권은 반준이 울며 매달린 침대를 끌어냈다. 반준은 침대 위에서 베개를 적시며 통곡하고 있었다.

손권이 직접 반준의 자를 부르며 위로하고 설득했다. 반준은 손권의 그 같은 배려에 귀순을 결의했다. 반준은 보군중랑장과 형주의 군사로 위임되었다.

「강표전」에 의하면 치중도 겸임했다. 그리고 곧이어 분위장군으로 승진하고 상천정후로 봉해졌다. 반준에 대한 손권의 신임은 매우 깊었다.

「강표전」과 「양양기」에 의하면 220년 무릉군의 종사였던 번주가 무릉만 이민족들과 규합했다. 221년에는 반준의 동료였던 습진習珍도 이에 호응했다. 스스로 소릉태수를 자처했다. 이들은 관우의 죽음을 복수하기 위해 동오를 토벌하러 이릉으로 가는 유비에게 호응하려 했다. 손권은 번주와 습진이 구면이었다. 형주의 사정에 밝은 반준에게 가절을 하사했다. 여러 군을 통솔시켜 보즐步騭과 함께 진압을 맡겼다. 반준은 군대의 규율을 철저히 바로잡은 후 토벌에 나섰다. 이민족을 진무하는 데 성공했다. 저항하던 습진에게 항복을 권했다. 하지만 습진이 거절하자 죽였다.

「오서」'주방전'에 따르면 후에 파양태수 주방周魴이 조위의 조휴曹休에게 보낸 항복 편지에서 반준은 무릉만 이민족 중 항복한 사람들을 다수로 편입해서 강대한 군세를 갖고 있었다.

「오서」에 의하면 태자 손등孫登의 빈객인 예현芮玄이 226년에 죽은 후 반준은 그 병사를 흡수해 하구에 주둔했다.

『삼국지』「오서」'반준전'에 따르면 229년 손권이 황제에 즉위했다. 반준은 소부少傅로 임명되고 유양후劉陽候에 봉해졌다. 이후 태상太常으로 승진했다. 충직하고 과감한 직간으로 정치적 명성이 높았다. 육손陸遜과 함께 무창의 수비를 맡았다.

보즐은 226년부터 구구 땅에 주둔하게 되었다. 표기장군이 된 229년 이후에는 형주에서 군권 확대를 꾀했다. 손권에게 사병 모집을 허락받으려 했다. 이때 반준은 손권에게 허락하지 말라고 권했다. 보즐이 형주에서 군벌로 성장할 것을 걱정했기 때문이다. 손권은 반준의 의견을 받아들여 보즐의 보고를 허락하지 않았다.

한편 반준은 명성이 높았지만 난폭한 행동을 일삼은 중랑장 서종을 베었다. 이 같은 일들은 반준이 법을 존중했고 사람들의 평판에 얽매이지 않으며 정사를 처리한 실례로 얘기되고 있다.

230년 조위의 은번隱蕃이 동오로 투항했다. 그는 말재주가 뛰어났다. 주거朱據와 학보郝普 등이 은번을 높이 평가하며 가까이했다.

하지만 반준은 투항한 은번과 교제하려는 아들 반저에게 편지를 통해 호되게 꾸짖었다. 후에 은번은 조위의 첩자로 판명되었다. 은번이 처형되자 반준의 통찰력은 극찬의 대상이 되었다.

반준의 딸은 이때 손권의 차남 건창후 손려에게 시집을 갔다. 그러나 손려는 232년 20세의 젊은 나이에 숨을 거두었다.

231년 오계의 무릉만 이민족들이 반란을 일으켰다. 반준은 5만 명의 군사들을 인솔하여 토벌에 나섰다. 이때 장사 여대呂岱의 협력을 받았다. 여범의 아들인 여거呂據와 장군 종리목鍾離牧도 토벌에 참전했다.

「오서」 '종리목전 회계전록'에 의하면 종리목을 포기하지 않으면 안 될 정도로 고전한 적도 있었다. 그러나 234년 11월에 들어 간신히 반란을 진압하는 데 성공했다. 이때 수만 명의 적을 베고 포로로 삼았다.

「강표전」에 따르면 234년 촉한의 승상 제갈량諸葛亮의 뒤를 이어 장완이 대장군이 되었다. 그때 반준은 장완의 여동생이 부인이라서 처남 매부 지간으로 장완에게 밀사를 보내 연락을 취했다. 이후 반준이 촉한과 내통하려 한다는 소문이 떠돌았다.

보즐의 식객인 무릉태수 위정衛旌은 이를 사실로 받아들였다. 손권에게 상주문을 써서 참언했다. 하지만 손권은 매우 화를 내며 상주문을 봉해 반준에게 보냈다. 위정은 소환되어 모함죄로 파직당했다.

손권에게 총애를 받아 태자 손등의 스승이 된 여일呂壹이 가신들의 승진이나 처벌을 함부로 행하며 권세를 제멋대로 휘둘렀다.

「오주전」에 따르면 건안태수 정주가 여일의 중상모략으로 감옥에 갇혔다. 진무陳武의 서자인 진표와 함께 손권을 설득하여 그를 무죄 방면시켰다.

그런데 승상인 고옹顧雍과 좌장군 주거까지도 여일에 의해 연금되었다. 조정이 혼란에 휩쓸렸다. 반준은 이에 격노했다. 육손도 여일의 전횡을 우려하고 있었다. 반준은 육손과 협력하여 여일을 배제시키는 계획을 세웠다.

황문시랑 사굉이 승상 고옹을 배제하면 그 후임은 반준이 유력했다. 반준은 승상이 되면 여일에게 가만두지 않을 것이라고 경고했다. 당황한 여일은 고옹을 무죄방면 시켰다.

반준은 상경하여 손권에게 직접 고하려 했다. 하지만 손권이 태자인 손등의 간언조차 받아들이지 않았다는 것을 알게 되었다. 반준은 여일을 제거하기 위한 극단의 계략을 세웠다. 문무백관들이 모두 모이는 자리에서 여일을 죽이려는 것이었다.

하지만 여일이 사전에 이를 간파했다. 여일이 자리에 참석하지 않아 계획은 실패로 돌아갔다. 그 뒤에도 반준은 손권을 볼 때마다 여일의 악행을 규탄했다. 보즐과 육손도 반준의 여일 배제를 지지했다.

달도 차면 기울듯이 시간이 흐르면서 여일에 대한 손권의 총애도 사라졌다. 여일은 238년 처형됐다. 손권은 스스로 자신의 잘못을 문무백관들에게 사죄했다. 또한, 여일의 악행을 충고하지 않았던 중신들도 동시에 규탄했다.

「오주전」에 의하면 반준은 육손과 같이 눈물을 줄줄 흘리면서 고통스러운 듯한 모습을 보여 손권을 불안하게 했다.

반준은 239년에 사망했다. 뒤는 장남 반저가 이었다. 「오서」에 따르면 반저는 얼마 지나지 않아 병사했고, 그 뒤를 차남 반비가 이었다. 반비는 손권의 질녀에게 장가를 갔다. 딸은 손권의 차남 손려의 부인이 되었다. 또한 「여대전」에 의하면 반준이 무창에서 맡았던 일은 여대가 계승했다.

반준에 대해 양희楊戲(촉한의 관료로 자는 문연文然이며 건위군 무양현武陽縣 출신)는 '계한보신찬'에서 미방·사인·학보와 같이 동오와 촉한의 배반자며 웃음거리라고 평가했다.

반준은 보즐을 경계하는 행동을 취했다. 보즐의 친구 무릉태수 위정은 반준을 모함했다. 하지만 보즐은 반준을 높이 평가했다.

진수는 「삼국지」에서 반준은 사사로운 이익을 요구하지 않고 국가의 대사를 요구했다고 평하며 육개와 더불어 모두 절개가 빛났으며 대장부의 기백이 있었다고 덧붙였다.

「삼국지연의」에서 반준은 부정적인 이미지로 묘사됐다. 관우가 번성으로 출정할 때 부하였던 왕보는 반준에 대해 "시기심이 강하고 지나치게 이익을 탐해 큰일을 맡길 수 없다."고 한다. 반준에게 비어 있는 형주를 맡기는 것을 극구 반대한다.

하지만 관우는 상관없다고 일축한다. 왕보의 말은 맞는다. 반준은 형주공방전에서 여몽이 형주를 빼앗자마자 곧바로 항복한다.

손책

원술에게 의탁했지만
기만당하자 독립

손책은 원술을 배신했다. 두 사람 간의 믿음은 서로를 이용하는 정도였다. 믿음을 전제로 한 배신의 측면에서 손책이 원술을 떠난 것은 속았음을 뜻하는 휼譎로서 중간 등급의 배신이다.

손책의 아버지 손견은 원술 진영의 장수였다. 손견이 유표의 장수 황조에게 죽임을 당하자 손책은 원술에게 의탁했다.

원술은 자신에게 의지하는 손책을 단양태수 오경에게 보냈다. 손견은 외숙부인 오경이 다스리는 단양에서 수백 명의 부하를 모았다. 하지만 도적 조랑의 기습에 모두 잃었다.

손책은 다시 원술을 찾았다. 원술은 손견의 부하였던 1천 명의 병사를 손책에게 되돌려 줬다. 손책은 여강전투에서 승리했다. 하지만 원술은 손책에게 여강태수를 주겠다는 약속을 지키지 않았다. 이후에도 이용만 할 뿐 대우하지 않았다. 손책은 원술이 자신을 속이고 있음을 알고 독립하기로 했다.

197년 원술이 스스로 제위에 올라 황제라 칭했다. 각지의 제후들은 인정하지 않았다. 이를 계기로 그동안 강남을 평정한 손책은 원술과 관계를 끊었다. 원술에게 비난의 서신을 보내 의탁의 관계를 정리하고 절교했다.

손책은 이익을 좇고 죽음을 피하며 집안을 살리기 위해 상황을 주도하며 능동적으로 원술을 배신했다. 물론 원술이 손책의 독립 욕구를 무마하며 대우를 후하게 했다면 떠나지 않았을지도 모른다.

―――――――――――――

손책孫策(175~200년)은 후한 말의 군벌이자 동오의 추존 군주이다. 자는 백부伯符이며 양주 오군 부춘현富春縣(절강성 부양富陽) 출신이다. 손견의 장남이며 손권孫權의 형이다.

193년(초평 3년) 손견을 따라 나선 전투에서 유표를 공격한다. 손견이 죽자 곡아曲阿에서 장사지내고 장강을 건너 북쪽 광릉군 강도현에 살았다.

그런데 당시 광릉군이 속해있던 서주목 도겸이 싫어했다. 손책은 어머니와 함께 곡아로 옮겼다. 여범과 손하와 함께 외숙부인 단양태수 오경에게 가서 수백 명의 군사를 모았다.

194년(흥평 원년) 손견의 모든 부하들이 원술에게 의탁한 것처럼 손견도 원술의 부하가 된다. 원술은 손책이 부친 손견에 이어 따르자 자신의 영향력에 도취되었다. 손견의 부하였던 1천 명의 병사를 손책에게 되돌려 준다.

하지만 이에 대해 「강표전」에서는 다르게 말한다. 당초 원술은 손견이 남긴 부하를 손책에게 돌려줄 생각이 없었다. 오경과 손분을 각각 단양의 태수와 도위로 삼았다. 손책이 오경 밑에서 정예병을 모집하도록 했다. 손책은 단양에서 수백 명의 병사를 모았다.

그런데 뜻밖에 경현涇縣의 대도적 수령 조랑에게 기습당했다. 손책은 정보와 그 휘하 기병 1기의 도움으로 겨우 살아남는다. 병사를 모두 잃었다. 이에 손책은 다시 원술에게 갔다. 원술이 손견의 잔여 병력 1천여 명을 손책에게 돌려주었다.

당시 후한의 태부 마일제는 절을 가지고 강동을 안정시키고자 수춘에 있었다. 손책의 평판이 좋아 예로써 초빙하고 표를 올려 회의교위로 임명했다. 원술 휘하의 장훈과 교유도 손책에게 마음을 쓰며 공경했다. 원술도 손책 같은 자식이 있으면 좋겠다는 마음을 갖게 된다.

하지만 원술은 손책의 평판과 기량을 한편으로는 두려워했다. 손책을 이용만 할 뿐 주요 직책은 맡기지 않았다.

원술은 손책을 구강태수로 임명한다고 약속하고도 막상 손책이 공을 세우면 그 약속을 어겼다. 자신의 부하인 진기를 구강태수에 앉혔다.

손책은 원술에게 실망했다. 독립심이 점차 강해졌다. 이후 여강태수 육강이 원술의 군량 요구를 묵살하는 일이 발생했다. 원술은 육강을 토벌하고 그 땅을 차지하기로 했다. 손책에게 육강을 치면 여강태수를 주겠다고 약속했다. 일찍이 손책이 육강을 만나고자 했을 때 본인이 아니라 주부를 대신 만나게 했으므로 손책은 자신을 무시하였다고 여겨 그 원한도 있어 출정했다.

손책이 2년여의 여강 공성 끝에 육강을 무찌르자 원술은 약속과 달리 유훈을 여강태수에 앉혔다. 손책은 실망했다. 원술의 밑에서는 큰 뜻을 이룰 수 없다는 것을 깨닫는다. 독립하겠다는 마음을 단단히 다진다.

원술은 육강을 공격하는 등 후한 조정에서 임명한 지방 관리들을 무찌르며 양주를 점령해 갔다. 손분을 단양도위에 오경을 단양태수에 임명했다.

그런데 후한 조정이 임명한 양주자사 유요가 원술에게 저항했다. 장영을 당리구로, 번능과 우미를 횡강진으로 보내 원술의 침략을 저지하고 손분과 오경을 단양에서 쫓아냈다. 손책의 친척인 두 사람은 물러나 역양歷陽에 주둔했다. 원술은 혜구惠衢를 양주자사로 임명하고 손분과 오경에게 병사를 주어 장영 등을 치게 했다.

하지만 해를 넘겨도 유요를 물리치지 못했다. 원술로부터 수춘에서 쫓겨난 유요劉繇가 곡아曲阿에서 끝까지 저항했기 때문이다.

이때 손책은 오경 등을 도와 강동을 평정시키겠다고 원술을 설득한다. 원술은 표를 올려 손책에게 절충교위와 행진구장군을 겸임시켰다. 병사 1천 명을 받은 손책은 오경을 구원하러 나섰다.

수춘으로 출전하여 남진해 장강의 기슭에 위치한 역양에 진을 쳤다. 마침 주유가 군사를 이끌고 손책에게 합류했다. 가는 곳마다 군사가 늘어나 역양에 도착하자 그 숫자가 5~6천여 명에 이르렀다.

손책은 부친 손견이 반동탁연합에 의병을 일으켰을 때 손책은 모친과 서舒에 살았다. 그 지역에서 수많은 명사와 교류했다. 그중 주유와는 훗날 의형제를 맺는다.

손책은 용모가 수려했다. 전란의 시기에 농담도 잘했다. 성격도 활달하여 다른 사람의 의견을 잘 받아들였다. 용인술도 뛰어나 사람을 적재적소에 잘 썼다. 백성과 병사들은 손책을 위해 일하고 싶다는 생각을 가졌다.

194년(흥평 원년) 손책은 오경과 손분의 협력을 얻는다. 횡강진의 번능과 우미를 무찔렀다. 그런 뒤 서곤徐琨(?~? 후한 말의 무장으로 양주 오군 부춘현 출신) 어머니의 계책을 받아들여 갈대로 떼를 만들어 떼와 배를 이용해 강을 건너가 당리구의 장영까지 격파했다.

이듬해인 195년(흥평 2년)에는 우저의 유요 진영을 공격했다. 식량 창고를 탈취하여 양곡과 군수품을 얻고 말릉성을 공격했다.

당시 말릉성(훗날 건업)을 지키던 팽성상 설례薛禮(?~195년 후한 말의 관료)와 하비상 착융笮融(?~195년, 후한 말의 관료로 종교 지도자 양주 단양군 출신, 서주에서 불교세력 확장)은 유요를 맹주로 삼으면서 서로 협력했다.

설례가 성을 지키고 착융은 남쪽에 주둔했다. 손책이 먼저 착융을 공격하여 5백 명을 죽이자 성으로 들어가 나오지 않았다. 성을 함락시키지 못한 손책은 장강을 건너 설례를 공격했다. 그런데 설례가 갑자기 달아난 뒤 번능, 우미와 협력했다. 성문을 열고 나와 우저를 습격하여 탈환했다.

손책은 번능을 공격했다. 번능의 군사 1만 명을 사로잡은 뒤 다시 착융을 공격하다 넓적다리에 화살을 맞았다. 손책은 잠시 물러났다.

적진에서 어떤 자가 "손책이 죽었다."고 했다. 기쁨에 들뜬 착융은 부장 우자于慈에게 손책을 추격하라고 했다. 그러나 이는 손책의 유인 작전으로 함정이었다. 손책은 잠복해 있던 복병과 협공하여 착융의 군사 1천 명을 죽였다. 손책은 착융에게 자신이 멀쩡히 살아 있음을 과시했다. 두려움을 느낀 착융은 성으로 들어가 굳게 지키며 나오지 않았다.

손책은 착융의 주둔지가 견고하다고 판단해 공격의 방향을 돌렸다. 해릉에서 유요의 별동대를 격파한다. 호숙과 강승을 항복시켰다. 손책이 곡아로 진입하자 유요는 군대를 버리고 패주했다. 팽택에 주둔하다 예장으로 옮겼다.

손책은 주유에게 단양을 지키게 했다. 주치를 오군으로 진군시키고 자신은 회계를 공격했다. 후한에 대한 충절을 지키던 회계태수 왕랑은 손책의 공격에 맞섰다. 끝까지 성을 지키겠다는 결의로 싸웠다. 고릉에서 손책을 저지했다. 손책은 여러 차례 강을 건너 싸웠다. 하지만 함락시키지 못했다. 왕랑은 서주자사 도겸에게 발탁되어 회계태수가 된 인물이다.

손책의 숙부 손정이 계책을 냈다. 왕랑의 직접 공격을 멈추고 요충지 사독을 먼저 점거하자고 했다. 손책이 받아들였다. 왕랑을 속이고 사독 길로 진군하여 고천둔을 습격했다. 왕랑은 매우 놀랐다. 옛 단양태수 주흔 등을 파견했다.

그러나 손책은 이를 격파하고 주흔을 죽였다. 왕랑은 패배했다. 해로를 통해 동야東冶로 달아났다. 하지만 손책은 동야까지 왕랑을 추격하여 물리쳤다. 손책은 왕랑을 꾸짖어 쫓아내고 회계를 평정했다. 손책에게 항복한 왕랑은 목숨을 겨우 보전했다. 훗날 조조의 부름을 받아 관직에 올랐다. 승승장구한 그는 조조 사후에도 조비에게 중용되어 사공司空의 지위에까지 올랐다.

손책은 회계를 평정한 후 오군으로 왔다. 이미 주치는 오군태수 허공을 격파한 상태였다. 허공은 오군의 호족 엄백호에게 의탁했다. 손책은 오정 출신 추타騶他, 전동錢銅, 가흥 출신이며 전 합포태수 왕성王晟 등의 무리를 모두 격파했다.

부친 손견과 친교가 있던 왕성의 일족들을 어머니의 반대에도 불구하고 모조리 죽였다. 그런 후 엄백호를 공격했다. 엄백호는 아우 엄여에게 화의를 요청하게 했다.

하지만 손책은 창으로 엄여를 찔러 죽였다. 화의가 통하지 않음을 알게 된 엄백호는 두려움에 떨며 허소에게 달아났다. 정보가 달아난 엄백호를 공격하자고 했다. 하지만 손책은 "허소는 옛 주군에게 의를 지켰고, 옛 벗들에게는 진실함이 있으니 이는 장부의 뜻이오."라면서 허소의 의로움을 존중하여 공격을 중단했다.

손책은 강동을 평정한 이후 스스로 회계태수가 되었다. 주치를 오군태수, 오경을 단양태수, 손분을 예장태수로 삼고, 예장군을 나눠 노릉군盧陵郡을 신설하여 손분의 아우 손보孫輔를 여릉태수로 삼았다. 주변을 일족에게 다스리게 해 기반을 굳혔다. 장소와 장굉, 진송, 진단 등 덕망과 지모를 겸비한 참모를 초빙하여 보좌받았다. 제후의 기본 틀을 갖춰갔다.

「강표전」에 따르면 후한 조정은 손책에게 기도위를 주고 오후로 삼았으며 회계태수를 겸하게 했다. 손책은 봉정도위 유유劉由와 오관연 고승高承에게 허도로 가서 천자에게 방물方物을 진헌했다. 196년(건안 원년)에 올린 것의 두 배 분량이었다.

197년 원술은 부명符命을 받았다며 스스로 제위에 올라 황제라 칭했다. 회남淮南에서 중仲이라는 왕조를 세운다. 하지만 각지의 제후들은 인정하지 않았다.

조조는 196년 헌제를 옹립하고 새로운 정권을 세웠다. 대립 관계에 있던 원소와 여포도 인정하지 않았다. 한 왕조의 부흥을 명분으로 각지에서 세력을 키워가던 군웅들도 원술을 비난하며 등을 돌렸다.

원술의 휘하에 있던 손책은 이를 계기로 원술과 관계를 끊는다. 강동지역에서 독립하기로 했다. 원술에게 비난의 서신을 보내 의탁의 관계를 정리하고 절교했다. 서곤을 보내 원술이 임명한 단양태수 원윤袁胤을 쫓아냈다.

원술은 일시에 제후들의 비난과 공격의 대상이 되었다. 여포를 자기 진영으로 끌어들이려 했다. 사돈 관계를 제안했다. 하지만 예주 패국沛國의 진규陳珪와 진등陳登 부자의 개입으로 뜻을 이루지 못했다. 대노한 원술은 양봉楊奉, 한섬韓暹, 교유橋蕤, 장훈張勳 등 수만명을 동원하여 일곱 길로 밀고 가며 여포 공격을 명했다. 하지만 이 또한 진등의 책략에 말려 양봉과 한섬이 여포 진영에 가담했다.

한편 원술은 중립을 지키던 예주 진국에 구원을 요청한다. 진왕 유충劉寵과 진국상 낙준駱俊은 응하지 않는다. 원술은 9월 휘하의 장개양張闓陽을 유충과 낙준에게 보내 그들을 살해하고 진국을 침입한다.

원술이 북상한다는 소식을 들은 조조는 친정을 개시한다. 원술은 휘하 장수인 장훈, 교유, 이풍, 양강, 악취를 남겨두고 포위망을 뚫고 홀로 빠져나간다. 원술군은 호현苦縣 부근에서 여포군에 참패당한다. 겨우 장훈만 퇴각하고 다른 장수들은 죽임을 당한다.

장훈 패배의 소식을 접한 조조는 여포, 진등, 손책에게 관직을 주면서 원술의 포위망을 좁혀간다. 원술은 포위망을 뚫기 위해 서주를 공격하지만 실패한다.

손책은 198년(건안 3년) 조조와 원술과의 교전에서는 조조를 도왔다. 조조는 손책을 천거했다. 토역장군討逆將軍의 칭호와 함께 오후吳侯의 작위를 줬다.

이때 조조는 북방의 원소와 싸우고 있었다. 항상 손책에 의한 배후 공격이 걱정되었다. 일족인 조인의 딸을 손책의 막냇동생인 손광에게 시집보냈다. 우호 관계를 맺기 위한 정략결혼이었다.

원술은 오랜 전투로 피폐해진 수춘의 궁궐을 불사르고 첨산으로 갔다. 첨산에는 수하인 뇌박雷薄과 진란陳蘭이 있어 의지하려 했다.

하지만 거절당하는 수모를 겪는다. 상황이 더욱더 어려워지자 병사들은 흩어졌다.

원술은 어쩔 수 없이 원수지간이던 이복형 원소에게 도움을 청하는 편지를 썼다. "한나라는 천하를 잃은 지 오래되어, 권신의 가문이 정사를 행하며 영웅호걸들은 서로 강역을 나눠 각축을 벌이고 있습니다. 이는 주나라 말기의 전국 칠웅과 다를 바가 없어 종국에는 강한 자만이 거머쥘 것입니다. 형님은 왕이 된다는 천명을 받아 그 상서로운 조짐이 환하게 빛나고 있습니다. 지금 형님은 청주, 기주, 유주, 병주의 4주를 옹유하여 인가가 백만으로 이처럼 강대하고 격이 높은 자가 없습니다. 조조가 아무리 쇠락한 한실을 지탱하고자 한들 어떻게 끊어진 명을 잇고 이미 망한 것을 구하겠습니까. 형님은 삼가 천명에 응하십시오."

원술은 원소의 장남 원담袁譚에게 몸을 의탁하기로 하고 하비를 통해 청주로 가려 했다. 그러나 조조가 파견한 유비에게 가로막혀 가지 못하고 수춘으로 되돌아왔다. 199년 6월 수춘이 80리(32km) 남은 강정江亭에서 신세 한탄을 하던 원술은 피를 토하며 일생을 마친다. 황제를 칭한 지 겨우 2년 뒤의 일이다.

원술의 남은 일족은 여강태수 유훈劉勳에게 의탁했다. 이후 손책이 여강군을 정복하면서 손책에게 의지했다. 원술의 딸은 손권의 측실이 되어 원부인이라 불렸다. 아들 원요는 낭중에 임명되었다. 원요의 딸은 손권의 오남인 손분에게 시집갔다.

원술이 죽자 유훈은 남은 원술의 세력을 규합했다. 유훈은 유엽劉

曄이 공격하여 꾀한 정보鄭寶의 세력까지 흡수하여 강력한 세력을 형성했다.

손책은 유훈을 거짓으로 꾀었다. 동맹을 맺고 상료를 치도록 권했다. 식량이 부족하던 유훈은 쉽게 꾐에 빠졌다.

「강표전」에 따르면 손책은 이때 황조黃祖를 토벌하러 가다 유훈이 상료를 공격했지만 이기지 못했다는 소식을 듣는다. 비어 있는 유훈의 환성을 습격하여 점령했다. 원술의 유족과 유훈의 처자식도 모두 사로잡았다. 유훈은 팽택으로 회군하다 손분과 손보의 공격을 받고 달아났다. 기수로 간 유훈은 황조에게 원군을 요청했다. 황조는 아들 황역黃射에게 수군 5천을 줘 유훈을 구원하게 했다.

그러나 손책은 황역의 원군이 오기 전에 유훈을 격파했다. 황역은 달아났다. 유훈은 조조에게 도망갔다. 손책은 황조를 공격했다. 유표에게서 파견된 유표의 조카 유호劉虎와 한희韓晞가 황조의 선봉을 맡았지만 손책은 이들을 격파했다.

손책은 황조와 유훈을 격파하고 귀환 중에 예장을 지나쳤다. 이미 양주자사 유요는 죽고 없었다. 예장태수 화흠華歆은 겨우 성을 지키고 있는 정도였다. 단양 출신 동지僮芝가 예장군의 일부를 점거하고 스스로 여릉태수를 칭하고 있었다. 파양 지방도 화흠의 통치가 미치지 못했다.

손책은 예장태수 화흠을 상객으로 대우했다. 종형 손분을 예장태수를 삼고 손분의 아우 손보까지 남겨 예장을 맡겼다. 손분 형제가 예장을 평정했다. 이에 손책은 손보를 여릉태수로 삼았다.

한편 유요의 유족들도 거두었다. 유요의 맏아들 유기劉基는 동오의 중신이 되어 후에 대사농이 되었다.

조조는 손책이 강남을 평정 후 배후를 위협할 조짐을 보이자 신경이 쓰였다. 「오력」에 의하면 조조는 "미친 개 같은 아이와 예봉을 다투기 어렵도다."라고 탄식했다

조조는 6촌 동생 조인의 딸을 손책의 동생 손광孫匡에게 시집보냈다. 자신의 아들 조창은 손견의 조카인 손분의 딸과 혼인시켰다. 또한, 손책의 동생인 손권과 손익을 천거하고, 양주자사 엄상에게 명하여 손권을 무재로 천거하게 했다. 조조는 여러 방법으로 손책과 우호 관계를 맺으려 했다. 그런데 손책이 조조에게 대사마를 요구했다. 군권을 담당하겠다는 손책의 요구를 조조는 받아들이지 않았다. 조조와 손권의 두 세력의 관계는 냉소적으로 변했다.

200년(건안 5년) 조조가 원소와 관도에서 대치하고 있을 때 손책은 허許를 기습하여 헌제獻帝를 옹립하려 했다. 그러나 계획을 실행하기 직전 척후 관리가 허공許貢(?~200년, 후한 말의 관료)이 헌제에게 보내는 밀서를 얻었다.

밀서에는 "손책은 용맹한 자로 항우와 비슷한 부류이니 마땅히 총애를 더하여 경읍(허도)으로 불러들이는 것이 좋겠습니다. 조서를 받들면 들어오지 않을 수 없을 것이지만 외방에 놔둔다면 반드시 세상을 어지럽히게 될 것입니다."

허공은 손책이 강동을 평정한 후 손책의 부하가 되었다. 그러나 마음으로는 복종하지 않았다.

허공은 조조에게 손책을 비난하며 잡아 죽여야 하니 조정으로 불러들일 것을 청했다.

그러나 이 서신은 손책에게 입수되었다. 손책이 허공을 불러 목졸라 죽였다. 이에 앙심을 품은 허공의 식객 허소許昭는 어느 날 손책이 홀로 사냥할 때 습격했다. 하지만 손책에게 살해당했다.

반면 기습을 당한 손책은 중상을 당했고 생명이 위독했다. 뒤늦게 달려온 정보程普가 손책을 진중으로 데려가 치료하도록 하여 생명을 겨우 건졌다.

큰 상처를 입은 손책은 동생 손권을 불러 당부했다. "강동의 군세를 동원하여 천하의 군웅들과 자웅을 겨루는 것은 네가 나만 못하다. 하지만 현인을 선발하고 능력 있는 자를 등용하여 강동을 지키는 것은 내가 너만 못하다."고 했다. 죽음을 앞둔 유언이었다.

장소 등을 불러 후사를 부탁하며 손권의 보좌를 맡게 했다. 손책은 밤이 되자 깊은 상처를 극복하지 못하고 죽었다. 당시 불과 26세의 나이였다. 훗날 손권이 황제가 되자 손책은 장사환황이란 시호로 추증됐다.

손책에 대한 당대의 평가는 우호적이었다. 어린 나이에 강동을 평정함으로써 세간에서 손책을 항우에 비견하여 소패왕이라고 불렀다. 천하가 두려워했다. 조조도 손책의 성장을 경계했다.

그러나 곽가만은 다르게 평가했다. "손책이 강동을 병합한 후 주살한 자들이 모두 사력을 다할 영웅호걸임에도 손책은 경솔하게 방비를 견고하게 하지 않는다. 백만의 군세를 거느린다 해도 홀로 중원으로 향하는 것과 다를 것이 없다. 자객은 손책 한 명만 상대하면 되므로 손책은 필부의 손에 죽을 것이다."라고 했다. 손책의 죽음을 예견한 말이었다.

손책의 아들 손소孫紹는 손권이 황제가 된 뒤 아버지처럼 오후吳侯에 봉해졌다. 이후 상우후上虞侯로 바뀌었다. 손소의 아들 손봉孫奉은 상우후를 세습했다. 하지만 손호 때 제위에 오를 거라는 뜬소문 때문에 주살 당했다. 손책의 세 딸 중 한 명은 육손의 아내가 됐다.

『삼국지』의 저자 진수는 손책이 걸출한 영기를 갖춰 그 용맹함과 민첩함을 그의 장점으로 꼽으면서 손책이 뛰어난 인물을 등용해 중원을 넘볼 뜻을 품었지만 경솔함과 성급함으로 인해 자기 자신을 망쳤다고 평했다.

『삼국지연의』에서 손책은 패배를 모르는 전력과 그 과격한 성격으로 '강동의 소패왕'으로 불린다. 패왕霸王이란 초楚 제일의 용장이며 한漢을 세운 고조 유방과 패권을 다툰 항우를 비유한 것이다. 손책이 항우처럼 용맹했기 때문에 붙여졌다. 실제 손책은 항우에 필적하는 무용의 활약을 보여 주었다.

손책은 소년 시절부터 부친 손견의 전투를 따라다니며 싸웠다. 손견 사후에는 원술의 식객으로 의탁했다. 원술에게서 독립할 때는 '전국의 옥새'를 담보로 원술로부터 3천 명의 병사를 빌린다.

유요와의 싸움에서 우미를 사로잡아 교살시키고 번능을 큰 소리로 호령해 낙마시켜 죽이는데 이 장면은 허구이다. 유요의 부하 태사자와 단기필마로 싸워 비기는 것은 사실 그대로이다. 유요와 엄백호, 왕랑 등의 제후들을 격파해가는 사이에 영토와 병사가 늘고 태사자와 진무와 동습이라는 장수가 부하로 가세한다.

강동 일대를 평정한 손책은 원술에게 '전국의 옥새'를 되돌려 줄 것을 원한다. 하지만 원술은 무시한다. 스스로 황제라고 칭한다.

손책은 원술과의 관계를 끊는다. 조조의 조칙에 따라 여포, 유비와 함께 원술을 토벌한다. 그 후 조조는 손책을 '용맹함이 대적할 자가 없다'며 두려움을 갖는다. 결혼 동맹 차원에서 손책의 막냇동생 손광에게 일족인 조인의 딸을 시집보낸다. 그 결과 양가의 유대가 깊어지는 것 같았다. 그런데 손책의 요구를 조조가 들어주지 않음으로써 관계에 금이 가기 시작한다. 손책이 대사마 지위를 원하자 조조가 승인하지 않는다. 손책은 조조가 관도대전으로 원소와 대치할 때 허도 습격을 생각하게 된다. 오군태수 허공은 이를 조조에게 알리려고 밀서를 보낸다. 하지만 사자는 손책에게 체포되고 허공은 처형된다.

그런데 허공의 식객 3명이 복수를 계획한다. 손책이 사냥을 나간 틈을 노려 습격한다. 손책은 심한 부상을 입는다. 화타를 불렀지만, 화타는 오지 않고 화타의 제자가 손책을 치료한다.

화타의 제자는 1백일 동안 정양하고 화를 내지 말라고 처방한다. 하지만 성질이 급한 손책은 상처가 낫기도 전에 출병을 생각한다.

그때 원소의 사자 진진이 찾아와 '조조를 함께 치자'고 한다. 손책이 흔쾌히 승낙하고 연회를 개최한다.

그런데 연회 도중 우길이라는 도인이 지나간다. 병사들이 자리를 이탈하여 우길에게 절하러 간다. 마음이 상한 손책은 우길을 잡아 옥에 가둔다. 그런 뒤 기우제 지내는 제단을 만든다. 우길에게 "도인 이라면 3일 이내에 비를 내리게 하라"고 한다. 비는 3일째 내렸다. 하지만 손책은 우길의 도술이 망령된 것이라며 죽인다. 죽은 우길의 혼령이 손책을 괴롭힌다.

손책은 사냥 중 허공의 식객에게 공격받아 중상을 입은 후 우길의 망령에 시달려 죽임을 당한다.

우번

왕랑을 따른 뒤
손책과 손권 섬겨

왕랑을 등진 우번의 행위는 단순히 들어갔다는 뜻의 입입 정도이다. 배신의 단계에서는 낮은 단계이다. 왕랑이 손책에게 패배할 당시 우번은 부친상을 치르고 있었다. 그럼에도 도망가는 왕랑을 따랐다.

왕랑은 우번이 상중이고 늙은 어머니가 회계에 있으니 돌아가 모시라고 권했다. 우번이 회계로 돌아오자 우번의 명성을 높이 산 손책이 불러 공조에 임명했다.

우번이 끝까지 왕랑을 따르지 않고 손책의 부름에 응한 것은 상황에 내몰린 피동적 배신이다. 패배한 주군의 권유에 따라 어머니를 모시고 살아가기 위한 처지에서 손권에게 의탁했다. 왕랑이 패배 후 표류하지 않는 형편이었다면 끝까지 왕랑을 섬겼을지 모른다.

우번虞翻(164~233년)은 후한 말과 동오의 관료로 자는 중상仲翔이다. 양주 회계군 여요현餘姚縣(절강성 여요) 출신이다. 역경에 밝아 주역에 주를 달고 공융에게 칭찬받을 정도로 지모가 뛰어난 유학자였다. 별전에 따르면 영릉태수를 역임한 고조부 우광 대代부터 맹씨역孟氏易을 가학으로 다루어 왔다.

원래는 회계태수 왕랑의 공조功曹였다. 198년 왕랑이 손책에게 패하여 남쪽으로 도망가자 우번도 따라가 왕랑을 호위했다. 당시 우번은 부친상을 치르고 있었다. 우번은 상복을 벗고 왕랑을 만나 손책과 싸워 이길 수 없으니 피하는 게 좋겠다고 했다. 왕랑은 후한의 관리로써 그럴 수 없다며 맞서 싸웠지만 패했다. 동야까지 표류했다.

우번은 왕랑을 쫓아가 후관까지 동행해 보좌했다. 문을 닫고 왕랑 일행을 문전박대하던 후관의 장 상승을 설득하여 왕랑을 후관에 모시는 데 성공했다. 왕랑은 우번이 상중임에도 불구하고 자신을 쫓아왔다는 것을 알고 있던지라 "그대에게는 늙은 어머니가 계시니 집으로 돌아가도 좋다."라고 말했다.

우번은 왕랑의 권유로 회계로 돌아갔다. 우번의 명성을 듣고 있던 손책은 그를 불러 공조에 임명했다. 손책 휘하에서 그는 회계 업무를 담당했다. 그리고 예장태수 화흠을 설득하여 항복시켰다.

199년 손책이 예장을 공격하려 할 때 먼저 숙구에 주둔했다. 손책이 우번에게 "화자어華子魚(화흠)는 스스로 이름이 나 있지만, 나의 적수는 아니오. 화흠이 스스로 문을 열고 예장을 나에게 넘겨주지 않으면 금고가 한 번 울릴 것이고, 곧 부상을 입지 않은 화흠의 군사가 없을 것이오. 경은 화흠에게 나의 뜻을 구체적으로 알리시오."라고 했다.

우번은 화흠을 설득해 항복을 받아내라는 명령으로 알았다. 화흠에게 간 우번은 "가만히 들건대 명부와 비군인 옛 왕부군(왕랑)은 중주에서 이름나 있어서 나라 안에서 으뜸으로 여겼으며, 비록 동쪽 변방에 있지만 신은 항상 우러러봤습니다."라고 말했다.

화흠은 "이 화흠은 회계의 왕부군에 비할 바가 못 되오."라며 겸손한 답변을 했다.

우번은 다시 "예장군의 물자와 군세를 살펴보지 않았지만, 병사와 백성들이 용감하고 날쌤은 비군과 비교하여 어떠합니까?"라고 했다.

화흠도 다시 "비교할 바가 못 되오."라고 답했다.

우번은 마지막으로 "밝으신 부군께서 회계의 왕부군와 같지 못하다고 말씀하시니 겸손한 답변일 뿐입니다. 날쌘 병사가 회계의 군사만 못하다고 하셨는데, 사실 높은 분이 가르쳐주신 그대로입니다. 손 토역의 지혜와 책략이 세상 사람들을 뛰어넘고, 병사를 부리는 것이 귀신과 같으니, 앞서 유 양주(유요)가 도망한 것을 그대는 잘 알고 계실 것입니다. 더불어 손 토역께서 남쪽의 비군을 평정하였던 사실도 그대는 알고 계실 것입니다.

명공은 지금 외로운 성을 지키고자 하지만 성안 물자의 양을 헤아려 보면 충분하지 못한 것을 이미 알고 계실 테니 계획을 일찍 세우지 못한 것을 후회해도 요구를 따라잡을 수 없습니다. 지금 손책의 대군이 이미 숙구에 머무르고 있기에 저는 다시 돌아가야 하는데 내일 낮에 손책을 환영하는 격문이 숙구에 도착하지 않으면 나는 명공과 헤어져야 하겠습니다."라고 말했다.

오래 버티지 못할 것을 잘 알던 화흠은 "나는 오랫동안 양자강 밖에 있었으니 항시 북쪽으로 돌아가고자 했습니다. 손 토역께서 오셨으니 나는 곧 북쪽으로 돌아갈 것입니다."라고 말했다. 화흠은 우번의 설득에 따라 항복했다. 손책은 화흠을 상빈으로 대하는 예를 갖췄다.

우번은 손책이 죽은 뒤에는 그의 동생 손권을 섬겼다. 200년 손책이 죽자 다른 많은 관리들이 임지를 떠나 장례식장으로 가려 했다.

그때 우번은 "인근현의 산월 백성들이 변란을 일으킬 수 있다. 멀리 성곽을 떠나는 것은 틀림없이 의외의 일을 초래하게 될 것이다."라며 손책을 위해 상복을 입고 복상했다. 여러 현에서 우번을 따라 하여 상중에 일어난 반란이 없었다.

그 사이에 주에서는 우번을 무재로 추천했다. 더불어 후한 조정에서는 그를 불러 시어사로 임명했다. 조조도 그를 사공연으로 임명했다. 하지만 우번은 그 어느 곳에도 취임하지 않았다. 손권은 그런 우번을 기도위로 임명했다.

우번은 자기주장이 강했다. 설득에 강하면서도 너무도 강직하여 곧잘 미움을 받았다. 옳다고 생각하면 그 주장을 관철했다.

유비를 배신한 미방을 비난했다. 우번이 배를 타고 가다 항복한 미방과 만나게 됐다. 승선 인원이 많던 미방의 배는 우번의 배에게 비키라고 했다. 우번이 날카롭고 큰 소리로 "충성과 신의를 잃고 어떻게 군주를 섬기시오. 백성들의 두 성城을 기울게 하고도 장군으로 칭하는 것이 옳은 것이오."라고 외쳤다.

민망해진 미방은 창문을 닫아 응하지 않고 황급히 우번을 피해갔다. 하지만 미방의 회피는 잠시였다. 우번은 나중에 미방의 진영 앞을 통과하게 됐다. 우번의 비난에 마음이 편치 않던 미방의 관리들이 문을 닫아 우번의 수레가 통과하지 못하게 했다. 우번은 다시 "마땅히 닫아야 할 문은 오히려 열어놓고 응당 열어야 할 문은 오히려 닫으니 어찌 일을 이렇게 처리하는가."라며 비난했다. 우번의 말을 들은 미방은 부끄러워했다.

또한, 관우에게 항복한 뒤 손권의 보호를 받던 우금을 면전에서 비난하기도 했다. 동오가 형주를 얻은 뒤 손권이 강릉에 왔다. 손권은 관우에 의해 강릉에 구금되어 있던 우금을 만나게 되었다. 우번은 손권과 우금이 말을 나란히 한 채 나아가는 것을 보고 우금에게 "당신은 투항한 포로이거늘 어찌 감히 우리 주군과 말머리를 나란히 하느냐."라고 했다.

비난에 그치지 않고 우금에게 채찍질을 하려 했다. 손권이 우번을 질책하며 말렸다. 그런데도 우번은 거기서 그치지 않았다. 손권이 누선에서 관료들과 함께 연회를 열 때였다. 우금이 음악을 듣고 눈물을 흘렸다. 우번이 우금에게 "당신은 거짓으로 사면을 구하려 하시오."라고 물었다. 손권은 우번이 자기의 뜻과는 다르게 계속 우금을 비난하자 우번을 불편해했다. 그런데 「오서」에 의하면 그런 우번을 우금은 조위에 돌아가서 칭찬했다.

다른 사람을 지나치게 비난하는 우번의 태도는 손권의 비위를 거스르는 일이었다. 그는 다른 사람과의 관계에서도 타협하지 못해 많은 비방을 받았다. 결국, 단양군 경현의 장으로 좌천됐다.

우번은 공융과 장굉으로부터 재능을 높이 평가받았으며 육적과는 친구 관계였다. 형주공방전에서 관우를 공격할 때 여몽은 우번을 챙겼다. 좌천된 임지에 있던 그를 의술이 뛰어나다는 이유로 데리고 갔다.

여몽이 공안과 남군을 공격할 때 우번은 공안의 사인을 항복시키는 역할을 맡았다. 사인은 우번을 만나주지 않았다. 우번은 편지를 써서 사인에게 보냈다.

"현명한 자는 화가 생기기 전에 방비하고, 지혜로운 자는 근심거리를 미리 헤아리는 법이니, 득실得失을 알면 백성을 위할 수 있고, 존망存亡을 알면 길흉을 분별할 수 있습니다. 대군이 행군하였는데 척후가 행해지지 않고 봉화가 오르지 않았으니, 이것은 천명天命이 아니라면 반드시 내응이 있었다는 뜻입니다. 장군은 미리 때를 보지 못하고, 또한 때가 이른 뒤에도 이에 응하지 않고 홀로 성을 지키며 항복하지 않으니, 죽도록 싸워봤자 종족을 훼멸하고 제사를 끊기게 하여 천하의 조롱거리가 될 것입니다. 여호위가 곧장 남군으로 가서 육로를 끊고자 하니 살아날 길이 막혔고, 이곳의 지형을 살펴보면 장군이 기설 위에 있는 격이니 달아나도 화를 면할 수 없고 만약 항복한다면 의義를 잃을 것입니다. 장군이 불안할 것이지만 숙고해보기를 바랍니다."

사인은 우번의 편지를 보고 눈물을 흘리며 나와 항복했다. 우번은 "이는 기만일 수도 있으니 응당 사인을 데리고 가야 하며, 군사를 남겨 공안성을 수비해야 한다."고 했다.

『삼국지』「오서」'우번전'에 의하면 손권의 면전에서도 직간하다가 여러 차례 강직降職 되었다. 손권이 동오의 대국왕吳大國王이 되어 축하연이 벌어졌다. 술을 좋아한 손권은 참석한 대신들에게 일일이 술잔을 돌렸다. 우번은 자신의 차례가 되자 갑자기 취하여 쓰러진 척하며 마시지 않았다. 손권이 지나가자 우번은 일어나 자리에 앉았다. 거짓 취함에 분노한 손권은 우번을 죽이려 했다. 이때 유기의 중재로 목숨을 겨우 부지했다.

그런데 얼마 후 또다시 손권의 비위를 거슬렀다. 신선에 대하여 손권과 장소가 이야기하는 것을 언뜻 듣고는 "죽은 자들이 신선에 대하여 논하고 있군요. 신선은 있을 리가 없을 텐데 말입니다."라고 말하며 조롱했다. 거듭 되는 우번의 행동을 불편하게 여긴 손권은 그를 교주交州로 쫓아냈다.

우번은 교주에서 학문에 힘썼다. 항상 수백 명의 문하생이 몰렸다. 광효사光孝寺에서 학문을 가르쳤다.『노자老子』『국어國語』『논어論語』의 자구를 해석하고 주석을 달았다. 그의 책들은 모두 전한다. 중앙으로 복귀하지는 못했다. 교주에서 70세의 나이로 생을 마쳤다. 죽은 뒤 고향으로 돌아와 묻혔다.

우번은 열한 명의 아들을 두었다. 그중 넷째 우사의 능력이 가장 뛰어났다. 우사를 남해 유배 시절에 낳았고, 우번은 유배지에서 죽었으니 그 뒤의 일곱 아들도 거기서 낳았다. 유배 갈 때 나이가 50대 중반이었다. 그는 늙어서도 왕성한 정력을 보였다. 후손으로는 서진西晉에서 위장군을 지낸 손자 우담虞潭이 있다.

손등(손권의 아들로 선태자宣太子)은 죽기 전 남긴 문서에서 "우번虞翻의 뜻과 절개는 분명하다."고 말했다.

진수는 「육적전」에서 방통과 함께 우번을 언급하며 "우번은 옛날부터 명성이 있었다. 그는 고대의 지나치게 정직했던 무리로서 진실로 말세에는 화를 면하기 어려웠지만, 손권이 그를 용납할 수 없었던 것은 마음이 넓지 않았던 것이다."라고 평했다.

손성은 우번이 화흠을 항복시킨 것에 대해 "화흠은 원래 백이와 사호의 감추어진 뛰어난 기풍도 없었고, 왕과 신하 사이의 충성을 다하는 지조도 잃었으며, 사악한 선비(우번)의 유세에 마음을 굽히고 방자한 무리(손책)와 서로 어깨를 같이하며 지위를 빼앗기고 절조를 타락시켰으니, 허물이 어느 것이 크겠는가."라며 우번을 사악한 선비라고 평했다

공융은 우번이 주역에 주를 단 주역주를 보내오자 읽어 본 후 "춘추시대 동오 연릉의 계찰이 음악에 정통하다는 것을 들었습니다. 지금 당신의 주역에 대한 연구를 읽어 보고서 비로소 동남쪽 지역의 아름다운 것이 비단 회계의 대나무와 화살뿐이 아님을 알게 되었습니다. 또 구름을 통해 천상을 관찰하고 기온을 통해 운행을 살펴 그 안의 화복의 근원을 소급하면 음양변화에 규율과 완전히 부합하므로, 당신의 연구는 심오한 이치를 탐색하고 만물을 연구한 걸작이라고 할 수 있습니다."라며 아낌없는 찬사를 보냈다.

또 장굉이 공융에게 보낸 편지에서 "우중상은 이전에 평론가들에게 악평을 들었지만 우수한 품덕과 재능으로 더욱더 연마해 광채를 더하였으므로 그러한 비난이 그를 손상시키기에는 부족합니다."라

며 우번을 크게 칭찬했다.

한편 우번의 점이 관우의 최후에 대해 맞추자 손권은 "그대는 복희(중국 신화의 인물로 태호 복희씨太曍 伏羲氏로 불림)에게 미치지 못해도, 동방삭(중국의 고대, 전한 무제 시대의 인물로 자는 만천曼倩, 전설로도 유명, 어릴 적 부모를 잃고 형 밑에서 독학한 수재로 사마천이 친구)에는 견줄 만하오."라고 칭찬했다.

『삼국지연의』에서 우번은 손책에게 패한 엄백호가 왕랑에게 지원을 요청하러 오자 반대하며 손책에게 항복할 것을 왕랑에게 진언한다. 받아들여지지 않고 왕랑의 미움을 사 떠난다.

그 후 손책의 부름을 받고 중상으로 빈사 상태인 주태에게 화타를 소개한다. 형주 공략에서는 어린 시절 친하게 지낸 촉한의 사인을 설득해 항복시킨다. 손권의 노여움을 샀다는 대목은 보이지 않는다.

전단

조위의 기만적인 종회 편지에
속아 항복

전단이 동오를 버린 것은 속았음을 뜻하는 휼궤譎의 배신이다. 중간 단계의 배신으로서 조위의 종회 편지에 속아 항복했다. 상황에 내몰린 피동적 배신이었다. 원인은 전씨 가문의 내분에서 시작됐다. 종회는 그 내분을 이용해 전단을 속였다.

건업에서 조카 전의全禕와 전의全儀가 어머니와 함께 사마소에게 투항하는 일이 없었다면 전단은 종회의 편지에 속지 않았을 것이다. 전단은 조위의 반란자 제갈탄을 지원하려 나섰다. 전투는 불리한 상황이었다. 죽음을 피하고 집안을 살리려는 마음이 앞서 종회의 기만에 당했다. 전씨 일족은 동오에서 오랜 세월 세력을 넓혀 왔지만, 전단의 배신으로 어려움을 겪었다.

전단全端(?~?)은 삼국시대 동오의 장수로 오군 전당현 출신이다. 동오의 좌장군 전종全琮의 조카이다. 전편全遍과 전집全輯의 형이며 전서와 전역과는 사촌 형제이다.

241년 수춘전투에서 전종이 왕릉에게 패했다. 조위의 군대가 오 영장과 진황의 군대를 격파했다. 그러나 장휴張休와 고승顧承이 함 께 분전해 조위군의 진격을 저지했다. 전단이 전서와 함께 왕릉의 군사를 공격하여 물리쳤다. 전단은 이 공적으로 비장군이 됐다.

그런데 논공행상에서 적의 진격을 저지한 것보다 적을 퇴각시킨 것이 더 큰 공이라 여겼다. 장휴와 고승은 잡호장군이 되었는데 권 력 다툼으로 사이가 나빴던 손패파인 전종 일족과 손화파인 장소 일 족의 사이는 이 일로 긴장이 더욱 격화되었다. 이궁의 변 때 장소張 昭 일족과 고옹顧雍 일족이 유배를 가게 되는 원인이 됐다.

252년(건흥 5년) 조위가 동흥東興을 공격했다. 전단은 제갈각諸葛 恪의 명에 따라 제방을 낀 두 개의 성 중 큰 제방의 서쪽 성을 지켜 조위군을 물리쳤다.

257년(태평 2년) 5월에는 조위의 정동대장군 제갈탄諸葛誕이 수춘 에서 군사를 일으켜 사마소에 반기를 드는 반란을 일으켰다. 동오의 신하를 자처했다. 오강吳强과 제갈정諸葛靚 등이 구원을 요청했다. 전단은 전역과 문흠文欽, 당자唐咨, 왕조王操 등이 이끄는 3만 명과 일족인 전정과 전편, 전집 등을 이끌고 구원군으로 출병하여 제갈탄 을 지원했다.

사마소가 직접 대군을 이끌고 수춘을 포위했다. 전세가 불리해졌다. 그런데 이때 건업에서는 전씨 가문 내에서 싸움이 일어났다. 전서의 아들 전의全褘와 동생 전의全儀가 어머니를 모시고 사마소에게 투항했다.

이에 종회가 모략을 획책했다. 전의全褘가 보낸 것처럼 서신을 꾸몄다. 손침이 수춘에서 이기지 못한 것에 크게 화가 나서 전씨 일가를 모조리 죽이려 하니 성 안의 전씨 일가도 항복해 화를 면하라는 것이었다.

전단은 그 편지에 속았다. 결국, 12월 사촌 동생인 전역과 조카인 전정 형제들 그리고 병사 수천 명을 이끌고 동문으로 나와 사마소에게 항복했다.

『삼국지연의』에서 전단은 전의의 아버지로 등장해 항복한다. 손호는 그의 가족을 멸족한다.

태사자

주군이 도망쳐도 저항하다
손책에 귀순

태사자가 섬겼던 유요를 떠나 손책을 따른 것은 단순히 들어갔다는 뜻의 입入의 단계로 낮은 단계의 배신이다.

유요는 태사자가 배신의 상이라는 허소의 말을 믿고 중용하지 않았다. 정찰병으로 썼다. 태사자는 정찰 중 손책과 일대일 대결을 벌였다. 둘의 무공은 막상막하였다. 이후 유요가 손책에게 패해 도망갔다. 그러나 태사자는 끝까지 저항했다. 하지만 붙잡혀 포박되고 만다. 손책은 깍듯한 예의로 태사자에게 함께 하길 원했다. 태사자는 흩어진 유요의 병사들을 모아서 돌아오겠다고 말했다. 손책의 가신들은 태사자가 도망치는 것이라고 만류했다. 하지만 손책은 태사자를 끝까지 믿었다. 태사자는 손책의 믿음에 부응했다. 손책의 의기와 도량에 감복한 태사자는 손책에게 귀순했다.

따라서 태사자의 배신은 섬기던 유요가 도망친 상황에서도 끝까지 저항했지만, 역부족으로 잡혔고 의기로 믿어 준 손책의 부름에 응한 경우이다.

―――――――――――

태사자太史慈(166~206년)는 후한 말의 장수이다. 자는 자의子義이고 성씨는 복성으로 태사太史이며 청주 동래군 황현黃縣(산동성 황현 동쪽) 출신이다. 태사자는 장수이지만 젊어서는 학문을 익혔다.

태사자는 키가 7척 7촌(233cm)에 수염이 아름다웠다. 원숭이같이 긴 팔로 활을 잘 쏘아 백발백중이었다. 조조도 그 명성을 듣고 당귀當歸(한자를 해석하면 고향인 북쪽으로 돌아와 자신에게 귀부할 것을 권유한 것이다. 강유의 어머니가 강유를 권유할 때도 당귀를 보냈다)를 선물로 보낼 정도였다. 그의 궁술은 병법 36계 승전계의 제1계인 만천과해瞞天過海(하늘을 기만하고 바다를 건넌다)의 사례가 나올 정도였다.

태사자가 손책을 따라 마보麻保의 도적을 토벌하러 갔을 때였다. 둔영 안의 어떤 도적이 망루 위에서 욕을 했다. 그는 손으로 망루의 기둥을 잡고 있었다. 태사자가 활로 그를 쏘았다. 화살이 손을 관통하여 기둥에 박히니 주위의 모든 사람들이 그의 활 솜씨를 신궁이라 했다.

태사자는 186년 동래군의 주조사를 지냈다. 그런데 동래군과 청주 사이에 갈등이 생겼다. 군과 주 사이에 의견 차이가 생겨 먼저 올라간 공문이 유리해지는 상황이었다. 태사자의 군 공문이 늦었다. 그는 낙양으로 달려갔다. 담당자에게 주의 공문을 잠깐 보자고 하여 보자마자 바로 찢어버렸다.

관리가 노발대발했다. 하지만 태사자는 "당신도 공문서를 뺏겨 형벌을 받게 될 것이니 같이 도망가자."라고 말했다. 관리는 태사자와 함께 성을 나왔다. 그런데 태사자는 기회를 틈타 다시 성에 들어가 군의 공문을 올렸다.

주에서 일의 전말을 듣고 즉시 관리를 보내 다시 공문을 올렸다. 하지만 담당 관리는 군의 공문이 앞서 왔다며 수리하지 않았다. 관련 사건에 대해 주는 불리한 처분을 받았다.

태사자는 이 사건으로 명성을 얻게 되었다. 하지만 주로부터 미움을 사게 되자 화가 미칠 것이 두려워 요동으로 피신했다.

태사자의 어머니는 아들을 따라가지 않고 자신의 집에 기거하고 있었다. 북해태수北海太守 공융은 태사자의 명성을 듣고 곡식과 비단을 보내 태사자의 어머니를 잘 보살폈다.

191년 공융이 황건적의 습격을 받고 도창都昌에 진을 쳤다. 적장 관해에게 포위되었다. 당시 태사자는 요동에서 돌아왔다. 공융으로부터 극진한 보호를 받던 태사자의 어머니는 아들을 공융에게 보냈다. 태사자는 밤을 틈타 홀로 성안에 들어가 공융을 만났다.

공융은 평원상平原相 유비에게 구원을 요청하는 사자를 보내려고 했다. 하지만 관해는 공융의 성을 더욱더 단단하게 포위했다.

백발백중의 활 실력을 지닌 태사자는 적군을 속이는 행동을 했다. 만천과해 술책이었다. 상대방 심리의 맹점을 찌르는 것이다.

그는 활과 과녁을 두 기사에게 들려 성문을 열고 밖으로 나갔다. 적군들이 보고 깜짝 놀랐다. 그러나 태사자는 적군이 있는 언덕에 과녁을 세우고 활쏘기 연습을 했다. 연습이 끝나자 그는 다시 성 안으로 돌아왔다. 이런 행동이 며칠 반복되자 적군들은 의심하지 않았다. 태사자는 기묘한 행동을 반복하여 적을 방심시킨 뒤 3일째 되는 날 활 연습을 하다 갑자기 말 위에 올라 비호처럼 적의 포위망을 뚫고 갔다. 유비에게 달려간 태사자는 구원병 3천 명을 얻었다. 공융을 구하러 가자 관해는 포위를 풀고 도망쳤다.

공융은 건안칠자建安七子의 한 사람이었다. 십상시十常侍의 전횡을 비판한 청의파 선비로 유명했다. 황건적의 난이 일어났을 때는 노식의 부장으로 활약했다. 동탁이 권력을 잡자 그의 포악함을 비판하다가 북해의 상相으로 전출되었다.

당시 북해는 20만을 넘는 기주 황건적의 침입으로 크게 피폐해졌다. 하지만 공융은 황건적을 쫓아냈다. 영내에는 학교를 세우고 도덕성의 회복을 장려하는 등 통치에 힘썼다.

황건적을 물리친 이후 도겸이 죽자 표를 올려 유비를 서주자사로 천거했다. 그 뒤 원담과 거듭 싸움을 벌였지만, 영지까지 빼앗겼다. 처자식까지 붙잡힌 채 겨우 도망쳤다. 절망 상태였지만 마침 황제의 부름을 받아 허許로 가서 장작대장將作大匠, 소부少府 등의 관직에 임명되었다.

공융은 당시 황제를 옹립하며 점차 야심을 드러내던 조조와 자주 대립했다. 글을 여러 차례 올려 조조를 비판했다. 조조도 공융을 꺼렸다. 그러나 공융의 명망이 높은지라 겉으로는 받아들이는 척했다.

208년(건안 13년) 조조는 형주를 정벌했다. 분개한 공융은 조조를 비판했다. 조조도 이번에는 가만두지 않았다. 공융을 처형하고 가족은 몰살시켰다.

태사자는 194년 같은 동래군 출신인 양주자사 유요劉繇에게 의지했다. 하지만 유요가 허소許劭의 말을 듣고 태사자를 중용하지 않았다. 허소는 태사자를 배신할 상이라 했다. 유요는 "내가 그를 썼다가는 허자장이 나를 비웃을 것이오."라며 정찰병으로 썼다. 태사자는 유요 밑에서 정찰 역할밖에 할 수 없었다.

태사자는 기병 한 명을 데리고 정탐하다 기병 13명을 이끈 손책을 만났다. 둘은 일기토를 벌였다. 손책은 태사자의 말을 찌르고 목덜미를 끌어당기며 수극을 빼앗았다. 반면 태사자는 손책의 투구를 빼앗을 정도로 치열한 싸움이었다. 하지만 양쪽의 군사들이 몰려와 결판을 내지 못하고 서로 흩어졌다.

197년 유요가 예장으로 도망치며 손책에게 패배한 이후에도 태사자의 저항은 끝나지 않았다. 단양태수라 자칭하며 산월족을 이끌고 저항을 계속했다. 하지만 붙잡혀 포박되고 만다.

손책이 태사자의 포승을 풀어주고 깍듯한 예의로 대하며 협력을 구했다. 그러자 태사자는 뿔뿔이 흩어진 유요의 병사들을 모아서 돌아오겠다고 말했다. 손책은 허락했다. 손책의 가신들은 태사자가 거짓말로 도망치는 것이라고 만류했다.

그러나 손책은 태사자를 끝까지 믿었다. 태사자 또한 약속 날짜에 군사들을 이끌고 돌아왔다.

손책은 태사자를 문하독의 관리로 임명했다. 동오로 돌아와서는 병사를 주고 절충중랑장에 임명했다. 손책의 의기와 도량에 감복한 태사자는 이후 손책의 막하에 들었다.

이후 유반劉磐(유표의 조카뻘 장수)이 수차례에 걸쳐 애와 서안 일대를 침략했다. 202년 손권은 해혼과 건창 일대의 몇 현을 나누면서 태사자를 건창도위에 앉혀 해혼 일대를 다스리도록 했다. 이후 유반은 쳐들어오지 않았다.

태사자는 206년 남쪽에서 반란이 일어나자 토벌하러 갔다가 풍토병에 걸려 죽었다. 적벽대전이 일어나기 전 40세의 젊은 나이였다.

「오서」에 의하면 태사자는 죽을 때 유언을 남겼다. "대장부로 세상에 태어나 7척 칼을 지니고 천자의 계단에 올라야 하거늘, 아직 그 뜻을 실현하지 못했는데 난 어찌하여 죽는단 말인가. 丈夫生世장부생사, 當帶七尺之劍당대칠척지검, 以升天子之階이승천자지계. 今所志未從금소지미종, 奈何而死乎나하이사호."

아들 태사향도 동오의 신하로 살았다.

『삼국지연의』에서는 관해로부터 공융을 구출하기 위해 유비는 관우, 장비, 태사자를 부하로 삼아 북해로 쳐들어가 황건적을 공격하여 공융을 구출한다.

그 후 태사자는 유요의 수하로 들어가서 손책과 겨루고 이번에는 손책을 섬긴다. 적벽대전에 주유의 호위무장으로 참전하고 합비전투에서는 장료에게 계략을 간파당하여 독화살의 중상을 입고 죽는 것으로 처리하였다.

하지만 삼국지 「오서」 '태사자전'에 의하면 합비를 공격했다는 것은 허구이다. 손책은 태사자를 전창도위로 삼아 유표의 조카인 유반의 공격을 막게 했다.

손권이 동오를 다스릴 때도 태사자는 여전히 남방을 지켰다. 206년(건안 11년)에 죽었기 때문에 손권을 따라 합비를 공격할 수 없었다.

촉한

촉나라

강유

조위를 섬기다
촉한으로 귀순

강유는 조위의 천수태수 마준을 섬기다 촉한으로 귀순했다. 228년 제갈량이 기산으로 진군하자 남안, 천수, 안정 3군이 촉한에 호응했다. 마준은 강유 등을 의심했다. 상규성으로 간 마준은 강유를 데리고 가지 않았다. 뒤쫓아간 강유는 들여보내 달라고 했지만 거부당했다.

부득이 가족이 있는 기현으로 왔다. 그런데 기현 백성들은 강유가 제갈량과 합류하기를 바랐다. 강유는 마준으로부터 내쫓김 당한 상황에서 제갈량과 합류하라는 기현 백성들의 압력을 받았다. 결국, 강유는 제갈량을 만나 촉한에 귀순했다.

강유의 조위 배신은 단순히 들어갔다는 것을 뜻하는 입入 정도의 배신이다. 상황에 내몰린 피동적 배신이다. 조위에 남은 강유의 가족들은 강유를 다시 귀순시키라는 압박을 받았다. 강유의 어머니가 그 뜻을 전했지만, 강유는 귀국을 거부했다.

이후 강유는 촉한의 병권을 잡아 대장군으로서 제갈량의 북벌정책을 이어받아 강행했다. 하지만 조위를 멸망시키지 못하고 전사함으로써 막을 내렸다. 처자들도 주살되었다.

강유姜維(202~264년)는 촉한의 장수로 자는 백약伯約이다. 옹주 천수군 기현冀縣(감숙성 감곡 동쪽) 출신이다. 조위를 섬기다 제갈량의 제1차 북벌 때 촉한으로 귀순했다.

옹주雍州는 구주 중 한 곳으로 전해 내려오는 지역이다. 후한 13주 중 한 곳으로 중심지는 장안長安(산시성 시안시)이다. 천수군天水郡은 현재의 간쑤성 톈수이시 일대에 걸쳐 있었으며 후한에서는 한양군漢陽郡이라 했다.

강유의 부친 강경姜冏은 군郡의 공조였다. 강족의 반란을 진압하다 전사했다. 강유는 어려서부터 모친과 살았다. 성장하면서 후한의 유학자 정현의 문하에서 학문을 배웠다. 이후 군에 출사하여 상계연이 되었다. 주州로 소환돼서는 종사에 임명되었다. 그 뒤 부친의 공적으로 인해 중랑장을 증여받고 본군에 참여해 조위의 천수태수 마준을 섬겼다.

228년(건흥 6년) 촉한의 제갈량은 기산祁山으로 진군했다. 이때 조위의 옹주자사 곽회는 서현西縣부터 기현冀縣의 낙문洛門에 이르기까지 천수군을 순찰했다. 천수태수 마준은 중랑中郎 강유, 공조功曹

양서, 주부主簿 윤상, 주기主記 양건 등을 데리고 곽회를 수행했다.

곽회는 제갈량이 기산으로 출정했다는 소식을 듣고 빠르게 상규현上邽縣으로 달려갔다. 마준도 남안, 천수, 안정 3군의 현이 촉한에 호응한다는 상황을 보고받았다. 마준은 천수군의 치소인 기현이 서쪽에 치우쳐 있고, 그곳의 백성들이 촉한의 공격에 호응할까 두려웠다. 곽회를 따라가면서 강유를 의심하여 따라오지 못하게 했다. 이때 강유는 기현으로 복귀해야 한다고 진언했다.

하지만 마준은 강유를 비롯해 기현으로 가자는 이들을 믿지 않았다. 강유 등이 배신할 것으로 봤다. 밤중에 몰래 상규로 빠져나와 농성籠城(적에게 둘러싸여 성문을 굳게 닫고 성을 지킴)했다. 강유 등은 모두 상규성으로 가서 마준에게 들여보내 달라고 요청했다. 하지만 거부당했다.

강유도 마준의 의도를 알고 떨어졌다. 가족이 있는 기현으로 돌아왔다. 그런데 기현에서도 반기지 않았다. 기현 백성들은 강유가 제갈량의 진영에 합류하기를 바랐다. 강유는 기현 백성들의 뜻에 따라 제갈량과 만났다.

그러는 사이 조위의 장합과 비요 등이 가정街亭에서 제갈량의 선봉인 마속을 격파했다. 제갈량은 부득이 서현西縣을 함락시켜 1,000여 가와 강유 등을 이끌고 퇴각했다. 관할 군을 버리고 달아난 마준과 남안태수는 엄한 형벌을 받았다. 강유는 뜻하지 않게 모친과 생이별을 했다.

조위에 남은 강유의 가족은 조정으로부터 강유를 다시 귀순시키라는 압박을 받았다. 조위는 투항자의 가족에게 매우 엄격했다. 강유의 어머니가 당귀를 강유에게 보냈다. 당귀는 한약재의 일종으로 당귀當歸라고 쓰는데 '마땅히 돌아오다'라는 뜻이 된다. 촉한에 투항한 아들에게 당귀를 보낸 것은 귀국을 권유하는 의미였다.

강유는 참담하고 송구한 마음을 시로 써 답장으로 보냈다.

良田百頃양전백경 – 좋은 밭이 백경이 있으나
不在一畝부재일무 – 일 무도 남은 바 없으니
但有遠志단유원지 – 다만 원지만 있을 뿐
(遠志원지는 한약재의 일종이며 원대한 뜻이라는 의미)
不在當歸부재당귀 – 당귀는 없나이다

어머니의 간청에도 불구하고 강유는 끝내 귀국을 거부하고 촉한에 남았다. 그 결과 강유의 가족들은 그가 죽기 전까지 사면을 받지 못했다.

강유는 뜻하지 않게 조위에서 촉한으로 귀순한 처지가 됐다. 촉한에 귀순한 강유는 제갈량에게 인정받아 중요 직책을 맡았다. 창조연倉曹掾에 봉의장군奉義將軍을 겸하고 당양정후當陽亭侯로 봉해졌다. 창조연은 태부 소속으로 양곡 창고를 담당하는 관리였다. 당시 그는 27세로 파격적인 출세였다.

제갈량은 유부장사 장예와 참군 장완에게 보낸 서신에서 "강유는 주어진 일을 충실히 한다. 생각이 깊다. 재능은 영남(이소李邵)이나 계상(마량) 등도 따를 수 없는 점이 있다. 그는 양주에서 최고 인물이다."이라고 했다.

제갈량과 장완, 비의, 동윤 등 촉한의 사영四英이 세상을 떠난 후 촉한의 병권을 잡아 대장군이 되었다. 강유는 북벌을 주도적으로 실행했다. 조위와 일진일퇴의 공방을 펼쳤지만 큰 전공은 없었다. 비의가 죽고 난 후에는 병권을 확실히 잡았다. 조수와 적도에서 대승을 거둬 한때 옹주를 함락시킬 정도였다.

농서에서 강족 같은 이민족들에게도 상당한 영향력을 행사했다. 하지만 단곡전투의 패배 이후에는 이렇다 할 전공을 세우지 못했다. 그럼에도 잦은 북벌로 백성들로부터 원성을 사면서 중앙정계에서 점차 배제되었다. 촉한이 멸망한 후에는 조위의 점령군 종회를 이용해 그 재건을 꾀했지만 실패했다.

촉한 귀순 후 한동안 문관의 일을 하던 강유는 230년 정서장군征西將軍으로 승진한다. 중감군中監軍 혹은 호군護軍을 맡았다. 무관의 일을 맡게 됐다. 234년에는 성도成都로 돌아와 보한장군輔漢將軍으로 옮겨 우감군右監軍을 담당했으며 평양후平襄侯로 진봉됐다.

강유는 238년(연희 원년) 대장군 장완을 따라 한중군에 주둔했다. 239년 장완이 대사마가 되자 강유는 사마가 되었다. 소규모 분견대로 수차례 조위의 양주 서쪽을 침입하여 강족의 영토 내에서 승리했다. 촉한에 협력하는 강족의 무리가 늘어났다.

242년 봄 정월 강유는 편군偏軍(한 무리의 군대)을 인솔해 한중에서 부현涪縣으로 돌아와 주둔했다. 장완도 부현으로 이동하여 북벌을 준비했다. 이른바 상용 급습 작전이었다. 「장완전」에 의하면 "장완은 예전에 제갈량이 여러 차례 진천秦川을 노렸지만, 길이 험하고 군량 운반이 어려워 끝내 성공할 수 없었으니 강을 타고 동쪽으로 내려가는 것만 못하다고 생각했다. 이에 주선舟船을 많이 만들어 한수漢水, 면수沔水를 따라 위흥魏興, 상용上庸을 습격하고자 하였다."

하지만 상용 급습 작전은 장완의 병으로 인해 흐지부지되었다. 조정에서도 승리하지 못할 때 군사들의 퇴로가 없다며 좋은 계책이 아니라고 했다.

장완은 상서령 비의 등과 상의한 후 후주에게 양주를 먼저 공략해야 한다는 표를 올렸다. 강유를 양주자사로 임명하고 양주로 파견하여 도모하게 한 다음 자신이 부에서 호응한다면, 반드시 양주를 점령할 수 있다고 주장했다.

강유는 243년 진서대장군鎭西大將軍으로 승진하고 양주자사를 겸직했다. 장완의 계책은 추진 직전까지 갔다. 그러나 장완의 지병이 악화되어 그가 죽는 바람에 계획은 무산됐다.

강유는 제갈량의 촉망과 자신의 능력으로 촉한의 북벌에서 핵심 인물로 성장해 갔다. 244년 낙곡대전에서 승리했다. 왕평이 지체하는 사이에 비의와 함께 중앙군을 이끌고 적진 깊숙이 들어가 위군을 몰아냈다.

246년 장완이 병사했다. 강유에게도 변화가 왔다. 장완의 권한은 제갈량이 생전에 안배해 둔 후계자인 비의에게 이동되었다. 246년 11월 강유는 농서로 진격했다. 곽회와 하후패를 이기고 돌아왔다. 247년에는 위장군으로 승진하고 대장군 비의와 함께 녹상서사에 올랐다. 비의費禕와 함께 상서의 사무를 총괄했다.

강유는 문산군汶山郡 평강현平康縣의 반항하는 이민족들을 토벌했다. 그즈음 농서군과 남안군, 금성군, 서평군 일대의 강족 아하소과와 벌동伐同, 아차새蛾遮塞 등이 조위에 반기를 들었다. 양주의 유명 호인胡人인 치무대治無戴도 이에 가담했다.

강유가 토촉호군討蜀護軍 하후패가 진을 치고 있던 위시爲翅로 치고 올라갔다. 그런데 곽회가 풍중瘋中을 거쳐 내려오는 바람에 후퇴했다. 곽회는 다음 해까지 대적하는 강족들을 모조리 소탕했다. 강유는 패주한 치무대를 강천彊川으로 나가 영접했다. 음평태수 요화는 성중산成重山에 요새를 쌓으면서 패배한 강족들을 거둬들였다.

곽회는 부대를 나눴다. 하후패는 답중沓中에서 강유를 저지하고 자신은 요화를 공격했다. 강유는 조위군의 진격에 더 이상 서쪽으로 가지 못했다. 곽회의 공격을 받는 요화를 구원하러 갔다.

강유는 249년 국산麴山에 의거해 성 두 개를 축조했다. 구안과 이흠李歆을 주둔시켰다. 조위의 신임 옹주자사 진태는 그 보급로를 끊어 봉쇄하려 했다. 하지만 구안 등은 진태를 도발하는 한편 눈을 녹여가며 죽기를 각오하고 버텼다.

강유가 이들을 구하기 위해 우두산牛頭山에서 나왔다. 곽회가 조수洮水로 이동하며 강유의 퇴로까지 끊으려 했다. 강유는 포위망이 완성되기 전에 철수했다. 고립무원에 빠진 구안 등은 저항을 포기했다. 강유는 철수하다 중간에 다시 방향을 돌렸다.

그런데 남안태수 등애가 미리 알고 백수白水 북쪽에 진을 치고 있었다. 강유는 요화로 하여금 맞은편에 진영을 설치해 등애의 시선을 붙잡아두고 자신은 동쪽으로 60리(24km) 거리에 있던 조성洮城을 습격했다.

그런데 이번에도 등애는 혹시 강유가 다시 돌아올지도 모른다는 판단으로 먼저 와 있었다. 강유의 전략은 헛일이 되었다. 250년 강유는 다시 서평군으로 출진했다. 하지만 이기지 못하고 돌아왔다.

비의가 촉한의 전권을 쥐고 있던 시절 강유는 군대를 움직이는데 많은 제한을 받았다. 대장군인 비의는 "승상도 하지 못한 일(북벌)을 우리가 어찌하겠는가. 내정을 튼튼하게 하고 승상급의 인재가 나오기를 기다리는 것이 낫다."며 1만 명 이상을 운용하지 않았다.

강유는 서방의 풍속에 익숙하고 자신의 무재도 자신했다. 여러 강인과 호인들의 도움을 받아 농산隴山의 서쪽 지역을 장악할 수 있다고 판단했다. 매번 대군을 일으켜 진격하고 싶었다. 하지만 비의의 반대로 제지당했다.

그런데 국면의 전환이 찾아왔다. 253년 정월 비의가 조위에서 항복한 곽순에게 칼을 맞아 피살됐다. 강유는 여름에 수만 명을 동원하여 석영石營과 동정董亭을 지나 남안을 포위했다. 하지만 진태가 낙문洛門(落門-천수군 기현)으로 와 대치했다. 군량도 떨어져 철군했다.

강유는 254년 독중외군사督中外軍事라는 직위가 더 붙었다. 그러자 조위에 대한 공격을 늦추지 않았다. 마침 농서군의 적도현장 이간李簡이 성을 바치며 투항했다. 강유는 이를 기회로 농서군을 종횡무진으로 휩쓸었다. 양무현襄武縣에서 서질을 무찌르고 하관河關과 적도狄道, 임조臨洮 현의 주민들을 데려왔다.

255년에는 이전에 조위에서 귀순해 온 거기장군 하후패 등과 같이 적도로 진격했다. 무력을 남용해서는 안 된다던 장익도 대동했다. 강유는 기산과 석영, 금성金城 세 군데로 진군한다는 거짓 정보를 흘렸다. 그런 후 수만 명을 이끌고 부한현枹罕縣으로 갔다가 적도로 내달렸다. 곽회 사후 정서장군을 이은 진태는 강유의 책략에 속지 않았다. 옹주자사 왕경에게 적도로 나아가 자신을 기다리라고 했다. 그러자 강유는 기습전을 택했다. 조수 서쪽에서 왕경을 대파했다. 왕경군은 수만 명이 죽거나 뿔뿔이 흩어졌다. 겨우 1만여 명만이 적도성으로 물러났다. 조위의 장수들은 당황했다. 등애 마저 옹주를 포기하는 게 좋겠다고 했지만, 진태는 거부했다.

반면 촉한의 사정도 넉넉하지는 않았다. 장익은 강유에게 진격을 멈출 것을 간언했다. 지금까지의 큰 공적도 훼손될 수 있다며 더 진격하는 것은 사족蛇足이라고 말렸다. 그런데도 강유는 듣지 않고 그대로 적도를 에워쌌다.

진태는 절치부심했다. 신속하게 부풍군 진창현陳倉縣과 천수군 상규현을 경과했다. 그런 후 몰래 고성령高城嶺도 넘었다. 밤중에 적도의 동남쪽의 산에 당도했다. 진태의 군대가 갑자기 적도 남쪽에서 나타나자 강유는 놀랐다. 일부 군사를 수습하여 산을 타고 진태의 군사를 습격했다. 하지만 이미 고지에 자리 잡은 진태를 이길 수 없어 후퇴했다.

이어 양주의 조위군까지 금성을 지나 적도로 오고 있었다. 진태와 왕경이 함께 강유의 퇴로를 막으려는 계획을 세웠다. 첩보를 통해 그 계획을 감지한 강유는 즉시 퇴각했다. 식량 부족으로 진태의 구원병이 오지 않았다면 옹주를 잃을 수도 있었던 왕경은 진태가 무척 고마웠다. 한편 퇴각한 강유는 조위의 영토 내 적도 남쪽인 종제鍾提로 군을 물렸다.

강유는 256년 적도전투의 공으로 원정지에서 대장군에 올랐다. 강유의 북벌은 멈추지 않았다. 이번엔 기산으로 출정했다. 그런데 조위의 안서장군安西將軍 등애가 미리 방비를 하고 있었다. 방향을 동정으로 돌려 남안으로 질주했다. 하지만 등애도 무성산武城山에서 맞섰다. 등애를 뚫기 어려웠다. 진서대장군 호제胡濟와 동쪽의 상규에서 만나기로 약속했다. 밤중에 위수를 건너 빠르게 기동했다.

그런데 호제는 알 수 없는 이유로 약속 날짜에 도달하지 않았다. 그 결과 상규 앞 단곡段谷에서 등애군과 회전을 하여 대패당했다. 장수 수십 명이 죽고 천여 명의 병사가 죽거나 흩어졌다.

백성들은 강유를 원망했다. 농서의 협력 세력들도 동요했다. 이에 강유는 스스로 후장군으로 관직을 깎았지만, 대장군의 권한은 그대로 행사했다. 강유의 입지는 단곡전투의 패배 이후 좁아지고 있었다.

257년(연희 20년) 조위의 정동대장군征東大將軍 제갈탄이 회남에서 반란을 일으켰다. 덕분에 조위의 관중 병력이 동쪽으로 빠졌다. 강유는 진천秦川 지방 공략을 목표로 수만 명을 이끌고 낙곡駱谷을 출발해 침령沈嶺에 다다랐다. 침령 앞 조위의 성채 장성長城에는 비축된 곡물이 많았지만, 수비병은 적었다. 대다수가 강유를 두려워했다.

그렇지만 진태의 후임인 정서장군 사마망이 막아섰다. 진서장군이 된 등애도 농서로부터 지원을 왔다. 강유는 망수芒水에 군영을 설치하고 계속 싸움을 걸었다. 그런데 사마망과 등애는 꿈쩍도 하지 않았다.

연이은 출병으로 촉한의 백성들은 초췌했다. 초주譙周(199년 이전~270년 촉한의 정치가로 자는 윤남允南이며 익주益州 파서군巴西郡 서충국西充國 출신)가 내치를 총괄하던 진지陳祗(?~258년 촉한의 관료로 자는 봉종奉宗이며 예주 여남군 출신. 대장군 강유보다 직책이 낮았지만, 유선에게 깊이 신임과 총애를 받아 강유보다 실권이 더 컸다. 환관 황호와 더불어 촉한 멸망의 토대를 제공한 인물로 평가)의 협조를 받아 북벌을 쉬고 때를 기다리자는 내용의 구국론을 짓는다. 하지만 촉한은 초주의 구국론에 관심을 갖지 않았다.

258년(경요 원년) 강유는 제갈탄이 패망했다는 소식에 성도로 환군했다. 촉한의 상황은 바뀌었다. 내치를 책임졌던 진지가 죽고 환관 황호가 권력을 잡았다. 강유는 대장군 직위를 회복했지만 262년까지 4년간 북벌을 쉬고 힘을 비축했다.

숨죽이고 있던 강유는 촉한의 방어 작전을 변경하는 계획을 제시했다. 촉한의 방어 계획은 유비 때부터 적을 경계에서 겹겹이 막아 아예 한중 분지로 들어오지 못하게 하는 것이었다. 왕평이 조상에게 대승을 거두었던 낙곡전투의 기본 전략도 그것이었다.

그런데 강유는 다음과 같이 건의하며 이를 개편했다. "이 방법은 주역의 중문격탁重門擊柝에는 부합하지만, 적을 막을 뿐 큰 이익을 꾀할 수는 없다. 적의 공격 징후가 포착되면 한중 일대의 군사와 곡식을 한성漢城(한중군 면양현)과 낙성樂城(성고현)으로 집중시켜 적을 평지로 끌어들이고, 사천분지四川盆地(다바 산맥, 추시 산지, 원구이 고원, 티베트고원青藏高原에 둘러싸인 분지로 양쯔강 상류와 그 지류 유역에 펼쳐져 있다)로 향하는 관문들을 강화하는 게 좋다. 유사시에는 유격병을 투입해 빈틈을 노린다. 적들은 사천 분지로 진입하지 못한다. 길게 늘어지기만 한 보급선에 고통받을 것이다. 적들이 총퇴각할 때 비로소 출전하여 한꺼번에 들이치면 적들을 섬멸할 수 있다."

촉한의 방어작전은 강유의 계획에 따라 변경되었다. 독한중 호제는 자동군(재동군) 한수현漢壽縣(옛 가맹)으로 이전했다. 감군 왕함王含은 낙성에, 호군 장빈蔣斌은 한성에 머물렀다. 서안西安, 건위建威, 무위武衛, 석문石門, 무성武城, 건창建昌, 임원臨遠에도 수비 거점을 마련했다.

평소 강유는 환관 황호를 싫어했다. 방자하고 교만하다는 이유에서다. 262년 강유는 황호 처형을 유선에게 간언했다. 하지만 유선과 황호의 관계는 매우 깊었기 때문에 뜻이 이뤄지지 않았다. 황호가 유선의 칙명을 받고 사과하러 왔다.

하지만 강유는 답중에서 맥곡 농사를 짓겠다는 이유로 성도를 빠져나왔다. 동년 10월 강유는 4년 만에 조양洮陽을 공격했다. 결과는 후화侯和에서 정서장군 등애에게 격파당하고 답중으로 후퇴하는 패배였다.

단곡전투 이후 강유는 공적을 세우지 못했다. 조정에서는 대장군을 교체하자는 의론이 있었다. 실권자였던 황호는 평소 친밀했던 우대장군 염우를 앉히고 싶어 했다. 강유는 황호로부터 죽임을 당하는 일이 발생할까 우려하여 성도로 귀환하지 않았다. 답중에 그대로 눌러앉았다.

263년 강유는 한 표문을 위선에게 올렸다. 조위의 진서장군 종회가 촉한을 도모하려 관중군을 훈련하니 좌거기장군 장익과 우거기장군 요화를 각각 양안관구陽安關口와 음평교두陰平橋頭에 미리 배치해야 한다는 것이었다.

그런데 유선은 그 표문을 무시하고 공론에 부치지 않았다. 황호가 무당에게 점을 봐 쳐들어오지 않는다고 올린 점괘를 더 믿었기 때문이다.

강유의 표문은 가을에 현실로 나타났다. 종회가 낙곡으로, 등애가 답중으로 남하했다. 그때야 상황이 급해진 조정에서는 요화를 답중으로 장익과 보국대장군輔國大將軍 동궐을 양안관구로 파병했다.

조위의 남진정책이었다. 옹주자사 제갈서마저 건위로 내려왔다. 요화는 강유의 주요 후퇴로인 음평에서 대비했다.

하지만 강유는 음평에서 패주했다. 관구는 장서가 관성을 나가 항복했다. 부첨의 분전에도 불구하고 호열에게 함락됐다. 장익과 동궐은 그때야 한수현에 당도했다.

종회는 한성과 낙성을 공격하지 않고 포위만 했다. 그런 뒤 곧바로 촉한의 중심부를 향해 내달렸다. 강유와 요화는 음평을 포기할 수밖에 없었다. 장익과 동궐은 힘을 합쳐 검각에서 항전했다. 강유는 종회가 회유했지만 나서지 않고 수비에 치중했다. 종회는 검각을 돌파하지 못했다. 생각보다 늦어지는 보급에 지쳐 철병을 고려했다.

겨울에 등애가 측면의 무인지경인 산과 계곡 700여 리(280km)를 개척하며 내려갔다. 강유의 수비대장 마막은 항복했다. 광한군 면죽현縣竹縣을 사수하던 위장군 제갈첨은 패사했다.

검각에선 여러 소문이 무성했다. 유선이 성도를 고수한다. 동오로 망명한다. 남쪽의 건녕군으로 피난을 간다는 확인되지 않는 소문만 퍼져 나갔다. 강유는 진위를 파악하는 게 시급했다. 광한현과 처현郪縣 방면으로 내려갔다.

그런데 얼마 가지 않아 유선의 항복 조서가 내려왔다. 강유는 과戈와 갑옷을 내던졌다. 종회가 있는 부현涪縣으로 출두했다. 군사들도 분노했다.

종회는 강유에게 늦은 이유를 책망하듯 물었다. 강유는 눈물을 흘리며 오늘 보는 것만도 빠르다고 답했다.

종회는 강유를 비범하게 여겨 후대했다. 출타할 때는 같은 수레에 태우고 앉을 때도 동석을 내주었다. 강유는 종회가 딴마음을 품고 있다고 판단했다. 그 마음을 촉한 부흥에 이용하기로 했다. 종회가 등애를 시기하는 마음을 이용하여 종회의 손으로 등애를 제거하도록 했다. "듣건대 군께서는 회남에서부터 그 계책에 허점이 없었다고 한다. 진나라가 창대해진 것은 모두 그 덕택이다. 촉한까지 정복하여 그 위엄과 덕망이 세상을 풍미하니 백성들은 그 공을 존경하고 군주도 그 지모를 두려워할 정도이다. 그런데도 어찌 이대로 돌아가려 하는가. 한신은 한나라를 배반하지 않았어도 천하가 평정되자 의심을 받았다. 문종은 범려의 조언을 듣지 않았다가 허망하게 죽었다. 그들이 어리석어서 그런 것이었겠는가. 이해관계가 그런 것이다. 군께선 이미 많은 공과 덕을 이루었으니 도주공陶朱公(범려)이 배를 띄워 월왕 구천을 떠난 것을 본받아야지 않겠는가. 공훈과 몸을 보전하려면 아미산峨嵋山에 올라 장량처럼 신선적송자赤松子를 따라가야지 않겠는가."

그런데 종회는 강유의 본심을 자세히 살피지 않은 채 등애를 참소讒訴(남을 헐뜯어 없는 죄도 있는 것처럼 윗사람에게 고해 바침)했다. 264년 정월 등애는 체포되어 중앙으로 압송됐다. 사마소는 촉한 지방의 정세가 심상찮음을 감지했다. 병사 10만을 장안으로 보내 대비케 했다. 종회는 사마소의 움직임에 압박을 느끼고 서둘러 익주목을 칭하며 반란을 일으켰다. 종회는 조위의 장수들을 잡아들인 다음 수십 개의 큰 구덩이를 파고 수천 개의 몽둥이를 준비하여 외부의 병사를 불러들여 차례대로 때려죽인 뒤 구덩이 속에 넣으려 했다.

강유는 나름대로 생각을 펼쳤다. 종회가 조위의 장수들을 죽이면 자신이 종회를 죽이고 조위 병사들도 모두 묻은 후 유선을 복위시킬 속셈이었다.

『화양국지』에 의하면 강유는 유선에게 밀서를 전한다. 며칠만 치욕을 견디면 자신이 위태로운 사직을 다시 평안케 하고, 잠긴 일월을 다시 환하게 하겠다는 것이었다.

성도에 도착한 종회는 반기를 들고 강유에게 5만 명을 줘 선봉으로 삼으려 했다. 그런데 구건됴建(?~? 촉한 정벌에 활약한 조위 장수)이 음식을 전해준다며 속이고 잡혀 있던 호열을 만나 종회의 계획이 담긴 밀서를 그의 아들 호연에게 몰래 전했다.

조위의 장수들과 병사들이 사실을 알고 분노했다. 성도로 모두 몰려들었다. 그때 무기를 배분하던 종회와 강유를 습격했다. 종회는 두려움에 떨며 강유에게 대책을 물었다. 강유는 종회에게 적을 격퇴할 뿐이라고 말하며 조위의 군사 대여섯 명을 죽였다.

하지만 중과부적衆寡不敵이었다. 결국, 강유는 전사했고 종회도 살해당했다. 63세 강유의 시체는 참혹하게 찢겨 훼손되었다. 그 처자들도 주살되었다.

강유는 조위를 버리고 촉한에 귀순하여 36년간 전장에 섰다. 제갈량 사후에는 그를 대신했다. 하지만 그는 당시 촉한이 처한 상황을 객관적으로 판단하고 이끄는 전략가로서는 부족함을 보였다. 자신을 보좌하고 지지해 줄 인재가 없었다. 단기의 군사軍師로써 힘겨운 싸움을 했다. 그의 죽음과 함께 촉한은 재기할 기회를 잃게 되었다.

극정郤正(?~278년 촉한의 문신으로 자는 영선令先이며 본명은 극찬郤纂 하남군 언사현 출신)은 강유에 대해 "강백약은 상장上將으로서의 중임을 맡았지만, 초라한 집에 살면서 불필요한 재산을 모으지 않았다. 측실에서는 첩잉妾媵(첩실)을 총애함이 없고 후정에서는 음악을 즐기는 일이 없었으며, 의복은 제공된 것을 입고 수레와 말은 준비된 것을 타고, 음식은 절제되어 사치하지도 인색하지도 않았으며, 관에서 공급하는 비용은 손에 주어지는 대로 소진했다. 이러한 행동은 남을 질책하거나 자신의 욕망을 버리려고 했던 것이 아니다. 그는 만족을 알던 사람이었다. 사람들은 성공한 사람만 칭찬하고 실패한 사람은 비난한다. 또한, 높은 사람에게 기대고 낮은 사람은 무시한다. 많은 사람들이 강유가 종회와 같은 하찮은 인간에게 의지하여 자신과 종족을 멸망시켰다고 비난하고 그의 다른 측면은 생각하지 않는다. 이는 『춘추』에서 그릇된 사람을 폄하하는 것과 전혀 다른 일이다. 강유는 배우기를 좋아했으며 성실, 청렴, 소박, 검소를 행동의 준칙으로 삼았으니 한 시대의 모범이라 할 만하다."라고 칭찬했다.

촉한의 북벌에 함께 참전한 요화廖化(?~264년 후한 말과 촉한의 장수)는 262년 4년 만에 다시 적도로 출정하는 강유를 보고 "'전란이 끊이지 않으면 스스로를 불태운다'고 하더니 백약을 두고 하는 말이로구나. 지모가 적보다 뛰어나지 않고 역량도 적으면서 용병이 끊이지 않으니 어찌 스스로를 보존하리. 시경에서 말하는 '나보다 앞서지도 않고, 나보다 뒤서지도 않았다(不自我先부자아선 不自我後부자아후)'라는 것이 바로 지금의 일을 가리키는 것이로다."라고 말했다.

『삼국지』의 저자 진수는 "강 백약은 문무를 갖췄고, 공명을 세우려는 뜻이 있었지만, 인명을 경시해 병력을 함부로 소모했다."고 서술했다. 또 "어떤 문제든 사리분별이 명확했고 과단성이 있었으나, 본성이 급하고 생각이 조밀치 않아 죽음에 이르렀다."고 덧붙였다.

『삼국지』 44권 「촉서」 '제14 강유전' 배송지주에서 간보干寶(?~? 동진東晉의 학자, 자는 영승令升)는 "강유는 촉상이 되어 나라가 망하고 임금이 모욕을 당했음에도 죽지 않았다가 종회의 난 때야 죽었으니 애석하구나. 죽는 것이 어려운 게 아니라 죽음에 올바로 임하는 것이 어려운 것이다. 이 때문에 옛 열사들은 위태로움을 보면 목숨을 바치고 절의를 던지는 것을 고향으로 돌아가는 것처럼 편안하게 하며 죽는 것을 꺼리지 않았으니 실로 명이 길지 않음을 알고서 그 마땅한 바를 얻지 못할까 두려워했기 때문이다."라고 평가했다.

손성孫盛(302~373년 동진의 관료이며 역사가)은 영화(진목제의 연호 345~356년)초에 안서장군 환온을 따라 촉한을 평정할 때에 여러 노인들을 만났다. 그들이 말하길 강유가 이미 항복한 뒤에 은밀히 유선에게 표소를 올려 "종회에게 거짓으로 항복하여 섬기고 이를 틈타 그를 죽이고 촉한 땅을 회복하고자 한다."라고 말했다. 그러나 "일이 이루어지지 못해 마침내 멸절되기에 이르렀다. 촉인들이 지금도 그를 안타깝게 여긴다."고 했다.

손성은 이에 대해 옛사람이 이르길 "시달릴 바가 아닌데 시달리면 이름이 반드시 욕되고, 의거할 바가 아닌데 의거하면 몸이 반드시 위태로워질 것이며, 욕되고 또한 위태로워지면 죽을 날이 장차 닥칠 것이다."라고 했으니 바로 강유를 일컫는 말이라고 했다.

또 "등애가 강유성으로 들어올 때 군사들이 매우 적었다. 그러나 강유는 나아가 면죽 아래에서 절의를 떨치지도 못하고 물러나서는 다섯 장수를 총수하여 촉한의 주인을 옹위하지도 못했고, 뒷날 도모할 계책을 생각하다가 역逆과 순順 사이에서 이랬다저랬다 하였으며, 기대하기 어려운 기회에서 물정에 어긋나는 것을 희망함으로써 나라를 쇠약하게 만들며 삼진三秦에서 여러 번 군세를 과시하였고, 이미 나라가 멸망한 뒤에 이치를 넘은 대단한 성공을 바랐으니 또한 어리석지 않은가."라고 매우 강하게 비난했다.

　배송지裴松之(372~451년 동진 말과 송초의 관료)는 "손성이 강유를 비난하는 말은 합당하지 않다. 당시 종회의 대군이 이미 검각에 이르자 강유가 제장들과 더불어 군영을 벌려 세우고 험요지를 수비함으로써 종회가 진격할 수 없어 되돌아갈 계획을 의논하였으니 촉한을 온전히 지키는 공이 거의 이루어졌었다. 다만 등애가 측면으로 침입하여 그 배후로 출병하니 제갈첨이 패한 뒤에 성도는 스스로 무너졌을 뿐이다. 강유가 만약 회군하여 내부를 구원했다면 곧 종회가 그의 배후를 틈탔을 것이다. 당시의 사세로 어찌 양쪽을 다 구제할 수 있었겠는가. 그런데도 강유가 면죽 아래에서 절의를 떨치지 못하거나 촉한의 주인을 옹위하지 못했다고 책망하는 것은 이치에 맞지 않는 말이다. 종회는 조위의 장수들을 모두 구덩이에 파묻어 죽이고 강유에게 대군을 주어 선봉으로 삼고자 했다. 만약 조위의 장군들이 모두 죽고 병사가 강유의 손에 주어졌다면 종회를 죽이고 촉한을 회복하는 일은 어렵지 않았을 것이다. 무릇 이치를 넘어 공이 이루어진 연후에 이를 가리켜 기奇라고 하는 법이니 그 일에 차질이 있었다고 하여 그리해서는 안 되었다고 말할 수 없다. 만약 전단田單(전국시대 말 제-연 전쟁에서 맹활약했던 제齊나라의 장수, 고사성어 화우지계火牛之計의 주인공)의 계책이 좋지 않은 때를 만났다면 또한 그를 가리켜 어리석다고 할 수 있겠는가."라고 손성의 비난에 일침을 가했다.

호삼성胡三省(1230~1302년 중국 남송南宋 말기에서 원元 초기의 역사 학자, 중국의 전통 사학 학파인 절동사학파浙東史學派를 대표하는 인물로『자 치통감資治通鑑』에 음주를 붙인 것으로 유명)은 "강유가 수차례 전쟁을 하 여 촉한을 망하게 했으니 마침내 초주의 말대로 되었다. 험요를 내주 고 강역을 개방하여 촉한을 망하게 한 장본인이다."라며 강유의 한중 방어선 계획을 비판했으나 종회의 난을 꾸밀 때는 다른 방도라는 것이 없어 난을 일으킨 것이라고 말했다. "강유가 실로 지혜로워 족히 종회 를 손바닥과 허벅지 위에서 갖고 놀 정도였지만, 시세에 핍박당하고 운 명에 제지 되었으니 어찌하겠는가."라고 했으며 강유가 촉한의 후주에 게 반드시 사직을 부활시키겠다고 편지를 쓴 것에 대해 "강유의 마음은 처음부터 끝까지 漢한을 위했으니 천년의 세월 동안 단처럼 밝게 빛나 는구나. 진수, 손성, 간보가 그를 폄하한 것은 모두 잘못된 것이다."라며 앞선 평자들이 강유를 비판한 것은 전부 잘못이라며 비판했다.

　　한편 홍대용洪大容(1731~1783년 조선 후기의 문신, 실학자이자 과학 사상가)은『담헌서』에서 "강유는 무후武侯(제갈량)의 재주는 없으면 서 무후의 사업을 하려고 했으니, 그 뜻은 충성스럽지만 그가 자신 의 힘을 헤아리지 못하여 결국 멸망하게 되었던 것이니, 그것은 또 한 마땅하지 않겠는가. 요화가 이른바 '지모도 적만 못하고, 병력도 적보다 적으면서 용병하기를 싫어하지 않으니 어찌 생명을 보존할 수 있겠느냐.'라는 말은 참으로 알고 하는 말이다. 또한, 모사를 잘 하는 자는 그 근본부터 먼저하고 끝은 나중에 하며, 안의 일부터 급 히 하고 바깥일은 천천히 한다. 소인이 안에서 일을 주선하는데 장수가 밖에서 성공한 자는 있지 않다. 그런데 강유는 정권을 제 마음대로 하는 황호를 능히 억누르지 못하고, 저 억센 적에게 뜻대로 하려고 했으니 지혜롭다 할 수 없다."라고 평가했다. 그러나 호삼성의 의견과는 달리 "강유는 양안陽安과 음평陰平을 방비하고자 했으나 황호黃皓에게 저지당했다. 만약 강유의 계획대로 했다면 등애가 음평으로 한 걸음도 들어올 수 없었을 것이다. 등애가 들어오지 않았다면 종회는 스스로 달아나게 되었을 것이니 촉한이 이같이 빨리 멸망하지는 않았을 것이다."라고 평가했다. 또한 "강유가 죽을 임시에 꾀한 것은 뜻만은 독하였으나 계획은 소루했던 것이다. 그러나 한漢나라에 충성한 마음은 죽을 때까지 변함이 없었고, 무후가 인정하던 것도 손상시키지 않았으니 또한 아름답다 하겠다."라고 평가했다.

여사면呂思勉(1884~1957년 중국 근대 역사학자)은 자신의 저서『삼국사화三國史話』에서 "제갈량이 죽은 후 촉한은 29년간 더 유지됐다. 이 29년 중 앞의 12년 동안은 장완이, 가운데 7년 동안은 비의가, 마지막 10년 동안 국정을 총괄한 것은 강유였다. 장완과 비의가 국정을 총괄할 때는 조위를 정벌하는 대대적인 출병이 없었다. 강유는 누차 대병을 일으키고자 했으나 비의가 항상 그를 막아서 많은 수의 병마를 주지 않았다. 비의가 죽고 난 다음 강유의 일 처리가 겨우 비의의 손에서 벗어났으나 역시 큰 공이 없었고, 오히려 이로 인해 조국이 피폐해졌다. 당시 강유를 강하게 반대하는 사람이 있었다. 이후의 독서가들도 역시 촉한이 멸망한 것은 강유가 병사를 일으킨 책임이라고 했으나 실제로는 그렇지 않다. 조위의 제왕 조방이 세워진

후부터 고귀향공이 피살당할 때까지의 21년은 삼국시대로 접어든
지 21년에서 41년에 이르는 시간으로 실로 조위에 여러 가지 일이
많았던 때로써 촉한이 북벌을 해야 한다면 그 기회는 절대적으로 이
기간 안에 있었으며 그 기회는 빠르면 빠를수록 좋았는데 조위의 국
정이 더욱 불안정했기 때문이다. 그러나 이 시간 중 태반은 장완과
비의가 정권을 잡고 있었고 강유가 병권을 장악한 때에 이르러서는
이미 너무 늦어버렸다. 그러므로 촉한의 멸망을 강유의 책임으로 돌
리는 것은 실로 억울한 것이다. 장완과 비의에 이르러 응당 비교적
큰 책임이 있는 것이다."라고 했다.

『삼국지연의』에서는 제갈량과 싸워 두 번이나 승리하고 조운과 단
기필마로 싸우는 등 용맹을 과시하며 등장한다. 강유의 재능에 감탄
한 제갈량이 이간책을 써 아군으로 삼는다는 이야기가 전개된다.
　싸움을 피하려던 제갈량이 강유의 효심을 이용한 계략으로 사로
잡아 굴복시켰다는 설정이다. 설득에는 강유의 친모를 이용했다고
한다.
　234년 제갈량은 자신의 수명이 얼마 남지 않은 것을 직감했다. 하
늘에 제단을 열고 기도를 하라는 강유의 조언을 받아들인다. 군막에
7일간 촛불을 켜고 출입을 엄금했다. 그런데 위연이 이를 어기고 촛
불을 밟아 꺼 제갈량이 뜻을 이루지 못한다. 죽기 직전 강유에게 뒤
를 맡긴다. 그리고 더불어 자신의 병법을 담은 책을 전수하는 것으
로 묘사됐다. 제갈량이 죽은 후 이야기가 급진전이 되고 다소 각색
됐지만, 정사와 비슷하게 묘사됐다.

동궐

촉한 섬기다 멸망으로
조위 선택

동궐은 제갈량에게 발탁되었다. 제갈량 사후 북벌을 이어가는 강유를 억제하려 했다. 하지만 실패했다. 유선이 조위에 항복하면서 동궐도 항전을 멈추고 항복했다. 이후 조위에서 촉한 백성들을 위무하는 역할을 맡았다.

촉한을 섬기다 조위를 섬기게 된 동궐의 배신은 단순히 들어갔다는 것을 뜻하는 입入 정도의 배신이다. 촉한의 황제가 항복하는 상황에서 타의에 떠밀린 처신이었다. 죽음을 피하기 위한 행위였다.

동궐董厥(?~?)은 삼국시대 촉한蜀漢과 서진西晉의 관료이자 장수이다. 자는 공습龔襲이고 형주 남양군南陽郡 의양현義陽縣(하남성 동백桐柏 서쪽) 출신이다.

처음에는 막부의 영리令吏를 맡고 있었다. 제갈량에 발탁되어 남정南征에서 연사椽史로 종군했다. 221년 제갈량이 승상에 오르자 승상영사丞相令史가 되어 보좌하다 얼마 뒤 주부主簿가 됐다.

그는 남정과 북벌에서 활약했다. 제갈량 사후 승진을 거듭하여 상서복야尚書僕射가 되었다. 얼마 뒤에는 진지陳祗의 후임으로 상서령尚書令에 올랐다.

이후 번건樊建에게 상서령을 넘겨 준 뒤 보국대장군輔國大將軍과 대장군평태사大將軍平台事가 되었다. 258년 진지가 세상을 떠난 뒤에는 평상서사平尚書事가 되었다.

261년에는 제갈첨葛瞻에게 평상서사를 넘긴 뒤 번건과 함께 조정의 일을 처리하며 남향후南鄕侯에 봉해졌다.

군권을 쥔 강유姜維는 북벌을 강행했다. 조정에서는 진지와 황호黃皓가 정사를 농단했다. 동궐은 조정의 기강을 바로잡지 못했다. 강유의 잦은 북벌로 국정의 피폐를 우려한 동궐은 제갈첨, 번건과 함께 강유를 익주자사益州刺史로 임명해 군권 박탈을 진언했다. 하지만 유선劉禪은 받아들이지 않았다.

263년 종회鍾會와 등애鄧艾가 촉한으로 진격했다. 검각劍閣에서 요화廖化, 장익張翼 등과 함께 끝까지 맞서 싸웠다. 하지만 유선이 조위에 항복했다. 동궐은 항전을 멈추고 조위에 항복했다.

264년 번건과 함께 유선을 따라 낙양洛陽으로 이주했다. 상국相國을 보좌하는 참군參軍이 되었고 그해 가을 산기상시散騎常侍를 겸해 촉한 백성들을 위무慰撫하는 역할을 맡았다.

『삼국지연의』에서 동궐은 제갈량의 남만 정벌 때부터 등장한다. 촉한이 멸망한 후 유선 등과 함께 낙양으로 이주하는 것을 거부하고 번민하다가 병으로 죽어간다. 『삼국지』와는 다르게 내용을 고의로 달리 묘사했다.

동화
—

유장을 섬기다
촉한의 유비에게 귀순

동화는 촉의 유장을 섬기다 유비가 촉을 점령하자 촉한을 따랐다.
그의 처신은 단순히 들어갔다는 것을 뜻하는 입入 정도의 배신이다.
상황에 내몰린 피동적 배신이다.
유비를 따르면서 제갈량과 호흡을 맞췄다. 특히 그의 삶은 제갈량
이 청렴의 표상으로 관료들에게 이야기할 정도였다.

동화董和(?~?)는 후한 말의 관료로 자는 유재幼宰이다. 남군 지강
현枝江縣(호북성 지강 동북쪽) 출신이다.

선조는 본래 파군 강주江州 사람이었다. 동화는 한 말에 종족을 이
끌고 서쪽으로 이주해왔다. 익주목 유장劉璋은 그를 강원장江原長,
성도령成都令으로 임명했다.

유장의 촉 땅은 농토가 넓어 곡식이 풍성했다. 풍속은 사치스러웠다. 재산이 있는 사람들은 제후의 의복을 입고 맛있는 음식을 먹었다. 혼인과 장례에 집안이 기울고 가산이 탕진될 정도였다.

동화는 검소하게 살았다. 수수한 옷을 입고 간소한 식사를 했다. 백성들에게 신분을 넘는 행위를 말리고 규제를 만들어 금지시켰다. 그가 부임하는 곳마다 풍속이 바뀌었다. 백성들은 법규를 두려워하여 범하지 않았다.

하지만 현의 호족들은 동화의 엄한 법 집행을 싫어했다. 유장에게 동화를 파동巴東의 속국도위屬國都尉로 전임시켜 달라고 진언했다. 그러자 수천 명의 관리와 백성과 노약자들이 동화의 유임을 간절히 원했다. 유장은 그를 2년간 더 유임시켰다.

그 후 돌아온 그는 익주 태수로 승진했다. 동화의 청렴과 검소함은 여전했다. 동화는 남방의 이민족들과 협력하고 일관된 자세로 직무를 수행했다. 남방인들은 그를 매우 아끼며 신뢰했다.

214년 유비가 촉을 점령했다. 동화를 초빙하여 장군중랑장掌軍中郞將에 임명했다. 군사장군 제갈량諸葛亮과 함께 좌장군 대사마의 일을 맡도록 했다. 그는 옳은 것은 말하고 옳지 않은 것은 폐지하도록 진언하여 제갈량과 호흡을 잘 맞췄다.

동화는 20여 년 동안 관직에 있었다. 하지만 사후 집에는 쌀 한 섬이 없을 정도로 검소했다.

제갈량이 훗날 승상이 되어 부하들에게 훈계하며 말했다. "각기 직무를 담당한 자는 백성들의 의견을 모으고 주군에 이익이 되는 의견을 널리 받아들이도록 하라. 작은 불만이 있는 사람을 멀리하고, 다른 의견 제시를 곤란한 것으로 생각한다면, 국가의 큰일에 해를 입히게 될 것이다. 다른 의견이 타당하다면 찢어진 신발을 버리고 주옥을 얻는 것처럼 하라. 그러나 사람들의 마음이 고통스럽다면 모두 할 수 없다. 오직 서원직(서서)만은 이러한 일에 처하여 미혹되지 않았고, 또 동유재(동화)는 직무를 담당한 7년 동안 불충분한 점이 있으면 열 번씩 반복하여 상담하고 지적해 내었다. 진실로 자네들이 서원직의 10분의 1만이라도 배울 수 있고, 동유재 만큼 돌이켜 검토하는 태도를 갖고 국가에 충성한다면, 나 또한 잘못을 적게 할 수 있을 것이다."

제갈량은 또 말했다.

"나는 이전에 처음에는 최주평崔州平(최균)과 사귀면서 잘한 것과 잘못한 것을 자주 지적받을 수 있었으며, 후에는 서원직徐元直(서서)과 사귀어 그의 가르침을 여러 번 받았다. 이전에 동유재(동화)와 함께 일을 한 일이 있었는데, 그는 매번 자신의 의견을 전부 말했고, 후에 호위도(호제)가 일을 맡으면서는 여러 차례 간언하여 부당한 결정을 제지하였다. 비록 내 성품이 우매하고 닦여지지 않아 그들의 의견을 전부 받아들일 수는 없었을지라도 이 네 명과는 처음부터 끝까지 친하게 지냈으며, 이는 그들의 직언을 의심하지 않았다는 것을 증명하기에 충분하다."

제갈량은 동화 사후 부하들에게 동화에 대한 이야기로 훈계할 정도였다. 동화에 대한 제갈량의 추념의 정은 매우 깊었다.

양희는 「계한보신찬」에서 "동유재를 장군掌軍(동화)은 맑은 절조를 갖고, 의기가 높으며 마음이 한결같았다. 직언을 하고 백성들은 그 기강을 사모했다."고 했다.

『삼국지연의』에서의 동화는 처음부터 익주태수로서 유장의 부하로 등장한다. 211년 촉이 유비의 공격을 받자 장로張魯에게 구원을 요청할 것을 진언했다. 유비가 성도에 올 때까지도 항전을 주장했다. 결국, 유장은 항복했다. 동화 또한 유비를 섬기다가 유비 사후에는 제갈량을 보좌했다.

두경

촉의 유장 섬기다
촉한의 유비에게 귀순

두경은 익주의 유장을 섬기다 촉한의 유비에게 귀순했다. 그의 행위는 단순히 들어갔다는 입入 정도의 배신이다.

궤멸 전에 등을 돌리는 것은 배신이고, 궤멸 후면 정상참작의 여지가 있는 항복이라는 것에서 볼 때 그가 유비를 섬긴 것은 상황에 내몰린 배신으로 시대의 흐름에 순응한 처신이다.

두경杜瓊(?~250년)은 삼국시대 촉한의 관료이며 학자이다. 자는 백유伯瑜이고 촉군 성도현(사천성 성도) 출신이다.

어려서 임안任安(124~202년 후한 말의 인물로 자는 정조定祖이며 술법에 정통)에게서 유학을 배우고 예언학을 익혔다. 유장의 부름을 받아 종사가 되었다. 유비가 익주를 평정하자 유비를 섬겨 의조종사가 됐다.

220년(건안 25년) 위왕 조비가 후한 헌제에게 선양을 받아 조위의 황제가 되었다. 이때 두경은 양천후 유표劉豹와 청의후 상거向擧, 편장군 장예와 황권, 대사마속 은순殷純, 익주 별가종사 조작趙莋, 치중종사 양홍楊洪, 종사좨주 하종何宗, 권학종사 장상張爽, 윤묵, 초주 등과 함께 유비가 제위에 오를 것을 주장했다.

이후 유선이 즉위한 뒤에는 간의대부가 되었고, 좌중랑장과 대홍려를 거쳐 태상까지 승진했다. 촉한이 조위에 항복할 것을 예언했다.

두경은 조용하고 과묵하여 말이 적었다. 외부와 교류를 삼갔다. 스스로 지키면서 세상일에 관여하지 않았다. 장완과 비의 등이 그의 기량을 무겁게 여겼다. 학문이 깊었지만, 천문을 보거나 이론을 세워 논하지는 않았다.

그런데 후배 통유 초주가 항상 천문에 관해 물었다. 두경은 "술법을 밝히고자 하는 것은 심히 어려우니, 마땅히 자신이 직접 보고 천문의 모습과 형태를 알아야지, 다른 사람을 믿을 수 없다. 새벽부터 저녁까지 고통이 극심하여 안 뒤에도 다시 누설되는 것을 걱정하는 것은 차라리 알지 못하는 것만 못하므로 천문을 보지 않는 것이다."라고 했다.

초주가 이어 물었다. "옛날, 주징군周徵君(징군은 초빙된 선비, 여기서는 주군의 아버지 주서를 이름)은 당도고當塗高(후한 말 당시 유행했던 민요의 가사로 한나라를 대신할 자는 길이 높은 자다(代漢者, 當塗高)란 응당 위魏라 했습니다. 이것은 무슨 뜻입니까."

두경이 답했다. "위魏란 대궐 문의 이름인데 도로에 닿았고 높다. 성인(예언서의 저자)은 위나라와 궁궐 문의 명칭인 위魏가 같은 글자인데 근거하여 유사한 것을 취해 말했을 뿐이다."

그런 뒤 두경이 초주에게 물었다. "어찌 또 의심스러운 것이 있는가."

초주가 "아직 저는 이해하지 못했습니다."라고 말했다. 두경이 다시 답했다. "옛날에는 관직명에 조曹란 글자를 쓰지 않았는데 한나라가 시작한 이래로 관명에 조曹자를 전부 쓰게 되었으니 관리를 속조屬曹라 하고, 관졸을 시조侍曹라 했다. 이것은 아마 하늘의 뜻일 것이다."

두경은 후한이 망하기 전에 당고도 참언에 관해 설명해줬다. 훗날 초주는 두경의 말을 풀어 촉한이 조위에 국통을 넘겨줄 것이라고 서술했다. 촉한이 망한 후 모두 초주의 말을 증험으로 삼았다.

초주는 "이것은 비록 나 스스로 추론한 것이지만 두경의 말에서 말미암아 이를 확장시킨 것이며, 특별한 사상이나 독자적으로 이른 것은 없다."고 했다.

두경은 250년(연희 13년) 80세에 죽었다. 『삼국지』「촉서」'두경전'에 의하면 한시장구韓詩章句 10만여 글자를 저술했다. 하지만 자식들에게 전수하지 않았다. 또 참위학을 익혔지만 그의 학술을 전하는 사람이 없었다.

『삼국지연의』에서 두경은 사서에서 보이는 예언가의 모습은 보이지 않는다. 제갈량이 유비를 제위에 오르게 하려고 병을 칭탁해서 유비를 자신의 집으로 불렀을 때 병풍 뒤에 숨어 있던 문무관원 중의 한 명으로 나온다. 이때 벼슬은 의조였다.

후주 유선이 조위의 조비와 사마의가 맹달, 맹획, 손권, 가비능을 포섭하고, 조진에게 명을 내려 다섯 길로 각각 10만 군사를 보내 촉한으로 쳐들어온다는 소식을 듣고 크게 놀란다.

황문시랑 동윤과 간의대부 두경에게 제갈량이 왜 대전에 나타나지 않는지를 묻는다. 두경은 동윤과 함께 승상부로 가서 제갈량을 찾았다.

그러나 제갈량은 병이 났다는 핑계로 문을 열어주지 않는다. 두경은 유선에게 돌아가 친히 승상부로 갈 것을 상주한다. 유선은 승상부로 가서 제갈량의 대책을 듣게 된다.

두경은 장수로서 제갈량의 명을 받아 위연, 장억, 진식과 함께 기곡으로 출진한다. 제갈량은 등지를 보내 조위군의 매복에 주의할 것을 당부했다. 그러나 진식과 위연은 제갈량을 비웃으며 대비하지 않고 진군했다가 사마의가 준비한 복병에 걸려 크게 패한다.

두경과 장의는 겨우 포위를 빠져나온 위연과 진식을 만나 추격해온 조위군을 물리쳤다. 기산으로 돌아간 위연, 장억, 진식과 함께 죄를 청했다. 제갈량은 패배의 주범인 위연, 진식 둘 중에 진식을 주동자로 여겨 죽였다. 대신 위연은 후방에 뒀다.

등지

촉의 방희에게 의탁하다
촉한의 유비에게 귀순

등지는 촉의 방희에게 의탁하다 유비가 촉을 점령하자 귀순했다. 방
희를 등지고 유비를 따른 등지의 행위는 상황에 내몰린 피동적 처신
으로 단순히 들어갔다는 것을 뜻하는 입入 정도의 배신이다. 이익과
명예를 좇고 죽음을 피하기 위한 배신이다.

등지鄧芝(178~251년)는 삼국시대 촉한의 장수이다. 자는 백묘伯苗
이고 의양군 신야현(하남성 신야 남쪽) 출신으로 후한의 공신 사도 등
우鄧禹의 후손이다.

후한 말 촉으로 들어갔다. 처음에는 중용되지 못했다. 파서태수
방희가 인재를 가까이한다는 말을 듣고 찾아가 의지했다. 유비가 익
주를 평정한 후 출행하여 비현에 왔을 때 잠시 대화를 나누었다. 유

비는 그의 능력을 높이 평가하여 비현 현령으로 발탁했다. 곧이어 광한태수로 승진했다. 임지에서 쌓은 공적으로 중앙에 들어가 상서가 되었다.

유비 사후 제갈량은 등지를 동오의 사자로 보냈다. 등지는 손권에게 조위에 순종할 경우의 이해득실에 관해 설명했다.

『삼국지』「촉서」'등지전'에 의하면 등지가 직접 표를 올려 손권을 만날 것을 요청하며 말했다.

"신이 오늘 온 것은 또한 동오를 위하려는 것이지, 비단 촉한만을 위해서가 아닙니다."

손권이 등지에게 말했다.

"나는 진실로 촉한과 화친하기를 원하지만, 촉한의 군주는 유약하고 국토가 작으며 형세가 빈약하여 조위가 틈을 타고 공격하면 자신을 보전하지 못할까 걱정이오. 이 때문에 유예猶豫시킬 뿐이오."

등지가 대답하며 말했다.

"동오와 촉한 두 나라는 네 주의 땅을 갖고 있고, 대왕은 한 시대의 영웅이며, 제갈량 또한 한 시대의 호걸입니다. 촉한에는 산중의 험준한 요충지가 있고, 동오에는 삼강의 험준함이 있으니, 이 두 장점을 합쳐 함께 입술과 치아의 관계가 된다면, 나아가서는 천하를 겸병할 수 있을 것이고, 삼국정립이 가능할 것입니다. 이것은 자연의 이치입니다. 대왕께서 지금 만일 조위에 귀순하게 된다면, 조위는 반드시 위로는 대왕의 입조를 바라고, 아래로는 태자가 궁으로 나아가 받들기를 요구할 것입니다. 만일 명령에 따르지 않으면 반란을 토벌한다는 이유를 들 것이며, 촉한은 반드시 흐름을 따라 할 수 있음을 보고 나아갈 것입니다. 이와 같이 된다면, 강남의 땅은 다시는 대왕의 차지가 되지 않을 것입니다."

손권이 한동안 침묵하고 있다가 말했다.

"당신 말이 옳소."

등지의 말을 수긍한 손권은 조위와 외교관계를 끊고 촉한과 우호관계를 맺는다. 더불어 동오에 잡혀 있던 장예張裔(촉한의 관료로 자는 군사君嗣, 촉군의 장씨로서 권면갑족冠冕甲族에 들었고 유교경전에 능함)의 석방 협상에도 성공한다.

손권은 답례로 장온을 사자로 보냈다. 촉한은 다시 등지를 동오에 파견했다. 손권이 "만약 천하가 태평하게 되면 동오와 촉한이 나라를 둘로 나눠 가질 것이다."라고 말했다.

그러나 등지는 "원래 하늘에는 두 개의 태양이 없고 땅에도 두 사람의 군주가 없습니다. 조위를 차지하면 촉한과 동오가 서로 싸우게 될 것입니다."라고 대답했다.

담대한 등지의 대답에 손권이 제갈량에게 "이전의 사자 정굉은 언사가 화려하며 속으로는 변화가 끝이 없었습니다. 동오와 촉한을 화합시킬 수 있는 사람은 등지뿐이다."는 편지를 보냈다. 이후에도 손권은 몇 차례 편지를 보냈다. 등지의 안부를 묻고 예물을 보냈다.

등지는 제갈량이 북벌을 위해 한중에 주둔할 때 중감군, 양무장군으로 임명되었다. 제갈량은 228년(건흥 6년) 봄 제1차 북벌에서 미郿를 탈취한다는 속임수를 쓰고 조운을 기곡으로 출전시킨다. 이때 등지는 조운趙雲의 부장으로 활약했다. 하지만 조진에게 총공격을 받아 패배한다.

제갈량 사후 등지는 전군사, 전장군으로 승진하고 연주자사를 겸임했다. 243년(연희 6년)에는 임지에서 거기장군으로 승진했다.

248년 부릉군의 대성호족인 서거가 도위를 살해하고 반란을 일으켰다. 하지만 등지가 곧바로 진압했다. 3년 후 251년 73세로 세상을 떠났다. 등지는 오랫동안 촉한의 중직을 맡았다. 하지만 그는 삶을 조정에서 주는 녹봉에만 의존했다. 재산을 모으는 데는 영 관심이 없었다. 가족들이 끼니를 걱정해야 할 정도로 가난했다.

진수는 등지가 정조가 곧고 담백한 인물로서 관직에 있으면서는 가업을 잊었다고 평가했다. 다른 기록에도 등지는 강직하고 모난 성격이었던지 다른 신하들과 어울리지 않았다는 기록이 있다. 강유 정도만이 등지의 능력을 높이 평가하고 가까이 지냈다고 한다. 등지 사후에는 아들 등량鄧良이 뒤를 이었다.

『삼국지연의』에서 등지는 『삼국지』처럼 촉오동맹을 놓고 고뇌하던 제갈량의 눈에 들어 따로 회동을 가지게 되고, 제갈량의 인정을 받아 동오의 사절로 가는 장면이 나온다.

손권이 촉한에서 사신이 왔다는 말을 듣고 펄펄 끓는 기름을 가득 담은 큰 솥을 준비한 후 등지를 맞이한다. 등지는 웃음을 지으며 조금도 겁내지 않는다. 등지가 손권에게 절을 하지 않았다. 손권이 왜 절하지 않느냐며 따졌다.

등지는 "나는 황제의 사자이므로 왕에게 예의를 갖출 필요가 없다.”고 간단하게 말한다. 그때 당시 손권은 황제가 아니었다.

손권이 등지를 기름 솥에 처넣으라며 겁을 줬다. 하지만 등지는 오히려 웃음을 터트리며 “무사들을 모아놓고 기름 솥을 내걸며 사신을 접대하는 태도가 맞느냐. 이래서야 동오가 일개 사신에게 잔뜩 겁을 먹었다는 말밖에 되지 않는가.”라고 반박한다. 손권은 무사들을 물린 뒤 등지를 맞이한다.

손권은 등지에게 “나는 촉한의 유선과 함께 힘을 합쳐 조위를 치고 싶지만, 유선이 어려서 걱정이다.”라고 한다. 등지는 “대왕께서는 동오의 영걸이고 제갈량은 천하의 기재인데 어찌 힘을 합쳐서 치지 못하겠습니까. 내가 말하는 것을 헤아리지 못한다면 죽음으로 보여 주겠다.”며 기름 솥으로 뛰어들려 한다. 촉한과 동오의 동맹을 이룰 수 있다면 기꺼이 목숨을 바치겠다며 솥으로 달려간다. 손권은 급히 등지를 제지한다. 등지는 동오와의 동맹을 이루는 데 성공한다. 그 후 제갈량의 북벌에도 종군하지만, 제갈량 사후에는 모습이 사라진다.

마대

주군 마초와 함께
촉한 유비에게 귀순

마대는 마등을 따르다 마초가 장로를 거쳐 촉한의 유비에게 귀순하
자 함께 섬겼다. 마대의 처신은 주군이었던 마초의 행위에 따른 행
동이었다. 이는 단순히 들어갔다는 것을 뜻하는 입入 정도의 배신이
다. 유비에게 귀순한 마대는 제갈량의 북벌에 참전하면서 무장으로
서 활동했다.

마대馬岱(?~?)는 삼국시대 양주(서량) 출신으로 촉한의 장수이다.
자는 불명하고 사례 우부풍 무릉현 출신이다. 마등의 조카이자 마초
의 사촌 동생이다. 마초를 따라 유비에게 귀순했다.

제갈량의 회군 지시를 어기고 내분을 일으킨 위연을 마대가 참수
했다.

「촉서」'마초전'에 의하면 222년(장무 2년) 임종에 직면한 마초는 유비에게 "신의 가문 200여 명은 조조에게 거의 다 몰살당하고 종제(사촌 동생) 마대만 남았습니다. 얼마 남지 않은 가문의 제사가 이어지도록 폐하께 간절히 부탁드립니다."라는 유서를 남겼다.

또 「촉서」'위연전'에 의하면 양의는 마대를 보내 한중으로 달아난 위연을 추격하게 하고 참수했다.

234년(건흥 12년) 북벌 중이던 제갈량이 병사하면서 양의와 비의 등에게 철수를 지시했다. 위연이 반발하여 먼저 남쪽으로 내려갔다. 잔도에 불을 지르고 퇴각하는 군을 공격했다.

퇴각군의 선두에 있던 왕평이 호통치자 위연의 장병들은 잘못이 위연에게 있음을 알고 흩어졌다. 위연이 자식들과 함께 한중으로 달아나자 마대가 쫓아가 참수하여 위연의 머리를 양의에게 보냈다.

『진서』'선제기'에 의하면 마대가 235년(청룡 3년) 조위를 공격했다. 하지만 우금에게 저지당해 군사 1천여 명을 잃었다.

마대에 대한 『삼국지』의 기록은 빈약하다. 마대는 제갈량의 남정과 북벌에 참여해 전공을 세웠다. 지위가 평북장군平北將軍과 진창후陳倉侯에 봉해졌다.

『삼국지연의』에서 마대는 정사에 비해 그 비중이 크게 늘었다. 조조의 부름에 허도로 가는 마등을 마휴, 마철과 같이 수행하는 것으로 처음 등장한다. 조조의 함정에 마등 삼부자는 목숨을 잃는다. 후군으로 대기하던 마대만이 행상으로 위장하여 가까스로 탈출한다.

마초와 한수가 마등의 복수를 위해 출진하자 그 선봉을 맡아 장안의 종요를 야전에서 물리치고 동관전투에서도 활약한다.

양부와 강서 등의 계략으로 기성冀城에서 쫓겨난 마초를 따라 한중의 장로에게 의탁한다. 유비와 싸우던 유장을 도우러 마초가 가맹관으로 진격할 때도 참전한다.

위연과의 일대일 싸움에서는 도망가는 척하다 뒤돌아 화살을 날린다. 왼팔을 맞은 위연이 패주한다. 이를 구하러 달려온 장비에게는 10합을 맞선다. 하지만 상대가 되지 않는다. 제갈량이 양송을 활용해 장로가 마초를 내치게 만들고 마초가 유비에게 귀순한다. 마대도 마초를 따라 유비를 섬긴다.

제갈량이 정권을 잡은 후 남만을 치러 갈 때 마대는 서병暑病에 쓰는 약과 식량 배달을 왔다가 합류한다. 노수瀘水를 건너 맹획의 보급로를 끊고 망아장을 단칼에 벤다. 제갈량의 여러 작전들을 착실히 실행하여 맹획을 두 번 생포한다.

북벌에도 참여해 공을 세운다. 서강이 조진의 요청에 응해 서평관西平關을 향해 몰려온다. 마대, 관흥, 장포가 일단 응전하지만 패한다. 제갈량이 구덩이를 함정으로 설치해 서강병들을 빠뜨리고 마대는 아단을 사로잡는다. 가정街亭을 잃은 제갈량이 철수하면서 마대와 강유를 복병으로 배치한다. 추격해오던 조진을 기습하여 진조陳造를 베는 등 격퇴한다. 진창전투 도중 손례가 군량으로 위장한 인화 물질들을 싣고 기산을 찌른다. 제갈량의 지시를 받아 마충, 장억과 함께 역으로 물리친다.

제갈량이 오장원에서 죽기 직전 마대 등에게 마지막 계책을 남긴
다. 총퇴각에 불만을 품은 위연이 미리 남쪽으로 내려가 잔도를 불
태우고 촉한군을 가로막을 때 마대가 거짓으로 함께한다. 양의 등은
다른 길로 우회해 한중으로 들어가는 한편 왕평을 대적시킨다. 왕평
의 호통과 복병에 장병 다수를 잃은 위연이 조위로 망명하려 하는데
마대가 설득하여 한중으로 쳐들어가게 한다. 양의가 유책을 이행하
여 위연에게 '누가 감히 나를 죽이겠느냐.'라고 세 번 외치면 한중을
넘기겠다 한다. 위연이 자신만만하게 소리치는데 채 한마디가 끝나
기도 전에 뒤에 있던 마대가 "내가 감히 너를 죽이겠다."라고 답하며
칼로 내리친다. 위연 사후 위연의 직위와 녹봉은 마대의 차지가 된
다. 귀환한 뒤로는 등장이 없다.

마초
—

아버지 마등 따르다
장로를 거쳐 유비에게 귀순

마초는 아버지 마등을 따랐다. 마등이 가족들과 함께 조정에 들어간 이후 양주에 남아 마등의 자리를 대신했다. 조조가 한중의 장로를 토벌하려 했다. 관서의 관중십장들은 조조가 자신들까지 치는 것이 아닌지 술렁였다.

조조의 종요가 군사를 이끌고 출전하자 마초가 들고일어났다. 한수와 동맹을 맺고 관중십장들과 함께 연합군 10만 명으로 맞섰다. 동관전투였다. 그러나 가후의 이간책으로 패해 마초와 한수는 양주로 달아났다. 이후 한양과 상규를 점거하면서 재기하여 정서장군 병주목 독양주군사를 자칭했다.

이후 내부 반란으로 근거지를 잃었다. 한중의 장로에게 의탁했다. 하지만 장로와 불편함으로 인해 유비에게 귀순했다. 이는 단순히 들어갔다는 것을 뜻하는 입입 단계의 배신이다. 상황에 내몰린 피동적 행위이다. 죽음을 피하고 가문을 일으키려는 처신이다.

마초馬超(176~222년)는 후한과 촉한의 장수이다. 자는 맹기孟起이
며 사례 우부풍 무릉현茂陵縣(섬서성 흥평興平 동북쪽) 출신이다. 마원
馬援(기원전 14~49년, 후한의 관료로 자는 문연, 태중태부와 농서태수 역
임)의 후손이자 마등馬騰(?~212년 후한 말의 무장으로 서량태수)의 장남
이다. 어렸을 때부터 건장했다. 동한 말 부친 마등을 따라 군사를 일
으켰다. 용맹하고 싸움을 잘해 관중십장 중 한 명이라 불렸다.

西川馬孟起서천마맹기−서천의 마맹기(마초의 자)는
名譽震關中명예진관중−명성이 관중에 떨치었는데
信布齊誇勇신포제과용−한신과 영포와 같이 자랑할 만큼 용맹
하고
關張可竝雄관장가병웅−관우와 장비와 나란히 할 수 있는 영웅
이네

마초의 집안은 아버지 마등이 어릴 때 매우 가난했다. 마등은 후
한 영제 말 양주에서 일어난 반란을 진압할 때 자원해 공을 세웠다.
하지만 영제(168~189년) 말, 변장과 한수 등과 함께 양주에서 군
사를 일으켰다. 192년 한수와 마등이 군대를 이끌고 장안으로 나아
갔다. 한나라 조정에서는 이들을 회유했다. 한수를 진서장군으로 삼
아 금성으로 되돌려 보냈다. 마등에게는 정서장군을 줘 사례 부풍군

미현으로 보내 주둔하게 했다.

마초는 뒤에 남아 본거지를 지켰다. 이후 마등은 성장해 관서 지역에서 독자 세력을 구축했다. 이런 배경으로 인해 마초는 자연스럽게 강족과 저족 등 서북 지역 이민족들과 가까워졌다. 이후 마초는 그들의 지지를 얻을 수 있었다.

마등은 진서장군 한수와 결탁해 의형제가 됐다. 절친하게 지냈다. 그런데 부곡部曲을 서로 침입하게 되자 원수 사이가 되었다. 건안 (196~220년)초 마등은 양주에서 한수와 전쟁을 벌였다. 한수가 달아났다.

그러나 한수는 세력을 키운 뒤 돌아와 마등을 공격했다. 마등의 처자식을 죽였다. 싸움이 끝나지 않고 계속 이어졌다.

마초는 한수의 장수 염행과 겨뤘다. 염행도 용맹하여 마초처럼 명성이 있는 장수였다. 염행이 모矛(양날검 모양의 날을 가진 장병기)로 마초를 찌르려 했다. 그런데 모가 부러졌다. 침착한 염행은 부러진 모로 마초의 목을 가격했다. 마초는 죽을 뻔한 고비를 간신히 넘겼다.

조정에서는 나라의 기강이 위태롭고 느슨해지는 것을 염려했다. 사례교위 종요와 양주목 위단을 시켜 그들을 화해하게 했다. 종요가 관중으로 부임하여 한수와 마등을 화해시켰다.

202년 원소의 아들인 원담과 원상 형제가 곽원과 고간 그리고 흉노의 선우와 함께 하동군을 공격하려 했다. 먼저 마등과 한수에게 화친을 요청했다. 원씨 형제가 조조를 일시적으로 막아내며 전열을 정비하여 다른 경로로 조조의 배후를 칠 계획을 세웠다. 이를 마등이 몰래 허락했다.

원상의 관서 공격은 그 위세가 관서 전체에 떨쳤다. 사례교위 종요가 관중을 진수하게 되자 한수와 마등에게 서신을 보내 이익과 손해에 관해 말했다. 당시 종요 혼자로서는 흉노와 곽원 양쪽을 상대하기가 벅찼다.

마등이 입장을 바꿔 조조를 돕기로 했다. 마초를 보내 종요를 돕게 했다. 마초는 1만의 대군으로 종요의 독군종사督軍從事가 되어 곽원을 토벌했다. 평양현平陽縣에서 맞붙었다. 마초는 유시流矢에 맞은 다리를 자루로 싸매고 끝까지 분전한 끝에 격파했다. 곽원의 머리는 마초의 부장 방덕이 취했다. 이윽고 조칙으로 서주자사를 거쳐 간의대부諫議大夫에 임명되었다. 하지만 마초는 취임하지 않았다.

한편 조조는 형주를 징벌하려고 했다. 그러나 마등 등이 관중에서 할거하고 있었기 때문에 부담스러웠다. 장기를 보내 마등 등 군벌들을 설득했다. 군대를 해산시키고 조정에 돌아오도록 했다. 마등이 받아들였지만, 행동은 미적거렸다. 장기는 마등이 변란을 일으킬까 봐 두려웠다. 여러 현에 문서를 보내 식량 등 반란 진압에 필요한 것을 비축하도록 하면서 현령에게 교외까지 나가 마등을 맞이하도록 했다. 2천석 관리가 교외까지 마중을 나가자 마등은 마지못해 조정으로 향했다.

조조는 표문을 올려 마등을 위위로 임명했다. 위위는 삼공 아래로 구경九卿에 속하는 높은 직책이었다. 마등이 입조하자 아들 마초를 편장군偏將軍으로 삼고 도정후都亭侯에 봉해 마등의 부곡部曲을 거느리게 했다. 또 마초의 동생 마휴와 마철도 각기 봉거도위奉車都尉와 기도위에 임명하여 가족들을 모두 업으로 이주시켰다. 양주에는 마초 혼자 남게 되었다.

211년(건안 16년) 장로가 다스리던 한중으로 조조가 움직였다. 종요와 하후연이 하동을 거쳐 장로를 토벌하려 했다. 관서에서 각자의 영역을 점유하던 관중십장關中十將(정사 『삼국지』에 나오는 말로 서량西凉 지방에서 자신만의 세력권을 갖고 활동하는 10명의 태수太守나 자사刺史를 뜻하는데 마초馬超, 한수韓遂, 양추楊秋, 마완馬玩, 성의成宜, 정은程銀, 장횡張橫, 이감李堪, 양흥梁興, 후선候選)은 조조의 공격 대상이 자신들인지 의심하며 술렁거렸다.

『삼국지』「위서」'고유전'에 의하면 조조의 속관으로 있던 고유高柔도 관중십장들의 우려를 무시하지 못했다. 진언을 올렸다. "대군이 서쪽으로 출병하면 한수와 마초는 자신들을 칠 것으로 의심할 것입니다. 반드시 서로를 부추기며 군사를 움직일 것입니다. 마땅히 먼저 삼보三輔(관중)의 사람들을 불러들여 평안하게 해야 합니다. 삼보가 평정되면 한중은 격문 한 장을 보내는 것만으로도 쉽게 평정할 수 있습니다."

그런데 조조는 뚜렷한 이유 없이 고유의 말을 듣지 않았다. 당시 관서 제장들은 겉으로는 귀부했다. 하지만 내심은 믿을 수 없었다.

종요는 3천 명의 병사를 청하여 동관으로 들어가려 했다. 내심으로는 마초를 위협하여 인질을 얻으려는 것이었다.

위기도 고유와 같은 의견을 냈다. "서방의 제장들은 모두 천한 신분에서 몸을 세웠으므로 천하에 웅거할 뜻이 없으니 실로 눈앞의 안락을 구할 뿐입니다. 조정에서 이들을 후하게 대우하여 작호를 더해 줘 그 뜻을 이루게 해 준다면 중대한 사고가 없는 한 변고를 우려하지 않아도 됩니다. 그런 후 그들을 도모해야 합니다. 군사를 일으켜 관중으로 들어가 장로를 토벌한다면 장로는 깊은 산에 있어 진입이 어려울 것이고, 저들이 필시 의심을 하게 될 것입니다. 한번 놀라서 동요하게 되면 지세가 험하고 무리들이 강성하니 그 위태로움은 근심거리가 될 것입니다."

순욱이 위기의 진언을 조조에게 말했다. 조조는 위기의 의견이 옳다 했다. 그런데 종요가 스스로 자신의 임무를 관장해야 한다며 나서자 종요의 말을 들었다.

종요가 군사를 이끌고 출진했다. 마초가 무리를 통솔한 후 한수와 굳게 맹세하여 서로 응했다. 한수, 후선, 정은, 양추, 이감, 성의, 마완, 장횡, 양흥 등 열 명의 장수들이 일제히 조조에게 반기를 들었다. 각 부곡에서 징집된 병사가 1만 명씩 총 10만 명의 대규모 연합군이었다.

마초가 한수에게 "예전에 종요가 제게 장군을 치라고 했을 정도로 관동 사람들은 믿을 게 못 됩니다. 저는 아버지를 버리고 장군을 아버지로 삼겠으니 장군도 자식을 포기하고 저를 자식처럼 대하십시오."라며 설득했다.

한수는 자식이 조정에 인질로 가 있었다. 결국, 양추와 이감, 성의 등 관중십장은 동시에 군을 일으켜 동관潼關으로 진군했다. 이른바 동관전투였다.

관서의 병사들은 긴 모(양날의 창)를 능숙하게 다루는 정예군이었다. 조조는 재종형제 조인을 보내 싸움에 응하지 말고 수비만 하라고 했다. 자신은 가을에 도착하여 전력을 집중했다. 관서군도 이에 대응했다. 황하 서쪽의 병력을 동관으로 집결시켰다. 조조가 서황과 주령으로 하여금 기습적으로 포판진蒲阪津(하동군 포판현)을 건너게 하여 황하 서쪽을 점거했다. 이어 조조의 본대도 황하 북쪽으로 도하했다.

관서병이 만여 명으로 기습적으로 들이쳤다. 하지만 허저가 몸을 던져 조조를 호위하고, 정비丁斐가 풀어버린 소와 말에 관서병들의 시선이 쏠리면서 조조를 놓치고 말았다.

조조군이 황하의 서안을 확보했다. 관서군은 위구渭口로 물러날 수밖에 없었다. 조조는 몰래 위수로 진출했다. 그 남쪽에 교두보를 마련했다. 관서군도 위수의 남쪽으로 이동했다.

9월 마초는 조조군이 도강해오자 기병으로 저지했다. 조조군은 강가에 모래가 많아 요새를 쌓지 못했다. 누규婁圭(?~? 후한 말의 인물)가 "지금은 날씨가 추운 때이니, 물을 끼얹으면 한 번에 요새를 지을 수 있다."라고 진언했다. 조조가 누규의 말을 받아들여 하룻밤 만에 요새를 지었다. 그러나 이때는 윤 8월이라 배송지도 사실이 아닐 것이라며 부정했다.

위수의 남안에 성을 축조한 조조군은 끝내 넘어왔다. 마초 등이 수차례 건드렸다. 하지만 조조군은 자리만 지킬 뿐 응전하지 않았다.

마초는 군벌 연합의 수장으로서 서로 이해가 대립되던 군벌들을 무마시키고 조정해야 했다. 장기전은 그에게 불리했다. 관서군은 지쳐갔다. 화평 조약을 맺고 화친을 하자고 합의한 내용의 편지를 조조에게 전했다. 관중 장수들의 영토를 보장하고 인질을 교환하는 조건이었다. 그러나 조조가 이를 허락하지 않고 무시했다.

가후가 교묘한 책략을 냈다. 마초와 위수 남쪽에서 싸우는 사이 겉으로는 화친을 받아들이는 척하면서 뒤로는 관중의 장수들을 이간시키자고 했다. 조조가 가후의 책략을 받아들여 "한수와 마초의 동맹을 깨겠다."고 했다.

관서군을 이끄는 한수와 마초 간 이간책이 이뤄지면 다른 장수들은 그리 큰 문제가 아니었다. 조조는 한수 쪽에 의심의 이목을 집중시키려고 했다.

한수와 마초가 조조와 필마단기匹馬單騎로 회담했다. 조조는 회담에서 허저 한 사람만 수행하도록 했다. 마초도 조조 못지않게 나름의 계략을 시행하려고 했다. 자신의 용맹을 믿어 그 자리에서 조조를 붙잡을 생각이었다. 그런데 허저가 조조 곁에서 부릅뜬 눈으로 호위하고 있었기 때문에 함부로 행동하지 못했다.

조조는 가후가 낸 계책을 활용했다. 관서군의 요구를 들어주는 척하면서 그들 사이를 멀어지게 하는 이간책이었다. 첫 번째 회담에서 조조는 한수에게 유독 친근함을 과시했다. 조조는 한수의 부친과 같은 해에 효렴으로 천거됐다. 한수와는 동년배이기도 했다.

전투에 관한 말은 꺼내지 않았다. 다만 수도에서 있었던 옛일만을 얘기하면서 손뼉을 치며 환담했다. 회담이 끝난 뒤 마초 등 관중십장이 한수에게 조조가 무슨 말을 했느냐고 물었다. 마초는 별말이 없었다는 한수의 대답에 의심이 일었다. 한수도 조조가 전투에 관한 얘기는 없고 옛날 이야기만 하는 게 의아스러운 건 마초와 같았다.

두 번째 회담도 마찬가지였다. 조조는 5천 명의 철기鐵騎대를 이끌고 나와 관서군들이 구경하게 했다. 철기 5천을 늘어세워 10중의 진을 만드니 광채가 해처럼 빛나 관서군들이 놀라고 두려워했다.

조조는 "그대들은 조공을 보고 싶은가. 나는 눈이 네 개 달린 것도 아니고, 입이 두 개 달린 것도 아니다. 그대들과 같은 평범한 사람이되 다만 지모가 많을 뿐이다."라고 외치며 당당함을 과시했다.

그러면서도 휴전에 관한 이야기는 꺼내지 않았다. 마초 등 여러 장수들이 한수가 조조와 내통하거나 배신을 꾸미는 것이 아닌가 하는 의심을 하게 됐다.

뒷날 조조가 한수에게 서신을 보냈다. 그런데 여러 곳의 글자를 첨삭해 마치 한수가 고친 것으로 보이게 했다. 한번 생겨난 관중십장들의 의심은 더욱더 커졌다. 한수가 조조와 내통 중임을 확신하게 됐다. 마침내 조조가 벌인 회전에서 관서군은 대패하여 한수와 마초는 양주로 달아나고 양추는 안정으로 달아나 관중은 평정되었다.

조조는 관서군을 안정까지 추격했다. 그런데 소백蘇伯 등이 하간에서 농민반란을 일으키고, 강동의 손권도 유수濡須 지역에 보루를 만들어 군대를 주둔시키는 등 북진을 계획하자 환군했다. 양부가 마초의 공격성을 경고하며 철저한 방비를 진언했다. 하지만 급히 가느라 방비를 소홀히 했다.

달아난 마초는 한양(천수)과 상규上邽를 점거하면서 재기의 발판을 마련했다. 조조에게 우호적인 상규현의 현령 염온閻溫은 마초를 받아줄 의향이 없었다. 하지만 현 내 백성들 중 절대다수가 마초를 받아들이려 했다. 염온은 공직을 버리고 달아났다. 그는 마초의 영향력이 복원되면 향후 관중이 다시 전란에 휩싸일 것이라는 우려 속에 기성冀城으로 향했다.

한편 조정에 돌아온 조조는 마초의 아버지 마등의 삼족을 멸했다. 한수의 자손들도 죽였다. 아버지와 두 동생을 비롯한 마초의 일족 200여 명은 이때 죽었다. 마초에게는 사촌 아우 마대와 아내인 양씨 그리고 아들들과 몇몇 일족만 남게 되었다.

마초는 필사적으로 재기를 노렸다. 관중의 장수들 중 이례적으로 세력 정비에 성공했다. 212년 마초는 양부가 염려했던 대로 염강족 등 호인胡人들과 함께 농산隴山 일대를 습격했다. 다수의 군현이 호응했다. 한중의 장로도 대장 양앙을 보내 지원했다. 양주자사 위강과 한양태수는 치소인 기현冀縣만을 지키고 있었다. 1만여 명의 마초 군대는 공성전에 들어갔다. 성을 몇 겹으로 포위하고 압박했다.

양부는 1천여 명으로 종제 양악에게 성벽 위에서 초승달 모양의 진영을 구축하여 마초와 전투를 했다. 정월부터 8월까지 저항하며 8개월을 버텼다. 하지만 구원병은 오지 않았다.

그런데 어느 날 누군가 성에서 몰래 빠져나간 흔적이 발견됐다. 군사를 풀어 추적했다. 현친顯親縣 경계에서 양주별가 염온閻溫이 붙잡혀 왔다. 상규에서 마초를 피해 기성으로 왔던 염온은 밤중에 물속에 숨어 포위망을 빠져나갔다. 위강이 장안성에 주둔하고 있던 하후연에게 위급함을 알리고자 밀파한 것이었다.

마초는 염온의 포승을 풀어주고 회유하며 "원병이 없을 것이란 걸 성을 향해 외치지 않으면 죽이겠다."고 겁박했다. 그러나 염온은 오히려 "성을 향해 3일 만에 원군이 당도할 것이라며 힘내라고 소리쳤다." 성의 군사들은 만세 소리를 외쳤다. 그럼에도 마초는 염온을 바로 죽이지 않고 여러 차례 회유했다. 목숨이 아깝지 않느냐고 다그쳤지만, 그는 죽음만이 있을 뿐이라며 굽히지 않았다. 마초는 결국 그를 죽였다.

8월 전의를 상실한 위강이 성문을 열었다. 정월부터 시작한 전투가 끝났다. 약속과 달리 양앙을 시켜 위강과 태수를 살해했다. 뒤늦게 위강을 구하러 달려오던 하후연도 200리(80km) 거리에서 물리쳤다. 마초는 오랜 전투 끝에 농우를 장악하고 정서장군 병주목 독양주군사를 자칭했다.

9월에 노성鹵城에서 양부와 강서姜敍가 그리고 기산祁山에서 윤봉과 조앙이 마초에게 반기를 들었다. 마초는 이들을 응징하러 출격했다. 그러자 이번에는 양관梁寬과 조구趙衢가 본거지인 기성을 걸어 잠근 뒤 마초의 처자를 효수梟首(참형이나 능지처참을 한 뒤 그 머리를 장대에 매달아 그 죄를 경계시킨 형벌)했다.

사실은 양부와 강서, 강은姜隱, 조앙, 윤봉, 요경姚瓊, 공신孔信, 이준李俊, 왕령王靈, 양관, 조구, 방공龐恭이 마초를 몰아내려고 철저히 계획한 것이었다. 마초는 진퇴양난에 빠졌다. 한중으로 달아나는 길에 역성歷城에 닿았다. 역성의 문이 열렸다. 마초군을 강서군이라 오인한 것이었다. 마초는 강서의 모친과 자식들을 죽이고 성에 불을 질러 앙갚음을 했다.

본거지와 일가를 잃고 진퇴양난에 빠진 마초는 추격해 올 하후연이 걱정되었다. 관서에 발을 붙일 수 없다고 생각한 그는 멀리 한중으로 달아났다. 앞서 군사를 지원했던 장로의 호의에 기대를 걸고 의탁하러 갔다.

장로가 마초를 도강좌주都講祭酒로 삼고 자신의 딸을 주려 했다. 그런데 '피붙이도 사랑하지 않는 자가 다른 이를 사랑할 수 있겠느냐'는 얘기가 나와 그만뒀다.

214년 마초는 장로로부터 병사를 받아 다시 기산을 공격했다. 이번에는 하후연도 빠르게 움직였다. 상부의 재가도 받지 않고 원군으로 출동했다. 마초군은 하후연의 선발대 장합의 군세에 밀렸다. 결국, 마초는 싸우지 않고 철수했다.

마초는 종종 북으로 진군해 양주 탈환을 노렸다. 하지만 전투 결과는 매번 시원치 않았다. 장로는 마초의 요구대로 군사를 내줬다. 결과가 미약하자 장로 진영의 양백 등이 마초의 능력을 비난하며 싫어했다. 마초 또한 장로와는 큰일을 이룰 수 없다며 답답해했다.

위협을 느낀 마초는 유비가 성도의 유장을 포위했다는 소식을 듣고 유비에게 밀서를 보내 귀순을 청했다. 무도군을 통해 촉한으로 들어갔다.

유비의 환영을 받으며 성도 아래에 주둔했다. 얼마 후 유장이 항복한 뒤 마초는 평서장군平西將軍에 임명되고 남군 임저현臨沮縣을 수비했다. 작위는 도정후를 유지했다.

마초가 유비에게 망명한 뒤 마초의 첩 동 씨와 아들 마추 그리고 부장 방덕은 장로 진영에 남았다. 장로가 조조에게 귀순한 이후 조조는 방덕을 데려갔다. 동 씨는 염포에게 하사했고 마추는 장로에게 하사했다. 장로는 마추를 참수했다. 반면 염포는 동 씨를 자신의 첩으로 삼았다. 방덕은 조위의 장수가 되어 훗날 관우와 맞서게 됐다.

217년 마초는 장비와 오란, 뇌동과 같이 무도군 하변현下辯縣으로 나아갔다. 218년 조홍에게 깨지고 유비의 한중 전선에 합류했다.

유비가 219년(건안 24년)에 한중왕에 올랐다. 마초는 좌장군에 가절假節을 받아 관우, 장비, 황충과 나란히 사방장군이 되었다. 221년(장무 원년) 표기장군으로 승진하고 양주목을 겸했다. 봉작은 태향후斄鄕侯로 진봉되었다. 이듬해 마초는 47세의 나이로 세상을 떠났다. 유비에게 "가문의 제사가 끊이지 않도록 마대 등 얼마 남지 않은 일족을 잘 부탁한다."는 유언을 남겼다. 260년(경요 3년) 관우, 장비,

방통, 황충과 함께 시호를 받아 위후威侯라 했다.

진수는 마초에 대해 서융과 용력에 의지하다가 자신의 일족을 망쳤으니 애석하다고 평했다.

양부楊阜(?~? 후한 말과 삼국시대 조위의 관료)는 한신이나 영포처럼 용맹하고 강인羌人과 호인胡人들의 마음까지 크게 얻고 있다. 정벌군이 돌아가고 대비를 철저히 하지 않는다면 농산 일대는 조정의 소유가 아닐 것이라고 했다.

제갈량은 문무를 겸비했으며 남보다도 웅렬한 한 시대의 호걸로서 경포(영포)나 팽월과도 같은 맹장이다. 장비와 나란히 말 달리며 그 선두를 다툴 장군이라고 했다.

『삼국지연의』에서 마초는 마등의 용맹무쌍한 장남으로 나온다. 미남이라는 설정도 추가되었다. 마등과 한수가 이각, 곽사, 장제, 번조 4인방과 싸울 때 17세의 소년 장수로 처음 등장하여 왕방을 찔러 죽이고 이몽을 생포한다.

마등이 가공의 인물 황규와 손잡고 조조에 대한 반란을 기도하다 처형되자 그 원수를 갚기 위해 조조와 싸움을 벌인다. 허저와 일대일로 격돌한다.

사자 투구와 은갑 옷에 하얀색 도포를 갖추고 가맹관葭萌關에 이른다. 마초의 비범한 차림새와 재주에 유비가 '사람들이 금마초錦馬超라 부른 게 허명이 아니었다'며 감탄한다. 장비와 호각지세로 한판 승부를 벌인다. 이회의 설득에 응해 귀순한다. 한중왕으로 등극한 유비가 관우, 장비, 조운, 마초, 황충을 오호대장군에 봉한다.

맹달
—

촉한 거처 조위에 귀순 뒤
촉한에 투항하려다 실패

맹달은 처음에 촉의 유장을 따랐다. 유비가 촉을 점령하자 유비를 따랐다. 이는 단순히 들어갔다는 것을 뜻하는 입入 정도의 배신이다. 상황에 떠밀린 피동적 처신이다.

촉한에서 장수로 인정을 받던 그가 배신의 마음을 갖게 된 것은 관우의 죽음에서 시작됐다. 관우가 동오와 싸울 때 유봉과 함께 지원하기로 했는데 지원하지 않은 것에 대해 유비가 원망할 것으로 생각했다. 두려움을 떨치지 못한 맹달은 조위의 조비에게 투항했다.

맹달의 조위 투항도 단순히 들어갔다는 것을 뜻하는 입入 정도의 배신이다. 죽음을 피하기 위한 정치적 배신이다.

그런데 조비 사후 맹달의 입지는 흔들렸다. 촉한의 제갈량과 동오도 맹달에게 귀순을 타진했다. 맹달은 제갈량의 공작에 엮여 갔다. 제갈량은 북벌 시작 전에 맹달이 변심할까 봐 모의 내용을 조위에 흘려 귀순을 제촉했다. 조위의 조예는 그 모의를 믿지 않고 서신을 보내 맹달을 안심시켰다. 하지만 사마의는 맹달과 제갈량의 모의를 사실로 믿고 토벌했다. 결국, 맹달은 패해 낙양에서 죽임을 당했다.

맹달孟達(?~228년)은 후한 말과 조위의 장수이다. 옹주 부풍군 미현 출신으로 자는 자도子度이다. 처음에는 자경子敬이었지만 유비의 숙부 이름이 유경劉敬이었기 때문에 피휘避諱하여 바꾸었다. 후한의 양주자사 맹타의 아들이다.

건안 초기 같은 군 출신 법정과 함께 기근을 피해 고향을 떠났다. 익주로 들어갔다. 유주목이던 유장에게 의탁했다.

211년(건안 16년) 장송은 유비한테 익주를 넘길 뜻을 품었다. 유장에게 유비로 하여금 장로를 토벌해 한중을 취하자고 했다. 유장은 장송의 제안이 계략인 줄 몰랐다. 법정과 맹달에게 각각 2천 명을 줘 유비를 맞이하게 했다.

유비는 맹달을 강릉江陵에 남겨 두었다. 유비는 익주를 평정한 뒤 맹달을 의도군宜都郡 태수에 임명했다.

유비는 219년(건안 24년) 맹달에게 방릉과 함께 상용上庸을 공격하게 했다. 맹달은 상용 공략에서 공을 세웠다. 유비의 명에 따라 의도군 자귀현秭歸縣에서 방릉으로 북진했다. 태수 괴기蒯祺를 죽이고 상용까지 진군했다.

유비는 맹달 혼자 공격하기 벅차다고 판단해 유봉을 파견했다. 유봉은 한중에서부터 면수沔水를 타고 올라갔다. 맹달과 합류하여 함께 상용을 공격했다. 상용태수 신탐은 승산이 없다고 판단했는지 곧바로 항복했다. 그는 항복 대가로 정북장군에 임명되고 상용태수 자리도 유지했다. 동생 신의도 건신장군 겸 서성태수에 임명되었다. 신탐 형제들은 스스로 처자와 일족 모두를 성도로 보내기까지 했다. 충성을 맹세했다.

이때 관우는 동오에 형주를 빼앗겼다. 당초 관우가 번성樊城과 양양을 포위하고 공격할 때 맹달과 유봉도 군대를 파견하기로 했다. 하지만 맹달과 유봉은 막 점령한 지역을 동요시킬 수 없다며 지원군을 보내지 않았다. 관우는 맥성으로 패주하면서 두 사람에게 지원군을 거듭 요청했다. 둘은 여러 이유를 대며 지원군을 보내지 않았다. 그 결과 관우는 대패하고 목숨까지 잃었다.

관우가 죽자 맹달은 유비가 자신을 미워하고 원망할 것이라는 두려움을 갖기 시작했다. 잘 지내던 유봉과의 관계도 불화가 생겨 걱정이 많아지면서 생각이 복잡해졌다. 맹달은 당초 유봉과 사이가 부드럽지 않았다. 유봉이 자신의 고적鼓笛(군악대)를 임의적으로 가져가 버렸다. 맹달은 능멸감을 느꼈다. 유봉에 대한 불평이 커지고 유비의 보복도 두려워졌다. 맹달은 촉한을 버리고 조위에 투항했다. 유봉에게도 투항을 권유하는 편지를 보냈다. 역사의 교훈을 거론하며 유봉이 투항하기를 바랐다. 하지만 유봉은 맹달의 투항 요구를 받아들이지 않았다.

맹달은 220년(연강 원년) 7월 유비에게 편지를 남긴 뒤 부곡 4천여 세대를 이끌고 조위로 귀순했다. 그의 첫 번째 배신행위였다. 조비는 맹달을 환대했다. 장수로서 평이 높았기 때문에 깊은 신임을 표시하며 산기상시散騎常侍 겸 건무장군建武將軍에 평양정후平陽亭侯를 주었다. 또 방릉·상용·서성 3군을 합쳐 신성군을 만들어 태수까지 겸하게 했다. 조위 서남방의 방위를 맡겼다. 내부에서는 대우가 너무 과분하고 국경의 수장으로 적합하지 않다는 의견도 있었다. 유엽과 사마의가 맹달을 믿을 수 없다며 중용해서는 안 된다고 간언했다. 하지만 조비는 아무 문제가 없을 것이라고 했다. 뿐만 아니라 마차에도 동승시켰다. "귀공은 유비의 자객은 아닐 것이야."라는 농담을 걸 정도로 파격적인 대우를 했다.

10월 조비가 황제에 올랐다. 정남장군征南將軍 하후상이 유봉관할의 신성군 탈환을 건의했다. 그는 우장군 서황, 맹달과 같이 상용으로 진군했다. 맹달은 유봉에게 "태자가 유선인데 유비의 친자도 아닌 이상 촉한에 남으면 처지가 위태롭다."며 투항을 권했다.

하지만 무용이 뛰어난 유봉은 자신의 실력을 믿고 맹달의 말을 무시했다. 저항하다 위흥태수 신의의 배반에 패하여 성도成都로 돌아갔다. 유비는 유봉의 죄를 추궁했다. 자살을 명령해 죽였다. 조비는 3군 9현을 수복했다. 유봉을 배신한 신의는 그 대가로 위흥태수직을 보전했다.

맹달은 조비 사후 흔들리는 자신의 입지를 직감했다. 생존 감각이 빨랐던 그는 버리고 온 촉한을 향해 눈치를 봤다. 두 번째 배신행위였다.

226년(황초 7년) 조비가 죽고 조예가 황제에 올랐다. 맹달과 친분이 두터웠던 환계와 하후상도 이미 세상을 떠났다. 맹달은 불안했다. 이런 맹달의 처지를 알게 된 제갈량과 이엄이 슬며시 접근해 왔다. 동오도 맹달을 향해 동시에 접근했다.

제갈량의 공작은 의도대로 진행되었다. 227년(건흥 5년) 한중에서 북벌을 시작하려던 제갈량은 넘어오기로 한 맹달이 변심할까 봐 우려했다. 곽모郭模를 위흥태수 신의에게 위장 귀순시켜 그간의 모의 내용을 흘렸다.

전략戰略에 따르면 곽모와 신의의 대화는 다음과 같았다. "태화 원년, 제갈량이 성도로부터 한중에 도착하자 맹달이 제갈량에게 호응하고자 하여 제갈량에게 옥결玉玦, 직성장즙織成鄣汁, 소합향蘇合香을 선물로 보냈다. 제갈량은 곽모에게 거짓 항복하여 조위로 가게 했다. 위흥태수 신의申儀는 맹달과의 사이에 불화가 있었는데 곽모가 신의에게 말했다.

옥결은 모책이 이미 결정되었다는 말이고, 직성織成은 모책이 이미 이루어졌다는 말이며, 소합향蘇合香은 일이 이미 합해졌다事已合는 말입니다."

맹달과 사이가 좋지 않았던 신의는 조정에 표를 올려 이 사실을 보고했다. 누설을 눈치 챈 맹달은 서둘러 거병하려 했다. 그러나 조예는 맹달이 촉한과 밀통하고 있다는 표를 믿지 않았다.

하지만 남양군 완현宛縣에서 정무를 보던 표기장군 독형예이주제

군사督荊豫二州諸軍事 사마의는 맹달이 빠르게 움직일까 염려되었다. 조예는 서신을 써서 맹달을 안심시켰다.

"장군은 옛날 유비를 버리고 우리에게 몸을 맡겼다. 장군에게 변방의 요직을 맡기고 장군으로 하여금 촉한을 도모하는 일을 할 수 있도록 하였으니 가히 마음이 백일을 꿰뚫었다고 할 만하다. 촉한의 사람들로 말하면 어리석든 지혜롭든 가리지 않고 모두 장군에게 이를 갈고 있다. 제갈량은 그대를 파멸시키고자 하지만 오직 방법이 없는 것만 걱정했다. 곽모의 말은 작은 일이 아닌데, 제갈량이 어찌 이를 가벼이 여기고 누설할 수 있겠는가. 이는 아주 쉽게 알 수 있는 것이다."

맹달은 서신을 읽고 안심했다. 거병하지 못하고 망설였다. 은밀히 토벌 준비를 하던 사마의는 참군 양기梁幾를 파견해 실상을 조사하는 한편 맹달에게 입조를 권했다. 거병을 망설이던 맹달이 눈치 빠르게 난을 일으켰다. 227년 12월 조예는 사마의에게 맹달의 난을 토벌하게 했다.

맹달의 관할 신성군의 지세는 깊고 험했다. 맹달이 일찍이 백마새白馬塞에 올라 '유봉과 신탐은 이런 금성천리金城千里에 웅거하고도 땅을 잃다니'라며 놀랐을 정도이다. 거리는 낙양에서 완까지가 800리(320km), 완에서 신성까지가 1,200리(480km)였다.

맹달은 조정의 진압군이 당도하는 데 지세를 고려할 때 한 달 이상 걸릴 것으로 예상했다. 진압군의 지휘관도 사마의가 직접 오지 않을 것이라고 봤다. 그런데 사마의는 주태州泰를 선봉에 세우고 바로 출진했다. 두 배의 속도로 강행군하여 8일 만에 상용성에 이르렀다. 만반의 출동 태세를 갖춰 놓았기 때문이었다. 공성이 개시된 지 16일 만에 맹달은 항복했다. 촉한과 동오의 원군은 상용에 다다르지 못해 맹달을 구할 수 없었다

228년 1월(태화 2년) 맹달의 생질 등현과 장수 이보가 성문을 열고 항전을 포기했다. 사마의의 출전과 공성이 매우 신속했기 때문에 촉한과 동오의 원군도 소용없었다. 맹달의 머리는 낙양으로 보내져 번화가에서 불에 태워졌다. 제갈량의 북벌이 바로 시작되던 228년 정월이었다.

맹달 사후 신성군은 신성군과 상용군 그리고 석군으로 3분할 되었다. 촉한에 남기고 온 아들 맹흥孟興은 의독군議督軍으로 있다가 촉한이 멸망한 후 264년(함희 원년) 부풍군으로 이주했다. 이때 유봉의 아들 유림劉林은 하동군河東郡으로 이사 갔다. 조위에서 맹달의 가족에 대한 기록은 없다.

맹달은 맹달집孟達集 세 권을 남겼다. 지금은 전해지지 않는다. 맹달은 남들보다 품위가 있고 말과 글솜씨가 뛰어나 타국에도 명성이 알려졌다. 조위의 안목 있는 여러 고관들은 악의에 비견하며 장수의 재목이고 재상의 그릇이라고 평했다.

반면에 유엽劉曄(?~234년 조위의 정치가)은 맹달이 능력을 믿고 술수를 부린다며 의리 있는 이가 아니라 했다. 사마의도 그 언행이 간교하다며 서남방의 일을 일임시켜서는 안 된다고 했다. 비시費詩(?~? 후한 말~촉한의 관료) 또한 맹달은 유장 때도 그렇고 유비 때도

그렇고 자꾸 배반하는 소인이라며 제갈량의 접선을 반대했다.

글 솜씨가 뛰어난 맹달이 유봉에게 쓴 편지는 후세 사람들에게 자주 인용되었다.

"옛사람들은 '사이가 멀면 친밀한 자들을 이간하지 못하고, 새로운 이는 예전부터 사귄 이보다 못하다'고 하였습니다만 이는 위도 현명하고 아래도 곧아야 가능한 일입니다. 충신으로서 공을 세워도 화를 입고 효자로서 인仁을 품어도 재앙에 빠지기도 합니다. 문종文種, 상앙商鞅, 백기白起, 효기孝己, 백기伯奇가 그렇습니다. 이런 일이 생기는 이유는 혈육이 반목을 좋아하고 친친親親이 환난을 즐기기 때문이 아닙니다. 충신과 효자가 아무리 한결같아도 군주와 아비의 마음은 혹 떠나기도 하고 누군가 그 틈을 이간시키기도 합니다. 권세와 이익을 위해 친척끼리도 원수가 되는 판에 하물며 친친도 아니라면야? 신생, 위의 급伋, 어구禦寇, 초의 건建은 아예 정당한 후계자였음에도 쫓겨나 죽었습니다.

족하와 한중왕은 길에서 만난 사람일 뿐으로 혈육 관계도, 군신 관계도 아닌데 족하의 권세와 지위는 높습니다. 아두가 태자가 된 이래 식자들은 족하의 존재를 저어합니다.

신생이 사위士蔿의 말을 들었다면 반드시 오 태백처럼 되었고, 급이 아우의 모책을 받아들였다면 아버지인 위 선공의 악명이 더 커지지 않았을 겁니다.

또한, 제 환공도 일단 달아났다가 돌아와 패자가 되었고, 진 문공역시 담을 넘어 전전하다 돌아와 패자에 올랐습니다. 제가 짐작건대 한중왕은 속으로는 생각이 정해지고 겉으로는 의구심이 생겼습니다. 사사로운 원한이나 감정들도 돌아보지 않을 수 없어 한중왕의 측근들은 틀림없이 험담할 것입니다. 그렇게 의심들은 증폭되어 족하는 위험에 처하게 됩니다. 지금이야 족하가 멀리 있어 잠시 안심할 수 있지만, 우리 대군이 나아가면 땅을 잃고 귀환해야 합니다.

미자는 상나라를 버렸고 지과智果는 족속과 헤어져 환난을 피했습니다. 족하가 부모를 돌보지 않고 남의 양자가 된 것은 예禮가 아니며, 화가 닥칠 것을 알면서도 대처하지 않는 것은 지혜가 아니며, 바른길을 보고도 따르지 않고 머뭇거리는 것은 의義가 아닙니다.

재능 있는 족하께서 동쪽으로 와 나후를 잇는다면 혈육을 배반하는 것이 아니며, 기강을 지켜 조위를 섬긴다면 옛것을 저버리는 것이 아니며, 결단을 내려 위망을 면한다면 헛된 행위로 그치는 것이 아닙니다. 게다가 폐하께서는 선양을 받으신 후 덕으로써 거리낌 없이 인재를 받아들이므로 족하가 넘어오기만 한다면 300호를 받고 나국을 계승할 뿐만 아니라 더 큰 나라에 봉해질 것입니다.

『역경』에서는 대인을 만나는 것이 이롭다 하였고, 『시경』에서는 많은 복은 스스로 구해야 한다고 했습니다. 호돌狐突처럼 두문불출하지 마시고, 서둘러 이 기회를 잡으시기 바랍니다.”

『삼국지연의』에서 맹달은 장송, 법정, 이엄의 절친한 친구로 나온다. 자는 자경子慶이라고 한다. 유비에게 협력하여 곽준과 더불어 가맹관을 지킨다. 한중 평정 후 유봉과 같이 상용을 취한다. 맥성麥城으로 내몰린 관우가 요화를 보내 원군을 청하지만 거절한다.

유비가 맹달을 죽이려 하기에 조위로 귀순한다. 5만 명을 이끌고 양양으로 쫓아온 유봉에게 회유를 시도한다. 하지만 먹히지 않자 하후상, 서황과 힘을 합쳐 물리친다. 상용 일대도 정복한다.

이후 신성태수로서 제갈량의 북벌에 호응하여 낙양을 치려 한다. 신의, 신탐, 이보, 등현이 사마의와 내통하는지도 모르고 있다가 질주해온 사마의를 맞닥트린다. 선봉인 서황의 이마에 화살을 명중시켜 사살한다. 신성에 도달한 금성태수 신의, 상용태수 신탐을 맞으러 나간다. 그런데 예상외의 공격을 받고 성으로 후퇴한다. 측근인 이보와 등현도 성문을 닫고 화살을 날린다. 도망가다가 신탐의 창에 목숨을 잃는다.

맹달이 제갈량의 제1차 북벌에서 세 개의 군郡을 탈취한 후 군사를 일으켜 호응하려 했다고 묘사했다. 이는 사실과 다르다.『삼국지』「위서」 '명제전'에 의하면 맹달은 227년(조위 태화 원년) 12월에 거사했다가 다음 해 정월에 죽임을 당했고 제갈량의 북벌은 그 후에 시작됐다.

미방

촉한의 유비를 섬기다
동오의 손권에 귀순

미방은 형 미축과 유비를 섬겼다. 유비의 유랑 시절 혼신을 다해 도왔다. 그런 그가 번성전투에서 군수품 조달 문제로 관우에게 미움을 받으면서 두려움을 갖게 되었다.

형주를 빼앗은 여몽이 사인을 꾀었다. 동오에 투항을 결심한 사인은 미축을 설득하여 함께 동오에 투항했다. 미방의 배신은 형주를 잃고 관우의 죽음으로 연결되었다.

미방의 배신은 가장 적극적인 배반을 뜻하는 반叛의 행위이다. 믿음과 의리를 저버리고 돌아선 행위였다. 죽음을 피하기 위한 처신이다.

미방糜芳(?~?)은 후한 말과 동오의 장수로 자는 자방子方이다. 서주 동해국 구현朐縣(강소성 연운항連雲港 서남쪽) 출신이다. 촉한의 안한장군安漢將軍 미축의 동생이며 유비의 부인인 미부인의 오빠이다.

조조가 형 미축을 영군태수嬴郡太守로 천거할 때 미방도 팽성상(서주의 여섯 개 현을 관할하는 행정 단위)로 천거되었다. 하지만 형제는 모두 이를 버리고 유비를 따라 어려운 길을 10여 년간 방랑했다.

유비는 입촉 직전에 미방을 남군태수로 부임하게 했다. 남군은 유비의 유일한 근거지였다. 신뢰가 굳건하지 않으면 맡길 수 없는 곳이었다. 이후 관우를 도와 현주를 진수했다.

하지만 관우와 사이가 틀어졌다. 219년(건안 24년) 관우가 번성을 취하려 했다. 미방과 사인을 선봉으로 삼았다. 미방은 번성전투에서 관우에게 군수품을 공급했다. 하지만 전력을 다하지 않았다. 거기에 관리 소홀로 남군성에 불이 나 군수물자를 소실시키는 일까지 벌어졌다. 관우가 돌아가면 응당 죄를 다스릴 것이라 하자 미방은 두려움에 떨었다.

이때 형주를 빼앗은 여몽이 사인을 꾀었다. 마음이 움직인 사인(후한 말의 무장으로 자는 군의君義이며, 유주幽州 광양군廣陽郡 출신)은 미방을 설득하여 함께 손권에게 항복했다. 미방의 배신은 유비에게 매우 큰 타격이었다. 유비는 형주의 나머지 영역을 상실했다. 위로는 조위군이 아래로는 동오군에게 포위된 관우의 군사는 사기가 떨어졌고 관우와 관평은 목숨을 잃었다. 형주는 동오의 영토로 편입되고 만다. 미방의 형 미축은 부끄럽고 노여운 나머지 병이 나 죽었다.

훗날 우번(후한 말과 동오의 관료)이 가다가 미방의 배를 만났다. 미방의 관리들이 우번의 배를 피하라고 하자 우번은 미방을 비난하였다. 미방은 황급히 우번을 피했다. 우번은 나중에 미방의 진영 앞을 통과하게 되었다. 이때도 미방의 관리들이 이를 막았다. 우번은 크게 노하여 미방을 비난했다. 미방은 매우 부끄러워했다.

미방은 동오에 항복한 이후 하제와 함께 진종의 반란 토벌에 참여한 기록을 마지막으로 사서에 등장하지 않는다. 진종의 반란 토벌은 자신이 유비를 버리고 손권에게 돌아선 처지에서 손권을 버리고 조위로 귀순한 진종을 토벌한 것이어서 시사示唆 하는 점이 많다.

『삼국지연의』에서는『삼국지』에서의 행적과 비슷하다. 미방은 형 미축과 함께 유비를 따라 전전했다. 장판파에서 유비가 조조에게 추격을 당할 때 조운趙雲이 부인과 유선劉禪을 구하러 적진으로 가는 것을 보고 유비에게 조운이 조조에게 투항했다고 했다.

여몽呂蒙이 우번으로 부사인傅士仁을 꾀어 투항시킨다. 미방은 부사인의 권고를 받아 동오에 항복한다. 이릉대전 때 동오가 촉한군 앞에서 허물어져 가는 것을 보고 두려워한다. 미방은 부사인과 함께 마충馬忠의 목을 베고 유비에게 항복한다. 그러나 분노심으로 그들을 보던 유비는 미방과 부사인을 받아들이지 않고 단칼에 참수한다.

미축

도겸 병사 후 앞장서 유비 맞아 들이면서 유비에게 귀순

미축은 처음에 서주의 도겸을 섬겼다. 조조가 서주를 공격하자 유비를 부르자고 했다. 유비를 소패에 주둔하게 했다. 도겸이 병사하자 유비가 서주목을 대행하게 했다.

미축의 행위는 단순히 들어갔다는 것을 뜻하는 입입 정도의 배신이지만 내용을 좀 더 들여다보면 가장 적극적인 배반을 뜻하는 반叛의 처신이다. 믿음과 의리를 저버리고 돌아선 행위다. 도겸에게 두 아들이 있었음에도 유비를 불러들이고 그 유비에게 서주목을 맡기도록 한 것은 당시 일반적인 후계 구도의 형태에서 벗어났기 때문이다. 상황을 주도한 능동적 배신으로 더 큰 명예와 이익을 좇은 선택이었다.

미축糜竺(?~221년)은 후한 말과 촉한 초기의 관료로 자는 자중子

仲이며 서주 동해국 구현朐縣(강소성 연운항連雲港 서남쪽) 출신이다. 미방의 형이며 미부인의 오빠이다.

미축은 온화하고 성실한 인품이었다. 하지만 사람을 거느리는 일에는 능숙하지 못했다. 그 때문에 말을 잘 타고 활을 잘 쏘았음에도 불구하고 군사적인 임무를 맡지 못했다. 그러나 유비에게 두터운 신임을 받아 비교할 만한 사람이 없었다.

미축의 집안은 선조 대대로 부유했다. 노비와 소작인이 1만 명에 달할 정도였다. 재력도 넉넉했다. 서해의 섬 울주에 장원을 가졌는데 목축과 농업에 종사하던 이들이 미축 사후 300년까지 섬기며 제사를 지냈다고 한다.

서주목 도겸이 미축의 명성을 듣고 초빙하여 별가종사로 임명했다. 조조가 서주를 공격했다. 도겸은 평원상 유비를 불러 자신을 구원하게 하고, 표를 올려 예주자사로 삼으며 예주 땅 중 서주 근처의 소패小沛에 주둔하게 했다.

도겸이 병들어 위독했다. 미축은 도겸에게 '유비에게 서주를 맡기자'고 권했다. 도겸이 죽자 미축은 도겸의 유지를 받들어 서주 사람들을 거느리고 유비를 맞이했다. 유비가 서주목을 대행하게 했다.

196년(건안 원년) 유비는 서주로 쳐들어온 원술과 대치했다. 그런데 유비에게 의탁한 여포가 하비상 조표와 손을 잡고 하비를 탈취하여 유비의 처자를 사로잡았다. 유비는 근거지를 잃고 광릉과 해서 사이를 떠돌았다. 이때 미축은 광릉군 해서현海西縣에 주둔한 유비에게 자기 여동생을 부인으로 보내고 노비 2천 명과 금은보화를 보내 군자금으로 사용하게 했다.

유비는 214년(건안 19년) 익주를 점거한 후 미축을 안한장군安漢將軍에 임명했다. 활을 잘 쏘고 마술이 특기지만 사람을 통솔하는 것을 싫어해 병사를 맡은 적이 한 번도 없었다. 실권을 가진 직위는 아니었다. 그럼에도 군사장군軍師將軍이었던 제갈량보다도 지위가 높았다. 유비는 가장 어려울 때 도와준 미축에게 보답을 했다. 벼슬뿐만 아니라 가장 많은 상과 재물을 하사했다. 유비는 미축이 준 군자금 덕분에 군세를 다시 일으킬 수 있었기 때문이다.

이런 사실을 안 조조는 미축을 자기 사람으로 만들고 싶어 했다. 태산군의 일부 현을 분리하여 영군을 설치했다. 헌제에게 직접 상소를 올려 당시 편장군을 지내던 미축에게 영군태수를 맡기고, 그의 동생 미방을 팽성상으로 임명했다. 회유책이었다.

하지만 형제는 모두 조조가 준 벼슬을 받지 않았다. 태수와 상의 벼슬은 요즘 차관급이라 뿌리치기 쉽지 않은 벼슬이었다. 뿐만 아니었다. 조상 대대로 살던 서주를 떠나 근거지를 잃고 조조와 원소 그리고 유표 등에 의탁하며 떠돌던 유비를 따라 나섰다. 이후 미축은 유비와 함께 각지를 오랜 시간 전전했다.

유비가 여남에서 형주의 유표에게 갈 때 먼저 미축과 손건을 보내 만나게 했다. 미축은 유비가 의탁할 수 있는 길을 만들었다. 유비가 형주에 들어가자 손건과 함께 좌장군 종사중랑이 되었다.

유비로부터 절대적 신임을 받던 미축은 동생 미방으로 인해 매우 어려운 처지에 놓이게 되었다. 219년(건안 24년) 남군태수를 지내던 미방이 관우의 지원 요청을 거부하여 패사하게 했다. 형주를 공격해 온 손권孫權에게 항복한 것이다. 소식을 들은 미축은 스스로 뒷짐을 져 결박하고 유비 앞에 나아가 처벌을 자청했다. 동생인 비방이 반역죄를 저질렀기 때문에 삼족이 멸문당하는 것은 당연한 조치였다.

하지만 유비는 "동생의 죄로 연좌할 수 없다"며 이전과 같이 후하게 대했다. 221년(건안 26년 곧 장무 원년) 미축은 태부 허정과 군사장군 제갈량, 태상 뇌공, 광록훈 황권, 소부 왕모 등과 함께 유비를 황제로 추대하는 표를 올렸다.

미축은 미방의 일로 수치심과 분노를 스스로 삭이지 못하고 한해 남짓 괴로워하다 화병으로 죽었다. 미축의 아들 미위는 촉한에서 호분중랑장을 지냈고, 손자 미조는 호기감을 역임했다. 후손들도 미축처럼 말을 잘 타고 활을 잘 쏘았다.

양희는 미자중을 찬함贊糜子仲이라는 「계한보신찬」의 평가에서 "안한장군은 온화한 용모로 어떤 때는 인척이 되고, 어떤 때는 빈객이 되었다. 미축은 훌륭한 신하라고 할 수 있다."고 평했다.

『삼국지연의』에서도 미축에 대한 내용은 『삼국지』와 비슷하다. 도겸이 죽은 뒤 서주목이 된 유비를 손건과 함께 보좌한다. 등장하는 일은 많지만, 촉한을 평정하기까지 유비를 보이지 않게 돕고 따랐다.

방통

동오의 주유를 따르다
촉한 유비에게 귀순

방통은 유표의 남군에서 벼슬을 받아 동오의 주유를 거쳐 촉한의
유비에게 귀순했다. 주유가 죽은 뒤 남군은 유비가 관할했다. 방통
도 유비를 따랐다. 처음에는 현령에 불과했지만, 나중에는 제갈량
과 함께 군사중랑장에 올랐다.

주유 사후 유비를 따른 방통의 처신은 상황에 내몰린 피동적 배신
이다. 이후 더 큰 이익과 명예를 위해 유비에게 많은 계책을 냈다. 전
장에서 유시流矢에 맞아 젊은 나이로 사망했다.

방통龐統(179~214년)은 후한 말 유비 휘하의 관료이다. 자는 사원
士元이며 형주 남군 양양현襄陽縣(호북성 양번襄樊) 출신이다. 동생은
방림(이릉대전에서 패하자 황권과 함께 조위에 항복하여 거록태수를 지냄)

이고 아들은 방굉(유선 때까지 촉한 섬김)이며 숙부는 방덕공이고 사촌 동생은 방산민(제갈량의 작은 누나와 결혼했으며 조위에서 황문이부랑을 지냈지만 요절, 제갈량과는 사돈 사이)이다. 별호는 봉황의 새끼라는 의미의 봉추鳳雛이다. 인물평의 대가이면서도 제왕을 곁에서 모실 인물로 여겨졌다.

익주를 탈취할 것을 제안하여 유비의 입촉을 수행했다. 낙성을 포위하여 공격하던 중 유시에 맞아 젊은 나이로 죽었다. 『삼국지연의』에서는 추남에 낙봉파에서 전사하는 것으로 설정됐다.

방통은 어린 시절 순박하고 둔하여 알아주는 사람이 없었다. 숙부 방덕공만이 그를 중하게 여겼다. 18살이 되던 해 방덕공과 친했던 사마휘에게 평가를 받으러 갔다. 영천군 출신으로 청렴하고 온화한 사마휘는 사람을 보는 눈이 있었다. 사마휘는 뽕나무에 올라가 뽕잎을 따고 있었다. 방통을 나무 밑에 앉혀 놓고 얘기를 나눴다. 사마휘와 방통 간의 뽕나무 위와 아래의 이야기는 여러 날 이어졌다.

방통이 물었다.

"대장부가 세상에 살며 마땅히 고관이 돼야 한다고 들었는데, 어찌 혼란한 세상을 되돌릴 역량이 있으면서 길쌈하는 지어미의 일을 하겠습니까."

사마휘가 말했다.

"당신은 우선 수레에서 내리시오. 당신께서는 참 샛길이 빠른 줄만 알지 길을 잃고서 헤매게 될 것은 생각하지 않으십니다. 어찌 화려한 집에서 살고 살찐 말만 타고 다니며, 시녀가 수십 명인 다음에만 기이하다 하겠습니까."

방통이 다시 말했다.

"내가 변방에서 나서 자라 대의를 본 일이 적은데, 만약 한번 큰 종을 두들겨 보지 않고 우레 같은 북을 쳐 보지 않았더라면, 그 울리는 소리를 알지 못할 뻔했습니다."

「양양기」에 의하면 사마휘가 얘기를 나눠 본 뒤 감탄하며 말했다. "방덕공(방통의 숙부)은 실로 사람을 알아보는구나. 이 아이는 참으로 크고 훌륭한 덕을 가졌다."

사마휘는 방통을 높이 평가했다. 남주南州 선비 가운데 출중한 인물이 될 것이라고 했다. 방통은 사마휘를 만나면서 조금씩 유명세를 얻기 시작했다.

이후 방통은 남군에서 임명받고 동오의 주유 밑에서 공조功曹로 일했다. 공조는 하급 관원들의 임용을 관장하고 근무 실적을 평가하는 인사 담당 역할이다.

남군은 주유가 조인을 몰아내고 점유했다. 주유가 죽자 방통은 상여를 운구해 오는 역할을 맡았다.

방통이 일을 마치고 귀환하려 할 때 육적과 고소, 전종이 동오군의 서문인 창문昌門에 모여 전송했다. 방통이 말했다.

"육자(육적)는 굼뜬 말이라 이를 만하니 매우 빠른 발의 힘을 지녔고, 고자(고소)는 굼뜬 소라 이를 만하니 능히 무거운 짐을 지고 멀리까지 갈 수 있습니다.”

『오록』에 의하면 어떤 이가 방통에게 물었다.

“그대가 보기에 육자(육적)가 가장 낫다는 것입니까.”

방통이 말했다.

“굼뜬 말이 비록 빼어나지만 한 사람을 감당할 뿐입니다. 굼뜬 소는 하루에 3백 리를 가니 어찌 한 사람을 중함에 비하겠습니까.”

고소가 방통의 숙소로 찾아와 말하다 물었다.

“경은 사람을 알아보기로 유명한데 저와 경을 비교하면 누가 더 낫습니까.”

방통이 말했다.

“세속을 도야陶冶하고 인물을 품평하는 것에는 제가 경에게 미치지 못합니다. 제왕의 비책을 논하고 의복倚伏의 요체를 파악하는 데는 제가 좀 더 나은 것 같습니다.”

고소가 그 말에 만족해하며 친근히 대했다.

방통이 전종에게 말했다.

“경은 베푸는 것을 좋아하고 명성을 흠모하니 여남의 번자소樊子昭(후한의 인물, 예주 여남군 출신으로 벼슬을 하기 이전에는 두건 장사를 했고, 월단평으로 허소가 여러 인물들을 평가하는 것 중에서 두건 파는 가게로부터 번자소를 찾아냈다고 했다.)와 닮은 점이 있습니다. 비록 지력이 많지 않지만, 또한 한 시대의 뛰어난 인물입니다.”

육적과 고소가 방통에게 “천하가 태평해지면 경과 더불어 천하의 선비들을 헤아려보고 싶습니다.”라고 말했다.

동오에서 방통은 전종과 육적, 고소 등 동오의 유력 호족들과 안면을 터 친교를 맺은 후 돌아왔다. 주유 사후 남군은 유비가 다스리게 되었다. 방통 또한 유비를 받들게 되었다.

「제갈량전」 주석 '양양기'에 따르면 유비가 사마휘에게 세상일에 관해 물었다. 사마휘가 "저 같은 유생 속사가 어찌 시무를 알겠습니까. 시무를 아는 자는 준걸 중에 있으며 이런 준걸에는 복룡伏龍(숨어있는 용)과 봉추가 있습니다." 복룡은 제갈량이고 봉추는 방통이었다.

유비가 그들이 누구인지 묻자. 사마휘가 "복룡은 제갈공명이고 봉추는 방사원(방통)"이라고 했다.

「유표전」 '주석 부자'에 따르면 부손은 사람 보는 안목이 있었다. 방통을 보고 절반쯤 영웅이라고 생각했으며, 배잠이 끝내 청렴한 행실로 세상에 드러날 것이라고 증명했다.

유비는 방통에게 종사 겸 계양군 뇌양현령을 대행시켰다. 방통은 유표에서 손권을 거쳐 유비를 따랐다. 그런데 방통은 치적이 없어 면직되고 만다. 동오의 노숙이 유비에게 편지를 보내 "방통은 1백 리(현)를 다스릴 정도의 재능(非百里之才비백리지재)을 가진 인물이 아니고, 치중이나 별가의 임무(장관의 고문)를 줘야 그 재능을 살릴 수 있다."고 설득했다.

제갈량도 방통을 높이 평가하여 유비에게 천거했다. 방통을 만나본 유비는 그릇이 크다고 판단해 치중종사治中從事로 삼았다. 이후 제갈량과 함께 군사중랑장軍師中郞將에 올랐다.

『구주춘추』에 따르면 방통이 유비를 "형주는 황폐해졌고 동쪽에는 손권이, 북쪽에는 조조가 있어 정족지계鼎足之計 즉, 세발솥 다리의 계획을 이루기가 어렵습니다. 현재 익주는 부유해서 인구와 병마와 산출되는 물자가 매우 많으니 이를 취해 대사를 펼쳐야 합니다."라고 설득했다. 이에 유비는 "현재 나에게 있어 물과 불 같은 자는 조조요. 조조가 쪼이면 나는 풀어주었고, 조조가 사나우면 나는 인자했고, 조조가 농간을 부리면 나는 진실로 대했소. 매번 조조와 반대로 행동하여 일을 이룰 수 있었소. 작은 이유 때문에 천하의 신의를 잃는 것은 취할 바가 아니오."라고 답했다. 방통은 "난세는 한 가지 방법만으로는 헤쳐 나갈 수 없습니다. 약하면 겸병하고 혼매하면 공격하는 것은 오패도 했던 일입니다. 어긋난 도리도 가지되 바른 도리로 다스리고, 유장에게도 의義로써 보답하여 큰 나라에 봉한다면 어찌 신의를 저버렸다 하겠습니까. 오늘 얻지 않으면 끝내는 다른 사람의 이익만 될 뿐입니다."라고 재차 청했다. 유비가 마침내 방통의 계책을 받아들였다.

211년(건안 16년) 유비가 익주목 유장의 요청에 따라 한중의 장로 정벌을 명분으로 촉으로 들어갔다. 제갈량은 형주에 남아서 본거지를 진수鎭守하고 방통이 유비를 수행했다.

유장이 많은 반대에도 불구하고 광한군 부현涪縣으로 나와 환대했다. 장송과 법정 그리고 방통이 많은 병력을 소모할 것 없이 회견장에서 바로 유장을 잡자고 권했다. 하지만 유비는 듣지 않았다. 유비는 타국에 와서 은혜와 신의를 보이지 못했다며 중대한 일을 서둘러서는 안 된다고 했다.

유장이 성도로 돌아가고 유비는 가맹현葭萌縣으로 올라간 후 한
중을 치려 했다. 그런데 방통이 유장부터 무찔러야 한다며 상·중·
하책을 제시했다.

"상책은 은밀히 뽑은 정예병들을 데리고 밤낮으로 내달려 곧장 성
도를 습격하십시오. 유장은 무략이 없을 뿐더러 대비도 없을 테니
대군으로 들이닥치면 한 번에 평정할 수 있습니다. 중책은 양회와
고패는 유장의 명장으로 각각 강력한 병사로 관두關頭를 지키고 있
습니다. 이들은 장군을 형주로 돌려보내라고 여러 차례 간언했다 합
니다. 장군께서는 그들에게 형주가 위급하여 구하러 간다고 알리고
행장을 꾸려 돌아가는 척 꾸미십시오. 그들은 틀림없이 좋아하며 가
벼운 차림으로 만나러 올 것입니다. 그때 그들을 붙잡고 그 군대를
차지하여 성도로 향하십시오. 하책은 백제성으로 물러나 형주와 연
대하여 서서히 일을 강구하십시오. 선택 가능한 수는 이상과 같습니
다. 만일 망설이기만 한다면 장차 큰 곤경에 처할 것입니다."

유비는 중책을 선택했다. 먼저 민심부터 얻어 갔다. 그런 뒤 212
년 양회와 고패의 목을 베고 성도로 남진했다.

유비는 지나는 곳마다 승리를 거뒀다. 부성에서 대연회를 개최했
다. 연회가 무르익고 모두 즐거워하는데 방통이 "남의 나라를 침공
하고 즐거워한다면 어진 사람의 군대가 아닙니다."라고 말했다. 유
비는 술에 취하여 "주나라 무왕의 군대가 주紂를 토벌하며 앞에서는

노래 부르고 뒤에서는 춤을 추었으니 어진 사람이 아니겠구려. 경의 말은 맞지 않소. 당장 일어나 나가시오."라고 노여워했다.

방통이 머뭇거리며 물러났다. 유비가 곧 후회하여 돌아올 것을 청했다. 방통이 원래 자리로 돌아와 태연히 먹고 마셨다. 유비가 조금 전에 누가 잘못했는지 물었다. 방통은 군신君臣이 함께 잘못한 것이라 대답했다. 유비는 크게 웃으며 아무 일도 없었다는 듯이 처음처럼 연회를 즐겼다.

유비군은 계속 진군했다. 유순과 유괴와 장임이 방어하는 낙현雒縣을 포위하고 공성전을 벌였다. 약 1년이 지난 214년 방통은 유시流矢에 맞아 36세의 나이로 사망했다.

유비가 몹시 애석해 하며 눈물을 흘렸다. 훗날 방통의 아버지는 의랑議郞을 거쳐 간의대부諫議大夫가 되었다. 방통은 관내후에 추봉되고 260년(경요 3년)에 정후靖侯라는 시호를 받았다.

방통은 인물 평가를 잘했다. 인재 육성에도 힘썼다. 남군공조 시절 사람 치켜세우는 것이 실제보다 과해 사람들이 이상하게 여겼다. 그 이유에 대해 방통은 "천하가 무너지고 아름다운 도리가 황폐화되며 착한 사람은 적고 악한 사람이 많은 현실에서 풍속과 도리를 바로 세우고자 합니다. 좋은 말로 칭송하지 않는다면 그 명성을 흠모하고 본보기가 부족할 것이고, 흠모하고 본보기가 부족하다면 선한 일을 하는 사람도 적을 것입니다. 선발한 열 명 중에 모두는 아니더라도 절반은 얻어 세상의 교화를 높이고 뜻있는 자로 하여금 스스로 분발하게 할 수 있도록 하게 함이니 이 또한 좋은 일이 아니겠습니까."라고 말했다.

방통에 대한 평가는 대체로 후했다. 양희楊戲(?~261년, 촉한의 관료로 자는 문연文然이며 건위군 무양현武陽縣 출신)는 방통을 "미덕과 맑고 고상한 기품이 빛났다. 영명한 군주에게 목숨을 내놓고 가슴에서부터 충정을 발현했다. 의리와 도덕의 모범이 되어 자신을 희생해 은덕을 갚았다."고 평했다.

『삼국지』의 저자 진수는 "인물 평가와 경학經學과 책모가 뛰어나 형주 사람들은 그를 고아하고 준수한 사람이라 했다. 조위의 신하들과 비교하자면 순욱에 비길 만하다."고 했다.

부손傳巽(?~? 후한 말과 조위의 인물로 자는 공제公悌이며 양주涼州 북지군北地郡 이양현泥陽縣 출신)은 방통龐統을 "재지才智(재주와 지략)가 뛰어난 영웅英雄(지혜와 재능이 뛰어나고 용맹하여 보통 사람이 하기 어려운 일을 해내는 사람)이지만 기량器量(사람의 재능과 도량을 아울러 이르는 말)이 불완전不完全하다."고 말했다.

배송지裴松之(372~451년 동진 말과 송 초의 관료로 자字는 세기世期이며 사례司隷 하동군河東郡 문희현聞喜縣 출신)는 방통과 유비의 연회의 일화에 대해 언급하기를 "유장을 습격하는 모책은 도의를 거스르면서 공업을 성취한 것이다. 그것이 비록 방통에게서 나온 것이기는 하나 본래 사악한 방법이므로 내심 꺼림칙하여 즐거운 마음이 절로 그쳤다. 그러던 차에 흥겨워하는 유비의 발언을 듣자 무심결에 말이 튀어나온 것이다. 유비가 술자리를 즐긴 것은 때에 맞지 않으며 남의 불행을 좋아하는 것과 같은데도 자신을 무왕에 견주며 부끄러워하는 낯빛조차 없었다. 이것은 유비의 잘못이지 방통의 과실이 아니다. 방통이 '군신이 모두 잘못했다'고 한 것은 아마도 유비에게 전가될 비난을 분담하려 한 것이다."라고 했다.

『세설신어』에서는 방통이 영천군까지 2,000리(800km)를 가서 사마휘를 만나는 내용을 실었다. 뽕을 따는 사마휘에게 방통이 수레 안에서 묻기를 "듣건대 장부가 세상에 처해서는 마땅히 금인자수金印紫綬(고관대작들이 사용하는 자색 끈이 달린 금으로 만든 인장)를 차야 한다는데 당신은 어찌하여 넓디넓은 도량을 굽히고 실 잣는 아낙네의 일을 하고 있소이까." 라고 물었다.

사마휘는 "그대는 마차에서 내리시오. 그대는 부정한 길이 빠른 줄만 알지 길을 잃고 헤매게 될 줄은 모르고 있소. 옛날에 백성자고伯成子高(당요唐堯 때 사람, 요임금이 천하를 다스릴 때 제후諸侯)는 농지를 갈면서도 제후의 영화를 부러워하지 않았고, 원헌原憲(춘추시대 송나라 출신으로 자는 자사子思이고 공자의 제자로 공문칠십이현孔門七十二賢 중의 한 사람)은 뽕나무 지도리를 한 가난한 집에 살면서도 관리의 저택과 바꾸지 않았소. 어찌 꼭 화려한 집에 앉아야 하고, 살찐 말을 타야 하며, 수십 명의 시녀가 있어야만 귀하다고 하겠소. 이것이 바로 허유許由(고대 중국의 전설적 인물, 요堯 임금이 왕위를 물려주려 하니 받지 않고 귀가 더러워졌다며 영천穎川의 물에 귀를 씻고 기산箕山에 들어가 숨어 살았다 함)와 소부巢父(소를 몰고 가다가 허유가 귀를 씻는 까닭을 듣고는 그 물을 소에 먹일 수 없다며 더 상류로 올라가 물을 먹였다고 함)가 강개한 바이며, 백이와 숙제가 길게 탄식한 바이오. 여불위가 진나라를 훔쳐 사두마차 천 대의 부를 누렸어도 귀하다고 보기에는 부족하오." 라고 답했다.

이에 방통이 "저는 변방 구석에서 태어나 대의大義를 만나본 적이 드물었습니다. 어마어마하게 큰 종과 뇌고雷鼓를 쳐 보지 않았더라면 그 소리가 얼마나 큰지 모를 뻔했습니다."라고 했다.

장존張存(촉한의 관료로 형주종사가 되어 유비를 따라 촉으로 들어갔으며 남쪽으로 낙현까지 이르면서 광한태수 지냄)은 전사한 방통을 유비가 찬탄하자 "방통이 비록 충성을 다했던 몹시 아까운 인물이긴 합니다만 천하의 올바른 도리는 어겼습니다."라고 했다. 유비는 방통이 살신성인을 이뤘다고 화를 내면서 장존을 면직시켰다. 장존은 얼마 후 질병으로 사망했다.

『삼국지연의』에서는 사마휘보다 5살 어린 것으로 설정되었다. 그의 평가도 '복룡과 봉추 중 하나만 얻어도 천하를 안정시킬 수 있다'로 각색된다.

적벽대전 무렵 강동으로 피신해 있다가 장간과 함께 조위로 넘어가 조조를 돕는 척한다. 조조의 수군은 익숙하지 않은 수상생활로 인해 병사하는 병사가 많았으므로 방통은 배들을 쇠사슬로 연결하고 그 위에 판자를 깔라고 진언한다. 조조는 기뻐하는데 실은 화공의 효과를 극대화하기 위한 연환계連環計였다. 이를 알아챈 서서에게는 한수와 마등에 대한 방비를 핑계로 빠져나오라고 조언해준다.

주유가 죽자 노숙이 동오의 관리로 일해 달라고 권유한다. 손권은 방통의 추한 외모를 보고 등용하지 않는다. 그 후 방통은 유비를 찾아간다.

제갈량과 노숙의 추천장은 꺼내지 않은 채 유비와 대면한다. 짙은 눈썹에 들창코와 검은 얼굴과 짧은 구레나룻 등 괴상한 용모로 인해 중용 받지 못하고 뇌양현령을 받는다. 부임한 지 100여 일이 지나도록 사무는 처리하지 않고 술만 마신다. 장비와 손건이 순시하러 왔는데도 숙취가 깨지 않아 일어나 나가지 않는다. 장비가 업무 태만에 대한 벌을 주려고 하자 한나절도 되지 않는 시간에 쌓여 있던 모든 공무를 끝마친다. 그제야 유비가 반성하며 부군사중랑장副軍師中郎將으로 기용해 크게 쓴다.

유장의 사자 장송이 유비에게 촉을 헌상하려고 하자 방통은 유비의 결단을 촉구한다. 유비의 입촉을 수행한다. 방통, 장송, 법정은 부성의 연회 자리에서 유장을 암살하라고 권한다.

하지만 유비가 듣지 않는다. 방통은 불복하여 위연에게 칼춤을 추면서 기회를 봐 유장을 죽이라 지시하고 다른 무사들도 배치시킨다.

그런데 장임이 칼춤의 상대가 되겠다며 나서고 유봉, 유괴, 냉포, 등현 등이 나오는 바람에 유비와 유장이 춤을 중지시킨다. 시간이 흐른 후 양군이 충돌하게 되자 양회와 고패를 유인해 참하고 부수관涪水關을 무혈점령한다. 이 축하연 장면에서 방통이 어진 사람에 대해 논했던 일화가 유사한 모습으로 삽입된다.

낙성으로 향하던 차에 마량 편으로 천문의 징조가 좋지 않다는 제갈량의 서신이 도착한다. 방통은 자신이 혼자 큰 공을 세울까 시기한 제갈량이 말을 지어낸 것이라며 간과 뇌가 널브러져 죽더라도 두렵지 않다고 한다. 방통과 위연은 좁은 길로, 유비와 황충은 넓은 길로 나누어 진격하기로 한다. 각자 떨어져 출발하는데 타고 있던 말이 나아가지 않아 낙마한다. 유비가 자신의 백마와 바꿔준다. 마침 낙봉파落鳳坡에 매복하고 있던 장임군이 쏜 화살을 맞고 전사한다.

번건

촉한을 섬기다
멸망 후 서진에 귀순

번건은 촉한을 섬기다 서진을 따랐다. 촉한 멸망 후 유선을 따라 낙양에 간 뒤 상국을 보좌하는 참군 겸 산기상시가 되었다.

번건의 서진 섬김은 단순히 들어갔다는 것을 뜻하는 입入 정도의 상황에 내몰린 피동적 배신이다. 촉한 황제 유선이 항복한 상황에서 달리 선택의 여지가 없는 의탁이었다.

번건樊建(?~?)은 삼국시대 촉한과 서진의 관료이다. 자는 장원長元이며 남양군 의양義陽(하남성 동백桐柏 동쪽) 출신이다.

제갈량이 남정할 때 연사椽史로서 함께 했다. 제1차 북벌 때에는 전군서기典軍書記로 임명되었다. 후에 시중侍中과 상서령尚書令이 되어 동궐董厥(촉한과 서진의 관료, 자는 공습龔襲)과 정무를 담당했다.

환관 황호黃皓가 정권을 장악하여 정사를 농단할 때 번건은 그와 왕래하지 않았다. 유일한 경우였다.

261년 강유가 과도한 원정으로 나라를 피폐하게 하는 것을 우려하여 제갈첨諸葛瞻, 동궐董厥과 함께 염우閻宇로 하여금 강유를 대신하게 할 것을 진언했다. 그러나 유선이 받아들이지 않았다.

촉한 멸망 후 그는 조위에 의해 열후列侯에 봉해졌다. 264년 유선劉禪을 따라 낙양으로 가서 상국相國을 보좌하는 참군參軍이 되었고 산기상시散騎常侍를 겸했다. 동궐과 같은 직함으로 같은 역할을 했다.

273년 의랑議郎 단작段灼이 사마염에게 상소를 올려 등애鄧艾가 억울하게 죽은 것을 거론하며 등애를 신원하고 그 후손들을 등용할 것을 청했다. 그러나 이를 받아들일 경우 아버지 사마소가 잘못된 명령을 내렸다고 인정하는 것이 되기 때문에 사마염은 쉽게 결단을 내리지 못했다.

당시 번건은 급사중給事中이었다. 사마염이 어느 날 번건에게 제갈량이 촉한을 다스리던 일을 물었다. 번건이 호의적으로 말하자 사마염은 제갈량 같은 사람이 있었으면 좋겠다고 말했다. 이때 번건은 사마염에게 "등애가 억울하게 죽은 것을 알고도 바로잡지 않는데, 제갈량 같은 사람을 얻었다고 해도 어찌 제대로 기용할 수 있겠습니까."라고 말했다.

사마염은 번건이 자신의 협량을 일깨웠다고 칭찬했다. 등애의 맏손자 등랑鄧郎을 낭중郎中에 임명했다.

『삼국지연의』에서 번건은 유선 때부터 등장한다. 제갈량의 남정과 북벌에 종사하고, 촉한 멸망 후에는 유선과 함께 낙양으로 이주한다.

범강

촉한 등진 뒤
장비 목 들고 동오에 귀순

장비를 배신한 범강의 처신은 가장 적극적인 배반을 뜻하는 반叛이
다 믿음과 의리를 저버리고 돌아선 행위다. 범강은 장비의 무리한
명령을 이행하지 못했다. 매를 맞았고 또 명령을 완수하지 못할 때
는 죽이겠다는 겁박을 받았다. 원인은 장비에게 있었다. 하지만 죽
음을 피하기 위해서라면 도망쳐도 될 일이었다.

그런데 범강은 장달과 함께 술 취해 자는 장비를 죽이고 목을 베었
다. 상황을 주도한 능동적 배신이다. 범강은 자신의 잘못을 인지하
면서도 이기적인 이유로 상관을 죽였다.

범강范彊(?~222년)은 삼국시대 촉한과 동오의 장수이다. 자는 중
진仲眞으로 발해勃海(하북성 남피南皮 동북쪽) 출신이다.

『후한서』 '당고열전'에 의하면 범강范疆이 아니라 원강苑康이다.
『삼국지연의』는 원苑과 범范의 자체가 비슷하여 오류를 일으켰다.

221년 촉한이 동오 정벌을 위해 군사를 일으킬 때 장비의 부하가
되었다. 장비가 이릉대전에 참가하기 위해 낭중에서 1만 명을 거느
리고 출발하여 강주에서 만나기로 했다.

그런데 범강은 3일 안에 흰 깃발과 갑옷을 준비하라는 장비의 명
령을 이행하지 못했다. 장달과 함께 매를 맞는다. 두 사람은 장비에
게 원한을 품는다. 그날 밤 범강은 장달과 함께 장비를 살해한다. 동
오로 달아나 장비의 목을 바치고 항복했다.

『삼국지연의』에서는 범강으로 나온다. 유비가 75만 대군을 일으
켜 동오 정벌에 나선다. 장비는 유비에게서 관우의 원수를 갚겠다는
것을 듣고 낭중으로 돌아온다. 군중에 관우의 죽음을 애도하는 의미
에서 사흘 안으로 흰 깃발과 흰 상복을 마련해 삼군이 상복을 입고
동오를 정벌한다고 했다. 명령을 받은 범강은 장달과 함께 시일이
촉박하니 시일을 좀 늦춰 달라고 한다.

하지만 장비는 이들의 말을 무시하고 채찍 50대씩을 가한다. 기간
을 어기면 목을 자르겠다는 위협까지 한다. 두 사람은 그날 밤 술 취
한 장비를 찔러 죽이고 머리를 베어 동오로 달아난다.

유비가 동오를 공격하자 연패하던 손권이 화친하려 한다. 손권은
보즐의 진언에 따라 침향나무 함에 담은 장비의 머리를 보내면서 범
강과 장달을 묶어 함께 촉한에 보낸다. 곧 범강은 장달과 함께 장비

의 아들 장포에게 죽임을 당한다.

하지만 실제로는 동오로 달아난 후의 기록은 『삼국지』에 보이지 않는다. 동오 정벌 또한 장비가 이미 사망한 뒤의 일이므로 역사적으로는 사실이 아니다.

법정

믿어 준 유장을 버리고
유비에게 귀순

법정은 처음에 촉의 유장을 섬겼다. 중용되지 못했다. 유비에게 사신으로 갔다 돌아온 뒤 친구인 장송에게 유비를 칭찬하면서 둘은 익주를 유비에게 넘길 계획을 세웠다. 가장 적극적인 배반을 뜻하는 반叛의 배신이다. 믿음과 의리를 저버리고 돌아선 행위다. 더 큰 이익과 명예를 좇아서 유장을 등졌다. 정치적 배신으로 상황을 주도한 능동적 배신이다. 유장에게 유비가 도울 것이라는 확신을 주며 안심을 시켰다. 그런 후 뒤를 치는 행동을 했다.

법정法正(176~220년)은 『삼국지』 권37 「촉서」 '방통법정전龐統法正傳'에 따르면 후한 말의 관료이다. 자는 효직孝直이며 사례司隸 부풍군扶風郡 미현郿縣(섬서성 미현郿縣) 출신으로 후한 남군태수를 지낸

법웅法雄의 증손이다. 한때 선비로서 명성이 있던 법진法眞의 손자이고 아버지는 법연이다.

196년 큰 기근이 들자 법정은 동향인 맹달孟達과 함께 촉으로 들어가 유장의 부하가 되었다. 중용되지는 못했다. 오랜 뒤에 광한군 신도현의 현령이 되었다. 그 뒤에는 군의교위에 임명되었다. 품행이 나쁘다는 평가 때문이었다. 함께 타향에서 손님 노릇을 하는 사람들에 의해 품행이 바르지 않다는 비방을 받았다. 그런 법정에게 친구 사이인 익주별가 장송은 늘 유장이 군주의 재목이 아니라는 불만을 토로했다.

조조에게 사절로 갔던 장송은 푸대접만 받고 돌아온다. 유장에게 그 대책으로 유비와 동맹을 맺도록 권하고 법정을 형주에 사신으로 보내게 한다. 사신으로 갔다 돌아온 법정은 장송에게 유비가 웅대한 계략을 갖추었다고 인물됨을 칭찬한다. 유비를 끌어들여 익주를 넘겨줄 계획을 모의했다.

이후 조조가 한중을 치려 한다는 소문이 퍼졌다. 유장은 불안해했다. 장송은 유장을 움직여 유비를 익주로 불러들였다. 법정은 장송의 말에 따라 유비에게 유장을 죽이도록 권했다. 하지만 유비는 받아들이지 않았다.

법정은 유비에게 "명장군明將軍의 영명한 재주로 유목(유장)의 유약함을 틈타십시오. 장송은 주州의 신임받는 중신으로 내부에서 호

응할 것입니다. 그 연후에 익주의 풍성함을 기반으로 하고 험조險阻
함에 기대면 쉬운 일입니다."라고 말했다.

유비는 장강을 거슬러 올라가 서쪽으로 가서 광한군 부현에서 유
장과 만났다. 그 뒤 북쪽의 광한군 가맹현으로 갔다가 남쪽으로 돌
아와 유장을 공격했다.

212년 유비가 양회楊懷(?~212년 후한 말 유장 휘하의 무장으로 익주
침략이라는 흑심을 품은 유비에게 살해당함)와 고패高沛(?~212년 후한 말
유장 휘하의 장수로 익주 침략이라는 흑심을 품은 유비에게 살해당함)를
죽이고 익주를 공격할 무렵 장송은 본심이 탄로 나 유장에게 처형
당했다.

유장의 종사從事 정도鄭度(?~? 후한 말의 관료로 익주益州 광한군廣漢
郡 면죽현綿竹縣 출신)가 유장에게 청야작전(적이 사용할 만한 모든 군수
물자와 식량 등을 없애 적군을 지치게 만드는 작전)을 제안했다.

"파서와 재동의 백성들을 내수와 부수 서쪽으로 모두 내몰고 그곳
의 창고와 들의 곡식을 모두 불태운 뒤 보루를 높이고 해자를 깊게
판 채 조용히 그들을 기다리는 것만 한 것이 없습니다. 저들이 당도
하여 싸움을 청해도 들어주지 않으면 오래도록 군량을 얻을 곳이 없
으니 백일이 되기 전에 필시 스스로 달아날 것입니다. 달아날 때 공
격하면 틀림없이 사로잡을 수 있습니다.

유비가 이를 듣고 걱정했다. 법정은 정도의 계책이 실행되지 않을
것이라고 안심시켰다. 나중에 이 말은 맞아떨어졌다.

유장은 "나는 적에 맞서 백성을 편안케 한다는 말은 들어 봤지만,

백성들을 움직여 적을 피한다는 말은 들어보지 못했다."며 정도를 내치고 청야 작전의 계책을 쓰지 않았다.

유장의 군대는 연패했다. 유비군이 낙성을 포위하자 법정은 유장에게 항복을 권하는 글을 보냈다. 그러나 유장은 별다른 답을 하지 않았다.

"저 법정이 본래 재주가 부족해 맹호盟好가 훼손되게 하였지만 좌우左右에서 본말本末을 분명히 하지 않고 모든 잘못을 제 탓으로 돌려 모욕을 입혀 내 몸을 망치고 그 욕됨이 집사執事(귀하)에게까지 미칠까 두려워 바깥에서 몸을 상하면서도 감히 반명反命(복명–일을 보고함)하지 못했습니다. 성청聖聽(귀한 사람이 귀로 듣는 것)이 제 말을 싫어할까 두려워 그 사이 전牋을 올리지 않았지만, 예전의 대우를 돌이켜보면 첨망瞻望(우러러 봄)하며 슬플 뿐입니다.

그러나 앞뒤로 오로지 복심腹心(진심)을 피력하고 처음부터 끝까지 속마음을 감추며 최선을 다하지 않은 바가 없지만 다만 제가 어리석고 꾀가 부족하며 정성精誠으로 감복시키지 못해 일이 이 지경에 이르게 되었습니다. 지금 국사國事가 이미 위태롭고 화해禍害(재난)가 곧 닥칠 것이기에 비록 바깥에 버려진 신세로 제 말이 증오를 더할 수도 있으나 소회所懷를 극진히 토로해 남은 충성을 다하고자 합니다.

명장군明將軍(유장)의 본심은 저 법정이 잘 알고 있습니다. 실제로는 구구하게 좌장군左將軍(유비)의 뜻을 잃고 싶지 않았지만, 창졸간에 일이 이 지경에 이른 것은 좌우에서 영웅의 종사지도從事之道에 통달하지 못해 신의를 어기고 맹세를 욕되게 해도 된다고 말하며,

의기意氣로 서로 맞추어 해와 달이 서로 바뀌듯 하고, 귀로 듣기에 좋고 눈으로 보기에 즐거운 것을 추구하여 아첨하는 말로 뜻에 맞출 뿐 원려(앞일을 헤아리는 깊은 생각)로써 나라를 위한 심원한 계책을 도모하지 않았기 때문입니다.

사태가 이미 변한 뒤에도 또한 강약의 형세를 헤아리지 못하니, 좌장군이 멀리 외떨어진 군사로 양곡의 비축이 없다 하며 다수로 소수를 공격해 광일曠日(많은 날을 허송세월)하며 서로 대치하려 합니다. 그러나 관關에서 이곳에 이르기까지 지나온 곳은 번번이 격파되었고 이궁離宮, 별둔別屯은 날마다 절로 무너지고 있습니다. 비록 낙성雒城 아래에 만 명의 군사가 있지만 모두 군진이 무너진 병졸들이며 격파된 군의 장수들이니 만약 하루아침의 싸움을 치르려 한다면 그 군사와 장수의 세력으로는 실로 감당하지 못할 것입니다.

멀리 기약하여 각각의 군량을 헤아려 본다면 지금 이쪽 둔영의 수비는 이미 견고하고 곡미穀米가 이미 쌓여 있지만 명장군의 토지는 날로 깎이고 백성은 날로 곤궁해지니 적대하는 자들이 많아져 곡식을 공급해야 하는 곳은 멀리까지 확대될 것입니다. 어리석은 제가 헤아려 봐도 필경 먼저 곡식이 고갈하여 장차 다시 오래 버티지 못할 것입니다. 이처럼 헛되이 서로 지키는 것은 감당하지 못할 것이니 지금 장익덕張益德(장비)의 수만 군사가 이미 파동巴東을 평정하고, 건위犍爲의 경계로 들어와 군을 나누어 자중資中(건위군 자중현), 덕양德陽(광한군 덕양현)을 평정하며 세 갈래 먼 길로 침범하고 있습니다. 장차 이를 어찌 막으시렵니까.

본래 명장군을 위해 계책을 꾸민 자는 필시 이쪽 군이 멀리 외떨어진 군사로 군량이 없고 궤운饋運(운량)도 미치지 못하며 군사는 적고 지원하는 군사도 없다고 했을 것입니다. 지금 형주로 통하는 도로가 뚫려 군사 수가 열 배인 데다 손거기孫車騎(거기장군 손권)도 동생과 이이李異, 감녕甘寧 등을 보내 뒤를 잇고 있습니다.

만약 주객의 형세를 다툼에 있어 토지로써 승리를 결정한다면 지금 이쪽은 파동巴東을 전부 차지하고 광한廣漢, 건위犍爲는 절반 이상을 평정하였고 파서巴西 한 군郡 또한 명장군의 소유가 아닙니다. 헤아려 보건대 익주에서 의지하는 바는 오로지 촉군인데 촉군 또한 파괴되었습니다. 3분의 2를 잃은 데다 관원과 백성들은 피폐해져 난을 일으키려는 자가 열 호戶 중에 여덟 호나 됩니다. 적이 멀리 있어도 백성들이 노역을 감당하지 못하니 적이 가까워지면 하루아침에 주인을 바꿀 것이고, 광한군의 여러 현들이 그 분명한 예입니다.

또한 어복魚復(파군 어복현)과 관두關頭는 실로 익주의 복화지문福禍之門이지만, 지금 두 문이 모두 열리고 견고한 성이 모두 떨어졌으며 제군諸軍들이 아울러 격파되어 군사와 장수들이 함께 소진되었습니다. 적이 여러 길로 아울러 진격하여 이미 심복心腹(가슴과 배 중심부)에까지 들어왔는데 앉아서 도읍과 낙성을 지키고 있으니 존망지세存亡之勢를 분명히 알 수 있습니다. 이는 대략적으로 그 겉만 견주었을 뿐 그 나머지 굴곡屈曲(상세한 전말)은 말로 다하기 어렵습니다.

저 법정의 어리석음으로도 오히려 이 일이 다시 이루어지기 어렵다는 것을 아는데, 하물며 명장군 좌우의 밝고 지혜로운 모사들이 어찌 이 이치를 알지 못하겠습니까. 아침저녁으로 총행을 탐하며 용납되기 위해 아첨 부리고, 원대한 계획을 꾀하지 않으며 마음을 다해 좋은 계책을 바치지 않을 뿐입니다. 만약 사세가 궁박해지면 각자 살길을 찾아 그들의 문호門戶를 구제할 뿐 언행을 뒤집어 지금의 계책과 다를 것이니 명장군을 위해 사난死難(국가의 위난에 처해 목숨을 바침)을 다하지 않고 존문尊門(상대방의 가문을 높여 이르는 말)이 오히려 그 우환을 뒤집어쓸 것입니다.

저 법정이 비록 불충하다는 비방을 받았으나 내심 스스로는 성덕聖德을 저버렸다 생각지 않으며 분의分義(분수에 맞는 정당한 도리)를 돌이켜 생각하며 실로 마음 아파하고 있습니다. 좌장군께서는 처음 촉에 들어올 때처럼 옛 마음이 여전하며 실로 박대하려는 뜻이 없습니다. 어리석은 제가 생각건대 변화를 꾀한다면 존문을 보존할 수 있습니다.”

214년 유장이 유비에게 항복했다. 이후 법정은 촉군태수가 되고 양무장군揚武將軍을 겸하게 되었다. 「장비전」에 의하면 익주가 평정된 후 제갈량, 법정, 장비와 관우에게 각각 금 5백 근, 은 천 근, 전 5천만, 비단 천 필을 하사하고 그 밖의 사람들에게는 각기 차이를 두어 포상 했다.

유장의 부하였던 허정許靖은 성도가 포위당했을 때 성벽을 넘어와 항복하려 했다. 하지만 발각되어 뜻을 이루지 못했다. 유장은 위태로움이 극에 달하여 망할 위기가 눈앞에 닥친 상황이라 허정을 죽이지 않았다. 유비는 익주를 차지 한 후에도 이 일로 허정을 박대하며 쓰려 하지 않았다. 법정은 유비를 설득하여 허정을 발탁하도록 했다.

217년 법정은 유비를 설득하여 한중을 공격하게 했다. "조조가 일거에 장로를 항복시켰습니다. 한중을 평정하고도 이 기세를 틈타 파촉을 도모하지 않고 하후연과 장합을 남겨 자신은 황급히 북쪽으로 돌아갔습니다. 이는 그의 지모나 역량이 부족해서가 아니라 필시 내부에 우환이 닥쳤기 때문일 것입니다. 지금 하후연과 장합의 재략을 헤아려 보면 우리의 장수들보다 낫지 못하니 공격하면 반드시 이길 수 있습니다. 이는 하늘이 우리에게 준 기회이니 이때를 놓쳐서는 안 됩니다."

유비가 제장들을 이끌고 한중으로 진병했다. 법정도 수행했다. 219년 유비가 양평으로부터 남쪽으로 면수를 건너 산을 따라 점차 전진했다. 정군과 홍세에 영채를 세우자 하후연이 군사를 이끌고 왔다.

유비가 황충에게 높은 곳에 올라 북을 울리고 함성을 지르며 이를 공격하게 했다. 하후연은 대파했고 참수당했다. 조조가 서쪽을 정벌하며 법정의 계책임을 듣고 말했다.

"나는 예전부터 현덕(유비)이 이 같은 일을 할 수 없음을 잘 알고 있었다. 필시 남의 가르침을 받았을 줄 알았다."

『화양국지』유선주지에 의하면 조조는 "나는 간웅이라고 할 만한 자들은 거의 다 수하에 두었지만, 법정만은 손에 넣지 못했구나."라고 말했다.

한중을 차지한 유비는 한중왕으로 등극했다. 법정을 상서령尙書令 겸 호군장군護軍將軍으로 삼았다. 하지만 법정은 유비가 한중왕에 오른 1년 후인 220년 45세로 죽었다. 유비는 법정의 죽음을 매우 슬퍼했다. 며칠 동안 눈물을 흘리면서 익후翼侯라는 시호를 내리고 아들 법막法邈은 관내후關內侯로 봉했다.

「조운전」에 따르면 유비 때에는 오직 법정만이 시호를 받았다. 공신들인 관우와 장비, 조운 등이 죽은 뒤 수십 년이 지난 후 시호를 받았던 것에 비하면 법정의 대접은 남달랐다.

222년 유비가 육손陸遜(183~245년 후한 말과 삼국시대 동오의 관료로 자는 백언伯言이며 양주 오군 오현吳縣 출신이다. 촉한과 조위의 침공을 여러 차례 격퇴하여 동오를 지켜냈다. 여몽을 도와 관우를 사로잡는 데 공을 세웠다. 이후 원한을 갚고자 침공한 유비군을 물리치는 데 큰 역할을 하였다.)에게 대패했다. 이때 제갈량은 법정의 직설적인 화법과 다혈질이었던 성격을 생각하며 "효직이 아직 살아있었다면 주군의 이릉대전을 막을 수 있었으리라."고 한탄했다.

양희는 「계한보신찬」에서 법효직을 찬함이라는 글을 쓰고 법정은 훌륭한 책략을 냈다. 세상의 흥함과 쇠함도 예측했다. 유비에게 몸을 던져 의탁하고 의견을 서술하며 자문했다. 잠깐 생각하고도 바른 평가를 내렸다. 사태를 보고 변화의 징조를 알았다며 법정의 지모를 높게 평가했다.

『삼국지』의 저자 진수는 방통과 법정에 대하여 평가할 때 방통은 순욱과 막상막하며 법정은 정욱과 곽가에 비견된다고 했다.

비시

유장을 섬기다 싸워 보지도 않고 유비에게 귀순

비시는 유장을 섬기다 버렸다. 유비가 공격하자 바로 항복했다. 죽음을 피하고 더 큰 이익과 명예를 좇아 유장을 등졌다. 그의 배신은 단순히 들어갔다는 것을 뜻하는 입入 단계의 배신이지만 그 시기는 너무 빨랐다. 싸워 보지도 않고 투항함으로써 장가태수에 이어 익주전부사마가 되었다. 상황에 내몰린 피동적 배신이었지만 자의적 처신이 강했다.

비시費詩(?~?)는 후한 말과 삼국시대 촉한의 관료이다. 자는 공거公擧이며 익주 건위군 남안현南安縣(사천성 낙산樂山) 출신이다. 비립費立의 아버지이다.

익주목 유장의 밑에서 광한군 면죽현령綿竹縣令을 지냈다. 유비가 유장을 공격하자 곧바로 항복했다. 유비는 촉蜀을 평정한 뒤 그를 독군종사督軍從事로 삼았다. 이후 장가태수로 임명되었다가 다시 중앙으로 들어와 익주전부사마益州前部司馬로 전임되었다.

한중공방전의 승리로 한중왕에 오른 유비가 관우, 장비, 마초, 황충을 사방장군으로 삼았다. 그중 관우는 전장군 가절월로서 가장 으뜸이었다. 그러나 제갈량은 장비와 마초는 황충이 사방장군에 오를 만큼 맹활약한 것을 직접 봤지만, 관우는 보지 못해 입지에서 격차가 큰 황충과 자신을 같은 대열에 둔 것을 받아들이지 못할 수 있다며 우려를 표했다.

유비는 자기가 직접 설득하겠다고 했다. 비시는 유비를 대신해 관우에게 관직을 전달하고 설득하려 형주로 갔다.

관우는 "대장부는 평생 노병老兵과 같은 대열에 있지 않는다."며 예상대로 관직 받기를 거부했다. 비시는 관우를 설득함과 동시에 완곡한 충고의 말을 한다.

"지금 한왕(유비)은 일시적인 공로에 근거하여 한승(황충)을 높은 신분이 되게 했지만, 마음속의 평가가 어찌 군후君候와 동등하겠습니까. 한중왕과 군후는 비유컨대 한 몸처럼 기쁨과 슬픔을 함께하고 화와 복도 같이합니다. 관호官號의 높고 낮음이나 작위와 봉록의 많고 적음을 계산하여 그의 마음으로 간주하는 것은 옳지 않은 것입니다." 관우는 비시의 말에서 느낀 바가 있어 즉시 전장군의 직위를 받아들였다.

비시는 곧고 솔직하여 과감한 말을 잘했다. 220년 건안 25년 유비가 황제에 즉위하자 상소를 올렸다. "적이 강하고 우리는 그들을 이기는 것의 근처에 가지 못했는데도 황제에 즉위하면 대의명분에 맞지 않는다."며 황제 즉위에 반대하는 것이었다. 분노한 유비는 비시를 영창종사永昌從事로 좌천시켰다.

하지만 비시는 능력을 인정받았다. 225년(건흥 3년) 남정 당시 제갈량을 보좌하며 군무를 맡았다. 맹달이 제갈량에게 함께 공모하자는 편지를 보내왔을 때 그는 반대했다. 두 번이나 배반하고 세 번째로 배반하려는 인물을 믿을 수 없다는 것이었다. 그러나 제갈량은 듣지 않고 맹달과 연락을 계속 취했다.

제갈량의 사후 장완이 병권을 이어받자 간의대부諫議大夫에 임명되었다.

『삼국지연의』에서 오호대장五虎大將은 나관중이 만든 허구이다. 유비가 한중왕에 오르자 비시를 관우에게 보내 전장군에 임명된 사실을 알리게 한다. 하지만 관우는 황충이 자신과 같은 대열인 후장군에 임명되었다는 것에 대해 불쾌함을 드러낸다. "대장부는 평생 노병老兵과 같은 대열에 있지 않는다."며 인수를 받지 않으려 한다. 비시는 고조의 예를 들어 관우를 설득한다. 유비와 함께 대업을 이루는 것이 더 중요하다고 하자 태도를 바꿔 즉시 절하며 인수를 받는다.

비의

유장가의 은혜를 등지고
촉 점령한 유비에게 귀순

비의가 촉한의 유비를 따른 것은 단순히 들어갔다는 것을 뜻하는
입入 정도의 배신이다. 비의는 성장 과정에서 촉 유장가의 은혜를
입었다. 하지만 유비가 촉을 차지하자 특별히 유장에게 관직을 받지
않은 비의는 유비를 섬겼다. 상황에 떠밀린 피동적 처신이다.

비의費禕(?~253년)는 삼국시대 촉한의 관료이다. 자는 문위文偉이
고 형주 강하군 맹현鄳縣(하남성 신양信陽 동북쪽) 출신이다.

　　진수가 편찬한 『삼국지』와 사마광의 『자치통감』에서는 비의費禕로
기록했다. 그러나 나관중의 『삼국지연의』에서는 비위費褘로 적고 있
다. 이는 나관중이 의禕를 위褘로 잘못 봐 기록한 것의 결과이다.

비의는 어려서 아버지를 여의었다. 익주목 유장의 어머니 조카인 족부族父(씨족이나 부족의 장) 비백인에게 의지했다. 비백인은 비의를 고모가 있는 촉으로 유학 보냈다.

유비가 촉을 평정할 무렵 비의는 촉에 있었다. 여남의 허숙룡, 남군의 동윤과 함께 명성을 날렸다. 당시 허정許靖이 아들을 잃었다. 동윤은 친구인 비의와 함께 장지葬地에 가려고 했다. 동윤이 아버지 동화에게 수레를 내어 달라고 했다. 동화는 뒤쪽이 열려 있는 녹거鹿車(수레의 일종으로 사슴 한 마리를 실을 수 있을 정도의 작은 수레)를 주었다. 동윤이 수레에 타기 어렵다고 말하자 비의는 앞쪽으로 먼저 올라탔다.

장지에 도착하니 제갈량과 여러 귀인들이 모였다. 수레가 모두 매우 화려했다. 동윤은 안색이 편치 못했다. 그러나 비의는 태연했다.

동화는 수레꾼이 돌아오자 상황을 물은 뒤 동윤에게 "나는 항상 너를 문위(비의)와 비교하여 우열을 구별하지 못해 고민했는데 오늘 이후로 이 의혹이 풀리게 되었다."고 말했다.

비의는 성격이 온후했다. 경청을 잘했다. 많은 문무백관들이 고민을 털어놓았다. 고민도 잘 들어줬다. 많은 이들이 존경했다. 비의의 이런 성품은 훗날 양의와 위연의 반목도 잘 중재하여 각자 맡은 분야에서 임무를 수행할 수 있도록 했다.

221년 유비가 황제에 올라 유선를 태자로 세우자 비의는 동윤과 함께 태자사인太子舍人이 되었다. 223년 유비가 죽고 유선이 제위에 오른 후에는 황문시랑에 임명되었다. 촉한에서 명성은 있었지만,

비중 있는 인물은 아니었다. 그런데 제갈량으로 인해 주요한 인물로 주목받게 된다.

225년 제갈량이 남정에서 귀환했다. 이때 관료들이 수십 리까지 가서 영접했다. 그 관료들은 비의보다 나이가 위였다. 하지만 제갈량은 특별히 비의를 지목하여 수레에 태웠다. 추후 정세에 대해 나눴다. 그만큼 비의를 아꼈다. 그 이후로는 모든 사람들이 비의를 다르게 봤다.

제갈량은 남정에서 돌아온 지 얼마 안 되었을 때 비의를 소신교위昭信校尉에 임명하여 손권에게 사자로 보냈다. 손권은 성격이 해학스런 것을 좋아하고 사람 비웃는 것을 즐겼다. 그의 신하들 중 제갈각과 양도 등은 변설에 능했다. 그들의 변론이 힐난할 때마다 비의는 날카로운 기세로 방향이 어디로 가든 이치에 근거하여 대답했다. 손권의 막료들은 끝내 비의를 말로써 굴복시킬 수 없었다.

그래서인지 손권은 비의를 존중하며 "그대는 천하의 미덕을 갖춘 사람이다. 틀림없이 촉한이 제일 신임하는 고관高官이 될 것이다. 그러면 동오에 자주 오지 못할까 걱정된다."고 말했다.

비의는 촉한으로 귀환한 후 시중으로 승진했다. 제갈량이 한중에 주둔했을 때 제갈량은 후주(유선)에게 요청하여 비의를 참군으로 삼았다. 그런 뒤 비의는 유선의 뜻을 받들어 동오에 여러 차례 사자로 갔다.

230년 비의는 제갈량의 북벌에 참가했다. 중호군으로 전임되었다가 사마로 임명되었다. 당시 군사 위연과 장사 양의의 반목은 최고조였다. 한자리에 앉을 때마다 서로의 증오감은 극도로 표출되었다. 심지어 위연이 양의를 죽이려고까지 했다.

비의는 두 사람의 사이에서 간언하고 시비를 구분하여 갈등을 약화시켰다. 제갈량이 죽기 전까지 위연과 양의가 각자 갖고 있는 능력을 발휘할 수 있었던 것은 비의의 갈등 조정 덕분이었다.

제갈량 사후 비의는 후군사로 승진했다. 이때 양의가 중군사라는 높은 관직에 있음에도 불구하고 장완을 질투하여 조위로 귀순해야 했다는 말을 비의에게 흘렸다. 비의는 이를 황제 유선에게 보고했다. 양의는 서민으로 강등당한 후에도 비방을 그치지 않았다. 양의의 행위는 결국 유선에게 발각되어 압송 명령을 받자 스스로 목숨을 끊었다.

235년 비의는 제갈량의 뒤를 이은 장완을 대신하여 상서령이 되었다. 장완이 한중에서 부현으로 돌아가자 비의는 대장군이 되었으며 녹상서사가 되었다.

243년 비의는 대장군에 올랐다. 한중에 머무르면서 병사들을 훈련하고 지휘했다. 제갈량과 장완을 잇는 촉한 문무권력의 최고 자리에 올랐다.

244년 조위의 조상이 10만의 병력으로 한중을 침공했다. 흥세산興勢山에 주둔하려 했다. 유선은 비의에게 부절을 줘 조위군과 싸우고 있는 왕평의 3만 군을 도와 조위군을 막도록 했다.

그런데『세설신어』에 의하면 비의가 군대를 이끌고 출발하려는데 광록대부 내민이 작별인사를 한다며 비의의 집으로 왔다. 전시 중인데도 그는 비의에게 바둑을 두자고 청했다. 이때 긴급문서가 도착하여 병사와 기마는 무장해 있었다. 수레와 말을 정비하는 일도 끝났다. 하지만 비의와 내민은 대국에 열중하여 피곤한 기색이 없었다. 그때 내민이 말했다.

"잠시 그대를 시험해 봤습니다. 그대는 진정 적임자입니다. 반드시 적을 무찌를 수 있을 것입니다."

비의는 마침 전황의 불리함을 알고 후퇴하고 있는 조위군을 공격하여 격퇴시켰다. 이 공적으로 비의는 성향후에 봉해졌다. 장완이 지병으로 주목州牧을 완곡하게 사양하자 비의는 또 익주자사를 겸임했다. 제갈량 사후 촉한을 이끌었던 비의의 공적과 명성은 장완에 필적할 만했다.

245년 장완이 죽자 비의는 병권을 이어받았다. 248년 왕평이 죽은 후에는 한중에 주둔했다. 유선은 장완과 비의를 깊게 신뢰했다. 두 사람 모두 외지에 나가 있었지만, 포상과 벌을 줄 때 모두 이들에게 자문을 구한 후에 집행할 정도였다.

252년 유선은 비의에게 부서를 개설하라고 했다. 253년(연희 16년) 정월 대연회가 개최되었다. 조위에서 촉한에 귀순한 곽순이 칼을 숨기고 참석했다. 곽순은 처음부터 유선을 암살하려 했지만, 경호가 매우 삼엄해 쉽지 않았다. 대신 곽순은 만취한 비의를 죽였다.

비의는 평소 사람을 허물없이 대했다. 장억이 경호가 너무 소홀하다고 걱정할 정도였다. 시호는 경후였다.

『비의별전』에 의하면 작위는 아들 비승費承이 이었고 황문시랑을 지냈다. 차남 비공費恭은 공주를 아내로 맞았고 상서랑尚書郎을 지내며 당대에 이름을 드러냈지만, 일찍 죽었다. 맏딸은 유선의 비가 되었다. 비의는 본성이 겸손하고 검소하여 집에 재물을 쌓지 않았다. 자식들에게 모두 포의布衣을 입히고 소식素食하도록 하며 출입할 때에 수레와 말이 뒤따르지 못하게 했다. 평범한 보통사람들과 다를 바가 없었다.

『삼국지』의 저자 진수는 비의를 장완과 비교하여 평했다. 장완은 반듯하고 단정하며 위엄과 진중함이 있었고, 비의는 너그럽고 남을 도우며 널리 사랑했다. 모두 제갈량에 의해 작성된 규칙이나 제도를 계승하여 고치지 않아 변경에는 근심거리가 없고 국가는 하나로 화합하였지만, 작은 나라를 다스릴 때 의당해야 할 바와 고요하게 거처하는 도리에는 미진한 점이 있었다고 했다.

배송지는 이에 대해 장완과 비의는 재상으로서 정제整齊의 도리를 행했다. 일찍이 공을 좇아 망령되게 행동한 적이 없었다. 손상을 입지 않고 밖으로는 흥세전투에서 승리하고 안으로는 내부의 결속을 이끌어 실질을 보전한 것이었으니 작은 나라를 다스릴 때 의당해야 할 바와 도리에 있어 어찌 과오가 있느냐며 반박했다.

또한, 진수가 그들을 비판하여 미진하다 하면서 그 구체적인 사건을 분명히 드러내지 않으므로서 읽는 이로 하여금 무엇을 말해야 할지 알 수 없도록 만든다고 평가했다.

『삼국지연의』에서 비의는『삼국지』와 거의 비슷하게 그려졌다. 이름은 비위費褘이며 유장의 막료로 있다가 유비를 섬긴다.

유비 사후 제갈량의 남정에서 같이 동행한다. 북벌에서는 성도에서 동윤과 함께 내정을 담당한 것으로 그려졌다. 제갈량 사후에는 위연의 반란을 수습한다. 그 뒤 서경령에 올라 대장군 장완을 보좌한다.

조위에서 사마의가 정권을 잡고 조상이 처형당했을 때 강유가 북벌을 하려 했다. 하지만 비의는 반대한다.

사인
———

촉한을 등지고
동오의 손권에게 귀순

———

촉한에서 관우를 따르다 동오에 항복한 사인의 배신은 속았음을 뜻하는 휼궤諼譎 단계의 배신이다. 물론 원인은 관우에게 있었다. 관우의 겁박과 동오의 속임 속에서 그는 죽음을 피하려 동오에 항복했다. 상황에 내몰린 타의적이고 피동적인 배신이다.

———

사인士仁(?~?)은 후한 말과 삼국시대 촉한의 장수이다. 자는 군의君義이고 유주幽州 광양군廣陽郡 출신이다.

『삼국지』에서는 「관우전」을 제외하면 모두 사인으로 표기했다. 「관우전」에서는 부사인傅士仁으로 표기되었다. 『자치통감』과 『삼국지연의』도 이를 답습했다. 『삼국지연의』에서 나오는 부사인의 부傅 자는 연자衍字(문장 중에 쓸데없이 끼어든 글자)이다.

그는 관우 수하의 장수였다. 형주공방전 당시 관우가 북상하기 직전 미방과 함께 선봉이 되었다. 남군태수 미방糜芳과 함께 관우 휘하에서 일했다. 하지만 관우와는 사이가 좋지 않았다. 어그러짐은 관우가 그들을 업신여긴 데서 비롯되었다.

219년(건안 24년) 번성전투 당시 미방과 함께 군수물자 공급을 담당하고 있었다. 책임을 다하지 않자 관우는 귀환 후 둘을 처벌하겠다고 했다. 미방과 사인은 두려웠다.

「관우전」에는 관우가 출군한 이래 미방과 사인은 군수물자를 공급했으나 그를 돕는데 전력을 다하지 않자 관우가 '돌아가면 응당 죄를 다스릴 것'이라 했다. 미방과 사인은 모두 두려움을 품고 불안했기 때문에 손권의 꾐에 넘어간 것으로 나온다.

그러나 「여몽전」의 기술은 좀 다르다. 여몽이 관우의 부재를 틈타 관우의 척후를 마비시키고 형주를 침공했다. 사인이 공안에서 지켰다. 이에 여몽이 우번에게 명해 사인을 설득하게 했다. 그러나 사인은 우번과의 만남을 거부했다. 우번이 "우리가 왔는데 척후도 없고 봉화도 오르지 않았으니 그쪽에 배신자가 있었다는 것쯤은 알 수 있지 않소. 어차피 여몽 장군이 남군으로 육로를 끊었소. 살길이 막혔는데 버텨봐야 그대의 가족만 죽고 싸워도 살길이 없으니 항복하시오."라고 협박 편지를 보냈다. 결국, 사인은 눈물을 흘리면서 투항했다고 한다.

사인의 항복 후 동오에서의 삶은 기록으로 남은 게 없다.

『삼국지연의』에서 사인은 부사인傅士仁으로 등장한다. 관우가 번성을 공격하면서 부사인과 미방을 선봉으로 삼는다. 그런데 두 사람이 술을 마시던 중에 불이 난다. 군사용 기물과 양식이 모두 타 버린다. 관우는 곤장으로 다스리면서 선봉의 인수까지 거둬들인다. 그런 뒤 벌로 공안公安을 지키게 한다.

여몽이 현주를 함락시키자 동오에 투항한다. 미방에게도 투항을 권한다. 그 이후 221년 유비가 이릉대전으로 동오를 공격했다. 부사인은 동오가 촉한군에게 허물어져 가는 것을 보고 두려워한다. 부사인이 동오의 무장 마충馬忠의 부장으로서 미방과 함께 참전하던 때였다.

미방이 다시 유비에게 돌아가자고 권유한다. "내 여동생은 촉제(유비)의 부인이고 아두(유선) 태자는 내 조카니 용서해 줄 것"이라고 했다. 사인은 미방의 말에 마음을 돌린다.

미방과 함께 마충의 목을 베어 장남張南에게 달아나 항복한다. 자신들이 지은 죄를 용서해 달라고 한다. 하지만 분노한 유비는 이들을 관흥關興에게 넘긴다. 관흥은 그들의 목을 베어 관우 영전에 바친다.

서서

촉한 섬기다 노모 봉양 위해
조위에 귀순

서서는 처음에 유비를 섬겼다. 제갈량도 유비에게 추천했다. 조조가
형주를 침공하자 유비는 남쪽으로 피난을 갔다. 하지만 조조의 기병
대에 의해 추격을 당했다. 행렬은 흩어졌다. 서서의 모친도 조조군
에게 붙잡혔다.

서서는 모친을 구하러 조조에게 갔다. 유비를 등지고 조조에게 간
서서의 처신은 단순히 들어갔다는 것을 뜻하는 입入 정도의 배신이
다. 어머니를 살리기 위해 상황에 내몰린 피동적 배신이다. 조조에
게 귀순한 이후 서서는 높은 관직을 지냈다. 주로 감찰 쪽이었다.

서서徐庶(?~234년)는 후한 말과 조위의 관료이다. 자는 원직元直
이며 예주 영천군(하남성 우주禹州)출신이다. 본래 이름은 서복徐福

이었다.

「위략魏略」에 의하면 서서는 본단가자本單家子 즉 단가單家의 자식
이라 했다. 단가란 외롭고 한미한 신분이라는 뜻이다. 단가란 친척
이 없는 단독 가구를 의미한다. 효의 가치로 친족 간 상부상조의 정
이 두텁던 당시의 시대상에 비춰 보면 서서는 매우 어려운 환경에서
자랐다.

격검擊劍의 명수였던 그는 의협심이 강했다. 189년 친구의 원수
를 갚아주다 관원에게 쫓기게 되었다. 백토를 얼굴에 바르고 머리를
풀어 변장하며 도망 다니지만 결국 붙잡혔다. 관원이 이름을 물어도
서서는 끝내 말하지 않았다. 관원이 그를 수레에 태워 기둥에 묶고
북을 치며 저잣거리를 돌아다니며 신분을 알아내려 했다. 하지만 어
느 누구도 그가 서복임을 말하지 않았다.

그러다 일당들의 도움으로 풀려났다. 이후 이름을 서서庶로 바꿨다.
서서는 조위에서 어사중승으로 재임할 때도 서복이라 했다. 때문에
이름을 바꾼 것은 그 이후의 일로 여겨졌다.

아무튼, 그는 마음을 바꿔 무예 대신 학문에 힘썼다. 학사에 나오
자 여러 유생들은 그가 예전에 불량한 짓을 했다는 것을 듣고 함께
하려 하지 않았다.

하지만 서서는 늘 성실하고 겸손하게 행동했다. 이때 동향인 석도
石韜와 교제했다. 중원에 전란이 일자 석도와 함께 남쪽으로 내려와
형주에 의탁했다. 제갈량과도 서로 친하게 지냈다.

「제갈량전」에 의하면 제갈량은 항상 자신을 관중과 악의에 비교했

다. 하지만 사람들은 수긍하지 않았다. 오직 친한 벗으로 지내던 최주평과 서서만이 그렇다고 인정했다.

「제갈량전」에 주석으로 달린 「위략」에 따르면 제갈량은 형주에 있었다. 중평中平(후한 영제의 네 번째 연호 184년 12월~189년 4월) 연간에 전란을 피하여 석도와 함께 형주荊州로 갔다. 사마휘司馬徽(?~208년 후한 말의 인물로 자는 덕조德操이며 영천군 출신) 밑에서 학문을 익혔다. 이때 제갈량諸葛亮, 맹건孟建과 교제했다. 세 명은 정밀하고 세세하게 공부하며 학문을 깊이 이해하려 했다.

하지만 제갈량은 전체의 내용을 살피는 방식 즉 요점을 익히는 데에 주력했다. 매번 새벽부터 밤까지 차분하고 침착하게 무릎을 끌어안고 앉아 크게 읊조리면서 세 사람에게 "세 사람이 벼슬하면 가히 주의 자사나 군의 태수까지 오를 것이다."라고 했다. 세 사람이 제갈량 자신은 어떠한지 물었다. 하지만 제갈량은 웃을 뿐 대답하지 않았다.

유비가 신야新野에 주둔하여 비육지탄髀肉之嘆의 세월을 보내고 있을 때였다. 서서는 유비를 만나 참모가 되었다. 인재를 구하고 있던 유비에게 서서는 "제갈공명은 와룡臥龍입니다. 장군께서는 어찌하여 그를 쓰지 않으십니까."라며 제갈공명을 천거했다.

유비가 "그대가 데리고 오시오."라고 했다. 서서는 "이 사람은 가서 만나볼 수는 있지만, 몸을 굽혀 오게 할 수는 없습니다. 장군께서 몸을 낮춰 방문하셔야 합니다."라고 말했다.

유비가 제갈량을 직접 방문했다. 세 번 만에 만날 수 있었다. 삼고 초려三顧草廬가 생겨 난 연유이다.

유표가 병환으로 죽었다. 그의 후계자 유종은 조조가 형주를 정벌한다는 것을 듣고 사자를 보내 항복을 청했다. 유비는 번성에서 이 일을 들은 뒤 군사들을 이끌고 남쪽으로 도망갔다. 서서는 제갈량과 함께 유비를 뒤따랐다.

유비군은 한진항을 향해 도주했다. 장판교를 지나 벌판에 이르자 조조군 기병대의 추격으로 행렬이 붕괴됐다. 유비를 따라가던 백성들이 학살당했다. 물자가 실린 치중대는 물론이고 관료들의 가족이 타고 있는 우마차도 조조군에게 노획되었다.

서서의 모친도 조조군에게 붙잡혔다. 서서는 모친이 붙잡히자 유비를 떠났다. 조조에게 항복했다. 서서는 유비를 떠나면서 "장군을 따른 것은 가슴이 시킨 일이었습니다. 지금 어머니가 조조군에 붙잡혀 어머니를 구하려 장군을 떠나는 것도 제 가슴이 시킨 일입니다. 이해하여 주십시오."라는 말을 남겼다.

제갈량은 유비와 남쪽으로 떠났고, 서서는 석도와 함께 북쪽으로 갔다. 당시는 효孝가 충忠보다 우선시 되던 때라 서서의 선택은 그리 큰 비판의 대상이 되지 않았다.

조조에게 투항한 뒤 서서는 팽성상彭城相을 지내는 한편 우중랑장右中郎將과 어사중승御史中丞까지 승진했다. 주로 감찰관직을 맡았다.

우중랑장은 황제 보필을 담당하는 광록훈 휘하에 있는 비 2000석

관직이다. 또 어사중승은 관리와 백성들을 감찰하는 직책이다. 상당히 높은 고위직이다. 삼공의 일원이자 최고 감찰관인 어사대부 바로 밑의 관직으로 서서는 높은 직위에 올랐다. 서서는 어사중승에 오르기까지 이름을 서복으로 하다가 서서로 개명했다고 여겨진다. 유비 수하 시절의 이름은 줄곧 서복이었다.

서서와 가까운 석도는 태수와 전농교위典農校尉를 역임했고, 맹건은 정동장군征東將軍과 양주자사涼州刺史를 지냈다.

「동화전」에 의하면 제갈량이 북벌北伐을 하던 태와 연간(227~232년)에 함께 공부했던 서서와 석도, 맹건의 관직을 듣고 "조위에는 선비가 많구나, 어찌하여 두 사람이 저렇게 쓰인다는 것인가."라고 말하며 한탄했다고 한다.

서서는 234년(청룡 2년) 팽성彭城에서 병으로 숨을 거두었다.

『삼국지연의』에서 서서는 제갈량처럼 뛰어난 지략가로 나온다. 『삼국지』에서는 제갈량이 인정한 학우로 유비에게 제갈량을 천거한 것밖에 없다. 하지만 나관중은 여기에 살을 덧붙여서 관료인 그를 일류 책사로 만들었다.

『삼국지』에서도 서서는 제갈량이 동화와 비견하여 높게 평가한 인물이다. 어머니가 조위에 포로가 되어 본의 아니게 유비를 떠난 인물이다. 조위에서 책사로 활동하지 않았기 때문에 각색해도 좋을 인물이었다.

나관중은 단가單家라는 단어를 선(單씨) 가문이라고 잘못 해석하여, 서서의 다른 이름인 복福과 합쳐 서서가 선복單福이라는 가명을 사용하였다는 내용을 『삼국지연의』에 첨가했다. 뿐만 아니라 이는 서서가 친구의 원수를 죽이고 도망 다니던 시기에 사용한 것이라고 했다.

첫 등장은 유비가 채모의 계략에 빠져 도망치다가 적로 덕분에 단계를 뛰어넘고, 수경선생 사마휘의 집에서 잠시 머물 때 나온다. 이때 서서는 유표를 찾아간다. 그러나 실망하고 유비를 찾아가다 사마휘의 집에 잠시 들린다. 하지만 서로 만나지 못하고 엇갈린다.

이후 서서는 신야의 거리에서 노래를 부른다. 유비의 이목을 끈 뒤 자신을 단복(또는 선복)이라고 알린 뒤 그의 군사가 된다. 그리고 계략으로 여광과 여상 형제를 격파한다. 이어 조인이 친 팔문금쇄의 진을 깨고 조인과 이전을 격퇴시킨다.

조인으로부터 패배의 원인을 들은 조조는 서서의 재능을 탐낸다. 정욱이 꾀를 쓴다. 정욱은 서서의 어머니를 후하게 대접한다. 정욱에게 고맙다는 편지를 쓴다. 정욱은 서서 어머니의 필체를 흉내 낸다. 서서에게 허도로 오라는 거짓 편지를 보낸다. 이 편지에 속은 서서는 유비와 헤어지면서 조조를 위해서는 어떠한 계책도 주지 않겠다고 말하면서 제갈량을 천거한다. 이때 사마휘가 언급한 복룡과 봉추가 각각 제갈량과 방통을 뜻한다는 것도 알려준다.

서서는 조위로 돌아와 어머니를 만난다. 하지만 서서의 어머니는 기뻐하지 않는다. 어진 군주를 버리고 허도에 왔다며 호되게 꾸짖으며 한탄하다 자살한다.

제갈량이 유비 진영에서 활발히 활동하자 서서는 조조에게 제갈량이 매우 뛰어난 인재임을 설명한다. 조조가 "그대와 비교하면 어떤가."라고 묻자 서서는 "저와 감히 비교할 수도 없습니다. 제가 반딧불이라면 제갈량은 보름달입니다."라고 말한다.

적벽대전 직전 방통이 연환계를 퍼뜨리고 조조의 진영에서 탈출하려 한다. 이때 서서가 정체를 숨기고 갑자기 나타나 "연환계를 써서 우리 조조군을 몰살시킬 셈이구나."라고 하여 방통을 깜짝 놀라게 한다.

방통은 그가 서서임을 알자 "이 책략에 우리 강동 81주 백성들의 목숨이 달려 있네."라고 설득한다. 그러나 서서는 "그러면 80만 장병들은 죽어도 괜찮다는 말인가."라고 응수한다.

이에 방통이 정말로 유비와 손권의 연합을 망칠 셈이냐고 하자 서서는 그냥 옛 친구를 놀리려고 했을 뿐 연환계를 깨트릴 생각은 없었다고 한다. 서서는 방통에게 자신이 몸을 피할 계책을 알려 달라고 한다.

서서는 방통의 계책대로 서량의 마등이 쳐들어온다는 소문을 군중에 널리 퍼트린다. 조조가 대책을 묻자 서서는 자청하여 허도를 지키면서 후방을 맡겠다고 한다. 조조는 서서에게 군사 3천을 준다. 서서는 장패와 함께 전장을 떠나 멀리 피하게 되는데 이게 마지막 등장이다.

신탐

장로에서 조위 그리고 다시
촉한에서 조위로 귀순

신탐은 처음에 한중에서 장로와 교류했다. 이후 조조가 한중을 평정하자 동생 신의와 함께 조조에게 귀순했다. 4년 뒤 유비가 조조를 한중에서 내쫓을 때는 저항하지 않고 유비에게 항복했다.

이후 관우가 맹달과 유봉에게 지원병을 청했는데 그들은 신탐 형제들의 불복이 우려된다며 지원병을 보내지 않았다. 그로 인해 관우는 죽고 유비의 후환이 두려운 맹달은 조위의 조조에게 귀순했다. 유봉은 귀순하지 않고 싸웠지만 패했다. 이때 신탐의 동생 신의가 유봉을 배신했다. 신탐도 항복했다.

신탐의 반복되는 배신행위는 단순히 들어갔다는 것을 뜻하는 입이 정도의 배신이다. 상황에 내몰린 피동적 처신으로 죽음을 피하고 더 큰 이익과 명예를 좇는 행위이다.

신탐(?~?)은 후한 말과 삼국시대의 장수로 자는 의거義擧이다. 신의(서성, 상용 등 한중군 동부 일대에서 형 신탐와 함께 세력을 모으고 장로나 조조에게 협조한 장수)의 형이다.

처음에는 서평과 상용 사이에서 수천 가家를 모았다. 나중에는 한중의 장로張魯와 교류했다. 또 215년(건안 20년) 조조가 한중을 평정할 때 아우 신의와 함께 조조에게 귀순했다. 조조에게 사자를 보내 상용도위가 되었다.

그러다 219년(건안 24년) 유비가 조조를 한중에서 쫓아내자 그 일대가 유비에게로 기울어졌다. 맹달孟達이 방릉태수 괴기를 죽이고, 유봉劉封이 맹달을 지휘하여 상용으로 진격해 왔다. 신탐은 저항하지 않고 유봉에게 항복했다. 처자와 종족을 성도로 보냈다. 유비는 그 대가로 신탐을 정북장군에 임명하고 상용태수를 겸임하게 했다.

후에 관우가 위기에 처하자 상용에 구원을 요청했다. 그런데 맹달과 유봉은 신의의 군대가 항복한 지 얼마 안 되어 그들을 믿을 수 없다는 이유로 관우에게 지원병을 보내지 않았다. 결국, 관우는 싸움에 패해 죽었다.

후환이 두려운 맹달은 유봉을 배반하고 다시 조위에 귀순했다. 하후상夏侯尙과 서황徐晃이 맹달을 거느리고 상용을 공격하자 아우 신의가 유봉을 배반했다. 유봉은 싸움에 져 성도로 쫓겨갔다. 신탐은 항복하여 임시로 회집장군이 되어 남양으로 이주했다. 신탐의 옛 칭호는 아우 신의에게 넘겨졌다.

『삼국지연의』에서 신탐은 맹달이 유봉을 배반하고 조위로 갈 때 아우 신의와 함께 맹달의 편에 서 조위에 귀순한다. 나중에 맹달이 조위를 배반하고 다시 촉한으로 돌아가려 하자 아우인 신의와 심복인 이보 그리고 생질 등현과 함께 맹달을 따르지 않고 배신한다.

양의
───

조조 등지고 관우 통해
제갈량 사람으로 촉한에 귀순

───

양의는 처음에 형주자사 부군을 섬겼다. 그러다 형주에 주둔하던 양양태수 관우에게 갔다. 관우가 천거하여 유비에게 갔다. 그가 조조를 떠나 유비를 따른 것은 단순히 들어갔다는 것을 뜻하는 입入 정도의 배신이다. 다만 상황에 내몰려 간 것이 아닌 자의적 판단에 의한 능동적 처신이라는 점이 다른 사람들과 다르다.

더 큰 이익과 명예를 좇아 주군을 선택해 몸을 옮겼다. 그는 유비에게 귀순한 이후 제갈량에 의해 중용됐다. 하지만 말년에 조정에 대해 비방을 일삼다 일신을 망쳤다.

───

양의楊儀(?~235년)는 삼국시대 촉한의 관료로 자는 위공威公이고 양양(호북성 양번襄樊) 출신이다. 건안 연간 형주자사 부군傅群의 주부가 되었다. 그런데 부군을 등지고 형주에 주둔 중이던 양양태수 관우에게 갔다. 관우에 의해 공조가 되었고 유비에게 천거하여 보냈다. 유비는 양의의 정치적 식견을 높이 평가하고 좌장군병조연에 임명하여 곁에 두었다. 유비가 한중왕이 되었을 때는 상서가 되었다.

양의의 성격은 원만하지 않았다. 주변 사람들과 마찰이 잦았다. 실무 능력은 뛰어났지만, 충돌이 잦아 다루기 어려웠다. 상서령 유파와 사이가 좋지 않았다. 유파의 성격도 만만치 않아 사사건건 부딪쳤다. 유비는 유파와 양의를 놓고 유파를 중용했다.

유비가 동오를 정벌할 때 양의를 홍농태수로 좌천시켰다. 홍농은 위치상 장안과 낙양의 중간에 있는 곳으로 당시 조위의 영지다. 촉한의 지배력이 미치지 못하는 먼 땅이었다.

유비가 죽은 뒤 225년 제갈량이 양의를 불러들였다. 남만을 정벌하는 동안 해당 부서의 일을 맡겼다. 227년(건흥 5년)에는 제갈량을 따라 참군으로서 한중으로 갔다. 제갈량이 양의를 아낀 건 민첩하여 작전계획에 따라 부대를 편성하고 군용 물자 조달에 뛰어난 능력을 보였기 때문이다.

230년(건흥 8년) 승진하여 장사가 되었고 수군장군이 더해졌다. 양의는 일찍부터 제갈량에게 군사를 두 반으로 나누어 교대로 출정시키면 군사들이 피로하지 않을 것이라고 했다. 제갈량은 그 계책을 받아들였다.

하지만 맹장인 위연과 사이가 좋지 않았다. 위연의 성격도 양의

못지않게 주변 사람들과 원만하지 않았다. 제갈량은 위연과 양의의 재주를 아껴 어느 누구도 내치지 못했다. 제갈량은 어느 편도 들지 않고 공정하게 두 사람을 대했다. 하지만 둘의 사이를 좋게 할 수는 없었다. 감척론甘戚論이라는 글까지 지어 두 사람이 깨닫길 바랐지만 둘은 여전히 앙숙처럼 지냈다.

논쟁 도중 화가 치민 위연이 양의에게 칼을 뽑아들고 양의를 위협하기까지 했다. 제갈량은 두 사람을 달래가며 통제했다. 제갈량이 없을 때는 성격이 호방하고 온화한 비의가 두 사람 사이를 중재하고 달래면서 갈등을 완화시켰다.

제갈량은 오장원에서 임종하기 직전 자신의 후계자로 장완과 비의를 지명했다. 장완은 성도에 있었기 때문에 강유와 양의 그리고 비의에게 후퇴 작전을 지휘하게 했다.

조위의 사마의가 추격할 때 강유가 양의로 하여금 기를 되돌리고 북을 쳐 사마의 쪽으로 향하자 사마의가 더 쫓지 못하고 물러섰다.

위연은 양의의 지휘를 거부했다. 잔도를 끊어 양의 등이 퇴각하는 것을 방해했다. 둘의 갈등은 최고조에 달했다. 위연과 양의는 서로 조정에 표를 올려 상대방이 반란을 일으키려 했다며 싸웠다. 결과는 양의의 승리였다. 장완은 위연의 병사들이 제갈량의 퇴각 명령을 따르지 않는 것은 위연의 잘못이라고 했다. 위연의 군 지휘권은 무너졌다. 위연은 사로잡혀 목숨을 잃었고 삼족이 주살되었다.

양의는 위연을 주살한 후 성도로 돌아와 중군사가 되었다. 한직이었다. 그는 제갈량의 퇴각 명령을 성공리에 마친 것과 반항한 위연을 주살한 공로가 크다고 생각했다. 제갈량의 뒤를 자신이 이을 것으로 믿었다.

그러나 제갈량은 생전에 양의의 도량이 좁다고 판단하여 장완을 후계로 삼아야 한다고 여겼다. 이때 장완은 상서령·익주자사로 대장군에 임명되기 전이었다. 장완은 양의가 조정에서 물러난 후에 대장군에 임명되었다.

양의는 자신을 장완에 견주어 경력과 재능에서 월등하다고 여겼다. 조정을 원망하고 탄식하는 발언을 일삼았다. 사람들은 양의의 무절제한 말에 두려움을 느끼며 따르려 하지 않았다. 다만 비의가 양의를 위로하는 정도였다. 양의는 비의에게 원망을 토로했다.

"예전 승상이 죽었을 적에 내가 만약 군대를 이끌고 조위에 갔다면 지금 내 처지가 이토록 영락했겠는가. 이제 와 후회해 본들 되돌릴 수 없다."

비의는 이런 양의의 원망을 은밀히 상주했다. 235년(건흥 13년) 정월, 양의는 파직되었다. 서민으로 강등되어 한가군漢嘉郡에 유배되었다. 양의는 유배지에서도 상소문으로 비방했다. 조정에서는 양의를 사로잡도록 했다. 양의는 수치스러움을 이기지 못해 결국 자결로 생을 마감했다.

양의에게는 양려楊慮란 형이 있었다. 자는 위방威方이고 덕행이 있었지만, 약관의 17세에 요절했다.

『삼국지』의 저자 진수는 "양의는 실무 처리 능력이 뛰어났다. 유봉, 팽양, 요립, 이엄, 유엄, 위연과 함께 조정에서 대접받았다. 하지만 그들의 거동과 언행이 예법에 부합되는지를 보면 그들이 초래한 재앙과 허물은 그들 자신으로부터 나오지 않은 것이 없다."라고 평했다.

또한, 손권이 촉한의 사신 비의에게 "양의와 위연은 소치는 목동이어서 일찍이 당시 해야 할 일에 있어서 닭이 울고 개가 짖는 정도의 보탬을 주었지만, 그들에게 일을 맡겼으니 가볍게 취급할 수 없다. 만약 어느 날에 제갈량이 없게 되면 반드시 화란이 일어날 것인데, 제군은 심란하기만 하여 이런 일에서 생기는 염려를 막을 줄도 모르는데 어찌 자손에게까지 끼칠 꾀를 내겠는가."라고 말한 것으로 볼 때 양의에 대한 평가는 긍정적이지 않았다.

『삼국지연의』에서 양의는 위연과 극도로 반목한다. 가정 수비에서 마속을 대체해 참전할 장수로 자진해 나서면서 처음 등장한다. 제갈량 사후의 부분에 대해서는 『삼국지』의 내용과 같이 묘사된다. 비의가 양의의 발언을 그대로 유선에게 고하자 유선은 격렬하게 화를 내며 양의를 처형하려 한다. 『삼국지』와 같이 자기를 잡으러 오기 전 자살로 생을 마감한다.

엄안

유장 따르며 끝까지 버티다
촉한의 장비에게 항복

엄안은 유장을 섬기다 유비에게 귀순했다. 그의 귀순은 단순히 들어 갔다는 것을 뜻하는 입입 정도의 배신이었다. 상황에 떠밀린 피동적 배신이다.

유비의 익주 공격에서 장비에게 붙잡혔다. 항복하지 않자 장비가 죽 이겠다고 겁박했다. 그래도 항복하지 않고 버텼다. 결국, 장비가 엄 안을 풀어 주면서 진의를 확인한 엄안이 항복했다.

엄안嚴顏(?~?)은 후한 말의 장수이다. 익주益州 파군巴郡 임강현 臨江縣(사천성 서부 쪽) 출신이다. 유장 휘하에서 파서태수를 맡았다. 211년 유장이 장송張松 등의 말을 듣고 유비를 익주로 불러들였을 때 엄안은 「장비전」에 주석으로 달린 「화양국지」에 의하면 산에 호랑

이를 놓고 스스로를 지키는 것과 마찬가지라고 탄식했다.

유비는 212년 익주를 공격하기 시작했다. 제갈량과 장비는 강을 거슬러 진군했다. 214년에 형주로부터 진군해 온 장비가 파군을 공격하여 엄안을 사로잡았다.

장비는 "대군이 당도했는데 왜 항복하지 않았는가."라고 꾸짖었다. 하지만 엄안은 조금도 두려워하지 않았다. "장군 등이 무도하게 익주를 침탈했으니 우리 주州에는 목을 잘리는 장군은 있어도 항복하는 장군은 없다."고 대답했다.

장비가 노하여 엄안의 목을 치려 했다. 그러나 엄안은 끝까지 꿋꿋한 태도를 잃지 않으면서 "죽이고 싶으면 당장 죽이면 되지 어찌 화를 내는가."라고 말했다. 엄안의 의연한 태도에 감탄한 장비가 그의 포승을 풀어 주었다. 그때야 엄안은 장비의 뜻을 알고 항복했다. 장비가 그를 빈객으로 삼았다. 이후 그의 행적은 기록이 없다. 『삼국지』의 기록은 이게 전부다.

엄안의 관직에 대해서는 기록에 따라 다르다. 『자치통감』과 『삼국지』 '장비전'에서는 엄안이 파군태수였다고 한다. 그러나 『화양국지』에서는 "파군태수 파서 사람 조작趙筰이 항거하여 지켰지만, 장비가 이를 공격하여 깨트렸고 장군 엄안을 사로잡았다."라고 하면서 '장비전'의 기록이 틀렸다고 했다.

『삼국지연의』에서 엄안은 홀로 1만 명을 상대하는 노익장으로 묘사되었다. 항복을 권하는 장비 사자의 코와 귀를 베기도 하고, 장비의 투구에 화살을 맞히는 등 위협한다. 하지만 장비의 도발에는 편 승하지 않으면서 성 밖으로 나오지 않는다.

그러나 장비의 계책에 속아 성을 빠져나와 유인된 후 장비와 단기 필마로 싸우다 생포된다. 포로가 되어서도 당당한 태도를 보이자 장 비도 무례함이 있었다며 사과한다. 이후 엄안은 장비에게 항복한다. 촉한으로 들어가는 길라잡이가 된다.

엄안은 익주의 관문들을 지키던 유장의 군사들을 설득하여 장비 의 군사들이 순조롭게 진군하도록 돕는다. 덕분에 장비는 장임張任 에게 쫓기던 유비를 제때 돕는다. 유비는 답례로 자신의 갑옷을 엄 안에게 하사한다. 이후 장임을 사로잡고 낙성의 병사들을 설득해 항 복하게 하는 데도 기여한다. 유비가 익주를 완전히 차지한 후에는 전장군前將軍으로 임명된다.

이후 장합張郃이 가맹관葭萌關을 공격해오자 황충黃忠과 함께 싸 워 무찌른다. 조조군의 군량이 보관된 천탕산天蕩山을 공격하면서 하후덕夏侯德을 토벌한다.

오의

유장 섬기다 촉의 멸망으로 유비에게 귀순

오의는 유장을 섬겼다. 유비가 촉을 침략하자 끝까지 싸웠다. 하지
만 부현 싸움에서 패하자 항복했다. 촉의 마지막 항전이었다.

오의의 항복은 단순히 들어갔다는 것을 뜻하는 입입 정도의 배신이
다. 상황에 내몰린 피동적 처신이었다. 유비에게 귀순한 오의는 홀
로 된 여동생을 유비에게 재가시켰다. 그로 인해 고위직을 지냈다.

오의吳懿(?~237년)은 후한 말과 삼국시대 촉한의 장수이다. 자는
자원子遠이며 진류陳留(하남성 개봉開封 동남쪽) 출신이다. 독후부 후
장군 오반의 족형이다.

『삼국지』에서는 사마의의 이름을 피해 오일吳壹로 표기되었다. 일
률적으로 오일로 썼다. 사료의 일실로 인해 열전은 수록되지 못했

다. 「화양국지」에서는 모두 오의라 했다. 후대의 사서들은 오일과 오의를 혼용했다. 『삼국지』의 저자 진수가 사마의의 이름인 懿의를 피휘한 것으로 여겼다. 하지만 『삼국지』의 다른 부분에서는 昭소와 炎염 등을 쓰고 있어 피휘한 것으로는 보이지 않는다. 사마의의 아들이 사마소, 손자가 사마염이며 사마염이 서진의 초대 황제였다.

『삼국지』「촉서」 '후주전' '왕평전' '양회전' 등에 첨부된 「계한보신찬季漢輔臣讚」에 의하면 오의吳懿는 오일吳壹의 착오이다.

오의는 어려서 아버지를 잃었다. 유장의 부친 익주목 유언을 따라 가족 모두가 촉에 들어갔다. 유언은 오의의 부친과 교분이 있었다.

오의의 여동생은 유언의 아들이며 유장의 형인 유모에게 시집갔다. 하지만 유모가 죽자 홀로 되었다. 오의는 유장의 존중과 총애를 받았다.

유언의 아들 유장 때 중랑장中郞將을 지냈다. 212년(건안 17년) 유비가 촉을 침략했다. 유장의 큰아들 유순과 함께 낙성을 지키며 유비의 진군을 막았다. 213년 유괴와 냉포, 장임, 등현과 같이 광한군 부현涪縣으로 나아가 유비를 저지하려 했다. 하지만 격파되었다. 오의는 유비에게 투항하고 토역장군討逆將軍에 임명되었다.

익주가 유비에게 평정된 뒤에는 호군護軍을 지냈다. 과부였던 여동생은 유비에게 재가하여 나중에 황후가 되었다. 오의는 여동생의 결혼 관계로 인해 유장과 유비와 각각 특별한 사이가 되어 고위 관리를 지냈다.

221년(장무 원년)에는 관중도독關中都督을 맡았고 223년(건흥 원년)

에는 도정후都亭侯에 봉해졌다. 230년 남안군에서 위연과 힘을 합쳐 조위의 후장군 비요와 옹주자사 곽회를 격파했다. 그 공적으로 고양향후高陽鄕侯로 진봉되고 좌장군에 올랐다.

234년 제갈량이 사망한 후에는 거기장군 겸 옹주자사에 가절假節까지 받고 한중의 군사를 지휘했다. 작위는 제양후濟陽侯에 이르렀다. 237년에 세상을 떠났다.

오의는 고상하고 강직했다. 백성을 위하는 마음도 컸다. 약한 것으로 강한 것을 제어했다. 그렇기 때문에 228년 제갈량이 첫 북벌을 개시했을 때 많은 사람들이 노련한 위연이나 오의가 그 선봉을 이끌어야 한다고 추천했다.

오의의 기록은 소실되면서 따로 열전이 남지 않았다. 그의 기록은 양희楊戲의 「계한보신찬季漢輔臣贊」과 「촉서」의 '선주전' '후주전' '왕평전' 등에 극히 적은 분량만 전해진다.

『삼국지연의』에서는 오의로 표기되었다. 유비의 촉 침공 때 낙성전투 초반 등현이 전사하는 등 전황이 좋지 않았다. 오의는 오란과 뇌동을 부장으로 삼고 유순과 함께 그 원군으로 가서 낙성의 수비를 맡는다.

장임이 거짓으로 패하는 전술로 유인한 장비를 협공하여 궁지에 몬다. 하지만 때맞춰 당도한 조운에게 사로잡히고 투항한다.

유비가 한중왕이 되자 과부인 여동생이 시집가 두 아들 유영과 유리를 낳는다. 이후 제갈량의 제1차 북벌에 종군한다. 남안과 안정을 탈취한 후 남안 수비를 맡는다. 그러나 마속이 가정을 잃어 패배해 퇴각한다. 제갈량 사후에는 거기장군으로 한중을 지키는 것을 마지막으로 더 이상 등장하지 않는다.

왕보

유장을 섬기다 촉 멸망으로
촉한 유비에게 귀순

유비가 촉을 점령하자 유비에게 귀순했다. 관우 휘하에서 일했다.
형주에서 관우가 패한 뒤 이릉대전에 참전했지만, 자귀전투에서 전
사했다.

유장에서 유비에게로 몸을 맡긴 왕보의 처신은 단순히 들어갔다
는 것을 뜻하는 입입 정도의 배신이다. 상황에 내몰린 피동적 배신
이다.

왕보王甫(?~222년)는 삼국시대 촉한의 관료이다. 자는 국산國山이
고 익주益州 광한군廣漢郡 처현郪縣 출신이다. 그에 대한 기록은『삼
국지』「촉서」'양희전'에 기재되어 있는 '계한보찬전'에 간략하게 언급
되었다.

원래는 유장 밑에서 서좌를 맡았다. 풍채가 좋았던 그는 인물 평가와 정치력이 뛰어났다. 유비가 익주를 평정한 후에는 면죽현령綿竹縣令이 되었다. 나중에는 형주에서 의조종사議曹從事로 관우 휘하에서 일했다. 손권이 형주를 차지하고 관우를 죽인 뒤에는 패잔병으로 형주를 떠돌았다.

221년 형주정벌군에 참전했다. 하지만 이듬해 6월 이릉대전에서 촉한군이 육손陸遜에게 대패할 때 자귀에서 패배로 전사했다.

『삼국지연의』에서 왕보는 수군사마隨軍司馬에 있으면서 관우를 보좌하는 인물로 등장한다. 유장의 부하였다는 언급은 없다. 관우가 양양을 점령하고 번성을 공격할 준비를 할 때 형주의 수비를 우려하여 봉화대를 설치하게 한다. 또 반준潘濬 대신 조루趙累에게 형주 수비군을 돕게 한다. 하지만 관우는 봉화대를 설치하자는 제안만 받아들인다.

여몽呂蒙이 형주를 공격할 때 반준 등이 항복하자 관우는 왕보의 말을 듣지 않은 것을 후회한다. 위군과 오군에게 쫓겨 맥성麥城에서 버티던 관우가 북문의 포위를 뚫고 익주로 가려 하자 왕보는 좁은 길에 오군이 매복하고 있을 거라면서 큰길로 가라며 경계한다.

그러나 관우는 매복을 두려워하지 않는다. 왕보와 주창周倉을 맥성에 남긴 다음 익주로 가다가 붙잡혀 죽는다.

손권은 관우와 관평關平의 목을 맥성 앞에 내걸었다. 투항을 종용한다. 하지만 낙담한 왕보는 망루에서 성벽 아래로 떨어져 자결한다. 아들 왕우는 왕보의 풍모를 닮았고 관직은 상서우선랑까지 오른다. 그의 사촌 형으로는 왕상과 왕사가 있다.

왕평

조위를 버리고 이민족들과 함께
유비에게 귀순

왕평은 조조를 섬기다 촉한의 유비를 따랐다. 219년 한중전투에서 패한 후 이민족을 따라 유비에게 귀순했다. 이후 특별한 대우를 받았다.

왕평의 배신은 단순히 들어갔다는 것을 뜻하는 입入 단계의 배신이다. 전투에 패한 후 자신의 기반인 이민족들이 유비를 따르자 함께 귀순했다. 상황에 내몰린 타의적 배신이다. 죽음을 피하고 더 큰 이익과 명예를 좇아 유비에게 의탁했다.

왕평王平(?~248년)은 삼국시대 촉한의 장수이다. 자는 자균子均이고 파서巴西 탕거宕渠(사천성 거현渠縣 동북쪽) 출신이다.

어릴 적 고아가 되어 외가에서 자랐다. 성도 외가 성을 따라 하평

何平이라 했다. 하지만 후에 본성인 왕王씨를 따랐다. 『삼국지』에서도 간혹 하평으로 불린다.

「촉서」 '왕평전'에 의하면 파서의 이민족 두호杜濩와 부호朴胡를 따라 낙양에서 가교위假校尉가 되어 조조를 섬겼다. 한중을 정벌했다. 그러다 219년 한중전투에서 패했다.

「위서」 '무제기'에 따르면 9월 파군巴郡의 7성七姓의 이왕夷王 부호朴胡, 종읍후賨邑侯 두호杜濩가 파군의 이夷족, 종민賨民을 들어 내부해 왔다고 했다. 왕평은 이민족을 따라 유비에게 귀순하여 편장군偏將軍(아문장군, 비장군)이 되었다. 유비에 의해 파격적인 대우를 받았다.

이후 제갈량의 남정에 참전하여 전공을 세웠다. 228년 제갈량의 제1차 북벌 때는 참군 마속馬謖의 부장으로 선봉대에 소속되었다. 가정을 수비하는 임무를 맡았다. 마속이 산 정상에 진을 치려 하자 여러 번 만류했다. 왕평의 의견을 받아들이지 않은 마속은 결국 장합張郃에게 대패했다.

이때 왕평 휘하의 군사 1천 명이 북을 울리고 자리를 지키자 장합이 접근하지 못했다. 왕평은 흩어진 병사들을 거둬 돌아왔다. 이에 제갈량이 왕평을 치하했다. 참군參軍과 토구장군討寇將軍으로 승진시키고 정후亭侯에 봉해 이민족들로 구성된 정예부대 무당비군無當飛軍 오부五部를 통솔하게 했다.

231년 4차 북벌로 제갈량이 기산으로 출병했을 때 왕평은 남쪽을 지켰다. 장합이 공격해 왔지만 굳게 수비하여 막아냈다.

234년(건흥 12년) 제갈량이 5차 북벌 중에 무공에서 죽자 양의楊儀가 제갈량의 명을 받들어 퇴각을 결정했다. 이때 양의와 사이가 물과 기름 같았던 위연魏延은 양의의 명을 어긴다. 단독행동에 나서게 된다.

양의와 위연은 조정에 서로 상소를 한다. 상대방이 모반을 일으켰다고 주장했다. 하지만 조정은 양의의 편을 들어줬다. 양의는 마대와 왕평에게 위연을 토벌하라고 명한다. 왕평이 위연의 군대를 추격했다. 왕평은 직접 병사들에게 "승상(제갈량)께서 막 돌아가셨는데 승상의 시신이 식기도 전에 너희들이 어찌 이런 더러운 일에 몸을 담는가."라고 소리친다.

왕평의 꾸짖음에 위연의 병사들은 잘못이 위연에게 있음을 깨닫고 뿔뿔이 흩어졌다. 위연의 군대는 쉽게 진압 당했다. 위연은 아들 몇 명과 함께 한중으로 도주했지만, 마대에 의해 참수당했다.

위연의 난 진압에 공을 세운 왕평은 후전군後典軍과 안한장군安漢將軍에 봉해졌다. 거기장군 오의吳懿의 부장이 되어 한중을 지켰다. 한중태수漢中太守를 겸했다.

237년(건흥 15년) 왕평은 승진하여 안한후安漢侯에 봉해졌다. 다시 전호군前護軍이 되어 장완의 대장군부大將軍府의 일을 맡았다. 장완이 부현涪縣으로 돌아가 주둔하자 오의를 대신하여 독한중督漢中이 되었다.

238년(연희 원년)에는 대장군 장완이 면양에 주둔하자 왕평은 243년 전감군前監軍 겸 진북대장군鎭北大將軍으로 삼아 한중을 통솔했다.

244년 조위의 대장군 조상曹爽이 10여만 대군을 이끌고 한중으로 침공해 왔다. 촉한이 사태를 파악했을 무렵에는 조상의 선봉은 이미 낙곡駱谷까지 들어와 있었다. 다수가 "현재의 힘으로는 조위를 대항하기 어려우니 한중과 낙성까지 후퇴하여 굳게 지켜야 합니다. 적군을 만나면 깊이 들어오게 하여 관성에서 수비하면서 부현의 지원병이 올 때까지 기다려야 합니다."라고 말하자 왕평은 반대했다.

"그렇지 않습니다. 한중에서 부현까지는 1천 리쯤(400km) 떨어져 있습니다. 적군들이 만일 관성을 얻게 된다면 우리는 위험에 처할 것입니다. 지금은 먼저 유劉 호군護軍(유민)과 두杜 참군參軍을 먼저 파견하여 흥세산을 점거하도록 하고, 저한테는 뒤를 막게 해야 합니다. 만일 적군이 병사를 나눠 황금곡黃金谷으로 향한다면 저는 병사 1천 명을 이끌고 산으로 내려와 직접 공격할 것입니다. 그 틈을 타 부현의 군대가 도착할 것이니 이것이 상책입니다."

장수들이 의심하며 동의하지 않았다. 유민劉敏만이 동의하여 함께 1천 명의 군사로 흥세산興勢山에서 비의費禕의 지원이 올 때까지 조위군을 저지해 격퇴시키는 데 성공했다.

왕평은 244년 흥세전투 이후 4년을 더 산 뒤 248년 병사했다. 뒤는 적자 왕훈王訓이 이었다.

『삼국지』「촉서」'왕평전'에 의하면 "왕평은 융려戎旅(시골의 소수민족 사이)에서 자라 손으로 글씨를 쓰지 못했고 아는 글자도 10자를 넘지 못해 입으로 말한 것을 다른 사람이 적게 하여 글을 지었는데 모두 조리가 있었다. 사람을 시켜『사기史記』와『한서漢書』의 여러 본기本紀와 열전列傳을 읽게 하여 들었는데 그 대의大義를 모두 알았고 종종 논하여 말할 때는 그 요지를 잃지 아니하였다.”고 했다.

또한, 왕평은 “행동은 법률을 충실히 이행하고 농담하지 않으며 종일 단좌하는 행동을 보이니 무장武將의 모습이 아니었다. 하지만 성격이 자못 성급하고 좁아 이로 인해 명예가 깎이게 되었다.”고 했다.

한편 「촉서」 ‘장억전’에서는 왕평에 대해 “왕평은 충성스럽고 엄정했으며 장억은 식견이 뛰어나고 과단성이 있었다. 이들이 모두 자신의 장점에 의해 명성을 날리고 자취를 나타낼 수 있었던 것은 그들을 필요로 하는 때를 만났기 때문이다.”고 기록했다.

반면 『삼국지』의 저자 진수는 “속이 좁고 의심이 많으며 스스로를 가볍게 여겼다.”는 평가를 내리기도 했다.

『삼국지연의』에서 왕평은 유비가 한중을 공격할 때 조위 서황의 부장으로 참전한다. 서황은 물을 건너서 싸우자고 했다. 하지만 왕평은 반대한다. 결국, 서황은 황충과 조운에게 패배했다.

그러나 서황은 지원하러 오지 않은 왕평을 꾸짖는다. 이에 반감을 가진 왕평은 진채에 불을 지른다. 그런 뒤 조운에게 찾아가 유비에게 항복하겠다고 하여 편장군이 되었다.

그 후 제갈량의 남정에 참여하여 맹획의 처 축융부인을 생포하는 공을 세운다. 또 북벌 때는 마대馬岱, 장익張翼, 강유姜維, 요화廖化, 마충, 위연魏延 등과 함께 크게 활약한다.

요화

촉한에서 동오에 항복 후
다시 촉한으로 귀순

요화는 처음에 유비를 섬겼다. 관우 밑에서 형주를 지켰다. 관우가 여몽에게 패하자 형주를 습격한 손권에게 의지했다. 하지만 그의 귀순은 위장이었다. 속였음을 뜻하는 휼譎의 배신이다. 요화가 손권을 속인 배신이었다.

이후 그는 자신이 죽었다는 거짓 소문을 낸 뒤 노모와 함께 탈출했다. 동오를 정벌하러 나선 유비를 자귀에서 만나 그대로 참전했다.

동오에서 다시 촉한으로 귀순한 요화의 행위는 가장 적극적인 배반을 뜻하는 반叛의 배신이다. 믿음과 의리를 저버리고 돌아선 처신이다. 상황을 주도한 능동적 배신이다.

요화廖化(?~264년)는 후한 말과 삼국시대 촉한의 장수이다. 자는

원검元儉이고 형주荊州 양양군襄陽郡 중로현中盧縣(호북성 양번襄樊) 출신이다. 본래 이름은 순淳이었다.

원래는 강호를 떠돌던 호걸이었다. 후에 유비에게 귀순하여 관우 밑에서 주부主簿로 형주를 지켰다.

219년(건안 24년) 손권이 형주를 습격했다. 여몽呂蒙에게 패한 관우가 맥성麥城으로 달아나면서 요화에게 성용上庸으로 가서 유봉과 맹달에게 구원을 청하게 했다. 그러나 유봉과 맹달이 출병을 거절했다. 결국, 관우는 대패하여 목숨과 함께 형주를 잃었다.

요화는 손권에게 의지했다. 하지만 그의 귀순은 위장이었다. 유비에게 돌아가려는 일념으로 때를 보고 있었다. 그는 자신이 죽었다는 거짓 소문을 내어 감시를 피했다. 사람들은 그가 정말 죽었다고 생각했다. 요화는 노모와 함께 탈출했다. 밤낮으로 유비가 있는 서쪽으로 달렸다. 마침 관우의 원수를 갚겠다고 동오를 정벌하러 나선 유비를 자귀에서 만난다. 요화는 유비를 따라 동오 정벌에 그대로 참전했다. 크게 기뻐한 유비는 요화를 의도태수로 삼았다.

유비 사후 제갈량은 요화를 참군參軍으로 삼았고 그 후 독광무督廣武에 임명했다. 장완蔣琬은 제갈량이 자신을 무재茂才로 천거하자 이를 요화에게 양보했다.

그 후 음평태수陰平太守가 된 요화는 238년(연희 원년) 조위의 수선강후守善羌侯 탕심宕蕈의 진영을 공격했다. 조위의 옹주자사雍州刺史 곽회郭淮는 광위태수廣魏太守 왕윤王贇, 남안태수南安太守 유혁游

奕에게 군사를 빌려 동과 서에서 요화를 공격했다.

조위의 황제 조예曹叡는 군대는 결집해야 한다며 별동대 중 필요 없는 자들은 돌아가 수비에 힘쓰도록 유혁에게 전하라고 칙명을 내렸다. 하지만 칙명이 도착하기 전에 요화는 서혁군을 물리쳤다. 왕윤은 화살에 맞아 숨졌다.

248년(연희 11년) 강유姜維는 북벌에 나섰다. 조위에 반란을 일으킨 강족羌族의 치무대治無戴를 맞이했다. 요화는 성중산成重山에서 성을 쌓았으며 강족들로부터 인질을 받았다.

곽회는 제장들의 반대를 무릅쓰고 군대를 둘로 나누었다. 하후패夏侯霸에게 답중沓中으로 가서 강유를 추격하도록 했다. 반면 자신은 요화를 공격했다. 강유는 요화를 구원했지만, 북벌은 실패했다. 한편 곽회에게 토벌당한 치무대를 무사히 촉한으로 귀순하도록 했다.

이듬해 가을, 강유는 다시 북으로 진군했다. 하지만 곽회의 저지로 철수했다. 이후 곽회가 강족을 토벌하기 위해 서쪽으로 간 사이 요화는 군을 이끌고 백수白水의 남쪽 물가에 포진하여 등애鄧艾와 대치했다. 요화가 등애를 저지하면 강유가 동쪽으로 진군하여 도성洮城을 탈취하려는 계책이었다. 하지만 등애는 이를 간파하여 도성으로 돌아가 수비를 했다.

요화는 승진을 거듭하여 우거기장군右車騎將軍에 가절假節을 받고 영병주자사領并州刺史에 임명되었다. 중향후中鄉侯에도 봉해졌다.

요화가 장익張翼과 함께 대장大將이 되었을 때 사람들은 "앞에는 왕평王平과 구부句扶가 있고, 뒤에는 장익과 요화가 있다."라고 말할 정도였다.

262년(경요 5년) 강유가 군을 이끌고 적도狄道로 진출하자 요화가 반대했다. "북벌을 그치지 않으면 필시 우리는 곤경에 빠질 것이다. 지략이 적에 미치지 못하며 역량 또한 그러한데 억지로 계속하면 성공하겠는가. 『시경』에서 '나보다 앞서지 않고, 나보다 뒤처지지 않네.(不自我先부자아선, 不自我後부자아후)'라고 한 것은 바로 이를 일컫는 것이다."라고 했다. 그럼에도 요화는 강유의 북벌에 보조를 맞추었다.

263년(경요 6년) 조위가 침공하자 강유가 요화에게 음평교두를 맡겨야 한다고 유선에게 표를 올렸다. 유선은 받아들이지 않았다. 이후 요화는 강유, 장익, 동궐과 함께 검각劍閣을 수비했다. 마지막까지 조위에 저항했다. 하지만 성도成都가 함락되었다는 소식을 듣고 조위의 종회鍾會에게 항복했다. 264년(함희 원년) 종예와 함께 낙양洛陽으로 연행되던 도중 길에서 병사했다.

『삼국지연의』에서 요화는 『삼국지』와 같이 상당히 긴 시대에 걸쳐 등장한다. 떠돌아다니다 두원과 함께 동료 500명을 규합한 도적단의 소년 우두머리로 나온다.

때마침 관우와 함께 하북으로 가던 유비의 두 부인(미부인과 감부인)을 잡게 된다. 유비의 아내라는 것을 알게 되자 요화는 무사히 돌려보내기로 결심한다. 하지만 두원은 여자를 취하자고 말한다. 이에 요화는 두원을 죽여 그의 목을 바치며 관우의 휘하에 들어가기를 청한다. 그런데 미부인과 감부인에게 거절당한다.

유비가 입촉하러 형주를 떠나자 유비 휘하에 들어가 활약하게 된다. 제갈량의 북벌에서 사마의를 추격해 죽이는 직전까지도 묘사된다. 요화가 추격하고 있는데 사마의가 자신의 투구를 던져놓고 반대쪽으로 도망갔다. 요화는 투구가 떨어진 쪽으로 쫓아갔지만 놓친다. 이후 제갈량이 그에게 상을 내린다. 위연이 "투구나 주워왔는데 무슨 큰일인가."라고 빈정거린다. 하지만 제갈량은 위연의 말을 무시한다. 그러면서 혼자 있을 때 요화가 아니라 관우나 조운 같았으면 사마의의 수작을 알아 잡았을 것이라며 촉한의 인재 부족을 한탄한다.

촉한이 멸망한 이후에는 병을 핑계로 일어나지 않다가 근심 걱정으로 죽음을 맞는다.

위연

유표를 섬기다 사후
유비에게 귀순

위연은 처음에 유표를 섬겼다. 이후 유비의 익주 공략시 부곡장으로
종군하여 공을 세웠다. 유비에게 귀순한 그의 배신은 단순히 들어
갔다는 것을 뜻하는 입入 정도의 배신이다. 유표 사후 새로운 주군
을 찾아갔다. 상황에 떠밀린 피동적 처신으로 더 큰 이익과 명예를
좇아 유비를 선택했다.

219년 한중태수라는 중임을 맡으면서 촉한에서 입지를 다졌다. 이
후 제갈량의 북벌에서 중추적인 역할을 했다.

위연魏延(?~234년)은 후한 말에서 삼국시대 촉한의 장수이다. 자
는 문장文長이며 형주 북부 신야 의양군義陽郡(하남성 동백桐栢 동쪽)
출신이다. 등애, 등지와 동향이다.

원래는 형주목 유표의 수하 장수였다가 후에 유비에게 귀순했다. 유비가 익주를 공략할 때 부곡장部曲長(후한 말에 장군이나 지방의 호족들이 치안이 문란해질 것에 대비하여 사사로이 둔 사병私兵)으로서 종군하여 여러 차례 공을 세우고 아문장군牙門將軍이 되었다.

219년(건안 24년) 유비는 한중왕에 올랐다. 한중태수는 장비가 맡을 것으로 예상됐다. 장비도 내심 자신했다. 하지만 결과는 달랐다. 유비가 위연을 진원장군鎭遠將軍 겸 한중태수에 임명했다. 모두 놀라는 인사였다. 유비가 군신들 앞에서 한중태수로서 중임을 어찌 해내겠느냐고 물었다. 위연이 "조조가 천하를 들어 쳐들어온다면 대왕을 위해 막을 것이고, 그 휘하 장수가 10만 명으로 쳐들어온다면 대왕을 위해 삼켜버릴 것입니다."라고 답해 주위를 모두 놀라게 했다.

위연은 항상 유비의 기대에 부응했다. 221년(장무 원년) 유비가 황제에 오르면서 위연은 진북장군鎭北將軍에 올랐다. 223년(건흥 원년) 유선이 즉위할 때는 도정후都亭侯에 봉해졌다.

227년 제갈량은 한중에서 북벌을 준비하면서 위연을 독전부督前部로 삼고 승상사마 겸 양주자사에 임명했다.

위연이 책략을 내놓았다. "장안을 수비하고 있는 하후무는 겁이 많고 무모하다. 정예병 오천 명에, 식량 운반 인력 오천 명 도합 만명만 주면 곧장 포중褒中의 동쪽으로 나가 자오곡子午谷을 타고 열흘도 안 되어 장안에 다다르겠다. 갑자기 들이닥친다면 하후무는 배를 타고 도주하여 어사御史와 경조태수만이 남을 것이다. 광문橫門

의 식량고와 달아난 사람들의 곡식이라면 주둔하는 데에도 충분하다. 조위군이 집합하는 데에 20여 일이 걸릴 테니 그 사이 공께서 야곡斜谷을 통해 오시면 틀림없이 동관潼關에서 적을 맞을 수 있다. 즉 일거에 함양의 서쪽을 평정하게 된다.”고 했다.

제갈량은 위연의 책략이 위험하다고 판단하여 받아들이지 않았다. 이에 위연은 제갈량을 겁쟁이라고 매도하며 자신의 능력이 제대로 쓰이지 않는다는 불만을 표출했다.

230년 조위에서 조진의 지휘로 남진했다. 자오곡을 포함한 세 갈래로 공격해 왔다. 하지만 쏟아진 폭우로 인해 전투를 치르지 못하고 퇴각했다. 이때 위연은 제갈량의 명을 받고 강족이 있는 남안군으로 오의와 함께 들어가 조위의 후장군 비요와 옹주자사 곽회를 양계陽谿에서 대파했다. 이 공으로 위연은 전군사前軍師 겸 정서대장군征西大將軍의 가절假節을 받고 남정후南鄭侯에 봉해졌다.

231년 제갈량이 다시 북진하여 농서로 진출했다. 상규의 보리를 두고 사마의와 대치했다. 5월 사마의가 싸움을 걸어와 노성에서 한차례 접전을 펼쳤다. 위연은 고상, 오반과 같이 사마의가 지휘하는 조위군을 격파하고 3천의 수급을 얻어 크게 무찔렀다. 이 공로로 정서대장군이 될 때 받은 가절이 사지절로 승급되었다.

234년 제갈량의 마지막 북벌에서 위연은 선봉을 맡았다. 그는 어느 날 머리 위에서 뿔이 나는 꿈을 꾸었다. 조직趙直에게 해몽을 물었다. 조직은 “기린(전설의 동물)은 뿔이 있어도 사용하지 않는 것처럼 싸우지 않고도 적이 격파된다는 징조이다."라고 해몽해 주었다.

그런데 사실은 거짓 해몽이었다. 다른 이에게는 "角(뿔 각)을 파자하면 刀(칼 도) 아래 用(쓸 용)이 있는 꼴이오. 머리 위에서 칼을 쓴다는 것인데 흉해도 너무 흉하오."라고 했다.

전장에서 위독해진 제갈량은 장사 양의, 사마 비의, 호군護軍 강유를 불러 자신이 죽은 뒤의 철수를 명했다. 위연은 후방을 강유는 그 다음을 담당하되 혹시 위연이 따르지 않더라도 바로 출발하라고 했다.

제갈량의 생명은 가을에 멈췄다. 양의는 조위군 몰래 퇴각을 준비했다. 비의 더러 위연의 의중을 확인해보라고 했다. 위연은 "승상은 유명을 달리했어도 나는 건재하다. 승상부의 관속들은 관을 들고 돌아가 장사를 지내고, 나는 군대를 통솔해 적을 상대해야 마땅하다. 한 사람이 죽었다고 어찌 대업을 폐하겠는가. 또 나 위연이 어떤 사람인데 양의가 정하는 대로 뒤나 지켜야겠는가." 그런 후 비의를 따를 부대와 남아 자신이 이끌 부대를 지정하여 나눈 뒤 비의에게도 연명을 시켰다. 비의는 "양의는 군사에 서투른 문관이라 거스르지 않을 것"이라며 자신이 가서 잘 설명하겠다는 핑계를 대고 재빨리 빠져나왔다. 위연이 뒤늦게 쫓아갔지만 놓쳤다. 위연은 양의의 지시를 받는 것이 못마땅했다.

양의 등은 제갈량이 말한 계획에 따라 철군하려 했다. 위연은 척후를 보내 여러 군들이 군사를 물리고 있는 것을 탐지했다. 화를 이기지 못한 위연은 대노했다. 자신의 병사들을 이끌고 먼저 남쪽으로 내려갔다. 그런 후 퇴각하는 군대가 이용할 잔도에 불을 놓아 버렸다. 대다수의 본대가 적지에 묶이게 되었다. 고립된 위연과 양의는 서로 반역했다며 중앙에 표를 올렸다. 표는 하루 차이로 도착했다.

시중侍中 동윤과 유부장사留府壯士 장완은 위연보다 양의의 말을 믿었다. 유선에게 한목소리로 위연의 반역을 말했다. 장완이 수도를 방어하고 있는 부대를 모아 출정했다. 양의 등은 밤낮으로 쉬지 않고 나무를 베어다 잔도를 만들어 가며 겨우 위연에 있는 곳에 닿았다.

그런데 위연은 포야도褒斜道의 남쪽 입구인 포곡褒谷 즉 남곡을 틀어막고 퇴각하는 군대를 공격했다. 퇴각하는 본대의 선두인 왕평이 "승상의 시신이 채 식지도 않았거늘 너희들이 감히 어떻게 이러느냐."며 호통을 쳤다. 그때야 위연의 군사들은 잘못이 위연에게 있음을 알고 흩어졌다.

순식간에 군대를 잃어버린 위연은 자식들과 한중으로 도피했다. 하지만 뒤쫓아 온 마대에게 참수당했다. 위연의 머리는 양의에게 보내졌다. 양의는 위연의 머리를 짓밟으며 "천박한 종놈아 이래도 악한 짓을 저지를 수 있겠느냐."라고 했다. 위연은 삼족이 멸하는 화를 당했다.

위연은 병사를 잘 양성하고 용맹도 남달랐다. 문제는 거만하고 건방져서 으스대며 과시하는 성격이 도를 넘는 것이었다. 유비가 일반의 예상을 깨고 장비 대신 위연에게 한중태수를 맡긴 이후에는 그 성격이 더했다. 장수들은 위연과 부딪히지 않으려고 피했다.

232년에는 거기장군 유염이 위연과의 불화 탓에 술을 먹고 허언을 했다가 성도로 보내지기도 했다. 그러나 양의만은 위연에 대해 가차 없어 그냥 넘기지 않았다. 두 사람은 물과 불처럼 다투었다. 매사 그냥 넘어가는 법이 없었다. 어떤 때는 위연이 칼을 빼 들기도 했다. 양의는 눈물을 흘리며 어쩔 줄 몰라 했다. 그런 둘 사이에 비의가 끼어들어 진정시키는 중재를 하곤 했다.

제갈량은 양의의 재주와 위연의 용맹을 모두 아꼈다. 어느 누구도 내치지 않았다. 그러다 제갈량 사후 양의를 후계자로 삼은 데 불만을 품은 위연이 양의 등을 제거하고 권력을 차지하려 하다가 죽임을 당했다.

양의는 "위연은 굳세어서 어려움 속에서도 명을 받고 나아가 적을 물리치며 국경을 지켰다. 하지만 협력하지도 화합하지도 않았으며 의리를 저버리고 난을 일으켰다. 처음엔 아낌을 받았을지라도 결국은 미움을 받았으니 참으로 그의 성품 탓이다."라는 말을 남겼다.

손권은 양의와 위연을 싸잡아 평했다. 목동이나 할 소인배들이 하찮게나마 당장 도움이 된다고 직책을 맡아 그 권세가 가볍지 않으니 제갈량이 사라진다면 반드시 나라에 재앙이 될 것이라고 봤다.

『삼국지』의 저자 진수는 "위연은 용기와 지략으로 인해 임용되었다. 유봉, 팽양, 요립, 이엄, 유염, 위연, 양의는 빠짐없이 중한 대우를 받았다. 다만 그들의 거동과 당시의 예법을 살피건대 흉한 일을 당한 것은 자기 자신들 때문이 아니라고 할 수 없다. 위연이 조위에 항복하지 않고 한중으로 돌아간 것은 사이가 나쁜 양의를 제거하고 싶었던 것이지 결코 반역하려는 것은 아니었다. 제갈량의 후계자는 자신이라고 기대하고 있었기 때문이다."라고 평했다.

『위략』에서도 위연의 행동에 대해 다음과 같이 기술했다. "제갈량이 병들자 위연 등에게 말했다. '내가 죽은 뒤에 다만 삼가며 스스로 지킬 뿐 다시 오지 마라.' 위연에게 자신의 사무를 섭행攝行(대행)하도록 명하고 은밀히 상여를 지니고 떠나게 했다. 마침내 위연이 이를 숨겨 포구褒口에 도착하고 이내 발상했다. 제갈량의 장사 양의는 예전부터 위연과 불화했다. 위연이 군사를 섭행하게 되자 해를 입을까 두려워했다. 이를 부풀려서 말하길 위연이 군사를 들어 북쪽에 귀부하려 한다고 하고 마침내 자신의 군사를 이끌고 위연을 공격했다. 위연은 본래 이런 마음이 없었으니 싸우지 않고 군이 패주했는데 이를 추격하여 위연을 죽였다."

『삼국지』와 『위략』 모두 일관되게 위연의 뜻이 반란이 아니며 조위에 귀부할 생각도 없었다고 기록하고 있다.

중국의 근대 사학자 여사면도 "위연의 북벌 의지는 비교적 굳건한 것이었다. 오로지 제갈량이 죽을 날만 바라보며, 전군을 철수시키는 것에 동의하지 않았다. 만약 제갈량이 죽고 위연이 병권을 장악했다면, 장완이나 비의 같은 사람은 따르지 않았을 것이지만 그 성패는 알 수가 없다. 따라서 위연의 죽음은 촉한의 일대 손실이라 말하지 않을 수 없는 것이다."라며 높이 평가했다.

『삼국지연의』에서 위연은 형주목 유표의 부하로 등장한다. 유비가 양양으로 들어가는 것을 저지하는 채모와 장윤 등이 유비에게 활을 쏘는 것을 보고 문지기 병사를 참살해 유비의 입성을 돕는다. 그리고 유종이 조조에게 항복하려 하자 반발하고 문빙과 단기필마로 싸운 후 멀리 달아나 장사의 한현에게 의지한다.

유비가 형남 4군 평정에 나서자 관우가 장사를 공격한다. 관우와 황충의 대결에서 황충이 관우를 살려주었다는 이유로 역모를 꾀한다며 한현이 황충을 죽이려 한다. 이에 분노한 위연이 한현을 베어 죽이고 유비에게 귀순한다.

그런데 이때 제갈량이 유비에게 "위연은 반골의 상이다. 게다가 자신이 모시던 군주를 죽이고 왔으니 중용하지 마라."고 진언한다. 하지만 유비가 위연을 받아들여 목숨을 구하는데 이 사건을 계기로 위연은 악역의 길을 걷게 된다.

위연은 유비의 입촉과 한중 쟁탈전에서 활약하고, 사곡전투에서 조조에게 화살을 쏘아 앞니 두 개를 부러뜨리는 공을 세운다.

제갈량의 1차 북벌에서는 『삼국지』에서도 기록되어 있는 기습책을 내놓았다가 받아들여지지 않자 차츰 제갈량의 명령에 따르지 않는다.

기곡에서는 진식과 함께 제갈량의 명을 거부해 대패한다. 하지만 제갈량은 위연의 활용성을 고려해 진식만 처형한다.

또한, 사마의 부자를 호로곡에 몰아넣고 화공을 쓰지만 큰비가 내려 사마의 등은 겨우 목숨을 부지한다.

제갈량은 병이 재발하자 목숨을 늘리는 의식을 행한다. 6일째 되는 날 하후팽의 진군을 알리려 온 위연이 휘장 안에 있던 등을 잘못 밟아 불을 꺼버리고 만다. 이 등이 7일간 꺼지지 않으면 제갈량의 수

명이 12년 연장될 수 있었다.

위연의 최후는 제갈량 사후 회군 지시를 어기고 내분을 일으켰다가 "누가 감히 나를 죽일 수 있는가."라고 외치는 순간 마대의 칼에 등을 찔려 숨진다. 제갈량이 임종 때 마대에게 전해 준 비계秘計였다.

위연은 실제에 있어서는 특별히 주군을 바꾸지 않았다. 그리고 장수로서 용맹하고 많은 책략을 냈다. 그럼에도 불구하고 회군 명령에 불복한 부분이『삼국지연의』에서 배신자로서 묘사가 워낙 강해 실제와는 다르게 최대의 배신자로서 이미지를 갖게 되었다.

유비

공손찬-도겸-여포-조조-
원소-유표-손권-유장-유봉을 배신

유비는 촉한공정에 의해 『삼국지연의』에서 다듬어지고 고쳐진 인물이다. 정사 『삼국지』의 기록에 의하면 그는 많은 사람을 등졌다.

유비는 처음에 공손찬에 의탁해 평원의 상相이 되었다. 193년 조조가 서주의 도겸을 공격했다. 이에 도겸이 공손찬이 임명한 청주자사 전해에게 지원을 요청했다. 공손찬은 유비를 전해 휘하의 장수로 삼아 도겸을 지원했다.

도겸은 유비에게 군사 4천 명을 붙여줬다. 그러자 유비는 전해를 등지고 도겸에게 의탁하여 소패에 주둔했다. 이는 단순히 들어갔다는 것을 뜻하는 입入 단계 정도의 배신이다. 상황을 주도한 자의적 처신으로 더 큰 이익을 좇아 전해를 버리고 도겸을 택했다.

조조가 도겸을 2차로 정벌할 때 유비는 담현에서 패했다. 이때 유비는 장비에게 하비성을 지키라고 했다. 그런데 조표가 여포와 내통하여 성을 차지했다. 갈 곳이 없던 유비는 여포에게 의탁하여 소패에 주둔했다.

그런데 여포가 소패에서 병사 1만 명을 모집한 일에 의심을 품고 유비를 공격했다. 패주한 유비는 조조에게 귀부했다. 조조에게 항복한 유비는 원술과 대치했다. 여포를 떠나 조조에게 의탁한 유비의 처신은 단순히 들어갔다는 것을 뜻하는 입入 단계의 처신이다. 상황에 내몰린 피동적 배신이다.

유비는 조조도 배신했다. 조조가 임명한 서주자사 차주를 죽이고 서주를 취했다. 원술을 치러 왔다가 임무를 완성한 후 서주마저 차지했다. 유비의 조조에 대한 배신은 속였음을 뜻하는 휼譎의 배신이다. 휼은 기만하거나 속이거나 거짓말하거나 농간을 부리는 것을 의미한다. 유비가 조조를 기만한 행위였다. 상황을 주도한 능동적 배신이다.

조조는 유비의 배신에 대해 자신이 직접 군사를 이끌고 서주로 진격하여 응징했다. 유비는 원소에게 구원을 요청했다. 하지만 원소는 구원병을 파견하지 않았다. 결국, 대패한 유비는 원소에게 가서 의탁했다.

조조 공략을 준비하던 원소는 유비를 환대했다. 유비는 원소와 조조가 운명을 걸고 싸운 관도전투에 참가했다. 관도전투가 조조에게 기울자 유비는 원소에게 형주목 유표와 연합할 것을 제의했다. 원소가 허락하여 형주로 향했다. 가는 도중 여남에서 황건적 무리인 공도의 군사와 합해 군사를 수천 명으로 늘렸다. 여기에 원소 진영에 있을 때 원소 몰래 조운에게 모집하도록 한 기병까지 합하여 군세를 갖췄다. 형주에 도착한 유비는 신야현에 머물렀다.

원소에 대한 유비의 배신도 속았음을 뜻하는 휼譎의 배신이다. 원소는 유비의 거짓말에 속았다. 상황을 주도한 자의적 배신이다. 유비는 죽음을 피하고 더 큰 이익을 얻기 위해 원소를 버리고 유표에게 의탁했다.

신야현에 머문 유비는 유표도 배신했다. 군사를 증강하고 민심을 얻는 데 주력했다. 유표와 토호세력은 유비를 경계하고 주연에 초대하여 죽이기로 했다. 하지만 유비는 사전에 눈치를 채고 빠져나와 목숨을 구했다.

유표에 대한 배신 또한 속았음을 뜻하는 휼譎의 배신이다. 유비와 유표는 서로를 속이고 기만했다. 서로 상황을 주도한 자의적 처신으로 더 큰 이익을 얻으려고 합했다가 헤어졌다.

이후 유비는 적벽대전에서 동맹 관계였던 손권도 배신했다. 조조에게서 뺏은 땅을 나눌 때 역할에 비해 결과를 과도하게 차지했다. 상황을 주도한 능동적 배신이다. 가장 적극적인 배반을 뜻하는 반叛이다. 동맹이란 믿음과 의리를 저버리고 돌아선 행위였다.

유비는 촉의 유장도 배신했다. 조조가 형주를 공략한다는 말에 유장은 조조와 관계를 두텁게 하려 공물을 보내고 장송을 사신으로 보냈다. 조조가 적벽대전에서 패하자 장송은 조조를 버리고 유비와 가까이할 것을 권했다. 이후 유장은 장로를 공략하기 위해 신하들의 많은 반대에도 불구하고 유비를 불러들였다.

가맹현에 주둔한 유비는 유장의 많은 지원에도 불구하고 북진하지 않았다. 조조가 손권을 치려 하자 손권을 돕겠다며 군사와 군비를 요구했다. 절반씩 밖에 주지 않자 유장을 거세게 비난했다. 그즈음 익주를 유비에게 바치려 했던 장송의 음모가 탄로 났다. 유장은 유비와의 전쟁에서 패했다. 유비의 유장 배신은 가장 적극적인 배반을 뜻하는 반叛이다. 믿음과 의리를 저버리고 돌아선 행위다. 상황을 주도한 능동적 배신이었다. 오랜 시간 치밀한 준비를 통해 고의적으로 믿음을 저버린 행동이었다.

유비는 양아들 유봉도 버렸다. 유선이 태어나기 전 양자로 입적된 유봉은 뛰어난 장수로 많은 승리를 거뒀다. 그런데 관우의 번성전투를 지원하지 않은 것을 빌미로 자살을 명해 죽였다. 물론 유선과의 후계구도에서 걸림돌을 미리 제거하려는 제갈량의 판단이 주효했지만, 유비는 이를 방관하며 지켜봤다.

양아들을 죽인 유비의 배신행위는 가장 적극적인 배반을 뜻하는 반叛이다. 부자지간의 믿음과 의리를 저버리고 돌아선 행위였다. 겉은 상황에 내몰린 피동적 처신처럼 보였지만 속은 상황을 주도한 능동적 배신이었다.

유비는 상황에 내몰리거나 주도하면서 공손찬과 도겸, 여포, 조조, 원소, 유표, 손권, 유장, 유봉을 배신했다. 죽음을 피하고 더 큰 이익과 명예를 좇아 여러 사람을 등졌다. 삼국지 등장인물 중 최고의 배신자로 여포나 사마의를 꼽지만, 필자는 유비라고 본다.

정사 『삼국지』에 의하면 유비는 여러 사람을 배신했다. 반면 소설 『삼국지연의』에 따르면 유비는 최고의 인의군자人義君子이다. 후한 말과 삼국시대는 양육강식의 시대였다. 목숨을 보전하거나 패업을 이루기 위해 많은 영웅호걸들이 배신 행위를 했다.

유비가 생존하고 패업을 이루기 위해 여러 사람을 바꾼 것에 대해 후인들의 가치판단은 나름대로 달랐다. 유비는 『삼국지』 등장인물 중에서 그 어떤 사람보다 사람을 등지는 배신행위를 많이 했다.

유비劉備(161~223년 6월 10일(음력 4월 24일)는 삼국시대 촉한의 초대 황제로 자는 현덕玄德이다. 황제로 즉위하기 전에는 한나라의 황실 성씨였으므로 유황숙劉皇叔이라고도 불렸다. 탁군 탁현(허베이성 바오딩시 쥐저우시)출신으로 한나라의 황손이었다.

일찍이 아버지 유홍을 여의였다. 어머니와 함께 짚신과 돗자리를 만들어 생계를 꾸렸다.

집안 어른 유원기劉元起의 도움으로 열다섯 살에 노식의 문하에서 수학했다. 이때 공손찬과 함께 공부하는 사이가 되었다. 하지만 유비는 독서보다는 개나 말 같은 동물들을 좋아했다. 어릴 적부터 명마名馬를 감별할 줄 알았다. 적은 말수에 남을 공손히 대했고, 감정을 겉으로 드러내지 않았다.

황건적의 난 때 장각張角은 청주, 유주, 서주, 기주, 양주, 연주, 예주, 형주 등으로 세력을 점점 확장해 나갔다.

영제 말, 황건적의 난이 일어나자 유비는 관우, 장비와 함께 주군州郡에서 모집한 의병들을 이끌고 교위인 추정의 군대에 가담해 장순, 장거의 난을 진압했다.

그 공적으로 중산국中山國 안희현위安喜縣尉에 임명됐다. 그러나 이내 독우督郵(조정에서 내려 보낸 감찰사)가 유비를 쫓아내려 하자 유비는 그를 현의 경계까지 끌고 가 곤장 200대를 때린 후 떠났다.

이후 단양에서 도위都尉 관구의田丘毅의 모병에 응했다. 하비에서 적을 무찌른 공로로 하밀승(청주 북해국 하밀현의 현승)에 제수되었다. 하지만 그는 관직을 다시 버렸다. 그 뒤 유비는 고당위(청주 평원국 고당현의 현위)에 임명되어 현령으로 승진했다. 하지만 적에게 격파되어 공손찬에게 달아났다.

유비의 첫 번째 배신은 공손찬이다. 공손찬과 유비는 노식의 문하에서 동문수학했다. 경전을 배우며 서로 깊이 교우했다. 형제가 없던 유비는 공손찬을 친형과 같이 생각했다. 공손찬 또한 유비를 친동생처럼 대했다.

공손찬은 유비를 조정에 천거하여 별부사마別部司馬에 제수되도록 했다. 유비를 청주자사 전해와 함께 기주목 원소와 싸우도록 했다. 유비가 자주 전공을 세웠다. 공손찬은 이를 조정에 표를 올려 알렸다. 그 덕분에 유비는 평원상平原相이 되었다.

193년(초평 4년) 가을 조조는 도겸과 대규모 전투를 벌였다. 짧은 기간에 몇 개의 성을 정복하면서 팽성彭城까지 차지했다. 도겸은 수만의 군사를 잃었다. 조조는 아버지 조숭의 원수를 갚겠다는 일념으로 잔혹한 살육을 벌였다. 무고한 생명이 죽는 이유도 모르고 죽었다. 팽성을 지나는 사수泗水에 시체가 둑처럼 쌓여 물길을 막을 정도였다. 당시 낙양과 장안 일대에서 동탁의 난을 피해 왔던 많은 사람들이 조조에게 목숨을 잃었다.

도겸은 담현郯縣으로 퇴각한 후 서남쪽 무원武原에 군사를 주둔시켰다. 무원은 팽성에서 담현으로 가는 길목이어서 반드시 거쳐야 하는 곳이다. 도겸은 최후의 방어진을 쳤다. 조조는 가까스로 담현성까지 진격했다. 도겸은 성을 사수하는 전략으로 버텼다.

조조는 담현성 공략을 포기하고 사수 이남으로 진격했다. 취려取廬와 저릉, 하구夏丘 등을 점령했다. 동시에 조조는 비현, 화현, 개양을 공격하기 위해 조인을 보냈다. 도겸도 부하들을 보내 각 현을 지키려 했다. 하지만 전투는 번번이 조인에게 패했다.

도겸은 동맹 관계였던 공손찬이 임명한 청주자사 전해에게 지원을 요청했다. 194년 2월 전해는 유비와 함께 군사를 이끌고 왔다. 이때 유비는 평원상平原相으로 천여 명의 군사를 거느리고 있었다. 서주에 도착한 유비에게 도겸은 단양 군사 4천 명을 붙여줬다. 이에 유비는 공손찬 휘하의 전해가 귀환함에도 가지 않고 도겸에게 의탁했다. 공손찬을 등지고 군사를 지원해 준 도겸을 선택했다.

도겸은 표를 올려 유비를 예주자사에 임명하고 소패小沛를 지키도록 했다. 소패는 서주 서쪽 변경에 위치한 곳으로 연주와 가깝다. 도겸은 유비로 하여금 서쪽 지역을 방어케 하여 조조를 막고 서주를 지키려는 전략이었다. 얼마 후 식량이 바닥난 조조군은 보급이 끊기자 진격을 멈추고 연주로 귀환했다.

공손찬 휘하에 있던 유비는 서주에서 도겸으로부터 군사 지원을 받고 전해를 등졌다. 전해로서는 유비는 주군인 공손찬을 배신한 배신자이다. 하지만 유비로서는 더 큰 이익을 준 도겸에게 의탁한 선택이었다.

유비는 공손찬 휘하에 있던 조운을 자기 사람으로 만들기도 했다. 공손찬 진영에 있을 때 조운한테 매우 잘해 주었다. 잠자리까지 같이 할 정도였다. 조운이 감동하게 된다.

조운은 처음에 원소 휘하에서 졸백卒伯(병졸의 우두머리)으로 임관되었다. 그러나 원소의 그릇이 크지 않다는 것을 일찌감치 간파한 뒤 공손찬 아래로 들어갔다.

그 무렵 유비 또한 공손찬에게 몸을 의지하고 있었다. 공손찬이 원소를 막기 위해 유비를 파견해 전해를 지원하도록 했을 때 조운도 일시적으로 유비의 지휘하에 들어가 종군했다. 이 무렵 조운은 공손찬의 난폭한 성격에 기가 질려 있었고, 같이 공손찬의 부하로 있던 유비를 눈여겨보게 된다. 유비 역시 조운을 높이 평가하게 되고 서로 깊은 유대를 맺는다.

그 뒤 조운은 형의 장례를 치르러 잠시 고향으로 돌아갈 때 "절대로 당신의 은덕을 잊지 않겠다"며 유비에게 이별을 고한다. 이는 조운이 공손찬 밑으로는 다시 돌아가지 않겠다는 것의 암시였다. 유비 또한 그것을 알고 조용히 전송했다. 이후 조운은 유비를 따랐다.

도겸은 유비를 굳게 신뢰했다. 자신이 죽은 후 유비에게 서주를 맡기라는 유언을 남기고 세상을 떠날 정도였다. 194년 도겸이 죽은 후 유비는 도겸의 유지를 받들고 주위의 권유를 받아 서주를 지배하게 된다.

그러나 하비의 모든 호족들이 유비를 반겼던 것은 아니다. 이 일은 훗날 유비가 여포에게 하비를 빼앗기는 결과를 초래한다.

195년 여포가 조조에게 패하자 서주의 유비에게 의탁했다. 여포를 예주 패국 패현으로 보냈다.

조조가 도겸을 2차로 토벌할 때 유비를 담현郯縣에서 격파했다. 그런데 여포가 배후를 급습하자 회군했다.

196년(건안 원년) 유비는 헌제를 받아들인 조조로부터 진동장군에 임명된다. 이후 유비는 서주를 노리는 원술袁術과 대치하게 되었다. 원술은 여포를 부추겨 유비를 공격하게 하려 했다.

그런데 하비상이자 성문교위를 맡은 조표는 내심으로 유비의 서주 지배를 반대했다. 여포를 따라 망명한 진궁은 조표와 결탁하여 여포를 앞세워 서주를 침공했다. 서주는 장비가 지키고 있었다. 장비는 조표와 마찰이 컸다. 조표의 모반을 안 장비는 즉시 조표를 죽였다.

하지만 조표의 협조로 인해 여포군들은 이미 성에 들어오고 있었다. 여포가 도착했을 무렵에는 단양병들만이 저항하고 있었다. 장비는 서주성을 잃었다.

서주로 돌아온 유비는 군사들을 수습해 원술과 싸웠지만 패배한다. 결국, 유비는 서주 광릉군 해서현海西縣으로 군대를 돌린다.

유비는 서주 광릉군에서 사정이 어려워지자 여포와 화친을 구했다. 여포는 사로잡은 유비의 처자를 돌려줬다. 유비군은 과거 여포에게 내줬던 예주 패국 패현 즉 소패라 부르는 곳에 주둔했다.

그런데 유비가 소패에 머물며 1만 명의 병사를 모집하자 여포는 경계하며 유비를 공격했다.

패주한 유비는 조조에게 귀부했다. 조조는 유비를 후대하여 예주목으로 삼았다. 예주 패성沛城에서 군사를 모아 여포를 견제하는 것을 지원했다. 이에 여포는 고순을 보내 소패를 공격했다. 조조는 하후돈夏侯惇을 지원군으로 보냈다. 하지만 유비와 하후돈은 고순에게 패배했다. 유비는 홀로 달아났고 유비의 처자는 사로잡혀 여포에게 보내졌다.

이에 10월 조조가 직접 여포를 정벌하여 유비와 함께 하비를 포위했다. 여포의 부장 후성, 송헌, 위속 등이 여포를 배신했다. 여포를 옭아 맨 뒤 조조를 성안으로 맞이했다. 여포가 조조에게 자신을 살려 쓰도록 말했다. 조조는 마음이 흔들리면서도 여포를 의심했다. 유비는 여포가 앞서 행했던 패악을 강조했다. 이를 잘 알고 있던 조조도 유비의 말을 받아들여 여포를 교수형에 처했다.

유비의 세 번째 배신 상대는 여포이다. 『삼국지』에 의하면 여포는 유비에 대한 정이 각별했다. 그 이유는 여포가 몽골 땅 태생으로 중국인들에게는 오랑캐 출신이다. 그로 인해 여포는 많은 멸시와 배신을 당했다.

유비도 이러한 감정으로 여포를 천시했다. 하지만 여포는 유비가 자신과 가장 가까운 지역 출신이라는 점에서 많은 호감을 나타냈다.

여포와 유비의 사이는 애증의 관계였다.

여포는 양아버지인 동탁을 죽였다. 원술이 여포를 환대했다. 여포는 원씨 일가(원소와 원술)와 껄끄럽던 동탁을 죽여 원씨 일가의 복수를 해준 공이 있다며 자만했다. 휘하 군사들에게는 노략질을 허용했다.

여포를 환대했던 원술은 그런 여포가 마땅치 않았다. 마음이 불안한 여포는 하내태수 장양에게 갔다. 죽은 동탁의 부하 이각 등이 현상금을 걸고 여포를 찾자 여포는 장양에게 "우리는 동향인데 죽이지 말고 산 채로 넘겨야 더한 상을 받지 않겠느냐."고 돌려 말했다. 그러자 장양은 여포를 넘기지 않고 보호해줬다.

여포는 193년 기주목 원소의 신세를 지고 있었다. 원소를 도와 상산국에서 흑산적 장연과 싸웠다. 장연의 정병은 수만 명이었고 기병 또한 수천 명이었다. 그럼에도 여포는 해자도 뛰어넘는 명마인 적토마를 타고 하루에도 서너 번씩 치고 빠지는 공격을 10여 일을 계속해 많은 적을 참수했다.

원소를 위해 공을 세웠다고 자만한 여포는 원소에게 군사 증원을 요청하고 부하들은 흉포한 노략질을 벌였다. 원소는 그런 여포가 우환거리로 생각되었다. 심상치 않은 분위기를 감지한 여포는 낙양으로 떠난다고 했다. 원소는 임의로 사례교위를 내려주고 장사 30명으로 배웅했다. 하지만 이는 암살하려는 것이었다. 여포는 이런 상황을 눈치챘다. 다른 사람에게 군막 안에서 쟁을 켜게 하는 위장술로 몰래 빠져나갔다. 장사들이 밤중에 난입했지만, 여포는 이미 피신한 뒤였다. 원소가 뒤늦게 보낸 추격병들은 여포의 무용을 두려워하여 가까이 접근하지 못했다. 원소는 다시 장양에게 의지했다. 이각 등이 여포를 회유하며 영천태수를 주었다.

194년(흥평 원년) 조조가 서주목 도겸을 공격했다. 조조가 연주를 비운 사이 진류태수 장막이 진궁의 조언에 따라 반기를 들고 여포를 연주목으로 추대했다. 여포는 동군 복양현濮陽縣으로 들어갔다. 이를 알고 급히 회군한 조조를 상대로 100여 일을 버티며 선전했다. 하지만 황충蝗蟲(메뚜기)이 덮쳐 식량이 고갈되면서 전쟁을 끝내지 못했다.

조조는 본거지인 제음군 견성현鄄城縣으로 물러나 주 전체의 수복을 꾀했다. 여포가 승씨현乘氏縣을 공격했다. 하지만 이진李進에게 저지당해 산양군으로 이동했다.

195년에는 거야현鉅野縣을 수비하던 설란과 이봉을 구원하는데도 실패했다. 만여 명을 동원하여 진궁과 함께 편 역공도 복병에 의해 패했다. 여포는 결국 제음군 정도현定陶縣이 무너지면서 여러 현들을 잃었다. 장막과 같이 유비에게 투항해 의탁했다.

도겸이 죽은 뒤 유비가 그 뒤를 이었을 때였다. 여포와 함께했던 장막은 원술에게 도움을 요청하러 가던 도중 수하에게 살해당했다.

유비에게 의탁하던 여포는 서주에서 재기했다. 196년(건안 원년) 하비국의 우이현盱眙縣과 회음현淮陰縣 일대에서 회수를 끼고 유비와 다투던 원술이 연합작전을 제의해 왔다. 여포는 흔쾌히 응해 하비성을 습격했다. 하비는 장비와 하비상 조표가 방비하고 있었다. 장비는 유표의 옛 장수인 조표를 죽이려 했다. 그런데 이를 먼저 눈치챈 조표가 여포에게 성문을 열어줘 쉽게 점령했다.

유비는 여포와 원술 가운데에 사면초가四面楚歌가 되어 광릉군 해서현海西縣으로 패주했다. 굶주림을 견디다 못해 여포에게 귀의했다. 원술이 군량 조달 약속을 지키지 않았던 때라 유비를 소패小沛에 주둔하게 하고 스스로 서주자사 내지 서주목이라 칭했다. 여포와 유비가 형세에 따른 이익을 놓고 배신을 주고받던 때였다.

6월 하내 사람 학맹이 밤중에 반란을 일으켜 하비의 관아를 습격했다. 여포는 군장도 갖추지 못하고 허겁지겁 휘하 장수인 고순에게 갔다. 고순은 학맹을 쫓아냈다. 자신의 진영으로 도망친 학맹은 그의 부장 조성에게 팔이 잘리고 고순에게 참수를 당했다. 조성은 원술이 반란의 배후이며 진궁도 공모했다고 진술했다. 그 자리에 있던 진궁이 얼굴을 붉혔지만, 여포는 내칠 수 없는 장수라서 불문에 부쳤다. 조성에게는 보상과 더불어 학맹의 진영을 맡겼다.

원술이 기령을 시켜 3만 명으로 유비를 완전히 정벌하려 했다. 유비가 여포에게 구원을 청했다. 여포의 부하들은 원술의 손을 빌려 유비를 멸망시키자고 했다. 하지만 여포는 "원술이 유비를 잡으면 북쪽의 장패, 손관 등과 연계하여 우리를 포위하는 형국이 될 수 있다."며 보병과 기병 천여 명만 데리고 가서 중재했다.

기령과 유비 사이에 자리를 만들었다. 자신은 싸움이 아니라 화해시키는 것을 좋아한다며 영문을 지키는 무관에게 극을 세우게 한 뒤 자신이 활을 쏴 옆에 달린 날(소지小支, 호胡)을 맞히면 모두 화해하고 못 맞히면 싸워서 결말을 보라고 했다. 여포는 극의 날을 정확히 맞혔다. 장수들은 여포의 무용을 보며 경탄했다.

이후 유비가 소패에서 만여 명을 모으는 등 병력이 늘어나자 소패에서 내쫓았다. 유비는 세력을 이끌고 조조에게 의탁했다.

여포와 유비의 관계는 서로를 배신하는 사이였다. 여포는 유비 휘하의 조표의 반란에 호응하여 서주성을 차지했다. 그 뒤 유비가 주둔지를 잃고 떠돌 위기에서 구해주고 다시 소패성에 주둔하게 했다. 또한, 유비가 조조에게 쫓겨 처자식을 버리고 도망갔을 때에도 유비의 처자식을 극진히 보살펴 줬다.

그런데도 여포가 조조에게 토벌될 때 유비는 조조의 편에 섰다. 조조가 여포를 받아들일 것을 염려하여 조조로 하여금 여포를 죽이도록 설득했다.

유비의 네 번째 배신은 조조에 대한 배신이다. 유비가 여포에게 소패성에서 쫓겨났을 때 유비를 받아 준 것은 조조였다. 그러나 유비는 결국 조조가 임명한 서주자사 차주車冑를 죽이고 서주를 취하는 배신을 한다.

조조가 유비를 받아들인 것은 일석삼조一石三鳥의 계획에 의해서였다. 유비는 여포와 원술과 싸운 적이 있었다. 서주의 지리를 잘 알고 있었다. 서주 백성의 민심도 얻고 있었다. 조조는 이런 유비가 여포와 원술 제거에 필요했다.

유비는 먼저 조조를 도와 여포를 제거했다. 여포를 제거한 이후에는 원술을 제거하기 위해 노력했다. 회남의 원술은 조조가 여포를 제거하자 곤경에 처하게 됐다.

원술은 황제를 칭한 후 2년도 채 지나지 않아 음탕하고 낭비가 심해졌다. 수백 명의 첩은 모두 비단옷을 입고 곡식과 고기는 남아돌았다. 하지만 아랫사람들은 굶주렸다. 그의 곳간은 텅 비게 되었다. 회남에서 지내기가 어려워지자 첨산灊山에 있는 부장 뇌박雷薄과 진란陳蘭에게 의탁하려 했다. 그러나 거절당했다. 할 수 없이 북쪽의 원소에게 의탁하려 했다. 원소와 원술은 사이가 좋지 않았지만 그래도 한 집안사람이었다.

조조는 두 원씨가 합치는 것을 원치 않았다. 유비가 먼저 원술을 치겠다고 나섰다. 조조는 주령과 함께 좌장군의 기치를 내걸고 서주로 가도록 했다. 조조는 유비가 자신을 떠날 수도 있는데 조금도 의심하지 않았다. 유비는 조조의 손아귀에서 벗어날 수 있었다. 유비는 원술을 성공적으로 저지했다. 원소에게 갈 수 없었던 원술은 다시 수춘으로 돌아가는 길에 피를 토하며 죽었다. 유비는 원술 제거의 기회를 빌려 조조의 통제로부터 벗어나 다시 서주로 돌아갈 수 있었다. 조조에 대한 배신이었다.

유비는 허도에 있으면서 조조를 죽일 계획에 참여했다. 그런데 아무래도 마음이 찜찜하고 걱정이 되었다. 헌제의 장인 동승이 계획한 의대衣帶 밀서 사건이었다. 장수교위 충집, 장군 오자란, 마등, 왕자

복 등이었다. 유비는 참여자가 많고 일의 치밀성이 부족하여 비밀 엄수가 염려되었다. 그런 걱정은 현실이 되었다. 유비가 떠난 지 얼마 되지 않아 계획이 탄로 났다. 참여자 모두 멸문의 화를 당했다.

조조는 유비가 원술을 공격하러 떠나기 전에 죽일 수 있었다. 모사 정욱과 곽가, 동소가 유비에게 군사를 줘 서주로 보내는 것을 반대했다. 그들은 조조를 설득했다. "유비에게 군사를 빌려주면 반드시 다른 마음을 품게 될 것이다."고 했다.

조조는 유비가 서주로 떠난 뒤 의대 밀서 사건의 명단에 유비가 있는 것을 알게 되자 대군을 이끌고 서주로 달려갔다. 조조가 후회하며 유비를 추격했지만 죽이지 못했다.

유비는 조조가 임명한 서주자사 차주車冑를 죽이고 서주 하비국을 점거하여 서주를 되찾았다. 조조는 유비의 배신을 응징하기 위해 유대劉岱와 왕충王忠을 보내 공격했다. 하지만 두 장수는 유비의 상대가 되지 못했다.

당시 조조는 원소와 싸움을 준비하고 있었다. 유비는 조조가 가까이 있는 원소를 놔두고 멀리 떨어져 있는 자신과 싸우지 않을 것으로 봤다. 그러나 유비는 조조의 전략을 간파하지 못했다. 조조는 유비의 이런 심리를 이용했다. 군사를 관도에 보내 지키게 하고 자신이 직접 군사를 이끌고 서주로 향했다. 유비는 조조가 왔다는 사실이 믿기지 않았다. 조조의 대장기를 본 유비는 싸움의 전의를 상실했다. 다급한 유비는 원소에게 구원을 요청했다. 조조의 출병으로 허도가 비었으니 그곳을 공격하자는 것이었다.

그런데 원소는 어린 아들이 아프다는 이유로 거절했다. 결국, 유비는 가진 것을 모두 잃고 원소에게 갔다.

서주성에 근거지를 마련하려던 유비의 계획은 실패했다. 원소가 도와주지 않았고 조조가 침공했기 때문이다. 유비는 장비와 함께 조조의 영채를 선제공격했지만 무참히 패했다. 장비는 망탕산으로 도망쳤다. 유비는 원소를 만날 계획으로 청주로 이동했다. 제 한 몸 살겠다고 가족을 버리고 도망쳤다. 하비성을 지키던 관우는 조조가 쳐들어온다는 소식을 듣고 싸움을 멈추고 항복을 결심한다. 싸움에서 패한 유비는 관우 장비와도 헤어지는 참담한 신세가 되었다.

『삼국지연의』에서 관우가 토산에서 조조에게 세 가지를 약속받고 항복했다는 것은 이 전투에서 패한 뒤의 일이다. 첫째 조조에게 항복하는 게 아니라 조정에 항복하는 것이다. 둘째 미부인과 감부인 두 형수님을 잘 모셔야 한다. 셋째 유비가 어디에 있는지 알게 되면 언제든지 떠나겠다는 것은 한나라에 항복한 것이지 조조에게 항복한 것이 아니라는 것이다.

관우가 조조에게 항복한 일은 사실이다. 「촉서」 '관우전'에는 "건안 5년(200년) 조조가 동쪽 지역 정벌에 나서자 유비는 원소에게 달려갔다. 조조는 관우를 사로잡아 돌아왔으며 그를 편장군에 임명하고 매우 후하게 대접했다."고 했다.

유비의 다섯 번째 배신은 원소에 대한 배신이다. 원소는 유비가 서주에서 조조에게 패한 뒤 갈 곳이 없을 때 받아줬다. 조조 공략을 준비하던 원소는 유비를 환대했다. 예전에 청주에서 격렬한 전투를 벌인 적이 있지만, 공동의 적인 강한 조조를 둔 입장에서 과거는 문제 삼지 않았다.

원소는 기주와 청주, 유주, 병주를 차지하고 있었다. 전풍, 심배, 저수, 곽도 등 모사와 안량, 문추, 장합 등 장수를 거느려 세력이 조조보다 앞섰다. 유비는 서주전투의 패잔병을 추슬러 원소 진영에 미약한 군사로 가담했다.

원소가 유비를 받아들이고 후대한 이유는 나름 명분이 있었다. 헌제의 친위 쿠데타였던 동승 사건에 가담한 유일한 생존자였다. 헌제가 반란의 주체였고 임신 중이던 동귀비를 포함하여 700여 명이나 역적 혐의로 살해당했다. 주요 가담자로서 생존한 유비는 명분에 부합하는 인물이었다. 천자를 속박하는 조조를 역적으로 몰아세울 수 있었다.

200년(건안 5년) 원소와 조조는 진영의 운명을 놓고 일대 격전을 벌였다. 원소의 11만 대군의 위용은 찬란했다. 허도를 목표로 조조를 공격했다. 조조도 군대를 이끌고 관도에서 원소를 맞았다.

원소는 "안량顔良은 편협하여 지휘권과 재량권을 줘서는 안 된다."는 저수沮授의 만류를 무시했다. 안량에게 곽도郭圖와 순우경淳于瓊를 딸려 보냈다. 공격 목표는 조조 휘하의 동군 태수 유연劉延이 지키는 백마진이었다.

하북의 맹장 안량은 백마에 나타났다. 8척(240cm) 남짓의 키에 짙은 눈썹과 오랑이 눈에 금갑을 걸치고 75근(45kg) 정도의 금배감산도를 들고 있었다.

백마를 지키던 조조군의 유연은 공격하지 못했다. 성을 방어하는 데 안간힘을 썼다. 안량이 백마성을 무너뜨리려는 순간 척후병이 첩보를 전했다. 조조의 대군이 멀지 않은 곳에 도착해 있다는 것이었다. 안량은 조조의 진군 속도에 놀랐다. 며칠 전까지만 해도 조조는 멀리 떨어진 연진에서 도하 준비 중이라는 소식을 들었는데 생각보다 일찍 왔기 때문이다.

백마 공격은 잠시 미루고 조조를 맞으러 갔다. 10여 리쯤(4km) 갔을 때 조조의 선봉 부대와 마주쳤다. 정예기병으로 무장한 조조의 선봉 부대의 깃발에는 관關자가 선명히 드러났다. 적토마를 탄 관우였다. 조조는 선봉장에 관우와 관우의 친구로서 호흡이 잘 맞는 장료를 내 보냈다. 관우는 멀리서 안량의 수레에 딸린 대장기를 보고 말을 몰아 쏜살같이 달려 나갔다. 많은 병사들 사이에서 안량을 찌르고 수급을 베어 돌아왔다. 안량이 창졸간에 관우에게 당하자 원소 진영에서 더 이상 관우를 대적할 장수가 없었다.

관우는 이 전투의 전공으로 한수정후漢壽亭侯라는 관직을 받았다. 원소 진영에 있는 유비는 안량이 관우에게 죽자 내심 불안했다. 하지만 원소는 내색하지 않았다. 유비의 충성심과 전투력을 시험했다. 하북의 두 번째 맹장인 문추가 선봉대를 유비와 함께 이끌며 조조의 선봉기병을 대항하도록 했다.

그런데 유비는 문추가 용맹하지만, 지모가 부족하다는 것을 알았다. 문추의 부대를 앞장서게 하고 자신은 뒤에서 따라가기로 했다.

조조는 문추를 유인했다. 병력도 분산시켜 원소군을 대파시키면서 문추를 죽였다. 문추가 죽자 군사들은 흩어졌다. 유비 또한 상황이 좋지 않자 곧바로 철수했다. 철수한 유비는 허도의 후방을 공격했다. 원소는 유비에게 군을 이끌고 유벽을 돕게 했다. 유비가 여남과 영 사이를 공략하자 허도 이남의 관리와 백성들이 불안해했다. 조조는 조인에게 기병을 거느리고 유비를 공격하게 했다. 조인은 유비를 패주시키고 배반했던 현을 모두 수복했다.

조인에게 패한 유비는 원소 곁에 남았다. 원소와 조조가 겨루는 관도대전이 한창 무르익고 있을 때였다. 유비는 원소의 맹장 안량과 문추가 죽고 원소가 저수와 전풍이 낸 책략을 채택하지 않은 것을 안 후 원소의 패전을 예측했다. 원소의 군영에 남아있다가는 죽을 수 있다는 판단에 따라 원소에게서 벗어날 궁리를 했다. 원소에 대한 배신이었다.

원소에게 남쪽으로 가서 형주목 유표와 연합할 것을 제안했다. 원소는 허락했다. 유비는 자신의 군사들을 이끌고 다시 여남에 이르렀다. 이때 유비는 황건적 무리인 공도龔都(?~201년 후한 말 황건적의 장수) 등과 합쳐 군사 수가 수천 명에 이르렀다.

유비가 여남에 다시 도착하자 조조는 채양蔡陽을 보내 싸우게 했다. 유비는 채양의 목을 베고 격퇴시켰다. 이 전투에서 관우와 조운은 중요한 역할을 했다.

관우는 조조의 지극한 구애에도 불구하고 백마전투에서 안량을 죽인 뒤 은혜를 갚았다고 생각했는지 유비에게 돌아와 있었다. 조운은 유비가 원소에게 갔을 때 업鄴에서 만났다. 이때 조운은 하북에서 은거 중이었다. 두 사람이 서로 안 것은 공손찬 휘하에 있을 때였다. 당시 유비와 조운은 돈독한 정을 나누었다. 조운을 다시 만난 유비는 조운에게 기병을 모집하라는 특별한 임무를 줬다. 수백 명을 모집한 조운은 이들을 모두 유좌장군의 부곡이라 칭했다. 조운이 조직한 기병 부대는 원소가 알지 못한 비밀 부대였다. 유비는 이들을 데리고 여남으로 갔다.

유비는 관우 장비 조운과 비밀 부대를 거느리고 여남에 가서 채양을 밴 후 계속 남쪽으로 내려갔다. 201년 유비는 마침내 우여곡절을 극복하고 형주에 도착했다.

유비의 여섯 번째 배신은 형주의 유표였다. 201년 조조의 중원 점령은 천하 영웅들의 판도를 새로 짜는 계기가 되었다. 모두 조조에게 투항이냐 아니면 저항이냐를 놓고 선택해야 했다. 동쪽의 여포와 원술은 조조에 의해 멸망했다. 공손찬을 흡수한 북쪽의 원소도 멸망되었다. 반면 서쪽에 마등과 유장이 남았고, 남쪽에는 유표와 손권이 남았다. 이중 조조와 일전을 치를 수 있는 세력은 유표와 손권이었다.

유비와 유표는 특별한 인연이 없었다. 하지만 유비가 황가의 일원이었고 원술과 여포와 조조와 대결한 전력이 있었기 때문에 어느 정도 역할을 인정받았다.

유비는 유표에게 손건과 미축을 선발대로 보냈다. 같은 황실 종친으로서 간적 조조를 물리치기 위해 연합하자고 했다. 유표는 국경을 지키며 백성을 편안하게 할 수 있다는 말에 관심을 갖기 시작했다. 책사인 괴월과 한승 그리고 채모는 유비를 경계했다.

그러나 유표는 조조로부터 군사적 위협을 느끼고 있던 상황이라 형주의 최전방인 신야현에 유비를 머무르게 했다. 유비는 자신의 군대를 거느리고 조그마한 신야현에 주둔했다. 유표에게 의탁하게 됐다. 유표는 유비에게 군사까지 보태 줬다. 신야현에서 북쪽 500리 (200km) 떨어진 허도의 상황을 잘 주시하고 방비하라는 의도였다.

유표가 유비에게 신야현을 내 준 것은 두 사람의 이해가 일치된 결과였다. 유비는 쉬면서 힘을 비축할 근거지가 필요했고, 유표는 북쪽으로 조조를 경계하고 감시할 사람이 필요했다. 자신을 도와 조조의 침략을 효과적으로 막아낼 원군이 필요했던 것이다. 이전에는 외부 원군의 역할을 장수가 해줬다. 그런데 장수가 조조에게 투항한 이후에는 그 역할을 대신할 사람이 없었다.

두 사람은 서로 다른 필요에 의해 하나가 되었다. 하지만 마음까지 하나가 된 것은 아니었다. 각자 다른 마음이었다. 겉으로는 한실 종친으로서 한실부흥을 주장했다. 중앙정부를 받들고 지방을 평안하게 다스린다는 기치를 내세워 표면적으로는 사이가 좋은 듯이 보였다.

하지만 유비가 먼저 본심을 드러내면서 유표도 본심을 감추지 못했다. 유비는 군사를 증강하고 천하의 영웅들과 사귀면서 민심을 얻기 시작했다. 이를 본 유표는 마음이 편치 않았다. 경계를 드러내기 시작했다. 또한, 형주의 토호 세력들도 그런 유비를 탐탁하게 여기지 않았다. 세력이 커지는 유비에게 위협을 느껴 언제든지 유비를 죽이려고 했다.

유비는 처음에는 자신의 목표를 향해 달려가다 보니 그 위험이 어느 정도인지 잘 몰랐다. 그런데 마도단계馬跳檀溪 사건 이후 심각함을 뼈저리게 느꼈다.

어느 날 유표가 유비를 주연에 초대했다. 유비는 즐거운 마음으로 참석했다. 그런데 형주의 호족들과 유표의 문무 핵심 참모인 괴월蒯越과 채모蔡瑁는 유비를 처음부터 꺼렸다. 그들은 유비가 세력을 키워 형주를 차지할 것으로 판단하고 주연酒宴을 기회로 유비를 죽일 준비를 하고 있었다. 주연의 분위기가 이상함을 눈치챈 유비는 화장실에 다녀오겠다며 후원의 담장을 넘어 달아났다.

유비를 태운 적로마的盧馬가 어렵게 양양성 서문을 빠져나오자 단계천이라는 강이 가로막고 있었다. 유비의 처지는 사면초가였다. 앞에는 큰 강이 있고 뒤에는 채모의 군사들이 추격해 왔다. 조금이라도 망설이면 죽을 판이었다. 다급한 유비는 적로마의 엉덩이를 세차게 걷어차며 말고삐를 움켜쥐었다. 적로마는 평소와 다르게 유비가 죽을 고비에서 세장丈(9m)을 뛰어올랐다. 추격병은 유비가 강을 중간쯤 건너고 있을 때 도착했다. 유비는 무사히 단계를 벗어날 수 있었다.

일곱 번째는 손권에 대한 배신이다. 유비가 조조에게 쫓겨 다급할 때 손권과 연합전선을 이뤄 적벽대전이라는 쾌거를 이뤄낸다. 하지만 그 전쟁의 전리품인 형주는 유비가 차지하게 된다.

『삼국지』에서 적벽대전에 대한 기록은 매우 간략하다. 『삼국지』의 「위서」 '무제기'에서는 "조조는 적벽에 도착해 유비와 싸웠지만, 형세가 불리했다. 이때 역병이 유행해 관리와 병사가 많이 죽었다. 그래서 조조는 군대를 되돌리고, 유비는 형주와 강남의 여러 군을 차지하게 되었다."로 적고 있다.

'선주(유비)전'에서는 "손권은 주유와 정보程普 등 수군 수만을 보내 선주(유비)와 힘을 합쳐 조공과 적벽에서 싸워 크게 이겨 그 배를 불태웠다."고 적고 '제갈량전'에서는 "손권은 크게 기뻐하며 즉시 주유, 정보, 노숙 등 수군 삼만을 보내 제갈량을 따라 선주를 뵙고 힘을 합해 조공(조조)에 대항하였다. 조공은 적벽에서 패해 군대를 이끌고 업으로 돌아갔다."고 적고 '주유전'에서는 "주유와 정보를 보내 선주와 힘을 합쳐 조공과 맞서 적벽에서 조우하였다. 그때 조공의 군대에는 이미 질병이 퍼져 있어 처음 교전하자 조공의 군대가 패퇴하여 강북으로 후퇴하였다."고 적고 '오주전'에서는 "주유와 정보가 좌·우독이 되어 각각 1만 명을 거느리고 유비와 함께 진격하였는데 적벽에서 조조군을 만나 그들을 크게 격파했다. 조공이 남은 함선을 불태우고 병사를 이끌고 퇴각했다."고 적었다.

또한 '정황한장주진동감영수번정전'에서는 "정보와 주유가 좌·우독이 되어 조공을 오림鳥林에서 물리쳤다."고 적고 있다.

조조는 205년 남피전투에서 원담을 206년 호관전투에서 고간을 207년 유성전투에서 오환과 원상의 연합군을 무찌르고 원상을 멸망시켰다. 원씨 일가의 세력권이던 기주, 청주, 병주, 유주를 손에 넣고 오환의 세력을 크게 약화시켜 하남과 하북의 패권도 확립했다. 승상에 오른 조조는 통일의 의지가 발동됐다.

208년 여름부터 본격적으로 남진을 개시했다. 병사한 유표의 뒤를 이어 형주목으로 옹립된 유종은 조조에게 항복했다. 유비는 한수 북부를 포기하고 강릉으로 향했다. 그러나 따르던 피난민들의 속도가 느려 조조군의 기병에게 당양에서 따라잡혔다. 위기에 빠졌다. 유비는 가까스로 한진에서 수로를 따라 하구에 주둔하는 유기에게 피신했다.

적대적 관계였던 유기와 손권은 조조의 남진에 적대 행위를 중지했다. 손권은 주유, 노숙, 정보 등의 의견을 받아들여 유비, 유기 등과 연합해 조조에게 맞서기로 했다.

손권으로서는 선친인 손견을 죽음으로 몰아간 유표의 세력과 동맹 관계를 맺는 것은 매우 파격적인 일이었다. 이는 유기에게 의탁한 유비와 손권의 연합이 싹튼 계기였다.

조조는 유종의 항복과 유비의 피신으로 형주 전역을 장악했다. 강릉에 주둔하며 수군이 보강되길 기다렸다. 군사도 보병을 나누어 수병으로 재편성했다. 조조군의 대다수가 수전에 익숙하지 않았다. 따라서 항복을 받은 뒤 새로 편입한 형주의 수군과 함께 수전 훈련을 시켰다. 배도 중량이 큰 함선으로 대량 건조시켰다. 군사들의 뱃멀미를 막기 위해 배들을 튼튼한 쇠고리를 종횡으로 연결해 흔들림을 낮추었다. 또한, 그 위에 널빤지를 깔아 배에서 배로 움직일 수 있도록 했다.

이처럼 철저한 준비에도 불구하고 조조군은 고전했다. 익숙하지 못한 풍토와 여름 기후 그리고 강릉에서 주둔지인 오림까지의 늪지대에서 발생한 역병으로 문제가 많았다.

전투에서도 손권의 수군이 강 위에서는 우세하다는 것이 판명되었다. 조조는 우위를 확보할 때까지는 장강 북안에 포진한 채 기다리는 전략을 취했다.

유비는 하구에서 좀 더 하류에 위치한 번구에 자리 잡았다. 두터운 신뢰를 보냈던 유기가 병약한 관계로 그에게서 군무를 사실상 위임받았다. 이후 유비는 제갈량을 손권에게 보냈다. 손권과 동맹을 맺고 주유와 같이 적벽대전에 참가하게 된다.

손권은 주유를 도독, 정보를 부도독으로 임명해 군의 지휘를 일임했다. 자신은 시상에 주둔했다. 주유는 함대를 이끌고 하구를 지나 조조의 수군을 마주 보는 형태로 장강 남안에 포진했다. 조조의 수군은 소극적인 자세로 일관했다. 주유도 조조의 함대를 일시에 격파할 만한 기회를 노렸다. 양 진영은 대규모 충돌 없이 208년 말에 접어들었다.

전투 결과는 오촉동맹의 승리였다. 유비와 손권은 조조의 함대를 불태웠다. 조조는 역병 등 불리한 여러 상황으로 물러났다. 사전에 퇴로를 만든 까닭에 큰 피해 없이 안전하게 물러날 수 있었다. 적벽대전은 그렇게 큰 싸움이 아니었다.

'황개전'에 의하면 "주유를 따라 적벽에서 조공을 막을 때 화공을 펼 꾀를 짰다."라고만 나온다. 첫 싸움에서 조조의 군대는 패하여 장강 북쪽에 머물렀다. 주유 등은 남쪽 강가에 있었다. 주유의 부장 황개가 말했다.

"지금 적군은 많고 우리는 적기 때문에 오랜 시간 싸우는 것은 불리합니다. 하지만 제가 보기에 조조군의 배는 앞뒤가 서로 이어져 있으므로 불을 질러 달아나게 할 수 있습니다."

주유는 황개의 의견을 받아들였다. 수십 척의 배에 풀을 가득 싣고 그 가운데에 기름을 붓고 위에 아기를 세웠다. 그리고 먼저 편지를 써서 조조에게 항복한다고 알렸다.

날랜 배를 미리 준비하여 각각 큰 배의 뒤에 매고 순서대로 나란히 나아갔다. 황개는 여러 배를 풀어 동시에 불을 질렀다. 당시 바람이 매우 사나웠다. 강가의 조조 진영에까지 불길이 번졌다. 조조는 조인 등을 남겨 강릉을 지키도록 하고 자신은 곧장 북쪽으로 달아났다.

「주유전」에 나오는 적벽대전의 내용이다. 「무제기(조조)전」에서는 조조의 정예병은 피해를 입지 않고 피해를 받은 병사들은 형주(유표)의 병사들이었다고 한다. 조조는 스스로 자신의 진영에 불을 지르고 물러났다고 기록되어 있다.

적벽대전의 대패로 원정을 계속하기 어렵게 된 조조는 형주를 떠나 조인과 서황에게 남군을 맡기고 자신은 허창으로 귀환했다. 유비와 주유·정보의 연합군은 남군까지 진격해 조조군과 싸웠다.

209년(건안 14년) 조인이 성을 버리고 달아났다. 마침내 주유는 남군을 손에 넣었다. 손권은 주유를 남군태수로 임명했다. 한편 유비는 남쪽으로 진격하여 무릉, 장사, 계양, 영릉 4군 태수의 항복을 받았다. 조조는 쉽게 점령했던 옛 유표령 형주의 남반부를 잃고 강하군 북부와 양양 이북만을 유지했다. 나머지 땅은 손권과 유비의 손에 넘어갔다.

손권은 주유에게 형주 공격을 맡기고 자신은 대군으로 합비를 공격했다. 조조는 장희張憙에게 기병 1천을 딸려서 합비로 보냈다. 그런데 장제가 4만 대군을 파견했다는 거짓 문서를 만들어서 합비성으로 보냈다. 이 소식이 합비성과 손권군 양측에 전해지자, 손권은 이를 믿고 진영을 불태우고 달아났다. 합비성은 무사했다.

유비의 여덟 번째는 배신은 유장에 대한 배신이다. 종친이라는 구실로 유장을 도와주러 갔다가 결국에는 유장의 익주를 빼앗았다.

유장劉璋(?~?)은 후한 말의 정치가로 자는 계옥季玉이며 형주 강하군 경릉현竟陵縣 출신이다. 전한 경제의 후손이자 익주목 유언의 4남이다. 유언 사후 익주를 통치했다.

유장은 적벽대전에서 패한 승상 겸 기주목 조조와 단절하고 형주목 유비를 가까이했다. 익주를 넘보는 조조보다 먼저 한녕태수 장로를 공략하려 유비를 불러들였다.

그러나 유비에게 배신당하고 익주를 빼앗겼다. 말년은 형주에서 지내다가 이를 점령한 손권에 의해 다시 익주목으로 세워졌다.

유장은 조조가 형주를 공격한다는 말에 하내군 출신 음부陰溥를 사신으로 보냈다. 조조는 유장에게 익주목에 진위장군을 얹어 주었다. 유장은 별가종사別駕從事 장숙을 파견하여 수병叟兵 300명과 어물御物을 바쳤다. 208년에는 다시 별가 장송을 파견했다.

하지만 조조는 이미 형주까지 평정한 상태라 장송을 대우하는데 성의를 다하지 않았다. 장송은 불만을 품었다. 그즈음 조조가 적벽대전에서 깨졌다. 장송은 유장에게 조조보다는 유비와의 통교를 권했다. 유장은 조조와 관계를 끊고 법정을 유비에게 보냈다. 통교가 이뤄졌다. 유장은 법정과 맹달을 통해 유비에게 병사 수천 명도 지원해줬다. 전후로 많은 선물도 건넸다.

211년 조조가 한녕태수 장로를 정벌하려 하자 유장은 두려워하며 그 대책을 논의했다. 장송은 "조조군은 천하무적입니다. 장로의 자원을 이용해 촉을 경략한다면 누가 막을 수 있겠습니까. 유비는 유장의 종실이고 조조의 오래된 원수이며 용병도 잘합니다. 유비라면 장로를 틀림없이 물리칠 것이고 그렇다면 익주는 강성해져 조조라고 해도 할 수 있는 게 없을 겁니다. 지금 방희, 이이 등은 자신의 공을 믿어 교만하고 그 마음도 외부 세력에 기운 것 같습니다. 유비를 부르지 않는다면 안팎에서 어려운 난을 접해 패할 것입니다."라고 했다.

반면 주부主簿 황권은 "유비는 효명驍名(무용武勇이 뛰어나 알려진 이름)이 있습니다. 부곡으로 대하면 만족하지 않을 것이고, 빈객으로 대하자니 일국에 두 주인은 용납되지 않습니다."라며 반대했다. 종사 왕루는 성문에 거꾸로 매달려가면서까지 반대했다.

그런데도 유장은 법정을 시켜 유비를 불러들였다. 사실 익주를 다른 이에게 넘길 모의를 한 것은 장송과 법정이었고 그 대상은 유비였다. 유비 또한 익주를 탈취할 목적에서 유장의 요청에 응했다.

유비는 보병 수만 명을 거느리고 출발했다. 형주에서부터 파군 강주현과 점강현墊江縣을 거쳐 광한군 부현涪縣에 이르렀다. 유장은 유비의 경유지마다 최대한의 편의를 제공했다. 유비가 타지에 입경하는 게 아니라 적군을 무찌르고 귀국하는 것과 같았다.

유장은 직접 보병과 기병 3만여 명을 이끌고 마중 나갔다. 환영행사도 백여 일간 베풀었다. 뿐만 아니라 유비를 행대사마 영사례교위로 추천했다. 유비는 유장을 행진서대장군行鎭西大將軍 영익주목으로 추천했다. 장로 정복을 위해 많은 병력과 쌀 20만 곡斛, 기마 천필, 수레 천 승, 각종 비단도 지원해 줬다. 덕분에 유비군은 총 3만여 명으로 증원됐고 출전 준비 상태도 훌륭해졌다. 백수군白水軍도 유비의 지휘를 받게 했다.

그런데 유비는 가맹현葭萌縣에 주둔한 이후 211년부터 212년까지 장로를 공격하는 시늉만 했다. 북진은 하지 않고 민심을 얻는 일에만 주력했다.

212년 조조가 손권의 동오를 치려고 했다. 유비는 유장에게 손권을 돕겠다고 말했다. 동쪽으로 돌아가겠다며 군사 1만 명과 군비를 요구했다. 유장은 군사 4천 명을 내주며 나머지 요구사항은 절반씩만 주었다. 이에 유비는 "우리는 먼 길을 떠나와 고생하는데 유장은 재물을 쌓아두고 포상에 인색하다."고 했다.

그런데 그즈음 광한태수 장숙이 동생 장송의 음모를 고발했다. 그때야 유장은 장송을 참하고 유비에게 가는 모든 길을 차단했다. 유비는 백수군독 양회와 고패를 베어 그 무리를 흡수한 뒤 황충과 탁응을 앞세워 남진했다. 상황이 이렇게 되자 유장은 유비의 모략에 속은 것을 뒤늦게 알고 유비와 전쟁을 시작했다.

유장은 유비와의 전쟁에서 패착을 선택했다. 전선은 차츰 붕괴되어 갔다. 212년 유비가 양회楊懷와 고패高沛를 죽이고 익주를 공격하자 213년 정탁은 유비군이 본거지에서 멀리 떠나왔고 군사물자가 별로 없는 것을 이용해 파서巴西와 자동梓潼의 백성들을 옮기고 성 바깥의 곡식을 불태운 다음 농성할 것을 제안했다.

그러나 유장은 "적을 막아 백성을 편안히 한다고는 들어봤어도 백성을 움직여 적을 피한다고는 들어보지 못했다."며 백성들을 괴롭게 한다는 이유로 정탁의 제안을 받아들이지 않았다.

유괴와 냉포, 장임, 등현, 오의(오일) 등을 부현으로 보내 유비를 막게 했다. 하지만 패해 면죽으로 물러났다. 면죽현령 비시와 성도에서 면죽으로 증파한 이엄, 비관은 유비에게 투항했다. 부금扶禁과 상존向存 등은 낭수閬水를 타고 올라가 가맹성을 점거하려 했다.

하지만 곽준의 수비에 부딪혔다. 유괴, 장임, 그리고 유장의 아들 유순은 낙현雒縣에 모여 저항했다. 유비는 낙성으로 진군했다. 한편 형주에서 대기하던 제갈량과 장비, 조운 등은 장강을 거슬러 올라왔다. 파동군 등 익주의 각 군현을 공략하기 시작했다.

거듭 패하던 유장은 214년 낙성마저 1년 만에 함락되고 성도가 포위당했다. 서진하던 형주군은 강주에서 갈라져 장비는 파서군 방면으로, 조운은 강양군과 건위군 방면으로 나아가 성도의 유비군에 합류했다. 장로한테 의탁하고 있던 마초까지 유비의 휘하로 들어가 성도를 압박했다.

성 안에는 정예병 3만 명과 1년은 버틸 식량과 의복이 있었다. 관리와 백성들도 결사 항전을 원했다. 하지만 유장은 "우리 부자가 익주에 20여 년을 있었지만, 백성들은 은덕을 입기는커녕 3년의 전쟁으로 살가죽만이 초야를 덮었다. 이게 다 유장 때문인데 어찌 마음이 편하겠는가."라고 했다.

유장은 유비에게 장예를 사자로 보냈다. 유장에 대한 예우와 남은 사람들의 안전을 약속받았다. 유비 측에선 유장과 두텁게 지내던 종사중랑 간옹을 보내왔다. 유장은 간옹과 같은 수레를 타고 나가 항복했다. 휘하에 울지 않는 사람이 없었다. 포위된 지 수십 일 만이었다. 유장의 거처는 남군에 위치한 공안公安으로 지정되었다. 재산과 진위장군 인수印綬는 돌려받았다. 219년(건안 24년) 손권이 형주를 탈환했다. 유장은 손권에 의해 다시 익주목이 되어 의도군 자귀현에 머물다 병으로 죽었다.

유장에 대한 유비의 배신은 지부작족知斧斫足(믿는 도끼에 발등 찍힌다는 뜻으로 믿는 사람에게서 배신당함) 이었다.

아홉 번째는 유봉에 대한 배신이다. 유봉劉封(?~220년)은 후한 말 유비 휘하의 장수이다. 친부는 나후羅侯인 구 씨寇氏이고 친모는 장사 유 씨劉氏이다. 유비에게 양자로 들어갔다. 무예가 뛰어나 여러 군공을 세웠다. 이후 맹달에게 상용을 빼앗긴 데다 유비 사후 위험한 인물로 지목받아 자살을 명 받았다.

유비는 남양군 신야현에 머물 때 뒤를 이을 아들이 없자 유봉을 입양했다. 그런데 207년(건안 12년) 유선이 태어났다. 유비가 익주를 놓고 유장과 전쟁을 벌일 무렵 20대였던 유봉은 제갈량, 장비 등과 장강을 거슬러 올라가 싸울 때마다 승리했다.

214년 익주가 평정되고 부군중랑장副軍中郎將에 임명되었다. 218년에는 한중공방전에 참가했다. 219년 조조가 용맹한 아들 조창과 대적시키려 했다. 하지만 조창이 한중에 도착하기 전에 조조가 퇴각하여 이뤄지지 않았다.

의도태수 맹달이 북진하여 방릉과 상용上庸을 공격했다. 유비는 맹달 혼자로는 힘들다는 생각에 유봉도 한중에서부터 면수沔水를 타고 내려가 지원하게 했다. 상용태수 신탐은 항복하여 그 자리를 유지하며 신변을 보장받았다. 그의 동생 신의도 서성태수에 임명되었다. 유봉은 이 공으로 부군장군에 올랐다.

관우가 번성樊城과 양양을 포위하고 유봉과 맹달에게 여러 번 증원군을 요청했다. 하지만 유봉과 맹달은 이제 막 점령한 군들을 동요시킬 수 없다며 거절했다. 그런데 관우가 패하여 죽는 바람에 유비는 이 일을 원망했다. 더구나 유봉은 맹달과 화합하지 못해 그 군악대를 뺏기도 했다.

220년 맹달은 관우를 돕지 않은 화가 미칠까 두려웠다. 또한, 유봉의 행위에도 화가 치밀어 유비에게 편지를 남긴 채 조위에 귀순했다.

조비가 헌제로부터 선양을 받은 뒤 하후상과 서황, 맹달이 상용으로 진격해왔다. 맹달이 유봉에게 "태자가 유선이 있는 마당에 유비의 친자도 아닌 이상 촉한에 남으면 처지가 위태롭다."며 투항을 권했다. 유봉은 거절하고 저항했다. 그런데 신의가 배반하여 성도로 패주했다.

유비는 맹달을 핍박한 것과 관우를 돕지 않은 것에 대해 유봉을 질책했다. 제갈량도 유비 사후 후환이 될 수 있다며 제거할 것을 권했다. 유비는 양자인 유봉에게 자살을 명령했다. 유봉은 죽으면서 지난날 맹달의 제의를 거절한 것을 후회했다. 유비는 눈물을 흘렸다.

유봉은 무예와 기력이 남달리 뛰어났다. 많은 공적도 쌓았다. 하지만 유비에게는 친자식인 유선이 왕위에 오르기 위해선 양자인 유봉이 걸림돌이 될 수도 있다는 것이 문제였다. 제갈량은 그 굳센 용맹으로 인해 유비 사후 유봉을 제어하기 어려울 것으로 봤다. 유비와 제갈량에게 유봉에 대한 부담감은 같았다.

결국, 관우를 지원하지 않았다는 이유로 참수했다. 하지만 유봉이 당시 관우를 지원하지 않은 것은 상용을 공략한 직후 백성들의 민심이 안정되지 않았기 때문이다. 관우를 원조하러 갔을 경우 다시 모반이 일어나 그 근거지를 잃을 수도 있었다. 그런데도 유선을 후계자로 세우기 위해 유비와 제갈량은 유봉을 죽였다.

『삼국지』의 저자 진수는 유봉은 불리한 상황에 처했으면서도 스스로를 지키는 데 생각이 부족했다고 평했다.

진수의 유봉에 대한 인물평과 관련하여 유봉이 유비의 뜻을 받들어 자살하면서 후회했다는 맹달의 투항 제의의 편지가 있다. 맹달은 관우를 돕지 않은 것이 화로 미칠 것을 염려하여 조위로 귀순하면서 유봉에게도 함께 가자고 했다.

유봉이 맹달에게서 받은 편지는 다음과 같다.

"옛사람들은 '사이가 멀면 친밀한 자들을 이간하지 못하고, 새로운 이는 예전부터 사귄 이보다 못하다'고 하였습니다만 이는 위도 현명하고 아래도 곧아야 가능한 일입니다. 충신으로서 공을 세워도 화를 입고 효자로서 인仁을 품어도 재앙에 빠지기도 합니다.

문종文種(춘추시대 월나라의 관료), 상앙(전국시대 진나라의 법가를 대표하는 정치가), 백기白起(전국시대 진나라秦의 장군), 효기孝己(상나라 고종의 아들), 백기伯奇(윤길보尹吉甫의 아들)가 그렇습니다. 이런 일이 생기는 이유는 혈육이 반목을 좋아하고 친친親親이 환난을 즐기기 때문이 아닙니다. 충신과 효자가 아무리 한결같아도 군주와 아비의 마음은 혹 떠나기도 하고 누군가 그 틈을 이간하기도 합니다.

권세와 이익을 위해 친척끼리도 원수가 되는 판에 하물며 친친도 아니라면 신생申生(진나라 헌공의 맏아들), 위의 급伋(춘추시대 위나라 15대 군주 선공의 아들), 어구禦寇(진 선공의 아들), 초의 건建(초나라 평왕의 아들)은 아예 정당한 후계자였음에도 쫓겨나 죽었습니다.

족하와 한중왕은 길에서 만난 사람일 뿐으로 혈육 관계도, 군신 관계도 아닌데 족하의 권세와 지위는 높습니다. 아두가 태자가 된 이래 식자들은 족하의 존재를 저어합니다. 신생이 사위士蔿의 말을 들었다면 반드시 오 태백(춘추시대 오나라吳의 초대 군주이며 오吳의 시조로 주나라周의 고공단보의 장남)처럼 되었고, 급이 아우(수)의 모책을 받아들였다면 아버지인 위 선공의 악명이 더 커지지 않았을 겁니다.

또한, 제 환공도 일단 달아났다가 돌아와 패자가 되었고, 진 문공역시 담을 넘어 전전하다 돌아와 패자에 올랐습니다. 제가 짐작건대 한중왕은 속으로는 생각이 정해지고 겉으로는 의구심이 생겼습니다. 사사로운 원한이나 감정들도 돌아보지 않을 수 없어 한중왕의측근들은 틀림없이 험담을 할 것입니다. 그렇게 의심들은 증폭되어족하는 위험에 처하게 됩니다. 지금이야 족하가 멀리 있어 잠시 안심할 수 있지만, 우리 대군이 나아가면 땅을 잃고 귀환해야 합니다.

미자微子(?~?)는 중국 상나라의 왕족이자, 서주의 제후국인 송나라의 초대 공작(기원전 1038 ?~기원전 1025년?)는 상나라를 버렸고,지과智果는 족속과 헤어져 환난을 피했습니다. 족하가 부모를 돌보지 않고 남의 양자가 된 것은 예禮가 아니며, 화가 닥칠 것을 알면서도 대처하지 않는 것은 지혜가 아니며, 바른길을 보고도 따르지 않고 머뭇거리는 것은 의義가 아닙니다. 재능 있는 족하께서 동쪽으로와 나후를 잇는다면 혈육을 배반하는 것이 아니며, 기강을 지켜 조위를 섬긴다면 옛것을 저버리는 것이 아니며, 결단을 내려 위망을면한다면 헛된 행위로 그치는 것이 아닙니다. 게다가 폐하께서는 선양을 받으신 후 덕으로써 거리낌 없이 인재를 들이므로 족하가 넘어오기만 한다면 300호를 받고 나국을 계승할 뿐만 아니라 더 큰 나라에 봉해질 것입니다. 『역경』에서는 대인을 만나는 것이 이롭다 하였고, 『시경』에서는 많은 복은 스스로 구해야 한다고 했습니다. 호돌狐突(진 문공의 외조부인 백행伯行)처럼 두문불출하지 마시고, 서둘러 이기회를 잡으시기 바랍니다."

맹달의 말처럼 왕의 맏아들도 버림을 받는 현실에서 피가 섞이지 않는 양아들인데 버림을 받지 않을 것이란 믿음은 진수의 인물평과 같이 유봉은 위험에 처했으면서도 스스로를 지키는 데 생각이 부족했던 사람이었다고 볼 수 있다.

진수는 유비를 "선주는 홍의弘毅(포부가 크고 굳셈), 관후寬厚(너그럽고 후함)하고 지인知人(사람을 알아 봄), 대사待士(선비를 잘 대우함)하니 한 고조의 풍도와 영웅의 그릇을 갖추었던 것 같다. 나라를 들어 제갈량에게 탁고했으나 심신心神(마음)에 두 갈래가 없었으니 실로 군신君臣의 지공至公(지극히 공정함)함은 고금의 성궤盛軌(아름다운 본보기)다. 기권機權(기지와 임기응변), 간략幹略(재능과 모략)은 조위의 무제에는 미치지 못해 이 때문에 그 영토는 협소했다. 그러나 꺾일지언정 굽히지 않고 끝내 남의 아래에 있지 않았으니, 저들의 기량으로 필시 자신을 용납하지 못하리라 헤아리고, 오로지 이익만을 다투지 않고 해로움을 피하려 했다 말할 수 있겠다."고 평했다.

습착치는 "선주는 비록 전패顚沛(넘어짐)하여 험난함에 처했으나 신의를 더욱 밝히고, 형세가 궁핍하여 사정이 위급한데도 그 말이 도道를 잃지 않았다. 경승景升(유표)의 고명을 따르니 삼군三軍이 진정으로 감복하고, 부의지사赴義之士(대의를 쫓는 선비)를 연모하니 그들이 기꺼이 패배를 함께했다. 그가 뭇 사람들의 마음物情을 얻은 까닭을 살펴보자면, 어찌 다만 투료무한投醪撫寒(술을 내버리고 백성의 빈한함을 어루만짐)하고 함료문질含蓼問疾(여뀌를 머금어 그 쓴맛을 감수하며 질병을 보살핌)한 데에 그치겠는가. 그가 끝내 대업을 이루었으니 또한 마땅하지 않은가."라고 했다.

조조는 유비에게 "현덕께선 원소와 원술을 어떻게 보시오."라고 물었다. 유비는 "영웅이라 생각합니다."라고 했다. 이에 조조는 "지금 천하의 영웅은 오직 사군(유비)과 나 조조뿐이오, 본초(원소) 같은 무리는 족히 여기에 낄 수 없소."라며 유비를 영웅으로 평했다.

진등은 진교와 존경할 만한 당대인들을 평하며 화흠, 조욱, 공융 등의 장점을 논한 이후, 유비에 대해 "재지가 출중하고 왕패의 재력 王霸之略을 갖고 있는 점에서 나는 유현덕을 공경하오."라고 평했다.

정욱은 유비가 여포에게 패배하고 조조에게 왔을 때 "살펴보건대 유비는 웅재雄才가 있고 민심을 크게 얻었으니 끝내 남의 아래에 있을 사람이 아닙니다. 빨리 도모하는 것이 낫습니다." 라고 간언하며 죽일 것을 권했다. 이에 조조는 "이제 바야흐로 영웅들을 거두어들일 때인데, 한 사람을 죽이고 천하인의 마음을 잃는 것이니 불가하오."라고 했다.

주유는 유비를 경계하여 손권에게 다음과 같은 책략을 진언했다. "유비는 용맹하여 영웅다운 자태를 갖고 있으며, 관우와 장비처럼 곰과 호랑이 같은 장수를 끼고 있으므로 틀림없이 오랫동안 몸을 굽혀 다른 사람의 아래에 있을 사람이 아닙니다. 제 생각으로 가장 좋은 방법은 유비를 오군으로 불러놓고, 그를 위해 궁전을 성대하게 짓고 미녀와 진귀한 완구를 많이 주어서 그의 눈과 귀를 즐겁게 하고, 관우와 장비 이 두 사람을 나누어 각기 한쪽에 배치하고 저 같은 자로 하여금 그들을 지휘하여 싸우게 한다면, 대사는 안정될 수 있을 것입니다. 지금 토지를 나눠 줘 그들이 기반을 세우는 것을 도와

주고, 이 세 사람을 모아 함께 변방 땅에 있도록 한다면, 아마 교룡이 구름과 비를 얻어 끝내 연못 속의 물건이 안 되는 것과 같이 될 것입니다."라고 했다.

육손은 "유비는 교활한 적이며, 매우 많은 일을 겪었고, 그의 군대가 처음 집결했을 때, 그의 생각은 조밀하고 전일하였으므로 침범할 수 없었다. 현재는 매우 오랫동안 출병하여 우리의 편의를 차지하지 못했고, 병사들은 피곤하고 사기는 떨어졌으며, 또 새로운 계책은 없다. 앞과 뒤에서 협공하여 적을 잡을 때는 바로 오늘이다. 유비가 앞뒤로 군사를 사용한 것을 살펴보면, 실패는 많았고 성공은 적었으므로, 이로부터 걱정할 가치가 없다고 추단했던 것이다." "유비는 천하에 이름이 알려졌으며 조조도 그를 두려워하고 있다. 오늘 그가 우리의 경내에 있는데, 이것은 강대한 적수인 것이다. 여러분들은 모두 국가의 은혜를 받았으니, 마땅히 서로 화목해야 하며 함께 이 적을 무찔러서 위에서 받은 은혜를 보답해야만 하는데, 서로 순종하지 않고 있다. 이것은 우리들이 해야만 되는 일이 아니다."라고 평했다.

조비는 이릉전투에서 유비의 군대가 동쪽으로 내려와 손권과 교전하면서 7백여 리(280km)에 이르는 나무 울타리樹冊를 세워 진영을 이었다는 말을 듣고, 여러 신하들에게 "유비는 병법을 이해하지 못하오. 어찌 7백여 리에 이르는 군영을 만들어 적을 막을 수 있겠는가. 고원과 습지, 험한 곳을 감싸고 군대의 진영을 구축하는 자는 적에게 사로잡히는 것이오. 이것은 병법에서도 금기하는 것이오. 전쟁에 대한 손권의 상주가 이제 도착할 것이오."라고 했다.

『삼국지연의』에서 유비는 인의를 중시하여 현실 이익을 놓치고 포기하는 것과 결단력이 부족하고 판단함이 부족한 인물로 묘사된다. 그러나 이는 중국의 영웅상이 남을 포용하고 인재를 적시에 쓰며 덕을 베푸는 인물이므로 나관중이 유비의 인물상을 그렇게 묘사한 것으로 본다.

유파

조조와 유장 거친 뒤
촉한의 유비에게 의탁

유파는 유표의 빈객으로 지내면서 여러 초빙이 있었지만 응하지 않았다. 유표 사후 유비가 남하할 때도 따라가지 않았다. 조조가 형주를 지배할 때 초빙에 응했다. 각 군의 귀순을 종용하는 사자로 활약했다. 유파의 처신은 상황을 주도한 자의적 행동으로 단순히 들어갔다는 것을 뜻하는 입입 정도의 배신이다. 의탁할 주군을 찾아간 것이다.

그런데 적벽대전 이후 4군을 점령한 유비가 영릉에 있던 유파를 초빙하려 하자 교주로 피신했다. 하지만 교주태수 사섭과 갈등으로 장가 땅으로 갔다가 익주군에 억류되어 유장에게 보내졌다. 유장은 큰일에 대해 자문을 구했다.

이후 유비가 촉을 점령하자 유파는 조조를 따른 것에 대해 사과하면서도 귀순하지는 않았다. 유비는 조조에게 돌아가려는 유파에 대해 노했다. 그러나 제갈량은 유파를 좋게 말했다.

이후 유파는 유비가 한중왕이 되면서 상서령까지 올랐다. 그럼에도 유비의 황제 즉위를 반대했다. 유비가 유파의 재능을 계속 아끼자 유파도 유비가 황제에 올랐을 때 국호와 연호 그리고 문장이나 임명 서류를 모두 만들었다. 유비를 맞은 것도 유파에게는 단순히 들어갔다는 것을 뜻하는 입입 정도의 배신이다. 조조에게 귀순할 때와 다른 점은 상황에 내몰린 피동적 배신이다.

유파劉巴(186~222년)는 후한 말 조조와 유장 휘하 그리고 삼국시대 촉한의 관료이다. 자는 자초子初이며 유상의 아들이다. 형주 영릉군 증양현蒸陽縣(호남성 형양衡陽 서쪽) 출신이다.

젊었을 때부터 명성이 높아 형주목인 유표의 빈객으로 지냈다. 여러 번 초빙하려 했다. 하지만 그는 응하지 않았다. 유선劉先이 신동으로 유명한 조카 주불의(후한 말의 인물로 자는 원직元直 또는 문직文直)의 스승으로 초빙하려 했지만 거절했다. 이후 유비가 유표 사후 남하할 때 여러 신하들과 백성들이 뒤를 따랐지만, 그는 가지 않았다.

208년 유표 사후 조조가 형주를 지배했다. 유파는 조조의 초빙에 응해 속관이 되었다. 각 군郡의 귀순을 종용하는 사자로서 장사와 영릉 그리고 계양을 귀순시켰다.

그러나 후에 유비가 적벽대전 이후 형주 4군을 점령했다. 이때 유파는 영릉에 있었다. 유비가 초빙하려 하자 교주로 피신하여 성씨를 장張씨로 고쳤다. 유비는 매우 좋지 않게 봤다.

그런데 교주태수 사섭과 갈등으로 다시 장가 땅으로 갔다가 익주군에 억류되어 유장에게 보내졌다. 유파의 부친 유상이 유장의 부친 유언을 효렴으로 천거했기 때문에 유장이 유파를 보고 매우 기뻐하여 큰일이 있으면 매번 찾아가 물었다고 한다.

하지만 배송지는 유언이 영제 시대에 이미 태상이었고, 익주목으로 나갔으며, 유상은 손견이 장사태수이던 시절 강하태수였으므로 유상이 유언을 효렴으로 추천할 수 없었다고 했다.

또한 「초국선현전」에 의하면 유장이 장로를 막으려 유비를 맞아들이는 것을 반대했고, 유장이 듣지 않아 두문불출했다고 한다.

214년 유비가 촉을 평정하자 유파는 먼저 망명한 것을 사죄했다. 유비도 유파를 질책하지 않았다. 제갈량도 유파를 칭찬하고 천거했다. 유비는 유파를 추천하여 좌장군서조연으로 임명했다.

「초국선현전」에 의하면 장비가 유파에게 만나기를 청했다. 그러나 유파는 장비가 무인에 불과하므로 얘기를 나눌 상대가 되지 않는다며 대화를 하지 않았다. 장비는 노여워했다. 제갈량이 나섰다. 장비가 유파를 공경하고 사모하므로 유파에게 장비와 잘 지내기를 청했다. 그러나 유파는 거부했다. 유비는 유파가 자기 휘하에 있지 않고 조조에게 돌아가려 하자 노했다. 하지만 제갈량은 끝까지 유파를 칭찬했다.

유비가 유장을 공격하여 성도를 함락하자 무리가 부고府庫의 재물을 취했다. 군수물자가 부족했다. 유파는 유비에게 100전짜리(直百錢) 돈을 주조하여 물가를 안정시키도록 진언했다. 유비가 받아들이자 부고의 재정은 몇 달 안에 충실해졌다.

219년 유비가 한중왕이 되자 유파는 상서에 임명되었다. 220년 법정이 세상을 떠나자 법정을 대신하여 상서령까지 올랐다. 유파는 유비의 황제 즉위를 반대하는 상소를 올리기도 했다. 상소 내용도 '크지 못함을 드러내는 꼴'이라고 했다. 하지만 유비는 유파의 재능을 아껴 포용했다. 함께 상소를 올린 주부 옹무는 처형하고 따로 상소를 올린 비시는 좌천 시키는 선에서 마무리했다.

결국, 유파는 유비가 황제의 존호를 칭했을 때 국호와 연호 등 문장이나 임명 서류를 모두 만들었다.

유파는 제갈량, 이적, 법정, 이엄과 함께 촉한의 법률인 촉과를 만들었다. 유비에게 비우호적이었지만 법 제정에서 촉한의 다양한 이해관계와 의견들을 수용해 법 제정에서 중립성을 이끌었다.

촉한은 여러 세력들이 결집된 나라였다. 제갈량은 신야 시절부터 유비에게 종사한 핵심 공신 세력을 대표했다. 이적은 유종이 조조에게 투항한 이후 합류한 인물로서 유표계 인사들을 대표하고, 법정은 입촉 직전에 합류한 인물로서 기존 촉(유언) 세력 중 이탈한 친유비파에 해당되었다. 이엄은 입촉 후에 유비군에 가담한 인물로서 기존 유언과 유장 휘하에 있던 일반적인 인사들을 대표했다. 반면 유파는 반유비파로서 어쩔 수 없이 유비 휘하에 가게 된 망명객이나 호족들을 대표하는 인물이었다.

유파는 청렴하고 꾸밈없는 수수한 생활을 했다. 재산도 늘리지 않았다. 유파가 유비를 섬긴 것은 본심이 아니었다. 마음은 조조에게 가 있었다. 때문에 항상 의심을 받게 될 것을 두려워했다. 공손하고 말 없는 조용한 태도를 견지했다. 집에서는 타인을 사사로이 사귀지 않았다. 공적인 일만을 말했다.

이릉대전 무렵인 222년 병으로 세상을 떠났다. 조위의 상서복야 진군이 제갈량에게 편지를 보내 유파의 소식을 물었다. 제갈량은 죽은 유파를 유군자초라고 칭하며 매우 존경하고 중시하는 마음을 보이며 유파의 소식을 전했다.

유파는 상서령일 때 상서 양의와 화목하지 못했다. 유비는 그런 상황을 고려하여 양의를 요령직인 홍농태수로 좌천시켰다.

『삼국지연의』에서 유파는 처음부터 유장을 섬기며 유장이 유비를 초빙해 장로를 막으려 할 때 반대한다. 또한, 유장이 유비에게 군사와 군량을 줄 때 늙은 군사와 쌀겨를 보내라 건의한다. 유장이 유비에게 항복할 때 황권과 함께 관직에 오르는 것을 거부한다. 유비가 직접 찾아오자 이에 감명 받아 관직을 수락한다. 유비 사후 227년 제갈량의 1차 북벌에 참여하여 활약한다. 『삼국지』에서는 222년에 사망했다.

윤상
—

조위 섬기다 불가피하게
촉한에 귀순

윤상은 조위를 섬기다 촉한을 따랐다. 그의 처신은 단순히 들어갔다는 것을 뜻하는 입入 단계의 배신이다. 죽음을 피하기 위한 행위였다. 상황에 떠밀린 피동적 배신이다.

제갈량의 제1차 북벌 때 마준을 따랐지만 마준은 윤상과 강유 등을 의심했다. 상규로 빠지면서 성문을 닫고 그들을 내쳤다. 갈 곳을 잃은 윤상은 불가피하게 촉한에 투항했다.

윤상尹賞(?~263년 이전)은 삼국시대 조위와 촉한의 관료이다. 조위 천수군의 관리였다가 제갈량의 제1차 북벌 때 촉한에 귀순했다.

228년(건흥 6년) 조위의 천수군에서 주부主簿를 맡았다. 옹주자사 곽회가 서현西縣부터 기현冀縣의 낙문洛門에 이르기까지 천수군을 순찰했다. 천수태수 마준이 중랑中郎 강유와 공조功曹 양서, 주부 윤상, 주기主記 양건 등을 거느리고 곽회를 수행했다.

그런데 공교롭게 이때 촉한의 승상 제갈량이 제1차 북벌로 기산祁山에 침입했다. 여러 현들이 호응했다. 곽회는 급히 상규현上邽縣으로 달려갔다. 마준은 천수군의 치소인 기현이 서쪽에 치우쳐 있고 그 백성들도 난에 호응할까 염려되어 곽회를 따라가려 했다. 하지만 강유는 마준에게 기현으로 복귀해야 한다고 했다.

마준은 강유를 의심했다. 다른 현들처럼 제갈량에게 호응할 것으로 보고 밤중에 몰래 상규로 빠져나갔다. 강유 등이 뒤늦게 알았다. 급하게 마준을 쫓아갔다. 하지만 성문이 이미 닫혀 들어갈 수 없었다. 윤상은 강유와 함께 불가피하게 촉한에 투항했다. 집금오에 오른 윤상은 촉한이 멸망하기 전에 죽었다.

『삼국지연의』에서 윤상은 천수군의 주부로 처음 등장한다. 천수성을 취하러 온 제갈량을 마준과 강유, 양건, 윤상이 네 갈래에서 기습해 물리친다. 제갈량의 계략으로 인해 강유가 촉한에 투항한다.

강유는 천수성에 내분을 일으키려 평소 윤상과 양서와 친했다는 사실을 이용해 밀서 두 봉을 화살에 묶어 성안으로 날려 보낸다. 마준이 대도독 하후무에게 두 사람을 죽여야 한다고 진언한다.

그런데 윤상과 양서가 이를 먼저 알고 성문을 열어 촉한군을 맞아들인다. 윤상은 이 공로로 기성 현령에 임명되지만, 이후로는 더 이상 등장하지 않는다.

이엄

유표와 유장을 거쳐
촉한의 유비에게 귀순

이엄은 처음에 유표를 섬겼다. 조조가 형주를 침공하자 서천의 유
장에게 의탁했다. 이후 유비가 유장을 공격하자 장수들을 지휘하여
출진했다. 그런데 군을 이끌고 유비에게 투항했다. 유표를 따르다 유
장에게 간 것은 단순히 들어갔다는 것을 뜻하는 입入 정도의 배신
이다. 상황에 내몰린 피동적 처신이다.

하지만 유비에게 투항은 가장 적극적인 배반을 뜻하는 반叛이다. 믿
음과 의리를 저버리고 돌아선 행위다. 상황을 주도한 능동적 배신으
로 죽음을 피하고 더 큰 이익과 명예를 좇아간 처신이다.

이엄李嚴(?~234년)은 삼국시대 촉한의 장수이다. 자는 정방正方이
고 형주 남양군(하남성 남양) 출신이다.

젊었을 적에 남양군의 관리가 되었다. 형주자사 유표를 섬겨 여러 현의 장을 역임했다. 조조의 형주 침공 당시에는 자귀현을 맡고 있다가 서천西川(사천성四川省 일대)으로 도망쳐 유장을 섬겨 성도의 현령을 지냈다.

213년(건안 18년) 유비가 유장을 공격했다. 유장의 명령으로 호군이 된 이엄은 부에서 패하고 면죽으로 물러난 유괴와 장임과 냉포 등을 지휘하여 유비를 저지하러 출진했다.

그런데 군을 이끌고 유비에게 투항했다. 유비가 비장군에 임명했다. 유비가 촉을 정벌한 뒤에는 건위태수와 흥업장군이 되었다.

218년(건안 23년) 유비가 한중을 침공할 때 마승과 고진 등이 모반을 일으켜 처를 비롯하여 자중현을 공격했다. 모든 정규군이 한중으로 가 있던 때였다. 이엄은 적은 병력 5천 명으로 마승과 고진 등을 참수하고 반란을 진압했다. 또 월수의 만족 왕 고정이 신도현을 포위한 침략도 격퇴했다. 이 공적으로 그는 보한장군이 더해졌다.

이엄은 제갈량, 법정, 유파, 이적 등 함께 촉과蜀科를 제정했다. 219년(건안 24년)에는 유비를 한중왕으로 추대하는 표문에 '흥업장군 신 이엄'으로 연명했다. 여름에는 유봉, 맹달과 함께 상용에서 신탐을 공격해 항복을 받았다.

221년(장무 2년) 유비의 부름을 받고 백제성白帝城(뒤에 영안성永安城으로 개명)으로 들어와 상서령이 되었다. 이듬해에는 제갈량과 함께 유선의 탁고를 받아 중도호中都護란 군직을 받아 안팎의 군대를 지휘하여 영안에 머물렀다.

유선이 즉위한 223년(건흥 원년)에는 도향후에 봉해졌고 광록훈이 더해졌다. 226년(건흥 4년)에는 전장군으로 전임되었다. 이해 봄 제갈량은 한중으로 출진하면서 이엄에게 후방을 맡겼다. 강주로 옮기고 호군 진도陳到(자는 숙지叔至로 예주 여남군 출신)를 영안에 남겨 이엄의 지휘를 받게 했다. 이엄은 강주에 큰 성을 쌓았다.

성의 둘레가 16리(6.4km)였다. 또 치수도 함께 벌이고자 했다. 성 뒤의 산을 뚫어 문강汶江으로부터 물길을 파강巴江으로 통하게 하여 그 성이 하주河洲 위에 건립되도록 하려 했다. 그리고 파, 파동, 파서, 탕거, 부릉, 다섯 개 군을 따로 떼어 파주巴州라는 이름의 주를 창설하고 자신을 그 자사로 삼아달라고 했지만, 제갈량이 허락하지 않았다.

이엄은 230년(건흥 8년) 표기장군이 되었다. 조위의 조진曹眞이 촉한을 침공하자 제갈량의 명령으로 2만 명을 한중으로 보냈다. 이엄은 이때 개부를 욕심냈다. 제갈량은 이엄의 아들 이풍을 강주도독으로 삼아 회유했다.

제갈량은 이듬해 다시 출병하기 위해 이엄을 중호군으로서 승상부의 일을 맡겼다. 이즈음 이엄은 이평李平으로 개명했다.

231년(건흥 9년) 제갈량이 다시 북벌에 나서 기산으로 나아갔다. 이엄은 우기로 인해 군량을 공급하지 못했다. 책임을 모면하려고 동오가 침노한다는 허위 보고를 했다. 제갈량에게 회군하도록 권했다. 제갈량이 이엄의 말을 듣고 군대를 철수시켜 회군하자 짐짓 놀란다.

회군의 책임을 제갈량의 허물로 만들려 했다.

자신의 책임 은폐를 위해 부하 잠술을 처형하려 했다. 유선에게는 "군대가 거짓으로 퇴각한 것은 적을 유인하여 함께 싸우려는 것이다."는 내용의 상소를 올렸다. 동시에 "군량이 충분히 준비되었다."고도 보고했다.

그러나 제갈량은 이엄이 보낸 편지를 모두 제출하여 진상을 드러냈다. 이엄은 더 변명하지 못하고 죄를 청했다. 제갈량은 이엄을 탄핵하는 표를 올렸다. 이엄의 관직을 삭탈시켜 재동梓潼으로 유배를 보냈다.

제갈량의 상소문에는 이엄에게 느낀 배신감이 극명하게 나타났다.

"선제께서 붕어하신 뒤로 이평은 자기 집안만 생각하며 작은 은혜를 베풀기를 즐겨 했고 자신의 명예와 안일만을 추구하였으며 나라의 일은 근심하지 않았습니다.

신이 북벌할 때 그의 군사가 한중을 지켜주기를 바랐지만, 그는 온갖 어려움을 들어 한중으로 오지 않고 다섯 개 군을 차지하는 파주자사를 시켜 달라고 요구했습니다. 작년에 신이 서정할 때 이평에게 한중의 사무를 맡게 했으나 이평은 사마의 등은 관부를 설치하여 관리를 임명하고 있다고 했습니다.

이평은 천성이 비열하여 신이 출정할 때마다 신을 다그쳐 이득을 보려 했습니다. 그리하여 신은 이평의 아들 풍이 강주를 주관하도록 천거했고, 그를 후하게 대우하여 군무를 완수토록 했습니다. 이평이 한중에 온 날에 신이 모든 사무를 그에게 위임하자 상하 군신들이 모두 이평을 너무 우대한다고 질책했습니다.

바야흐로 큰일의 성공과 실패가 결정되지 않았고, 한실이 쇠미해진 형편에서 이평을 질책하기보다는 그를 칭찬하는 것이 좋을 줄로만 알았습니다. 이같이 신은 이평의 속셈이 다만 명예와 이득을 추구할 따름인 줄로 여겼사온데, 이평이 이처럼 본말을 전도할 줄은 진정 생각 밖이었습니다. 만약 이 일을 제때에 처리하지 않고 내버려둔다면 화를 빚어낼 것입니다. 이것은 모두가 신이 불민한 탓이오니 더 말씀을 올린다면 신의 잘못만 더 많아질 것입니다.

이평은 대신이 되어 과분한 총애를 받으면서도 충성을 다하여 보답할 생각을 하지 않고, 근거도 없는 낭설을 지어내고 방자하게 굴었으며, 본인에게 불리한 일은 하지 않고 상하를 미망에 빠지게 했습니다.

재판을 함에 있어 법조를 버리고 다른 사람으로 하여금 간사한 일을 하도록 이끌었으며 감정은 저열하고 뜻은 광망해 마치 천지가 없는 듯했습니다. 스스로가 계획했던 간사한 일이 드러나자 의심이 마침내 생겨 대군이 장차 올 것이라는 것을 듣고서 병을 핑계 대고 저현과 장현으로 돌아갔으며, 군대가 다시 저현에 당도하니 돌연 강양으로 돌아가려 하였는데 이평의 참군인 호충이 간언하자 마침내 그만두었습니다. 지금 찬탈한 도적들이 소멸되지 않았고 사직에 어려움이 많은데 국가의 대사는 오직 모두가 화합해야 이겨낼 수 있습니다. 이런 사람을 포용하여 국가의 대사를 망쳐서는 안 됩니다.(중략)~~등과 더불어 의논하였는데 막바로 이평을 해임하고 그의 관록, 절전節傳(한조 관리의 신분증), 인수, 부책符策(군주의 관리 임명 조서)을 없애며 작위와 봉지를 박탈해야 합니다."

제갈량은 상소문을 통해 이엄에 대한 분노를 극명하게 드러냈다. 4차 북벌은 상규에서 곽회와 비요, 노성에서 사마의와 장합을 격파하는 등 촉한군의 연전연승이었다. 또 기근으로 피폐한 옹주 백성의 민심이 크게 흔들리는 등 촉한의 승세가 점쳐지는 상황이었다. 그런데 어이없는 이유로 퇴각하여 제갈량은 뜻을 이루지 못했다.

234년(건흥 12년) 제갈량이 원정 중에 병사하자 이엄은 낙담했다. 더 이상 자신의 재주를 알아 복직시켜 줄 사람이 없음을 알고 통곡했다. 울화병으로 병사했다.

이엄의 후사는 그의 아들 이풍이 이었다. 이풍은 강주도독으로 있다가 병권을 박탈당하고 종사중랑으로 임명되었다. 이풍의 관직은 주제태수에까지 이르렀다. 이풍은 좌천되었지만, 재산을 몰수당하지는 않았다. 관직도 제갈량 직속의 승상부에서 근무했다.

『삼국지연의』에서 이엄은 유장의 부하로 나온다. 유비가 유장을 치자 장수 비관費觀과 함께 면죽관을 지킨다. 얼마 뒤, 유비의 장수 황충黃忠과의 싸움에서 50여 합을 호각지세로 겨룬다. 하지만 제갈량의 계략에 빠져 포위되자 비관과 같이 유비군에 투항한다.

이후 내용은 『삼국지』와 거의 비슷하게 묘사되었다. 제갈량은 이엄의 재주를 "오 나라의 육손陸遜과 호각을 이루는 인물"로 평했다.

이적

___

유표를 섬기다 더 큰 이익 좇아
유비에게 귀순

이적은 처음에 고향이 같은 유표를 따랐다. 그런데 유비가 형주에 온 이후에 유비를 자주 만났다. 유표 사후에는 유비를 따라가 섬겼다. 이적의 처신은 더 큰 이익과 명예를 좇아 탐색하다 상황이 유비에게 기울자 의탁했다.

단순히 들어갔다는 것을 뜻하는 입入 단계의 배신이다. 상황을 주도한 능동적 처신으로 자의적 의탁이었다.

이적伊籍(?~?)은 삼국시대 촉한의 관료이다. 자는 기백機伯이며 산양군 고평현高平縣(산동성 금향金鄉 서북쪽) 출신이다. 활달한 성격에 언변에 좋았다.

산양군으로 고향이 같은 진남장군 유표劉表에게 의지했다. 유비가 유표에게 온 이후에는 유비를 자주 찾았다. 208년 유표가 죽자 유비를 따라갔다. 유비가 익주를 점령하자 유비에게서 좌장군 종사 중랑左將軍 從事中郎이 되었다. 대우도 간옹과 손건에 버금가는 수준 이었다.

동오에 사신으로 갔을 때였다. 이적의 말솜씨가 뛰어나다는 말을 들은 손권은 말로써 그를 제압하려고 했다. 이적이 들어와 손권에게 절을 했다.

손권이 "도道가 없는 군주(유비)를 섬기느라 수고하십니다."

이적이 "한번 절했을 뿐인데 수고한다고 말하기엔 충분하지 못하지요."라고 답했다.

기지와 민첩함이 남다른 대꾸였다. 손권은 사자로서 이적의 기지와 웅대에 감탄하며 기이한 인물로 여겼다.

『삼국지』「촉서」'이적전'에 의하면 촉한으로 귀환한 뒤 그는 소문장군昭文將軍으로 승진했다. 제갈량과 법정, 유파, 이엄과 함께 촉한의 법률인 촉과蜀科를 만들었다. 촉과의 체제는 이들에 의해 이루어졌다.

『삼국지연의』에서의 이적은 유비가 유표에게 선물로 준 적로的盧라는 말을 돌려받았을 때 유비에게 적로의 흉상이 타는 사람에게 해를 준다고 하는 장면에서 등장한다. 유비는 이적의 말을 묵살한다.

채모가 연회에서 유비 암살을 꾀했을 때는 유비에게 알려 도망을 보낸다. 유표가 죽은 후 형주를 차지할 것을 진언하지만, 유비는 결

단하지 못한다. 유비 사후 뒤를 이은 차남 유종이 조조에게 항복하
자 유비 휘하로 간다. 유비가 양양을 점령하자 그 지역의 현자인 마
량 5형제를 천거한다.

　형주 수비를 맡은 관우를 보좌한다. 동오의 손권에게 합비를 공격
하도록 설득하는 사자로 나서 임무를 훌륭히 수행한다. 이후 동오의
여몽이 관우의 허를 찔러 형주를 탈환하자 마량과 함께 성도에 구원
을 요청하는 사자로 나서지만, 관우는 이미 처형된 뒤였다. 이적은
성도成都에 그대로 남았다. 그 후 221년 유비에게 다른 신하들과 함
께 황제가 되라고 권한다.

이회

유장을 섬기다
유비를 쫓아 귀순

이회는 유장을 따르다 유비에게 귀순했다. 유비가 유장을 공격하는 와중에 유장을 버리고 유비를 따랐다. 더 큰 이익과 명예를 위해 쫓아 주군을 바꿨다. 가장 적극적인 배반을 뜻하는 반叛이다. 믿음과 의리를 저버리고 돌아선 행위다. 상황을 주도한 능동적 배신이다.

이회李恢(?~231년)는 삼국시대 촉한의 장수이다. 자는 덕앙德昂이며 건녕군 유원현(운남성 징강澄江) 출신이다.

고향에서 독우를 지냈다. 그런데 건령 현령이었던 고모부 찬습이 법령을 위반한 일로 연좌되어 파면될 위기에 처했다.

하지만 태수 동화董和는 찬습이 그 지방의 호족이라는 점을 고려하여 불문에 부쳤다. 사직도 허락하지 않았다. 후에 이회를 익주의 유장에게 천거했다.

이회는 익주로 가는 도중에 유비가 가맹에서 돌아와 유장을 공격한다는 소식을 들었다. 유장의 패배를 예상했다. 그는 군의 사자라는 명목으로 북쪽 유비가 있는 면죽으로 갔다. 유비는 이회를 낙성까지 수행하도록 했다. 그리고 이회를 한중으로 파견했다. 마초와 우호를 맺도록 했다. 마초는 이회의 설득으로 유비에게 귀순했다.

성도가 평정된 후 유비는 익주목을 겸임하고 이회를 익주의 공조서좌주부로 임명했다. 후에 유장 휘하의 도망자가 이회를 모함했다. 이회가 모반하려 한다는 것이었다. 담당 관리가 이회를 체포하여 호송했다. 유비는 사실무근임을 밝히고 이회를 별가종사로 승진시켰다.

221년(장무 원년) 내강도독 등방이 죽자 유비가 이회에게 질문했다.

"누가 등방을 대신할 수 있겠습니까."

이회가 대답했다.

"사람의 재능에는 각각 장점과 단점이 있습니다. 때문에 공자는 사람을 기용할 때 재덕을 헤아려서 한다고 했습니다. 그리고 성명한 군주가 위에 있으면 신하 된 자는 마음을 다할 것입니다. 그러므로 선령 싸움에서 조충국趙充國(기원전 137~기원전 52년 전한 중후기 장수)은 '노신老臣만 한 자가 없다'고 했습니다. 신은 사사로이 저 자신의 역량을 가늠할 수 없으니 폐하께서 살피십시오."

유비가 웃으며 말했다.

"나의 본의 역시 벌써 그대에게 있습니다."

유비는 이회를 내강도독과 사지절로 임명하고, 교주자사를 겸임하도록 하여 평이현에 주둔시켰다.

223년 유비 사후 남쪽에서 주포, 옹개, 고정이 방자한 행동을 했다. 옹개는 건녕에서 교만하게 굴었고 주포는 장가에서 모반했다.

제갈량은 남만 정벌에 나서 먼저 월수를 지났다. 이회는 제갈량을 따라 건녕으로 향했다. 여러 현들은 대대적으로 서로 규합하여 곤명에서 이회의 군대를 포위했다.

당시 이회의 병력은 적었고, 적의 군사는 두 배였다. 거기에 제갈량의 움직임도 알지 못했다. 건녕군 출신이었던 이회는 꾀를 내어 남방인들을 속이기로 했다.

"관군은 식량이 다 떨어졌습니다. 병사를 물려 돌아가려고 합니다. 우리는 그 사이 오랫동안 고향을 등지고 있었는데 오늘에서야 돌아가게 되었습니다. 다시 북쪽으로 갈 수 없다고 하더라도 그대들과 함께 대사를 도모하기 위해 진심으로 알리는 것입니다."

남방인들은 이회의 말을 믿었다. 포위를 느슨하게 했다. 이회가 빈틈을 타 출격하자 크게 격파당했다. 이회는 도주하는 적군을 추격하여 남쪽으로 반강까지 추격했다. 동쪽으로는 장가와 연접해 제갈량의 명성과 위세에 서로 호응했다. 남만의 땅은 평정됐다. 이회는 이 공적으로 한흥정후에 봉해지고 안한장군의 관직이 추가되었다.

그런데 이회의 군대가 촉한 땅으로 돌아가자, 남만족은 다시 반란을 일으켜 수비군의 대장을 살해했다. 이회는 직접 토벌에 나서 진압했다. 반란 지휘자들을 성도로 이주시켰다. 수와 복땅에서 밭 가는 소와 군마, 금과 은, 무소 가죽을 공물로 거둬들여 지속적으로 군수 물자에 충당해 부족함이 없도록 했다.

229년(건흥 7년) 교주가 동오에 복속되었다. 이회의 교주자사직은 해제되었다. 하지만 건영태수가 되어 본군에 거주하게 되었다. 한중으로 이주하여 살다 231년(건흥 9년)에 사망했다. 후사는 아들 이유李遺가 이었다. 조카 이구는 황숭, 장준, 제갈첨, 제갈상 부자와 함께 면죽에서 싸우다가 전사했다.

『삼국지』의 저자 진수는 "이회는 공정하고 정직하며 공업에 뜻을 두었다."고 기록했다.

『삼국지연의』에서 이회는 유장에게 유비의 입촉을 간언한다. 『삼국지』와 마찬가지로 유장의 패배를 예상하고 유비에게 귀순한다. 장로의 휘하에 있던 마초를 설득하러 나선다. 마초는 병사를 잠복시켜 놓고 이회를 살해하려 한다. 하지만 "부친의 원수를 잊었는가."라는 이회의 말에 설득되어 유비에게 귀순한다. 유비 사후에는 제갈량의 북벌에 종군한다.

장달

촉한의 장비를 섬기다
동오에 귀순

장달은 촉한의 장비를 따르다 동오에 귀순했다. 그의 처신은 죽음을 피하기 위한 행위였다. 단순히 들어갔다는 것을 뜻하는 입入 정도의 배신이다. 상황에 내몰린 피동적 행동이었다.

장달張達(?~222년)은 동오의 장수이지만 원래는 촉한 장비 휘하의 하급 장수였다. 221년(장무 원년) 유비가 관우의 원수를 갚는다며 동오를 토벌하려 했다. 장비가 이릉대전에 참가하기 위해 낭중에서 1만 명을 거느리고 출발해 강주에서 유비를 만나기로 했다.

장달과 범강에게 사흘 안에 흰 깃발과 흰 갑옷을 준비하게 했다. 두 사람은 시일이 촉박하여 난감했다. 장비에게 기간을 늦춰 달라고 했다.

그런데 장비는 그들의 말을 무시하고 채찍으로 체형을 가했다. 뿐만 아니라 기간을 어기면 목을 자르겠다며 생명의 위협까지 경고했다. 원한을 품게 된 장달은 그날 밤 범강과 함께 술에 취해 잠든 장비를 찔러 죽였다. 그런 뒤 장비의 목을 베어 동오로 들고 가 항복했다.

장비의 영 도독이 표를 올려 유비에게 보고했다. 유비는 장비의 도독이 표를 올렸다는 것만을 듣고도 장비가 죽었다고 탄식했다.

『삼국지연의』에서 장달은 장비의 수하 장수로 등장한다. 장비가 유비에게서 관우의 원수를 갚겠다는 것을 듣고 낭중으로 돌아온다. 군중에 관우의 죽음을 애도하는 의미에서 사흘 안으로 흰 깃발과 흰 상복을 마련해 삼군이 상복을 입고 동오를 정벌한다고 했다. 장달과 범강이 사흘 안에 흰 깃발과 흰옷을 준비하라는 명령을 받는다. 기일 하루 전 장달은 범강과 함께 장비에게 시일이 촉박하니 시일을 좀 늦춰 달라고 한다.

하지만 장비는 이들의 말을 무시하고 채찍을 50대씩 후려갈긴다. 거기에 기간을 어기면 목을 자르겠다는 위협까지 했다.

장달이 영채 안으로 들어가 범강과 상의한다. 당연히 불가능하니 죽임을 당할 바에 먼저 죽이는 게 낫다고 한다. 결국, 범강과 상의 끝에 죽이기로 결정한다. 다음날 장비가 술을 마신 것을 알고 범강과 함께 몸에 단검을 감추고 몰래 장막에 들어가서 중요한 기밀을 아뢰겠다고 거짓말을 하면서 장비가 있는 침상으로 갔다. 범강과 함께 눈을 뜨고 자는 장비를 보고 놀란다. 하지만 코 고는 소리를 듣고 장비의 배를 단검으로 찌른다. 장비가 죽자 머리를 베어 범강과 함께 수십 명을 이끌고 밤에 배를 타고 동오의 손권에게 달아난다.

221년 유비가 관우와 장비의 원수를 갚겠다며 75만 대군을 일으켜 동오 정벌에 나선다. 이릉대전이다. 유비에게 화친을 구하려던 손권은 보즐의 진언에 따라 범강과 장달을 묶어서 장비의 목과 함께 촉한으로 보낸다. 범강과 장달은 장비의 아들 장포에게 죽임을 당한다.

하지만 실제로는 동오로 달아난 뒤의 기록은 『삼국지』에 보이지 않는다. 동오 정벌 또한 유비가 이미 사망한 뒤의 일이므로 역사적으로는 사실이 아니다.

정기
___

유장 섬기다 촉 점령 당하자
유비에게 귀순

___

정기는 처음에 유장을 섬겼다. 끝까지 유장을 위해 애를 썼지만, 유비에게 점령된 후 유비를 따랐다. 정기의 처신은 단순히 들어갔다는 것을 뜻하는 입입 정도의 배신이다. 상황에 내몰린 피동적 의탁이었다.

___

정기程畿(?~222년)는 후한 말과 삼국시대 촉한의 관료이다. 자는 계연季然이며 익주 파서군 낭중현閬中縣(사천성 낭중) 출신이다. 이릉전투에서 패배한 유비를 지키기 위해 동오와 싸우다가 전사했다.

정기는 유장의 부하였다. 유장은 중랑장中郞將 방희로 하여금 장로를 막게 했다. 그런데 누군가가 방희를 모함했다. 그로 인해 유장은 방희를 의심했다. 조위趙韙는 방희를 옹호했지만 유장이 받아들이지 않았다. 조위는 원망하는 마음을 키우다 200년에 수만 명을 끌어모은 뒤 반란을 일으켜 성도成都를 포위했다.

이때 정기는 한창漢昌 현령이었다. 방희는 조위의 반란으로 불안했다. 방희는 정기의 아들 정욱程郁을 보내 익주에 있던 소수민족인 종족賨族 출신 병사들을 보내 달라고 했다.

그러나 정기는 다른 뜻을 품은 것이라면 따를 수 없다며 병사를 보내지 않았다. 방희가 재차 정욱을 보냈다. 하지만 정기는 "군에서 부대를 소집한 것이 본래 반역하려는 것은 아니었다. 비록 참언이 있었다고 하더라도 성의를 다해야만 한다. 만일 두려워 다른 마음을 품는 것은 내가 들은 것과 다르다."며 끝내 따르지 않았다.

더불어 정기는 아들 정욱에게 "나는 주州의 은혜를 받았다. 주목州牧(유장)에게 충성과 절개를 다해야 한다. 너는 군리郡吏가 되었으므로 태수를 위해 힘을 쏟아야 한다. 그러니 나 때문에 다른 마음이 있어서는 안 된다. 의롭지 않은 일은 죽는 한이 있어도 할 수 없다."며 경계하는 말을 했다.

화가 난 방희가 정욱을 죽이겠다고 협박했다. 정기는 "과거 악양樂羊은 위魏나라의 장수가 되어 아들의 살을 끓인 국을 먹었는데, 이것은 그에게 아버지의 정이 없었던 것이 아니라 대의大義가 그렇게 하도록 한 것이다. 지금 비록 또 내 아들의 살로 국을 끓인다고 하더라도 나는 반드시 그것을 먹을 것이다."면서 끝까지 맞섰다.

결국, 방희가 유장에게 사죄하고 조위의 반란이 진압되면서 사태는 해결되었다. 이 일을 전해 들은 유장은 정기를 강양태수江陽太守로 임명했다.

유비가 익주를 점령한 후 정기를 불러 종사좨주從事祭酒로 삼았다. 221년(장무 원년) 유비가 대군을 거느리고 동오를 공격할 때 참모로 참전했다.

이듬해 이릉대전에서 동오군의 화공으로 인해 촉한군이 대패했다. 정기는 수군을 모아 동오군을 막으려 했다. 그러나 동오군이 뒤쫓아 오자 그의 수군은 흩어져 달아났다. 그는 포위당했다. 배를 버리고 가벼운 차림으로 달아날 것을 권했다.

하지만 그는 "나는 군복을 입은 이래 적을 보고 달아난 적이 없다. 하물며 천자(유비)를 수행하며 위험을 만났을 때인데."라며 듣지 않고 배에서 극을 들고 끝까지 싸웠다. 정기는 혼자서 몇몇 전선을 가라앉혔다. 그러나 적병이 대거 도착하여 일제히 정기를 공격해 결국 중과부적으로 전사했다.

양희는 「계한보신찬」에서 정기는 강직하고 절개 있는 인품으로 칭송받고 있고, 그의 자식으로는 정욱 외에 정기程祁가 있다고 했다.

『삼국지연의』에서는 유비가 이릉대전에서 장막 앞의 중군 깃발이 바람이 불지 않는데도 저절로 넘어진 것을 보고 정기에게 징조를 묻는다. 정기는 오늘 밤에 오군이 영채를 습격하러 온다고 말한다. 하지만 유비는 어젯밤에 순우단淳于丹의 군사를 모조리 죽여 물리쳤는데 어떻게 감히 다시 오겠냐며 정기의 말을 우습게 여겼다.

정기는 다시 어제의 전투가 육손이 시험하려는 것이었다면 어떻게 하겠느냐고 말한다. 동오군이 쳐들어왔고 촉한군이 화공으로 대패한다. 정기는 동오군과 싸우다가 포위를 뚫을 수 없다고 판단한 뒤 검을 뽑아 자결한다.

조운

원소와 공손찬을 거쳐 유비에게 귀순

조운은 처음에 원소를 따랐다. 하지만 원소가 한복에게서 기주를 빼앗자 의용병을 이끌고 공손찬에게 귀순했다. 상황을 주도한 능동적 행위였다. 하지만 그 과정은 단순히 들어갔다는 것을 뜻하는 입入 정도의 처신이었다. 상관인 원소가 맘에 들지 않아 그 대안으로 공손찬에게 의탁하는 것을 선택했지 특별한 은혜를 염두에 두고 치밀한 계획을 세워 간 것은 아니다.

조운이 공손찬에서 유비를 따르게 된 것은 공손찬에게 의탁하고 있던 유비 지휘의 군대에서 기병지휘관으로 종군하면서 시작되었다. 평소 공손찬의 난폭한 성격을 싫어한 조운은 공손찬에게 귀환하지 않았다. 훗날 업성에서 유비를 만나 주군으로 섬겼다. 이는 속았음을 뜻하는 휼譎의 배신이다. 조운은 공손찬을 속였다. 그런 다음 상황을 주도한 능동적 처신으로 유비에게 귀순했다. 용병을 잘 하는 사람을 따르기로 한 평소의 소신에 따른 귀부였다.

조운趙雲(?~229년)은 후한 말과 삼국시대 촉한의 장수이다. 자는 자룡子龍이며 기주 상산군 진정현眞定縣(하북성 정정正定 남쪽) 출신이다.

신장이 거의 8척(240cm)에 가깝고 얼굴 윤곽이 뚜렷하여 멋진 인물이었다고 한다. 처음에는 원소 휘하에서 졸백卒伯(병졸의 우두머리)으로 임관한다. 그러나 원소가 책략을 사용하여 한복에게서 기주를 빼앗자 평소 원소의 됨됨이와 용병이 마음에 들지 않았던 이유로 관민 의용병을 이끌고 공손찬 아래로 들어간다.

공손찬은 기주의 백성들이 원소에게 호응하는 것을 걱정했었다. 그런데 조운이 귀부해 오자 "기주 사람들은 모두 원씨袁氏를 원한다던데 그대는 어찌 홀로 마음을 돌리고 미혹되어 이에 반反하는 것이오."라고 물었다.

조운이 "천하가 흉흉하여 누가 옳은지 알 수 없지만, 백성들이 거꾸로 매달리는 것과 같은 위태로운 상황에 처하여 비주鄙州(자신의 주를 겸칭)에서 논의하기를 어진 용병이 있는 곳을 따르기로 한 뜻에서 귀부한 것일 뿐 원공袁公을 소홀히 하거나 명장군明將軍을 사사로이 따르는 것은 아닙니다."라고 답했다.

이후 조운은 공손찬과 함께 전투에 나선다. 조운이 공손찬 휘하에 있을 때 유비 또한 공손찬에게 의탁하고 있었다. 공손찬이 평원에서 원소를 막기 위해 유비를 파견해 전해를 지원하도록 했다. 조운도 이때 일시적으로 유비의 지휘하에 들어가 기병 지휘관으로서 종군했다. 조운은 당시 공손찬의 정식 부하가 아닌 의병이었다. 유비가 조운과 가까이 지내면서 두 사람은 가까워졌다.

한편 이 무렵 조운의 마음은 공손찬을 떠나 있었다. 공손찬의 난폭한 성격이 싫었다. 대신 조운의 눈에 공손찬의 부하로 있던 유비가 눈에 들어왔다. 유비 또한 조운이 눈에 들어와 서로 깊은 유대를 맺었다.

그 뒤 조운은 형의 장례를 치르기 위해 공손찬에게 말하고 잠시 고향으로 돌아갔다. 이때 조운은 유비에게 "절대로 당신의 은덕을 잊지 않겠다."는 말로 이별을 고한다. 이는 공손찬 밑으로는 다시 돌아가지 않겠다는 것을 암시했는데 유비 또한 그것을 알고 조용히 전송했다.

훗날 조조에게 서주徐州를 잃은 유비는 원소에게 의지했다. 조운은 업성에서 유비를 만나 부하가 되었다. 유비를 위해 원소 몰래 수백 명의 사병을 모으기도 했다.

『삼국지』에서는 이때 '유비는 조운과 같은 침대에서 잠을 잤다.'라고 되어 있다. 또 『삼국지연의』에서는 의형제를 맺은 관우나 장비와 같은 동등한 대우를 받은 것으로 묘사된다.

201년 조운은 여남에서 패배한 유비를 따라 신야新野로 갔다. 207

년 형주에서는 유표가 죽어 후계 문제로 내분이 일어났다. 조조가 그 틈에 침공했다. 유비가 피난길에 당양현 장판에서 조조군의 습격으로 대패했다.

조운은 이때 단신으로 조조군 한가운데로 달려 들어갔다. 미처 도망가지 못한 유비의 어린 아들 아두(후주 유선의 아명)와 아내 감부인을 구출한다. 이 공적으로 조운은 아문장군牙門將軍으로 승진한다. 아문장군은 아기牙旗(대장기)를 꽂아놓은 부대의 책임자로 유비의 직할부대를 지휘하는 장수이다.

전투 중에 장비가 유비에게 "조운이 아군을 배신하고 조조에게 항복했다."고 보고했다. 유비는 "조운은 결코 그럴 위인이 아니다."라고 말했다.

『삼국지연의』에서는 조운이 조조 휘하의 장수 하후은(조조의 검을 등에 메고 다니는 장수)을 죽여 청강검靑釭劍을 손에 넣은 후 유선을 가슴에 품고 적군 한가운데에서 홀로 분전하였고, 그것을 본 조조가 조운에게 활을 쏘지 말고 반드시 생포하라고 명령한 덕분에 위기에서 벗어나 목숨을 구했다고 했다.

211년(건안 16년) 익주자사 유장이 법정을 파견해 유비를 맞아들였다. 한중군의 태수 장로를 공격했다. 그러나 유비는 얼마 뒤 유장과 대립했다. 가맹관에서 군사를 돌려 유장을 공격했다. 하지만 군사 방통이 장임의 화살을 맞고 전사하는 등 궁지에 빠졌다.

제갈량이 조운과 장비와 함께 형주의 군대를 이끌고 구원에 나섰다. 장강을 거슬러 올라가며 주변의 군현들을 평정했다. 강주에 도착하자 조운은 강양江陽으로 올라가 성도에서 합류하기로 하고 성도로 진군했다. 성도 포위의 한 축을 담당했다. 유장이 항복한 뒤 조운은 익군장군翊軍將軍에 임명됐다.

219년 한중전투에서 황충은 조조군의 군량 수송을 끊는 역할을 맡았다. 그런데 때가 돼도 돌아오지 않자 조운이 마중 나가 황충을 도와 조조군을 물리쳤다. 조조군은 군을 정비해 다시 조운 진영으로 공격해 왔다. 이때 조운은 문을 활짝 열었다. 깃발도 숨겼다. 북도 치지 않았다. 조조군은 조운의 진영 앞에서 깊은 정적을 보고 복병에 대한 의심으로 머뭇거렸다. 조운은 그때 북을 치고 쇠뇌를 쏘아 적군을 공격했다. 순간 당황한 조조군은 혼란에 빠졌다. 많은 병사들은 달아나다 한수漢水에 빠져 익사하는 등 참패를 당했다.

다음 날 아침 유비는 조운의 진영을 방문했다. 전날의 전장을 시찰하면서 "조운의 몸은 모두 담膽덩어리다."라고 칭찬했다. 군중에서는 이때부터 조운을 호위장군虎威將軍(호랑이의 위세를 가진 장군)이라고 불렀다.

관우가 손권의 군량고를 탈취했다. 손권이 형주를 습격해 관우를 살해했다. 격노한 유비가 손권을 타도하려 했다. 조운은 "국적은 조위이지 동오가 아닙니다. 먼저 조위를 멸망시키면 동오는 자연히 굴복할 것입니다. 조조가 죽었다고 하지만 그의 아들 조비가 황실을 찬탈하고 있습니다. (중략) 조위를 방치하고 먼저 동오와 싸워서는 안 됩니다. 전투가 일단 시작되면 쉽게 풀리지 않기 때문입니다." 라며 유비를 만류했다.

그러나 유비는 듣지 않았다. 동쪽으로 진군하고 조운을 강주에 남겨 후방을 맡게 했다. 유비가 자귀에서 패배했다. 조운은 구원에 나서 영안까지 진군했다. 하지만 동오의 군대는 이미 물러나고 없었다.

223년 유선이 즉위하자 중호군中護軍 겸 정남장군이 되었다. 이후 영창정후永昌亭侯에 봉해지고 계속 승진하여 진동장군이 되었다.

227년 조운은 제갈량을 따라 한중에 주둔했다. 228년에는 제갈량과 함께 조위로 출병했다. 제갈량은 사곡도斜谷道를 통과한다고 크게 알리고 조운과 등지에게 조위의 조진을 상대하도록 한 다음 그 틈에 기산을 공격했다.

조운 등은 미끼였다. 그런데 조진은 제갈량의 선전을 그대로 믿고 기곡에 대군을 파견했다.

애당초 의군義軍(외적의 침입을 물리치기 위하여 백성들이 자발적으로 조직한 군대)이었던 기곡의 조운 부대는 조진의 군대에게 중과부적이라 패했다. 그러나 부장인 등지와 함께 직접 후위를 맡아 피해를 줄였다. 가정전투에서 마속의 패배로 제1차 북벌은 실패로 돌아갔다. 참전했던 제갈량 이하 모든 장수들이 강등되면서 조운은 진군장군으로 좌천되었다.

제갈량이 "퇴각하면서 장병의 단결이 전혀 흐트러지지 않은 것은 무엇 때문인가.”라고 물었다. 조운의 부장인 등지는 “조운 스스로 후방 부대를 맡아 군수 물자를 거의 버리지 않고 마무리할 수 있었으므로 장병들은 흐트러짐 없이 퇴각할 수 있었다.”고 대답했다. 제갈량은 조운에게 남은 군수품 견사(명주실)를 그의 장병들에게 나눠주게 했다. 조운은 “전쟁에 진 자가 어찌 하사품을 받을 수 있겠는가. 군수 물자는 모두 창고에 모아 10월에 겨울 준비 물품으로 하사받을 수 있도록 하라”고 명령했다. 스스로 규율을 지켜 패전 책임을 분명히 했다.

제갈량은 이를 보고 “선제께서 살아생전에 말씀하시길 자룡은 군자라 하였는데 그 말이 헛되지 않도다.”라며 더욱더 조운을 존경했다.

조운은 1차 북벌이 끝난 그 이듬해 229년 사망했다. 조운은 수년 후 대장군大將軍 순평후順平侯라는 시호를 받았다. 「조운별전」에 의하면 유선이 조운은 유비를 따르면서 공적이 컸고 자신이 아기였을 적에 구해 줬으니 조운의 합당한 시호를 짓도록 했다.

조운의 시호를 지은 사람은 강유였다. 강유는 조운의 시호를 제정할 때 당양에서의 일을 조운의 대표 일화로 소개했다. 강유는 시법을 살펴 “유현자혜柔賢慈惠를 순順이라 하고 집사유반執事有班을 평平이라 하며, 극정화란克定禍亂을 평平이라 하니 조운의 시호는 순평후順平侯가 마땅하다.”고 했다.

시호법에 따르면 순順은 성품에 대한 찬양이다.

慈仁和民자인화민—자비롭고 어질며 백성들에게 온화하다.

慈和遍服자화편복—자비롭고 온화하며 두루 복종시킨다.

和比於理화비어리—온화한 것이 이치에 비길 만하다.

평平은 일 처리에 있어 공정함을 뜻한다.

法度皆理법도개리—법도가 다 이치에 맞다.

有剛治記유강치기—정치를 행함에 강직하고 기강이 있다.

執事有制집사유제—일을 맡아서 행함에 짜임새가 있다.

治而無省치이무생—다스림에 허물이 없다.

조운은 무관인데도 시호는 순평후順平侯로 인격과 공정한 태도를 높게 평가받았다.

조운은 강직하고 이치에 맞는 행동을 했다. 주변 사람들에게 오만했던 관우, 장비와는 달리 순후하고 후덕하다는 평가를 받았다. 유비와 제갈량에게도 인정을 받았다.

『삼국지』의 저자 진수는 "황충과 조운은 굳세고 사납고 씩씩하고 용맹하여 아울러 조아爪牙(발톱과 어금니. 용맹한 무장을 비유)가 되었으니 관灌, 등滕의 무리로다."라고 평했다.

『삼국지』「촉서」'조운전'에 의하면 유비가 익주목이 되자 223년(건흥 원년) 중호군겸 정남장군이 되었으며 영창정후에 봉해지고 다시 진동장군으로 승진한다. 그 공적이나 지위가 관우 장비 마초 황충 등에 미치지 못했다. 조운전의 원문은 진수가 너무도 간략하게 기록했기 때문에 조운에게 수식된 일화가 거의 없다.

촉한의 양희는 「계한보신찬」에서 "정남장군(조운)은 성정이 후덕하고, 정서장군(진도)은 충성스럽고 강직하다. 당시 선발된 병사를 지휘하여 맹장으로서 공훈을 날렸다."라고 했다.

일신시담 一身是膽(온몸이 쓸개로 이루어져 있다는 뜻으로, 두려움을 모르는 담대한 사람)과 언기식고偃旗息鼓(전쟁터에서 군기를 누이고 북을 쉰다는 뜻으로, 휴전을 이르는 말로 위장술의 일종)등의 고사성어가 조운별전의 공성계 일화에서 유래했다.

조운은 아들이 둘이었다. 장남 조통이 후사를 이었다. 그의 관직은 호분중랑虎賁中郞, 독행령군督行領軍에 이르렀다. 차남 조광은 무장으로서 아문장牙門將으로 강유를 수행하여 답중沓中에서 싸움에 임하다 전사했다.

조운은 학식과 통찰 그리고 무예를 두루 갖춘 인물이었다. 그의 창술은 당대 최고 수준이었다. 덕분에 크고 작은 수많은 전투에서 맹활약했다.

조운은 무장이면서도 지혜가 풍부하고 통찰력이 뛰어났다. 관우가 사망할 당시 후한의 상황은 후한 헌제가 조비에게 선양한 지 얼마 지나지 않은 상태였으며 이 때문에 황실을 지키자는 명분으로 조비를 공격하면 충분히 승산이 있다고 판단했다.

조운은 조위로 진격하는 것 자체를 목표로 두지 않았다. 조위로 진격할 경우 조위 내부에서 황실을 추종하는 사람들이 일으킬 봉기의 가능성을 노렸다. 조운은 당시 주변국들의 사정과 민심의 흐름을 파악하고 있었다.

그런데 유비는 관우의 죽음에 연연한 나머지 조운의 조언을 받아들이지 않았다. 그 이후 유비는 이릉대전을 일으켰지만 크게 패했다. 결국, 유비는 이 후유증으로 병사했다.

『삼국지연의』에서는 창술槍術의 명수로 등장한다. 처음에는 원소의 부하였지만 스스로 공손찬 밑으로 달려가고, 문추와 일대일 싸움으로 공손찬을 궁지에서 구하는 장면에서 등장한다.

관우와 장비 이상으로 결투 장면이 많이 묘사된다. 주군이 위기에 빠졌을 때 바람처럼 달려와 구해주는 멋진 역할의 설정이 많다.

유비와의 첫 만남과 재회의 과정이 멋지게 각색되었다. 장판파에서는 아이까지 데리고 있으면서 홀로 적진을 휘젓는다. 그런데 기껏 구해내온 아두를 유비가 던지며 조운에게 말하길 "아이는 또 낳을 수 있지만, 그대 같은 장수는 또 구할 수 없다."라며 던지는 등 조운과 유비의 의리가 부각된다.

『삼국지』에서는 관우, 장비, 마초, 황충이 사방장군에 임명되지만, 조운은 빠져있다. 하지만 『삼국지연의』에서는 사방장군에 조운까지 포함되어 오호대장군이 된다.

조운은 『삼국지연의』에서 독자들이 가장 좋아하는 인물 중 한 사람으로 묘사되었다. 나관중은 조운과 동향이라는 인연에 의해서인지 배송지가 단 주석 「조운별전」의 이야기를 바탕으로 조운의 활동 장면을 많이 묘사했다.

초주

촉한을 섬기다
조위에게 항복 권유

초주는 촉한을 섬기다 멸망 후 서진을 따랐다. 촉한군이 무너지자 관료들은 동맹국인 동오나 지세가 험한 일곱 군의 남중으로 피신하자고 했다. 하지만 광록대부였던 초주는 혼자서 조위에 항복하자고 했다. 유선은 초주의 의견을 받아들였다.

초주의 처신은 단순히 들어갔다는 것을 뜻하는 입入 정도의 행위다. 상황을 주도한 능동적 배신이었다. 왕조보다는 백성을 생각하는 행동이었다.

초주譙周(199년 이전~270년)는 삼국시대 촉한의 관료이다. 자는 윤남允南이고 익주益州 파서군巴西郡 서충국西充國(사천성 낭중閬中 서남쪽) 출신이다.

초주는 아버지 초영시를 일찍 여의고 형과 함께 살았다. 성장한 이후에는 고서에 묻혀 학문에 정진했다. 가난한 집에 관해서는 말하지 않았다.

경전을 통독할 때는 잠자는 일과 먹는 일을 잊을 정도로 몰두했다. 육경六經을 정심하여 연구했다. 천문에도 매우 밝았다. 하지만 그것에 마음을 깊게 두지는 않았다. 신장은 8척(240cm)으로 컸고 소박한 풍모에 진실 되고 꾸밈이 없는 성품이었다.

220년 조비가 헌제에게 선양을 받고 조위를 세웠다. 익주에서는 헌제가 해를 당했다는 소문이 퍼졌다. 유비의 신하들이 유비를 황제로 추대하려 했다. 초주는 황권黃權 등 여러 신하들과 함께 황제에 즉위하여 한나라의 뒤를 이어야 한다는 글을 올렸다. 그 결과 유비는 221년 4월 제위에 올랐다.

『삼국지』「촉서」'초주전'에 의하면 제갈량은 익주목을 겸하면서 초주를 권학종사勸學從事사로 임명했다. 대장군 장완이 익주자사를 겸임할 때는 전학종사로 임명되었다. 익주益州의 학자들을 총괄하는 자리였다. 초주는 경학에 능통하고 서찰을 잘 썼으며 천문에 밝아 학자 중 한 사람으로 꼽혔다.

238년 후주 유선이 태자를 세우자 초주를 복야로 임명했고 후에 가령으로 전임시켰다. 초주는 구국론仇國論을 지었다. 후주가 주색에 빠지고 대장군 강유姜維가 북벌에 몰두할 때였다.

"옛날 왕망 정권이 무너지자, 호걸들이 동시에 일어나 주와 군을 차지하고 제왕의 옥새를 갖기를 원했습니다. 이때 현명하고 재능 있는 선비들은 돌아가 의탁할 만한 사람을 그리고 희망했는데, 반드시 그 세력의 넓고 좁음을 근거로 하지 않고 오직 덕의 얕음과 두터움만을 보았을 뿐입니다. 이 때문에 당시의 경시와 대중을 갖고 있는 자들은 대부분 세력면에서는 이미 넓고 컸지만, 쾌락을 추구하고 욕망을 따르지 않는 자가 없었고, 착한 일을 함에 있어서는 게을렀으며, 유람하며 사냥하고 먹고 마시면서 백성들을 긍휼히 여기지 않았습니다. 세조가 처음으로 하북에 진입했을 때, 풍이 등이 그에게 권유하기를 '응당 다른 사람이 할 수 없는 일을 해야만 합니다.'라고 했습니다. 그래서 세조는 억울하게 죄를 뒤집어쓴 자들을 재심하여 처리하는 데 노력했으며, 음식을 절약하고, 법률과 제도에 따라 행동하였으므로 북쪽의 주에서는 칭송의 노래를 부르며 감탄했고, 명성은 사방 먼 곳까지 퍼지게 되었습니다. 그 결과 등우는 남양에서부터 그를 따랐고, 오한과 구순은 세조를 알지는 못했지만 멀리서 그의 덕행을 전해 듣고 임기응변의 계책을 사용하여 어양과 상곡의 돌격 기병대를 들어 광아에서 세조를 맞이했습니다.

이 밖에 세조의 덕망을 흠모한 자로는 비융과 경순, 유식의 무리로부터 병든 몸을 수레에 싣고 관을 지고 오거나 강보의 어린이를 등에 업고 오는 사람에 이르기까지 그 수를 헤아릴 수가 없을 정도였습니다.

그러므로 약한 것으로 강한 것이 되었다고 할 수 있고, 왕랑을 멸망시키고 동마를 평정하고 적미赤眉(반란 집단인 적미군)를 무찔러 제왕의 대업을 이뤘습니다. 낙양에 도착한 후, 세조는 일찍이 잠깐 외출하려고 거마를 준비시켰는데, 요기가 간언하여 말하기를, '천하는 아직 편하지 못한 상태인데, 신은 폐하께서 자주 외출하는 것을 원하지 않습니다.'라고 했습니다. 그래서 세조는 즉시 수레를 돌렸습니다.

외효를 정벌했을 때, 영천의 도적들이 봉기했습니다. 세조는 낙양으로 돌아와 단지 구순을 파견하여 가도록 했는데, 구순이 말하기를 '영천에서는 폐하께서 원정하였기 때문에 간사한 자들이 봉기하여 반란을 일으킨 것입니다. 그들은 폐하께서 돌아온 것을 아직 모르고 있으니, 때에 맞춰 항복하지 않을까 걱정입니다. 폐하께서 직접 그곳으로 가면, 영천의 도적들은 반드시 항복할 것입니다.'라고 했습니다. 그래서 세조는 영천으로 갔고, 그 결과 구순의 말처럼 되었습니다. 때문에 긴급한 일이 아니면 잠시 외출하는 것조차 과감히 하지 않고, 긴급한 일에 이르러서는 자신의 안위도 생각지 않으려고 한 것입니다.

옛날의 제왕들은 좋은 일을 하려는 것 또한 이와 같았습니다. 때문에 경전에서는 '백성들은 이유 없이 돌아가지 않는다.'라고 했습니다. 진실로 그들은 덕행을 우선한 것입니다. 지금 한나라는 액운을 만나 천하가 셋으로 나뉘었으며 영웅과 지혜로운 선비들이 현명한 군주를 그리워하고 바라는 때입니다. 폐하께서는 천성이 지극히 효성스러워 3년간의 상을 마쳤는데, 말을 할 때마다 눈물을 흘리는 등 증민(증삼과 민자건—둘 다 공자의 제자로 효성이 지극)이라도 폐하를 넘지는 못했을 것입니다.

현명한 사람을 존경하고 재능 있는 자를 임용하여 그들로 하여금 힘을 다하도록 하는 점에서는 주나라의 성강(주성왕, 주강왕)을 능가하고 있습니다. 그래서 국내는 한마음으로 협력하고, 나이 많은 자와 적은 자가 힘을 내니, 신이 일일이 열거할 수는 없습니다. 그렇지만 신은 큰 소원을 억제할 방법이 없으니, 그것은 폐하께서 다른 사람들이 하지 않는 일을 널리 하시기를 원하는 것입니다. 무거운 수레를 끄는 자는 큰 힘을 내지 않는 것을 걱정할 것이고, 커다란 곤란을 제거하는 자는 널리 좋은 수단을 강구하지 못하는 것을 걱정할 것입니다. 그리고 종묘를 이어 섬기는 자는 헛되이 복을 구하지 않고, 백성들을 솔선하여 하늘을 존경해야만 합니다. 호수나 숲에서 즐기시고, 어떤 때는 빈번하게 출동하시니, 신은 어리석고 고집스러워 사사로이 마음이 편할 수 없었습니다. 무릇 걱정이나 책임을 몸에 지고 있는 사람은 향락을 다할 틈이 없습니다. 선제의 뜻은 천하를 통일하는 것이나 아직 이루어지지 않았으니, 진실로 향락을 다할 때가 아닙니다. 원컨대 악관樂官(음악을 담당하는 관리)을 줄이시고 후궁이 증착하여 만든 관을 감소하고, 단지 선제께서 펴시던 일만을 받들어 시행하고, 아래로는 자손들을 위해 절검을 보이십시오."

초주는 상소 이후에도 유선을 모셨다. 초한이 비의 이후 강유의 북벌로 인해 피폐해지자, 구국론仇國論을 지어 지속되는 전쟁의 문제점을 지적했다. 초주는 당시 상서령 진지와 형세의 이로움과 해로움에 대해 논의하고 조정에서 물러나 구국론이라고 했다.

"인여국은 약소하고 조건국은 강대하지만, 함께 천하를 다투어 구적이 되었습니다. 인여국에 고현경이라 하는 자가 있었는데 복우자에게 묻기를 '지금 국가의 대사는 아직 안정되지 않았으므로 조정의 윗사람과 아랫사람들이 내심 걱정하고 있습니다. 과거의 일에서 약한 것으로써 강한 것을 이길 수 있었던 사람은 어떤 방법을 이용했습니까.'라고 했다. 복우자가 말하기를, '나는 이런 말을 들었습니다. 대국의 입장에 있으면서 걱정이 없는 자는 항상 대부분 오만하고, 약소국의 입장에 있으면서 걱정이 있는 자는 항상 착한 행동을 사모한다고 합니다. 대부분 오만하면 동란을 낳게 되고, 착한 행동을 사모하면 천하를 태평스럽게 하게 되는데, 백성들을 양육하여 적은 수를 갖고 많은 수를 취했고, 구천은 백성들을 긍휼히 여겨 약소국으로써 강대국을 이겼습니다. 이것이 그 방법입니다.'라고 했습니다. 고현경은 '과거 강대한 항우와 약소한 한이 서로 다투어 싸웠으므로 하루라도 편안히 쉬는 날이 없었습니다. 그런데 항우는 한나라와 맹약하여 홍구를 경계로 삼아 각기 돌아가 백성을 쉬도록 하려고 했습니다.

그때 장량은 백성들의 마음이 이미 정해졌다면 형세를 바꾸는 것은 어렵다고 주장하고 군대를 이끌고 항우를 추격하여 끝내는 항우를 타도했습니다. 어찌 문왕의 일을 따를 필요가 있겠습니까. 조건국에는 마침 환란이 있으니, 나는 그 틈을 타서 그 나라의 변방 지역을 함락시키고 그 환란이 가중되어 나라를 소멸시키기를 기다릴 것입니다.'라고 했습니다.

복우자가 말했습니다. '은殷, 주周의 교체기에 왕후는 대대로 존경

받았고 군신 관계는 오래도록 공고했으며, 백성들은 군주의 통치에 습관이 되어 있었는데, 뿌리가 깊은 것은 뽑기 어렵고, 공고함에 의지한 것은 옮기기 어렵습니다. 이 시대에 있어서는 비록 한고조일지라도 어떻게 칼을 쥐고 말에 채찍질하여 천하를 취할 수 있었겠습니까. 진秦나라가 봉후를 폐지하고 군수를 설치한 후, 백성들은 진나라의 노역으로 지치고, 천하의 토지는 붕괴되는 듯했으며, 어떤 때는 해마다 군주를 바꾸고, 어떤 때는 달月마다 공을 바꾸었으므로 새나 짐승조차도 놀라 누구를 따라야 할지 몰랐습니다. 그래서 호걸들이 일제히 다투며, 호랑이나 이리가 획득물을 찢어 나누듯이 영토를 분열하였는데, 신속하게 공격한 자가 가장 많이 얻었고, 행동이 느린 자는 병탄되었습니다. 지금 우리나라와 조건국은 모두 새 군주에게 나라를 인도했고 시대는 바뀌어 진나라 말기 같은 혼란한 시대가 아니라 실로 육국이 동시에 할거하는 형세가 있습니다.

때문에 문왕은 될 수 있지만, 한고조는 되기 어렵습니다. 대체로 백성들이 피로하다면 소란의 징조가 생기고, 조위가 오만하고 아래가 포학하면 와해의 형세가 일어날 것입니다. 속담에 말하기를, '화살을 여러 번 쏴서 적을 맞히기를 바라는 것은 신중하게 살피고 쏘는 것만 못하다'라고 했습니다. 이 때문에 총명한 사람은 작은 이익 때문에 눈을 옮기지 않고, 주관적으로 추측하여 계획을 바꾸지 않으며, 시기가 가능해진 연후에 행동하고 시운이 부합된 이후에 일어납니다. 과거 탕왕, 무왕의 군대가 두 번 싸우지 않고 이겼던 것은 진실로 백성들의 노고를 엄중하게 보고 시기를 신중히 살폈기 때문입니다. 만일 무력을 다하여 몇 번이고 정벌하여 토지가 붕괴되는 형세가 생기고 불행히 어려움을 만나게 된다면, 비록 총명한 사람이라도 다른 방법을 강구할 수 없을 것입니다. 만을 종횡으로 기이한 계책을 내어 틈도 없이 군대를 출동시켜 파도를 뚫고 쉐가 가는 길을 끊고, 계곡을 지나고 산을 넘어 배와 노에 의지하지 않고 나루터를 건너간다면 나는 어리석은 사람이므로 실제로 도달하지 못할 것입니다."

군주는 나라를 돌보지 않고 장군은 전쟁을 일로 삼는 즉, 잦은 정벌이 나라를 위태롭게 한다는 글이었다. 초주는 피폐해진 촉한을 구하고자 했다. 하지만 북벌의 뜻을 이어가는 강유는 받아들이지 않았다.

263년 겨울 조위의 등애鄧艾가 강유江由을 점령하고 험준한 산길을 지나 진격해 왔다. 촉한의 유선은 험난한 지형지세를 믿고 조위군이 금방 들어오지 못할 것으로 보고 방비를 소홀히 했다. 제대로 대처하지 못한 촉한군은 곧 무너졌다. 등애는 제갈첨의 군대를 격파하고 성도成都로 진격했다.

관료들은 동맹국이었던 동오나 지세가 험준한 일곱 군의 남중으로 피신하자는 의견을 냈다. 하지만 광록대부였던 초주는 혼자서 조위에 항복하자고 했다. 유선은 초주의 의견을 받아들였다. 스스로 밧줄에 묶인 채 태자와 신하들을 거느리고 등애에게 항복했다. 촉한은 멸망했다.

조위의 실권자 사마소司馬昭는 초주를 양성정후陽城亭侯에 봉했다. 조정으로 불러들였다. 초주는 출발하여 한중漢中에 도착했지만, 병 때문에 가지 못 했다. 265년 여름에 파군의 문립이 낙양으로부터 촉한으로 돌아와 초주를 방문했다. 초주는 대화 중에 서판에 다음과 같은 글을 써서 문립에게 보여주었다.

"전오典午는 갑자기 월유月酉에 죽는다."

전오典午란 사마司馬를 뜻하고 월유月酉는 8월을 의미한다. 8월에 이르러 사마소는 정말 세상을 떠났다. 초주는 서진이 건국된 이후 병든 몸을 이끌고 낙양에 들어갔다.

서진 왕실이 제위에 오르자, 여러 차례 조서를 내려 초주의 입궐을 재촉했다. 초주는 병든 몸을 수레에 싣고 267년(태시 3년) 낙양에 도착했다. 하지만 질병으로 일어나지 못했다. 초주는 집으로 가서 기도위를 임명받았다. 그러나 자신이 공로가 없는데 봉토를 받는 일은 합당하지 않다고 하여 작위와 봉토를 돌려주려고 했다. 하지만 모두 받아들여지지 않았다.

269년에 진수陳壽는 일찍이 파서군의 중정中正을 맡고 있었다. 인물을 평가하는 일을 마치고 휴식을 요청하여 집으로 돌아오면서 초주가 있는 곳으로 가서 이별을 했다.

초주는 진수에게 말했다. "옛날에 공자는 72세에 죽었고, 유향劉向과 양웅楊雄은 71세에 죽었다. 지금 내 나이가 70을 넘었으니 공자를 따르고 유향, 양웅과 책상을 같이하고 싶다. 아마 다음 해를 맞이하지 못하고 먼 여행을 떠날 것 같으니 다시 만날 일은 없을 것이다."

270년(태시 6년) 가을, 조정에서는 초주를 산기상시散騎常侍에 임명하는 조서를 내렸다. 그러나 초주는 병이 깊어 받지 못하고 겨울에 숨을 거뒀다.

그는 『오경론五經論』 『법훈法訓』 『고사고古史考』 등을 지었다. 하지만 모두 소실되어 전하지 않는다.

초주는 세 명의 아들을 두었다. 초희譙熙, 초현譙賢, 초동譙同이다. 막내 초동譙同은 초주의 학업을 매우 좋아했다. 또한, 효렴孝廉으로 천거되어 석현의 현령으로 제수했는데, 동궁세마東宮洗馬로 승진시켜 불렀지만 취임하지 않았다. 손자로는 큰아들 초희의 아들인 초수와 서진에서 재동내사를 지낸 초등譙登이 있다.

『삼국지』의 저자 진수는 스승인 초주에 대해 동중서의 규범을 지닌 일세의 선비라 평했다.

『삼국지연의』에서 초주는 유비가 익주를 공격해 유장을 궁지에 몰자 초주는 유장에게 홀로 천문을 거론하며 항복을 권한다.

북벌에 소극적인 입장이었기에 제갈량과 강유의 북벌을 거듭 말린다. 초주의 구국론은 『삼국지연의』에서는 수국론讎國論이라는 이름으로 나온다. 북벌을 준비하던 강유에게 보내진다. 글을 읽은 강유는 썩은 선비의 글이라며 비판하고 출정한다.

촉한 멸망 시에는 『삼국지』의 일과 같다. 다른 신하들에게 동오에 항복하는 것이 조위에 항복하는 것보다 못하다고 말하며 후주 유선에게 조위에 항복할 것을 청한다.

팽양

유장을 따르다 촉한의
유비에게 귀순

팽양은 처음에 유장을 섬겼다. 유장이 유비와 전투를 벌일 때 방통을 찾아가고 그의 천거로 법정을 통해 유비를 만났다. 이후 유비의 중용을 받는다. 하지만 오만과 자만심으로 자신을 망친다.

팽양의 처신은 상황을 주도한 능동적 배신으로 더 큰 이익과 명예를 얻기 위한 행위였다. 섬길 주군을 찾아갔지만, 반란 획책이 들통 나 젊은 나이에 죽임을 당했다.

팽양彭羕(178~214년)은 후한 말의 관료이다. 자는 영년永年이며 익주 광한군(사천성 광한 북쪽) 출신이다.

신장이 8척(240cm)으로 용모가 위용 했다. 반면 성격은 교만하고 사람들을 홀시하는 경향이 많았다. 같은 군의 진밀만이 그를 존중해 허정에게 추천했다.

일찍이 익주의 유장 밑에서 하급 관리를 지냈다. 서좌書佐가 되었을 때 유장을 비방했다는 참언讒言(거짓으로 꾸며서 남을 헐뜯어 윗사람에게 고해바침)을 들었다. 머리를 깎고 항쇄項鎖(죄인의 목에 씌우는 칼)를 채우는 곤겸형髡鉗刑을 받아 노역수가 되었다. 사대부로서 치욕적이며 명예가 떨어지는 일이었다.

유비가 촉으로 들어가 유장과 전투를 벌일 때 유비의 책사 방통龐統을 찾아갔다. 방통의 빈객이 있자 침대에 누웠다. 손님이 오면 충분히 담소로 나눠야 한다고 했다. 빈객이 떠나자 팽양은 방통에게 식사를 요구했다. 팽양은 방통과 이야기를 했고 대화를 나눈 후 방통으로부터 재능을 인정받았다.

팽양의 재능을 알고 있는 법정이 팽양과 함께 유비가 있는 곳으로 갔다. 유비도 팽양을 기재가 있는 인물로 평가하여 막빈幕賓으로 채용했다. 팽양에게 군사 명령을 전달해 장수들에게 지시를 내리도록 여러 번 명령했다.

팽양의 훌륭한 직무 수행 능력으로 유비가 중용했다. 유장을 토벌한 후 익주목을 겸임하게 되자 발탁하여 치중종사治中從事로 삼았다.

비천한 신분에서 갑자기 출세하고 유비의 총애가 깊어지자 그는 점차 오만해지고 자만심에 빠졌다. 팽양의 교만을 염려한 제갈량은 유비에게 "팽양은 야심이 큰 자이니, 편히 쓰실 수 없을 겁니다."

라고 여러 번 진언했다. 유비는 팽양을 강양태수江陽太守로 좌천시켰다.

팽양은 이에 대해 불만을 품었다. 마초를 방문했을 때 "그 늙은이(유비)는 나와 말이 통하지 않는다. 그대가 바깥(군사)을, 내가 안(내정)을 잡으면 천하도 노릴 수 있을 터인데⋯."라고 넌지시 말했다.

신변의 위협을 느낀 마초는 이를 유비에게 말했다. 팽양은 체포됐다. 옥중에서 제갈량에게 편지를 써서 변명했지만 결국 처형되었다. 젊은 나이인 37세 때였다.

"저는 과거에 제후에게 임명된 일이 있었지만, 조조는 포악하고, 손권은 무도했으며, 진위장군 유장은 우매하고 연약했으며, 오직 주공만은 패왕의 자질을 갖추고 있었으므로 함께 공업을 일으키고 평화를 이르게 할 수 있다고 생각했습니다.

그 때문에 마음을 바꿔 주공이 있는 곳으로 날아가 뜻을 펼치려고 했습니다. 마침 주공께서 서쪽에 오셨고, 저는 법효직을 통해 저 자신을 빛나게 했으며, 방통은 그 사이에서 협조해줘 마침내 가맹에서 주공을 만나게 되었습니다. 손바닥을 손가락으로 나누며 말하면서 세상을 다스리는 요점에 대해 논의했고, 패자와 왕자의 의미에 대해 말했으며 익주를 탈취할 방법을 건의했습니다. 주공 역시 이전부터 명확하게 생각한 것이 있었으므로 저의 건의에 찬성하고 칭찬하였고, 그래서 거사를 일으켰습니다.

저는 고향 익주에서 평범한 지위를 벗어나지 못했고, 형벌을 받아 걱정해야 했습니다. 화살이 나는 풍운의 시대를 만나 군주를 찾았을 때 주공을 얻어 제 뜻은 시행되었으며 명성은 빛나게 되었고, 평범한 백성의 신분 속에서 발탁되어 국사國士가 되었고, 무재의 지위를 차지했습니다. 주공께서는 아들에게 두터운 은정을 주셨는데, 누가 또 이것을 넘었겠습니까.

저 팽양은 하루아침에 반역을 하여 스스로 살을 소금에 절여야 되는 죄행을 범하여 불충불의한 망자가 되었습니다. 이전 사람들의 말에 왼쪽 손으로 천하의 지도를 쥐고, 오른쪽 손으로 인후를 자르는 것은 어리석은 사람도 하지 못하는 것입니다. 하물며 저는 콩과 보리를 잘 식별하는 사람인데 어떻겠습니까. 제가 원망하는 마음을 갖게 된 것은 자신의 역량을 헤아리지 못하고 오히려 처음으로 대업을 일으킬 수 있다고 생각하였기 때문인데, 강양으로 방축시키자 의론이 있게 되고, 주공의 마음을 이해하지 못하여 결국 감정이 과격하게 일어났으며, 게다가 술까지 마셔 '노老'자를 말하는 실언을 하게 된 것입니다.

이것은 저의 어리석음이며, 사려가 얕음으로 인해 이르게 된 것으로, 주공께서는 실제로 늙지 않았습니다. 그리고 공업을 세움이 어찌 나이의 많고 적음에 있겠습니까. 서백西伯이 90세가 되어 뜻이 쇠약해졌겠습니까. 저는 자애로운 아버지를 저버렸으니 그 죄는 백 번 죽어 마땅합니다.

제가 안과 밖을 말한 것에 이르러서는 맹기로 하여금 북방의 주에서 공을 세우도록 하여 주군에게 협력하고, 함께 조조를 토벌하고자 했을 뿐, 어찌 감히 다른 뜻이 있었겠습니까. 맹기가 전한 말은 옳지만, 그 사이의 의미를 구별하지 않아 사람의 마음을 아프게 했습니다. 과거에는 항상 방통과 함께 서로 서약을 하며, 그대의 지위를 따르고 주공의 사업에 마음을 다하여 고인의 이름을 좇고 공훈이 역사에 기록되기를 희망했었습니다. 방통은 불행하게도 전사했으며, 저는 스스로 재앙을 취해 패망敗亡했습니다.

저 스스로 이곳까지 떨어졌는데 장차 또 누구를 원망하겠습니까. 그대는 당대의 이윤이고 여망이니, 주공과 대사를 잘 상의하여 그를 도와 큰 계획을 확정해야만 됩니다. 천지는 분명하게 살필 수 있고, 산지에는 영험靈驗이 있으니, 또 무엇을 말하겠습니까. 원하는 것은 그대에게 저의 본심을 밝히는 것뿐입니다.

노력하여 일을 하십시오. 자애하십시오. 자애하십시오!"

『삼국지』의 저자 진수는 그에 대해서 재주로써 발탁되었지만, 행동거지를 살펴보고 예법을 되돌아보면 화를 부르고 허물을 취함에 자기 자신에게서 비롯되지 않은 것이 없다고 평했다.

『삼국지연의』에서 팽양은 유장에게 곤겸을 받아 그를 원망하고 있었고 유비의 서천 정벌 때 장임이 수공을 이용해 황충과 위연이 이끄는 군사를 몰살시키려고 할 때 방통에게 나타났다.

방통이 그의 신분을 물었다. 하지만 대답하지 않고 먹을 것을 달라 하여 주었더니 먹고 누워버리는 등 기행을 보이자 법정을 부른다. 법정은 그가 팽양이라며 유장에게 앙심을 품고 있어 유비에게 나타났다고 말한다. 팽양은 유비에게 장임의 수공 작전에 대해 말해 장임의 작전을 실패로 돌아가게 한다.

친구인 맹달孟達이 원군을 보내지 않은 번성전투에서 관우關羽가 죽자 맹달이 처벌될 것 같다는 편지를 하인을 시켜 보낸다. 그러나 그 하인은 남문을 나가려다가 마초의 부하에게 붙잡혀 투옥된다. 마초는 편지의 진상을 알아보려고 팽양을 찾아가 술을 마시며 속을 떠본다. 팽양은 마초에게 속아 유비를 비방하며 모반을 제안한다. 마초가 모두 상주하면서 체포되어 처형된다. 팽양이 죽었다는 소식을 들은 맹달은 상용上庸을 버리고 조위에 투항한다.

상랑

___

유표를 섬기다 촉한의
유비에게 귀순

___

상랑(향랑)은 유표를 섬기다 유표 사후 유비에게 귀순했다. 상랑의
처신은 단순히 들어갔다는 것을 뜻하는 입入 정도의 행위이다. 상황
에 내몰린 피동적 배신이다. 주군이 죽고 없는 상황에서 더 큰 이익
과 명예를 위한 의탁이었다.

___

상랑向朗(167년 이전~247년)은 삼국시대 촉한의 관료이다. 자는
거달巨達이며 형주荊州 양양군襄陽郡 의성현宜城縣(호북성 의성) 출신
이다. 향랑이라고 읽기도 하는데 상랑이 맞다. 향向은 성으로 쓰일
때 상으로 읽는다.

『삼국지』 권41 '곽왕상장양비전'에 상랑의 전이 있다. 또 「양양기」

에 의하면 젊어서 사마휘司馬徽에게 사사했다. 서서徐庶와 방통龐統 그리고 한숭과 좋은 관계를 맺었다.

처음에는 형주목 유표에게 등용되어 임저장(임저현의 현장)이 되었다. 유표가 죽자 유비에게 귀순했다. 자귀와 이도, 무산, 이릉 등 4현을 감독했다.

『삼국지』「촉서」'상랑전向朗傳'에 의하면 "유비가 촉을 평정하면서 파서태수가 되었다. 장가와 방릉으로 전임되었다. 유선劉禪이 즉위하자 보병교위가 되고, 죽은 왕련을 대신하여 승상장사가 되었다. 제갈량이 남만을 정벌할 때는 후방의 일을 처리했다. 227년(건흥 5년) 제갈량을 따라 한중으로 나아가 주둔했다. 또 상랑은 평소 마속馬謖과 사이가 좋아 마속이 도망친 내막을 잘 알고 있으면서도 묵인했다. 제갈량은 그로 인해 상랑을 싫어하여 관직을 박탈한 다음 성도로 보냈다."고 기록했다.

얼마 후 광록훈이 되었고 제갈량 사후 좌장군과 행승상사로 승차하고 현명정후에 봉해졌다. 그는 승상장사에서 면직된 후 공무에서 해방되어 고전 연구에 몰두하여 손에서 책을 놓지 않았다. 80세가 넘어서도 서적을 보며 오류를 고쳤다. 많은 빈객을 맞아들이고 널리 제자를 받아들였다. 고전의 뜻을 논의할 뿐 세상사에 관여하지 않아 이름을 알리며 위아래로 널리 존경을 받았다.

「장황후전」에 의하면 238년 상랑이 지절로서 장황후에게 옥새玉璽와 인수印綬를 주고 황태자 유선에게는 인수를 주는 역할을 맡았다. 이때 행승상사行丞相事(승상 직무대행) 좌장군左將軍이었다.

당시 실제 촉한의 1인자 재상은 장완이었으므로 상랑의 직함은 일종의 명예직으로 촉한의 중신들 가운데 연령이 높아 원로 대접이었다.

247년(연희 10년)에 죽었다. 뒤는 아들 상조가 이었다. 상조는 경요 연간(258~263년)에 어사중승이 되었다. 「양양기구기襄陽耆舊記」에 따르면 자를 문표文豹라 하며, 서진에서는 강양태수와 남중군사마를 지냈다.

『삼국지연의』에서는 상랑의 행적을 지나치게 간단히 서술했다. 제갈량이 유비의 익주 정벌을 도우러 익주로 갈 때 상랑에게 형주에남아 관우를 보좌하도록 한다.

허정

후한–공주–진의–왕랑–사섭– 유장 거처 유비에게 귀순

허정은 후한 말 혼란을 온몸으로 겪었다. 인물 비평으로 유명한 그는 후한의 영제 때 상서랑으로 있다가 동탁 정권이 들어서면서 인사를 담당했다. 그런데 허정이 임명한 관리들이 반동탁연합군에 가담했다. 허정은 목숨을 보존하기 위해 예주자사 공주에게 도망갔다. 공주가 죽자 양주자사 진의에게 의탁했다. 진의 사후에는 회계태수 왕랑에게 의지했다. 손책이 왕랑을 공격하자 교주로 달아났다. 허정은 도주하면서 다른 사람들을 먼저 챙겼다. 교주의 사섭에게 영입됐다.

이 사실을 사섭에게 의탁했던 원휘가 조조 진영의 순욱에게 칭찬하는 편지를 보냈다. 조조는 허정을 초빙하려 했다. 허정은 조조에게 북쪽으로 갈 수 있도록 도와 달라는 편지를 장상에게 줬다. 그런데 자기 밑에서 일하라는 요구를 거절당한 장상이 편지를 버려 조조에게 가지는 못했다.

이후 허정은 유장의 초빙에 응했다. 유비가 유장을 공격하자 허정은 도망치려다 붙잡혔다. 유장은 그를 죽이지도 원망하지도 않았다.

법정의 천거로 유비가 불렀다. 허정은 유비에게 황제에 오르도록 권했다. 그러나 이듬해 그는 죽었다. 허정은 죽음을 피하기 위해 여러 번 배신행위를 했다. 단순히 들어갔다는 것을 뜻하는 입入 단계의 배신이다. 상황에 내몰린 피동적 처신이었다.

허정許靖(149년 이전~222년)은 후한 말과 삼국시대 촉한 초기의 관료이다. 자는 문휴文休이고 여남군 평여현平輿縣(하남성 펑여) 출신이다.

젊은 시절 사촌 동생 허소와 함께 인물 비평으로 유명해졌다. 영천군의 유익劉翊이 여남태수가 되자 계리로 추천되었다. 이어 효렴에 천거되고 상서랑尙書郎으로 승진해 관리 선발을 담당한다.

영제가 죽은 뒤 하진과 십상시가 주살되어 동탁이 정권을 잡았다. 동탁은 주비를 이부상서吏部尙書로 삼아 허정과 함께 인사를 맡겼다. 주비와 허정은 순상, 한융, 진기, 한복, 공주, 장막, 유대 등을 중앙의 요직이나 지방의 장관으로 임명했다.

허정 자신은 파군태수가 되었다. 그러나 임지로 떠나지 않고 조정에 남아 어사중승御史中丞을 보좌했다.

주비와 허정이 임용한 관리들은 부임하자마자 반동탁연합군에 가담했다. 통탁은 책임을 물어 주비를 죽였다. 진국상을 맡고 있던 허정의 사촌 형 허탕許湯도 예주자사 공주와 협력하고 있었기 때문에 처형당할까 두려워 공주에게 달아났다. 허정도 공주 밑으로 급히 도망쳤다. 공주가 죽은 후에는 양주자사 진의에게 의탁하였고, 진의가 죽자 구면인 오군도위 허공과 회계태수 왕랑에게 의지했다.

이후 손책이 왕랑을 공격하자 난리를 피해 교주로 달아났다. 중국의 최남단 지역이었다. 허정은 교주를 통치하고 있던 사섭에게 영입되어 예우를 받았다. 도주할 당시 다른 사람들을 먼저 챙기는 인품을 보여 귀감이 되었다.

당시 사섭에게 몸을 의지했던 원휘는 순욱에게 허정의 인물됨을 칭찬하는 편지를 보냈다. 조조가 교주에 사절로 보낸 장상張翔은 허정을 초빙하려고 했다. 허정은 조조에게 탄원서를 보내 형주를 통과해서 북쪽으로 올라갈 수 있게 도와달라고 했다. 하지만 장상이 허정의 편지를 버려 뜻을 이루지 못했다. 장상은 허정에게 자신의 밑에서 일하라고 했지만, 거절 받은 불편한 감정이 있어 편지를 전하지 않았다.

이후 유장이 사자를 보내 초빙하자 응해 익주에서 일하게 되었다. 파군과 광한군의 태수로 임명되었다. 211년 촉군태수 왕상王商이 죽자 그의 뒤를 이어 촉군태수가 되었다.

214년 유비의 공격으로 익주의 성도成都가 포위당했다. 허정은 성벽을 넘어 도망치려다 발각돼 붙잡혔다. 유장은 허정을 원망하지도 죽이지도 않았다. 그 일로 허정은 명예가 손상되었다. 유비는 촉을 평정한 뒤에도 허정의 적정도주 행위를 좋지 않게 봐 관직에 임명하지 않았다. 법정이 유비에게 허정 발탁을 진언했다. 법정은 "허정은 헛된 명성을 가지고 있지만, 사람들이 그 명성에 미혹되므로 그의 명성을 이용해야 한다,"라고 했다. 유비는 허정을 좌장군장사 左將軍長史에 임명했다.

유비가 한중왕漢中王에 오를 당시 허정은 진군장군鎭軍將軍을 맡고 있었다. 한중왕에 오른 뒤에는 태부로 봉해졌다. 220년 조비가 헌제에게 양위 받아 황제가 되었다. 촉한에서는 헌제가 살해되었다는 소문이 퍼졌다. 221년 허정은 다른 관료들과 함께 유비에게 황제에 즉위하도록 권했다. 유비가 황제에 오른 뒤 허정은 사도가 되었다.

이듬해 허정은 죽었다. 아들 허흠許欽은 허정이 세상을 떠나기 전에 요절했다. 후사를 이은 손자 허유許游는 경요 연간年間에 상서尙書가 되었다.

허정은 조위에서 중요 관직을 역임한 화흠과 왕랑 그리고 진군과 오랫동안 두터운 친분을 유지하며 편지를 주고받았다. 유비 사후 곧바로 왕랑은 허정에게 제갈량과 유선의 항복을 권고하는 편지를 보냈다. 하지만 허정이 죽은 뒤라 답장은 받지 못했다.

허정은 형의 외손자인 진지가 어려서 부모를 잃고 의탁하자 받아들여 양육했다. 후에 진지는 유선에게 깊은 신임과 총애를 받아 중용되었다.

허정의 사촌 동생은 '월단평'이라는 인물 평가로 유명한 허소였다. 조조는 자신에 대한 허소의 인물평을 즐겼다. 허정 또한 인물평으로 유명했다. 하지만 허소와는 사이가 좋지 않았다. 허소가 허정을 배척하여 출사하지 못하게 했기 때문이다.

허정의 인생은 험난했다. 그의 여정은 낙양을 기준으로 오른쪽으로 크게 한 바퀴 돈 셈이다. 교주(베트남)까지 갔으니 지난한 삶이었다.

『삼국지』의 저자 진수는 '진복전'에서 허정을 "일찍부터 명예가 있었고, 독실함으로 평판을 받았으며, 또 인물 추천에 마음을 두었다. 비록 그의 행위나 일 처리는 모두 타당하지는 않았지만, 장제는 대체로 조정의 대들보 신하라고 할 만하다."고 평했다. 법정의 평가도 비슷했다.

『삼국지연의』에서 허정은 유비가 성도를 포위했을 때 성을 탈출해 귀순하는 장면부터 등장한다. 유비의 한중왕 즉위식에서 왕관과 옥새를 봉정하고 그 후 제갈량과 초주와 함께 유비의 황제 즉위를 계획한다.

황권

유장과 유비를 거쳐
조위에 귀순

황권은 유장을 섬겼다. 유비를 불러들이는 것을 반대했다. 유비가
유장을 공격하자 성문을 닫고 항전했다. 그러나 유장이 유비에게 항
복하자 유비에게 귀순했다.

이후 동오 정벌에서 장강 북쪽에서 조위를 막았다. 그런데 촉한군이
이릉대전에서 대파하자 황권은 조위와 동오 사이에 고립됐다. 촉한
의 지원이 끊기자 조위에 귀순했다.

두 번에 걸친 황권의 배신은 상황에 떠밀린 피동적 배신이다. 단순
히 들어갔다는 것을 뜻하는 입入 정도의 행위이다.

황권黃權(?~240년)은 후한 말과 삼국시대 촉한과 조위의 관료이
다. 자는 공형公衡이며 익주益州 파서군巴西郡 낭중현閬中縣(사천성

낭중) 출신이다.

일찍이 익주목 유장 밑에서 군리가 되었다. 후에 주부主簿로 발탁됐다. 익주별가 장송張松이 유장에게 좌장군으로서 형주에 세력을 구축하고 있는 유비를 불러들여 한중의 장로張魯를 공격하라고 했다. 이에 황권은 유장에게 만류했다.

"유비는 용맹한 명성을 떨치고 있습니다. 지금 이곳으로 그를 불러 부하로서 대우한다면 그의 마음을 만족시키지 못할 것이고, 빈객으로 접대한다면 주공은 계란을 쌓아놓은 것 같은 위험을 갖게 될 것입니다. 단지 국경을 폐쇄하고 황하가 맑아지기를 기다릴 수밖에 없습니다." 황권의 간언을 받아들이지 않은 유장은 그를 광한장廣漢長으로 좌천시켰다.

유비가 촉을 공격하자 여러 군현이 유비에게 항복했다. 하지만 황권은 성문을 닫고 항전했다. 유장이 항복한 후에야 마음을 돌려 유비에게 귀순했다. 유비는 투항한 황권을 편장군으로 임명했다.

215년(건안 20년) 장로가 조조의 공격을 받았다. 한중을 잃고 파중으로 달아났다. 황권은 유비에게 "한중을 잃는다면 삼파三巴(파, 파동, 파서 3군)가 위태로워질 것이다."라며 한중의 중요성을 말했다.

유비는 이를 받아들였다. 황권을 호군으로 삼고 장로를 맞아들이게 했다. 하지만 장로는 조조에게 투항했다. 유비는 이후에도 한중점령의 필요성을 주장하는 법정法正의 진언을 받아들였다. 계속 군을 파견하여 한중을 정벌하게 했다. 이후 한중전에서 두호와 박호를 격파하고 하후연夏侯淵을 죽인 것은 모두 황권의 계략이었다.

221년 유비가 동오를 정벌하려 했다. 황권은 "동오 사람은 용감하여 전쟁을 잘하고, 또 촉한의 수군은 물의 흐름을 따라 행동하므로, 전진하기는 쉬워도 물러나기는 어렵습니다. 제가 먼저 가서 적군의 허실을 살피고, 폐하께서는 응당 뒤에서 지키시기를 청합니다."라고 간언했다. 하지만 유비는 듣지 않았다. 효정에 이르러 군사를 둘로 나눴다.

황권을 진북장군鎭北將軍에게 임명하고 침략할지도 모르는 조위를 장강 북쪽에서 막게 했다. 자신은 동오를 정벌하러 장강 이남으로 출정했다. 동오의 육손이 물의 흐름을 타고 갑자기 포위하자 촉한의 군대는 크게 패했다. 유비가 이릉대전에서 육손의 화공에 참패하자 귀로가 끊겨 돌아갈 곳이 없었다. 동오와 조위 사이에 고립되었다. 황권은 촉한의 지원이 끊기자 불가피하게 장수들을 이끌고 조위에 귀순했다.

황권이 조위에 투항하자 집법관은 황권의 처자에게 형벌을 가할 것을 건의했다. 하지만 유비는 "그가 나를 버린 것이 아니라 내가 그를 버렸다."라고 말했다. 그의 처자에게 이전과 같이 대우했다.

조위의 조비는 황권이 유비에게 충성하는 모습을 좋아했다. 황권이 투항한 후 조비가 황권에게 그대는 진평과 한신을 따르려는 것이냐고 물었다.

황권은 자신은 단지 패장일 뿐 그들을 감히 따라서 하는 게 아니라고 답했다. "신은 유주로부터 과분한 대우를 받아 동오에 항복하는 일은 없었는데, 촉한으로 돌아가는 길이 없어서 귀순한 것입니다. 그리고 전쟁에서 패배한 군대의 장수로서 죽음을 면한 것은 다행스러운 일인데 어찌 고인을 따라 흠모할 수 있겠습니까."

조비는 황권의 대답에 감동하여 진남장군으로 임명하고 육양후에 봉했다. 시중의 관직을 더하고 황권으로 하여금 수레에 함께 타도록 했다.

촉한에 투항한 사람 중 누가 황권의 처자식이 주살되었다는 말을 했다. 하지만 황권은 그 말을 믿지 않고 상을 치르지 않았다.

「한진춘추漢魏春秋」에 의하면 문제가 발상發喪을 명했다. 황권이 "신에게 선주와 제갈량은 정성으로 대하고 서로 믿어 신의 진심을 명백히 알고 있습니다. 의혹은 사실이 아닐 것이므로 청컨대 자세한 내막을 들은 후에 발상하겠습니다."

황권은 후에 상세한 소식을 듣게 되었지만, 자신이 말한 대로였다.

유비에 대한 옛 은혜도 잊지 않아 유비의 죽음도 기뻐하지 않았다. 이를 알게 된 조위의 조비가 황권의 도량을 알면서도 놀래주려는 생각으로 심문하기 위해 그에게 황궁 출두를 명했다. 그리고 도착하는 사이에 사자까지 보냈다. 황권의 수하들과 식솔들은 혼비백산했다. 하지만 황권은 태연자약하게 출두했다. 조비에게 더욱더 인정을 받아 이후 익주자사를 겸임했다.

대장군 사마의는 황권를 매우 중시했다. 사마선왕이 황권에게 질문을 했다.

"촉한에는 그대와 같은 사람이 어느 정도나 됩니까."

황권이 웃으면서 "명공께서 저에 대한 관심이 그렇게 깊을 줄은 생각조차 못 했습니다."라고 답했다.

사마의는 제갈량에게 보내는 편지에서 "황공형은 호방한 남자입니다. 항상 앉으나 서나 그대를 칭찬하였는데 말을 빌려 어떤 구실을 찾으려고 하지 않습니다."

239년(경초 3년) 즉, 촉한의 연희 2년에 황권은 거기장군으로 승진했다.

『삼국지』 「촉서」 '황권전'에 의하면 239년(경초 3년)에 거기장군 겸 개부의동삼사까지 올랐다. 이듬해 세상을 떠났다. 시호를 경후라 했다. 아들 황옹黃邕이 이었지만, 그에게 아들이 없어 황권의 작위는 끊겼다.

촉한에 남겨진 아들 황숭黃崇은 상서랑이 되었다. 263년 조위의 등애鄧艾가 촉한을 정벌할 때 제갈량의 아들 제갈첨과 함께 항쟁했다. 등애가 부현에 도착하자 제갈첨은 주저하며 전진하지 못했다. 황숭은 제갈첨에게 신속히 요충지를 점거하여 조위군의 평지 진입을 저지하도록 여러 차례 눈물을 흘리면서까지 권유했다. 하지만 제갈첨은 받아들이지 않았다.

조위군의 진군은 매우 빨랐다. 제갈첨은 퇴각하면서 싸웠다. 면죽관綿竹關까지 밀렸다. 유비가 이릉대전에서 황권의 간언을 듣지 않다가 패한 것처럼 제갈첨도 황숭의 간언을 듣지 않아 결국 전사했다. 황숭은 병사들을 독려하며 끝까지 싸우다 전쟁터에서 죽었다.

「계한보신찬」에서는 "진북장군鎭北將軍(황권)은 민첩한 두뇌를 가졌으며, 책략을 운영함에 있어 방향이 있었다. 군사를 지휘하여 사악한 자들을 몰아내고, 임무를 수행하여 공적을 이루었다. 동쪽 구석 땅에 임명되어 말년의 운명은 불우했다. 선주의 패배로 조위에 항복하여 본래의 뜻을 펴지 못한 것을 슬퍼하며 타향으로 떠돌았다."고 평가했다.

동진 원굉이 지은 『삼국명신서찬』에서 황권은 제갈량, 방통, 장완과 함께 촉한의 4대 명신으로 꼽혔다.

『삼국지연의』에서 황권은 유비의 입촉을 반대하는 유장의 신하 중 한 사람으로 등장한다. 유장의 옷소매를 잡고 만류하다가 유장이 뿌리쳐 앞니 두 개가 부러지고 만다.

유비와 내통한 장송이 참수된 후에는 촉을 침공한 유비군과 항전한다. 유장이 항복한 후 유비가 부르지만 나아가지 않는다. 유비가 직접 찾아와 관직을 맡아 달라고 청하자 응한다.

219년에는 법정과 함께 한중공방전의 일등 공신이 된다. 222년 이릉대전에 참전하여 북방을 지켰으나 육손陸遜의 화공으로 대패하자 귀로가 끊겨 갈 길을 잃고 조위에 투항한다. 조비는 그의 충성심을 높이 평가해 진남장군에 임명하려 하지만 거절한다.

황충

___

유표를 거쳐 조조에 의탁했다가
유비에게 귀순

___

황충은 처음에 유표를 섬겼다. 유표 사후 아들 유종이 조조에게 항복하자 황충도 조조를 따랐다. 이후 형주에서 유비가 세력을 넓혀가자 유비에게 귀순했다.

황충의 처신은 단순히 들어갔다는 것을 뜻하는 입入 정도의 배신이다. 물론 상황을 주도한 능동적 행위라는 점에서 가장 적극적인 배반을 뜻하는 반叛의 측면도 있다. 믿음과 의리를 저버리고 돌아선 행위로서 자의적 행동이다. 더 큰 이익과 명예를 좇아 주군을 적극적으로 찾아 나선 배신이다.

___

황충黃忠(?~220년)은 후한 말 유비 휘하의 장수이다. 자는 한승漢升이며 형주 남양군(하남성 남양) 출신이다. 촉한에서 후장군과 오호장군에 올랐다.

처음에 황충은 형주목荊州牧 유표劉表의 부하로 중랑장에 임명되었다. 유표의 조카 유반劉磐과 함께 장사의 유현攸縣을 수비했다.

유표가 죽자 형주는 혼란스러운 틈을 이용하여 조조가 세력을 넓혀 갔다. 유표의 아들 유종이 조조에게 항복하자 황충은 조조 휘하에서 임시로 비장군裨將軍 직을 대행했다. 그는 예전 임무에 종사하면서 장사태수長沙太守 한현韓玄의 지휘를 받게 된다.

그러나 그는 장사태수 한현의 통제가 싫고 조조 휘하 속국의 포로 장수로서는 출세에 한계가 있다는 생각이 커졌다.

208년(건안 13년) 조조가 적벽전투에서 패하면서 형주의 지배력은 약해졌다. 그 기회를 이용한 유비는 여러 군郡을 평정했다. 그때 황충은 유비에게 신하의 예를 갖추며 귀순했다.

유비가 촉蜀으로 들어갔다. 그 무렵 황충은 가맹葭萌에서 임무를 받아 군대를 돌려 유장을 공격하는 데 앞장섰다. 늘 선두에서 적진에 나아가 과감한 공격으로 함락시켰다. 그의 용맹은 삼군三軍에서 으뜸으로 여겨졌다. 늙은 나이였음에도 무장으로서 실력은 대단했다. 익주가 평정된 뒤 공적을 인정받아 토로장군討虜將軍에 올랐다.

「황충전」에 의하면 219년(건안 24년) 유비가 한중을 공략할 때도 앞장섰다. 법정의 책략에 따라 정군산定軍山에서 하후연夏侯淵을 공격했다. 하후연의 군대는 매우 용맹한 정예병이었다. 황충은 앞장서 병사들을 격려하며 이끌고 전진했다. 징과 북소리는 하늘을 울렸다.

환성은 골짜기를 뒤흔들었다. 대장 하후연을 죽이는 대승을 거두었다. 그 공로를 인정받아 정서장군征西將軍이 되었다.

이해 유비는 한중왕漢中王이 되었다. 황충을 후장군後將軍으로 임명하려 했다. 그런데 제갈량이 유비를 만류했다.

"황충의 명망이나 신망이 관우關羽와 마초馬超 등에 미치지 못하는데 곧바로 동렬에 두려 하십니다. 마초와 장비張飛는 가까이에서 황충의 공적을 직접 봐서 그 뜻을 이해할 수 있습니다. 그러나 관우는 멀리서 이를 들으면 달가워하지 않을 것입니다."

유비는 관우에게 직접 말하겠다고 했다. 그런 뒤 관우 등과 더불어 같은 반열의 지위에 두고 관내후關內侯의 작위를 내렸다.

「비시전」에 의하면 유비가 한중왕이 되자 그는 비시를 형주로 보내 관우를 전장군으로 임명했다. 그런데 관우는 황충이 후장군으로 임명되었다는 말을 듣고 격분해 말했다.

"대장부는 평생 노병老兵과 같은 대열에 있지 않는다." 관우는 제수되었던 관직을 거부했다. 비시가 말했다. "왕업을 세우는 자가 임용하는 인물에게 하나의 기준을 사용할 수는 없습니다. 옛날 소하蕭何와 조참曹參은 전한의 고조와 어릴 적부터 친한 교분이 있었고, 진평陳平과 한신韓信은 초나라에서 도망쳐 뒤에 한나라에 왔지만, 관직의 순서를 정하는 논의에서는 한신을 가장 높은 지위에 있게 했습니다. 그 일로 소하와 조참이 서운한 마음을 가졌다는 말을 듣지 못했습니다. 지금 한왕漢王은 일시적인 공로에 근거하여 한승漢升(황충)을 높은 신분이 되게 했습니다. 그러나 마음속의 평가가 어찌 군

황충　631

후君侯와 동등하겠습니까. 게다가 한중왕과 군후를 비유컨대 그는 주군과 한 몸처럼 기쁨과 슬픔을 함께하고 화와 복도 같이 합니다. 제가 군후를 위해 생각해 보면 관호官號의 높고 낮음이나 작위와 봉록의 많고 적음을 계산하여 그를 마음으로써 간주하는 것은 옳지 않은 것입니다. 저는 일개의 관리로서 명령을 받아 이를 시행하는 사람이지만, 만일 군후께서 임명을 받지 않아 곧 돌아가게 된다면 군후 때문에 이와 같은 거동을 애석해 할 것이며 아마 후회하게 될 것입니다."

관우는 비시의 말을 듣고 크게 깨달아 즉시 임명을 받았다.

황충은 220년에 죽었다. 시호를 강후剛侯라 했다. 일생을 장수로 살아온 무장에게만 내려졌던 드문 시호다. 아들 황서黃敍는 일찍 죽었고 후사가 없었다.

오호대장이란 말은 후세 사람들이 만들어낸 말이다. 『삼국지』 「촉서」 '황충전'에 의하면 황충은 후장군에 임명되었다. 또한 220년(건안 24년)에 죽었고, 유비는 그 후 2년이 지나서야 동오를 공격했다. 따라서 그가 유비를 수행하여 동오 정벌에 나섰다는 것은 역사적 사실과 다르다.

『삼국지』의 저자 진수는 "황충과 조운은 굳세고 사납고 씩씩하고 용맹하여 아울러 조아爪牙(발톱과 어금니―임금 호위무사, 용맹한 심복 등의 의미)가 되었으니 관灌, 등滕의 무리로다."라고 평했다. 황충을 고조 유방의 최측근이었던 관영과 하후영에 비유하며 최고의 찬사를 아끼지 않았다.

촉한의 양희는 「계한보신찬」 황한승을 찬한다贊黃漢升에서 "장군將軍(황충)은 돈후하고 웅장하여, 적군의 선봉을 부수고 난국을 극복하였으며, 공업을 세운 당시의 재간꾼이었다."라며 인품도 훌륭한 덕장이었다고 평가했다.

황충의 뛰어난 용맹과 무예는 당대 인물들과 후세 역사가들이 이견 없이 동의한다. 일선 지휘장수로서 하후연을 참살하고 촉한의 영토 확장에 큰 활약을 세운 명장이었다.

『삼국지연의』에서 황충의 등장은 관우가 장사를 공략할 때다. 관우와 대적하고 오랜 공방 끝에 황충의 말이 부상을 입어 그가 낙마한다. 그러나 관우는 말의 쓰러짐에 의한 승부가 아니라 정당한 승부를 보이기로 한다. 황충을 찌르지 않고 말에 다시 올라타려는 것을 도와준다.

이에 황충은 진정한 무장이 아니라면 할 수 없는 일이라며 감복한다.

이후 태수 한현으로부터 백발백중의 활 솜씨로 관우를 쏘아 죽이라는 명령을 받고 갈등한다. 결국, 다음 대결에서 명중의 활로 관우의 투구만을 쏘아 이전의 빚을 갚는다.

한현은 황충을 명령위반죄로 체포하여 처형하려 한다. 그런데 위연이 "장사의 공신을 처형하는 것은 당치 않으며 오히려 태수의 학정이야말로 그 죄를 물어야 한다."라고 백성을 선동한다. 한현을 등진 위연은 그를 살해한다. 관우에게 항복해 성문을 열어줘 황충은 처형을 면했다.

그 후 황충은 한현에 대한 불충을 괴로워하며 병을 핑계로 아무도 만나지 않는다. 이때 유비가 직접 찾아가 자신을 도와달라고 요청한다. 이에 황충은 유비의 신망과 인덕을 평가해 저항을 민망해 하며 충성을 맹세했다.

유비의 촉 공략 수행 시 위연이 공을 세우려 몰래 출진해 위기에 빠진 것을 구해줘 촉군이 궁지에 빠지는 상황을 미리 막았다. 또한, 한중쟁탈전에서는 같은 노익장으로 불리는 엄안嚴顏, 법정과 짝을 이뤄 큰 활약을 한다.

222년 이릉전투에서 황충은 "노인이 나서 봤자 소용없다."라고 중얼거리는 유비의 말을 듣고 분개한다. 적은 군세에도 불구하고 동오의 진지를 공격해 사적을 죽이고 관우를 죽인 반장潘璋과 힘겹게 싸운다.

그런 뒤 주위에서 말리는 것도 듣지 않고 무모하게 적진 깊숙이 침입해 들어가다 화를 당한다. 어깨에 마충馬忠의 화살을 맞아 부상을 입는다.

유비는 "내가 그런 서운한 말을 해서 그대가 이런 일을 겪고 말았다."며 사죄했다. 황충은 유비가 지켜보는 가운데 숨을 거둔다

후한

한나라

고간

원소 사후 독립 꾀하다
조조에게 귀순

고간은 원소의 외조카로서 원소를 섬겼다. 원소 사후 후계자인 원상과 조조와의 싸움에서 적지 않은 승리를 거뒀다. 그러다 원상이 조조에게 패하고 원담이 조조에게 항복하면서 자립하려 했다. 조조가 업을 함락시키자 조조에게 항복했다.

하지만 조조가 북방 원정 계획을 하자 반기를 들고 업을 공격하려 했다. 그런데 거사 직전 내응자가 발각되어 주살되었다. 사예주를 공격하며 반란을 일으켰다.

그러나 결국 반란은 진압되고 고간은 형주목 유표에게 망명하러 가던 중 왕염에게 붙잡혀 참수되었다. 원소를 배신하고 조조에게 귀순한 고간의 행위는 속았음을 뜻하는 휼譎의 배신이다. 목숨을 구하기 위해 조조를 속였다. 상황을 주도한 능동적 배신이다.

고간高幹(?~206년)은 후한 말의 관료이며 장수이다. 자는 원재元才이고 진류군 어현圍縣(하남성 개봉開封 동남쪽) 출신이다.

동래태수 고신의 증손이자 사례교위 고사高賜의 손자이며 촉군태수 고궁高躬의 아들이다. 황하 이북에서 할거한 대장군 원소의 외조카이기도 하다. 명문의 집안이었다.

191년(초평 2년) 원소의 세객으로(순심, 신평, 곽도, 장도와 함께) 기주의 한복에게 파견된다. 그들은 한복을 회유하고 협박했다. 한복은 따르던 이들의 반대를 무릅쓰고 기주를 내줬다. 194년에는 7촌 조카 고유를 불러 하북으로 오게 했다. 이후 원소는 그를 병주자사에 임명했다.

202년(건안 7년) 원소가 죽고 원상이 뒤를 잇자 조조가 공격했다. 원상은 여양에서 조조의 본대와 대치했다. 남흉노의 선우 호주천을 사주하여 평양에서 조조에게 대항하도록 했다. 부하 곽원을 하동군으로 보내 호주천을 구원하며 조조군의 측방을 공격했다. 이때 고간은 곽원에게 합류했다. 고간과 곽원의 군대는 지나는 성읍마다 함락시키며 위세를 크게 떨쳤다.

하지만 변수가 생겼다. 평양에서 호주천과 합류하기 위해 분수를 건널 무렵이었다. 원상과 우호적이던 마등이 조조의 회유에 호응했다. 원상을 등지고 마초와 방덕이 분수를 건너던 곽원을 공격했다. 곽원은 죽고 그의 군대는 몰살당했다.

고간과 곽원을 통한 원상의 반격은 실패했다. 하지만 본진의 싸움에서 조조를 격퇴하면서 가까스로 위기를 넘겼다.

204년(건안 9년) 원상이 조조에게 패했다. 이후 원담이 조조에게 항복했다. 조조는 재차 북상했다. 원상은 심배에게 업을 지키게 하고 자신이 직접 원담과 대결했다. 병주의 고간에게는 견초를 감찰역으로 파견했다. 견초는 원상을 도우라고 권했다.

당시 고간은 5만의 군대를 거느린 강성한 세력이었다. 심배가 업성에서 포위당해 고전하는 것을 알면서도 돕지 않고 상황을 관망했다. 고간은 원상의 위기를 틈타 독립을 계획하던 상황이었다.

전세가 급한 원상이 회군해 업을 구원했다. 하지만 결과는 패했다. 고간은 원상이 중산으로 달아나는 것을 보자 구원군을 보내 원상을 돕자는 견초를 은밀히 죽이려고 했다. 고간의 의도를 알게 된 견초는 황급히 달아났다.

고간은 심배가 지키던 업이 무너질 때 업을 공격해 함락시키려고 했다. 하지만 업성 내부에서 내응이 탄로나 내응자 모두가 주살되었다.

조조가 업을 함락시키자 조조와 정면 대결을 피했던 고간은 조조에게 순순히 항복했다. 조조는 항복을 받아들이고 고간에게 예전처럼 병주를 다스리게 했다.

그러나 고간은 원상과 원희가 오환으로 달아난 후 조조가 북방 원정을 계획하며 시선이 오환에게 쏠리자 그 틈에 이듬해 10월 반기를 들었다. 업을 기습 공격하려 했다. 그러나 거사 직전 순연(순욱의 섯

째형)에게 발각되어 내응자가 모조리 주살됐다.

고간은 상당태수를 인질로 붙잡고 호관壺關을 봉쇄했다. 기주 방면에서의 접근을 차단한 뒤 사예주를 공격하며 반란을 일으켰다.

사예주에서는 홍농, 하동, 하내의 3군이 호응했다. 고간의 반란은 업성 장악은 실패했지만, 조조에게도 상당한 위기였다. 조조는 이전과 악진을 보내 호관을 공격하게 했다. 사예주에서는 사예교위 종요가 반격에 나섰다. 하지만 이전과 악진은 호관 공략에 실패했다. 사예주의 3군은 고간의 후원 세력들이 군을 장악했다.

전세가 유리하지 않자 조조는 206년(건안 11년) 1월 고간을 직접 공격했다. 사예주의 반란에는 순욱과 하후돈이 허도의 중앙군을 이끌고 종요와 합류했다. 순욱은 두기를 하동으로 파견해 하동을 탈환하도록 했다. 두기는 고간의 반란에 합류하긴 했지만 흔들리는 세력들을 모아 조조에게 돌아서도록 했다.

이에 고간은 직접 군사를 이끌고 하동으로 갔다. 지지세력들을 지원했다. 하지만 조기 진압에 실패했다. 종요의 사예군과 하후돈의 중앙군이 하동을 점령해 갔다. 여양전투 이후 조조의 편을 들고 있던 마등도 조조 측에 가세했다.

고간은 사예주의 3군을 모두 잃었다. 조조 본대의 호관 공략도 거셌다. 고간은 순간 서쪽에서는 마등, 남쪽에서는 순욱, 동쪽에서는 조조로부터 공격을 받는 상황이었다. 거기에 흉노의 지원을 얻는 것도 실패했다.

호관으로 돌아간 고간은 부장들에게 군대를 지휘하게 하고 자신은 직접 흉노의 호주천에게 가서 원군을 요청했다. 하지만 흉노의 좌현왕이었던 유표에게 거절당했다. 결국, 3월에 호관이 함락당하자 고간은 형주로 달아나 형주목 유표에게 망명하려 했다.

그런데 형주로 가던 중 상락에 이르러 상락도위上洛都尉 왕염王琰에게 붙잡혀 참수되었다. 고간의 머리는 조조에게 보내졌다. 왕염은 그 공적으로 열후에 봉해졌다. 왕염이 고간을 잡아 열후가 되었다는 소식을 들은 왕염의 처는 통곡했다. 열후가 되어 부귀하게 되면 첩을 들여 자신을 박대할 것으로 여겼기 때문이다.

고간은 명예욕이 강했다. 각지의 선비들과 어울려 사귀었고 전란으로 인해 생긴 유랑민을 받아들이고 선비들을 공경했다. 그 결과 고간에게 수많은 선비들이 귀의했다.

중장통仲長統(자는 공리公理, 후한 말과 삼국시대 조위의 인물)은 병주를 지날 때 고간에게 후한 대접을 받았다. 그는 고간이 포부는 크지만, 재능이 없으며 선비를 경애하면서도 스스로를 높이는 성품으로 인해 사람을 가려 쓸 줄 모르는 것에 대해 삼갈 것을 권했다. 그러나 자신의 재능을 과신하고 있던 고간은 귀담아듣지 않았다.

『삼국지연의』에서 고간은 대체로 평범한 인물로 묘사된다. 사서에서는 자립을 꿈꾸며 원상의 몰락을 방관하고 은밀히 모략을 꾸미는 등 야심가다운 면모를 보인다.

원소가 창정倉亭에서 조조와 싸울 때 병주의 군사 6만 명을 이끌

고 합류한다. 패주하는 원소를 호위하다가 화살을 맞는다. 여양黎陽
에서도 원담과 원상을 도와 조조군과 싸운다. 조조에게 항복했던 일
은 나오지 않는다. 호관을 지키던 중 조조에게 항복한 장수 여광呂曠
과 여상呂翔의 거짓 귀순에 속아 야습을 시도한다. 하지만 패하고 관
을 빼앗기는 것으로 나온다.

공융

후한을 섬기다 헌제의 부름에
조조에게 의탁

공융은 후한 말 사도부 속관으로 벼슬을 시작했다. 동탁이 북해상으로 보내 황건적을 진압하도록 했다. 당시 조조와 원소가 세력을 떨치기 시작했다. 공융은 어느 편에도 서지 않았다. 독립된 세력을 구축하려고 했다. 원소의 공격을 받고 패했다. 조조가 헌제를 막 옹립하던 때였다. 헌제는 공융을 불렀다. 그로 인해 공융은 조조에게 의탁하게 됐다. 이후 조조와는 불편한 관계를 지속하다 죽임을 당했다.

공융이 조조에게 의탁하게 된 것은 단순히 들어갔다는 것을 뜻하는 입入 정도의 배신이다. 목숨을 보전하여 한 왕실을 부응시키기 위해 상황에 내몰린 피동적 처신이다.

공융孔融(153~208년)은 후한 말의 관료로 삼국시대 초기 인물이

다. 자는 문거文擧이고 예주 노국 출신으로 성헌의 의제이다. 유교의 창시자 공자의 자손으로 7대조 공패孔覇는 원제元帝(전한의 제11대 황제, 재위 기원전 48~33년)의 스승이었다. 나중에 그는 시중으로 승진했다. 고조부인 공상孔尙은 거록태수를 역임했다. 아버지 공주孔宙는 태산도위를 지냈다. 공융은 칠 형제 중 여섯째 아들이다. 그는 어려서부터 성품이 자유분방했고 남다른 재능이 있었다. 신동으로 널리 알려졌다.

공융은 열 살 때 부임하는 아버지를 따라 낙양에 올라갔다. 당시 하남윤河南尹 이응李膺은 청류파 수장으로서 높은 명성을 얻고 있었다. 그의 문하에는 많은 빈객들이 드나들었다.

그러나 당대의 영웅이나 현자 또는 가문과 통했던 사람들의 자손은 없었다. 공융은 이응이라는 인물이 과연 어떤지를 알고 싶었다. 이응의 문도가 되려 했다. 이응의 집에 도착한 공융은 문지기에게 말했다.

"나는 이군李君의 가문과 통했던 사람의 자손이오."

이응이 공융을 만나서 물었다.

"고명하신 그대의 선군께서 일찍이 나와 교제를 하신 적이 있는가."

그러자 공융이 말했다.

"그렇습니다. 저의 선군이신 공자와 군의 조상이신 이노군李老君께서는 덕과 의를 나란히 하셨으며 함께 사우師友로 지내셨습니다. 그러니 저 공융과 군은 대대로 통하는 집안이었습니다."

나이 어린 공융의 말에 앉아 있던 사람들은 모두 기이한 동자라고 했다. 태중대부太中大夫 진위陳煒가 나중에 방문하자 좌중에 있던 사람이 동자의 말을 알렸다.

진위는 "어렸을 때 영리하다고 성장해서도 꼭 그렇겠는가."라고 묵살했다. 그러자 공융이 "말씀을 듣고 보니 군께서도 어렸을 때 총명했겠습니다." 이응은 그대가 고명하고 장대하니 반드시 큰 그릇이 될 것이라고 칭찬하며 크게 웃었다.

이 일은 공융이 열 살 때 당대 최고의 명사인 이응의 앞에서 태중대부 진위를 농락한 일화로 얘기되었다.

공융은 13세에 부친이 죽자 삼년상을 지냈다. 너무 슬퍼한 나머지 몸이 몹시 상했다. 간신히 부축을 받아야 일어날 정도였다. 사람들은 그의 효성을 칭찬했다. 배우는 것을 좋아하는 성품이라 여러 학문을 두루 섭렵했다.

공융은 건안칠자建安七子(후한 헌제獻帝의 건안 연간(196~220년)에 조조曹操 부자 밑에서 활약한 문학 집단 가운데 뛰어난 재자才子 7인—공융孔融, 완우阮瑀, 서간徐幹, 진림陳琳, 응창應瑒, 왕찬王粲, 유정劉楨) 중 한사람이다. 그의 술잔에는 술이 비지 않을 정도로 좌중은 손님이 가득했다.

사도司徒 양사의 추천으로 공융은 사도부의 속관이 되었다. 관리들의 비리 조사에서 환관과 그 친족들의 부정부패를 적발했다. 비리 내용을 받아 든 상서는 환관들의 권력이 두려워 처리하지 못하고 공융에게 면박을 줬다. 하지만 공융은 환관들의 비리를 정연히 진술했다.

황건적의 난으로 하진이 대장군으로 승진했다. 양사는 공융을 시켜 하진에게 축하 인사를 보냈다. 하지만 공융은 하진을 만날 수 없었다. 사도부로 돌아간 뒤 하진을 탄핵한 후 고향으로 떠났다.

하진의 부하들은 이 일을 수치스럽게 여겨 자객을 보내 공융을 죽이려 했다. 하지만 하진은 십상시十常侍의 전횡을 비판한 청의파 선비로서 박식하고 재기가 뛰어난 공융을 포용하려 했다.

하진은 공융을 시어사로 천거했다. 그러나 공융은 어사중승(시어사의 직속상관) 조사趙舍와 사이가 좋지 않아 병을 핑계로 낙향했다. 훗날 다시 사공부에 벽소 되어 중군후에 임명되었다. 재직한 지 사흘 만에 호분중랑장으로 승진했다.

황건적의 난 진압에서는 노식盧植의 부장으로 활약했다. 동탁董卓이 권력을 잡자 그의 포악함을 비판하다 의랑으로 좌천되었다. 이즈음 황건적이 다시 여러 주에서 우세를 떨쳤다. 청주 북해국의 세력이 가장 강성했다. 동탁은 공융을 북해상相으로 보냈다.

당시 북해는 20만을 넘는 기주 황건적의 침입으로 크게 피폐해졌다. 청주의 각 군현에 격문을 보내 세력을 집결시키고 방비를 굳건히 했다. 황건적의 수령 장요張饒는 식량을 약탈하지 못했다. 기주로 돌아갔다. 공융은 역습에 나섰다. 황건적을 패주시키고 각 현을 수복했다. 흩어졌던 관리와 백성들이 모이자 황건적으로 오인된 4만 명의 백성들을 중심으로 성읍을 조성했다.

193년(초평 4년) 공융은 도창都昌에 주둔했다. 황건적의 잔당 관해管亥가 습격했다. 포위되어 위험에 빠졌다. 공융은 청주 동래군 출신 태사자를 평원상 유비에게 파견하여 구원을 요청했다. 유비는 3천 명의 군사를 보내 공융을 구원하도록 했다.

공융은 황건적의 잔당을 격파하고 성읍을 수복한 뒤 학교와 상서庠序를 세워 유가적 도덕성 회복을 장려하고 인재들을 천거했다.

「후한서」에 의하면 당시에 조조와 원소가 세력을 떨치기 시작했다. 그러나 공융은 어느 편에도 서지 않았다. 좌승 황조가 공융에게 어느 한 편에 붙는 것이 어떻겠냐고 건의했다. 하지만 공융은 원소나 조조는 결국 한 왕실을 없앨 것이라고 생각했기 때문에 그들과 함께하고 싶지 않았다. 공융은 좌승 황조의 말을 시류와 권력에 영합하라는 뜻으로 받아들였다. 대노하여 좌승조를 처형했다. 유의손은 공융이 두려워 달아났다.

공융은 청주를 평정한 뒤 요동의 공손도와 결전을 벌여 요동과 청주를 기반으로 하려 했다. 원소나 조조와는 독립된 세력권을 구축하려 했다. 하지만 196년 1월 세력을 넓혀 가던 원소와 충돌했다. 전해를 격파한 원담袁譚의 공격을 받았다.

수개월 교전에서 공융은 거듭 패배했다. 필사적인 저항에도 불구하고 결국 성을 잃었다. 탈출에 성공했지만, 처자식까지 모조리 포로로 붙잡혔다.

원소와 세력다툼을 벌이던 조조가 헌제를 막 옹립했을 무렵이었다. 헌제는 자신을 충심으로 보필할 인재가 필요했다. 직접 조서를 내려 공융을 불렀다. 공융은 조조에게 몸을 의탁했다. 허許로 가서 장작대장將作大匠에 천거되었다가 소부少府로 전임되었다.

장작대장으로 재임하던 197년 원소와 조조가 대장군 직을 두고 대립했다. 조조가 대장군의 자리를 내놓았다. 이때 공융은 지절을 받아 업으로 가서 원소에게 대장군의 작위를 수여하는 칙사의 역할을 수행했다.

공융은 조정의 조회 때마다 정론을 펼쳐 의론을 주도했다. 대다수 사람들은 공융의 정론을 인정했다. 공융은 당시 야심을 드러내는 조조와 자주 대립했다. 거듭 상소를 올려 조조의 정치를 비판하며 망신을 줬다. 조조 역시 공융을 증오하며 꺼렸다. 공융의 명망이 매우 높아 겉으로는 용인하는 척했지만, 내부적으로는 몹시 불편했다.

208년 8월 조조는 공융과 사이가 좋지 않던 치려를 어사대부(현 검찰총장)에 임명했다. 치려도 조조의 의도에 영합하기 위해 공융의 죄를 날조해 고발했다. 공융은 파직되었다. 조조는 치려와 공융 사이를 중재하는 척하며 회유에 나섰다. 하지만 공융이 순순히 따르지 않았다. 마침내 조조는 승상군모좨주丞相軍謀祭酒 노수路粹를 시켜 공융을 모함하는 상주上奏를 올리도록 했다.

"소부 공융은 예전 북해에 있을 때에 왕실이 안정되지 못함을 보고 무리를 끌어 모아 불궤不軌를 꾀하고 이르기를 '내 공자의 후손으로 조상은 송나라에서 멸문을 당했었소. 천하를 소유할 자가 어찌 묘금도(卯金刀-卯, 金, 刀 세 글자를 합하면 劉자가 됨)만 있겠소.'라며 손권의 사자와 더불어 이야기하면서 조정을 비방했습니다. 또한, 공융은 구경九卿의 반열에 올라서도 조정의 논의를 지키지 않았으며 맨머리에 미복微服을 하고 당돌하게도 궁궐을 다녔습니다. 또한, 전에는 평민이었던 예형과 더불어 방자하게 말하기를 '아버지가 자식에게 무슨 친함이 있겠는가. 본래 의미를 논한다면 실상 부부 사이의 욕정이 나타났을 뿐 아닌가. 자식이 어머니에게 또한 무슨 친함이 있겠는가. 비유컨대 물건을 병 속에 두었다가 꺼내면 병과 떨어져 상관없는 것과 같은 것이네.' 라며 예형과 더불어 서로를 칭찬했습니다. 예형이 공융에게 일러 말하기를 '중니仲尼께서 죽지 아니하셨소.' 하였고 공융이 대답하여 말하기를 '안회가 다시 살아났구려.'라고 했습니다. 이처럼 대역무도하니 마땅히 무겁게 주벌하소서."

글이 상주되자 공융은 하옥되고 기시棄市(죄인을 참하고 그 시체를 길거리에 내버려 두는 형벌) 되었다. 공융의 나이 55세였다. 그의 아내와 자식도 모두 주살되었다. 공융의 죄목은 불효죄였다. 공융이 죽기 10개월 전에 원소 집단이 붕괴했고, 전 달에는 유표가 죽었다. 조조가 막 삼공을 폐지하고 승상에 오른 때였다.

조조가 공융을 처형한 표면적인 이유는 예형과 함께 서로를 성인聖人인 공자와 안회로 지칭한 불경을 범했으며, 기근이 들어 모두 죽게 생겼을 때 아버지가 불초한 인간이라면 그를 살리느니 차라리 다른 사람을 살리는 것이 낫다는 패륜적인 주장을 했다는 것이다.

「후한서後漢書」 '공융전'에 의하면 당시 공융에게는 7세 된 딸과 9

세 된 아들이 있었다. 공융이 잡혀가던 날 두 아이는 바둑을 두고 있었다. 그들은 아버지가 잡혀가는 것을 바라보면서도 묵묵히 바둑만 두었다. 사람들은 아이들이 어려서 그런 줄 알았다. 빨리 도망가라고 종용했다. 하지만 그들은 조금도 겁내지 않았다.

"새 둥지가 뒤집히는 판인데 어찌 알이 깨지지 않을 수가 있겠습니까(安有巢毁而卵不破乎안유소훼이란불파호)"라며 바둑을 계속 두었다.

이 일을 보고받은 조조는 곧 아이들을 잡아오도록 했다. 공융의 딸은 자신들을 잡으러 온 사람들을 보고도 조금도 겁내지 않고 의연했다. "죽은 뒤에도 혼령이 있어서 우리들이 부모님과 함께 있을 수 있다면, 이 어찌 가장 즐거운 일이 아닌가."

공융의 어린 딸의 담담함에 눈물을 흘리지 않는 사람이 없었다. 공융의 딸은 말을 마치자 고개를 들고 참형을 당했다. 조조는 공융 자녀들의 얘기를 듣고 살려 줄 수 없다고 생각하여 모두 죽였다.

공융에 대한 평가는 양극으로 갈린다. 『삼국지』의 저자 진수는 공융의 전기를 따로 만들지 않았다. 대신 「최염전」의 말미에 부록으로 공융의 행적을 매우 간략하게 언급했는데 오만하게 굴다가 죽었다고 적었다.

사마표司馬彪(?~306년 중국 서진의 사학자)는 『구주춘추』(후한 말기 군벌들의 혼전 양상 기술)에서 공융을 맹렬하게 비판했다. 특히 공융의 청주 행적을 두고 조목조목 따지며 비판했다. 대체로 말만 앞섰지 제대로 실행된 게 없다고 했다. 재주는 얕은데 이상만 가득한 인물이라고 했다.

범엽은 『후한서』에서 공융과 순욱, 정태를 후한의 마지막 충신으로 평가하여 세 사람을 같은 열전에 묶었다. 공융에 대해서는 "다른 사람의 선행을 들으면 자기 일처럼 기뻐했고, 다른 사람의 의견에 좋은 점이 있으면 반드시 부연해서 완성시켰다. 상대의 면전에서 단점을 직접적으로 지적했지만, 뒤에서는 그 장점을 칭찬했다. 현명한 선비를 좋아했으므로 많은 사람들을 발탁하여 명예를 얻게 했다. 선한 사람을 알고 있으면서 추천하지 않는 것을 자신의 잘못과 같이 여겼다. 중략~~ 마찬가지로 공문거의 높은 뜻과 외곬적인 행동은 사람들의 정의감을 불러일으켜 효웅의 야심을 저지할 수 있는 힘이 되었다. 그 때문에 조조도 살아있는 동안에 한의 천하를 빼앗지 못하고 아들의 대에 한을 대신하는 것이 가능해진 것이다. 본디 곧은 성품의 사람은 부딪혀 부서지는 것이 숙명이다. 원만하게 다스려지도록 허리를 구부려 사는 것은 가능하지 않은 일이다. 공문거는 순수한 백옥과 같아 준열峻烈함의 표상과도 같다고 할 수 있다."고 했다.

공융은 불효죄로 조조에 의해 죽으면서 삼족이 멸문 당했다. 건안 칠자 중 맨 앞자리를 차지하면서도 조조 시대에는 거론 대상이 아니었다. 다만 조비가 공융의 시를 매우 좋아하여 조조 사후 공융의 시문을 모은 『공북해집』을 출간했다. 공융의 글은 조조 시대에 많이 사라져 조비는 공융의 시문을 출간하면서 공융의 글을 간직하고 있는 사람에게는 황금과 비단을 내려 포상했다고 한다.

공융은 죽기 전 임종시臨終詩를 지어 죽는 순간까지 조조를 비판했다. 그는 국가에 충성하고 효로써 세상을 교화한다는 유가적 이념을 끝까지 실현시키려 노력했다.

孔融공융

言多令事敗언다령사패
말이 많으면 일을 그르치게 되고
器漏苦不密기루고불밀
틈을 단단히 막지 않으면 그릇이 새고 말듯이
河潰蟻孔端하궤의공단
개미구멍 하나로 큰 강의 둑이 터지고
山壞由猿穴산괴유원혈
높은 산도 원숭이 토굴로 허물어지네
涓涓江漢流연연강한류
가늘게 흐르는 물이 흘러 강으로 가고
天窗通冥室천창통명실
하늘을 보는 창 어두운 방과 통해 있으며
讒邪害公正참사해공정
모함하는 말들이 바르고 곧은 이를 해치고
浮雲翳白日부운예백일
흘러가는 구름이 밝고 따뜻한 빛을 가리네
靡辭無忠誠미사무충성
듣기만 좋은 화려한 말 충성스런 마음 없고

華繁竟不實화번경부실

수많은 꽃들이 끝끝내 열매 맺지 못하는데

人有兩三心인유양삼심

사람들이 마음속에 딴마음을 품는다면

安能合爲一안능합위일

어떻게 하나처럼 합쳐질 수 있겠는가

三人成市虎삼인성시호

세 사람이 같은 말을 하면 시장에 호랑이 있는 게 되고

浸漬解膠漆침지해교칠

물속에 담가두면 아교와 옻칠도 풀어지고 마는데

生存多所慮생존다소려

살아서 걱정할 게 너무나도 많으니

長寢萬事畢장침만사필

모든 일 그만두고 깊은 잠을 자고 싶네

공융에 관한 책은 조비가 출간한 『공북해집孔北海集』(총 10권)과 『문선文選』에 천예형표薦禰衡表 등이 수록되어 있다.

『삼국지연의』에 묘사된 공융의 죽음은 조조가 신야의 유비를 공격하려는 것을 반대한 것이 원인이라고 되어 있다.

괴월

유표와 유종에게 항복 권유하여
조조에게 귀순

괴월은 하진을 통해 관직에 나아간 후 유표를 섬겼다. 형주자사 유표가 형주에 터를 잡는 데 중추적인 역할을 했다. 조조와 원소가 격돌할 무렵 조조에게 귀부하자고 했지만 유표는 받아들이지 않았다. 유표 사후 조조가 남하하자 뒤를 이어받은 유종에게도 항복을 권유했다.

괴월의 처신은 가장 적극적인 배반을 뜻하는 반叛이다. 믿음과 의리를 저버리고 돌아선 행위다. 상황을 주도한 능동적 배신이다. 더 큰 이익과 명예를 좇아 주군을 바꾼 행동이다.

괴월蒯越(?~214년)은 후한 말 유표 휘하의 관료로 자는 이도異度이다. 형주 남군 중려현中廬縣 출신이다. 전한 한신의 부하 괴철의

후손이다. 괴량과의 관계는 알 수 없다. 형주의 명사로서 형주목 유표를 도와 혼란을 수습했다. 조조는 형주를 손에 넣으면서 순욱에게 형주를 얻은 것보다 괴월을 얻은 것이 더 기쁘다고 했다.

괴월은 대장군 하진의 부름에 응해 동조연東曹掾에 임명됐다. 환관들을 제거하라는 진언을 올렸다. 하진이 머뭇거리자 단념하고 여양현령汝陽縣令에 임명해 달라고 하여 유표 휘하에 들어갔다.

190년(초평 원년) 반동탁연합군이 궐기하여 후장군 원술이 남양의 병력을 끌어갔다. 장사군에서는 소대蘇代가 패우貝羽를 화용현장華容懸章으로 삼는 등 장강 이남의 토호들도 저마다 할거했다. 형주자사 왕예는 이미 손견에게 살해당한 상황이었다.

후임 형주자사인 유표는 부릴 군대가 없었다. 장강 이남에 있는 형주의 주도州都 무릉군 한수현漢壽縣으로 내려가지도 못했다. 홀로 남군 의성현宜城縣으로 들어갔다. 유표는 괴량과 괴월 그리고 채모를 초빙하여 대책을 토의했다.

유표는 토호들이 원술에게 협력하는 것을 우려했다. 병사들 모병도 잘 되지 않았다. 이에 대해 괴량은 인의지도를 행한다면 물이 아래로 흐르듯 저절로 백성들이 돌아올 것이라고 했다. 반면에 괴월은 치세에는 인의를 난세에는 권모를 앞세우는 것이라고 했다. 이어 "이익을 내세워 유인하면 각 우두머리들이 무리를 이끌고 올 것입니다. 그중에 도리에 어긋난 자는 처단하고 나머지는 위무하고 등용하면 그 위엄과 덕망이 주에 퍼져 반드시 사람들이 몰려와 귀부할 것입니다. 그 병사로 남쪽으로는 강릉江陵을 점거하고 북쪽으로는 양양을 지킨다면 격문을 돌리는 것만으로도 형주를 평정할 수 있습니다. 원술이 형주로 오더라도 방도가 없을 것입니다."라고 말했다.

유표는 괴량의 발언은 옹계雍季(춘추전국시대 진晉나라 문공 때 대부)의 구상이고 괴월의 계책은 구범臼犯(춘추전국시대 진晉나라 문공 때 대부)의 꾀로 괴량은 장기 대책이고 괴월은 단기 대책이라 평했다. 괴월로 하여금 각 토호의 우두머리들을 유인하게 했다. 그런 뒤 모두 참하고 그 휘하의 무리를 흡수했다.

하지만 무리들 중 장호張虎와 진생陳生은 양양을 끼고 버텼다. 괴월과 방계龐季가 타이르자 결국 그들도 항복했다. 괴월은 강남 일대를 평정한 공으로 장릉태수章陵太守에 임명되고 번정후樊亭侯에 봉해졌다.

괴월은 유표에게 원소와 조조가 격돌할 무렵 조조에게 귀부할 것을 별가別駕 유선과 종사중랑從事中郎 한숭과 함께 권했다. 유표는 받아들이지 않았다.

208년(건안 13년) 조조가 형주로 남하하기 시작했다. 그때 유표가 병으로 세상을 떠났다. 뒤는 둘째 아들 유종이 이었다. 유종은 조조에게 항복하지 않으려 했다. 괴월은 유종을 한숭, 동조연 부손 등과 함께 설득했다. 결국, 유종은 조조에게 항복했다. 괴월은 조조로부터 광록훈을 받았다. 조조는 "형주를 손에 넣어 기쁜 것이 아니라 괴월을 얻어서 기쁘다"고 말했다. 강릉태수江陵太守에 임명하고 번성후樊城侯에 봉했다. 괴월은 214년 사망하면서 조조에게 집안을 부탁했다.

『삼국지연의』에서 괴월은 괴량의 동생으로 나온다. 『삼국지』에서는 그런 언급이 없다. 손견이 전국옥새와 야망을 품에 숨기고 반동탁연합군에서 나와 강동으로 돌아갈 때 유표의 명령을 받고 채모와 함께 손견을 막아 공격한다.

유표에게 의탁하고 있던 유비가 장무張武와 진손陳孫을 토벌하고 취한 말 적로를 유표에게 바친다. 괴월은 주인을 해칠 말이라면서 유표에게 타지 말라고 한다.

유비가 훗날 화가 될 것이라 여긴 채모는 유비 암살을 준비하고 유표의 명령이라 속여 괴월을 동참시킨다. 괴월은 문빙과 왕위로 하여금 다른 자리를 마련해 조운을 유비로부터 떼어 놓으라고 제안한다. 유비는 이적의 귀띔으로 무사히 빠져나와 적로를 타고 단계檀溪를 뛰어넘는다. 이후 조조가 형주로 진격해 오자 조조에게 항복할 것을 부손, 왕찬과 함께 유종에게 권한다. 유종이 조조에게 항복한 후에는 강릉태수와 번성후樊城侯를 받는다.

당주

태평도 창시자 장각 등지고
후한에 귀순

당주는 태평도의 창시자 장각을 등졌다. 황건적의 거병일을 영제에게 알렸다. 그의 행동은 가장 적극적인 배반을 뜻하는 반叛으로 믿음과 의리를 저버리고 돌아선 행위다. 상황을 주도한 능동적 배신으로 죽음을 피하고 더 큰 이익과 명예를 좇은 처신이다.

당주唐周(?~?)는 후한 말 황건적黃巾賊의 장수으로 장각張角의 부하였다. 『삼국지』에는 이름이 없고 『후한서』와 『삼국지연의』에 등장한다. 청주 제남군 출신이다.

장각은 184년 후한 왕조를 무너뜨리기 위해 거병하기로 했다. 3월 5일에 형주와 양주 일대에 수만 명을 모아 북상해 기주에서 봉기하여 낙양洛陽을 습격할 계획을 세웠다.

마원의馬元義(장각의 부하)는 장각의 명령에 따라 뇌물로 궁궐 내의 환관인 중상시中常侍 봉서封諝와 서봉徐奉을 거병 계획에 끌어들여 그들과 같이 거사하기로 했다.

당주는 장각의 명령으로 마원의에게 거사일을 알리고 궁궐 내의 사람들과 모의가 잘 진행된 지를 확인하기 위해 낙양에 갔다. 그런데 당주는 장각을 배반했다. 당주는 장각의 계획을 황제 직속의 환관들에게 밀고했다.

낙양으로 가기 전에 장각의 안색이 좋지 않아 얼마 살지 못할 것으로 여겼고, 낙양의 상황을 보고 봉기가 실패할 것이라 여겼기 때문이다. 영제靈帝는 하진何進에게 황건적 토벌을 명했다. 낙양에 잠입하고 있던 마원의는 대장군 하진에게 생포되어 거열형을 당했다. 환관 봉서 일당도 투옥됐다.

또한, 영제가 조서를 내려 삼공과 사례교위 등에서 궁중에서 숙위하는 군사와 백성들 중에서 장각을 믿는 자들을 가려내 심문하도록 했다. 그 결과 낙양 일대에서 1천여 명의 태평교도들이 피살되었다.

이에 장각은 비밀이 누설되었음을 알고 반란의 시기를 앞당겼다. 남양南陽의 장만성張曼成과 영천潁川 등의 파재波才와 제휴하여 일정을 정하지 않고 대규모 반란을 일으켰다. 이에 주준朱儁, 황보숭皇甫嵩, 조조曹操, 손견孫堅 등이 이들을 토벌하러 가게 되었다.

사섭

후한과 동오를 섬기다
배신감에 반란

사섭은 후한과 동오의 손권을 따랐다. 교주는 후한 조정으로부터 멀리 떨어진 지역이라 영향력이 크지 않았다. 그럼에도 조정과의 협력을 통해 독립세력으로 성장했다. 동오의 손권에게는 아들을 인질로 보내고 진상품도 빠뜨리지 않았다.

그런데 사섭이 죽자 동오는 교주를 교주와 광주로 분할했다. 그런 뒤 사씨 일족이 아닌 다른 사람들로 임명했다. 사씨들은 반란을 일으켰다. 이들의 배신은 가장 적극적인 배반을 뜻하는 반叛이다. 믿음과 의리를 저버린 동오의 행위에 대한 처신이었다. 상황에 내몰렸으면서도 능동적으로 상황을 주도한 배신이다. 죽음을 피하기 위한 행동이었다.

사섭土燮(137~226년)은 후한 말과 삼국시대 동오의 장수이다. 자는 위언威彦으로 교주交州 창오군蒼梧郡 광신현廣信縣 출신이다. 후한 말부터 삼국시대에 걸쳐 교주를 다스렸다. 훗날 베트남의 쩐왕조陳朝는 사섭을 선감가응령무대왕善感嘉應靈武大王으로 추존했다.

사섭은 중국 최남단(광둥성, 광시자치구, 베트남 북부와 중부)에 위치했던 교주의 자사였다. 교주는 후한의 명장 복파장군 마원이 징자매徵姉妹의 반란(1세기 후한에 대항하여 최초의 대규모 저항운동을 일으킨 베트남의 쯩짝徵側과 쯩니徵貳 자매姉妹. 40년 후한의 교지태수交趾太守가 쯩짝의 남편을 처형하자 자매는 반란을 일으켰다. 토착 지배계층의 지지를 받으며 베트남 북부로부터 광둥성의 남부에 이르는 65개 성을 함락시키고 스스로 왕위에 올랐다.)을 진압한 이후 후한에 속하게 되었다. 하지만 항상 저항적이었다. 후한은 지역의 유능한 인물에 의존하는 형태로 그들의 저항을 통치했다. 사섭은 그중의 한 명이다.

원래 사섭의 집안은 노국魯國 문양현汶陽縣이 본관이었다. 그러나 6대 전에 전한이 망하고 신나라가 세워지는 혼란기를 피해 교주로 이주했다. 그의 아버지 사사士賜는 일남군 태수를 지냈다. 이 같은 사섭의 집안 내력은 교주 통치에 긍정적으로 작용했다.

남월의 군현을 다스리는 이전의 한족 관료들은 대개 교주 밖에서 왔다. 때문에 현지 사정에 어둡고 통치하려는 의욕도 없었다. 잠시 수탈하여 중앙으로 진출하기에 여념이 없었다.

하지만 사섭은 달랐다. 교주에서 6대를 살아오고 또 아버지가 교주 최남단인 일남군의 태수를 지낸 배경으로 지역의 사정을 잘 알았다. 그 결과 중앙으로 진출하려는 욕구보다 지역에 눌러앉아 안정된 통치를 하려고 했다.

사섭은 젊어서 낙양에 유학하여『좌씨춘추』를 익혔다. 아버지 사사의 상을 치른 후에 교지군交趾郡의 태수가 되었다. 사섭이 교지태수로 있던 196년 교주자사였던 주부朱符가 이민족에게 살해당했다. 교주가 혼란에 빠지자 사섭은 조정에 표를 올려 각 형제들을 태수로 임명했다. 사일은 합포군 태수, 사유는 구진군 태수, 사무는 남해군 태수로 임명되었다. 사씨 일가는 교주 전체를 차지하면서 독립 세력을 구축했다.

주부가 살해된 직후에도 후한의 영향력은 어느 정도 미쳤다. 201년(건안 6년) 장진張津을 파견하여 교주자사로 임명했다. 하지만 얼마 후 장진은 부장 구경區景에게 살해되었다. 이에 후한은 사섭을 교지태수 겸 수남중랑장에 임명하고 교주의 7개군(교지, 남해, 창오, 울림, 합포, 구진, 일남)을 다스리게 했다.

사섭은 중원의 혼란을 피해 교지로 피난 온 망명객들을 우대했다. 교지의 문물은 그들에 의해 개방되었다. 그 과정에서 사섭은 베트남에 한자를 전파한 최초의 인물로 꼽힌다.
사섭은 정치가이면서 경학자이기도 했다. 특히『춘추』에 능해 주해를 달았는데 원휘와 순욱으로부터 칭찬을 듣기도 했다.

사섭은 201년부터 죽기 전까지 손권에게 아들을 인질로 보냈다. 진상품도 매년 빠짐없이 보냈다. 손권은 210년 보즐을 교주자사로 보내면서도 동시에 사섭을 좌장군에 임명했다.

사섭은 옹개가 일으킨 남만 반란의 실질적인 배후세력이었다. 반란을 유도한 공로로 손권에게 상까지 받았다. 사섭은 226년 90세의 나이로 사망했다. 137년 출생으로 보면 조조와 원소, 손견, 유비보다도 한 세대 앞선 동탁, 왕윤, 도겸, 채옹, 황보숭과 같은 세대이다. 그럼에도 조조와 원소, 손견, 유비가 사망한 후에도 생존했고 자기보다 50년이나 연하인 조위의 문제 조비와 같은 해에 죽었으니 장수한 셈이다.

사섭이 죽자 동오에서는 교주를 교주와 광주로 분할했다. 교주자사와 광주자사도 사씨 일족과 관계없는 관리로 임명했다. 사섭의 아들 사휘를 안원장군으로 임명하기는 했지만, 사씨 일족이 배제되었기 때문에 사씨는 반란을 일으켰다.

하지만 광주자사 여대의 진압으로 사휘를 비롯한 사섭의 여섯 아들은 투항했다. 여대는 사씨 일족에게 직위만 박탈하고 목숨은 살려 준다며 항복을 권했다. 하지만 여대는 이들이 무장을 해제하고 항복하자 그 자리에서 조서를 읽어 준 뒤 처형했다. 이에 대해 『위씨춘추』의 저자 손성은 여대가 사섭의 아들들을 거짓으로 투항시킨 뒤 모두 죽게 한 것은 신의가 없으니 여씨 가문의 봉록이 오래가지 못한 것은 당연하다고 비판했다.

사섭에 대한 후세의 평가는 긍정적이다. 사섭은 교주를 평정했고 주부의 죽음 이후 몇 년간 교주를 안정적으로 다스렸다. 또 형주처럼 전란을 피해 도망친 사람들이 의탁하는 곳이 되었다. 교주는 상업으로 번성했다. 사섭의 관리는 조타(남월의 초대 군주)에 비견될 정도로 칭송받는다. 베트남에서는 추앙받는 인물이다.

『삼국지』의 저자 진수는 "사섭은 남월을 지키며 마음대로 하고 생을 마쳤지만, 그 아들에 이르러서는 신중하지 못하여 스스로 화를 초래했다. 아마도 평범한 재능으로 부귀함을 즐기고 험한 지세를 부지한 것이 그로 하여금 이 결과가 되게 했을 것이다."라고 평했다.

또 『대월사기전서』의 오사련은 "우리나라가 시서詩書가 통하고 예악禮樂을 익히며, 문헌文獻의 나라가 된 것은 사왕士王으로부터 시작된 것이다. 그 공덕은 어찌 당대에 특별하게 베풀어져 멀리 후대에까지 이어져 있으니 어찌 성대하지 않다고 할 수 있겠는가. 자식의 불초함은 곧 자식의 죄이다."라고 했다.

『삼국지연의』에서는 사섭에 대한 언급이 없다.

소비

유표를 떠나 타의에 의해
손권에게 귀순

소비는 유표의 부하 황조를 섬겼다. 손권은 황조를 토벌할 때 소비를 체포해 죽이려 했다. 그런데 감녕이 지난날의 은혜를 들어 자신의 목숨을 걸고 구명을 요청했다. 그 결과 살아남았다. 소비가 손권을 섬긴 것은 단순히 들어갔다는 것을 뜻하는 입入 단계의 배신이다. 상황에 내몰린 피동적 배신이었다. 타의에 의해 섬길 주군을 바꿨다.

소비蘇飛(?~?)는 후한 말의 장수이다. 유표의 부하 강하태수 황조黃祖의 밑에서 도독都督을 지냈다. 황조가 산적 출신인 감녕甘寧을 냉대했다. 감녕은 불만이 쌓이면서 불우한 처지를 탓했다. 소비는 감녕의 능력을 높이 평가하여 존중하고 잘 대우했다.

황조에게 감녕을 중용하도록 여러 차례 진언했다. 하지만 받아들여지지 않았다. 결국, 소비는 주현郑縣의 장長에게 감녕을 추천하며 탈출할 수 있도록 선처했다. 그 덕분에 감녕이 손권孫權 휘하로 들어갈 수 있었다.

208년 손권이 강하江夏를 침공하여 황조를 토벌했다. 소비는 손권의 군대에 체포되었다. 손권은 소비를 처형하려고 했다. 하지만 감녕이 나섰다. 머리를 마루에 찧으며 피와 눈물을 흘리면서 소비의 구명을 청했다. 자신이 황조 밑에서 불우한 처지를 보낼 때 받은 소비의 도움을 말하며 소비를 살려달라고 했다. 소비가 도망치면 자기가 직접 잡아 죽이고 자신의 목도 바치겠다고 말했다. 손권이 사면해 살아남을 수 있었다.

『삼국지연의』에서 소비는 『삼국지』와 같이 여몽과 싸우다 도망치다가 반장에게 붙잡히는 것으로 묘사된다.

송헌
———

섬기던 여포를 버리고
조조에게 귀순

———

송헌은 여포를 섬기다 조조에게 귀순했다. 그의 배신은 가장 적극적인 배반을 뜻하는 반叛이다. 믿음과 의리를 저버리고 돌아선 행위다. 상황을 주도한 능동적 처신이다. 죽음을 피하고 더 많은 이익과 명예를 위해 여포를 버리고 조조를 선택했다. 아픈 상처를 남긴 고의적 배신이다.

———

송헌宋憲(?~?)은 후한 말기의 장수이다. 여포呂布의 부장이었다. 198년(건안 3년) 조조가 하비下邳에서 여포를 포위했다. 성에 갇혀 전세가 불리해졌다. 그러자 송헌은 후성侯成, 위속魏續과 함께 진궁陳宮과 고순을 사로잡아 조조曹操에게 투항했다. 이후의 행적은 알려진 것이 없다.

『삼국지연의』에서 송헌은 팔건장의 일원으로 여포가 연주를 점령했을 때부터 같이 하는 것으로 등장한다. 여포가 서주를 차지하고 유비를 치러온 원술의 기령을 여포의 궁술로 몰아낸 후에 위속과 함께 산동에서 말을 사오다가 장비에게 습격당해 말을 뺏기기도 한다.

하비가 조조에게 포위당했을 때였다. 후성이 말을 훔치려는 배반자들을 잡아 죽이고 그 기념으로 술을 먹으려다 금주령을 어겼다는 이유로 대노한 여포에게 죽임을 당할 뻔하다 살아났다. 이에 조조에게 항복하기로 한다.

송헌은 위속과 함께 여포가 잠들어 있을 때 그를 포박하여 조조에게 바친다. 하비下邳성전투에서 여포는 대책도 없이 주색에 빠져 군사들을 돌보지 않는다. 송헌은 위성, 후송 등과 함께 여포를 사로잡아 조조에게 투항하기로 한다.

조조군은 후성의 연락을 받고 하비성을 공격한다. 송헌은 여포가 피로에 지쳐 잠든 사이에 여포 주위 사람들을 몰아낸다. 그런 뒤 방천화극方天畵戟을 훔친 다음 위속과 함께 여포를 꽁꽁 묶어 조조군을 맞이한다. 이후 조조와 원소袁紹 간의 백마전투에서 위속과 함께 원소군의 안량顔良과 싸우지만 세 합만에 죽는다.

순우경

동탁의 전횡 피해
원소에게 의탁

순우경은 후한을 섬기다 원소를 따랐다. 우군교위를 맡았던 서원군이 해산되고 동탁의 전횡이 시작되자 서원군에서 중군교위였던 원소 진영에 참여했다.

그의 처신은 단순히 들어갔다는 것을 뜻하는 입入 정도의 배신이다. 상황에 내몰린 피동적 행위로 죽음을 피하고 더 큰 이익을 좇은 의탁이었다.

순우경淳于瓊(?~200년)은 후한 말의 장수이다. 자는 중간仲簡이며 예주豫州 영천군潁川郡 출신이다. 성씨는 순씨가 아니라 순우씨이다.

『후한서』하진전에 의하면 영제靈帝 대에 서원팔교위西園八校尉(건석, 원소, 포홍, 조조, 조융, 풍방, 하모)의 한 사람으로 우군교위右軍校尉였다. 서원팔교위는 188년(중평 5년) 후한 영제가 창설한 군대이다. 원소는 중군교위에 조조는 좌군교위에 임명되었다.

그러나 후한 말의 혼란으로 서원군이 자진 해산됐다. 이후 원소를 따라 휘하 장수가 되었다. 영제가 죽은 후에는 소제少帝를 섬겼지만 동탁董卓의 전횡이 시작되자 원소 진영에 몸담았다.

195년(흥평 2년) 감군監軍 저수沮授가 헌제獻帝를 영접할 것을 원소에게 말했다. 그러나 순우경은 곽도郭圖와 함께 반대 의견을 개진했다. 헌제를 맞아들일 경우 일일이 보고를 하고 눈치를 봐야 하니 내부에 새로운 근심거리가 생기는 것이라고 했다. 원소도 동탁에게 옹립된 헌제에게는 정통성이 없다며 맞아들이지 않았다.

199년(건안 4년) 곽도는 저수가 맡고 있는 감군의 권한이 너무 크다고 말했다. 원소는 받아들였다. 감군을 폐지하고 순우경과 저수와 곽도를 도독都督에 임명하여 권한을 나눴다.

200년(건안 5년) 관도대전官渡大戰이 시작되었다. 순우경은 백마白馬에 주둔한 동군태수東郡太守 유연劉延을 곽도, 안량顏良과 함께 공격했다. 하지만 조조에 의해 안량과 문추文醜가 죽는 등 고전을 면치 못했다.

같은 해 10월 순우경은 군량 수송 임무를 맡았다. 1만 명의 군대로 독장督將 수원진眭元進과 기독騎督 한거자韓莒子, 여위황呂威璜,

조예趙叡 등과 함께 오소烏巢에 주둔했다.

그런데 방비가 허술했다. 원소의 책사 허유許攸가 조조에게 이 사실을 밀고했다. 조조는 오소를 급습했다. 당시 숙영하고 있던 순우경은 조조에게 오소를 빼앗겼다. 오소의 군량 기지를 빼긴 원소군은 관도대전에서 패배의 길을 걷는다.

조조는 순우경을 생포하여 코를 베었다. 하지만 죽이지는 않았다. 밤이 되자 조조가 순우경을 불러 "어찌하여 이렇게 되었는가."라고 물었다.

순우경은 "승패는 하늘에 달린 것인데 내가 무슨 할 말이 있겠소. 어찌 질문에 의미가 있으리오"라고 대답했다.

조조는 순우경을 죽이고 싶지는 않았다. 그러나 허유 등이 "아침에 거울을 볼 때마다 우리에 대한 원한을 결코 잊지 않을 것이다."라고 말하며 죽일 것을 권하자 마지못한 심정으로 죽였다. 조조는 병사 8천여 명을 죽이고 마소의 혀와 입술을 베어 원소에게 보냈다.

『삼국지연의』에서 순우경은 하진이 죽은 후 밖으로 연행된 소제와 진류왕을 마중하는 곳에서 등장한다. 무능하고 난폭한 인물로 묘사된다. 관도대전 직전 안량, 문추, 장합, 고람, 한맹, 장기 등과 함께 원소의 맹장으로 언급된다.

하지만 성질이 괴팍하고 술을 좋아한 순우경은 매일 술판을 벌여 임무를 소홀히 한다. 오소 식량 기지도 술에 취해 있는 사이 조조의 기습을 받고 잃는다.

조조는 순우경을 잡아 귀와 코와 손을 베어 말의 등에 실은 뒤 원소에게 보낸다. 살아남은 병사로부터 상황을 전해 들은 원소는 격노하여 순우경을 잡아 죽인다. 『삼국지』와는 달리 자질이 의심스러운 졸장으로 묘사된다.

양봉

이각과 원술을 거쳐 여포에게 귀순

양봉은 처음에 이각을 섬겼다. 이각과 곽사의 내전으로 많은 사람이 죽고 헌제가 위험에 빠지자 종요와 한빈 그리고 송과 등과 이각을 죽이려는 모의를 했다. 결과는 발각되어 실패했다.

이각에 대한 배신은 가장 적극적인 배반을 뜻하는 반叛이다. 믿음과 의리를 저버리고 돌아선 행위다. 상황을 주도한 능동적 배신이다.

이후 헌제를 보위하고 조조를 추천했지만, 조조의 농간을 간파하고 등진 뒤였다. 조조에게 패한 양봉은 원술에게 도망갔다. 원술이 참칭하고 조정으로부터 포박 대상이 된 뒤였다.

원술이 여포를 공격했다. 양봉도 참전했다. 하지만 노획한 군수물자를 전부 주겠다는 말에 내응하여 원술의 장훈을 타격했다. 믿음과 의리를 저버리고 돌아선 행위로 가장 적극적인 배반을 뜻하는 반

叛의 처신을 했다. 더 큰 이익을 좇아 상황을 주도한 능동적 배신
이다.

양봉楊奉(?~197년)은 후한 말의 장수이다. 백파적 출신임에도 거
기장군까지 올랐다. 장안을 나와 동쪽으로 가는 헌제를 호위하여 큰
공을 세웠다. 이후 중앙 정치와 거리를 뒀다. 하지만 조조의 권력 쟁
탈에 밀려 각지를 떠돌다 사망했다.

백파적白波賊이었던 양봉은 동탁의 부하 이각을 섬겼다. 195년(흥
평 2년) 2월 장안에서 이각과 곽사 사이에 내전이 벌어졌다. 4월 곽
사의 병사들이 이각의 부하 장포張苞, 장룡張龍과 내통하고 밤중에
습격했다.

당시 헌제도 이각의 진영에 머물고 있었다. 화살이 헌제가 머물던
곳 가까이까지 날아왔다. 이각의 귀도 관통 당했다. 양봉이 이들과
싸워 물리쳤다. 6월 계속된 내전으로 일만여 명이 죽었다.

이 틈에 양봉이 황문시랑黃門侍郎 종요, 상서랑尙書郎 한빈韓斌,
이각의 군리 송과宋果 등과 함께 이각을 죽이려고 모의하다 들켰다.
이들은 이각으로부터 떨어져 나왔다. 이각은 심신이 매우 쇠약해졌
다. 장제가 중재에 나섰다. 곽사와 화해하고 헌제를 홍농군으로 옮
기기로 했다.

7월 곽사는 거기장군에, 양정은 후장군에, 양봉은 흥의장군興義將

軍에, 동승은 안집장군安集將軍에 임명되어 헌제를 호위했다. 장제는 표기장군이 되어 먼저 섬현陝縣으로 돌아갔다.

8월 경조윤의 신풍현新豊縣을 지나는데 곽사가 헌제를 우부풍 미현郿縣으로 빼돌리려 했다. 양봉이 양정, 동승과 함께 이를 저지했다. 신변에 위험을 느낀 곽사가 대열에서 이탈했다.

10월 곽사의 부하 오습과 하육夏育 그리고 고석高碩이 불을 지르며 다시 헌제를 데려가려 했다. 하지만 양봉은 이들을 격파하고 홍농군 화음현華陰縣에 이르렀다.

화음현에 주둔하던 영집장군寧輯將軍 단외가 여러 물품을 대면서 헌제를 자신의 영으로 맞이하려 했다. 그런데 단외가 무례를 범했다. 단외는 양정과 사이가 좋지 않았다. 혹시 변고가 생길지 몰라 말에서 내리지 않고 헌제에게 읍했다. 이를 빌미로 양정과 친했던 시중侍中 충집이 '단외가 역심을 품었다'고 모함했다. 태위 양표와 사도 조온, 시중 유애劉艾, 상서尙書 양소梁紹 등은 그럴 리 없다고 했다. 하지만 동승과 양정까지 '곽사군이 단외의 진영에 들어갔다'고 거짓말하는 바람에 헌제는 노숙을 했다.

양정과 양봉, 동승은 십여 일간 단외를 공격했다. 그런데도 단외는 헌제에 대한 지원을 지속했다. 다른 뜻이 없음을 보여준 것이다. 결국, 공격을 거뒀다. 한편 이각과 곽사는 헌제를 보내준 것을 후회했다. 그들은 단외를 구한다는 명분으로 헌제를 추격했다.

11월 양봉과 동승은 형주로 달아난 양정과는 달리 그대로 홍농현에 도착했다. 장제는 서로 인질을 교환하고 헌제를 홍농현에 두자고 제안했다. 하지만 양봉은 거절하고 더 동쪽으로 향했다.

장제도 이각, 곽사와 협력하며 헌제 일행을 습격했다. 수없이 많은 사람이 죽고, 수많은 치중을 잃는 속에서도 간신히 조양간曹陽澗에 닿았다. 급히 하동군에 있던 옛 백파적 이락과 한섬 그리고 호재와 남흉노의 거비去卑를 불러 이각과 곽사와 장제의 3인방에게 대항했다. 잠시 이각 등을 밀어내기도 했다. 하지만 격전 끝에 거의 다죽고 섣달에는 섬현까지 내몰렸다.

호분虎賁(용맹스러운 군대)과 우림羽林(금위군의 별칭)은 채 백 명도 남지 않았다. 어쩔 수 없이 십여 장丈 높이의 강안 절벽을 내려가더라도 야음을 틈타 황하를 건너기로 했다. 일부는 기어 내려가다가 일부는 뛰어내리다가 죽거나 다쳤다. 가까스로 내려온 자들은 저마다 배에 오르려 발버둥을 쳤다. 동승과 이락이 배에 매달린 수많은 손가락을 내리친 뒤에야 배가 겨우 나아갈 수 있었다. 잘린 손가락들이 나뒹굴었다. 동사하거나 익사한 자들도 허다했다. 참혹함은 이루 말할 수 없었다.

마침내 하동군 대양현大陽縣을 거쳐 안읍현安邑縣에 당도했다. 남은 사람은 수십 명에 지나지 않았다. 하내태수 장양이 쌀을 대고 하동태수 왕읍王邑이 비단을 공급했다.

196년(건안 원년) 동승과 장양은 환도에 적극적이었다. 반면 양봉과 이락은 미온적이었다. 동승은 한섬의 공격을 받았다. 긴급히 야왕현野王縣의 장양에게 피신했다. 호재와 양봉이 한섬을 공격하려다 헌제의 만류에 멈췄다.

5월 양봉과 이락 그리고 한섬이 환도에 동의해 길을 나섰다. 동승은 장양의 도움을 받아 미리 낙양의 황궁을 보수하고 있었다. 호재와 이락은 하동군에 남았다.

6월 의랑議郎 동소가 연주목 조조의 명의로 편지를 써 양봉에게 전했다. "저는 장군의 명성을 듣고 진심으로 그 의로움을 사모하였습니다. 장군께선 천자를 환난에서 구해 옛 도읍으로 모셔왔으니 그 보좌한 공은 세상에 필적할 자가 없습니다. 오늘날 흉악한 무리들이 중원을 어지럽히고 사해四海가 안녕치 못합니다. 왕조 질서를 청명히 해야 하는데 혼자서는 못할 일입니다. 심장, 배, 두 팔, 두 다리는 서로가 의존하며 하나라도 없으면 흠이 됩니다. 장군은 안쪽에서 저는 바깥에서 서로를 도와야 합니다. 저는 식량이 있고 장군은 군사가 있으니 상호 있고 없는 것을 융통해(유무상통有無相通) 돕기가 충분합니다. 죽으나 사나 고생을 같이합시다.(사생계활死生契闊) 양봉이 기뻐서 다른 사람들에게 '연주의 군대가 가까이 영천군 허현許縣에 있으면서 병력과 식량이 넉넉하니 응당 나라가 의지할 바'라며 공동으로 표를 올려 조조를 진동장군鎭東將軍 그리고 그 아버지 조숭의 작위였던 비정후費亭侯를 받게 해줬다.

7월 오랜 유랑 끝에 헌제가 낙양 땅을 다시 밟았다. 8월 장양은 큰 공을 세웠음에도 불구하고 하내군으로 돌아가 대사마가 되었다. 양봉 또한 하남윤 양현梁縣으로 나가 거기장군이 되었다. 위장군 동승과 대장군 겸 사례교위 한섬만이 헌제를 곁에서 보위했다.

한섬이 자신의 공적을 믿고 지나치게 정사에 관여했다. 동승이 조조를 소리 나지 않게 끌어들였다. 조조는 한섬과 장양을 탄핵했다. 한섬은 주살 당할 것을 두려워해 양봉에게 도피했다. 그간의 공로를 들어 일절 죄를 묻지 않았다.

당시 낙양의 형편은 아주 궁핍했다. 궁궐은 예전에 불타 없어져 백관이 담벼락에 의지했다. 굶주림도 심해 상서랑尙書郎 이하가 직접 돌벼를 채취해 왔을 정도였다. 아사하거나 병사들에게 살해당하기도 했다.

조조가 양봉에게 말하길 "낙양에는 양식이 없어 황제를 잠깐 남양군 노양현魯陽縣으로 거동케 하려 합니다. 노양은 허현 근방이라 운송이 쉬워 식량 부족의 근심을 해결할 수 있습니다."라고 했다.

양봉은 조조가 추천에 대한 답례를 후하게 해왔던 터라 의심하지 않았다. 조조는 노양 방향의 남쪽이 아닌 환원관轘轅關을 지나 허가 있는 동쪽으로 황제를 인도했다. 뒤늦게 조조의 농간인 걸 알고 한섬과 같이 추격했다. 하지만 먼저 부딪힌 경기병이 양성산陽城山 골짜기에서 복병에 당하는 등 황제의 거마를 놓치고 말았다.

10월 양봉과 한섬이 영천군 정릉현定陵縣 일대를 유린했다. 조조는 응하지 않았다. 대신 양봉의 본거지인 양을 곧바로 찔러 무너뜨렸다. 양봉과 한섬은 양주의 원술에게 달아났다.

197년 원술이 황제를 참칭했다. 이 무렵 양봉은 공손찬과 원술 그리고 한섬과 같이 조정으로부터 포박 대상이 된 상태였다. 원술과 혼담까지 오갈 정도였던 서주의 여포는 진규와 조조의 꼬드김에 넘어가 그 관계를 끊었다. 원술이 노하여 장훈, 교유, 양봉, 한섬으로 하여금 일곱 길에서 수만 명으로 공격하게 했다.

여포가 양봉과 한섬에게 편지를 써 보냈다 "두 장군이 어가를 호송하며 동쪽으로 온 것은 나라에 제일가는 공이오. 당연히 역사에 남아 영원토록 사라지지 않을 것이오.(만세불후萬世不朽) 원술은 반역하여 토벌 받아야 마땅한데 어찌 역적과 한패가 되어 여포를 친단 말이오. 여포 또한 동탁을 주살한 공신이오. 힘을 합해 원술을 격파하고 천하에 공을 세웁시다."라고 했다.

또 노획한 군수물자도 전부 주겠다고 하여 내응하기로 했다. 여포가 진격하여 장훈의 군대와 거리가 100보쯤 되었을 때 한섬과 양봉도 동시에 장훈의 군대를 타격했다. 원술군은 궤주하여 살상되거나 물에 빠져 죽은 이가 부지기수였다.

양봉과 한섬은 여포와 같이 구강군 수춘현壽春縣 방향으로 수륙병진하며 지나는 곳마다 노략질을 했다. 종리현鍾離縣에서 회수 북쪽으로 회귀하기도 하는 등 서주와 양주 사이를 누비고 다녔다. 때마침 여포에게 서주를 빼앗긴 유비군과 만난 양봉은 유비에게 유인되어 회견 석상에서 살해된다.

『삼국지연의』에서 양봉은 황보력(후한 말의 관원, 황보숭의 조카로 양주 안정군 조나현 출신)을 참수하려던 이각을 말리는 것으로 처음 등장한다. 직위는 기도위였다. 이각의 전횡과 푸대접에 송과宋果와 함께 내부에서 이각을 기습하려 한다. 하지만 일이 누설되어 송과는 잡혀서 죽고 자신은 패하여 종남산終南山으로 도주한다.

장제의 중재로 헌제는 홍농으로 가게 된다. 양봉은 이를 보호하기 위해 천여 명으로 달려간다. 거가가 화음현에 이르러 곽사가 헌제를 다시 데려가기 위해 추격해온 순간 양봉이 도착한다. 휘하의 서황이 곽사의 장수 최용崔勇을 죽이고 양봉은 곽사군을 물리친다.

이튿날 곽사가 또 다가와 이들을 포위하면서 위기에 빠진 순간 동승이 나타나 구해준다. 이번에는 곽사가 이각과 연합해 몰려온다. 동승과 함께 동간東澗에서 죽기를 각오하고 싸우지만 섬북까지 쫓겨 옛 백파적 한섬, 이락, 호재에게 구원을 청한다. 이락은 위양渭陽에서 대패하고 호재는 전사한다. 간신히 황하를 건너 안읍현에 도달한다.

동승과 양봉이 헌제를 모시고 낙양 환도에 나선다. 이락은 따르지 않는다. 남아서 이각과 곽사와 협력해 헌제를 겁략하려 한다. 동승과 양봉 그리고 한섬이 이를 알고 속히 기관箕關으로 향한다. 이락도 이각과 곽사를 기다리지 않고 진군해온다. 양봉이 서황을 보내 이락을 쓰러트린다.

헌제가 낙양에 이르자 양봉이 조조를 불러들인다. 조조는 이각과 곽사를 크게 깨트린다. 양봉과 한섬은 권력을 쥔 조조를 염려해 대량大梁으로 나간다. 조조가 허도로 천도를 행하자 양봉과 한섬이 그 길목을 가로막는다. 허저와 50여 합을 겨뤄도 끄떡 않던 서황은 친구 만총의 권유에 조조에게 귀순했다. 양봉이 1천 명의 기병으로 이를 추격하는데 조조의 복병에 당한다. 한섬도 합세하지만 패배하여 둘은 원술에게 도망간다.

원술이 20여만 명을 동원해 일곱 길로 여포가 있는 서주로 진공한다. 양봉은 제7로군을 맡아 준산浚山으로 전진한다. 한섬은 제6로군이다. 진등은 한나라로 귀환하고 싶어 하는 한섬과 양봉의 마음을 이용한다. 한섬은 진등의 설득에 넘어가 내통하고 양봉에게도 전달한다.

서주로 곧장 향하던 장훈의 제1로군을 여포와 한섬과 양봉이 협공해 무찌른다. 뒤이어 오던 칠로도구응사七路都救應使 기령도 쳐부순다.

여포는 한섬을 기도목沂都牧으로 양봉을 낭야목瑯琊牧으로 천거하고 서주에 두려 했다. 그런데 진규가 "두 사람이 산동에 웅거하면 1년 내에 산동의 성곽이 모두 여포에 속할 것이다."라고 말한다. 여포는 이 말에 따라 둘을 기도와 낭야에 있게 한다.

진규의 본심은 둘이 여포에게 협조할 것을 우려했기 때문이다. 둘은 약탈을 벌이다 유비가 마련한 술자리에 유인되어 관우와 장비에게 피살된다. 그 머리는 수춘전투에 앞서 유비가 조조에게 헌상한다.

양표

후한을 섬기다 마지못해
조조에 귀순

양표는 후한을 섬기다 동탁의 천도를 반대하여 면직되었다. 이후 면직과 복권을 반복하다 조조가 허도에 들자 따랐다. 그런데 조조는 양표가 혼인 관계에 있던 원술이 참칭하자 양표가 황제를 폐하려 한다고 무고했다. 심문했지만 드러나는 것이 없자 백성들의 신망을 잃을 것을 염려하여 양표를 석방해 복직시켰다.

양표의 처신은 단순히 들어갔다는 것을 뜻하는 입入 정도의 배신이다. 죽음을 피하기 위해 상황에 떠밀린 피동적 배신이다.

양표楊彪(142~225년)는 후한 말과 조위의 관료이다. 자는 문선文先이며 사례 홍농군 화음현華陰縣(섬서성 화음) 출신이다.

양표의 집안은 '사세대위'라고 하는 명문가이다. 전한 초기 때 유

방의 신하였던 적천후赤泉侯 양희를 1세로 소제昭帝 때의 승상 4세
손 안평후安平侯 양창의 자손이다. 8세손 양진은 사도와 태위를 역
임했다. 양표의 부친 임진후臨晉侯 양사는 사공과 태위를 지냈다.

　헌제 때 사도와 태위 등을 지낸 양표의 아들은 양수이고 손자는
양효이며 부인은 원술의 여동생 원 씨이다.

　양표는 어려서부터 훌륭한 집안에서 공부해 효렴에 추천됐다. 이
후 무재로 천거되어 삼공부로부터 부름을 받았다. 하지만 응하지 않
았다.

　희평 연간(172~178년)에 양표가 박식하다는 소문이 퍼져 빈 수레
를 보내 의랑으로 삼았다가 시중, 경조윤이 되었다.

　광화 연간(178~184년)에 황문령 왕보가 자신의 문중 사람을 시켜
군의 경계에서 남의 장사를 방해했다. 독점 장사로 공적인 재물을
횡령해 7천만 전의 이익을 봤다. 양표는 이를 밝혀 사례교위 양구에
게 알렸다.

　양구는 왕보가 집에서 쉬는 틈에 궁궐로 갔다. 왕보의 죄를 알린
뒤 일당들을 붙잡아 하옥시켰다. 고문을 받은 왕보가 죽자 많은 이
들이 응당하다는 반응을 보였다.

　왕표는 시중, 오관중랑장이 된 후 영천태수와 남양태수가 되었다
가 다시 수도에 들어와 시중과 영락소부, 태복, 위위가 되었다. 189
년 동탁이 사공에서 태위가 되자 사공이 되었다. 다시 동탁이 상국
이 되고 사도 황완이 태위가 되자 왕표는 사도가 됐다.

190년 반동탁연합 세력이 일어나자 동탁이 수도를 옮기려 했다. 왕표는 옛날 은나라의 반경이 다섯 번을 천도했다가 백성들의 원망을 사고, 왕망(전한前漢의 말기 권신, 신新의 유일한 황제)이 관중을 일으켜 궁궐을 불태워 백성들이 도탄에 빠진 일과 광무제가 낙양에 도읍하여 천하가 평안했는데 갑자기 옮기면 백성들의 원성이 높을 것이라며 반대했다.

동탁의 뜻이 강하자 순상(후한 말의 인물, 자는 자명慈明으로 순숙의 아들이며 순욱의 숙부)이 양표가 해를 입을 것을 염려하여 사적으로 반대 얘기를 하면 화를 당할 것이라고 했다.

이후 동탁의 천도를 반대한 황완과 함께 면직되었다. 왕표가 궁궐에 나아가 사죄했다. 광록대부가 되었다가 얼마 후에는 대홍려가 되었다. 그리고 대홍려에 이어 소부와 태상이 되었다. 병이 들자 물러났다. 그런데 경조윤과 광록훈이 되었다가 다시 광록대부가 되었다.

192년 가을에는 순우가淳于嘉를 대신해 사공이 되었다. 그러나 지진이 일어나자 면직되었다가 태상으로 복직했다. 왕표는 194년 주준을 대신해 태위와 녹상서사가 되었다. 이때 이각과 곽사 등이 삼보의 난을 일으키자 황제를 지키기 위해 사력을 다했다. 죽음을 피하지 않는 보필로 헌제가 낙양으로 돌아가면서 상서령이 되었다.

196년 도읍이 허도로 옮겨지고 조회에 연주목 조조가 들었다. 조조는 얼굴색이 석연치 않은 양표를 두려워했다. 연회 시작 전 뒷간을 핑계로 떠났다. 양표도 병을 핑계로 자리를 떴다. 당시에 원술이 황제를 참칭하는 등 조야와 제후들에게 질타를 받았다. 조조는 양표와 원술이 혼인으로 맺어진 사이라는 이유로 양표가 황제를 폐위하려고 한다고 무고했다. 감옥에 넣어 대역죄로 몰고 갔다. 만총이 양표를 문초했다.

순욱과 공융 등이 죄상을 듣는 것에 그치고 형벌을 가하지는 말라고 부탁했다. 하지만 만총은 법대로 심문했다. 심문 후 만총이 조조에게 "양표를 심문했지만 다른 말은 없었습니다. 사형에 처할 죄인은 죄상을 명백히 밝혀야 하는데, 양표는 명성이 있어 죄가 명확하지 않는데 죽이면 명공은 백성들의 신망을 잃게 될 것입니다. 저는 사사로이 명공 때문에 애석해 하고 있습니다."라고 했다.

조조는 곧바로 양표를 사면하여 석방시켰다. 양표는 199년 태상으로 복직되었지만, 이듬해 물러났다. 양표의 부친 양석이 왕자의 교육을 맡는 일로 진후로 봉해진 적이 있었다. 하지만 206년 은혜와 덕배로 봉해졌던 모든 제후들의 지위가 박탈되었다.

양표는 한나라의 패망을 전망하며 병을 핑계로 조정에 나아가지 않았다. 세월이 흘러 10년이 지났다.

219년 아들 양수가 조조에 의해 죽었다. 아들을 잃은 양표는 몹시 비통했다. 조조가 양표에게 "선생께서는 어찌 이렇게 야위셨소."라고 물었다.

양표가 "저는 부끄럽게도 한 무제의 신하였던 김일제金日磾와 같은 선견지명을 가지지 못해 자식을 죽게 했습니다만 이제는 어미 소가 송아지를 핥아주는 마음을 가지고 있습니다."

양표의 말에 조조의 안색이 바뀌었다. 노우지독老牛舐犢(늙은 소가 송아지를 핥는다는 뜻으로, 자식에 대한 부모의 사랑)이란 고사성어가 유래된 대화였다.

221년 조비가 즉위했다. 조비는 양표가 부친인 조조와 사이가 좋지 않았고 태자 시절 경쟁자였던 조식과 양수가 친한 사이여서 내키지 않았지만 태위직을 제수했다.

그러나 양표는 고사했다. 양표의 거절로 태위는 가후가 맡았다. 왕표는 10월에 광록대부로 임명되었다. 222년 사다새가 영지지로 모여든 것을 계기로 사도 왕랑이 양표에게 자리를 양도하고 사퇴하려고 했다. 그러나 조비는 양표를 위해 이졸을 설치하여 관위를 삼공 다음으로 정했다. 왕랑은 사도로 계속 일했다.

여포

정원-동탁-원술-
원소-유비를 배신

여포는 여러 번 주군을 등지고 동맹자를 배신했다. 그 결과 『삼국지』
최대의 패륜아이며 배신자로 얘기된다. 하지만 한족 중심 문화의
『삼국지』에서 여포는 상당히 굴절된 모습으로 기록되고 묘사됐다.
그런 점에서 보면 여포라는 인물은 '꼭 그런가?'라는 의문을 던진다.

여포가 처음에 모신 정원과 두 번째 섬긴 동탁을 제외한 이후의 관
계는 주군과 신하의 관계가 아니었다. 조조와 원소, 원술, 유비와는
대등한 관계였다. 주종이 아닌 동맹 관계였다.

정원을 등진 여포의 행위는 가장 적극적인 배반을 뜻하는 반叛이
다. 믿음과 의리를 저버리고 돌아선 처신이다. 더 큰 이익과 명예를
위해 주군을 죽였다. 동탁에 대한 배신도 같은 행위였다. 상황을 주
도한 자의적 배신이다.

원술을 등진 행위는 단순히 들어갔다는 것을 뜻하는 입入 정도의

배신이다. 상황에 내몰린 피동적 처신으로서 죽음을 피하기 위한 행위였다. 원소를 등진 것도 같은 처신이었다.

서주성과 소패를 놓고 입장이 바뀌어 유비를 등진 것은 속았음을 뜻하는 휼譎의 배신과 가장 적극적인 배반을 뜻하는 반叛의 배신이 혼재된 처신이었다. 더 큰 이익과 명예를 좇아 상대를 속인 행위이다.

여포呂布(?~199년)는 후한後漢 말의 장수이다. 자는 봉선奉先이며 병주 오원군吾原郡 구원현九原縣(내몽고內蒙古 자치구 포두包頭 서쪽) 출신이다.

활쏘기와 승마에 능했고 체력이 일반 사람들보다 뛰어나 비장飛將으로 불렸다. 병주자사幷州刺史 정원丁原의 휘하에 있다가 정원을 따라 낙양洛陽으로 가서 수비하게 되었다. 동탁이 낙양에 들어선 이후 여포에게 정원을 죽이게 한 후 기도위에 임명했다. 이후 동탁의 양아들로 심복이 되었다. 다시 중랑장中郞將에 임명되고 도정후都亭候에 봉해졌다.

190년(초평 원년) 반동탁연합군이 궐기했다. 서영에게 패한 손견이 191년 흩어진 군을 수습하여 다시 양현梁縣의 양인陽人으로 진군해 왔다. 호진이 대독大督을, 여포가 기독騎督을 맡아 5천 명으로 함께 요격에 나섰다.

그러나 둘은 서로 반목하여 패주했다. 이각을 통한 화평 교섭도 무위로 돌아갔다. 하는 수없이 동탁이 직접 나섰다. 여포는 낙양을 지켰지만 손견을 막지 못했다. 동탁은 동월과 단외, 우보 등에게 대치시키고 자신은 장안으로 들어갔다.

동탁은 여포에게 자신의 호위를 맡겼다. 하지만 포악한 성격의 동탁이 사소한 일로 여포에게 화를 내며 창을 던져 죽을 뻔했다. 동탁은 항상 여포에게 중문을 지키게 했다. 여포는 동탁의 시녀와 밀통을 하고 있던 때라 발각될까 봐 늘 불안했다.

여포는 같은 병주 출신으로 고향이 같아 친분이 두텁던 사도司徒 왕윤王允에게 수극 사건 등 어려움을 토로했다. 당시 왕윤은 상서복야 사손서와 동탁 주살을 모의하고 있었다. 여포가 동탁에게 불만이 많음을 알게 된 왕윤은 여포에게 동탁 암살에 참여할 것을 지속적으로 회유했다. 여포는 부자 사이에 어떻게 그럴 수 있느냐고 말했다. 왕윤은 친부도 아니고 아버지라면 아들에게 수극을 던지겠느냐며 설득했다. 결국, 여포는 동탁 암살에 동참했다.

192년 거사 당일 헌제의 병 완쾌 축하연이 미앙전未央展에서 열렸다. 왕윤은 사병 천여 명을 근위병으로 위장하여 궁 양쪽을 지키게 했다. 여포는 기도위 이숙과 공모해 진의秦誼와 진위陳衛, 이흑李黑 등 10여 명을 위사衛士로 위장시켜 북액문北掖門에 매복시켜 뒀다. 여포와 이숙은 동탁을 호위하여 북액문을 통과하자 먼저 이숙이 동탁을 찔렀다. 동탁은 조복 속에 갑옷을 입고 있어 팔만 다치고 죽지는 않았다. 수레에서 낙마한 동탁은 급하게 여포를 찾았다. 여포가 동탁에게 "조서를 받들어 역적 동탁을 치노라"고 말했다. 동탁이 여포에게 "개 같은 놈, 네가 어떻게 이럴 수가 있느냐(庸狗敢如是邪용구감여시사)."고 욕하자, 여포는 동탁을 창으로 찔러 죽였다. 주부 전의 田儀가 통곡하며 시신 앞으로 달려가자 그도 죽였다.

여포는 동탁 사후 정권을 잡은 왕윤의 휘하로 들어가 분무장군奮武將軍에 임명되고 온후溫侯에 봉해졌다. 여포는 왕윤에게 동탁의 잔당을 사면하고, 재물은 공경대신과 장수들에게 나눠 줄 것을 수차례 권했다. 하지만 왕윤은 거부했다. 뿐만 아니라 여포를 검객으로 폄하하며 무시하고 업신여겼다. 둘 사이는 점차 틈이 생겼다.

동탁의 잔존 세력은 만만치 않았다. 여포는 홍농군 섬현陝縣에 있던 동탁의 사위 우보 토벌에 나섰다. 이숙을 출정시켰다. 실패하자 이숙에게 책임을 물어 처형했다. 우보는 여포의 토벌에 겁을 먹었다. 도주하다 부하에게 목숨을 잃었다. 우보가 죽자 우보의 부하였던 이각李傕과 곽사郭汜 장제張濟 등 양주의 장수들이 사면을 청했다. 그런데 왕윤이 끝내 불허했다. 이들은 가후의 진언에 따라 장안을 공격했다. 이에 번조 등 동탁의 여러 잔당들이 합류하여 그 수가 10여만 명에 이르렀다.

여포는 곽사와 일기토를 벌였는데 부상을 입었다. 내응자가 마저 있어 성문이 열렸다. 여포는 왕윤에게 도망치자고 했다. 그러나 왕윤은 헌제를 두고 갈 수 없다며 성에 남았다. 여포는 하는 수 없이 수백 기만을 거느리고 성을 빠져나왔다. 동탁의 머리를 들고 무관武關을 거쳐 남양태수 원술에게로 달아났다. 동탁 사후 40여 일 되던 때였다.

원술에게 의탁한 여포는 교만했다. 원술의 부친 원봉袁逢을 죽인 동탁을 죽여 복수해 줬다 하여 나름 큰 공이 있다고 자부했다.

하지만 여포군의 노략질이 심해지자 여포를 환대했던 원술은 근심했다. 불안해진 여포는 하내태수 장양에게 갔다. 이각 등이 현상금을 걸고 여포를 찾았다. 두려워진 여포는 장양에게 "우리는 동향이니 죽이지 말고 산 채로 넘겨야 더한 상을 받을 것이며, 이각과 곽사에게 지극한 관작과 총애를 얻을 것이오."라고 말했다. 장양은 여포를 넘기지 않고 안심시켰다.

193년 여포는 기주목 원소에게 업현에서 의탁했다. 원소와 함께 상산국에서 흑산적 장연과 싸웠다. 장연의 군세는 강했다. 그럼에도 여포는 해자도 뛰어넘는 명마 적토마를 타고 성렴과 위월 등 수십 기와 더불어 돌진했다 나오기를 하루에도 여러 번 거듭하면서 10여 일 동안 많은 적을 참수했다.

여포는 공을 세웠다며 원소에게 병력을 요청했다. 부하들은 흉포한 약탈을 일삼았다. 이에 원소는 여포가 훗날 화근이 될 것으로 여겼다. 심상치 않은 분위기를 감지한 여포는 원소에게 낙양으로 떠나겠다고 말했다. 원소가 임의로 사례교위를 얹어주고 장사 30명으로 배웅했다. 암살하려는 것이었다. 이를 눈치챈 여포는 다른 사람에게 군막 안에서 쟁을 켜게 하는 위장술로 몰래 빠져나갔다. 장사들이 밤중에 난입했다.

하지만 여포는 이미 피신한 뒤였다. 원소는 뒤늦게 추격병을 보냈다. 그러나 여포의 무용을 두려워해 가까이 접근하지 못했다. 진류를 지나갈 때 진류태수 장막은 여포의 용맹을 평가해 사람을 보내 따뜻이 맞이했다. 헤어질 때는 손을 부여잡고 우의의 맹세까지 나눴다. 원소는 장막의 행동이 달갑지 않았다. 이때 조조는 원소와 우호적인 관계를 유지하고 있었다. 장막은 조조가 언젠가는 원소를 대신해 자신을 칠 것이라고 걱정했다. 여포는 다시 하내의 장양에게 돌아가 의지했다. 이각 등이 여포를 회유하며 영천태수를 죽었다.

194년(흥평 원년) 조조가 도겸의 서주를 2차 정벌했다. 연주가 빈틈을 이용해 진류태수 장막이 조조의 수하인 진궁陳宮과 중랑中郎 허사許汜와 왕해王楷 등과 함께 반기를 들었다. 장막은 조조가 진궁에게 동군을 지키라고 준 군사를 보내 하내에 있던 여포를 맞이하고 연주목으로 추대했다.

여포가 연주에 도착한 후 장막은 순욱에게 사람을 보냈다. 여포는 조조가 도겸을 치는데 돕기 위해 왔으니 군사물자를 제공해 달라고 했다. 하지만 순욱은 장막의 모반을 눈치챘다. 조조에게 즉시 알리는 한편 성의 수비를 강화했다.

연주를 지키던 군사는 적었다. 견성 내의 장수들도 장막에게 동조해 순욱은 위급했다. 견성의 수비 강화를 위하여 복양에 있던 하후돈을 견성으로 불러들였다. 급하게 견성으로 향하던 하후돈은 중도에서 여포와 격전을 치뤘다. 견성 점령이 어렵다고 본 여포는 동군 복양현濮陽縣으로 들어가 점령했다. 견성에 도착한 하후돈은 그날 밤 장막과 내통한 병사와 관료 수십 명을 찾아내 죽였다. 가까스로 군심이 안정됐다.

여포는 하급 군관 몇 명을 거짓 투항시켜 하후돈에게 보냈다. 이들은 군 진영 안에 들어서자마자 불시에 하후돈을 습격해 일대 혼란을 일으켰다. 그러나 하후돈의 부하 한호가 진영의 문을 봉쇄하고 이들을 모두 죽였다.

장막과 진궁은 진류와 동군에서 오랫동안 관직을 맡아서 숨은 세력이 저변에 막강했다. 장막과 진궁에게 많은 군과 현이 합류했다. 연주의 치소인 견성과 동군의 직속인 범현范縣과 동아만이 조조에게 남아 있었다.

이때 진궁이 동아를 직접 공격하고 동시에 사역을 보내 범현을 공격했다. 순욱이 동아 출신 정욱에게 급하게 동아로 돌아가 동아의 민심을 잡으면 견성과 범현까지 지킬 수 있다고 말했다.

정욱은 동아로 가던 중 범현의 현령 근윤靳允을 설득했다. 근윤은 범현에 당도해 있던 범억氾嶷을 죽이고 황하 강변 나루터 창정진倉亭津에 기병을 보냈다. 진궁은 기병의 저지에 막혀 강을 건너지 못했다. 정욱이 동아에 도착해 보니 동아 현령 조지棗祗가 성을 굳건히 지키고 있었다.

여포는 급히 회군한 조조를 상대로 100여 일을 버티며 선전했다. 하지만 황충蝗蟲으로 식량이 고갈되자 어려움에 빠졌다. 조조 또한 본거지인 제음군 견성현鄄城縣으로 물러나 주 전체의 수복을 꾀했다.

여포는 승씨현乘氏縣을 공격했다. 하지만 이진李進에게 저지당하고 산양군으로 이동했다. 195년 연주 산양군 거야현鉅野縣을 지키던 설란薛蘭과 이봉李封 구원도 실패했다. 여포는 다시 산양군 동민현에서 1만여 명을 동원하여 진궁과 함께 역공을 폈다.

하지만 조조의 복병에 패했다. 결국, 제음군 정도현定陶縣이 뚫리면서 여러 현들을 잃고 장막과 같이 동쪽의 유비에게 항복해 의탁했다. 장막은 여포를 뒤따르며 동생 장초張超에게 가속들을 거느리고 진류군 옹구현에 주둔하도록 했다. 조조가 이를 공격했다. 몇 달 동안 포위해 함락시킨 뒤 장초와 그 가속들을 참수했다. 장막은 원술에게 구원을 청하러 가던 도중 수하 장수에게 살해당했다.

손책에게 강동 평정을 맡긴 원술은 도겸이 죽은 뒤 서주를 도모했다. 유비는 우이현盱眙縣과 회음현淮陰縣 일대에서 회수를 끼고 원술군과 대치했다. 전세는 교착 상태에 빠졌다. 원술은 한 달이 지나도 유비군을 뚫지 못했다. 원술은 여포에게 내통을 제안했다. 당시 여포는 조조에게 패한 후 유비에게 의탁하고 있던 처지였다.

여포에게 서신을 보내 동탁을 주살한 것과 연주에서 조조와 싸운 것을 치켜세우며, 유비는 여포의 위령에 힘입어 무찌르겠다고 회유했다. 또한, 군량 조달도 약속했다. 원술과 결탁한 여포는 유비의 본거지인 하비下邳를 급습하여 빼앗았다.

하비는 장비와 하비상 조표가 지키고 있었다. 장비는 조표와 불화로 그를 죽이려 했고, 조표는 한발 앞서 여포에게 성문을 열어줬다. 덕분에 여포는 쉽게 하비를 점령했다. 여포에게 패한 유비는 광릉군 해서현海西縣까지 쫓겼다. 굶주림을 견디지 못한 유비는 여포에게 귀탁했다. 마침 원술이 군량 조달 약속을 지키지 않자 유비를 소패小沛에 주둔시키고, 스스로 서주목이라 칭했다.

6월 하내 출신 학맹郝萌이 밤중에 반란을 일으켜 여포의 치소인

하비부를 엄습했다. 여포는 차림도 갖추지 못하고 급하게 고순의 진영으로 피했다. 고순은 엄병嚴兵하여 하비부로 들어가 일제히 화살을 쏘아 학맹을 쫓아냈다. 자신의 군영으로 패주한 학맹은 수하 장수 조성이 반기를 들자 찌르고 조성은 학맹의 팔이 잘렸다. 결국, 학맹은 고순에게 참수당했다. 조성은 반란의 배후가 원술이고 진궁도 공모했다고 진술했다. 그 자리에 있던 진궁은 얼굴을 심하게 붉혔다. 하지만 여포는 진궁 제거 후의 파장을 고려하여 불문에 부쳤다. 조성에게는 학맹의 진영을 맡겼다.

원술이 유비를 마저 소탕하려고 기령紀靈에게 3만 명을 줘 출전시켰다. 유비가 여포에게 구원을 요청했다. 부하들이 원술의 손을 빌려 유비를 멸하자고 했다. 하지만 여포는 "원술이 유비를 치면 북쪽의 장패臧覇, 손관孫觀 등과 연계하여 포위할 수 있다."며 보병 1천 명과 기병 2백 명만 데리고 가서 중재했다. 기령과 유비 사이에 군막을 폈다. 기령을 청해 자신은 싸움보다는 화해를 좋아한다며 영문을 지키는 무관에게 극을 세우게 했다. 그런 뒤 자신이 활을 쏴 옆에 달린 날(소지小支, 호胡)을 맞히면 화해하고 못 맞히면 싸워서 결말을 보라고 했다. 여포의 화살은 날을 정확히 맞혔다. 장수들은 여포의 궁술에 경탄했다. 기령은 군을 물렸다. 그런데 이후 유비가 소패에서 만여 명을 모으는 등 병력이 늘어나자 위험을 느껴 유비를 내쳤다. 유비는 세력을 이끌고 조조에게 의탁했다.

197년 원술이 여포에게 한윤韓胤을 사자로 보냈다. 황제를 참칭한 일을 알리고, 여포의 딸을 예비며느리로 데려갔다. 이전에 원술과 여포는 결속을 굳건히 한다며 사돈을 맺기로 했었다. 이때 패국상 진규陳珪는 "천자를 받들고 국정을 보좌하는 조조와 협력해야지, 원술과 돈독해지면 의롭지 못하다는 오명을 뒤집어써 누란지위累卵之危에 처하게 된다."며 설득했다. 여포는 원술이 미덥지 않았던 터라 딸 일행을 뒤쫓아 가서 데려오고 한윤을 붙잡아 허도로 압송했다.

이에 조조는 헌제의 친필 서신과 원술 토벌 조서와 평동장군平東將軍과 평도후平陶侯의 인장 및 자수紫綬를 보냈다. 여포는 헌제와 조조에게 사람을 보내 여러 번 답례했다. 이내 좌장군직까지 받자 진등陳瑩을 조조에게 사자로 보내자는 진규의 말을 받아들이면서 진등에게 주문했다. 헌제에게 감사를 표하고 서주목 자리를 받아오라고 했다.

진등은 조조를 만나 여포를 빨리 도모해야 한다고 속내를 밝히며 내응하겠다고 했다. 그런 뒤 복귀하여 서주목을 받아오지 못한 것에 대해 "장군을 보살피는 것은 호랑이를 기르는 것과 같아 고기를 줘 배부르게 하지 않으면 사람을 물 것이라 말하니 조조는 장군을 호랑이가 아니라 매에 비유하며 주리면 부릴 수 있고 배부르면 날아가 버릴 것이라 하였습니다."라고 둘러댔다. 조조는 진규의 관질을 중中 2천 석으로 올리고 진등을 광릉태수로 삼았다.

「선주전」주석 '영웅기'에 따르면 198년 봄, 여포는 사람을 시켜 금을 가지고 사례 하내군으로 가서 말을 사오게 했다. 그런데 유비의 군사들이 약탈했다. 여포는 중랑장 고순과 북지태수 장료 등을 보내 유비를 공격했다.

여포는 조조의 지원 속에 교란하던 유비를 치기 위해 다시 원술과 협력했다. 예주 패현에 주둔한 유비를 부장 고순과 장료를 시켜 습격했다. 여포가 패성을 급습했다는 소식을 접한 조조는 하후돈을 지원군으로 보냈다. 여포군에게 패한 유비는 패현으로 도주하여 서주의 여포 정벌에 나선 조조군에 합류했다.

조조는 유비군을 받아들여 직접 서주로 진격했다. 곧바로 팽성을 함락시키고 여포군을 하비로 몰아붙였다. 하비성을 지키던 여포는 원술에게 허사와 왕해를 파견하여 지원군을 요청했다. 하지만 원술은 쇠락해져 지원군을 보내지 못했다.

조조는 순유荀攸와 곽가郭嘉의 진언에 따라 하비성을 수공작전으로 공격했다. 기수沂水와 사수泗水를 끌어들여 하비를 물에 잠기게 하면서 석달 간 공성전을 벌였다.

이에 여포 휘하의 장수 후성侯成과 위속魏續, 송헌宋憲이 진궁과 고순을 포박하여 조조에게 투항했다. 여포는 남은 부하들과 백문루白門樓에 올라 항전했다. 하지만 중과부적으로 항복했다. 진궁, 고순과 함께 처형당했다.

여포는 처형되기 전에 조조에게 목숨을 구했다. "내가 기병을 명공明公이 보병을 통솔하면 천하평정은 누워서 떡 먹기요"라고 제의했다. 조조는 여포의 무용과 진궁의 계책 능력을 아깝게 여겨 처형을 망설였다. 곁에 있던 유비가 "정원과 동탁을 배신한 예를 보지 못했습니까."라며 처형할 것을 진언했다. 여포는 유비를 가리켜 "저 귀

큰 놈이 가장 믿지 못할 놈이다.”라고 외쳤다. 결국, 여포는 교수형
에 처해진 다음 허도에 효수되었다.

여포는 힘이 세고 궁마술이 능숙하여 비장飛將이라 일컬어졌다.
사람들은 인중유여포人中有呂布 마중유적토馬中有赤兔(사람 중에 여포
가 있고, 말 중에 적토가 있다.)라고 감탄했다.

진궁도 장막과 반란을 일으킬 때 여포는 장사壯士로 싸움을 잘해
앞을 가로막을 자가 없다(선전무전善戰無前)고 했다.

조조는 여포에게는 도저히 길들어지지 않는 이리 새끼 같은 야성
(낭자야심狼子野心)이 있다고 평했다.

『삼국지』의 저자 진수는 “여포는 효호虓虎(포효하는 범)의 용맹을
지녔다. 그러나 특출한 지략은 없었고 경박하고 교활하게 반복反覆
(언행을 이리저리 바꿈)하여 그의 안중에는 오직 이익밖에 없었으니,
예로부터 오늘에 이르기까지 이런 자가 이멸夷滅(멸망)되지 않은 적
이 없다.”고 평했다.

『후한서』의 저자 범엽도 원술은 탐욕스러웠고 여포 또한 반복무상
反覆無常(언행이 이랬다저랬다 하며 일정하지 않거나 일정한 주장이 없음을
이르는 말) 하였다고 평가했다.

『삼국지연의』에서 여포는 방천화극을 휘두르며 정원丁原의 의자
義子로 등장한다. 『삼국지』에서 여포가 의부로 섬긴 건 동탁뿐이었
지만 여포의 의리 없음을 강조하기 위해 정원도 의부로 묘사되었다.
『삼국지』에 여포가 정원을 양아버지로 섬긴 내용은 없다. “여포가 정

원丁原에게 신임을 얻고 있다"는 정도의 표현이었다.

여포는 화웅이 전사하자 호뢰관에서 출전한다. 유섭과 목순을 죽이고 무안국의 한 팔을 자른 뒤 공손찬을 밀어붙인다. 장비가 여포와 50합 정도 겨루지만 밀리지 않는다. 중간에 관우가 끼어들자 여포가 밀리기 시작한다. 이어 유비도 끼어든다. 여포는 유비 삼형제와 싸우다 버티지 못하고 도망친다.

장비가 여포와 싸울 때 여포에게 삼성가노三姓家奴라고 욕한다. 성씨 셋 가진 종놈이라는 뜻이다. 원래 여씨인데 양부로 정원과 동탁을 모셔 성이 여呂, 정丁, 동董 세 개라는 것이다.

왕윤이 여포에게 금관金冠을 선물하고 여포를 자신의 집에 초대한다. 초선貂蟬의 존재는『삼국지』에서 여포와 눈이 맞은 시녀를 설정한 것이다. 왕윤이 초선을 제물로 한 미인계美人計를 사용하여 부자父子간인 동탁과 여포가 한 여자를 두고 갈등이 깊어져 여포가 암살에 가담한 것으로 묘사한다.

여포는 동탁을 죽이지만 이각과 곽사에게 쫓겨난다. 조조가 서주를 공격하던 틈을 이용해 여포와 진궁은 연주를 차지하고 돌아온 조조군과 싸운다. 이 복양전투에서 허저가 여포와 20합을 싸우지만 밀리진 않았다. 하지만 조조는 여포를 혼자서 꺾을 수 없다며 전위, 하후돈, 하후연, 이전, 악진을 보내면서 여포를 퇴각시킨다.

조조에게 패배한 여포는 유비에게 의탁한다. 유비의 관우와 손건 등이 "무엇이 아쉬워서 여포를 받아들이느냐"고 묻자 유비는 "나도 여포가 싫지만, 상황에 의해 어쩔 수 없다."고 대답한다. 조표의 사위가 여포라는 설정이 붙었다. 유비가 원술을 요격하러 나간 사이 평소 여포를 안 좋게 보던 장비가 술에 취해 조표를 때리자 조표는 사위 여포에게 도망간다.

원술과 싸우던 와중에 여포가 서주를 점령하자 유비는 소패로 쫓겨간다. 그 후 원문사극 장면에서는 150보(약 180m)라는 거리까지 언급하면서 여포의 궁술 실력을 더욱 부각시킨다.

『삼국지』에서 여포의 본처 성씨는 나오지 않았다. 하지만 『삼국지연의』에서는 엄씨라고 나온다. 『삼국지연의』에서는 기령이 소불간친지계疎不間親之計(한쪽을 가까이 한 뒤에 상대의 친한 사이를 이간)라는 이름으로 원술의 아들과 여포의 딸을 혼인시키자는 계책을 내놓으며, 엄씨가 원술과 사돈이 되는 것에 동의한다. 그러나 유비가 위험해질 것 같다고 여긴 진등의 아버지 진규가 병든 몸으로 직접 여포를 찾아가 반대한다.

나중에 서주성에서 장비가 말 도둑질을 했을 때 여포와 장비가 일기토를 벌이는데 100합을 넘게 싸워도 승부를 가리지 못한다. 조조와 유비에게 패퇴된 여포는 하비성에 고립된다. 진궁이 계책을 내지만 본처 엄 씨와 첩 초선이 반대하여 무산된다. 원술에게 구원을 요청한다. 하지만 원술이 딸부터 보내라고 하자 여포는 딸 여 씨를 말에 태워 출전했다가 패주한다.

조조군이 하비성을 물에 잠기게 한다. 여포는 심란해져 매일 엄씨와 초선을 끼고 술만 마신다. 어느 날 거울을 보고 자신이 심하게 초췌해진 것을 깨닫자 술을 끊고 금주령을 내린다. 그런데 이때 후성이 도둑맞은 말들을 되찾아온다. 이를 축하하기 위해 술을 마시려고 한다. 하지만 여포의 금주령이 두려워 여포에게 허락을 얻으려고 말한다. 그런데 화가 난 여포가 처형하려 한다. 장수들이 간곡히 말린 덕에 곤장형으로 감형된다. 송헌은 부하들 앞에서 매를 맞아 망신 당한 것과 그동안 여포에게 받아온 푸대접에 대한 원망이 폭발한다. 후성은 그날 저녁에 위문 온 송헌, 위속과 배신을 모의한다.

후성은 밤을 틈타 여포의 적토마를 훔쳐 투항한다. 조조는 여포를 잡을 마지막 기회임을 알고 다음 날 새벽에 공격한다. 여포도 송헌과 위속의 관리를 소홀히 한 장수들을 모조리 참하려 한다. 하지만 조조군이 몰려와 공격하기 때문에 뒤로 미루고 방어에 전념한다. 여포는 워낙 격렬한 싸움이었던지라 피곤해서 잠깐 쉰다는 게 그대로 잠들면서 송헌과 위속에게 포박을 당한다. 그들은 부하를 시켜서 조조군에게 "여포를 잡았으니 들어오라."며 알린다.

그러나 의심한 조조군은 진격하지 않는다. 그러자 여포의 방천화극을 성문 밖으로 던져 여포 생포를 알린다. 이에 조조군이 물밀듯이 쳐들어오면서 하비성은 난리가 났고, 조조군과 결탁하지 않은 진궁과 고순 등은 저항했지만 끝내 모조리 사로잡힌다.

여포는 조조에게 목숨을 구걸한다. 조조가 여포의 말을 고심하며 유비에게 의견을 구한다. 유비는 "정원과 동탁의 일을 잊으셨습니까."라며 죽이라고 한다. 조조가 받아들인다. 이에 여포가 "이 귀 큰 놈아, 내가 원문에서 활을 쏴서 기령과 화해시켜준 일을 잊었느냐."라며 원문사극의 일을 언급하며 유비를 비난한다. 결국, 여포는 참수형에 처해지고 목이 효수된다. 여포가 죽은 후 엄 씨, 초선, 여 씨 등 여포의 가족들은 허도로 이송된다.

모종강본의 『삼국지연의』는 여포의 최후를 다음과 같이 묘사했다.

洪水滔滔淹下邳홍수도도엄하비

홍수가 도도히 하비성을 덮치니

當年呂布受擒時당년여포수금시

그해 여포가 사로잡힐 때다

空餘赤免馬千里공여적면마천리

천 리를 달리는 적토마 주인을 잃고

漫有方天戟一枝만유방천극일지

방천화극 한 자루 버려졌네

縛虎望寬今太懦박호망관금태나

묶인 범이 겁먹어 관용을 비니

養鷹休飽昔無疑양응휴포석무의

매를 기를 때 굶기란 옛말 틀림없구나

戀妻不納陳宮諫연처불납진궁간

아내를 사랑하다 진궁 간언 안 듣더니

枉罵無恩大耳兒왕매무은대이아

부질없이 귀 큰 녀석 은혜 모른다 욕하네

염포

장로를 섬기다 함께
조조에게 귀순

염포는 한중의 장로를 따르다 조조에게 귀순했다. 장로가 조조에게 항복하려 할 때 시기를 봐야 한다며 조정했다. 장로와 함께 조조에게 항복한 그의 처신은 상황에 내몰린 피동적 배신이다. 죽음을 피하고 더 큰 이익과 명예를 좇아 단순히 들어갔다는 것을 뜻하는 입入 단계의 행위이다.

염포閻圃(?~236년)는 후한 말과 삼국시대 조위의 관료이다. 익주益州 파서군巴西郡 안한현安漢縣(사천성 낭중閬中) 출신이다.

한중漢中을 지배하고 있던 장로張魯의 공조功曹였다. 한중의 백성이 옥인玉印을 땅속에서 주워 바치자 장로는 한녕왕漢寧王을 칭하려

했다. 하지만 염포는 이를 말려 장로의 마음을 돌렸다.

215년 조조가 한중을 침략하여 양평관陽平關을 함락시켰다. 장로가 항복하려 했다. 그러나 장로의 동생 장위張衛는 맞서 싸울 것을 주장했다. 하지만 하후돈에게 패했다. 장로는 장위의 패배 소식을 듣고 항복하려 했다.

염포는 "지금 항복하면 조조는 장군을 얕잡아 볼 것이니 조금 더 버티다가 항복하십시오."라며 항복을 반대했다. 염포의 주장은 전투에서 이길 자신이 있어서가 아니었다. 장로는 참모들의 의견을 받아들였다.

남정南鄭으로 입성한 조조가 항복을 권하는 사자를 장로에게 보냈다. 장로와 염포는 항복했다. 염포는 조조로부터 공적을 평가받았다. 장로와 함께 열후列侯에 봉해졌다. 염포는 마초馬超가 데리고 가지 못한 첩 동 씨董氏를 배필로 얻었다.

220년(연강 원년) 염포는 다른 대신들과 함께 조비曹丕에게 황위를 선양받을 것을 권했다. 황초 연간에 작위와 영지가 더해져 조정에서 예우를 받는 지위에 올랐다. 10여 년 뒤 병사했다.

염포의 조상은 외척이었던 염현이다. 역대제왕도권을 그린 염입본이 그의 11대손이다. 신당서 재상세계표에 따르면 염포의 아들은 염박閻璞이다. 염박은 진서에 의하면 장가태수를 지냈다.

『삼국지연의』에서 염포는『삼국지』와 같이 장로의 책사로 등장한다. 서천병합西川倂合을 비롯한 여러 책략과 간언을 자주 장로에게 올린다. 염포는『삼국지』와는 달리 장로에게 촉蜀의 유장劉璋을 토벌하여 왕위에 오를 것을 진언한다.

조조가 한중을 침공하자 장로에게 방덕龐德을 기용할 것을 권한다. 동료 양송楊松의 참언을 들은 장로가 방덕을 죽이려 하자 염포는 방덕을 변호한다. 그 후『삼국지』의 내용대로 조조에게 항복하여 열후에 봉해진다.

왕랑

—

후한과 도겸을 거쳐
조조의 초빙에 의탁

왕랑은 후한의 낭중을 지내다 도겸의 천거를 받았다. 하지만 장안으로 가는 길목이 막혀 도겸의 치중으로 도겸을 따랐다. 동오 손책의 공격을 받고 패해 항복했다. 이후 빈곤한 유랑의 생활을 하다 조조의 초빙에 응해 귀순했다.

후한과 도겸을 거쳐 조조에게 의탁한 왕랑의 처신은 단순히 들어갔다는 것을 뜻하는 입입 단계의 배신이다. 상황에 내몰린 피동적 행위로 죽음을 피하기 위한 배신이다.

—

왕랑王朗(?~228년)은 후한 말과 조위의 관료이다. 자는 경흥景興이고 서주 동해국 담현淡縣(산동성 담성郯城 북쪽) 출신이다. 본명은 왕엄王嚴이었다.

사서오경에 정통해 조정의 부름을 받아 낭중에 임명되어 치구현
菑丘縣을 맡고 있었다. 스승이던 태위 양사가 죽자 복상服喪을 하고
관직을 그만뒀다. 후에 효렴으로 천거 받고 공부로 초빙 받았지만
응하지 않았다.

이후 서주자사 도겸陶謙이 무재로 천거했다. 하지만 장안으로 가
는 것이 불가능해 도겸의 치중이 되었다. 조욱과 함께 천자에게 왕
명을 받들겠다는 표를 올리도록 권했다. 조욱을 통해 표를 올렸다.
상주문이 높게 평가받아 도겸은 안동장군, 조욱은 광릉태수, 왕랑은
회계태수會稽太守로 임명받았다.

훗날 손책孫策은 강동 진출에서 왕랑을 격파의 표적으로 삼았다.
왕랑이 주변의 호족들을 잘 규합하고 있었기 때문이다. 군의 공조功
曹 우번虞翻이 달아날 것을 진언했다. 하지만 왕랑은 한漢의 신하로
서 성을 지켜야 한다는 믿음으로 받아들이지 않았다.

고릉에서 손책에게 저항했다. 강을 건너와 싸우는 손책의 군대를
여러 번 막아냈다. 그런데 손책이 손정孫靜의 계책에 따라 사독 길로
나와 고천둔을 쳤다. 왕랑은 크게 놀라 손책과 싸웠으나 결국 패했
다. 배를 타고 동야東冶로 달아났지만 붙잡혔다.

왕랑은 손책에게 항복이 늦었음을 사죄했다. 손책 또한 왕랑이 교
양 있고 겸허한 인물이라고 생각하여 문책만 하고 죽이지 않았다.
그 후 왕랑은 유랑하며 빈곤한 생활을 했다. 하지만 그는 친척과 친
구를 포용하고 위로하며 도의에 벗어나지 않았다. 왕랑의 명성은 더

욱더 높아졌다.

훗날 조조는 그를 초빙했다. 곡아에서 출발한 왕랑은 몇 년을 표류한 고생 끝에 도착했다. 중직인 간의대부와 참사공군사를 임명받았다.

조위 건국 후에는 서자 군좨주와 위군태수를 하고 소부태상대리로 승진했다. 종요와 더불어 법 집행을 훌륭히 수행하여 칭송을 받았다.

조조가 육형 회복에 관한 논의를 할 때 왕랑은 육형 회복 불가에 대한 의견을 냈다.

"종요는 사형에 관한 조항을 가볍게 하고자 합니다. 그렇게 되면 월형이 늘어나게 되니, 이는 불구자를 일으켜서 내시로 삼고, 시체를 살려서 사람으로 만드는 것과 같습니다. 그러나 신의 어리석은 생각과는 차이가 있습니다. 대체로 오형은 과율에 기록된 것입니다. 사형을 감하는 것을 일등의 법으로 삼게 되면서 죽지 않고 감형을 하게 된 것입니다. 이미 오래전부터 시행되었습니다만, 도끼 모양을 한 형구로 육형을 가한 후에 죄에 따라서 처벌을 하게 된 것은 그리 오래되지 않았습니다. 전시대에 어진 사람은 육형의 참혹함을 차마 보지 못해 폐지하고 사용하지 않았습니다. 그런지 이미 수백 년이 지났습니다. 지금 다시 시행하게 되면 많은 백성들의 눈에 감형에 대한 조항이 오히려 제대로 인식되지 못할까 두렵습니다. 육형에 대한 소문은 이미 도적들에게나 널리 퍼져 있는 것이지, 옛날 사람들로부터 초래된 것은 아닙니다. 지금 종요가 사죄를 감해주고자 하는 것은 사형을 감하여 머리카락을 깎는 곤형이나 발을 바르는 월형으로 대신하자는 주장입니다. 죄를 감해주자는 의견을 싫어하는 이유는 시간이 지나면 오히려 범죄가 증가할 우려가 있기 때문입니다."

많은 이들이 왕랑이 맞다고 여겼다. 조조는 촉한과 동오를 평정하지 못한 상태라며 다시 불문에 부쳤다.

220년 어사대부를 임명받고 안릉정후에 봉해졌다. 조비에게 백성을 양육하고 형벌을 살필 것을 권유했다. 화흠華歆과 함께 조비曹조에게 황제 등극을 간했다. 어사대부에서 사공司空으로 승진하고 악평향후에 봉해졌다.

왕랑은 조비에게 사냥이 너무 잦다는 상소를 올린다. 222년 이릉대전이 일어나자 조비가 왕랑에게 적을 공격할 때냐고 묻는다. 왕랑은 승패가 갈린 다음에 공격할 것을 권한다.

조비가 사다새가 영지지로 모여든 것을 계기로 인재 추천을 받자 왕랑은 양표를 추천한다. 이후 병을 핑계로 물러나려 한다. 하지만 조비는 허락하지 않고 계속 일을 맡겼다.

손권이 아들 손등을 조정에 보내라는 것을 거부하자 조비는 군사를 일으켰다. 왕랑은 이를 말렸다. 하지만 조비는 듣지 않았다. 조비는 결국 장강 앞에서 그냥 돌아오고 만다.

223년 진군, 허지, 제갈장諸葛璋 등과 함께 제갈량에게 서신을 보냈다. 유비의 황제 칭호를 버리고 칭신하여 번국을 칭하라고 했다.

하지만 제갈량은 답장을 보내지 않았다. 단지 '정의正議'라는 글을 지었다.

226년 조비가 죽었을 때 조예에게 조진, 진군과 함께 조예에게 장의를 전송할 때 더우니 나가지 말라고 건의했다. 하지만 조예는 듣지 않는다.

조예가 즉위하자 난릉후에 올랐다. 식읍은 1천2백 호였다. 또 모절을 갖고 옥책을 받들어 문소황후의 능에 제사 지냈다. 이때 사도司徒로 전임되었다.

왕랑은 박학하여 『주역』『춘추』『효경』『주관』 등의 서책에 주석서를 저술했다. 그의 정무는 관대했다. 백성의 부담을 줄여 인구를 늘릴 것과 왕궁의 예산을 줄일 것을 간한 상주문을 올렸다. 또 육형을 두는 것에 반대론을 펴기도 했다.

유비가 죽었을 때 제갈량에게 항복을 종용하기도 했다. 또 안면이 있던 허정許靖에게도 같은 편지를 보냈다. 하지만 때마침 허정이 죽어 답장을 받지 못했다.

왕랑은 228년 11월 천수를 누리고 죽었다. 서진을 세운 사마염의 외증조 할아버지이기도 하다. 그의 손녀 왕원희는 그의 장남 왕숙의 딸로 사마의의 아들 사마소의 정부인이 되어 사마염을 낳았다.

『삼국지연의』에서 왕랑은 동오군의 엄백호가 손책에게 공격받았을 때 회계태수로서 엄백호嚴白虎를 돕는다. 하지만 손책에게 패하여 해안으로 도망간다. 이후 모습이 사라진다. 그러다 조조의 동작대 낙성식 때 문관으로서 조조의 덕을 칭송하는 시를 올린다.

화흠과 함께 헌제에게 양위할 것을 다그친다. 조비 사후 제갈량이 조위를 침공했다. 하무후가 패배했다. 왕랑은 조진을 추천하고 자신도 참모로 종군한다.

제갈량을 상대로 설전을 벌이지만 한 황실에 대한 불충함을 제갈량에게서 호되게 비판받는다. 제갈량의 언변에 혈압이 올라 말에서 떨어져 사망한다. 향년 76세였다. 왕랑의 죽음에 대한 묘사는 모두 꾸며낸 허위이다. 존유폄조尊劉貶曹의 경향과 연결 지어 만들어진 부분이다.

왕수

공융과 원소를 섬기다
조조에게 귀순

왕수는 처음에 공융을 섬겼다. 이후 공융이 원담의 공격을 받고 조조에게 의탁하자 원담에게 치중종사로 발탁됐다. 하지만 명목에 그치다 원소에 의해 즉묵현령이 됐다. 상황에 내몰린 피동적 배신이다. 단순히 들어갔다는 것을 뜻하는 입입 단계의 행위였다.

원담이 조조에게 패한 뒤 죽임을 당하자 죽음을 무릅쓰고 조조에게 간청하여 그의 시신을 거둬 장례를 치렀다. 이후 조조에게 귀순했다. 섬길 주군이 없는 상황에서 새로운 주군을 찾아 섬긴 측면에서 그의 처신은 공융에서 원담에게 의탁한 것과 같다. 상황에 떠밀린 타의적 배신이지만 그의 처신은 명예를 먼저 생각했다.

왕수王脩(?~?)는 후한 말 공융과 원담과 조조 휘하의 관료이다.

자는 숙치叔治이며 청주 북해국 영릉현營陵縣(산동성 창락昌樂 동남쪽) 출신이다. 왕수의 삶은 공융에서 시작하여 원소를 거쳐 조조에서 마쳤다.

어머니를 7살 때 사일社日(봄과 가을에 토지신에게 제사 지내는 날)에 여의었다. 다음 해 이웃 마을에서 토지신 제사를 지냈다. 왕수가 어머니를 그리워하며 매우 슬피 울었다. 이웃 마을까지 들린 그 울음이 얼마나 슬펐던지 이웃 마을에서 다음 해에 토지신 제사를 멈출 정도였다.

스무 살에 남양군으로 유학해 장봉張奉의 집에 기거했다. 장봉의 집안에 질병이 들자 왕수는 그 가족들을 친히 보살폈다.

초평 연간에 북해국상 공융의 주부主簿가 되어 고밀현령高密縣令을 대리했다. 고밀에 손씨孫氏 성을 가진 큰 호족이 있었다. 손 씨의 자식과 그 집에 드나드는 문객들이 수차례 죄를 지었다. 범죄인들이 그 위세를 믿고 손 씨 집으로 들어가면 관리들이 죄인을 잡지 못할 정도였다.

그러나 왕수는 관민을 이끌고 그 집을 에워쌌다. 손 씨도 막아섰다. 관민들이 접근하기를 꺼리자 왕수가 같은 죄로 다스리겠다고 호통을 쳤다. 손 씨는 범인을 내줬다. 이후 날뛰던 다른 세력가들도 귀부했다.

효렴으로 천거되자 병원邴原(?~? 후한 말 인물로 화흠華歆 관녕管寧과 함께 일룡이라고 불렸으며 화흠은 용의 머리 병원은 용의 배 관녕은 용의 꼬리로 여겨졌다.)에게 양보하려 했다. 하지만 공융이 허락하지 않았다. 어지러운 전란으로 인해 그의 효렴 천거는 행해지지 못했다.

군에서 반란이 일어나자 왕수는 밤중임에도 불구하고 공융에게 달려갔다. 공융은 평소 "어려움을 무릅쓰고도 올 수 있는 자는 왕수뿐이다."라고 장담했던 터라 그의 행동은 공융의 믿음에 부합했다.

공조功曹를 서리했고 교동현膠東縣에 도적이 많아 교동현령도 대리했다. 교동의 유력 호족 공사로公沙盧는 군영과 참호를 설치하고 징발에 응하지 않았다. 왕수는 기병 몇 명만을 대동하고 곧장 들이닥쳐 공사로 형제를 죽였다. 공사씨 일가가 경악하여 감히 반발하지 못했다. 왕수는 남은 이들을 위무했고 그 후부터 도적도 점차 사라졌다.

196년(건안 원년) 공융이 원담의 공격을 피해 북해를 버리고 조조에게로 달아났다. 왕수는 원담에게 치중종사治中從事로 발탁됐다. 하지만 화언華彦과 공순孔順 같이 아첨하는 소인배들에 밀려 그저 관직만 유지하고 있었다.

별가別駕 유헌劉獻은 왕수를 자주 헐뜯었다. 어느 날 유헌이 죄를 지어 사형을 당할 일이 있었다. 왕수가 직접 조사하여 죽음을 면하게 해줬다. 사람들이 왕수를 더욱더 칭찬하고 존중했다. 이후 원담의 부친 원소에 의해 즉묵현령卽墨縣令이 되었다가 다시 청주로 돌아가 원담의 별가를 담당했다.

203년 원담이 원소 사후의 기주를 놓고 동생 원상과 다투다 패했다. 왕수는 군민을 거느리고 도우러 갔다. 원담이 기뻐하며 "우리 군을 완성시키는 자는 왕별가이다."라고 말했다.

평원국 탑음현漯陰縣에 있던 유순劉詢이 반란을 일으켰다. 많은 성들도 원상에게 호응했다. 원담이 "주가 온통 배반하니 설마 나의 부덕이란 말인가."라며 탄식했다. 이에 왕수가 "동래태수 관통은 바다 멀리 있더라도 절대 배반하지 않고 이리로 올 것입니다."라고 말했다. 10여 일 후 과연 관통은 처자식까지 포기하고 원담에게 왔다. 원담이 관통을 낙안태수樂安太守에 앉혔다.

원담이 계속해서 원상과 싸우려 했다. 왕수는 원담에게 "형제인데도 서로 공격하는 것은 패망의 길입니다."라고 간언했다. 하지만 원담은 그 지절志節은 알아줬지만, 불쾌감을 가졌다. 후에 올린 계책에서 왕수는 "형제란 양손과 같습니다. 오른손을 자르고 싸움에 임하면서 이길 것이라 자신한다는 게 가당치 않습니다. 형제도 저버리는 이를 천하의 그 누가 친밀히 대하겠습니까. 하루아침의 이득을 갈망하여 형제를 싸우도록 이간하는 자들의 말은 귀를 막고 듣지 마소서. 간신들을 참하고 다시 친목을 도모한다면 천하도 횡행할 수 있습니다."라고 했다. 하지만 원담은 끝내 듣지 않았다.

204년 원담은 조조와 잠시 연합해 원상을 축출했다. 하지만 얼마 지나지 않아 발해군 남피현南皮縣에서 조조와 결전을 벌였다. 낙안군에서 식량을 나르던 왕수는 원담이 위급하다고 하자 종사 수십 명과 병력을 이끌고 갔다. 그런데 고밀현에 이르러 원담이 패사했다는 걸 들었다.

그는 말에서 내렸다. "주군이 없으니 어디로 돌아간단 말인가."라며 통곡했다. 해를 넘긴 205년 왕수는 조조에게 원담을 장사지낼 수 있게 해 달라고 청했다.

조조는 왕수의 마음 깊이를 살피려 묵묵히 아무런 대답도 하지 않았다. 왕수가 거듭 청했다. "원 씨의 후덕한 은혜를 받았으니 원담의 시체를 거둔 후에 죽임을 당한다면 한은 없습니다."라고 했다. 조조가 왕수의 의義를 중히 여겨 승낙했다.

왕수는 조조 휘하에서 독군량督軍糧을 맡아 낙안으로 돌아갔다. 원담이 죽은 뒤 다른 성들은 투항했다. 그런데 관통만은 낙안을 끼고 복종하지 않았다. 조조는 왕수에게 관통의 머리도 가져오라 명했다. 왕수는 관통을 망국의 충신이라 여겨 그 결박을 풀어주고 조조에게 호송했다. 조조가 흐뭇하게 여겨 관통을 사면했다.

원소의 통치는 느슨했다. 관료들은 재물을 챙겼다. 조조가 업을 함락한 후 원씨 가문 신하들의 재산을 몰수했다. 심배 등으로부터 몰수한 재물은 엄청났다. 남피 공략 후 왕수의 가산을 조사했다. 곡식은 열 곡斛도 되지 않고 책만 수백 권이었다.

조조가 "선비의 명성이 거짓이 아니구나."라며 감탄했다. 사공司空의 속관에 임명하고 사금중랑장司金中郎將(무기 제작관청의 책임자)을 대행하게 했다. 이후 위군태수로 승진했다. 왕수는 강자는 억누르고 약자는 도왔다. 상벌도 명확히 했다. 백성들의 칭송과 존중이 매우 높았다.

213년(건안 18년) 조조가 위공魏公에 봉해지자 왕수는 위국의 대사농 겸 낭중령으로 전임됐다. 조조가 육형肉刑의 시행을 논의했다. 왕수는 아직 실시할 때가 아니라고 말했다. 조조는 왕수의 의견을 받아들였다.

왕수는 봉상奉常(태상太常)으로 자리를 옮겼다. 엄재嚴才가 난을 일으켜 수십 명과 함께 액문掖門을 쳤다. 왕수는 거마車馬를 불렀다. 하지만 거마가 도착하기도 전에 소속 관리들을 인솔해 궁문으로 걸어갔다.

조조가 동작대에서 바라보며 "저기 오는 이는 틀림없이 왕숙치다."라고 했다. 상국 종요가 왕수에게 "과거엔 경성京城에 변이 생기면 구경은 각자의 관서에 위치했소."라고 하자 왕수는 "녹禄을 먹으면서 어찌 그 곤경을 피하겠습니까. 관서에 있는 것이 옛 법일지라도 위험을 만나면 달려가 구하는 의義에는 어긋납니다."라고 답했다.

왕수는 재임 중에 병으로 죽었다. 시문집인 『왕수집王修集』을 남겼지만, 현재는 전하지 않는다.

아들 왕충王忠은 동래태수와 산기상시散騎常侍까지 올랐고, 또 다른 아들 왕의王儀는 안동장군安東將軍 사마소의 사마司馬 이었는데 동관東關에서의 패배가 사마소의 책임이라는 직언으로 피살됐다. 손자인 왕부王裒는 부친의 죽음을 비통해하며 평생 숨어 살았다.

왕수는 늘 위난이 닥치면 달려가 구했다. 공융 시절부터 귀가를 했더라도 어려울 때 가지 않은 적이 없었다. 공융도 이에 힘입어 어려운 문제들을 해결했다. 공융도 조조도 평소 난리가 났을 때 왕수가 올 것이라 장담했다. 동작대에서의 일화는 후세에도 회자될 정도로 미담으로 남았다.

조조는 글을 써 왕수에게 이르길 "덕으로 마음을 깨끗이 해 그 명성이 주에 퍼졌다. 충성스럽고 유능해 공적을 이루니 세상에 미담이 되었다. 이름과 실상이 맞아 떨어지고(명실상부名實相符) 타인을 아득히 뛰어넘는다."고 했다.

『삼국지』의 저자 진수는 전주田疇(169~214년 후한 말 관료)가 절조를 굽히지 않은 것과 왕수의 충성스러움과 곧은 절개는 충분히 풍속을 바로잡을 만하다고 평했다.

위왕을 계승한 조비는 "상서복야 모개, 봉상 왕수와 양무涼茂, 낭중령 원환, 소부 사환謝奐과 만잠萬潛, 중위 서혁徐奕, 국연 등은 조정에 충직했고, 인의를 실천했지만 앞서 세상을 등지는 바람에 그 자손들이 점차 쇠하는 것이 측은하다. 그 아들 전부를 낭중郞中에 배하라."라는 영을 내렸다.

『삼국지연의』에서 왕수는 원담 시절의 행적 일부만이 묘사되었다. 여양전투에서 조조가 물러나자 원담은 곽도의 진언에 따라 원상과 심배를 술자리로 꾀어내 살해하려 한다. 별가 왕수가 형제란 좌우의 손과 같다며 만류하지만 쫓겨난다.

남피전투에서 원담이 전사하고 효수되어 그 머리가 내걸린다. 곡하는 자는 베겠다는 조조의 명령이 내려졌다. 그러나 왕수는 그 아래서 곡을 한다. 죽음이 두렵지 않으냐는 조조의 물음에 죽는 게 무서워 의를 잊으면 어떻게 세상에 서겠느냐고 답한다. 조조가 하북에는 의사義士도 많다며 원 씨의 용인술을 지적한다.

이후 상빈으로 대접받고 사금중랑장도 맡는다. 원상과 원희를 잡으려면 어떤 책략을 써야겠냐는 조조의 물음에는 답하지 않는다. 조조가 충신이라 칭찬하는 것을 끝으로 더 이상 등장하지 않는다.

왕해

조조를 모시다 등지고
여포 섬겨

왕해는 조조를 섬겼다. 그러다 조조가 서주의 도겸을 정벌할 때 연주를 비우자 반기를 들고 여포를 맞아들였다. 가장 적극적인 배반을 뜻하는 반叛이다. 믿음과 의리를 저버리고 돌아선 행위다. 더 큰 이익과 명예를 좇아 상황을 주도한 능동적 배신이다.

왕해王楷(?~?)는 후한 말의 관료로 출신지는 불분명하다. 여포의 책사이다. 194년에 조조가 도겸을 정벌할 때 종사중랑으로 있었다. 장초와 진궁 그리고 허사와 함께 조조에게 반기를 공모해 여포를 연주목으로 맞아들였다.

198년(건안 3년) 허사와 함께 원술에게 위급함을 알려 구원을 요청했다. 원술은 여포가 딸을 보내지 않은 이전의 일을 들어 구원하지 않으려 했다. 왕해는 허사와 함께 여포가 무너지면 그다음 원술도 함께 무너질 것이라고 설득했다. 하지만 결국, 원술은 여포를 돕지 않았다.

『삼국지연의』에서 왕해는 여포가 엄 씨, 초선과 함께 술을 마실 때 찾아가 허사와 함께 원술에게 도움을 청해 협공할 것을 진언한다. 장료와 학맹이 이끄는 군사들의 호위를 받아 유비의 영채 곁으로 빠져나간 후에 원술에게 구원을 요청한다. 여포의 딸과 교환하자는 조건을 여포에게 전한다.

원담

아버지 원소를 따르다
형제 싸움으로 조조에게 의탁

원담은 조조와 패권을 다툰 원소의 장남이다. 원소 사후 원상과의 후계 싸움에서 세력이 약화됐다. 조조의 힘을 빌려 원상을 치려 했다. 조조가 응하자 원상은 군사를 물렸다. 그러나 남피전투에서 조조에게 져 패주하다 낙마해 죽임을 당했다.

원담이 조조에게 의탁한 일은 속았음을 뜻하는 휼궤譎의 배신이다. 서로가 기만했다. 죽음을 피하기 위한 처신이었다. 상황에 내몰린 피동적 배신이다.

원담袁譚(?~205년)은 후한 말 원소의 장남이다. 자는 현사顯思이며 예주 여남군 여양현汝陽縣(하남성 상수商水 서남쪽) 출신이다.

원담은 원소의 장남으로 태어났다. 원소는 나이 어린 삼남 원상을 총애했다. 그를 후계자로 삼기 위해 원담을 형의 양자(원기袁基로 추정—원소의 생부인 원봉 소생의 형을 가리키는지 양부인 원성 소생의 형을 가리키는지는 기록이 없어 정확히 알 수 없다)로 입적시킨 뒤 임의로 청주자사를 맡겨 내보냈다. 당시 원소의 청주에서의 직접적 영향력은 평원국의 일부에 불과했다.

원담은 먼저 공손찬 휘하에서 청주자사로 있던 전해를 북쪽으로 몰아냈다. 196년(건안 원년) 북해상北海相 겸 후임 청주자사 공융도 격퇴하고 그 가족을 사로잡았다. 해안가까지 무력을 떨쳐 백성들도 호응했다. 조조가 표를 올려 정식으로 청주자사가 되게 해줬다.

『구주춘추』에 의하면 원담은 자만심에 취해 사치와 향락을 즐겼다. 명예를 존중하여 빈객을 접대하고 선비를 공경했지만, 전담은 등한시했다. 또 화언華彦과 공순孔順 같이 아첨하는 이들을 신임해 곁에 두었다. 왕수 등은 그저 관직만 채울 뿐이었다.

뿐만 아니었다. 군대를 거느린 처남은 국경을 살피지 않았다. 도적들이 논밭과 들에서 노략질을 일삼았다. 모병을 책임진 부하는 뇌물 여부에 따라 징용의 가부를 결정했다. 가난하고 약한 자들만 모집되었다. 징용 기피자는 군사를 동원해 마치 짐승을 잡아들이는 것처럼 험하게 색출했다. 읍邑에 일만 호가 있어도 호적에 등록된 것은 수백 호를 넘지 않았다. 세금 수입도 3분의 1이 되지 않았다. 결과적으로 인재들은 초빙해도 응하지 않았다.

199년 황제를 칭해 각지의 군웅들로부터 비웃음을 샀던 원술이 처지가 궁핍해지자 청주를 통해 원소에게 가려고 했다. 원담이 사람을 보내 맞이하려 했지만, 조조가 유비와 주령을 출정시켜 차단했다. 결국, 원술은 청주로 가지 못했다.

유비는 서주자사 차주를 죽여 서주를 차지하고 원소와 통했다. 200년 유비가 조조에게 토벌당하여 청주로 피신해왔다. 전에 유비로부터 무재茂才로 천거받았던 원담이 유비를 맞아들이고 원소에게 갈 수 있게 해줬다. 원소가 관도官渡에서 조조와 대전을 벌일 때 원담도 참전했다. 원소군이 참패하여 원소와 같이 퇴각했다.

202년 5월 원소가 병사했다. 심배와 봉기는 원상을 내세우고 신평과 곽도는 원담을 밀었다. 백성들은 장남 원담을 지지했다. 원담과 사이가 좋지 않던 심배와 봉기가 선수를 쳤다. 해를 입을까 두려워 원소의 뜻이라는 핑계로 원상을 추대했다.

원담은 불만을 품었다. 아버지 원소가 그랬던 것처럼 자기 맘대로 거기장군을 자칭한 후 위군 여양현黎陽縣에 주둔했다. 원상은 원담에게 적은 병력을 주면서 봉기를 파견했다. 원담이 증원을 청했지만 심배 등이 반대하자 쌓였던 분노가 폭발하여 봉기를 죽였다.

9월 조조가 황하를 건너 북상해 왔다. 원담은 다급한 상황을 원상에게 알렸다. 원상은 원담이 원군 병력을 가로챌지 모른다는 우려로 본거지인 업현은 심배에게 맡겨두고 자신이 직접 군을 이끌고 출전했다.

203년 2월까지 근교에서 전투를 벌인 끝에 성으로 패퇴하였다. 3월 어느 날 밤 포위당한 성에서 업성으로 탈주했다. 4월에 조조가 업까지 진격했다. 하지만 격퇴하자 조조는 5월에 철군했다.

원담은 원상에게 "내 갑옷이 보잘것없어 조조에게 패했다며 패주하는 조조군이 강을 건너기 전에 엄습한다면 궤멸시킬 수 있다"고 헌책했다. 그러나 거부당했다. 병사는 둘째치고 갑옷 하나도 받지 못했다.

원담은 대노했다. 곽도와 신평은 원소 생전에 원담이 백부의 양자가 된 것은 심배의 모략이었다고 진술했다. 형제간의 살육전이 시작되었다. 원담이 업성을 공격했다가 패하여 발해군 남피현으로 도주했다. 별가別駕 왕수가 원담을 보필하러 관민들을 데리고 청주로부터 달려왔다. 반면 유순劉詢은 평원국 탑음현溻陰縣에서 반기를 들었다. 많은 성들이 호응할 정도로 청주가 흔들렸다. 동래태수 관통은 처자식을 포기하고 빠져나왔다. 원담은 관통을 낙안태수樂安太守로 삼았다.

원담은 여전히 원상을 치려 했다. 왕수가 "형제란 양손과 같습니다. 오른손을 자르고 싸움에 임하면서 이길 것이라 자신한다는 게 말이나 되겠습니까. 형제도 저버리는 이를 천하의 그 누가 친밀히 대하겠습니까. 하루아침의 이득을 갈망하여 형제를 싸우도록 이간하는 자들의 말은 귀를 막고 듣지 마소서. 간신들을 참하고 다시 친목을 도모한다면 천하도 횡행할 수 있습니다."라고 간언했다. 하지만 원담은 끝내 듣지 않았다.

이번에는 원상이 쳐들어왔다. 원담이 대패하여 평원국까지 후퇴하는 등 궁지에 몰렸다. 곽도가 "장군의 나라는 작고 군사는 적으며 양식도 다하여 원상을 감당하기가 어렵습니다. 조조더러 원상을 잡아 달라 하는 것이 어떻겠습니까. 조조는 업부터 칠 테고 원상은 돌아갈 것입니다. 그 기회에 장군께서 서쪽으로 향한다면 업에서 북쪽까지 모조리 획득할 수 있습니다. 원상군이 깨진다면 그 잔당을 흡수해 조조를 저지하면 되고, 조조는 원정 길에 군량이 이어지지 않아 반드시 환군할 것입니다. 그러면 조국趙國 이북을 온전히 장악하여 조조에게 대적할 수 있게 됩니다."라고 말했다.

원담은 망설였다. 처음에는 받아들이지 않다가 결국 승인하여 신비를 조조에게 보냈다. 원소의 우방이었던 유표가 원담과 원상에게 각기 서신을 보내 화해를 권했지만, 양쪽 모두 따르지 않았다.

원담의 요청에 조조가 응했다. 북진한 조조는 10월 여양에 도착했다. 원상은 평원을 내버려 두고 업으로 철군할 수밖에 없었다. 원상의 장수 여광과 여상은 동군 양평현陽平縣에 자리하고 있다가 조조에게 귀부했다. 원담이 몰래 장군인將軍印을 새겨 이들에게 주며 회유했다. 그런데 여광이 이를 조조에게 보고했다. 조조는 원담의 기만책을 알면서도 자신의 아들 조정曹整과 원담의 딸을 결혼시켜 안심시킨 뒤 귀환했다.

204년 3월 원상이 다시 평원으로 출진했다. 이번에도 업에는 심배를 남겼다. 심배가 서신을 보내왔다. 그간의 사정을 변명하고 모든 문제의 원흉은 곽도라며 처형하라고 했다. 원담은 읽은 뒤 눈물이 흘렀다. 하지만 곽도의 강권과 골육상쟁에서 흘린 피가 너무 많아 사태를 돌이킬 수는 없었다.

그 사이 조조는 업에서 공성전을 벌였다. 7월 업의 전황이 심각해지자 원상이 철수했다. 원담은 감릉국(舊 청하국), 안평군安平郡, 발해군, 하간국을 정복했다. 원상은 조조에게 완패되어 중산군으로 도망쳤다. 원담이 뒤쫓아 공격했다. 원담은 원상을 기주에서 완전히 내쫓고 그 잔병을 거둬들였다. 원상은 형이자 유주자사인 원희에게 의지하려 탁군 고안현故安縣으로 도피했다.

사태가 이렇게 흐르자 조조는 원담의 딸을 돌려보내고 진군해 왔다. 원담은 일단 용주龍湊에서 맞섰다. 전세가 불리해지자 섣달 남피로 물러나 청하淸河를 끼고 항전했다.

그러나 205년(건안 10년) 정월 원담은 결국 조조에게 완패했다. 급히 말을 몰아 달아났다. 조순의 호표기가 집요하게 추격했다. 끝내 뿌리치지 못하고 낙마했다. 쫓아 온 기병에게 자신을 풀어주면 부귀를 보장하겠다고 말을 하려는데 그 말이 채 끝나기도 전에 머리가 잘려 땅에 떨어졌다. 이후 남은 처자도 주륙당했다. 원담의 시체는 왕수가 조조의 허락을 받고 수습해 장사지냈다.

『구주춘추』에서는 원담이 군사적인 면에서는 실적을 거뒀지만 교만하고 방자한 성품과 방종한 처신으로 백성을 돌보지 않고 소인배나 기용하는 용렬한 인물로 묘사했다.

『삼국지연의』에서 원담은 원소의 장자이자 청주자사로 나온다. 서주를 잃고 청주로 도주해온 유비를 영접하면서 처음 등장한다. 창정전투에 이어 여양전투에도 참여한다. 메마르고 살벌한 성격의 소유자로 묘사된다. 원소의 후계자 선정을 어렵게 하며 후계 자리를 원상에게 뺏기고 원상과 반목한다.

조조와의 서전에서 가공의 수하 왕소汪昭가 서황한테 목숨을 잃는다. 그로 인해 전투에서 지고 여양성으로 철수한다. 원상은 5천 명만 원조하는데 그마저 악진과 이전에게 전멸한다.

진영에 파견된 봉기를 겁박하여 서찰을 쓰게 했는데도 원상이 지원을 거절하자 봉기를 참한 후 조조에게 항복하려 한다. 그제야 원상이 돕기 위해 직접 온다. 이후의 전개는 큰 틀에서 『삼국지』와 비슷하게 흘러간다.

중간에 가공의 부하 잠벽쏙璧이 원상의 대장 여광과의 대결에서 지기도 한다. 조조와는 사돈지간이 되는 것이 아니라 예비 장인과 사위의 관계로 변경되었다.

남피전투에서 가공의 수하 팽안彭安이 서황과 교전하여 쓰러지는 등 상황이 좋지 않아 신평을 보내 항복 의사를 밝힌다. 조조는 그의 마음이 자주 변하는 것을 이유로 항복을 허락하지 않는다. 교섭에 실패하고 돌아온 신평을 의심한 탓에 신평이 분사焚死(불에 타서 죽는) 한다. 죽기 살기로 돌격을 감행하지만, 조조의 사촌 동생 조홍과 겨뤄 최후를 맞는다.

곽도와 관통, 공순孔順, 신비, 신평, 엄경嚴敬, 왕수, 유순劉詢, 유헌劉獻, 이부, 화언華彦 등이 원담을 섬겼다.

위속

여포를 섬기다
조조에게 귀순

위속은 여포를 섬기다 조조에게 귀순했다. 죽음을 피하고 더 큰 이익과 명예를 좇아 조조에게 투항했다. 가장 적극적인 배반을 뜻하는 반叛이다. 믿음과 의리를 저버리고 돌아선 행위다. 상황을 주도한 능동적 배신이다.

위속魏續(?~?)은 후한 말의 장수이다. 여포呂布의 부장이었다. 「영웅기」에 의하면 고순은 여포와 친척 관계이다. 학맹의 반란 이후 여포는 고순高順이 지휘하던 병사를 위속에게 주었다. 전투 시에는 고순을 위속 밑에 배치하여 일부러 위속의 병사를 지휘하게 했다. 그럼에도 고순은 여포에 대해 마지막까지 원망하는 기색을 보이지 않았다.

그러나 위속은 반대였다. 199년(건안 4년) 하비전투下邳戰鬪에서 전세가 불리하자 여포를 등졌다. 송헌宋憲, 후성과 함께 여포의 책사 진궁陳宮을 사로잡고 성을 바쳐 조조에게 항복했다. 조조는 여포와 진궁을 사로잡아 죽였다. 이후 위속의 행적에 대해서는 기록이 남지 않았다.

『삼국지연의』에서 위속은 여포의 8건장(장료, 장패, 학맹, 성렴, 송헌, 위속, 조성, 후성) 중 서열 6위이다. 송헌, 후성侯成 등과 함께 여포가 연주를 탈취했을 때부터 종군한 것으로 나온다.

후에 여포가 서주에 머무를 때 위속은 서주에서 준마를 구입하여 귀환한다. 도중에 장비에게 군마를 탈취당한다. 화가 난 여포는 유비를 서주에서 쫓아낸다.

하비에서 조조와 유비연합군이 여포군을 포위했을 때다. 위속은 동료인 후성이 여포에게 금주령을 어겼다는 이유로 처벌당하자 후성, 송헌과 함께 여포를 붙잡아 조조에게 항복하기로 한다. 그는 먼저 후성이 적토마를 훔쳐 성을 빠져나가게 한다. 후성은 조조의 신임을 얻어 성을 공격하게 한다. 이때 위속과 송헌은 피곤해 잠이 든 여포를 묶고 조조군의 입성을 맞는다. 그 후 백마전투에서 원소의 장수 안량顔良에게 죽는다.

유도

유표를 따르다
촉한의 유비에게 귀순

유도는 형주의 유표를 따르다 유비가 형주를 점령하자 영릉태수로 서 항복했다. 다른 군의 태수와 같은 처신이었다. 단순히 들어갔다 는 것을 뜻하는 입입 단계의 배신이다. 죽음을 피하고 더 큰 이익과 명예를 좇아 유비에게 귀순했다. 상황에 내몰린 피동적 배신이다.

유도劉度(?~?)은 후한 말의 관료이다. 한자의 음을 어떻게 읽느 냐에 따라 유탁이라고도 부른다. 도度라는 한자는 '도'로도 '탁'으 로도 읽을 수 있다. 유도도 공손도처럼 탁으로 읽어야 하느냐는 시 각이 있다. 하지만 유도는 자字가 전하지 않아 자로 맞출 수가 없고 배송지의 주석이나 「삼국지집해」에서도 어떻게 읽는 것인지 나오지 않는다.

209년(건안 14년) 유비가 형주 남쪽 4군을 정벌할 당시 영릉태수零 陵太守였다. 다른 군의 태수와 마찬가지로 유비에게 항복했다. 「선 주전」에서는 항복시켰다고 기록될 뿐 그 후 그의 행방에 대한 기록 은 없다.

『삼국지연의』에서 영릉군은 형주 4군 공략의 첫 공격 대상이었다. 유도는 208년 형주 평정전에서 영릉을 공격한 유비와 싸운다. 아들 유현劉賢과 도끼를 휘두르는 장수 형도영邢道榮을 보낸다.

하지만 제갈량의 계략에 빠진다. 장비와 조운의 공격을 받아 형도 영도 말에서 내려 항복한다. 유비가 형도영을 죽이려 한다. 하지만 제갈량이 만류하며 "유현을 생포하면 항복을 인정해 주겠다."라고 한다. 형도영이 그렇게 하겠다고 말하며 석방된다.

진지에 돌아온 형도영은 유현과 새로운 모의를 한다. 제갈량을 사 로잡으려는 계략이었다. 하지만 그 계략은 제갈량에게 간파되어 역 으로 이용당한다. 형도영은 조운에게 토벌되고 유현도 장비에게 생 포된다.

제갈량은 유현의 포승을 풀어 준다. 술을 권하며 후하게 대접하여 부친 유도를 귀순시키도록 설득하여 성으로 돌려보낸다. 유현은 아 버지 유도에게 제갈량의 덕을 칭찬하며 항복을 권유한다. 유도는 성 에 항복 깃발을 세우고 인수印綬를 바쳐 유비에게 귀순한다. 제갈량 은 유도를 영릉태수에 머무르게 하고 유현을 수군사마로 삼아 형주 에 보내 군무를 맡도록 한다.

유순

아버지 유장을 섬기다
유비에게 패해 의탁

유순은 촉을 다스리던 유장의 아들이다. 유비가 익주를 공격할 때 끝까지 싸웠지만, 역부족이자 항복했다. 상황에 내몰린 피동적 배신이다. 단순히 들어갔다는 것을 뜻하는 입입 정도의 처신이다.

유순劉循(?~?)은 후한 말 세력가인 유장劉璋의 장남이다. 방희龐羲의 딸을 아내로 맞았다. 유천의 형으로 형주 강하군 경릉현 출신이다.

213년 유비가 장로張魯를 막던 도중 군사를 돌려 익주를 공격했다. 유장은 유괴, 장임, 냉포, 등현을 보내 부涪에서 유비를 저지하게 했다. 하지만 모두 격파당했다. 유비는 진격하여 낙雒을 에워쌌다. 유순은 장임과 함께 성을 지키며 1년간 항전했다. 그러나 장임이 전투 중에 사로잡혀 참수되는 등 사태가 나빠지면서 결국 214년에 낙성은 함락되었다.

『삼국지』「촉서」'유이목전'에 의하면 유비는 익주를 평정한 후에 유순을 봉거중랑장奉車中郞將으로 삼고 촉중蜀中에 남아 있게 했다.

아버지 유장과 동생 유천劉闡은 형주로 떠났다. 그런데 훗날 손권孫權이 형주를 차지하면서 둘은 손권에게 항복했다. 그 결과 유장의 자손들은 동오와 촉한 두 나라에서 각각 대를 잇게 되었다.

『삼국지연의』에서도 유순은 『삼국지』와 같이 묘사된다. 스스로 전투에 자원해 오의, 오란, 뇌동과 함께 낙성 수비를 맡는다. 장임의 지원으로 여러 차례 유비의 공격을 격퇴한다.

하지만 잇단 아군의 항복으로 전세가 불리해지고 수비대장 유괴가 장익에게 죽자 홀로 성도로 도망간다.

유장
—

후한 따르다 독립하고
유비를 거쳐 손권에 귀의

유장은 후한을 따르다 아버지 익주목 유언이 급사하자 뒤를 이어 독립했다. 이후 211년 조조가 장로를 치려 하자 유비를 끌어들여 막게 하려 했다. 그러나 유비는 장로를 도모하지 않고 세력을 키워 촉을 공격했다. 유장은 유비에게 항복했다. 속았음을 뜻하는 휼譎의 배신이다. 유장은 유비에게 기만당했다. 상황에 내몰린 피동적 배신이다. 219년 손권이 형주를 탈환했다. 유장은 손권에 의해 다시 익주목이 되어 손권에 귀의했다. 단순히 들어갔다는 것을 뜻하는 입사 정도의 배신이다.

유장劉璋(?~219년)은 후한 말의 관료이다. 자는 계옥季玉이고 형주 강하군 경릉현竟陵縣(호북성 潛江 서북쪽) 출신이다. 전한 경제의

후손이자 익주목 유언의 4남이다. 조정에서 봉거도위를 지내던 도중 아버지 유언이 사실상 한나라에 반란을 일으키자 설득하기 위해 익주로 내려간다. 유언은 설득을 듣지 않았다. 그러던 중 급사하자 유장이 유언 사후 익주를 통치했다.

적벽대전에서 참패한 승상 겸 기주목 조조와 단절하고 형주목 유비를 가까이했다. 익주를 넘보는 조조보다 먼저 한녕태수 장로를 무너트리려고 유비를 불러들였다. 하지만 유비에게 배신당하고 익주를 빼앗겼다. 말년은 형주에서 지내다가 이를 점령한 손권에 의해 다시 익주목으로 세워졌다.

처음에는 형인 좌중랑장左中郞將 유범劉範, 치서어사治書御史 유탄劉誕과 함께 장안 조정에 있었다. 유장은 봉거도위奉車都尉를 지냈다.

형주목 유표가 익주목 유언의 수레와 집기 그리고 복식 등이 분수에 넘친다면서 서하西河에서 공자인 양 행동했던 그 제자 자하子夏와 닮은 구석이 있다는 표문을 올렸다.

장안에서는 헌제의 명으로 유장을 유언에게 보내 설득하려 했다. 그런데 유언은 유장을 돌려보내지 않았다. 194년(흥평 원년) 유언은 유범과 정서장군征西將軍 마등을 도와 이각, 곽사, 번조의 연립정권을 몰아내려 했다.

하지만 패해 유범과 유탄이 목숨을 잃었다. 주도州都에는 큰 화재까지 덮쳐 광한군 면죽현綿竹縣에서 촉군 성도현成都縣으로 옮겨야 했다. 이 충격으로 유언이 병사했다.

　일주대관 조위 등은 유장이 온화하고 어질다며 익주자사로 삼도록 상서를 올렸다. 장안에서는 영천군 사람 호모扈瑁를 익주자사로 삼아 한중으로 들여보냈다. 형주별가 유합劉闔은 유장의 장수 심미沈彌, 누발婁發, 감녕이 반란을 일으키자 유장을 공격했다. 하지만 이기지 못하고 형주로 달아났다.

　유장은 조정의 조칙에 따라 아버지 유언처럼 감군사자監軍使者에 익주목을 겸했다. 조위는 정동중랑장征東中郎將이 되었다. 유표에 맞서 조위를 파군 구인현朐䏰縣에 주둔시켰다.

　한중군에 있던 장로는 유장이 어리석고 나약하다며 복종하지 않았다. 파이巴夷(파 일대의 이민족)인 두호杜濩와 박호朴胡 그리고 원약袁約 등도 장로를 따랐다.

　유장은 장로의 어머니와 동생을 죽였다. 화덕중랑장和德中郎將 방희에게 장로를 토벌하게 했지만, 매번 실패했다. 장로의 부곡部曲(사병)이 파 땅에 많았으므로 방희를 파군태수로 임명하고 낭중현閬中縣에서 장로를 막게 했다. 방희는 한창현漢昌縣의 종민賨民들을 모아 군세를 키웠다. 그런데 누군가 이를 유장에게 참언해 그 사이가 벌어졌다. 조위도 여러 간언을 했지만 받아들이지 않자 사이가 벌어졌다.

　당초 유언은 남양군과 삼보 일대에서 익주로 흘러들어온 유민 수만호를 친위 세력화했었다. 이들은 동주병東州兵 내지 동주사東州士로 불렸다.

　그런데 유장은 유순하고 위엄이 없어 동주인들이 익주 토박이들을 침탈하는 것을 막지 못했다. 익주 백성들의 불만은 날로 커졌다. 유장은 평소 민심을 얻고 있던 조위에게 이 문제를 해결하도록 했다. 그런데 조위는 유표와 화친하고 익주의 대성大姓들과 은밀히 결탁했다. 그런 뒤 200년(건안 5년) 유장을 공격했다. 촉군과 광한군 그리고 건위군도 조위에게 호응했다. 유장은 성도성으로 들어갔다. 동주인들은 조위에게 주멸될까 두려워 유장의 편에 서서 사력을 다해 항전했다. 조위군을 무찔러 강주현江州縣까지 진격했다. 201년까지 이어진 사태는 조위의 수하 방락龐樂과 이이李異가 조위를 죽임으로써 끝났다.

　한편 조정에서는 혼란한 상황을 듣고 익주자사를 오관중랑장五官中郎將 우단牛亶으로 교체하려 했다. 하지만 뜻을 이루지는 못했다. 방희는 한창 현령 정기와의 논쟁 끝에 깨달은 바가 있어 유장에게 사죄했다.

　조조가 장차 형주를 치려 했다. 이에 유장은 음부陰溥를 사신으로 보냈다. 조조는 유장에게 진위장군振威將軍을 얹어줌으로써 안심시켰다. 하지만 유장은 다시 별가종사別駕從事 장숙을 파견해 수병叟兵 300명과 어물御物을 바쳤다.

　208년에는 별가 장송을 사신으로 보냈다. 조조가 이미 형주까지도 평정한 상태였다. 적벽대전을 준비하고 군세가 드높은 조조에게 대우를 소홀히 받은 장송은 불만을 품었다. 그런데 조조가 적벽대전에서 패했다.

장송의 권유에 따라 유장은 조조와의 관계는 끊고 법정을 유비에게 보내 통교했다. 법정과 맹달을 통해 병사 수천 명도 지원해줬다. 전후로 선물도 막대하게 했다.

유장의 나약한 통치에 실망하던 관료들은 다른 힘 있는 사람에게 익주를 넘기려 했다. 장송과 법정이 이를 주도했다. 그들은 형주에서 세력을 확장하는 유비에게 익주를 넘기려는 음모를 꾸미며 때를 기다렸다.

211년 조조가 한녕태수 장로를 정벌하려 했다. 유장이 그 대책을 논의했다. 장송이 "조조군은 천하무적입니다. 장로의 자원을 이용해 촉을 경략한다면 누가 막을 수 있겠습니까. 유비는 유장의 종실이고 조조의 오래된 원수이며 용병도 잘합니다. 유비라면 장로를 틀림없이 물리칠 것입니다. 그러면 익주는 강해져 조조라고 해도 침공하지 못할 것입니다. 지금 방희와 이이 등은 자신의 공을 믿어 교만하며 그 마음도 외부 세력에 기운 것 같습니다. 유비를 부르지 않는다면 안팎에서 난을 접해 필패할 것입니다."라고 했다.

반면에 주부主簿 황권은 "유비는 효명驍名이 있습니다. 부곡으로 대하면 불만족할 것이고, 빈객으로 대하자니 일국에 두 주인은 용납되지 않습니다."라고 했다. 종사 왕루는 성문에 거꾸로 매달려가면서까지 반대했다. 『화양국지』에 의하면 왕루는 스스로 목을 찔러 자결했다.

그러나 유장은 법정을 시켜 유비를 불러들였다. 사실 익주를 다른 이에게 넘길 모의를 한 것은 장송과 법정이었으며 그 대상은 유비였다. 유비 역시 익주를 탈취할 목적에서 유장의 요청에 응했다.

유비가 보병 수만 명을 거느리고 형주에서부터 파군 강주현과 점강현墊江縣을 거쳐 광한군 부현涪縣에 이르렀다. 유장이 경유지마다 최대한의 편의를 제공하게 했다. 타지에 입경하는 게 아니라 귀국하는 것과 같았다.

유장도 직접 보병과 기병 3만여 명을 이끌고 마중 나가 백여 일간 환영 행사를 베풀었다. 또한, 유비를 행대사마 영사례교위로 추천했다. 유비는 유장을 행진서대장군行鎮西大將軍 영익주목으로 추천했다. 장로 정복을 위해 많은 병력과 쌀 20만 곡斛, 기마 천 필, 수레 천 승, 각종 비단도 보태 주었다. 유비군은 총 3만여 명에 군세가 크게 늘었다. 백수군白水軍도 유비의 감독 아래 두었다. 하지만 유비는 가맹현葭萌縣에 눌러앉아서 하라는 북진은 안 하고 백성의 마음을 사는 데에만 주력했다.

212년 조조가 동오를 공격하려 했다. 유비는 방통의 상중하책 중 두 번째 계책을 실행했다. 유장에게 조조가 승리하면 형주를 통해 익주를 공격할 것이다. 하지만 장로는 한중에 웅거하고 있어 위협적이지 않다. 그러니 형주로 가서 손권을 도와 조조를 막겠다고 했다.

그 구실로 군사 1만 명과 물자를 요청했다. 하지만 유장은 군사 4천을 빌려주고 요청한 물자도 절반 정도만 지원했다.

한편 유비가 익주를 떠나려 하자 장송이 당황했다. 유비에게 밀서를 보냈다. 그런데 광한태수 장숙張肅이 동생 장송의 음모를 고발했다. 유장은 장송을 참했다. 유비를 의심하고 그에게 가는 관문을 걸어 잠그도록 지시했다. 유비도 분노했다. 유장의 백수군독 양회와 고패를 죽이고 그 무리를 흡수한 뒤 황충과 탁응을 앞세워 남진했다. 유비는 유장을 상대로 전쟁을 벌였다.

정도가 "깊숙이 들어와 고립된 유비군은 만 명도 채우지 못하고, 사람들도 미처 귀부하지 않았으며, 들의 곡식에 의존할 뿐 따로 치중이 없습니다. 파서巴西와 자동梓潼의 주민들은 모두 부수涪水 서쪽으로 철수시키고, 곳간과 노천의 곡물 전체를 소각한 채, 보루를 높이고 해자를 깊이 파, 가만히 방어만 하는 것만 한 계책이 없습니다. 적이 싸움을 걸어와도 응하지 않으면 오래도록 물자를 조달할 수 없어 100일도 지나지 않아 스스로 도주할 것입니다. 이때 습격하면 반드시 사로잡습니다."라며 청야전술을 진언했다.

그러나 유장은 "적을 막아 백성을 편안히 한다는 얘기는 들어봤어도 백성을 움직여 적을 피한다는 말은 들어보지 못했다."며 정도의 계책을 쓰지 않았다.

유비가 부성을 점령했다. 유장은 유괴와 냉포, 장임, 등현, 오의 등을 부현으로 보내 유비를 막게 했다. 하지만 패해 면죽으로 물러났다. 면죽현령 비시와 성도에서 면죽으로 증파한 이엄과 비관은 유비에게 투항했다. 부금扶禁과 상존向存 등은 낭수閬水를 타고 올라가 가맹성을 점거하려 했다.

하지만 곽준의 수비에 부딪혔다. 유괴와 장임 그리고 유장의 아들 유순은 낙현雒縣에 모여 저항했다. 유비는 낙성으로 진군하는 한편 형주에서 대기하던 제갈량과 장비, 조운 등이 장강을 거슬러 올라와 파동군 등 익주의 각 군현을 공략하기 시작했다.

유순이 방통을 사살하는 등 버텼지만 대세는 유장을 떠나고 있었다. 213년 낙성에서 싸우던 장임이 붙잡혔다. 장임은 "두 주인을 섬기지 않는다."고 했다. 참수되었다.

214년 낙성마저 1년 만에 함락되고 성도가 포위당했다. 서진하던 형주군은 강주에서 갈라져 낙성에서 장비는 파서군 방면으로 가고, 조운은 강양군과 건위군 방면으로 나아가 성도의 유비군에 합류했다.

장로한테 의탁하고 있던 마초까지 유비 휘하로 들어가 성도를 압박했다. 그래도 성중에는 정예병 3만 명과 1년간을 버틸 군량이 있었다. 관리와 백성들도 결사 항전의 의지가 굳건했다. 그런데 유장은 이미 항전 의사를 잃고 있었다. "우리 부자가 익주에 20여 년을 있었지만, 백성들은 은덕을 입기는커녕 3년의 전쟁으로 살가죽만이 초야를 덮었다. 이게 다 유장 때문인데 어찌 마음이 편하겠는가."라고 했다.

유장은 항복하기로 했다. 유비에게 장예를 사자로 보냈다. 유장에 대한 예우와 남은 사람들의 안전을 보장받았다. 유비 측에선 유장과 두텁게 지내던 종사중랑 간옹을 보냈다. 유장은 간옹과 같은 수레를 타고 나가 항복했다. 유장의 위민에 대해 울지 않는 백성이 없었다.

포위된 지 수십 일 만이었다. 유장의 거처는 남군에 위치한 공안公安으로 지정되었다. 재물과 진위장군 인수印綬는 돌려받았다. 진위장군은 조조가 이전에 유비에게 내려줬던 것으로 허울뿐인 관직이었다. 실질적인 익주목 자리는 빼앗았다.

219년(건안 24년) 손권이 관우를 공격하여 형주를 탈환했다. 유장은 손권에 의해 다시 익주목이 되어 의도군 자귀현秭歸縣에 머물렀다. 이후 병으로 죽었다.

유장은 아들 둘과 딸 하나를 뒀다. 장남 유순은 방희의 딸을 아내로 삼았으며 낙성에서 1년간 항쟁하다가 낙성을 잃고 패퇴했다. 이후 유장이 항복하자 봉거중랑장으로 임명되고 성도에 남았다.

차남 유천은 유장과 함께 공안으로 이주했다. 손권이 형주를 차지할 때 손권의 지배하에 놓였다. 그 결과 유장의 자손들은 촉한과 동오의 두 나라에서 각각 대를 잇게 되었다.

딸 유 씨는 비의의 족부인 비관과 결혼했다.

『삼국지연의』에서 유장은 『삼국지』와 거의 비슷하게 묘사되었다.

유종
—

아버지 유표의 뒤를 받았지만
조조에게 항복

유종은 유표 사후 뒤를 이어 독립했다. 하지만 조조가 남하하자 항
복했다. 단순히 들어갔다는 것을 뜻하는 입입 단계의 배신이다. 죽
음을 피하고 집안을 살리기 위한 상황에 떠밀린 피동적 배신이다.

유종劉琮(?~?)은 후한 말의 관료이다. 연주 산양군 고평현高平縣
출신이다. 형주목 유표의 아들로 유표 사후 형주를 넘겨받았다. 그
러나 곧바로 조조에게 항복했다.

출생과 사망 연월은 불분명하다. 하지만 항복 직후 비슷한 시기에
조비가 쓴 『전론』에서 채모와 손잡고 후계자 쟁탈전에 적극적으로
참여한 정황이 있는 것으로 봐서 아버지 유표가 사망할 때 이미 성

년의 나이인 것으로 추정됐다.

유종은 유표의 후처 채 씨의 지지를 받는다. 채부인의 조카와 결혼해 인척간이었다. 후계자 쟁탈에서 형 유기와 대립한다. 형주의 강력한 호족이었던 아내의 숙부 채모를 비롯한 주위의 일파가 유기를 배제하고 그를 옹립하려고 했기 때문이다. 유기와 유종의 사이는 결국 험악하게 되었지만 당초에는 친형제로 사이가 좋았다.

유표의 사후 채모蔡瑁와 장윤張允 등에 의해서 후계자가 되었다. 조비가 쓴 『전론』에 의하면 유종과 채씨 일가는 모든 비열한 방법을 동원하여 유기를 끌어내리는 데 혈안이 되었다며, 유기에 대해 지극히 동정적인 서술을 하고 있다.

다른 기록들에서도 유종과 채모가 연합해 후계자로서 입지를 가지고 있던 유기를 적극적으로 끌어내린 것을 사실로 남기고 있다.

유표의 죽음으로 208년(건안 13년) 조조가 남하를 개시했다. 유종은 형주를 사수하여 천하를 노리려는 기개를 보였다. 하지만 대부분의 신하들과 군권을 가진 채씨 일족들이 투항을 주장했다. 유종은 부손傅巽, 한숭, 괴월蒯越, 왕찬 등의 항복 건의를 받아들여 조조에게 항복했다.

조조가 형주에 입성했을 때 유종의 부하였던 왕위는 조조 습격을 진언했다. 조조가 방심하는 사이에 습격해 죽인다면 천하를 평정하는 것도 꿈이 아니라고 했다. 하지만 유종은 이를 거절하고 순순히 조조에게 귀부했다.

『자치통감』에 주를 단 호삼성은 이때 유종이 왕위의 진언을 받아들였더라면 조조의 운명은 그때 끝났을 것이라 평했다.

항복 후 그는 「위무고사」의 조조 명령서에는 유종은 기품 있는 마음과 청결한 뜻을 지니고 지혜가 깊고 사려는 넓으며 신의와 덕성을 존중한다고 칭찬하고 그 후 간의대부 참동군사에 임명된 사실이 기록되어 있다.

그런데 조조는 훗날 유수구에서 손권군의 엄정한 기량을 칭찬하면서 "자식을 낳으려면 손중모 정도는 되어야지. 유경승의 아들들은 개나 돼지와 같다(生子當如孫仲謀생자당여손중모 劉景升兒子若豚犬耳유경승아자약돈견이)."라고 말했다. 이 고사로 인해 어리석은 아들을 이르는 돈견豚犬이라는 말이 생겼다.

한편 동생 유종과 권력 싸움에서 패한 유기는 반조조파인 유비에게 추대되었다. 이후 조조에 대한 저항 의지를 확고히 했다. 유종과 완전히 갈라섰다.

『전론』에 의하면 유기는 성격과 평판이 좋아 백성들은 유종을 앞세운 채씨 일가를 비웃고 경멸했다고 한다. 유종과 채씨 일가의 행위는 유표에 대한 반역이나 다름없는 것으로 봤다.

이후 후계자와 관련해 유기의 일은 자주 언급되었다. 조조가 후계자를 고민할 때 가후는 "원본초와 유경승의 일을 잊으셨습니까."라고 언급했다. 장자를 내치고 원상과 유종을 후사로 결정한 것이 어리석은 일이었다는 것을 은연중에 내비쳤다.

『삼국지연의』에서 유종은 14살의 어린 나이로 설정된다. 채 씨의 아들로 나와 어머니 채 씨와 채씨 측근들에게 휘둘려 유기를 내쫓고 조조에게 항복한다.

채 부인은 유기를 제거하고 자기 아들인 유종을 후계자로 만들기 위해 남동생인 채모와 여러 모략을 꾸민다. 유표가 죽은 뒤 유서를 조작한다. 유종을 형주의 군주로 옹립한다. 이때 유종이 "형님이랑 삼촌이 있는데 어쩌자고 이런 일을 저질렀는가."라고 어머니와 채모에게 수치심을 안겨준다.

유종은 조조에게 머나먼 청주보다는 "아버지의 묘가 있는 형주를 지키고 싶다."고 말한다. 하지만 일언지하에 거절당한다.

조조에 의해 청주자사로 부임받아 가는 도중에 우금于禁에게 살해된다. 하지만 이것은 『삼국지연의』에서 창작한 허구이다.

유종은 전체적으로 매우 사려 깊고 총명하지만 어린 나이에 어른들의 권력다툼에 희생된 비운의 군주로 묘사된다.

윤례
—

여포를 섬기다 멸망 후
조조에게 귀순

———

윤례는 여포는 섬겼다. 199년 하비전투에서 여포가 조조에게 잡혀 죽임을 당하자 몸을 숨겼다. 그러나 조조가 장패를 찾아내 항복시키고 장패가 설득하자 조조에게 항복했다. 상황에 내몰린 피동적 배신이다. 단순히 들어갔다는 것을 뜻하는 입入 정도의 처신이었다. 죽음을 피하고 더 큰 이익과 명예를 좇은 행동이었다.

———

윤례尹禮(?~?)는 후한 말의 장수이다. 태산泰山(산동성 태안泰安 동북쪽) 출신이다.

후한 말 세상이 혼란스럽자 장패, 손관, 오돈 등과 함께 태산에서 군세를 모아 개양에 주둔했다. 여포가 조조와 싸울 때 여포를 도왔다. 198년(건안 3년) 조조가 여포를 사로잡자 몸을 숨겼다.

그러나 조조가 찾아내 장패를 항복시키고 장패가 손관, 오돈, 손강을 설득시키자 조조에게 항복했다. 조조는 윤례를 동완태수에 임명하고 장패 등과 함께 청주와 서주 등 연해 일대를 지키게 했다.

『삼국지연의』에서 윤례는 태산의 도적으로 등장한다. 조조와 유비가 여포를 공격하기 위해 서로 밀서를 보낼 때 그 실체가 드러난다. 여포에게서 먼저 부름을 받은 뒤 손관과 오돈, 창희 등과 함께 산동 연주의 여러 군을 공격한다.

먼저 항복한 장패의 설득으로 조조에게 항복한다. 조조는 후한 상을 내려 각자에게 벼슬을 준다.

응소
———

후한을 따르다 조조의 두려움
피해 원소에게 귀순

———

응소는 후한을 따르다 원소에게 의탁했다. 태산태수 시절 조조의 아버지 조숭이 낭야에서 태산으로 이주하는 도중에 군의 경계에서 장개에게 죽었다. 조숭을 맞이하려 군대를 파견했지만 도착하기 전에 조숭이 변을 당했다. 조조에게 해를 입을까 두려워 관직을 버리고 원소에게 귀순했다. 단순히 들어갔다는 것을 뜻하는 입入 정도의 배신이다. 상황에 내몰린 피동적 배신으로 죽음을 피하기 위한 처신이다.

———

응소應劭(?~204년)는 후한 말기 관료이다. 자는 중원仲瑗이며 예주 여남군 남돈현南頓縣(하남성 항성項城 서남쪽) 출신이다. 응침應郴의 손자이며 사례교위 응봉應奉의 아들이다. 응지應志의 조카이고 응순應珣의 형이고 응창應場과 응거應據의 백부다.

젊어서부터 학문에 힘썼다. 영제 때 효렴으로 추천되어 173년 낭중이 되었다. 거기장군 하묘의 부름을 받아 그의 속관이 되었다. 이후 소현의 현령을 지냈다.

185년(중평 2년) 한양의 한수 등이 강족, 호족과 함께 반란을 일으켰다. 동쪽으로 삼보지방을 공격했다. 반란군 토벌에 나선 황보숭이 오환족 병사 3천 명을 요구했다. 북군중후北軍中侯 추정은 오환족은 약하므로 선비족보다 징병을 많이 해야 한다고 말했다.

의논하던 중 응소는 선비족은 한나라에 복종하지 않고 통제하기 어려운 종족이니 반란에 가담하지 않은 강족에서 징병해야 한다고 주장했다. 응소의 의견은 받아들여졌다.

그 후 응소는 태산태수에 임명되었다. 191년(초평 2년) 황건적 30만 명이 군의 경계에 침입해 왔다. 응소는 군의 관료와 장수들을 통솔하여 황건적을 무찔렀다. 이때 수천 명의 수급을 베고 1만 명가량의 포로를 잡았다. 2천 량의 치중輜重도 빼앗았다.

194년(흥평 원년) 연주목 조조의 부친 조숭이 낭야에서 태산으로 이주하려 했다. 응소는 군대를 파견하여 이를 맞이하려 했다. 그런데 서주목 도겸이 파견한 장개가 조숭의 일가족을 공격했다. 응소의 군대가 합류하기 전에 군의 경계에서 장개에 의해 조숭이 죽었다.

응소는 조조에게 해를 입을까 두려웠다. 관직을 버리고 달아나 기주목 원소에게 의탁했다.

196년(건안 원년) 응소는 『한관의漢官儀』 10권을 완성하여 헌제에게 바쳤다. 이듬해 응소는 헌제의 명으로 원소의 군모교위軍謀校尉가 되었다. 당시 헌제는 도읍을 허許로 막 옮겼을 때였다. 혼란 속에서 제도에 관한 많은 서적이 유실되었다. 하지만 『한관의漢官儀』를 통해 제도를 복원했다.

응소의 부친은 사례교위 시절에 각 관청 선인先人들의 초상화 등을 거두었다. 응소는 이 그림들을 묶어 『상인기狀人紀』라고 명명했다. 또한, 당시의 사정을 논한 『중한집서中漢輯序』, 사물과 풍속 등에 대해 기록한 『풍속통의』 30권을 저술했다. 그 외에 『한서』의 집해를 저술하였는데 훗날 안사고의 주석에 다수 인용되었다. 저술한 분량이 136편일 정도로 그는 저술에 많은 힘을 쏟았다.

응소는 조조가 업을 점령하기 전에 숨을 거두었다. 동생 응순의 아들인 응창應瑒(건안칠자의 한 사람)과 응거應璩 등도 문재文才로 이름을 날렸다.

『삼국지연의』에서 응소는 193년(초평 4년) 조조의 명으로 낭야군을 가서 조숭을 연주로 모셔 오려 했다. 하지만 도중에 도겸의 부하 장제에게 살해되자, 조조에게 받을 죄가 두려워 목숨을 걸고 달아난다. 부득이 그는 원소에게 의탁한다.

장로

유언을 섬기다 독립했지만
조조에게 귀순

장로는 처음에 촉의 유언을 섬겼다. 유언이 죽고 그의 아들 유장이 뒤를 잇자 독립했다. 가장 적극적인 배반을 뜻하는 반叛이다. 믿음과 의리를 저버리고 돌아선 행위다. 더 큰 이익과 명예를 좇아 촉을 등졌다. 상황을 주도한 능동적 처신이다.

이후 조조가 공격하자 버티다 끝내 항복하여 귀순했다. 단순히 들어갔다는 것을 뜻하는 입入 단계의 배신이다. 상황에 떠밀린 피동적 행위와 상황을 주도한 능동적 처신이 겹친 행동이었다.

장로張魯(?~216년)는 후한 말의 인물이다. 오두미도五斗米道의 제3대 장천사張天師로 자는 공기公祺이며 패국 풍현豊縣(강소성 풍현) 출신이다.

장로의 조부인 장릉張陵은 서천 지방에서 오두미도교를 창시했다. 장릉이 죽은 후에는 아들 장형張衡이 이끌었고, 장형 사후에는 손자인 장로가 오두미도를 맡았다.

장로는 미인인 어머니 노씨가 유언의 집에 자주 드나든 인연으로 익주목 유언劉焉에게서 독의사마로 임명되고, 별부사마 장수張脩와 함께 한중태수 소고蘇固를 공격하여 죽였다. 후에 장로는 장수를 살해하고 그 세력을 거둔다. 유언의 명으로 한중에서 장안으로 가는 길을 끊고 후한 조정의 사자를 살해했다.

장로는 유언이 죽고 유장劉璋이 뒤를 잇자 독립하여 따르지 않았다. 유장은 장로의 어머니와 식솔을 모조리 죽였다. 방희 등을 파견해 장로를 공격했다. 하지만 항상 장로에게 패했다. 그 결과 장로는 한중에서 독립하여 한중의 이름을 한녕으로 바꾸었다.

스스로 사군師君(최고 권위자)이라 칭하고 한중 일대에 장리長吏(관속)을 두지 않고 제주라 불리는 도술을 연마한 자에게 지배하도록 했다.

초학初學의 제자를 귀졸鬼卒, 신자를 간령姦令·제주祭酒 등으로 불러 한중과 파에서 제정祭政 일치의 종교 왕국을 세웠다. 제주는 백성을 가르쳤다. 병자로 하여금 자기 과실을 털어놓게 했다. 의사義舍를 설치하여 쌀과 고기를 공짜로 의사 안에 둬 지나가는 사람들이 배불리 먹게 했다. 과욕으로 탐하는 자에게는 술수를 부려 병이 들게 했다. 탐욕자나 범법자는 세 번 용서한 후에 처벌했다.

관리를 두지 않고도 제주들로 잘 다스렸다. 한중을 천하에서 가장 안정된 지역으로 만들었다. 조정에서는 장로를 토벌할 수 없어 묵인했다. 진민중랑장으로 임명하고 한녕태수를 겸하게 했다. 한중의 백성이 옥인玉印을 바치자 장로는 한녕왕漢寧王을 칭하려 했다. 하지만 염포閻圃는 이를 말려 장로의 마음을 돌렸다.

211년(건안 16년) 조조는 종요鍾繇를 보내 장로를 토벌하려 했다. 한수韓遂, 마초馬超 등 서량의 군벌들은 자신들을 토벌하려는 것으로 여기고 조조에게 반기를 들었다. 동관까지 나아가 싸웠지만 패퇴했다.

이때 수만 가家의 관서 백성이 장로에게 달아났다. 정은程銀, 후선候選, 이감李堪은 마초와 함께 조조와 싸웠다. 대패하여 이감은 죽고 정은과 후선은 장로가 있는 한중으로 도주했다. 마초는 양주에서 다시 일어났지만 결국 쫓겨나 장로에게 의탁했다. 장로는 마초를 도강제주로 임명했다. 또 딸을 시집보내려 했다. 하지만 반대하는 이들이 있어 무산되었다.

장로는 마초의 청을 받아들여 병사를 줘 양주를 되찾게 했다. 하지만 이득이 없었다. 마초 또한 장로가 든든한 후원자가 될 수 없다고 고민하다 장로를 떠나 유비에게 귀순했다.

215년(건안 20년) 조조는 한중漢中을 공격했다. 장로는 항복하려 했다. 그런데 그의 아우 장위張衛가 따르지 않았다. 장위는 장수 양앙楊昂과 수만 명을 거느리고 양평관에서 저항했다. 양평관이 함락되자 투항하려 했다.

그러나 "저항한 다음에 항복하는 쪽의 평가가 높다."는 주부 염포의 의견에 따라 파중으로 후퇴하여 항거했다. 측근들이 창고에 들어 있는 금은재보를 불태우고 떠나자고 했다. 하지만 장로는 "보화와 창고는 국가의 소유다."라며 봉인해 놓고 떠났다.

조조는 한중을 점령한 뒤 한녕군이란 이름부터 예전의 한중군으로 되돌렸다. 파중으로 도망간 장로는 얼마 지나지 않아 11월에 결국 항복했다.

조조는 장로의 당초 본의가 저항이 아니었고, 또 창고를 태우지 않은 것을 듣고 칭찬을 아끼지 않았다. 이에 장로는 마초가 버리고 간 처자식 중에 마초의 아내를 염포에게 시녀로 내주었다. 마초의 아들 마추는 참수해서 조조에게 바쳤다. 염포는 마초의 아내를 자신의 첩으로 삼았다.

조조는 사람을 보내 장로를 위로하고 진남장군鎭南將軍에 임명하며 빈객의 예로 대우했다. 또 낭중후閬中侯로 삼아 식읍 만 호를 주었다. 그리고 장로의 다섯 아들과 염포를 열후에 봉하고, 딸은 조우曹宇와 결혼시켜 며느리로 맞았다.

장로는 항복 후 용호산 일대를 식읍으로 받았다. 오두미도 교단도 존속되었다. 이후 용호산은 오두미도의 본산이 되고 이후 삼국시대와 서진 그리고 남북조시대까지 이어져 천사도로 발전됐다.

장로가 죽은 뒤 시호를 내려 원후原侯라 했다. 뒤는 아들 장부張富가 이었다. 오두미도 종단은 아들 장성張盛이 뒤를 이었다.

장로는 아버지 장형과 어머니 노 씨 사이에서 태어나 남동생 장위, 누이 장옥란이 있었다. 자녀로는 장부와 장성을 비롯한 열명의 아들과 딸 장기영 등을 두었다.

장로는 216년(건안 21년)에 죽었다. 시신은 업鄴의 동쪽에 매장되었다. 259년(감로 4년)에 물난리로 관이 열렸다. 그런데 시신이 썩지 않아 마치 살아있는 사람과 같았다고 기록되었다.

『삼국지연의』에서 장로는 『삼국지』와 거의 같은 모습으로 그려졌다. 오두미도의 지도자로 한중에 웅거한 것은 사서와 유사하다.

그러나 유장을 치고 익주를 탈취하여 한녕왕으로 등극할 야심을 품고 있는 것으로 묘사된다. 유장이 유비의 공격을 받고 장로에게 구원을 요청한다. 장로는 유비가 익주에 들어오는 것을 두려워하여 마초를 파견하여 유장을 구원하게 한다.

하지만 유비의 뇌물을 먹은 양송楊松이 장로의 야심을 이용해 장로와 마초 사이를 이간질한다. 마초는 장로가 감군으로 파견한 양백楊白을 죽이고 유비에게 귀순한다.

조조가 쳐들어오자 장위, 양앙, 양임楊任을 양평관에 파견하여 저지하려고 한다. 그러나 실패하여 투항하려 한다. 이때 마초를 따라가지 못해 한중에 남아 있던 방덕龐德이 싸우겠다고 하여 조조군과 싸운다. 그런데 이번에는 조조로부터 뇌물을 받은 양송의 이간질로 인해 방덕을 의심하게 되고, 방덕을 조조에게 투항하게 만든다. 싸울 힘을 잃은 장로는 조조에게 귀순하여 진남장군에 임명된다.

장막

후한을 따르고 조조와
두텁게 지내다 결별

장막은 후한을 따르다 조조와 가깝게 지냈다. 장막과 조조와 원소는 어린 시절부터 친구였다. 조조는 자신이 잘못되면 집안을 장막에게 부탁할 정도였다. 그런데 원소로 인해 장막과 조조 사이는 틀어졌다. 원소는 조조에게 장막을 치라고 했다. 조조는 거부했다. 하지만 장막은 원소의 영향을 받는 조조가 자신을 칠 것이라는 불안감을 갖게 됐다.

이런 마음을 조조의 부장 진궁이 이용했다. 조조가 서주 정벌을 위해 연주를 비우자 장막을 끌어들여 여포를 연주목으로 맞아들였다. 가장 적극적인 배반을 뜻하는 반叛이다. 믿음과 의리를 저버리고 돌아선 행위다. 상황을 주도한 능동적 배신으로 더 큰 이익과 명예를 위한 처신이다.

장막張邈(?~195년)은 후한 말의 관료로 자는 맹탁孟卓이다. 연주 동평국 수장현壽張縣(산동성 양곡陽谷과 하남성 범현範縣 사이) 출신이다.

젊을 때부터 의협심으로 곤궁한 사람들을 구제하는 데 집안의 재물을 아낌없이 썼다. 재물로 타인을 구한다는 팔주八廚(명사들의 순위를 가리킴–도상, 장막, 왕고, 유유, 호모반, 진주, 피향, 왕장) 중 한 명으로 이름이 높았다. 조조, 원소와 친구였다. 청류파의 일원이자 명사로 이름을 날려 많은 선비들이 따랐다. 공부公府에 들어가 학식과 품행이 뛰어난 제자弟子로서 기도위를 지냈다.

189년 진류태수로 승진해 다른 관리들과 함께 동탁 토벌을 모의했다. 마침 광릉태수로 있던 동생 장초도 와서 협의했다. 190년(초평 원년) 제후들 연합의 반동탁연합군이 궐기했다. 장막은 연주자사 유대, 예주자사 공주, 동군태수 교모, 장초, 장홍과 나란히 진류군 산조현酸棗縣에서 맹세했다.

장막은 연합군에 참여한 조조가 하남윤 성고현成皐縣으로 진격할 때 위자를 붙여주었다. 위자는 형양현滎陽縣의 변수汴水에서 서영과 교전하다 전사했고 조조는 패배했다. 장막 등은 동탁과의 싸움을 미루다 식량이 모두 떨어져 반동탁연합군은 해산했다.

장막의 조조 배신은 의심에서 시작되었다. 장막은 청류파의 명사인 원소, 조조와 친구 관계를 맺고 있었다. 장막에 대한 조조의 믿음은 매우 깊었다. 조조가 서주의 도겸을 2차로 토벌할 때 장막에게 연주의 내정을 맡길 정도였다. 그런데도 장막은 조조를 배신했다. 이들의 관계에 원소가 끼었기 때문이다.

당시 장막은 반동탁연합의 맹주였던 원소와 불편한 관계였다. 원소의 교만하고 방자한 행동을 장막이 비판했기 때문이다. 원소는 조조에게 장막을 제거하라고 명했다.

하지만 조조는 원소의 명을 따르지 않았다. 조조는 "장막은 친한 벗이니 시비를 용납해야 하며 천하도 안정되지 않아 우리끼리 해쳐서는 안 된다."며 거부했다. 장막은 그 사실을 안 이후에 조조를 더욱 깊이 신뢰하며 지냈다. 조조는 원소의 일개 부장 정도의 규모로 세력을 키우던 중이었다. 원소의 명을 거부하기 쉽지 않던 때였다.

193년 연주의 조조는 서주목 도겸을 정벌하러 갔다. 식솔들에게 "자신이 돌아오지 못하면 장막에게 의지하라."고 했다. 조조가 살아 돌아와 장막과 서로 눈물을 흘리며 마주했을 정도로 그 친분이 깊었다.

한편 여포가 원소의 신세를 지고 있었는데 원소와 사이가 틀어졌다. 원소는 여포를 제거하려 했다. 여포는 원소에게서 빠져나와 하내태수 장양에게 의탁했다. 여포가 장양에게 가는 길은 장막의 관할인 진류를 거쳐야 했다. 이때 장막은 여포를 후대했다. 깊은 교분도 맺었다.

원소는 지난날 장막과 불편한 일도 있던 차에 장막을 더욱 증오했다. 장막은 조조가 원소와의 원만한 관계를 위해 자신을 공격할 수 있다는 생각을 했다.

장막은 조조와 우호적으로 지내면서도 마음은 늘 편치 않았다. 항상 의심이 가시지 않았다. 언젠가 조조가 원소의 명령에 의해 자신을 공격할 수 있다는 불안감을 지우지 못했다.

　그런데 이런 장막의 마음을 읽고 있는 사람이 있었다. 조조의 부장 진궁이었다. 진궁은 하내의 장양 밑에서 자리 잡은 여포를 불러와 연주를 빼앗자고 말했다. 장막의 아우 장초가 진궁의 말에 반응을 보였다.

　장막은 여포와 함께 반조조의 깃발을 내걸고 군사를 일으켰다. 장막의 거병에 연주의 호족들도 호응했다. 조조와 사이가 좋지 않았던 호족들이 조조의 서주대학살에 불안감을 느꼈기 때문이다.

　194년(흥평 원년) 조조가 2차로 도겸을 토벌하러 갔다. 장초가 조조 진영의 진궁, 종사중랑 허사와 왕해 등과 같이 조조에게 모반했다. 진궁이 장막에게 "바야흐로 여러 영웅들이 들고일어나 천하가 나뉘었다. 군께선 많은 무리를 거느리고 사방이 적으로 통하는 땅에 계신다. 칼을 쥐고 주위를 살피기만 하면 족히 인걸이 될 수 있는데도 타인에게 속박만 당하고 있으니 어찌 비루하지 않다고 하겠는가. 지금 연주는 동쪽을 치느라 텅 비어있다. 그리고 여포는 장사로서 맞설 상대가 없을 정도로 싸움을 잘한다. 여포와 함께 연주를 장악하고 천하 형세를 주시하며 때가 오기를 기다린다면 한 시대를 종횡할 것이다."라고 했다. 장막은 진궁의 말을 받아 여포를 맞아들였다.

　먼저 조조 대신 제음군 견성현에 남아 정무를 보던 순욱에게 유익을 보내 속이기로 했다. "여포가 조조의 도겸 정복을 도우러 왔으니 조속히 군량을 보내 달라."고 했다. 그러나 그 간계는 간파당했다.

장막과 진궁 등은 여포를 연주목으로 추대했다. 견성, 동아東阿, 범范 등 몇 개 현을 제외한 대부분의 군현이 장막에게 호응했다. 다만 견성의 통모자들은 순욱의 신속한 대처로 처단되었다. 예주자사 곽공도 협조하지 않았다.

조조의 책사 순욱이 지키던 견성과 정욱의 동아 그리고 범현을 제외한 연주의 모든 지역은 장막에게 넘어갔다.

여포는 동군 복양현을 거점으로 삼았다. 조조는 급히 서주에서 회군했다. 조인과 합류하여 복양에 주둔한 여포를 공격했다. 첫 공격에서 조조는 여포에게 패한다. 여포는 유리한 상황에서 백여 일을 교전한다.

하지만 가뭄에 메뚜기 떼가 덮쳐 군량이 바닥나자 결판을 내지 못했다. 양군은 모두 철수했다. 조조는 견성에서 다시 군사를 일으켰다. 복양성을 공격했다. 패한 여포는 승지로 도망친 후 산양군까지 철수했다.

조조는 195년 봄 군대를 정비하고 연주를 탈환하기 위해 정도를 공격했다. 군 태수 오자가 지키는 성은 수비가 견고했다. 숱한 공격에도 탈환하지 못했다. 하지만 오자를 지원하러 온 여포군을 공격하여 물리쳤다.

여름이 되자 여포가 반격에 나섰다. 여포의 부장 설란과 이봉은 거야를 점거했다. 그러나 여포의 지원에도 불구하고 조조에게 참패를 당한다. 이후 여포는 다시 조조와 싸우지만, 결과는 또다시 참패였다. 195년 2년간의 싸움 끝에 결국 패했다.

여포는 잔병을 데리고 기주의 원소에게 의탁하려 했다. 원소는 거절하며 안량에게 공격을 명했다. 여포는 도겸 사후 서주를 지배하던 유비에게 투탁投託(남의 세력에 기대는 일)하러 도주했고, 장막도 이를 따라갔다. 동생인 장초를 진류군 옹구현雍丘縣에 남겨 가족을 돌보게 하지만 조조에 의해 무참히 도륙되었다.

조조는 연주를 되찾았다. 뿐만 아니라 여세를 몰아 196년 2월 여남, 영천 양군에 있던 황건의 잔당도 소탕하며 예주까지 정복했다.

진궁의 계략을 받아들여 조조에게 반기를 든 장막은 얼마 가지 못해 죽음과 동시에 집안이 멸문 당했다.

장막의 동생 장초는 195년 12월 지키던 옹구가 함락되자 자결했다. 장막은 원술에게 도움을 청하러 가던 중에 부하들에게 살해당했다.

『삼국지연의』에서 장막은 190년 조조가 제후들에게 격문을 띄울 때 응하여 반동탁연합군에 참가한다. 그 후 194년 조조가 도겸을 공격하자 중재에 임하지만, 조조가 거절한다.

이때 자신에게 의탁하고 있던 진궁의 말을 받아들여 여포에게 연주를 바쳐 조조에게 반기를 든다. 조조와 수없이 전투를 벌이지만 패한다. 195년 정도定陶에서 조조군에게 패하자 원술에게 의탁한다.

장송

유장을 등지고 유비에게
귀순하려다 실패

장송은 처음에 유장을 섬겼다. 이후 법정과 함께 유비에게 익주를 넘기려 했다. 장송은 모의를 실현하기 전에 발각되어 죽었다. 하지만 그로 인해 유비는 유장을 공격하여 점령했다.

장송의 배신은 가장 적극적인 배반을 뜻하는 반叛이다. 믿음과 의리를 저버리고 돌아선 행위다. 더 큰 이익과 명예를 위해 상황을 주도한 능동적인 처신이었다.

장송張松(?~212년)은 후한 말 익주의 유장을 보좌한 관료이다. 자는 자교子喬이고 익주益州 촉군 성도현成都縣(사천성 성도成都) 출신이다.

익주는 현재의 쓰촨 분지와 한중 분지 일대에 있었던 중국의 옛 행정 구역으로 후한 13주 중 한 지역이다. 중심지는 낙현雒縣(쓰촨성 더양 시 광한 시)과 면죽綿竹(쓰촨성 더양 시 몐주 시)과 성도成都(쓰촨성 청두시)이다.

유장의 부하로서 유비와 연계를 추진했다. 법정과 함께 익주를 도모하려던 유비에게 넘기려 했다. 유장에게는 장로 정복을 위해서라고 속여 유비를 끌어들였다.

유장의 별가종사別駕從事였던 장송은 키가 작았다. 조조가 장차 형주를 치려 한다는 소식에 유장은 여러 차례 사신을 보내 예를 표했다. 208년(건안 13년) 장송을 세 번째로 사자로 보냈다.

하지만 조조는 형주까지 차지한 상태였다. 사신에 대한 예우를 소홀히 했다. 관직도 영창군의 비소현령比蘇縣令 자리만을 주었다.

장송은 불만이 컸다. 208년 11월 조조가 적벽대전에서 패했다. 장송은 유장에게 조조와 관계 개선을 권했다. 조조와 관계를 끊고 유비와 협력하는 것이었다. 누가 가면 좋겠냐는 유장의 물음에 평소 마음이 통하던 법정을 추천했다.

유장은 유비와 연합 관계를 형성했다. 그뿐만 아니라 법정과 맹달을 통해 수비할 병사 수천 명까지 지원해주었다. 선물도 적잖이 보냈다. 돌아온 법정은 장송에게 유비가 매우 큰 계략을 세우고 있다며 칭찬했다. 둘은 이전부터 유장은 그릇이 작아 함께하기 어렵다고 말했다. 유비를 받아들일 계획을 세우고 때를 노렸다.

211년 장송에게 기다리던 때가 왔다. 조조가 한녕태수 장로를 정벌하려 한다는 소문에 유장이 두려워했다. 장송은 유장을 설득했다. "조조군은 막강합니다. 장로를 평정하고 그 여세로 촉을 도모한다면 누가 막을 수 있겠습니까. 유비는 유장의 종실이며 조조의 오랜 원수로서 군사도 잘 다룹니다. 유비라면 능히 장로를 공략할 수 있습니다. 그러면 익주는 튼튼해져 조조라고 해도 도모할 수 없을 것입니다. 지금 방희龐羲(?~? 후한 말 유장 휘하의 장군으로 사례 하남윤 출신이다. 익주목 유언과는 가문 단위로 교류하던 차 유언의 손자들까지 구해 줘 유장과의 사이가 돈독했다. 전방의 태수로서 방위를 위해 군사력을 증강하던 일이 모함을 받아 그 관계가 험악해지기도 했지만, 정기 덕분에 최악의 사태는 면했다. 후에 익주를 평정한 유비에게도 협력했다.)와 이이李異 등은 자신의 공을 믿어 교만하고 그 마음도 외부 세력에 기운 것 같습니다. 유비를 부르지 않으면 안팎에서 어려움을 만나 필패할 것입니다."라고 했다.

　주부主簿 황권과 종사 왕루가 완강히 반대했다. 하지만 유장은 법정을 시켜 유비를 불러들였다. 법정이 유비에게 유장 몰래 헌책을 냈다. "장군의 뛰어난 능력으로 유장의 나약함을 이용하십시오. 주의 고굉股肱인 장송이 내응하겠습니다. 그런 후 익주의 부유함과 험한 지세를 이용하면 대업도 손바닥 뒤집는 것처럼 쉽게 이룰 것입니다."라고 했다. 유비가 응했다.

　유비가 삼파三巴를 거쳐 광한군 부현涪縣에 이르렀다. 유장이 직접 보병과 기병 3만여 명을 이끌고 마중을 나가 성대한 환영 행사를 벌였다. 장송이 유비에게 "환영 행사 자리에서 바로 유장을 덮치는

게 가능합니다."고 했다. 유비 진영의 방통도 같은 진언을 했다.

하지만 유비는 "중대한 일이니 조급하게 할 수는 없다."고 말했다.

유장은 유비를 행 대사마, 영 사례교위로 추천했다. 유비도 유장을 행 진서대장군, 영 익주목으로 추천했다. 유장은 유비가 장로를 공격하도록 군사를 줬다. 또한 백수군白水軍(광한군 백수현)도 지휘하도록 했다. 유비의 군사는 3만여 명에 수레와 갑옷과 물자가 늘어났다.

유비는 유장이 성도로 돌아간 이후 그의 요구에 따라 광한군 가맹현葭萌縣으로 나가 장로를 막았다. 그런데 장로를 제대로 공략하지 않았다. 장로 토벌은 미룬 채 군기를 엄격하게 하고 은덕을 베풀어 민심을 사는 데 주력했다. 장로를 공격하는 시늉만 하면서 기일을 넘기고 있었다.

그 사이 유장과 유비의 사이가 틀어지는 일이 발생했다. 조조에 의해서였다. 조조는 212년 손권을 정벌했다. 손권은 유비에게 구원을 요청했다. 유비로서는 손권을 돕기 위해 병력을 보내면 비우게 되는 형주가 조조로부터 공격을 받을 수 있었다.

유비는 유장에게 1만 명의 군사와 군량미를 요구하며 동쪽으로 가겠다고 요청했다. 유장은 그동안 장로 토벌에 성과를 내지 않은 유비가 탐탁하지 않았다. 요청을 모두 들어주지 않았다. 군사 4천 명과 군량미도 절반만 제공하겠다고 했다.

장송은 유비의 진의가 궁금했다. 유비와 법정에게 편지를 썼다. "이제 막 대사가 실현될 참인데 어째서 그만두고 가 버리는가."라고 했다. 편지를 발각한 장송의 형 광한태수 장숙은 화가 자신에게 미칠 것을 두려워했다. 장송의 흉계를 유장에게 고발했다. 유장은 장송을 참수하고 유비에게 가는 모든 길목을 차단했다.

유장은 장송이 유비를 끌어들인 내막도 알게 되었다. 결국, 유비는 유장의 성도를 공격하기로 했다.

방통이 세 가지 계책을 제시했다. "상책上策은 은밀히 정병을 뽑아 밤낮으로 달려가 성도를 습격해라. 유장은 강하지 않고 대비하지 못하고 있으니 일거에 평정이 가능하다. 중책中策은 양회와 고패라는 장수가 유장에게 장군을 형주로 돌려보내라고 간언을 한다고 한다. 그러니 장군이 형주에 위급한 일이 있어 돌아간다고 고하라. 그러면 반듯이 두 장수가 장군을 만나러 올 것이다. 이때 그들을 붙잡고 진격하여 성도를 공략하면 된다. 하책下策은 일단 백제성으로 물러나 형주와 연결하고 서서히 도모하는 것이다. 그렇지만 망설이며 거행하지 않는다면 오래지 않아 큰 곤란을 겪을 수 있다."

유비는 방통의 계책 중 중책을 선택하고 유장에게 고했다. 방통의 말대로 양회와 고패가 찾아오자 그들을 참수하고 성도로 진격했다. 지나는 곳마다 성을 공격해 취했다. 익주에 머무는 동안 민심을 얻은 덕분에 많이 이들이 투항했다. 낙성을 포위한 지 수십 일 만에 유장이 성에서 나와 항복했다. 익주를 취한 유비는 유장의 세력을 흡수해 훗날 촉한의 기틀을 마련했다.

배송지裴松之(372~451년, 동진 말에서 송나라 초기의 관료로 진수의 삼국지에 주석을 단 인물)는『삼국지』'선주전'에 주석을 달며 인용한 위소의「오서吳書」에서 법정이 유비와 밀약하기 전에 장송이 먼저 유비를 대면해 극진한 대접을 받았다고 했다. 또한, 익주의 병기와 물자, 인마의 수량, 각 요해처의 거리 등에 대해 유비가 묻자 모든 정보를 알려주고 지도까지 그려주었다고 했다.

그런데 '유장전', '선주전', '법정전'에 의하면 장송은 유비한테 파송된 적이 없다. 사마광司馬光(1019~1086년 북송의 유학자이고 역사가이며 관료)은 이를「오서」의 오류로 보아「자치통감資治通鑑」(북송의 사마광이 지은 중국의 역사책으로 1065년에 영종의 명을 받들어 사마광이 짓기 시작하여 1084년 11월에 완성되었고, 처음 이름은 통지通志라 했지만, 신종에 의해 자치통감이라는 이름을 얻게 되었다.)에 삽입하지 않았다.

배송지가 주석한『삼국지』32권「촉서」제2 선주 유비에서 인용한 평가에서 장송은 방탕하고 절조가 없었지만 식달하면서도 과단성이 있었으며 재간도 뛰어났다. 조조는 푸대접했지만, 주부 양수의 평가는 달랐다. 양수는 조조가 지은「병서兵書」를 장송이 연회 자리에서 술 마시면서 한번 보고 암송하니 더욱더 남다르게 여겼다.

『삼국지연의』에서 장송은 추남으로 설정되었다. 자를 영년永年으로 외모는 이마가 좁고 머리는 뾰족하며 코는 들창코에 이는 뻐드렁니인데 키마저 5척尺(150cm)도 안 되는 추한 인물이다. 다만 목소리만큼은 구리종처럼 우렁차다고 했다. 한중군의 장로가 동관전투에서 서량 세력을 박살 낸 조조에 대비해 남하 준비를 한다. 근심하는 유장에게 안심하라며 장송이 자신 있게 나서는 것으로 처음 등장한다.

또한, 조조로 하여금 장로의 배후를 치게 하자고 제안하여 그 사자로 가는데 실제는 익주를 바칠 목적에서 지도를 챙겨 간다. 당시 조조는 마초를 무찌른 후라서 오만해져 아첨하지 않는 장송을 냉대한다.

장송의 살살 비꼬는 말솜씨에 양수가 장소를 옮겨 대담한다. 장송이 조조는 공자와 맹자의 도(孔孟之道공맹지도)를 이해하지 못하고 손자와 오자도 통달하지 못한 채 무력이나 권모술수로 높은 지위를 차지했다고 하자, 양수는 조조가 쓴 병법서인 『맹덕신서孟德新書』를 보여준다. 장송이 이는 전국 시대에 누군가 쓴 책으로 촉의 삼척동자도 암송한다며 무시하면서 책 내용을 모조리 외워버린다. 그 과목불망過目不忘(눈에 스쳐 지나가면 잊지 않는다는 뜻으로 한번 본 것은 잊어버리지 않는다는 말이다. 진서 114권 재기 제14 부견下 부융苻融에서 유래한 말로 부융은 들으면 외우고 스쳐본 것도 잊지 않았다고 한다.)에 놀란 양수가 조조와 만남을 다시 주선한다.

조조는 우연히 옛사람과 맞아떨어진 것 같다며 『맹덕신서』를 불태우고 열병하는 것을 장송에게 구경시킨다. 장송은 복양전투, 완성전투, 적벽전투와 화용도華容道 그리고 동관전투에서 조조가 겪은 수모를 나열하며 희롱한다. 화가 난 조조가 죽이려 하자 양수와 순욱이 말려 매질을 당하고 쫓겨난다.

장송은 떠나올 때 유장 앞에서 호언장담했다. 조조로부터 빈손으로 귀환해 비웃음거리가 될 수는 없다고 생각한 그는 형주의 유비를 떠보러 간다. 조운이 영주鄲州 입구에서부터 마중을 나와 있다. 형주 경계에서 날이 저물어 관역으로 가니 관우가 미리 와서 영접한다.

다음 날 유비가 제갈량과 방통까지 대동하고 성 밖에서 친히 맞이한다. 하마下馬도 유비가 먼저 한다. 사흘간 주연이 계속되는데 유비는 익주에 관한 일은 꺼내지도 않는다. 아부를 해봐도 겸손하다. 작별할 땐 유비가 10리 밖 장정長亭까지 나와 송별연을 베푸는데 눈물을 줄줄 흘린다. 장송이 감복하여 유비에게 익주를 취해 기반으로 삼으라고 조언하고 내응을 약속하며 지도를 헌상한다.

장송은 익주로 복귀해 친구인 법정과 맹달부터 만난다. 유비를 익주의 새 군주로 모시기로 뜻을 모은다. 법정과 맹달을 유비에게 사자로 보내기로 한다. 이튿날 조조와 장로 방어를 위한 책략이라며 유장에게 유비 초청을 권유해 성사시킨다.

황권과 왕루의 반대는 소용이 없다. 유비가 군사를 몰아 익주로 들어온다. 황권, 이회, 왕루 등이 여전히 간언하자 장송은 촉의 문관들이 그 처자들만을 위할 뿐 주공에겐 충성하지 않는다고 모함한다.

유장이 부성에서 환영연을 개최하고 유비한테 만족한다. 성도에 남아 있던 장송에게 입고 있던 옷과 황금 500냥을 포상한다. 정작 장송은 유장을 향연장에서 곧장 죽이라는 밀서를 법정에게 발송한 뒤이다.

하지만 유비는 그 습격을 거부하고 가맹관으로 가서 적당한 시기를 노린다. 유비가 거짓으로 형주로 돌아간다고 성도에 통보한다.

장송이 진짜인 줄 알고 말리는 편지를 쓰는데 형 장숙이 방문한다. 서찰을 급히 옷소매에 숨기고 서로 대화하는데 장숙이 보기에 정신이 없는지라 마음속에 의혹이 생긴다. 술자리 중에 서신이 떨어져 장숙의 노비가 줍는다. 그 서신을 읽은 장숙이 유장에게 밝힘으로써 장송의 일가가 처형된다.

장송에 관한 『삼국지』와의 차이점은 용모에 대한 묘사이다. 『익부기구전益部耆舊傳』에 의하면 형 장숙은 위엄이 있고 엄숙하며 용모가 매우 훌륭했지만, 동생 장송은 됨됨이가 짧고 작으며 방탕하고 절개와 지조를 익히지 못했다고 했다. 그렇지만 식견이 높고 사물의 이치에 밝아 총명하고 과단성이 있었다고 했다. 엄숙한 형과 대비된다고 했지 심한 추남이라는 언급은 없었다.

조조와의 관계가 틀어진 것도 『삼국지연의』에서는 마초를 정벌한 조조의 오만에서 기인한 것으로 설명했다. 또 조조가 『맹덕신서孟德新書』를 썼다는 것도 실제로는 조조가 『손자병법』에 주석을 단 것으로 『위무제주 손자병법』이라는 책으로 현재도 전하고 있다. 당시 이 책은 널리 통용되었다. 장송이 아니라도 병법을 안다는 사람은 모두 읽었을 책이었다.

장수

동탁과 이각 거쳐 독립 후
조조에게 귀순

장수는 장제의 조카로 동탁을 따랐다. 동탁 사후 이각과 장제 등이 장안으로 쳐들어갈 때 종군하여 공을 세웠다. 이후 장제가 전장에서 죽자 그 세력을 수습하고 독립했다. 유표의 지원을 받아 조조와 대항했다. 하지만 200년 책사 가후의 조언에 따라 조조에게 귀순했다.

단순히 들어갔다는 것을 뜻하는 입入 정도의 배신이다. 상황에 내몰린 피동적 처신이다. 죽음을 피하고 더 큰 이익과 명예를 위해 원소보다 조조를 선택했다.

장수張繡(?~207년)는 후한 말과 조조 휘하의 장수이다. 양주 무위군 조려현祖厲縣 출신이다. 동탁의 부하인 장제의 조카이다. 막내 삼

촌 장제의 뒤를 이어 남양군 일대에서 독자 세력을 구축했다. 조조와 맞서 한때 그를 죽기 직전까지 몰아붙였다. 관도대전 무렵 원소에 비해 미미했던 조조에게 귀순하고 융숭한 대우를 받았다.

표기장군 장제의 조카로 어린 시절부터 무용이 있어 이름을 날리다가 발탁되어 조려현에서 관리로 일했다. 영제 시절 한수와 변장이 양주에서 난을 일으켰다. 국승麴勝이 조려현장 유준劉雋을 습격해 죽였다. 장제는 틈을 노려 국승을 응징했다. 군내에서 의롭다는 평판이 일었고 젊은이들이 모여들어 호걸이 되었다.

192년(초평 3년) 동탁이 여포 등에게 주살당했다. 동탁의 부하인 이각과 장제 등이 장안으로 쳐들어갔다. 장수도 장제를 따라가 공을 세웠다. 건충장군建忠將軍에 선위후宣威侯까지 올랐다.

196년(건안 원년) 홍농에 주둔하던 장제가 굶주림을 해결하기 위해 남양군의 양穰(허난성 덩저우시)을 공격하다 유시에 맞아 전사했다. 장수가 장제의 세력을 수습하고 위무하여 그 뒤를 이었다. 형주목 유표의 배려로 완宛에 근거지를 마련하여 주둔하면서 자립했다.

장수의 군사력은 강했다. 하지만 물자가 부족했다. 유표로부터 지원을 받아 조조와 대항했다. 하지만 197년 육수淯水까지 남진해온 사공 겸 연주목 조조에게 버티지 못하고 항복했다.

그런데 조조는 미모가 뛰어난 장제의 처 즉 장수의 숙모인 추 씨를 취해 장수의 분노를 샀다. 거기다 측근 호거아가 조조에게 용맹을 칭찬받으며 금까지 받자 조조가 자신을 은밀히 제거하려 한다는 것을 알고 책사 가후의 계략에 따라 병력을 배치하고 기습했다.

조조를 경호하던 친위대장 전위와 장남 조앙 그리고 조카 조안민 등 많은 장병들을 죽이고 조조에게는 부상을 입혔다. 조조는 무음舞陰으로 퇴각해 군을 수습했다. 장수가 이를 공격했다. 하지만 패하고 본거지를 양성으로 옮겼고 조조는 허도로 돌아갔다.

이후 유표와 동맹을 맺고 남양과 장릉章陵에서 세력을 다졌다. 이를 저지하려던 조홍을 섭현葉縣까지 밀어냈다. 그러나 11월 직접 내려온 조조에게 완과 호양湖陽 그리고 무음까지 정복당했다.

198년 3월 잠시 허도로 돌아갔던 조조가 다시 내려와 주둔지 양성을 포위했다. 다행히 5월 유표군이 조조군의 뒤를 끊어준 덕분에 포위가 풀렸다. 조조를 추격하여 안중安衆에서 유표군과 함께 앞뒤의 요지를 틀어막았다.

조조는 밤중에 땅굴을 파 치중을 모두 옮기고 복병을 숨겼다. 날이 밝아 조조군이 도주한 줄 알고 쫓다 그 복병에 크게 깨졌다. 당초 정예병으로도 추격을 만류했던 가후가 이번에는 패잔병을 수습해 급히 추격하라고 했다. 철수에 집중하던 조조군에게 피해를 줄 수 있었다. 하지만 유표와 손잡고 조조와 맞선 양성전투에서 세력의 차이를 극복할 수는 없었다.

199년 원소와 조조가 피할 수 없는 싸움을 앞두고 있었다. 조조는 약한 데다 원수 사이였음에도 가후의 조언에 따라 200년 11월 조조에게 귀순했다. 가후는 "조조가 천자를 받들고 있다, 원소는 이미 강해서 우리를 소홀히 대하겠지만, 조조는 약해서 환대할 것이다. 조조는 패왕의 품격이 있어 사사로운 원한은 풀고 세상에 덕을 보일 것이다."라며 세 가지 이유를 제시했다.

장수는 가후의 제안을 받아들여 항복했다. 조조의 큰 환영을 받은 장수는 양무장군揚武將軍에 임명되고 딸은 조조의 아들 조균에게 시집갔다.

200년 관도전투에서는 무공을 세워 파강장군破羌將軍으로 옮겼다. 205년 남피南皮에서 원담을 격멸할 때도 종군하여 식읍이 2,000호로 늘었다. 여러 난리로 호구戶口가 격감하여 식읍 1,000호를 채운 장수가 없었는데 남다른 특별 대우였다.

장수는 207년 유성柳城의 오환족을 정벌하러 가던 길에 병사했다. 시호는 정후定侯라 했다. 『위략』에서는 조비가 "내 형을 죽여 놓고 무슨 낯으로 사람들을 보는가."라며 여러 번 핀잔을 줘 견디다 못해 자살한 것으로 기록했다. 아들 장천張泉은 219년 위풍의 모반에 연루되어 처형됐다.

진수는 「이공손도사장전」에서 공손찬과 공손도, 도겸, 장양 등은 일반 백성보다도 못하니 평할 가치도 없는 인물이라고 했고, 장연과 장수, 장로는 현명하게도 조조에게 항복해 제사를 지켰으니 공손찬과 비교하면 좀 낫다고 했다. 진수는 조위와 촉한과 동오의 인물을 제외하곤 원소를 필두로 후한 군벌들에 대해 평가를 박하게 했다.

『삼국지연의』에서도 장수는 『삼국지』와 비슷한 내용으로 등장한다. 다만 198년 전투가 극적으로 연출되었다. 조조의 두 번째 남하에서 가공의 장수 뇌서雷敍와 장선張先을 데리고 나서지만 장선을 허저에게 잃는 등 대패하고 남양성에서 농성한다.

조조가 서북쪽 성벽을 오르려는 움직임을 보이자 가후는 장계취계將計就計 한다. 즉 그 계략을 간파하고 역이용한다. 조조군이 서북쪽을 치는 척하다가 밤중에 방어가 허술한 동남쪽을 급습할 것이라 예측하고, 서북쪽에는 병사로 위장한 백성들을 세워 속아주는 척하면서 동남쪽 건물들에 정예병을 숨긴다. 수가 읽힌 줄도 모르고 진입한 조조를 제대로 역습하여 패주시킨다. 조조에게 귀순한 후에는 출현하지 않는다.

장의

원상을 섬기다 죽음 피해
조조에게 귀순

장의는 원상을 섬겼다. 원상이 조조와의 싸움에서 패해 도주하자 마연과 함께 조조에게 항복했다. 단순히 들어갔다는 것을 뜻하는 입입 단계의 배신이다. 상황에 내몰린 피동적 행위다. 죽음을 피하기 위한 처신이다.

장의張顗(?~?)는 후한 말 원상 휘하의 부장이었다. 204년 7월 원상이 원담을 공격했다. 장의는 마연과 함께 선봉에 섰다. 조조가 원담을 지원했다. 원상은 업성이 포위당한 것을 알고 구원하기 위해 서산에 의지해서 오다가 부수에서 횃불을 들어 업성에 보여주었다. 업성에서도 횃불을 들어 호응하게 하고, 심배가 성의 북쪽에 군사를 출병시켜 조조군의 포위망을 돌파하려고 했다.

하지만 도리어 조조군의 공격을 받고 그 전략은 실패했다. 이때 싸우기 전에 원상이 사신을 조조에게 보내 항복을 요청했다. 하지만 거부되었다. 원상은 남구로 달아나다가 다시 조조에게 포위되었다. 원상이 도망하여 기산에 머무르자 장의는 마연과 함께 조조에게 항복했다. 원상의 군사들은 크게 궤멸되고 원상은 더욱더 깊숙이 중산으로 도망쳤다.

『삼국지연의』에서 장의는 원상이 심배, 진림에게 기주를 지키게 하고 장의에게 선봉을 맡겨 평원으로 달려가 원담을 공격한다.

조조가 여광, 여상을 보내 항복을 권유하자 설득당한다. 마연과 함께 조조에게 항복해 열후에 봉해졌다. 조조의 명으로 마연, 여광, 여상과 함께 서산을 공격해 군량 보급로를 끊으라는 명령을 받는다. 원상은 남구로 달아난다.

적벽대전 때는 마연과 함께 군사를 거느리고 오림 부근에 주둔하고 있었다. 조조가 화공을 당해 크게 패하여 오림으로 달아나자 즉시 군사를 출병시켜 호위한다.

왕해는 마연과 함께 1천 명의 군사를 이끌고 길을 내다가 갑자기 나타난 동오의 감녕에게 마연이 죽자 감녕과 싸웠지만, 칼에 맞아 죽는다.

장패
___

도겸 따르다 독립한 뒤
조조에게 귀순

___

장패는 도겸의 초빙에 응해 따랐다. 이후 서주의 소규모 군벌 오돈
과 윤례, 창의 등과 연합하여 그 수령으로 독립했다. 이후 진궁의 반
란에 가담했다가 실패한 서흡과 모휘를 받아들여 세력을 키웠다.
조조의 공격에 여포와 연합하여 싸웠다. 하지만 하비성에서 여포가
패해 죽자 조조에게 항복했다.

단순히 들어갔다는 것을 뜻하는 입入 정도의 배신이다. 상황에 내몰
린 피동적 행위이다. 죽음을 피하기 위한 처신이다.

___

장패臧覇(?~230년 이후)는 후한 말과 조위의 관료이다. 자는 선고
宣高이며 연주 태산군 화현華縣(산동성 태안泰安 동북쪽) 출신이다.

장패의 아버지 장계臧戒는 현의 옥연이었다. 태수의 죄수들을 사사로이 처형하라는 사형私刑을 거부하다가 사로잡혀 관청으로 이송되었다. 열여덟이던 장패는 식객 수십 명과 함께 이송되던 산길에서 아버지를 구출하여 함께 서주의 동해국으로 망명했다.

　망명 중 황건적의 난을 만났다. 용맹을 평가한 서주목 도겸의 초빙에 응해 난 진압에 공적을 세워 기도위에 임명되었다. 이후 서주에서 소규모 군벌이 되었다. 다른 소규모 군벌인 손관, 오돈, 윤례, 창희 등과 연합하여 그 수령이 되어 계양에 주둔했다. 태산의 산맥지대에 근거하여 독자적인 세력을 구축했다.

　조조의 부장 서흡과 모휘가 진궁과 장막의 반란에 가담했다가 실패로 끝나자 장패에게 망명했다. 낭야상 소건이 서주의 여포에게 굴복했다. 장패는 소건을 공격하여 격파하고 군수 물자를 빼앗았다. 여포는 이를 듣고 고순의 간언을 물리치고 장패를 공격했다.

　그러나 장패가 지키는 성을 빼앗지 못하고 물러났다. 나중에 장패는 여포와 화해했다. 조조가 여포를 정벌하자 장패는 여포와 협력하여 조조와 여러 차례 싸웠다.

　여포가 서주의 하비성에서 조조에게 패해 죽은 뒤 장패는 조조에게 항복했다. 조조는 장패의 세력을 용서하고 모두 태수나 국상에 임명했다. 장패는 낭야상에 임명됐다. 또 청주와 서주 일대를 위임받았다.

　조조는 유비를 통해 장패에게 서흡과 모휘를 내놓으라고 했다. 하지만 장패는 거절했다. 자신에게 의탁한 자를 해칠 수 없다며 유비를 통해 조조에게 서흡과 모휘의 용서를 구했다. 조조는 장패의 말을 존중하며 둘을 태수로 삼았다.

199년(건안 4년) 8월 조조가 장패 등에게 청주를 침공하게 했다. 관도대전 중에는 별동대로서 서주와 청주 군대를 이끌고 자주 원소가 지배하는 청주에 침입하여 크게 활동했다. 덕분에 조조는 연주 전선에 집중할 수 있었다.

조조가 남피에서 원담을 멸망시키자 장패는 조조의 전승을 축하했다. 그리고 자신의 자제와 부장들의 가족을 업으로 이주할 것을 요청했다.

이후 장패는 계속 동방에 있으면서 반란을 진압하고 해대 지방을 평정했다. 그 공적으로 도정후에 봉해지고 위로장군에 임명되었다.

장패는 우금과 함께 창희를 토벌했다. 하후연과는 황건족의 잔당 서화徐和 등을 격파했다. 그는 이 공적으로 서주자사에 임명되었다.

적벽대전에서 조조가 참패하자 진란과 매성이 남양 일대에서 반란을 일으켰다. 손권이 한당을 파견하여 반란에 호응했다. 장패는 한당을 격파하고 서둘러 서구로 이동했다. 손권이 수군을 이끌고 서구를 점령하여 서구를 통해 진란을 지원할 전략이었기 때문이었다.

그러나 손권의 수군은 장패가 이미 지키고 있는 것을 보고 철수했다. 손권이 철수하자 장패는 하루 만에 백리를 행군하여 장료군과 합류했다.

장료가 진란을 토벌할 때 우금과 함께 매성을 공격해 일차 항복을 받아냈다. 이어 별도로 군사를 이끌고 동오의 한당과 싸워 손권이 진란을 구원하는 것을 차단했다.

　한당을 협석에서 격파하고 서로 돌아왔다. 그때 손권이 수만 명을 이끌고 배를 타고 서구에 둔을 쳐 진란을 구원했다. 그런데 장패가 서로 돌아왔다는 말을 듣고 서둘러 돌아갔다.

　장패는 밤중에 손권을 추격해 공격했다. 손권군은 미처 배에 타지 못해 물에 빠져 죽은 병사가 부지기수였다. 결국, 손권은 진란을 구원하지 못했고 장료는 진란을 무찌를 수 있었다.

　유수구 싸움에서는 장료와 함께 선봉이었다. 양위장군 가절에 배령되었다. 싸움이 끝나고 하후돈과 함께 거소에 주둔했다.

　문제가 왕위에 오르자 장패는 진동장군이 되었다. 청주의 모든 군사업무를 총괄했다. 작위도 올라 무안향후가 되었고, 양주의 제군사를 동독董督(감시하며 독촉하고 격려)했다. 문제가 황제가 되자 작위는 더 올라 개양후에 봉해지고 양성후로 이봉되었다.

　훗날 조비가 조휴를 청주와 서주의 도독으로 삼았다. 장패는 조휴의 지휘를 받아 동포(동구)에서 동오의 대장 여범의 군대가 폭풍우에 휩싸인 틈을 타 공격하여 무찔렀다.

　그 뒤 조비는 동쪽으로 순행하여 장패를 만났다. 장패가 과거에 병력을 청주로 되돌려 보내 해산시킨 걸 의심했다. 장패의 병력을 인수하고 집금오의 벼슬을 주어 중앙으로 불러들였다. 조비는 군사적인 업무가 있을 때마다 장패에게 물었다.

명제가 제위에 오르자 식읍이 5백 호가 더해져 3,500호가 되었다. 230년(태화 4년) 명제가 동쪽으로 순행하면서 장패로 하여금 태위를 대행하게 하고 제사를 올렸다.

장패의 사후 시호는 위후라 했다. 아들 장애가 뒤를 이었다. 243년(정시 4년) 7월 고인이 된 조진, 조휴, 하후상, 환계, 진군, 종요, 장합, 서황, 장료, 악진, 화흠, 왕랑, 조홍, 하후연, 주령, 문빙, 이전, 방덕, 전위와 함께 태조의 제묘 앞 정원에서 장사를 지냈다.

『삼국지연의』에서 장패는 도겸의 부하였고 후에 여포의 부장으로 등장한다. 조조와 여포와의 싸움에서는 여포와 함께했다. 여포 사후 조조에게 귀순한 장료의 설득으로 손관과 윤례 등을 거느리고 조조에게 항복했다. 적벽대전 전에 서서徐庶와 함께 양주凉州의 군벌인 마등과 한수의 동태를 감시하기 위해 장안 쪽으로 이동했다. 이후로는 등장하지 않는다.

저수

한복을 섬기다 기주 양도받은
원소에게 귀순

저수는 처음에 한복을 섬겼다. 한복이 기주를 원소에게 양도하려는
것을 반대했다. 하지만 듣지 않자 원소의 초빙에 응해 원소를 따랐다.
단순히 들어갔다는 것을 뜻하는 입入 단계의 배신이다. 상황에 내몰
린 피동적 행위이다. 죽음을 피하고 더 큰 이익과 명예를 좇아 귀순
한 처신이다.

저수沮授(?~200년)는 후한 말 관료로 기주 광평군廣平郡(하북성 계
택鷄澤 동남쪽) 출신이다. 저곡의 아버지이며 저종의 형이다. 저沮씨
는 흔한 성씨가 아니므로 응소應劭의 『풍속통의風俗通儀』에 따르면,
저씨의 시조는 황제黃帝 때의 사관 저송沮誦이라고 한다.

젊을 때부터 큰 뜻을 품었다. 관직에 나아가 기주별가冀州別駕로

천거되고, 두 지역의 현령縣令을 역임했다. 이후 기주목冀州牧 한복
韓馥의 휘하에서 별가와 기도위騎都尉로서 그를 섬겼다.

191년(초평 2년) 한복이 원소袁紹에게 기주를 양도하려 했다. 다른
관료들과 더불어 이를 만류했다. 하지만 한복은 듣지 않았다. 결국,
원소가 기주를 차지하자 저수는 초빙되어 원소를 섬겼다.

이때 저수는 원소에게 "흑산적 장연을 토벌하고, 기주·유주·병
주·청주를 병합하며, 천자를 맞이한다면 패업을 이루는 것이 될 것
이다."고 진언했다. 이 일로 인해 원소의 극찬을 받은 뒤 감군監軍 겸
분위장군奮威將軍에 임명되었다.

하지만 원소는 저수의 간언은 받아들이지 않았다. 훗날 패착의 원
인이 되었다. 헌제獻帝를 맞아들이지도 않고 4개의 주도 일족들에게
분할 통치시켜 후계자 문제의 화를 자초했다.

195년(흥평 2년) 저수는 원소에게 헌제를 맞이할 것을 진언했다.
하지만 곽도郭圖와 순우경淳于瓊이 반대했다. 원소도 동탁董卓이 옹
립했던 헌제를 맞이하는 것이 마음에 내키지 않았다. 이 내용은『삼
국지』「위서」'원소전'의 주석을 인용한 '헌제전'과『후한서』'원소전'
에 기록되어 있다.

저수는 기주목 원소를 섬겨 세력 구축에 크게 공헌했지만, 미움을
사 좌천되었다.

원소는 199년(건안 4년) 공손찬公孫瓚의 세력을 흡수하여 4주를 평
정했다. 이후 조조와 한판 승부인 관도대전에서 저수는 "조조는 천

자를 옹호하고 있으니 명분 없는 싸움은 피해야 한다."고 간언했다. 참모들 간에 치열한 논쟁이 벌어졌다.

저수와 전풍田豊은 지구전의 전략을 주장했다. 반면 곽도와 심배審配는 단기전의 전략을 말했다. 원소는 곽도와 심배의 적극책을 채용했다. 또한, 곽도가 저수의 위세가 크다는 것을 참언讒言(거짓으로 꾸며서 남을 헐뜯어 윗사람에게 고하여 바침)했다.

그 결과 저수의 감군 지위와 권한은 약화됐다. 세 명의 도독都督이 다스리는 체제로 분할되어 저수 · 순우경 · 곽도가 도독으로 임명되었다.

한편 저수는 원소가 장남 원담袁譚을 청주자사靑州刺史로 임명하는 것에 대해서도 진언했다. 훗날 화를 키울 것이라고 했지만, 원소는 듣지 않았다.

200년(건안 5년) 관도대전이 시작되기 직전이었다. 저수는 원소의 패배를 예상했다. 다가올 앞날을 예측한 그는 훗날을 생각하여 동생 저종沮宗을 비롯한 일족에게 재물을 나눠 줬다.

원소는 곽도 · 순우경 · 안량顔良에게 백마白馬에 주둔한 동군태수 東郡太守 유연劉延을 공격하게 했다. 저수는 "안량은 용맹하지만, 도량이 좁아 단독 작전에는 부적절하다."고 원소에게 진언했다. 그러나 이번에도 원소는 받아들이지 않았다.

저수의 예측은 불행하게도 빗나가지 않았다. 안량은 백마에서 상황 판단을 잘못하여 적중에 고립되었다. 조조군 진영에 있던 관우關 羽에게 죽임을 당했다. 원소가 황하를 건너 연진延津으로 향하자 저수는 원소가 또 패착을 둔다고 판단했다. 병을 이유로 지휘권을 반납했다. 원소는 분노심을 다스리지 못하고 저수 휘하의 군을 곽도에게 배속시켜 버렸다.

조조군이 관도로 퇴각했다. 저수는 원소에게 재차 지구전을 진언했다. 하지만 원소는 처음 진언 때와 같이 거절했다. 다행히 저수는 조조와의 교전에서 전세를 유리하게 이끌었다.

순우경이 군량의 호위를 맡았을 때였다. 저수는 순우경만으로는 위험하므로 장기蔣奇에게 별동대를 인솔하게 하여 수비에 만전을 기할 것을 원소에게 진언했다. 그러나 원소는 이번에도 거절했다. 순우경은 허유의 배반으로 오소烏巢에서 조조에게 습격당해 궤멸당했다. 식량 창고를 잃은 원소는 결국 무너지고 말았다.

저수는 황하를 건너는 것이 늦어 조조군에게 생포됐다. 조조는 "함께 국가를 위해 일해 보자."고 회유했다. 저수는 "일족이 원 씨에게 의지하고 있으니 일찍 죽여 주십시오."라고 했다. 조조는 감탄했다. 이후에도 조조는 그를 후하게 대접하며 두터운 예로 대했다. 하지만 저수는 군영에서 말을 훔쳐 원소에게 돌아가려 했다. 조조는 더 이상 저수를 회유할 수 없다고 판단하여 처형했다.

『삼국지』「위서」'원소전'의 주석에 따르면 역사가 손성은 "전풍과 저수의 지모는 옛 전한의 건국공신 장량과 진평에 필적할 만한 것이다."라고 극찬했다. 원소는 4개의 주를 평정까지 하면서 순조로운 대업의 길을 걸었다. 하지만 원소가 건안 4년 이후 저수와 다른 책사들의 진언을 무시하면서부터 추락이 시작됐다. 관도대전에서도 저수의 진언을 받아들였다면 승패는 달라졌을 것이라는 게 평가였다.

저수는 문약한 참모의 이미지로 그려졌다. 하지만 실제로는 감군과 도독을 맡았던 것을 보더라도 탁월한 전략안을 가졌다.

『삼국지연의』에서 저수는 처음 한복의 부하 중 한 명에 지나지 않았다. 거의 『삼국지』의 사실과 비슷한 생애를 보내는 비극의 참모로 사라지는 것으로 묘사되었다.

다르게 그려진 부분은 조조와의 전투에서 지구전 전략이 원소에게 받아들이지 못한 것에 불만을 품고 다른 무장들과 연대하지 않는 장면이다.

저수는 관도대전에서 지구전 전술을 설명한다. 하지만 받아들여지지 않는다. 구금당할 때 불길한 별이 출현하자 원소에게 알렸지만 무시되었다. 원소가 패배하자 저수는 조조의 항복 권고를 뿌리치고 죽음을 선택한 것은 사실과 같다.

조조는 '충렬저군지묘忠烈沮君之墓'라고 새겨진 묘를 황하를 건너는 장소에 세워 그의 죽음을 기렸다.

전풍
—

후한과 한복을 섬기다
원소에게 귀순

———————

전풍은 후한을 섬기다 한복을 따랐다. 그러나 한복이 기주를 원소에게 양도하자 원소의 초빙에 의해 섬겼다. 단순히 들어갔다는 것을 뜻하는 입入 정도의 행위다. 상황에 내몰린 피동적 처신으로 죽음을 피하고 더 큰 이익과 명예를 좇는 행동이었다.

———————

전풍田豊(?~200년)은 후한 말 관료이다. 자는 원호元皓이며 거록군(하북성 거록鉅鹿) 출신이다. 일설에는 발해군(하북성 남피南皮) 출신이라고도 한다.

전풍은 성장하면서 재주가 뛰어났다. 그의 웅대한 계략은 많은 이들의 눈을 집중시켰다. 아버지를 일찍 잃어 상중에 매우 슬퍼했다.

세월이 지나도 이齒가 드러날 정도로 웃지 않았다. 박학다식하여 주州의 사람들로부터 명성이 자자했다.

처음에는 태위太尉의 처소에 초빙되어 무재茂才로 추천되었다. 이후 시어사侍御史로 승진하지만 환관宦官의 전횡으로 유능한 인재가 박해받는 것을 보고 관직을 버리고 고향으로 돌아온다.

이후 전풍은 심배審配와 더불어 기주목冀州牧 한복韓馥을 섬겼다. 두 사람은 정직했기 때문에 한복의 신임을 받지 못했다. 191년(초평 2년) 원소는 한복의 세력을 흡수한 후 전풍을 초빙했다. 전풍은 난세를 구제하려는 뜻을 버리지 않았기 때문에 원소의 부름에 응했다. 원소는 전풍을 별가別駕, 심배를 치중治中에 임명하여 중용했다. 훗날 원소의 명령으로 한복을 섬겼던 경무耿武와 민순閔純을 죽였다.

그해 겨울 원소는 공손찬公孫瓚과 계교界橋에서 전투를 벌였다. 적은 수의 병사로 방심하며 쉬는 동안 공손찬군에 의해 포위되는 상황이 되었다. 그때 전풍은 원소에게 후퇴할 것을 권했다. 하지만 원소는 두무兜鍪(두건이나 관의 윗부분이나 투구)를 내팽개치면서 그곳을 사수했다. 그 사이에 국의가 이끄는 주력군이 도착하자 공손찬군이 퇴각했다.

196년(건안 원년) 조조가 헌제獻帝를 허도許都로 맞이했다. 그해 전에 전풍이 먼저 헌제를 맞이할 것을 원소에게 진언했다. 하지만 원소는 받아들이지 않았다. 이후 원소는 헌제를 견성으로 모셔올 것을 조조에게 권유했다. 조조가 이를 거절했다. 전풍은 원소에게 허도를 습격해 헌제를 데려와야 한다고 건의했지만 듣지 않았다.

조조가 장수張繡를 포위하고 있을 때 전풍은 다시 한 번 원소에게 허도를 습격해 헌제를 맞이할 것을 진언했다. 그런데 원소군을 탈주한 병사가 이 계획을 조조에게 전하자 조조는 포위망을 풀고 급히 허도로 돌아갔다.

199년(건안 4년) 원소는 전풍의 계책을 이용하여 공손찬公孫瓚을 멸망시켰다. 전풍 덕분에 하북의 패자가 되었다.

원소는 허도를 공격하기 위해 대군을 일으켰다. 심배와 봉기逢紀에게 군사를 통괄하게 했다. 전풍과 순심荀諶, 허유許攸를 참모장으로, 안량顔良과 문추文醜는 사령관으로 임명했다.

이때 전풍은 저수沮授와 함께 지구전 전략을 주장했다. 그러나 원소는 심배와 곽도郭圖가 주장한 단기전의 전략을 택했다. 원소의 군대 동원 소식을 접한 공융孔融은 조조에게 "전풍과 허유라는 지혜로운 자가 원소의 참모가 되었으니 승리하기가 어렵겠습니다."라고 걱정했다. 그러자 순욱荀彧은 "전풍은 강직한 성격으로 틀림없이 윗사람을 거슬릴 것입니다."라고 평했다.

200년(건안 5년) 유비가 서주자사徐州刺史 차주車冑를 살해하고 패성을 점령하면서 조조를 배신했다. 분노한 조조는 유비를 정벌하기 위해 직접 출정했다. 전풍은 이때를 호기로 보고 원소를 설득해 조조의 뒤를 치려고 했다. 그런데 원소는 자신의 막내아들 원상袁尙이 아프다는 이유로 거절했다.

전풍은 "평생 찾아올 수 없는 절호의 기회를 겨우 어린아이 병 때문에 놓치다니 애석하다."고 말했다. 이에 원소가 분노했다. 이후 둘의 사이는 점차 멀어지게 되었다.

관도대전에서 전풍은 원소에게 지구전을 펼쳐 조조를 지치게 해야 한다고 했다. 하지만 원소는 단기전을 고집했다. 전풍은 재차 간곡하게 원소에게 진언했다. 이에 원소는 크게 노했다. 전풍을 감옥에 가뒀다. 전풍이 종군하지 않는다는 소식을 듣고 조조는 "원소는 이미 진 것이나 다름없다."라고 했다.

원소군이 조조와의 싸움에서 크게 패하고 돌아왔다. 장군들은 격한 울음을 토하면서 "전풍의 계책을 쫓았으면 이렇게까지 패하지 않았을 것이다."라고 말했다.

또 어떤 사람은 전풍에게 "주공은 이제 그대를 중용할 것이다."라고 말했다. 그러자 전풍은 고개를 저으며 말했다. "공께서는 외견은 관용이 있지만 속으로는 의심이 많은 분으로 만약 승리했다면 기쁜 마음에 나를 사면할 것이다. 하지만 이렇게 패배했으니 나는 더 이상 살 희망은 버려야 한다."고 했다.

돌아온 원소는 전풍의 예측대로 그를 죽였다. 이때 원소는 측근들에게 "내가 패했으니 전풍에게 조소당할 것이다."라고 말했다.

'원소전'의 주석 '선현행장'에 의하면 그때 원소는 "기주 사람들은 모두 내가 패배한 소식을 듣자 모두 나를 걱정하였소. 다만 전풍만은 나를 꾸짖었기에 다른 이와는 다르오. 나는 이제 전풍의 얼굴을 부끄러워서 볼 수가 없소."라고 말했다.

이때 봉기는 "전풍은 공이 패한 소식을 듣고 손뼉을 치며 기뻐하고 있습니다. 자신의 말이 적중한 것에 기뻐한다고 합니다."라는 참언으로 원소의 마음을 흩트려 놓았다. 전풍은 관도대전 패배에 대한 원소의 분풀이와 봉기의 부추김으로 감옥에서 죽었다.

『삼국지』「위서」 '원소전'의 주석에 의하면 조조는 만약 원소가 전풍의 계책을 이용하였다면 자신과 원소의 입장은 완전히 변했을 것이라고 했다.

역사가 손성孫盛은 "전풍과 저수의 지모는 전한의 건국공신 장량과 진평에 필적한다."고 극찬했다.

전풍은 원소에게 군사적으로 승리할 수 있는 계책을 여러 번 진언했다. 하지만 지나치게 강직하여 원소의 뜻을 거스르는 일이 많아 서서히 소외되었다.

조조의 책사 순욱이 말한 "전풍은 강직한 성격으로 틀림없이 윗사람을 거슬릴 것입니다."라는 말은 적중했다.

순욱은 당시 원소군 참모들의 단점을 평했다. 허유의 단점은 부패와 비리가 심하고, 심배는 계획성이 없고 침착하지 못하며, 봉기는 주변의 말을 듣지 않고 독단적으로 행동한다 했고 안량과 문추는 지혜와 임기응변이 부족하다고 했다.

『삼국지』의 주석자였던 배송지도 주군을 잘못 선택했기 때문에 충절을 다했음에도 죽은 게 개탄스럽다고 했다.

전풍은 항우의 책사 범증에 비견된다. 두 사람 모두 뛰어난 계책을 냈다. 하지만 주군이 받아들이지 않았다. 그 결과 자신과 세력 전체가 망하는 공통점이 있다.

전풍은 원소를 섬긴 호족 출신의 책략가였다. 원소의 세력 확대에 크게 기여했다. 조조군의 순욱과 비견될 만큼 뛰어난 재사로 평가됐다.

『삼국지연의』에서 전풍은 『삼국지』와 거의 비슷하게 묘사된다. 암군에게 충의를 다하다 비극적인 최후를 맞이하는 인물로 그려졌다. 최후의 장면에서는 전풍은 관도대전의 패배 소식을 듣고 이미 자신의 운명을 깨닫고 감옥에서 자결하는 것으로 마무리된 것이 다를 뿐이다.

정은
—

한수와 마초 그리고 장로 거쳐
조조에게 귀순

정은은 한수와 마초 그리고 장로를 거쳐 조조에게 귀순했다. 당초 후한 말 군벌로 서량의 군벌들과 함께 조조에게 맞섰다. 그러나 패해 한중의 장로에게 의탁했다. 이후 조조가 장로를 항복시키자 후선과 함께 조조에게 투항했다.

정은의 배신 경로는 단순히 들어갔다는 것을 뜻하는 입입 단계의 배신이다. 상황에 내몰린 피동적 행위이다. 더 큰 이익과 명예를 좇고 죽음을 피하기 위한 처신이다.

정은程銀(?~?)은 후한 말 서량의 장수이다. 하동군(산서성 하현夏縣) 출신으로 장안長安 이서에 할거한 군벌이다.

211년 마초馬超와 한수韓遂가 대군을 일으켜 조조曹操를 공격했을 때 함께했다. 마초와 한수를 중심으로 후선侯選, 정은程銀, 이감李堪, 장횡張橫, 양흥梁興, 성의成宜, 마완馬玩, 양추楊秋가 함께 한 연합군으로 동관으로 진출했다.

하지만 조조의 책사 가후賈詡의 이간계에 걸린 마초와 한수의 사이가 벌어졌다. 조조의 공격에 무참히 패배했다. 이에 정은은 동료 후선侯選과 함께 한중漢中의 장로張魯에게 의탁했다.

215년 조조가 한중을 공격하여 장로를 항복시켰다. 정은은 후선과 함께 조조에게 투항하여 직위와 관직을 유지했다.

『삼국지연의』에서 정은은 마초의 부하였다가 한수 휘하의 무장인 수하팔부手下八部의 한 사람으로 한수, 방덕龐德, 장횡과 함께 조조의 진지에 야습을 가한다. 211년에 위남에 있던 조조의 진을 공격할 때 조조의 유인책에 걸려 함정에 빠져 장횡張橫과 함께 전사한다.

조범

후한을 따르다 조운에게 의탁한 뒤
조조에게 귀순

조범은 후한을 따르다 조운에게 의탁했다. 하지만 그 의탁은 거짓이
었다. 탄로가 나자 조조에게 도망쳐 귀순했다.

조범이 조운에게 의탁한 일은 속았음을 뜻하는 휼궤譎詭이다. 조범은 조
운을 기만했다. 상황을 주도한 능동적 배신이다. 조조에게 귀순한
것은 단순히 들어갔다는 것을 뜻하는 입입 단계의 배신이다. 상황을
주도한 자의적 배신이다. 죽음을 피하고 더 큰 이익과 명예를 좇은
처신이다.

조범趙範(?~?)은 후한後漢 말 계양군桂陽郡 태수太守이다. 『삼국
지』「촉서」'조운전'에 의하면 강남이 평정되자 조운이 편장군이 되고
계양태수를 겸하여 조범의 자리를 대신했다. 조범은 오래지 않아 달

아났다.

『삼국지』에서 조범은 한현韓玄, 김선金旋, 유탁劉度과 함께 항복했다. 그리고 얼마 뒤 조운에게 죽은 형의 아내로 미모가 뛰어난 번 씨를 추천했지만, 거부당했다.

조운은 번 씨를 거부하면서 "조범은 막다른 골목에서 항복한 것에 불과하므로 그 속마음을 알 수 없다. 그리고 천하에 여자는 많다."고 했다.

조범은 유비에게 진심으로 항복할 마음이 없었다. 조운을 엮으려는 계략이었다. 계책이 실패하자 조조에게 도망쳤다. 도주 후의 기록은 없다.

『삼국지연의』에서 조범은 촉한의 장수인 조운趙雲과 먼 친척으로 같은 상산군常山郡 진정현眞定縣 출신이다. 형주 공략으로 조운이 공격해 오자 항복하려고 했다. 하지만 부하 진류과 포룡이 반대했다.

그들이 조운에게 싸움을 걸지만, 간단히 격파되어 항복하게 된다. 항복 후 조범은 조운이 4개월 빠른 출생 이외 동향, 동년, 동성이라는 점에서 의기투합하여 의형제를 맺는다.

그러나 조범이 조운과 친교를 두텁게 맺으려고 미망인 형수 번 씨를 배우자로 권한다. 이 일로 조운의 노여움을 사서 매를 맞는다. 조범은 이 일을 원한 삼는다. 진응, 포룡과 함께 조운을 살해하려 한다. 조운이 잠든 사이에 죽이려 했다.

하지만 이를 미리 알고 있었던 조운에게 사로잡히는 신세가 된다. 유비가 조범을 석방하고 계양태수를 유지하게 한다.

조범은 조운과 번 씨를 위해 진심으로 한 일이었는데 냉대를 당했으니 억울하다고 호소한다. 유비는 조범의 얘기를 듣고 조운에게 번 씨와의 중매를 서 줄 테니 혼인하는 게 어떠냐고 권유한다.

그러나 조운은 끝까지 번 씨와의 혼인을 거부한다. 조운이 형수 되는 이를 취하면 사람들의 손가락질을 받을 것이요, 번 씨의 절개를 깨뜨리는 일이며, 조범이 처음에 투항했을 때 무슨 속셈인지 의심할 수밖에 없었으며, 마지막으로 여자 한 사람 때문에 주공의 정치를 망칠 수 없다고 말하자 유비가 조운을 칭찬한다.

조표

도겸 섬기다 유비 따른 뒤
여포에게 귀순

조표는 처음에 도겸을 섬겼다. 도겸이 서주를 유표에게 넘기자 유비 휘하에 들었다. 하지만 조표는 서주의 호족으로서 유비를 탐탁하게 여기지 않았다. 하비성을 지키던 중 장비가 죽이려 하자 여포를 끌어들여 서주성을 차지하자는 진궁의 모의에 가담했다.

조표가 유비 휘하에 든 것은 속았음을 뜻하는 휼궤譎이다. 조표는 유비를 속였다. 상황에 내몰린 피동적 행위였다. 죽음을 피하기 위한 처신이었지만 더 큰 이익과 명예를 좇은 것은 아니었다.

조표曹豹(?~196년)는 후한 말의 장수이다. 조표의 행적은 『삼국지』「무제기」「선주전」 등에 전해지고 있다.

『영웅기』에 의하면 처음에는 서주목 도겸을 섬겼다. 194년(흥평 원년) 조조가 도겸을 공격하다 돌아갔다. 이때 조표는 담郯에서 유비와 함께 조조를 요격했다. 하지만 격파당했다.

『후한서』「도겸전」에 "조조가 담을 공격하여 이기지 못했다."라는 기록이 있고, 이후 조조의 진격로가 실제로는 퇴각하는 것이나 다름없었는데 이때는 초평 4년의 일로 도겸이 담으로 들어가 수비하여 조조가 이기지 못하고 후퇴한 것이므로 조표와는 관계없다.

조표는 도겸이 서주를 유비에게 넘기자 유비의 휘하에 들어가게 됐다. 196년(건안 원년) 유비가 원술과 대치하고 있는 사이에 여포가 하비를 습격했다. 조표는 유비를 등지고 여포를 맞아들였다.

『삼국지』에 인용된 『영웅기』는 두 가지 설을 제시하고 있다. 「선주전」에 따르면 하비를 지키고 있던 장비가 조표를 죽이려 했다. 조표가 둔영을 지키면서 여포를 불러들여 여포는 하비를 차지하고 장비는 패주했다.

「여포전」의 의하면 유비의 중랑장 단양 사람 허탐許耽이 여포에게 갔다. 하비상 조표와 장비가 서로 다투다가 장비가 조표를 죽여 성안이 혼란에 빠졌으니 단양병이 성의 서문에 주둔하고 있는데 여포가 군을 이끌고 오면 내응할 것이라고 했다. 여포가 그 말을 듣고 서문으로 진격했다. 단양병이 성문을 열어 내응했다. 여포는 장비를 무찌르고 하비성을 손에 넣었다. 유비의 처자식을 사로잡고, 군자금과 부곡, 제장들의 가족을 빼앗았다. 유비는 이 사건으로 근거지를 상실하였으며 해서海西로 도주했다.

진수는 「선주전」에서 조표가 단지 배반하였다고 적을 뿐 구체적인 경과를 기록하지 않았다. 「여포전」이나 「장비전」에서도 전후 사정과 반란 사실 자체를 적지 않았다. 그러나 배송지가 주석으로 추가한 영웅기 기록으로 조표에 대한 구체적인 맥락이 남게 되었다.

『삼국지연의』에서 조표는 193년 서주성전투 당시 조조가 도겸을 공격하자 조조군의 선봉장 하후돈과 일기토를 붙는다. 그러나 돌연 돌풍이 불었다. 조표는 싸우지 못하고 물러난다.

도겸 사후 서주자사가 된 유비를 섬긴다. 딸을 여포에게 시집보낸다. 『삼국지』에는 조표가 여포의 장인이라는 기록은 없다.

194년 유비가 서주전투에서 원술과 싸울 때 장비를 남겨 서주를 지키게 한다. 조표는 장비의 수하로 하비성의 수비를 담당한다. 하루는 장비가 연회를 열었다. 여러 관리를 청하고 조표에게 술을 마시게 한다.

처음에는 사양하려다가 어쩔 수 없이 한 잔을 마신다. 두 번째 잔도 역시 사양하다가 끝내 장비의 노여움을 사서 곤장형에 처해진다. 조표는 "내 사위 여포의 체면을 봐서라도 용서해 주시오."라고 사정한다. 이에 장비는 "원래는 진짜로 때릴 맘이 없었는데 네놈이 여포를 들먹이면서 협박하니 때려야겠다. 네놈을 때리는 게 여포를 때리는 것과 같다."라며 채찍을 가한다. 실컷 얻어맞은 조표가 앙심을 품는다.

장비가 술에 취해 곯아떨어진 틈에 사위인 여포를 성안으로 끌어들여 장비를 제거하려 한다. 그날 밤 앙심을 품고 여포를 하비성으로 불러들여 서주를 빼앗기로 약속한다. 장비는 급한 김에 서주로 탈출한다. 조표는 술에 취한 장비를 깔본다. 군사를 이끌고 추격하다 장비의 창에 찔려 죽는다.

진궁

조조를 섬기다 장막과 함께
여포에게 의탁

진궁은 처음에 조조를 섬겼다. 그런데 이후 장막을 부추겨 여포를 연주목으로 맞아들이며 조조를 배신했다. 가장 적극적인 배반을 뜻하는 반叛이다. 믿음과 의리를 저버리고 돌아선 행위다. 상황을 주도한 능동적 처신이다. 의도적이고 고의적인 배신이라 아픈 상처였지만 조조는 끝까지 진궁을 살려 함께 가려고 했다.

진궁陳宮(?~198년)은 후한 말 조조와 장막 그리고 여포 휘하의 관료이다. 자는 공대公臺이며 연주 동군 무양현武陽縣 출신이다.

192년(초평 3년) 연주자사 유대가 황건적에 의해 죽자 진궁은 조조에게 "연주를 거점으로 천하를 다스리는 것이 패왕의 위업이다."고 진언했다. 그런 후 연주의 별가나 치중에게 조조를 맞아들이도록 설득하려 다녔다. 조조를 연주목으로 삼아 황건적으로부터 연주를 구원하자는 것이었다. 포신 등은 진궁의 말을 받아들였다. 조조는 조정의 절차에 의해 연주목으로 추대되었다. 조조는 황건적을 격파했다. 하지만 포신은 전투 중에 죽었다.

이후 장막을 부추겨 여포를 맞아들이고 조조에게 반기를 들었다가 진압당했다. 다시 조조에 대항하는 여포에게 여러 계책을 말했지만 대부분 채택되지 못했다. 여포 패망 후 조조의 회유에도 불구하고 결연히 죽음을 맞았다.

194년(흥평 원년) 조조가 전년에 이어 재차 서주목 도겸을 정벌하러 서주로 출정했다. 연주의 도성을 지키고 있던 진궁은 장막의 동생 장초, 종사중랑從事中郞 허사와 왕해王楷 등과 장막을 설득해 여포를 연주목으로 내세우자고 한다. 모반이었다. 주도하여 세운 연주목 조조를 자신의 손으로 내쫓는 일이었다.

진궁이 모반한 이유는 분명하지 않다. 다만 『삼국지』「무제기」에 의하면 "스스로 의심을 품었다."라는 기록만 있을 뿐이다.

후인들의 해석은 진궁은 조조군 제일의 참모임을 자부하고 있었으므로 신참 참모인 순욱과 정욱 등에 대한 질투심이 있었고, 조조가 서주에서 벌인 대학살에 대해 실망한 것으로 추측하고 있다.

진궁이 진류태수 장막에게 "지금 천하가 갈라지고 무너져서 여러 영웅들이 들고일어나 천하가 나뉘었습니다. 군께선 많은 세력을 거느리고 사방이 적인 땅에 서 있습니다. 칼을 쥔 채 때를 살피기만 하면 족히 인걸이 될 수 있습니다. 그런데도 타인에게 속박만 당하고 있으니 어찌 비루하지 않다고 하겠습니까. 지금 연주는 동쪽을 치느라 텅 비어있습니다. 그리고 여포는 장사로서 맞설 상대가 없을 정도로 싸움을 잘합니다. 여포와 함께 연주를 장악하고 천하 형세를 주시하며 때가 오기를 기다린다면 한 시대를 종횡할 것입니다."라고 했다.

장막은 진궁의 계책에 응했다. 장막이 여포를 연주목으로 세우고 함께 조조를 공격했다. 견성鄄城과 동아東阿, 범范 등 몇 개 현을 제외한 대부분의 군현이 호응했다. 조조는 멸망 직전의 위기에 처했다. 연주에서의 참살 악행과 서주 대학살로 조조의 악명이 높던 때였다. 하지만 조조는 순욱과 정욱의 활약으로 연주의 일부 지역을 유지할 수 있었다.

서주에서 연주의 급박한 상황을 보고 받은 조조는 군을 돌려 연주로 향했다. 여포는 조조를 거듭 공격하여 압박했다. 조조는 여포와 사투를 벌였다. 그런데 그해 메뚜기 떼의 극성으로 군량이 부족했다. 여포는 군사를 물렸다. 싸움은 대치 상태로 장기전이 되었다.

군사를 수습한 조조는 195년부터 반격을 가했다. 잃었던 군현을 되찾기 시작했다. 여포는 산양군 거야현鉅野縣의 설란과 이봉을 구원하는 데 실패했다. 또 1만 명으로 동민현東緡縣에서부터 역공을 가했다. 하지만 복병에 패했다. 전세가 불리해진 여포는 제음군 정도현定陶縣이 뚫리면서 여러 현들을 잃었다. 전세는 조조에게 기울었다.

진궁은 여포와 같이 달아나 유비에게 가서 의탁했다. 유비는 도겸 사후 서주를 맡고 있던 상황이었다. 진궁을 비롯한 장막의 수하들 또한 서주로 달아났다. 하지만 장막은 원술에게 구원군을 요청하기 위해 수춘으로 떠났다. 장초는 장막과 합류하기 위해 옹구에 남았다.

그러나 장막은 수춘에 도착하기 전 부하의 배신으로 인하여 살해되었다. 장초는 조조에게 포위되어 수개월간 항전하다 성이 함락되자 자살했다.

그런데 여포는 196년(건안 원년) 유비의 서주 하비성을 탈취했다. 6월 여포의 부장 학맹이 원술과 내통하여 반란을 일으켰다. 그러나 반란을 만류하던 학맹의 부장 조성이 반란을 진압하고 진궁도 반란에 공모했다는 사실을 여포에게 진술했다. 진궁은 학맹의 반란을 모르는 척 회의에 참석했다. 그러나 조성의 증언으로 그 자리에서 공모 사실이 드러났다. 여포는 진궁이 비중 있는 책사라 여겨 불문에 부쳤다.

진궁은 주군을 조조에서 여포에게로 바꾸고 또 다른 사람을 주군으로 생각하며 주군을 바꿔서라도 천하를 노렸다.

그 후 여포가 유비와 연합했다. 원술이 크게 패했다. 하지만 여포는 논공행상에서 얻은 게 없었다. 여포가 말을 약탈당한 것을 이유로 유비를 공격했다. 조조는 이를 빌미로 여포를 공격했다.

조조가 친정을 개시하여 팽성에 이르자 진궁은 여포에게 즉시 지친 조조군을 공격하기를 청했다. 그러나 여포는 받아들이지 않았다. 이때 진등 부자는 조조에게 응해 반기를 들었다. 198년 여포는 뒤늦게야 원술과 연합하여 조조에게 대적했다. 하지만 패하여 성렴이 사로잡히고 하비는 포위되었다. 조조는 여포에게 편지를 보내서 여포의 투항을 권했다. 편지에 설득당한 여포가 투항하려고 했다.

하지만 진궁 등이 자신들의 죄가 크다며 달걀로 바위를 치는 격이라면서 말렸다. 또한, 여포가 성 바깥에서, 진궁이 성안에서 서로 기각掎角(앞뒤 서로 응應하여 적을 견제)의 형태로 방어하다 보면 열흘도 안 되어 조조군의 군량이 바닥나 승리할 것이라고 했다. 하지만 여포는 실행하지 못했다.

여포의 부인 엄 씨는 "진궁은 조조로부터 귀한 대우를 받았음에도 우리에게 귀순했습니다. 하물며 장군의 대우는 조조에 미치지 않았는데도 온전히 성을 맡긴 채 처자식은 내버려두고 멀리 나가려 하십니까. 만약 변고가 생긴다면 제가 장군의 처로 남아있겠습니까. 진궁은 의리가 없을뿐더러 고순과 서로 불화하여 제대로 성을 지키기 어렵습니다."라고 저지했다.

여포는 하비성에서 고립된 채 농성했다. 원술의 원군에 의존하는 게 전부였지만 원술군은 싸움에서 맥없이 무너졌다. 가중된 제장들

간의 불화도 후성과 위속, 송헌 등이 조조와 내통하게 했다.

섣달 여포를 배반한 그들은 진궁과 고순을 붙잡아 조조에게 투항했다. 여포는 남은 부하들과 백문루白門樓에서 저항하다가 항복했다.

조조가 진궁에게 "경은 평소 지모가 넘친다며 자부했는데 어찌 이런 꼴이 되었소."라고 물었다. 이에 진궁은 여포를 가리키며 "단지 이 자가 내 말을 듣지 않았기 때문입니다. 내 말대로 했다면 어떻게 됐을지 모릅니다."라고 답했다.

이어 진궁은 신하로서 불충했고 자식으로서 불효했으니 자신은 죽는 것이 마땅하다고 했다. 한편 그는 노모와 처자식의 처우에 대해서 "제가 듣건대 효孝로써 천하를 다스리는 자는 타인의 부모를 해치지 않으며, 인仁으로써 천하를 보살피는 자는 타인의 제사를 끊지 않는다 합니다. 그 생사는 제가 아니라 명공께 달렸습니다."라고 답했다.

조조는 더 이상 말을 잇지 못했다. 진궁은 자신을 죽여 군법을 밝히라며 죽음을 재촉했다. 살려주고 싶은 조조도 더 이상 진궁의 의지를 꺾을 수가 없었다. 조조는 눈물을 흘리며 진궁을 전송했다. 진궁은 뒤도 돌아보지 않고 처형장으로 향했다. 그 머리는 허도에 효수되었다.

義釋曹阿瞞의석조아만─의리로 조아만(조조의 아명兒名)을 풀어주고,
中牟解印來중모해인래─중모에 관인을 버리고 따라나서네.

誰知白門下수지백문하—어찌 알았으랴 백문 아래에 버려질 줄이야.

眞個負公臺진개부공대—아깝고도 아깝도다 공대여.

조조는 진궁의 가족을 전보다 더 두텁게 대우했다. 진궁의 어머니를 죽을 때까지 봉양하고 아들을 가르치며 딸도 시집 보내줬다.

진궁은 강직하면서도 기백이 충만했다. 젊은 시절부터 천하의 명사들과 교류했다. 순유는 하비전투 시 진궁에 대해 '지혜는 있지만 결단력이 흠'이라고 했다.

『삼국지연의』에서 진궁은 중모현 현령으로 등장한다. 동탁을 암살하려다 실패하여 도망치던 조조가 중모현을 지나다가 검문에 걸려 체포된다. 진궁은 십상시 건석의 아비를 때려죽인 조조의 높은 의기와 명성을 들어 알고 있던 터라 밤늦게 조조와 은밀하게 대면한다. 평소 조조의 의기에 감동받았던 그는 벼슬과 가족을 버리고 조조와 뜻을 함께하여 같이 도망간다.

조조는 잠시 몸을 숨기기 위해 부친의 의형제인 여백사의 집에 들른다. 여백사는 그들을 융숭히 대접하기 위하여 술을 사오려고 주막에 간다. 진궁과 조조는 방에서 쉬던 중에 칼 가는 소리와 함께 "묶어서 죽일까 아니면 그냥 죽일까?"라는 대화를 엿듣게 된다. 조조와 진궁은 함께 여백사의 가족을 먼저 죽인다. 그런데 그것은 단순히 집안의 종들이 돼지를 잡으려던 것뿐이었다.

이에 둘은 실수를 자책하며 집을 떠난다. 주막에서 술을 사서 돌아오던 여백사와 마주치게 된다. 조조는 여백사가 단순한 오해로 가족들을 죽인 자신들에게 화를 내며 관가에 신고할 것을 두려워한다. 조조는 후환을 방지하기 위해 여백사의 관심을 다른 곳에 돌린 사이에 곧장 그를 베어버린다.

평소 조조의 의기를 신망하고 있던 진궁은 조조의 무자비함을 책망한다. 하지만 조조는 '자신이 천하를 저버릴지언정 천하가 자신을 저버리게 할 수는 없다'고 한다.

진궁은 조조와 함께 어딘가에서 잠을 자다가 깨우친다. 조조가 후한을 구할 인물이 아니라 야망에 불타는 간웅이었음을 깨닫고 자신의 선택을 후회한다. 조조가 잠든 틈을 타 죽여버릴까 생각하다가 후한을 위해 따른 조조를 죽인다면 불의를 행하는 것이라고 판단하며 그냥 떠난다.

이후 진궁의 행적은 불분명하다가 조조가 조숭의 죽음을 기화로 서주대학살을 일으키며 도겸을 정벌하려 하자, 나타나 조조와 대면하여 군사를 돌리라고 설득한다.

하지만 조조가 벌컥 화를 내며 거절한다. 물러 나온 후 장막에게 의탁한다. 쫓겨 다니던 여포를 거두는 게 세력 확장에 좋다고 장막을 설득하여 여포를 끌어들이게 한다. 이후 여포의 책사가 된다.

여포의 책사 이후의 행적은『삼국지』와 흡사하다. 단『삼국지』에서 원술의 사주를 받고 학맹과 공모한 사건은『삼국지연의』에서 삭제되었다.

한복

동탁 따르다 기주 양도 후
원소에게 의탁

한복은 후한 말 조정을 장악한 동탁에 의해 기주목이 됐다. 원소가 발해군으로 달아난 뒤 한복은 원소를 감시하고 견제하는 역할이 컸다. 이후 반동탁연합군이 일어났다 해산한 뒤 원소는 공손찬을 움직여 기주를 공격했다. 한복은 패했다. 원소는 남북으로 한복을 협공하는 태세를 취하며 기주를 양도하라고 했다. 결국, 한복은 원소에게 기주를 양도하고 의탁했다.

단순히 들어갔다는 것을 뜻하는 입입 정도의 행위다. 상황에 내몰린 피동적 배신이다. 죽음을 피하기 위한 처신이다.

한복韓馥(?~?)은 후한 말의 관료이다. 자는 문절文節이며 예주 영천군(하남성 우주禹州) 출신이다.

어사중승御史中丞을 지냈다. 189년(중평 6년) 동탁이 조정을 장악했다. 한복은 상서尚書로 근무하다 이부상서吏部尚書 주비와 상서랑尚書郎 허정에 의해 기주목에 올랐다.

원소가 동탁과 대립한 끝에 발해군으로 달아난 뒤였다. 동탁이 한복을 기주목으로 임명한 것은 원소에 대한 감시 역할의 의미가 컸다.

기주는 인구가 많고 군량도 풍족한 곳이었다. 한복은 발해태수 원소가 자신을 죽이지 않겠냐는 두려움으로 견제했다. 항상 발해군에 파견한 속관 부발해종사部勃海從事로 하여금 동요를 막게 했다.

동군태수 교모가 삼공이 전한 이서移書(공문서의 일종)인 양 꾸며 각 주군에 돌렸다. 내용은 동탁의 죄악을 나열한 후 스스로는 구할 수 없으니 의병을 일으켜 나라의 환난을 없애주길 바란다는 것이었다.

한복이 종사從事들에게 "원소를 도와야 하는가 아니면 동탁을 도와야 하는가."라고 물었다. 치중종사治中從事 유자혜가 "나라를 위해 의군이 일어났는데 원소니 동탁이니 따질 일이 아닙니다."라고 말했다. 순간 한복은 자신의 질문이 잘못되었다는 것을 직감하며 부끄러워했다.

유자혜가 "전쟁은 흉한 일이니 주동자가 돼서는 안 됩니다. 각지를 관망하다 봉기하는 이가 있거든 그때 함께 하십시오. 기주는 다른 곳보다 약하지 않으니 남들의 공이 기주보다 높지 않을 것입니다."라고 했다. 한복이 받아들였다. 원소에게 동탁을 비난하는 편지를 써 보내고 그 거병을 방조하고 용인했다.

190년(초평 원년) 반동탁연합군이 원소를 맹주로 궐기했다. 한복도 참여했다. 원소와 하내태수 왕광이 하내군에 주둔했다. 하지만 한복은 위군 업현에 남아 후방에서 군량을 조달했다.

동탁은 원소의 숙부 원외 등 수도에 남아있던 원소의 일족을 몰살했다. 각지의 군벌들이 원소를 중심으로 모여드는 상황에서 동탁이 원소 집안을 몰살시키자 저마다 복수하겠다는 기치를 높였다. 하지만 한복은 내심 민심이 원소에게 쏠리는 것을 걱정했다. 군량 보급을 줄임으로써 반동탁연합군을 흩어지게 하려 했다.

연주자사 유대가 유자혜에게 서신을 보냈다. "동탁은 무도하여 공공의 적이라 죽음이 얼마 남지 않아 우려하지 않아도 된다. 다만 동탁 사후에는 회군해 한복을 토벌해야 한다. 강병을 갖고도 흉역하니 어찌 이대로 둘 수 있겠는가."라고 했다.

한복은 두려워졌다. 유자혜에게 책임을 전가해 참하려 했다. 그런데 별가종사別駕從事 경무 등이 유자혜의 몸 위로 엎드리며 같이 죽겠다고 엄호했다. 결국, 죽이지 못했다. 대신 도형徒刑에 처해 자의赭衣(죄수가 입는 적갈색 옷)를 입고 관청 문밖을 쓸게 했다.

191년 한복은 유주목 유우를 황제로 세울 것을 원소와 시도했다. 명분은 동탁의 억압을 받는 어린 헌제가 멀리 가 버려 존부조차 알 수 없다는 것이었다. 전 낙랑태수 장기張岐 등을 유우에게 보내 존호尊號를 올렸다. 그러나 유우가 완강히 거부했다. 한복 등은 유우가 영상서시領尚書事(동탁이 장악한 장안 조정 대신)라도 맡아 국정을 총괄하고 황제의 관작 수여 권한을 대행해주기를 바랐지만, 그것도 거절당했다.

191년 원소는 책사 봉기의 진언을 받아들여 공손찬에게 기주 침공을 부추겼다. 공손찬은 곧바로 군을 움직였다. 한복은 안평군安平郡에서 공손찬과 싸웠지만 패했다. 한복이 패하자 수하 장수인 국의麴義가 반란을 일으켰다. 원소의 지원을 받은 국의는 패배하여 연합했다.

원소는 국의가 패배하자 곧바로 공손찬과 밀약을 맺었다. 공손찬은 동탁을 정벌하겠다며 남하했다. 하지만 당초 목적은 원소의 사주를 받아 한복을 습격하려던 것이었다.

동탁은 이미 한해 전에 천도했던 장안으로 돌아간 뒤였다. 한복은 안평에서 공손찬에게 크게 패한다. 여러 군현들이 공손찬에게 투항하자 한복은 위기를 맞는다. 원소는 연진延津으로 군을 돌렸다. 한복이 두려움에 겁을 먹었다.

원소는 군세를 급격히 늘려 공손찬과 남북으로 한복을 협격하는 태세를 취했다. 사신을 보내 공손찬과 자신이 협격한다면 버텨내기 어렵겠지만, 자신에게 항복한다면 우대할 것이니 지위를 양도하라며 한복을 협박했다.

휘하의 관료와 장수인 장도와 곽도 그리고 순심과 원소의 생질 고간 등이 말했다. "공손찬이 승세를 타고 남진해 여러 군이 호응하는데 원소마저 동진하고 있습니다. 그 의도를 알 수는 없지만 외람되게도 장군이 위험한 것 같습니다."라고 했다.

대책을 고민하는 한복에게 순심이 설득하기 시작했다. 먼저 '천하가 귀부하는 너그러운 포용력', '책략을 짜내 결단하는 지혜와 용기', '대대로 베푼 가문의 은덕'이 원소만 하냐고 물었다. 한복은 모두 아니라고 했다.

순심의 설득은 이어졌다. "장군의 자질은 세 가지나 원소보다 못한데도 오래도록 그 위에 있었습니다. 원소는 한 시대의 영걸이라 필시 장군의 아래에만 있지는 않을 겁니다. 공손찬은 공손찬대로 연燕과 대代 땅의 병졸을 끌고 와 그 예봉을 감당하기 어렵습니다. 천하의 주요 기반인 기주를 취하고자 원소와 공손찬이 힘을 합쳐 성 밑에 당도하기라도 한다면 장군의 멸망은 서서 기다려도 될 만큼 순식간일 것입니다. 원소는 장군의 옛 친구이자 같은 반동탁동맹입니다. 지금으로선 원소에게 기주를 넘겨주는 것만 한 계책이 없습니다. 틀림없이 장군은 우대받고 공손찬은 원소와 다툴 수 없습니다. 장군은 유능한 자에게 자리를 양보했다는 명성을 얻게 될 뿐만 아니라 그 몸은 태산보다도 평안할 것입니다."

만류하는 부하들도 여럿 있었다. 장사長史 경무, 별가別駕 민순, 기도위 저수, 치중治中 이력李歷 등이 적극 반대했다. "기주가 그래도 갑옷을 두른 이가 백만이고 곡식은 10년을 버틸 수 있습니다. 원소는 오갈 데 없이 궁지에 몰린 처지로 우리의 콧김만 바라보고 있습니다. 이는 품 안의 젖먹이와도 같아 젖만 안 줘도 바로 굶겨 죽일 수 있습니다."라고 했다.

한복은 "나는 원씨의 옛 관리였고 재주도 원소만 못하오. 덕망을 헤아려 양보하는 것은 옛사람들도 귀히 여겼는데 어찌 여러분만이 주저하는가."라며 순심의 권고를 받아들이려 했다.

강노強弩 병사 만 명을 거느리고 맹진孟津에 주둔하던 종사 조부와 정환이 급히 복귀해 간언했다. "원소군은 한 말斗의 양식도 없어 흩어지기 직전이며 장양과 어부라가 새롭게 합세했어도 선뜻 쓰지는 못하니 상대가 되지 않습니다. 우리가 열흘만 수비해도 원소군은 지반이 무너지고 기와가 깨지듯 박살 날 것입니다.(토붕와해土崩瓦解) 명장군께서는 베개를 높여 편히 계시기만 하면 되는데 무엇을 염려하고 무엇을 무서워합니까."라고 했다.

그럼에도 한복은 마음을 바꾸지 않았다. 기어이 직위에서 물러나 조충의 옛집으로 갔다. 7월 인수印綬는 아들에게 주어 여양현黎陽縣의 원소한테 전하게 했다.

기주를 차지한 원소는 황제의 인사권을 편의적으로 행사했다. 한복을 분위장군奮威將軍에 임명했다. 그의 지위는 실제로 지휘할 군사가 없는 명예직이었다. 그 사이에 원소는 한복의 측근들을 모조리 숙청하고 전풍과 심배 등 기존 한복 휘하의 불만 세력들을 중용해 자신의 권위를 확고히 했다.

하내군 사람 주한朱漢은 원소의 도관종사都官從事가 되었는데 이전에 한복에게 냉대를 받은 적이 있어 원한을 품고 있었다. 거기에 원소에게 환심을 사기 위해 멋대로 성곽의 군병들을 인솔해 한복의 집으로 쳐들어갔다.

한복은 누樓 위로 피했다. 하지만 큰 아이가 맞아서 두 다리가 부러졌다. 원소는 즉시 주한을 잡아 죽였다. 한복은 원소가 자신을 해치지 않을까 근심했다. 이별을 고한 후 진류태수 장막에게 의탁했다. 그 후 원소가 장막에게 사자를 파견했다. 그 사자는 상의할 것이 있다며 장막과 귓속말을 했다. 그 자리에 있던 한복은 자신의 제거에 대한 얘기를 나눈 줄 지레짐작했다. 불안을 이기지 못하고 측간으로 가서 서도書刀(죽간에 쓴 글자를 수정하기 위해 글자 부분을 대나무를 깎아내는 칼)로 자살했다.

원소의 측근 봉기는 한복을 용렬하다고 평가했다. 진수 또한 한복은 담이 작았다고 했다.

『삼국지연의』에서는 한복은 반동탁연합군의 제2진으로 처음 등장한다. 제1진은 후장군 원술이었다. 사수관전투에서 가공의 부하 반봉潘鳳이 화웅에게 당한다.

원소가 공손찬을 부추겨 한복을 치게 한다. 한복은 책사인 순심과 신평의 진언에 따라 기주를 원소에게 넘기기로 한다. 경무의 간언은 듣지 않는다. 원소는 한복의 권력을 모조리 빼앗는다. 뒤늦게 후회한 한복이 필마로 장막에게 의탁하는 것을 끝으로 더 이상 등장하지 않는다.

한숭
—

유표를 섬기다 형주 공략한
조조에게 귀순

한숭은 처음에 유표의 부름에 응했다. 관도대전 이전 조조와 원소
는 서로 유표의 협력을 요청했다. 방관하던 유표는 한숭을 조조에게
사자로 보냈다. 돌아온 한숭은 헌제의 조정과 조조를 좋게 말했다.
유표는 한숭을 충신불사이군忠臣不事二君의 죄를 범했다 하여 죽이
려 했다. 하지만 채 부인의 만류로 죽이지는 않았다.

단순히 들어갔다는 것을 뜻하는 입入 정도의 배신이다. 상황에 내몰
린 피동적 행위이다. 더 큰 이익과 명예를 좇는 처신이다.

한숭韓嵩(?~?) 후한 말의 관료로 자는 덕고德高이며 형주 의양군
(하남성 동백桐栢 동쪽) 출신이다.

젊은 시절부터 학문을 좋아했다. 그는 당시 세상이 혼란스러워질

것을 짐작했다. 삼공의 명에 응하지 않았다. 뜻을 같이하는 몇몇 친구들과 역서의 산속에 은거하여 지냈다.

184년에 황건적의 난이 일어나자 전란을 피해 형주로 갔다. 유표의 부름에 응하여 별가에 임명됐다. 이후 종사중랑으로 옮겼다.

유표가 천지에 교사郊祀(하늘에 지내는 제사—옛날 중국에서 지배자 즉 주로 천자天子가 수도 100리 밖에서 행하던 제천의식祭天儀式)를 지내고 황제의 의복을 입고 의관을 쓰며, 두기에게 황제의 음악을 만들게 한 다음 자신이 쓰는 등 황제만이 할 수 있는 일들을 일삼았다. 한숭이 바른말로 간언했다. 유표는 신경 쓰지 않았다. 유표의 비위를 불편하게 하는 일이었다.

199년 조조와 원소가 싸우면서 서로 유표에게 원군을 요청했다. 유표는 어느 편에도 서지 않은 채 사태를 살피고 있었다. 한숭은 유선과 함께 "만약 천하를 제패해야 할 것이면 지금 군사를 일으켜 둘이 싸우는 틈에 기회를 만들어야 하고 그게 아니라면 조조가 이길 것이니 조조에게 항복하여 형주를 보존함과 동시에 천수를 누리고 자식에게 후사를 물려주는 것이 가장 좋은 계책이다."라는 진언을 올렸다.

괴월도 그들의 계책을 거들었다. 유표는 한숭에게 허창의 상황을 살피고 오라고 명했다. "제가 가지 않아도 이미 조조가 이길 것은 당연한 사실이다. 다만 제가 사신으로 가게 되면 천자에게 관직을 받을 것이고 그러면 저는 천자의 신하가 되어 장군과는 만나기 전의 관계만 있을 것이다."라고 말했다. 하지만 유표는 듣지 않고 그를 허창으로 보냈다.

허창에 간 한숭은 자신의 예측대로 조조가 그에게 시중侍中에 영릉태수零陵太守를 내렸다. 형주로 돌아가 유표를 설득하라는 것이었다. 유표에게 돌아온 그는 헌제의 조정과 조조를 높이 찬양했다. 유표는 크게 노해 그를 감옥에 가둔 뒤 죽이려 했다. 유표는 한숭이 두마음을 품었다고 여겼다.

한숭은 유표에게 "장군께서 한숭을 책임지셔야 하는 것이지, 한숭이 장군을 책임지지 않습니다."라며 사자로 가기 전에 자신이 했던 말을 되새기게 했다. 그럼에도 유표는 분노를 삭이지 않았다. 보다 못한 채 부인이 한숭의 말이 맞으니 죽여 봤자 소용없다며 만류했다. 결국, 유표는 한숭을 죽이지 않았다.

유표 사후 208년(건안 13년) 조조는 형주를 공략했다. 한숭은 부손, 괴월과 함께 항복을 주장했다. 조조는 형주를 점령한 후 한숭을 감옥에서 풀어주고 병이 걸렸음에도 대홍려 벼슬을 내렸다.

『삼국지연의』에서 한숭은 『삼국지』와 거의 비슷하게 묘사된다.

한현

유표를 따르다 조조를 섬긴 뒤
유비에게 귀순

한현은 유표를 섬겼다. 유비가 형주 남부 4군을 공격하자 항복하여 따랐다. 단순히 들어갔다는 것을 뜻하는 입입 단계의 배신이다. 상황에 내몰린 피동적 행위이다. 목숨을 구하기 위한 처신이다.

한현韓玄(?~?)은 후한 말의 관료이다. 유표劉表를 섬겼다. 「황충전」에서는 유종이 항복하여 조조가 형주를 지배하자 비장군으로 임명하고 한현의 통제하에 두었다고 기록되었다.

한편 「선주전」에서는 208년 조조가 형주를 제패했을 때, 장사태수長沙太守로 임명되었고, 이듬해 유비가 형주 남부 4군(장사, 영릉, 계양, 무릉)을 공격하자 항복했다. 한현에 대한 『삼국지』의 기록은 이처럼 간단하다.

장사(후난성 창사시)에는 현재 한현의 무덤이 있다. 1983년 세워진 비석에는 한충신한현지묘韓忠臣韓玄之墓(한漢의 충신 한현의 묘)라 적혀 있다.

이 무덤에 엮인 일화를 쓴 왕응전汪應銓의 한현묘기에 의하면 청의 강희제 시대 장사에서 일종의 재액신으로 민간신앙의 대상이 되었다고 전해진다. 한현묘기에는 한현이 죽은 때가 여몽의 형주 점령 때라고 나와 있다.

『삼국지연의』에서의 한현의 묘사는 허구이다. 조조曹操의 부하 한호韓浩의 형으로 나온다. 성질이 급하여 곧바로 사람을 죽이는 인물로 그려졌다.

209년 관우가 침공하자 황충黃忠을 보내 관우와 싸우게 한다. 황충이 낙마하자 관우는 황충을 죽이지 않았다. 다음 날 둘이 다시 겨루는데 황충은 관우의 은혜를 갚고자 일부러 관우에게 화살을 빗맞혔다.

한현은 황충이 딴마음을 품은 것으로 생각하고 황충을 체포한다. 황충을 처형하려고 하였지만 객장 위연魏延이 황충을 구하기 위해 백성들을 선동하고 반란을 일으키는 바람에 오히려 자신이 살해당한다.

한현은 한호의 형으로 등장한다. 하지만 『삼국지』에서는 한호의 형이라는 언급은 없다. 가족이나 친척이라는 기록도 없다.

또한, 『삼국지』에서는 유비가 장사를 공격했을 때 투항한 것으로

만 되어 있다. 『삼국지연의』에서는 위연에게 죽임을 당하여 한호가 한현의 원수를 갚기 위해 황충과 싸운다는 내용으로 되어 있다. 이로 볼 때 한현은 한호의 형이라고 할 수 없다.

허사

조조를 섬기다 여포를 따른 뒤
유표에게 귀순

허사는 조조를 섬겼다. 그러다 조조가 서주를 치기 위해 연주를 비운 사이 여포를 맞아들여 반기를 들었다. 하지만 이후 조조가 여포를 공격하자, 원술에게 도움을 요청하는 사자로 갔다. 조조의 포위를 뚫지 못해 돌아오지 못했다. 여포가 죽자 형주의 유표에게 의탁했다.

조조를 등진 것은 가장 적극적인 배반을 뜻하는 반叛이다. 믿음과 의리를 저버리고 돌아선 행위다. 상황을 주도한 능동적 배신이다. 더 큰 이익과 명예를 좇은 처신이었다.

유표에 대한 의탁은 단순히 들어갔다는 것을 뜻하는 입入 단계의 배신이다. 상황에 내몰린 피동적 처신이다. 죽음을 피하기 위한 행동이다.

허사許汜(?~?)는 후한 말의 관료이다. 형주荊州 양양군襄陽郡 출신이다. 양려楊慮에게서 학문을 사사했다. 이후 조조의 휘하에서 종사중랑從事中郎을 지냈다. 194년(흥평 원년) 조조가 도겸陶謙을 치기 위해 서주徐州로 진격했다.

연주에 남게 된 허사는 장막張邈, 장초張超, 진궁陳宮, 왕해王楷 등과 함께 모반을 일으켰다. 여포呂布를 연주목으로 맞아 연주兗州 대부분을 장악했다.

그러나 198년(건안 3년) 겨울, 여포는 조조의 공격을 받았다. 하비下邳에서 갇히자 허사는 왕해와 함께 원술袁術에게 원군을 요청하러 갔다. 원술은 거절했다. 그러자 허사와 왕해는 여포가 토벌되면 다음은 원술의 차례일 것이라고 말했다. 또 여포의 딸을 보내 혼인동맹을 맺자고 했다. 원술은 원군을 보내기로 했다. 하지만 여포는 실제 원술의 지원을 받지 못했다. 결국, 조조의 포위를 뚫지 못했다.

여포가 멸망한 후 허사는 형주荊州의 유표劉表에게 몸을 의탁했다. 어느 날 유표와 유비가 함께 있는 자리에서 천하의 인물들에 대해 논하는 인물평의 자리가 마련되었다. 그때 허사는 한때 여포의 부하였던 진등陳登에 대하여 평했다. 횡포한 인간이라는 비난에 유비가 왜 그런지 물었다.

허사는 "진등은 손님을 대하는 태도를 갖추지 않았소. 내가 하는 말을 듣지 않았을 뿐만 아니라 자신은 침대에서 자고 나는 바닥에서 재웠소."라고 대답했다.

그러자 유비가 "그대는 선비로서 명성이 있음에도 불구하고, 잘

곳을 구하기만 할 뿐 제대로 된 계책 하나 내지를 않았소. 나 같았으면 침대가 아니라 100자(30m) 높이의 누각에서 잠을 청하고, 당신은 바닥이 아니라 맨땅에 재웠을 것이오."라고 말했다. 유비의 말에 유표는 크게 웃으며 작은 도량의 허사를 비웃었다.

『삼국지연의』에서 허사는 여포가 엄 씨, 초선과 함께 술을 마실 때 찾아가는 것으로 나온다. 왕해와 함께 조조를 원술에게 도움을 청해 협공할 것과 여포 스스로 딸을 보낼 것을 진언한다. 장료와 학맹이 이끄는 군사들의 호위를 받아 유비의 영채 곁으로 빠져나간 후에 사자로서 원술에게 구원을 요청한다.

허유

원소를 섬기다 군사 기밀 알리며
조조에게 귀순

허유는 원소를 섬기다 조조에게 귀순했다. 허유는 원소와 조조, 장막과 친구 사이였다. 원소에게서 고위직에 있다가 군사 기밀을 조조에게 바치며 투항했다. 원소는 그로 인해 패전의 길을 걷게 됐다. 가장 적극적인 배반을 뜻하는 반叛이다. 믿음과 의리를 저버리고 돌아선 행위다. 상황을 주도한 능동적 처신이다. 더 큰 이익과 명예를 좇은 행동이다.

허유許攸(?~204년)는 후한 말 원소 휘하의 책사策士이다. 자는 자원子遠이고 형주 남양군 출신이다. 형주荊州는 후한 13주의 한 지역이다. 중심지는 한수漢壽(후난성 창더시 한서우현)와 양양襄陽(후베이성 샹양시)이다. 남양군南陽郡은 중국의 옛 군현제의 군이다. 군의 치소

는 완현(난양시 완청구)에 있었고, 한때 양성(허난성 덩저우시)에도 있었다.

허유는 청류파 명사로 활동하던 젊은 시절 원소와 장막張邈과 함께 분주우交奔走友交(마음을 허락해 위기를 만나면 달려올 친구)를 맺었다. 조조와도 어릴 때부터 친분이 있었다.

영제靈帝 대에 그는 기주자사冀州刺史 왕분王芬(?~187년 후한 말의 관료), 주정周旌(?~? 후한 말의 반역자)과 손을 잡고 영제를 폐위하고, 영제의 아우 합비후合肥侯을 옹립할 것을 획책했다. 의심을 받은 왕분이 자살로 실패하자 피신했다.

허유가 원소 진영의 참모가 된 때는 건안建安 4년(199년)에 전풍田豊(?~200년 후한 말의 관료로서 자는 원호元皓이며 거록군이나 발해군 출신이다. 기주목 원소를 위하여 계책을 바쳐 공손찬 평정에 공헌했다. 하지만 관도대전의 개전을 반대하다가 옥사했다.) 순심荀諶(?~? 후한 말의 관료로 자는 우약友若이고 예주 영천군 영음현潁陰縣 출신으로 제남상 순곤의 아들)과 함께였다.

허유는 예전의 명성과 원소와의 개인적인 친분으로 인해 고위직을 맡았다. 하지만 그는 자리에 걸맞은 공을 세우지 못했다. 오히려 탐욕스럽고 성품이 교만하여 주위에 많은 적을 만들었다.

그러다 허유는 원소를 배신했다. 조조에게 투항했다. 조조에게 순우경淳于瓊(?~200년 중국 후한 말의 무장, 자는 중간仲簡이고 예주豫州 영천군潁川郡 출신)이 지키는 원소군의 군량 창고인 오소烏巢의 수비가 허술함을 알려 주며 기습할 것을 제안했다. 조조는 허유의 계략을 받아들여 오소를 습격해 함락했다.

조조 진영에서는 허유를 의심하는 논란도 만만치 않았다. 하지만 조조는 어릴 때의 친구인 허유의 말을 믿겠다며 결단을 내렸다. 조조의 결단에는 책사 순유와 가후의 권유가 적지 않은 영향을 미쳤다. 조조는 기마병 5천을 뽑아 직접 오소를 공격하여 순우경을 격파하고 군량을 불태웠다. 순우경과 사로잡은 방어병 1천 명은 코를 베어 버렸다.

원소는 순우경을 구원하려 출전하는 한편 장합과 고람에게는 관도를 공격하게 했다. 그러나 순우경의 패배 소식을 접한 장합과 고람은 자신의 군사들을 데리고 조조에게 투항했다.

식량을 잃은 원소 진영은 대혼란에 빠졌다. 먹고 살기 위해 원소의 병사가 되었는데 밥 굶을 처지가 되자 살기 위한 탈출이 고조되었다. 원소의 주력군을 이끌던 장합과 고람도 이를 외면하거나 막을 수 없었다.

원소군은 완전히 무너졌고 관도전투는 조조의 승리로 끝났다. 내부의 혼란을 잠재우지 못한 원소는 겨우 800기의 기병만을 데리고 황화를 건너 북쪽으로 달아났다.

조조는 기병을 동원한 기습전으로 불리한 진지전을 극복하고 원소의 중심지역인 화북에서 패권을 차지했다.

『조만전曹瞞傳』에 의하면 조조는 코를 베인 채 사로잡힌 처지에서도 원소에 대한 충성심을 지키려는 순우경을 아깝게 여겼다. 살려 두려고 했다. 그런데 허유가 "순우경이 거울을 보면 당신을 원망할 것이다." 라며 불편한 심기를 부추겼다. 조조는 허유의 말을 받아들였다. 순우경을 처형했다.

허유의 투항에 대해 사서들은 그 원인을 조금씩 다르게 기술하고 있다. 하지만 크게 두 가지로 압축된다. 자신이 낸 계략이 받아들여지지 않았고, 탐욕이 많아서라는 것이다.

『한진춘추漢晉春秋』에 따르면 200년(건안 5년) 허유는 관도대전 때 원소에게 군사를 양분하여 조조 측의 본거지 허許를 습격하고, 헌제獻帝를 데려오자고 했다. 하지만 그 제안은 거절당했다.

『삼국지』「위서魏書」'순욱전荀彧傳'은 허유는 탐욕스러워 자신을 다스리지 못하는 사람으로 심배審配와 봉기逢紀는 허유 일가의 범죄를 간과하지 않을 것이라고 기록하고 있다. 실제 허유는 가족이 법을 어겨 심배에게 체포되자 조조에게 투항했다.

『삼국지』「위서」'무제기武帝紀'는 허유는 탐욕스러운 사람으로 원소가 자신의 재물욕을 채워주지 못하자 투항한 것으로 적었다.

한편 그 원인에 대해서도 해석이 다양했다. 『삼국지』「위서」'순욱전'은 "탐욕스럽고 안하무인이었던 허유는 그 성품 때문에 사방에 적을 두었으며 그 결과 부정이 적발되어 일족이 체포되었다."고 기록했다.

또한 『삼국지』「위서」'무제기'는 "원소가 개인적인 친분을 이유로 허유의 부정과 무능을 참는 것도 한계가 있었기 때문에 허유의 재물욕은 채워질 수 없었다."고 말한다.

『한진춘추』도 "초조해진 마음에 어떻게든 이를 만회하고자 적극적인 헌책을 올렸지만 원소에게 거절당하자 분노의 마음을 그렇게 터뜨린 것이다."로 기록하고 있다.

허유가 투항하면서 조조에게 알려 준 정보는 조조군의 승리에 결정적인 역할을 했다. 허유는 관도대전의 1등 공신이었다. 하지만 허유를 언급하는 거의 모든 기록은 허유의 성격 결함을 지적한다.

허유는 조조 진영에서도 행동을 교만하게 했다. 조조에게도 옛 친구(소년기 시절)라는 이유로 거들먹거리며 불량한 태도를 취했다. 뿐만 아니라 자신이 조조에게 도움을 주지 않았다면 기주 공략은 이뤄지지 못했을 것이라고 말했다. 이에 조조는 허유의 도움을 사실로 인정하면서도 마음속으로는 허유의 교만한 태도를 증오했다.

건안 9년(204년) 조조는 업鄴을 공략한 뒤 심배를 죽였다. 허유는 이때도 교만을 부렸다. 업의 동문을 통과할 때 "조조는 나를 손안에 넣지 않았더라면 이 문을 출입하지도 못했을 것이다."라고 좌우의 사람들에게 크게 말하는 자만심을 보였다. 이 말은 조조에게 보고되었다. 결국, 허유는 처형되었다.

허유는 조조의 승리에 결정적인 공헌을 했다. 당대의 역사를 바꾼 인물이었다. 그렇지만 허유를 언급한 모든 기록에는 허유의 교만과 자만심이 강한 성품이 항상 기록되며 경멸받는다.

『한말명사록漢末名士錄』에서 원술은 허유를 "욕심이 많고 음탕하며 불순한 사람"이라고 멸시했다. 그러나 평원平原 명사 도구홍陶丘洪은 원술의 말에 동감을 표하면서도 "위난을 극복하기 위해서라면 진흙탕을 걷는 것조차 두려워하지 않는 인물"이란 상반된 평가를 했다.

『삼국지연의』에서도 허유는 사실과 비슷하게 그려졌다. 조조에게 투항했고 주로 『조만전』을 소재로 그 과정이 묘사되었다.

다만 사실과는 다르게 조조는 허유의 오만을 웃음으로 흘려보냈지만, 그 대신 그의 심복 허저許褚가 허유의 거드름을 참다못해 허유를 죽였다고 한다. 일설에 의하면 하후돈夏侯惇 하후연夏侯淵 허저 서황徐晃 장료張遼 우금于禁 악진樂進 등이 한꺼번에 달려들어 허유를 때려죽였다고도 한다.

『삼국지』에는 조조가 기주를 칠 때 허유가 공헌은 했지만 뭘 어떻게 공헌했는지는 자세히 나오지 않는다. 그런데 『삼국지연의』에서는 기주성을 물에 잠기게 하는 계책을 조조에게 내놓는다.

후선
——

한수와 마초 따르다 장로 거쳐
조조에게 귀순

———

후선은 후한 말 소규모 군벌이었다. 한수와 마초가 조조에게 반기를 들 때 참전했다. 조조의 공격으로 패배하자 한중의 장로에게 의탁했다. 조조가 장로를 항복시키자 투항하여 조조를 섬겼다.

조조를 등진 일은 가장 적극적인 배반을 뜻하는 반叛이다. 믿음과 의리를 저버리고 돌아선 행위다. 상황을 주도한 능동적 처신으로 더 큰 이익과 명예를 좇았다.

조조에게 투항은 단순히 들어갔다는 것을 뜻하는 입入 정도의 배신이다. 상황에 내몰린 피동적 처신으로 목숨을 구하기 위한 행위였다.

———

후선侯選(?~?)은 후한 말의 장수이다. 사례 하동군(산동성 하현夏

縣) 출신이다. 이각과 곽사로 인해 장안이 어지러운 삼보의 난 때 이감, 정은과 함께 세력을 키웠다.

211년(건안 16년) 마등馬騰의 아들 마초馬超와 한수韓遂가 대군을 일으켜 조정(조조曹操)에 반기를 든다. 이때 후선은 군벌의 한 사람으로서 양추, 정은, 이감, 장횡, 양흥, 성의, 마완과 연합군이 되어 마초에 합류하여 조조와 싸운다.

가후賈詡의 이간계로 마초와 한수의 사이가 벌어졌을 때 조조의 공격을 받아 패배한다. 동향인 정은程銀과 함께 한중漢中의 장로에게 의탁했다.

215년(건안 20년) 조조가 한중을 공격하여 장로를 항복시켰다. 후선은 정은과 함께 투항하여 본래의 관직과 직위를 하사받았다.

『삼국지연의』에서의 후선은 한수 휘하의 장수로 등장한다. 마초와 연합하여 장안을 점령한다. 그러나 가후의 이간책으로 마초와 한수의 사이가 벌어졌을 때 다른 장수들과 협의하여 조조에게 투항하자고 권유한다.

그러나 마초에게 들켜 도주한다. 그 뒤 마초가 조조에게 크게 패하자 살아남은 양추楊秋와 함께 열후로 봉해져 위구를 지켰다.

후성
—

여포를 섬기다 부당한 대우에
조조에게 귀순

후성은 여포를 따랐다. 하지만 여포의 부당한 대우에 하비성전투에서 조조에게 귀순했다. 가장 적극적인 배반을 뜻하는 반叛이다. 믿음과 의리를 저버리고 돌아선 행위다. 상황을 주도한 능동적 처신이다. 목숨을 구하기 위한 행동이었다. 물론 원인은 여포에게 있었다.

후성侯成(?~?)은 후한 말 여포 휘하의 장수이다. 여포의 부당한 대우에 송헌, 위속과 같이 조조에게 투항했다.

198년(건안 3년) 조조가 여포를 정벌하면서 하비성을 포위했다. 여포는 대책 없이 지키기만 했다. 주색에 빠져 있다가 몸이 상하자 금주령을 내린다.

당초 후성은 빈객으로 하여금 말 15필을 기르게 했다. 그런데 그 빈객이 말들을 몰고 패성沛城의 유비에게 의지하려 했다. 후성은 직접 기병을 이끌고 뒤를 쫓아 말을 모두 되찾아 왔다. 여러 장수가 선물을 마련하여 후성을 하례했다. 후성도 술을 빚고 멧돼지를 잡아 대접하려 했다.

먹기 전에 가장 먼저 여포에게 올렸다. 여포는 "금주령을 내렸는데 왜 술을 빚었느냐."면서 "여러 장수들과 먹고 마시면서 서로 모의하여 나를 죽이려 했는가."라고 격노했다.

이 일이 있은 뒤부터 그는 여포의 의심에 사로잡힌다. 그때 마침 조조군에게 하비성이 포위당해 전세가 불리하자 평소 불만이 있었던 송헌, 위속과 함께 진궁을 붙잡아 조조에게 항복했다.

『삼국지연의』에서 후성은 여포가 연주를 두고 조조와 다툴 때부터 팔건장의 일원으로 등장한다. 복양성 싸움에서는 조조를 두 번이나 궁지에 몰아넣는다. 나중에 여포를 따라 전전하지만 하비성에서 쫓겨나 수공을 당한다. 조조에게 항복할 때의 행적은 『삼국지』의 내용과 비슷하다.

빈객에게 15필의 말을 기르게 했는데 그가 말들을 몰고 유비에게 가서 의지하려 한다. 후성은 기병을 데리고 가서 말을 찾아온다. 말을 되찾은 것을 여러 장수들이 하례하자 술을 빚고 멧돼지를 잡아 대접하려 한다. 먹기 전에 여포에게 먼저 올리자 '금주령을 내렸는데 이를 어겼다'며 처형당할 뻔 한다. 위속과 송헌의 중재로 곤장형으로 감형돼 곤장 50대를 맞는다. 장독이 올라 집에 눕는다.

후성은 여포에게 실망한다. 여포의 애마인 적토마를 훔쳐 조조에게 항복한다. 위속, 송헌과 함께 여포를 사로잡는다. 위속과 송헌은 훗날 백마전투에서 원소의 부하 안량에게 목을 베인다. 하지만 후성은 항복 이후 모습이 사라진다.